D1654103

Spätmittelalter und Reformation
Neue Reihe

herausgegeben von Heiko A. Oberman
in Verbindung mit Kaspar Elm, Berndt Hamm,
Jürgen Miethke und Heinz Schilling

11

Gerhard Faix

Gabriel Biel und die Brüder vom Gemeinsamen Leben

Quellen und Untersuchungen zu Verfassung und Selbstverständnis des Oberdeutschen Generalkapitels

Mohr Siebeck

Gerhard Faix, geboren 1961; Studium der Geschichte und lateinischen Philologie in Tübingen; 1996 Promotion; seit 1991 wissenschaftlicher Mitarbeiter am Historischen Institut der Universität Stuttgart.

Gedruckt mit Unterstützung des Förderungs- und Beihilfefonds Wissenschaft der VG Wort.

Die Deutsche Bibliothek – CIP-Einheitsaufnahme

Faix, Gerhard:
Gabriel Biel und die Brüder vom Gemeinsamen Leben : Quellen und Untersuchungen zu Verfassung und Selbstverständnis des Oberdeutschen Generalkapitels / Gerhard Faix. - Tübingen : Mohr Siebeck, 1999
(Spätmittelalter und Reformation : N.R., 11)
ISBN 3-16-147040-0

Das Buch wurde von Martin Fischer in Reutlingen aus der Bembo Antiqua belichtet, von Gulde-Druck in Tübingen auf alterungsbeständiges Werkdruckpapier der Papierfabrik Niefern gedruckt und von der Großbuchbinderei Heinr. Koch in Tübingen gebunden.

ISSN 0937-5740

Vorwort

Die vorliegende Arbeit wurde im Sommersemester 1996 von der Fakultät für Geschichts-, Sozial- und Wirtschaftswissenschaften an der Universität Stuttgart als Dissertation angenommen. Für die Drucklegung wurde sie leicht gekürzt. Neuere Forschungsliteratur konnte bis Juli 1998 berücksichtigt werden.

An dieser Stelle möchte ich all denen danken, die mich bei meinen Forschungen unterstützt und begleitet haben. Mein besonderer Dank gilt den beiden Gutachtern, Prof. Dr. Franz Quarthal (Stuttgart) und Prof. Dr. Dieter Mertens (Freiburg). Herr Mertens hat die Arbeit angeregt und ihr Entstehen stets mit großem Interesse und vielfältiger Hilfestellung unterstützt. Dankbar erinnere ich mich an die langen Gespräche, die mir stets Impulse zu weiterführenden Fragestellungen gaben. Herr Quarthal begleitete die Arbeit mit konstruktiver und ermunternder Kritik. Über das Thema hinaus danke ich ihm herzlich für zahlreiche Anregungen, Kenntnisse und Erfahrungen aus gemeinsamen Veranstaltungen sowie für das persönliche Klima am Stuttgarter Lehrstuhl für Landesgeschichte.

Herrn Prof. Dr. Heiko A. Oberman (Tucson, Arizona), Herrn Prof. Dr. Kaspar Elm (Berlin) und dem Kreis der Herausgeber danke ich sehr herzlich für die Aufnahme der Arbeit in die Neue Reihe Spätmittelalter und Reformation. Herrn Elm verdanke ich überdies wichtige Anregungen und Hinweise.

Viele Freunde und Bekannte waren am Zustandekommen der Arbeit durch Rat und Hilfe in fachlicher wie in persönlicher Hinsicht beteiligt. Ganz besonderen Dank schulde ich Dr. Bernhard Neidiger und Dr. Felix Heinzer sowie Dr. Sabine Holtz und Dr. Regine Birkmeyer.

Auch meiner Familie, insbesondere meinem Vater, danke ich sehr für den Rückhalt und die Unterstützung, die ich hier stets fand.

Dem Verlag Mohr Siebeck und seinen Mitarbeitern danke ich für die unkomplizierte und kooperative Betreuung bei der Drucklegung. Das Buch wurde finanziert durch einen Zuschuß des Förderungs- und Beihilfefonds Wissenschaft der VG Wort.

Gerhard Faix

Inhaltsverzeichnis

Abkürzungen

BA Hildesheim	Bistumsarchiv Hildesheim
Biel, Collatio de communi vita	Stadtbibliothek Trier, Hs 796: Collatio patris reverendi Gabrihelis ⟨Biel⟩ ⟨De vita communi⟩. Vgl. Kapitel VI,4.
Biel, Tractatus de communi vita	Königliche Bibliothek Den Haag, Hs 75 G 58: Tractatus Magistri Gabrielis Byell De communi vita clericorum. Vgl. Kapitel VI,3.
Consuetudines [Herford]. Ed. Stupperich	Stupperich, Robert: Das Fraterhaus zu Herford. Teil 2: Statuten, Bekenntnisse, Briefwechsel. Münster 1984. (Veröffentlichungen der Historischen Kommission für Westfalen 35). (Quellen zur Geschichte der Devotio Moderna in Westfalen I), S.
Consuetudines [Zwolle]. Ed. Schoengen	Schoengen, Michael (Hg.): Jacobus Traiecti alias de Voecht Narratio de inchoatione domus clericorum in Zwollis. Met akten en bescheiden betreffende dit fraterhuis uitgegeven door M. Schoengen. Amsterdam 1908. (Weken uitgegeven door het Historisch Genootschap gevestigt te Utrecht 3de serie, 13). (Historisch Genootschap [Utrecht], Werken 3,13), S. 239–273.
DiözesanA Münster	Diözesanarchiv Münster
HA Köln	Historisches Archiv der Stadt Köln.
HStA Stuttgart	Hauptstaatsarchiv Stuttgart
Instituta primaeva	Instituta primaeva fratrum canonicorum seu clericorum collegii sanctissimae trinitatis ad Fontem salientem Monasterii in communi viventium. Ab eiusdem collegii pro tempore rectore sive patre in visitacione episcopali die 9na Maii 1741 producta, ut olim scripta sunt, sequuntur excusa. [1741].
LHA Koblenz	Landeshauptarchiv Koblenz
PfarrA Wolf	Evangelisches Pfarrarchiv Wolf an der Mosel
PL	Migne Patrologia Latina
StA Darmstadt	Hessisches Staatsarchiv Darmstadt
StA Münster	Staatsarchiv Münster
StA Wiesbaden	Staatsarchiv Wiesbaden
StadtA Mainz	Stadtarchiv Mainz

STATUTA [GENERALKAPITEL]	SUB Hamburg, Cod. theol. 4° 1567: Statuta, ordinationes, exhortationes, salubriaque monita pariter et consuetudines laudabiles canonicorum, presbiterorum et clericorum secularium in communi uiuencium Alemanie superioris. Vgl. Kapitel VI,1.
STATUTA [MÜNSTERSCHE UNION]	DOEBNER, Richard: Annalen und Akten der Brüder des gemeinsamen Lebens im Lüchtenhofe zu Hildesheim. Hannover, Leipzig 1903. (Quellen und Darstellungen zur Geschichte Niedersachsens 9), S. 206–245.
STATUTA CAPITULI WINDESEMENSIS	Statuta capituli Windesemensis. Den Hem 1508.
STATUTEN [EINSIEDEL]	HStA Stuttgart, A 522, U 6/7. Vgl. Kapitel VI,2.2.
SUB Hamburg	Staats- und Universitätsbibliothek Hamburg
UB Gießen	Universitätsbibliothek Gießen

I Einleitung

Die Frömmigkeitsbewegung der Devotio moderna übt auf die Forschung seit langem eine besondere Anziehungskraft aus. Wenn nun einer langen Reihe von Arbeiten ein weiterer Mosaikstein hinzugefügt werden soll, bedarf dies einer kurzen forschungsgeschichtlichen Einordnung. Im 19. Jahrhundert begann eine intensive Beschäftigung mit der Devotio moderna, wobei zunächst besonders nach dem Stellenwert dieser für die Geistes- und Kirchengeschichte der Niederlande und der benachbarten westfälischen und niederrheinischen Gebiete wichtigen Bewegung gefragt wurde.[1] Unter Betonung neuzeitlicher Perspektiven wurde die Devotio moderna als wichtige Etappe auf dem Weg zu einer modernen, reformatorischen Frömmigkeit beurteilt und als Ausgangspunkt für Reformation, Humanismus, Täufertum und sogar für den Pietismus reklamiert.[2] Die Brüder vom Gemeinsamen Leben oder die Fraterherren, wie man sie auch zu nennen pflegt, wurden aufgrund ihrer Kritik am Mönchtum, ihrer Schriftbezogenheit, verbunden mit einer ausgeprägten Christozentrik, und ihrer verinnerlichten Frömmigkeit gegenüber einer streng formal aufgefaßten Buß- und Sakramentalpraxis der Kirche als *Streiter wider das Papsttum*, als *Reformatoren vor der Reformation* und damit als Wegbereiter des neuen Glaubens in Nordwesteuropa gewürdigt.[3] Eine radikale Wende in dieser Frage vollzog der Nimweger Kirchenhistoriker Regner Post, der den orthodoxen Charakter der Brüder betonte und nachweisen konnte, daß die Bewegung vielmehr in die Tradition der römisch-katholischen Kirche eingebunden war.[4] Die Auseinandersetzung wird inzwischen jedoch ausgewogener ge-

---

[1] Einen Überblick vor allem über die niederländische Forschung bieten: DOLS, J. M. E.: Bibliografie der moderne devotie. Nijmwegen [3]1941. ALBERTS, Wybe Jappe: Zur Historiographie der Devotio moderna und ihrer Entstehung. In: Westfälische Forschungen 11, 1958, S. 51–67. PERSOONS, Ernst: Recente publicaties over de moderne devotie (1959–1972). Löwen 1972. WEILER, Anton G.: Recent historiography on the Modern Devotion. Some debated questions. In: Archief voor de geschiedenis van de Katholieke Kerk in Nederland 26, 1984, S. 161–179.

[2] ELM, Kaspar: Die Bruderschaft vom gemeinsamen Leben. Eine geistliche Lebensform zwischen Kloster und Welt. Mittelalter und Neuzeit. In: Ons Geestelijk Erf 59, 1985, S. 470–496, hier S. 470f.

[3] ULLMANN, Carl: Reformatoren vor der Reformation, vornehmlich in Deutschland und den Niederlanden. 2 Bände. Hamburg 1842. HYMA, Albert: The Christian renaissance. A history of the Devotio moderna. Grand Rapids, Michigan 1924, [2]1965. BARNIKOL, Ernst: Luther in Magdeburg und die dortige Brüderschule. In: Theologische Arbeiten aus dem Rheinischen Wissenschaftlichen Predigerverein NF 17, 1917, S. 1–62. KEKOW, Rudolf: Luther und die Devotio moderna. [Diss.] Hamburg 1937.

[4] POST, Regner Richard: The modern devotion. Confrontation with reformation and humanism. Leiden 1968. (Studies in medieval and reformation thought 3).

führt, da der Devotio moderna zwar durchaus gewisse Einflüsse auf die Reformation zugestanden werden, ihr aber keinesfalls eine grundlegende, initiatorische Wirkung zugeschrieben wird.[5]

Von einem ähnlichen Gegensatz geprägt war die Diskussion über das Verhältnis der Devotio moderna zum Humanismus. Paul Mestwerdt formulierte die These, daß der nordeuropäische Humanismus unmittelbar aus der Devotio moderna hervorgegangen sei.[6] Die Brüder hätten die Klassik von Plato bis Cicero verehrt, die Geisteskultur gefördert, ein Volksbildungsprogramm aufgestellt und durch eine intensive Lehrtätigkeit an neu gegründeten Schulen verbreitet. Etwas zurückhaltender argumentierte Willem Lourdaux, der den Humanismus nur teilweise auf die Devotio moderna zurückführte.[7] Auch in dieser Frage war es Regner Post, der jeden Zusammenhang ablehnte, da die Lehrtätigkeit der Fraterherren – vor allem in der frühen Phase ihrer Geschichte – insgesamt überschätzt worden sei.[8]

Im Umfeld dieser beiden Kristallisationspunkte, Reformation und Humanismus, war schon früh eine breite Forschungsliteratur mit einer Fülle von Einzeluntersuchungen entstanden, die den verschiedensten Aspekten gewidmet waren. Den Schwerpunkt bildeten zu Beginn des 19. Jahrhunderts Forschungen über die niederländische Bewegung.[9] Die Entwicklung der deutschen Brüderhäuser wurde zunächst vernachlässigt, da man glaubte, die Ergebnisse der niederländischen Forschung auch auf Deutschland übertragen zu können.[10] Bahnbrechend wirkte hier erst die Arbeit von Ludwig Theodor Schulze, der einen ersten Überblick über die deutschen Bruderhäuser vorlegte.[11] Es folgten nun wichtige Detailstudien und Editionen, namentlich die von Richard Doebner 1903 herausgegebene Hildesheimer Überlieferung, die mit den Annalen des Rektors Peter Dieburg und den Protokollen des Münsterschen Kolloquiums zwei zentrale Quellen zur deutschen

---

[5] Mokrosch, Reinhold: Devotio moderna. In: Theologische Realenzyklopädie. Band 8, Berlin 1981, S. 605–616, hier S. 616.

[6] Mestwerdt, Paul: Die Anfänge des Erasmus. Humanismus und „Devotio Moderna". Leipzig 1917. (Studien zur Kultur und Geschichte der Reformation 2).

[7] Lourdaux, Willem: Moderne Devotie en Christelijk Humanisme. De Geschiedenis van Sint-Maarten te Leuven van 1433 tot het einde der XVIe eeuw. Löwen 1967.

[8] Post, Modern devotion, S. 630, 676. – Vgl. zu dieser Frage zuletzt Staubach, Nikolaus: Christianam sectam arripe: Devotio moderna und Humanismus zwischen Zirkelbildung und gesellschaftlicher Integration. In: Garber, Klaus (Hg.): Europäische Sozietätsbewegung und demokratische Tradition. Die europäischen Akademien der Frühen Neuzeit zwischen Frührenaissance und Spätaufklärung. Band 1. Tübingen 1996. (Frühe Neuzeit 26), S. 112–167. Staubach (S. 157) sieht eine Etikettierung der Devotio Moderna als „humanisme chrétien" oder „Christian Renaissance" nicht gerechtfertigt, weist aber gleichwohl auf Gemeinsamkeiten zum Humanismus hin.

[9] Delprat, Guillaume Henri Marie: Verhandeling over de broederschap van G. Groote en over den invloed der fraterhuizen op den wetenschappelijken en godsdienstigen toestand, voornamelijk van de Nederlanden na de veertiende eeuw. Arnheim 1830, ^{2}1856.

[10] Vgl. Ullmann, Reformatoren.

[11] Schulze, Ludwig Theodor: Brüder des gemeinsamen Lebens. In: Realencyclopädie für protestantische Theologie. Band 3, Leipzig ^{3}1897, S. 472–507 und Erg.-Bd. 23, ^{3}1913, S. 260–269.

Brüderbewegung umfaßte.[12] Ernst Barnikol veröffentlichte 1917 mit seinen *Studien zur Geschichte der Brüder vom gemeinsamen Leben* eine grundlegende Darstellung über die norddeutsche Brüderbewegung und deren Verbandsbildung innerhalb des Münsterschen Kolloquiums, die über den früheren Forschungsstand weit hinausging und in vielen Teilen noch heute Geltung besitzt.[13]

Erst in den fünfziger Jahren wurde in drei Arbeiten wieder der Versuch unternommen, die deutsche Brüderbewegung – diesmal auch unter Berücksichtigung der oberdeutschen Gründungen – insgesamt darzustellen. Es handelt sich dabei um die beiden bedauerlicherweise ungedruckt gebliebenen Dissertationen von Bernhard Windeck und Irene Crusius.[14] Beide Arbeiten konnten durch archivalische Forschungen den früheren Kenntnisstand erweitern, wobei sich Crusius besonders der rechtlich-organisatorischen Einordnung der Brüderhäuser widmete. Fast zeitgleich legte William Landeen eine zweiteilige Untersuchung über die Entwicklung der *Devotio moderna in Germany* vor.[15] Trotz der Fortschritte war jedoch deutlich geworden, daß eine Zusammenfassung in der Art, wie sie Regner Post für die Niederlande vorgelegt hatte, noch nicht möglich war.[16] Windecks Einschätzung, daß *eine endgültige Gesamtdarstellung und ein abschließendes Urteil über die ganze Geschichte der deutschen Brüderbewegung erst dann möglich sein wird, wenn noch genauer die prinzipiellen Differenzen und lokalen Verschiedenheiten der einzelnen deutschen Häuser sowie die Entwicklung* der Verbände erforscht sein werden, gilt auch heute noch. Diesem Ziel diente auch das von Wolfgang Leesch, Ernest Persoons und Anton G. Weiler herausgegebene *Monasticon Fratrum Vitae Communis*, das einen umfassenden Überblick über Quellen, Literatur, Handschriften sowie die wichtigste Literatur zu den einzelnen Häusern bietet und zugleich *Anregungen zur monographischen Beschäftigung mit den einzelnen Fraterhäusern geben* will.[17] Dabei wurde aber noch einmal deutlich, daß längst nicht alle Häuser eine vergleichbare Über-

---

[12] DOEBNER, Richard: Annalen und Akten der Brüder des gemeinsamen Lebens im Lüchtenhofe zu Hildesheim. Hannover, Leipzig 1903. (Quellen und Darstellungen zur Geschichte Niedersachsens 9).

[13] BARNIKOL, Ernst: Studien zur Geschichte der Brüder vom gemeinsamen Leben. Die erste Periode der deutschen Brüderbewegung: Die Zeit Heinrichs von Ahaus. Ein Beitrag zur Entwicklung und Organisation des religiösen Lebens auf deutschem Boden im ausgehenden Mittelalter. Tübingen 1917. (Ergänzungsheft der Zeitschrift für Theologie und Kirche 1917).

[14] WINDECK, Bernhard: Die Anfänge der Brüder vom gemeinsamen Leben in Deutschland. [Diss.] Bonn 1951. CRUSIUS, Irene: Die Brüder vom gemeinsamen Leben in Deutschland. Zur rechtlichen Entwicklung der religiösen Genossenschaften im späten Mittelalter. [Diss.] Göttingen 1961.

[15] LANDEEN, William M.: The beginnings of the Devotio moderna in Germany. In: Research Studies of the State College of Washington 19, 1951, S. 162–202; 19, 1951, S. 221–253; 21, 1953, S. 275–309; 22, 1954, S. 57–75. LANDEEN, William M.: Gabriel Biel and the Devotio Moderna in Germany. In: Research Studies of the State College of Washington 27, 1959, S. 135–176; 27, 1959, S. 177–213; 28, 1960, S. 21–45; 28, 1960, S. 61–95.

[16] POST, Modern Devotion.

[17] MONASTICON FRATRUM VITAE COMMUNIS. Herausgegeben von Wolfgang LEESCH, Ernest PERSOONS und Anton G. WEILER. Teil 2: Deutschland. Brüssel 1979. (Archives et Bibliothèques de Belgique. No Spécial 19).

lieferungslage aufweisen wie Hildesheim. Einen ähnlich umfangreichen Quellenbestand sowohl in wirtschafts- als auch geistesgeschichtlicher Hinsicht bietet nur das Haus in Herford.[18] Eine wichtige Studie zur Geschichte der norddeutschen Brüderhäuser im 16. Jahrhundert legte Ulrich Hinz vor, der am Beispiel des Münsterschen Kolloquiums vor allem das Verhältnis der Brüder vom Gemeinsamen Leben zur Reformation sowie den Niedergang der Fraterhäuser untersuchte.[19] Hinz konnte zeigen, daß zu Beginn der Reformation zwar zahlreiche Fraterherren mit der neuen Lehre sympathisierten, sich aber von ihr spätestens nach Luthers Bruch mit dem Papsttum abwandten. Eine Beteiligung der Fraterherren bei der Einführung der Reformation in den Städten konnte nicht nachgewiesen werden.[20]

Die württembergischen Stifte wurden erstmals 1913 im Rahmen einer Dissertation von Otto Meyer bearbeitet.[21] Zu einer eingehenderen Untersuchung kam es wieder durch Wilfried Schöntag, der die entsprechenden Häuser für das *Monasticon* bearbeitete. Daraus entstanden weitere Beiträge, die vor allem den *Anfängen* und der *Aufhebung* der württembergischen Stifte gewidmet waren.[22] Diese beiden Bereiche spiegeln auch die archivalische Überlieferung wieder. Es handelt sich in der Regel um Bestände, die schon früh – vielleicht im Zusammenhang mit der Reformation – erheblich dezimiert worden waren. Erhalten haben sich darin vor allem Urkunden zur Gründung und Aufhebung sowie über Rechts- und Güterangelegenheiten der Häuser, wie z.B. Einkünfteverzeichnisse, Zinsverschreibungen, Kaufverträge und Lagerbücher, die außerdem zum größeren Teil erst im Zusammenhang mit der nachreformatorischen Verwaltung entstanden sind. Es fehlen dagegen Quellen, die über die personelle Zusammensetzung, über die innere Struktur und das geistige Leben Aufschluß geben könnten. Statuten, liturgische Verzeichnisse, Visitationsberichte, Matrikel oder Bibliothekskataloge sind für die württembergischen Stifte nicht überliefert. Da dieser Befund nicht nur für die

---

[18] Vgl. die umfangreiche Edition: LEESCH, Wolfgang: Das Fraterhaus zu Herford. Teil I: Inventar, Urkunden, Amtsbücher. Münster 1974. STUPPERICH, Robert: Das Fraterhaus zu Herford. Teil II: Statuten, Bekenntnisse, Briefwechsel. Münster 1984. (Veröffentlichungen der Historischen Kommission für Westfalen 35) (Quellen zur Geschichte der Devotio Moderna in Westfalen 1).

[19] HINZ, Ulrich: Die Brüder vom Gemeinsamen Leben im Jahrhundert der Reformation. Das Münstersche Kolloquium. Tübingen 1997. (Spätmittelalter und Reformation N.R. 9).

[20] HINZ, Brüder vom Gemeinsamen Leben, bes. S. 282–287.

[21] MEYER, Otto: Die Brüder des gemeinsamen Lebens in Württemberg. [Diss. Tübingen 1913]. In: Blätter für württembergische Kirchengeschichte NF 17, 1913, S. 97–138; 18, 1914, S. 142–160.

[22] SCHÖNTAG, Wilfried: Die Anfänge der Brüder vom gemeinsamen Leben in Württemberg. Ein Beitrag zur vorreformatorischen Kirchen- und Bildungsgeschichte. In: Archiv für Diplomatik 23, 1977, S. 459–485. [nochmals abgedruckt in: Aus Geschichte und ihren Hilfswissenschaften. Festschrift für Walter Heinemeyer. Marburg 1979. (Veröffentlichungen der Historischen Kommission für Hessen 40), S. 459–485]. SCHÖNTAG, Wilfried: Die Aufhebung der Stifte und Häuser der Brüder vom gemeinsamen Leben in Württemberg. Ein Vorbote der Reformation? In: Zeitschrift für württembergische Landesgeschichte 38, 1979, S. 82–96. SCHÖNTAG, Wilfried: Die Kanoniker und Brüder vom gemeinsamen Leben in Württemberg. In: Rottenburger Jahrbuch für Kirchengeschichte 11, 1992, S. 197–208.

württembergischen, sondern teilweise auch für die anderen Häuser zutrifft, die zusammen das Oberdeutsche Generalkapitel bildeten, war eine Standortbestimmung dieses Verbandes nur in unbefriedigender Weise möglich. Ebenso konnte ein ausgewogener Vergleich mit dem Münsterschen Kolloquium, dessen Statuten und Beschlüsse in Editionen vorliegen, hinsichtlich der Organisationsstruktur nicht durchgeführt werden. Die Quellenlage führte auf der einen Seite dazu, daß einzelne Ergebnisse der Brüderforschung einfach auf die oberdeutschen Stifte übertragen wurden. Andererseits wurden diese Niederlassungen, die Gabriel Biel von Anfang an in Form von Kollegiatstiften organisierte, von der übrigen Brüderbewegung strikt abgesondert. Der Schritt an die Stiftskirche wurde als Anpassung an überkommene kirchliche Formen, als Klerikalisierung der Devotio moderna und schließlich als Abkehr vom ursprünglichen Ideal gewertet.[23]

Mit der vorliegenden Arbeit kann nun zumindest eine Quellenlücke geschlossen werden, da eine umfangreiche Handschrift mit den Statuten des Oberdeutschen Generalkapitels aufgefunden wurde.[24] Unter Einbeziehung der erhaltenen Statuten des Stifts St. Peter sind jetzt erstmals genauere Untersuchungen über die Organisation des Verbandes und die Struktur der angeschlossenen Häuser möglich. Außerdem läßt sich nun in einem Vergleich des Münsterschen Kolloquiums mit dem Oberdeutschen Generalkapitel die Frage beantworten, ob Gabriel Biel bei der organisatorischen Gestaltung des Generalkapitels völlig neue Wege beschritten oder auf traditionelle Strukturen der Devotio moderna zurückgegriffen hat.

In diesem Zusammenhang spielt auch das Selbstverständnis innerhalb der Devotio moderna eine wichtige Rolle. Kaspar Elm hat deutlich gemacht, daß die Brüder ihre Lebensform nicht als Neuschöpfung, sondern im Rückgriff auf die christliche Urgemeinde vielmehr als Erneuerung bewährter Formen verstanden.[25] Aus einem solchen Verständnis heraus entstanden auch die rechtlichen und organisatorischen Strukturen der Brüderbewegung. Will man diese Fragestellung nach der Interdependenz von Selbstverständnis und statutarischer Umsetzung auf das Oberdeutsche Generalkapitel anwenden, muß Gabriel Biel als Initiator und Gestalter dieses Verbandes stärker in den Mittelpunkt gerückt werden, wie es Irene Crusius jüngst angeregt hat.[26] Gabriel Biel wurde nämlich bisher viel stärker als Theologe, denn als Fraterherr gewürdigt.[27] Seine Schriften, in denen er ausführ-

---

[23] Post, Modern Devotion, S. 444, 449ff., 487. Nottarp, Hermann: Die Brüder vom gemeinsamen Leben. In: Zeitschrift der Savigny-Stiftung für Rechtsgeschichte KA 32, 1943, S. 384–418, hier S. 408. Windeck, Anfänge, S. 67.

[24] SUB Hamburg, Cod. theol. 4° 1567.

[25] Elm, Bruderschaft.

[26] Crusius, Irene: Gabriel Biel und die oberdeutschen Stifte der Devotio moderna. In: Cauchies, Jean-Marie (Hg.): La dévotion moderne dans les pays bourguignons et rhénans des origines à la fin du XVIe siècle. Neuchatel 1989. (Publication du Centre Européen d'Études Bourguignonnes (XIVe–XVIe s.) 29), S. 77–87. Die gleiche Thematik etwas ausführlicher: Crusius, Irene: Gabriel Biel und die oberdeutschen Stifte der Devotio moderna. In: Crusius, Irene (Hg.): Studien zum weltlichen Kollegiatstift in Deutschland. Göttingen 1995, S. 298–322.

[27] Vgl. Oberman, Heiko Augustinus: Der Herbst der mittelalterlichen Theologie. Zürich 1965. (Spätscholastik und Reformation 1). Oberman, Werden und Wertung.

lich zur *vita communis* sowie zu den Brüdern vom Gemeinsamen Leben und ihrem Selbstverständnis Stellung nimmt, bilden gleichsam den geistesgeschichtlichen Hintergrund für die organisatorische Gestaltung des Generalkapitels und werden deshalb in die vorliegende Untersuchung einbezogen. Auch hier wird zu prüfen sein, inwieweit Biel der älteren Brüdertradition verpflichtet war.

Das Oberdeutsche Generalkapitel war jedoch hinsichtlich seiner Zielsetzung und organisatorischen Gestaltung nicht allein durch Gesichtspunkte bestimmt, die innerhalb der Brüderbewegung lagen. Ebenso wichtig waren die Erwartungen, die nun von den Stiftern, also „von außen", an die Devotio moderna gerichtet wurden. Hier stellt sich die Frage, welche Rolle die Brüder bei den Reformplänen des württembergischen Grafen, Eberhard im Bart, gespielt haben, und auf welche Weise diese Pläne umgesetzt werden sollten.[28] Von zentraler Bedeutung war dabei die Organisationsform des weltlichen Kollegiatstifts, dessen Verfassung sowohl Gabriel Biel als auch Eberhard im Bart flexibel genug erschien, um die Ideale der Devotio moderna mit den landesherrlichen Vorstellungen in Einklang zu bringen. Anhand der oberdeutschen Statuten kann nun auch beantwortet werden, mit welchen Strukturen eine solche Koalition zu verwirklichen versucht wurde.

---

[28] Vgl. zu diesem Komplex STIEVERMANN, Dieter: Landesherrschaft und Klosterwesen im spätmittelalterlichen Württemberg. Sigmaringen 1989. STIEVERMANN, Dieter: Die württembergischen Klosterreformen des 15. Jahrhunderts. Ein bedeutendes landeskirchliches Strukturelement des Spätmittelalters und ein Kontinuitätsstrang zum ausgebildeten Landeskirchentum der Frühneuzeit. In: Zeitschrift für württembergische Landesgeschichte 44, 1985, S. 65–103. NEIDIGER, Bernhard: Das Dominikanerkloster Stuttgart, die Kanoniker vom gemeinsamen Leben in Urach und die Gründung der Universität Tübingen. Konkurrierende Reformansätze in der württembergischen Kirchenreformpolitik am Ausgang des Mittelalters. Stuttgart 1993. (Veröffentlichungen des Archivs der Stadt Stuttgart 58).

II Die geschichtliche Entwicklung der Brüder vom Gemeinsamen Leben

1 Geert Grote und die Anfänge in den Niederlanden

Ihren Ursprung hatten die Brüder vom Gemeinsamen Leben in den Niederlanden.[1] Dort entstand gegen Ende des 14. Jahrhunderts in den Städten Deventer, Kampen und Zwolle die geistliche Reformbewegung der *Devotio moderna*, die auf eine ganz persönliche, innere Frömmigkeit abzielte. Am Anfang dieser Bewegung standen der Bußprediger Geert Grote[2] (1340–1384) und dessen Schüler Florens Radewijns (1350–1400). Grote stammte aus einer vermögenden Patrizierfamilie in Deventer und erlangte nach verschiedenen Studien in Paris, Köln und Prag 1368 ein Kanonikat in Aachen und 1371 in Utrecht. Nach einer schweren Erkrankung änderte er sein Leben radikal: er verzichtete auf seine geistlichen Stellen, stellte sein Haus in Deventer frommen Frauen, die ein klosterähnliches Leben führten, zur Verfügung und übertrug den Großteil seines Vermögens dem Kartäuserkloster Monnikenhuizen bei Arnheim, wohin er sich für drei Jahre als Gast zurückzog. Nach diesem Aufenthalt trat Grote in zahlreichen Predigten für eine Reform des klösterlichen Lebens und für den freiwilligen Besitzverzicht ein. In der Folge seiner Predigttätigkeit bildete sich bald ein Kreis von Anhängern und Schülern, der sich regelmäßig bei Grote zum Gebet und zur gegenseitigen Erbauung traf. Aus diesen Zusammenkünften entwickelte sich eine Gemeinschaft von

---

[1] MOKROSCH, Devotio moderna. ISERLOH, Erwin: Die Devotio Moderna. In: JEDIN, Hubert (Hg.): Handbuch der Kirchengeschichte III,2. Freiburg 1968, S. 516–538. HAASS, Robert: Devotio moderna. In: Lexikon für Theologie und Kirche. Band 3. Freiburg ²1959, Sp. 314. STUPPERICH, Robert: Brüder und Schwestern vom gemeinsamen Leben. In: Lexikon des Mittelalters. Band 2. München 1983, Sp. 733–736. HAASS, Robert: Brüder vom gemeinsamen Leben. In: Lexikon für Theologie und Kirche. Band 2. Freiburg ²1958, Sp. 722f. BARNIKOL, Ernst: Brüder vom gemeinsamen Leben. In: Die Religion in Geschichte und Gegenwart. Band 1. Tübingen ³1957, Sp. 1434–1435. – Zum niederländischen Ursprung der Brüder vom gemeinsamen Leben vgl. besonders BRUIN, Cebus C. de – PERSOONS, Ernest – WEILER, Antoon G.: Geert Grote en de Moderne Devotie. Zutphen 1984. ANDRIESSEN, J. (Hg.): Geert Grote & moderne devotie. Voordrachten gehouden tijdens het Geert Grote Congres, Nimwegen 27.–29. Sept. 1984. Nimwegen 1984. (Middeleeuwse studies 1). EPINEY-BURGARD, Georgette: Gérard Grote (1340–1384) et les Débuts de la Dévotion moderne. Wiesbaden 1970. (Veröffentlichungen des Instituts für Europäische Geschichte Mainz 54 Abt. Abendländische Religionsgeschichte). POST, Modern devotion.

[2] GRUBE, Karl: Gerhard Groot und seine Stiftungen. Köln 1883. ZIJL, Theodore P. van: Gerard Groote, ascetic and reformer (1340–1384). Washinton D.C. 1963.

Klerikern und Laien, die nach dem Tode Geert Grotes im Haus des Florens Radewijns fortgeführt wurde.[3]

Die Brüder führten in Deventer ein gemeinsames Leben in Armut und Bescheidenheit und erwirtschafteten ihren Lebensunterhalt durch eigene Arbeit, insbesondere mit dem Abschreiben von Büchern. Bei ihrem Eintritt legten sie kein Gelübde ab, sondern es genügten der Vorsatz und das Versprechen, keusch, einmütig und in Gemeinschaft zu leben. Der Tageslauf war geprägt durch Gebete, erbauliche Übungen und die gemeinsame Arbeit. Ein wichtiges Merkmal waren auch die *collationes*, die in Form einer biblischen Lesung und einem anschließenden Gespräch sowohl für Hausmitglieder als auch für Auswärtige abgehalten wurden. Die Brüder selbst sahen in diesem *status medius*, den sie zwischen den *saeculares saeculariter viventes* und dem *status religiosorum* einordneten, keine Neuerung, sondern die Nachahmung der Gemeinschaft Christi und seiner Apostel (*ecclesia primitiva*).[4] Den Unterschied zum Klosterleben hat Kaspar Elm auf die treffende Formel gebracht: *Hier die Unterordnung, dort die Gleichheit, hier die potestas, dort die caritas, hier die oboedientia, dort die libertas.*[5] Die Brüder selbst verstanden den Begriff *Devotio moderna*, als eine subjektive, verinnerlichte Frömmigkeit, die auf die Urkirche (*devotio antiqua*) als Bezugspunkt ausgerichtet ist. Das Adjektiv *moderna* wurde dabei nicht antithetisch aufgefaßt, sondern im Sinne einer Erneuerung und Restauration.[6]

Wie attraktiv diese *via media* für die Zeitgenossen war, wird durch die schnelle Ausbreitung der Bewegung augenfällig.[7] Ausgehend von Deventer folgten in den Niederlanden Bruderhäuser in Zwolle (1394), Amersfoort (1395), Kampen und Horn. Zu Beginn des 15. Jahrhunderts entstanden in rascher Folge Fraterhäuser in Utrecht, Nimwegen, Delft, Groningen, Hulsbergen, Doesberg und Gouda, aber auch im Süden, in Gent, Brüssel, Antwerpen und Mecheln. Nach 1409 kam es zu einem lockeren Zusammenschluß der niederländischen Häuser im sogenannten *Colloquium Zwollense*, zu dem sich die Rektoren einmal jährlich in Zwolle trafen. Dabei wurden gemeinsame Probleme erörtert, Beschlüsse gefaßt und die Visitatoren für die einzelnen Häuser bestimmt.[8]

---

[3] Zu Geert Grote und seinem Anliegen von der Verwirklichung des Ideals der christlichen Vollkommenheit vgl. STAUBACH, Christianam sectam arripe, vor allem S. 118–125.

[4] HYMA, Albert (Hg.): Het traktaat „Super modo vivendi devotorum hominum simul commorantium“, door Gerard Zerbolt van Zutphen. In: Archief voor de Geschiedenis van het Aartsbisdom Utrecht 52, 1926, S. 1–100, hier S. 7. Vgl. ELM, Bruderschaft, S. 476.

[5] ELM, Bruderschaft, S. 484.

[6] DITSCHE, Magnus: Zur Herkunft und Bedeutung des Begriffs Devotio Moderna. In: Historisches Jahrbuch 79, 1960, S. 124–145, bes. S. 130f. DITSCHE, Magnus: Die Ecclesia primitiva im Kirchenbild des hohen und späten Mittelalters. [Diss.] Bonn 1958. KLINKENBERG, Hans-Martin: Die Devotio moderna unter dem Thema „antiqui-moderni“ betrachtet. In: ZIMMERMANN, Albert (Hg.): Antiqui und Moderni. Traditionsbewußtsein und Fortschrittsbewußtsein im späten Mittelalter. Berlin 1974. (Miscellanea Mediaevalia 9), S. 394–419.

[7] Zur Ausbreitung und Filiation der Fraterhäuser vgl. NOTTARP, Brüder. Vgl. bes. die Filiationsübersicht auf S. 395.

[8] Vgl. SCHOENGEN, Michael (Hg.): Jacobus Traiecti alias de Voecht: Narratio de inchoatione domus clericorum in Zwollis. Met akten en bescheiden betreffende dit fraterhuis uitgegeven

Auf Geert Grote gehen jedoch neben den Brüdern vom Gemeinsamen Leben zwei andere Zweige der Devotio moderna zurück. Zum einen entstand als weibliches Pendant die Gemeinschaft der Schwestern vom Gemeinsamen Leben, deren Anfänge in der Gemeinschaft von frommen Frauen liegen, die seit 1374 in Grotes Haus ihren Lebensunterhalt durch Handarbeit oder Krankenpflege erwirtschafteten.[9] Die Schwestern grenzten sich von Anfang an sowohl von der Beginenbewegung als auch vom Klosterwesen ab, indem sie – wie die Brüder – eine *via media* beschritten und gleichzeitig betonten, daß sie damit keinen neuen Orden begründet hätten.[10] An der Wende zum 15. Jahrhundert nahm diese Bewegung einen beeindruckenden Aufschwung, so daß zunächst im niederländischen Raum in rascher Folge, dann auch in Norddeutschland, mit einem besonderen Schwerpunkt am Nieder- und Mittelrhein um die Mitte des 15. Jahrhunderts schon über achtzig Schwesternhäuser gegründet waren. Als Initiatoren traten hierbei Kleriker, Adlige, aber auch Bürger auf, die den Schwestern meist ein Haus zur Verfügung stellten.[11]

Zum anderen bildete sich mit der Gründung des Augustinerchorherrenstifts Windesheim ein weiterer Zweig der Devotio moderna aus, in dem die Ziele und die Frömmigkeit der Brüder vom Gemeinsamen Leben mit der monastisch regulierten Lebensform verbunden wurden.[12] Geert Grote war sich sehr wohl bewußt, daß die Brüder vom Gemeinsamen Leben auch künftig Gefahren, wie etwa dem Vorwurf der Häresie, ausgesetzt sein würden, und riet deshalb zur Gründung eines Klosters, damit die Brüder in Zeiten der Not eine Zufluchtstätte hätten. Drei Jahre nach Grotes Tod gründeten einige Brüder 1387 in Windesheim bei Zwolle ein Kloster nach der sogenannten Augustinerregel, das aufgrund seiner spezifischen Lebensform einen enormen Zulauf von Brüdern hatte, die sich dem Ordensleben verpflichtet fühlten.[13] Bereits 1395 bildeten Windesheim, Marienborn und Nieuwlicht die Windesheimer Kongregation, der sich bis zum Ende des 15. Jahrhunderts 87 Klöster angeschlossen hatten. Ihre enorme Ausstrahlung ist nicht zuletzt auf die großangelegte Ordensreform in den Bistümern Hildesheim, Halberstadt und

---

door M. Schoengen. Amsterdam 1908. (Historisch Genootschap [Utrecht], Werken 3,13), hier S. CXCVIff.

[9] Vgl. Post, Modern devotion, S. 259–269. Rehm, Gerhard: Die Schwestern vom gemeinsamen Leben im nordwestlichen Deutschland. Untersuchungen zur Geschichte der Devotio moderna und des weiblichen Religiosentums. Berlin 1985. (Berliner Historische Studien 11) (Ordensstudien 5), S. 59–61.

[10] Post, Regner Richard: De statuten van het Mr. Geertshuis te Deventer. In: Archief voor de Geschiedenis van het Aartsbisdom Utrecht 71, 1952, S. 1–46.

[11] Rehm, Schwestern, S. 61–97. (Verbreitungskarte nach S. 98).

[12] Zu den Windesheimern immer noch grundlegend: Acquoy, Johannes Gerardus Rijk: Het klooster te Windesheim en zijn invloed. 3 Bände. Utrecht 1875–80. Kohl, Wilhelm: Die Windesheimer Kongregation. In: Elm, Kaspar (Hg.): Reformbemühungen und Observanzbestrebungen im spätmittelalterlichen Ordenswesen. Berlin 1989. (Berliner Historische Studien 14, Ordensstudien 6), S. 83–108. Hofmeister, Philipp: Die Verfassung der Windesheimer Augustinerchorherrenkongregation. In: Zeitschrift der Savigny-Stiftung für Rechtsgeschichte KA 30, 1941, S. 164–270.

[13] Kohl, Windesheimer Kongregation, S. 87–89.

Verden zurückzuführen, mit deren Durchführung die Windesheimer auf dem Konzil von Basel beauftragt wurden.[14] Der grundlegende Unterschied zu den anderen monastischen Reformbewegungen im Spätmittelalter bestand darin, daß die Windesheimer Kongregation nicht aus einer ordensinternen Reform entstanden ist. *Vielmehr benutzte eine aus der Laienwelt kommende geistliche Erneuerungsbewegung die Augustinerchorherrenstifte als Vehikel, weil deren Ordnung den Leitlinien der Bewegung am nächsten kam.*[15] Die engen Verbindungen dieser aus der gemeinsamen Wurzel entstandenen Gemeinschaften blieben auch später bestehen und kamen u.a. dadurch zum Ausdruck, daß am Münsterschen Kolloquium jeweils zwei Windesheimer Prioren teilnahmen. Oft übernahmen auch die Windesheimer die Visitation von Häusern der Schwestern oder Brüder vom Gemeinsamen Leben.

2 Heinrich von Ahaus und die Ausbreitung der Brüder in Norddeutschland

2.1 Anfänge und rechtliche Sicherung

Noch bevor die meisten Häuser in den Niederlanden gegründet waren, begannen sich die Brüder vom Gemeinsamen Leben auch in Norddeutschland, und hier zunächst in Westfalen auszubreiten.[16] Gingen die Anfänge in Deventer und Zwolle auf Geert Grote und Florens Radewijns zurück, spielte Heinrich von Ahaus (1369/71–1439) bei der Einführung, der rechtlichen Sicherung und der weiteren Gründung von Brüderhäusern in Westfalen, am Niederrhein und sogar in Niedersachsen eine ähnlich entscheidende Rolle, so daß er schon von Zeitgenossen als *magnus reformator et illustrator Westfaliae* bezeichnet wurde.[17] Heinrich, zwischen 1369 und 1371 als unehelicher Sohn Ludolfs von Ahaus geboren, wurde mit 25 Jahren wohl in Münster zum Priester geweiht und mit einem Vikariat am Dom betraut, bevor er auf Veranlassung seiner Tante Jutta, die enge Kontakte zum Schwesternhaus in Deventer pflegte, im Mai 1400 das dortige Brüderhaus besuchte. Die Lebensweise

---

[14] Vgl. GRUBE, Karl: Johannes Busch, Augustinerpropst zu Hildesheim. Ein katholischer Reformator des 15. Jahrhunderts. Zugleich ein Beitrag zur Geschichte der Windesheimer und Bursfelder Congregationen. Freiburg im Breisgau 1881. (Sammlung historischer Bildnisse). GRUBE, Karl (Hg.): Des Augustinerpropstes Johannes Busch Chronicon Windeshemense und Liber de reformatione monasteriorum. Halle 1886. (Geschichtsquellen der Provinz Sachsen und angrenzender Gebiete 19).

[15] KOHL, Windesheimer Kongregation, S. 89, 96.

[16] Grundlegende Darstellungen zur Geschichte der Brüder vom gemeinsamen Leben in Deutschland: BARNIKOL, Studien. LANDEEN, Beginnings. CRUSIUS, Brüder. WINDECK, Anfänge.

[17] Vgl. BARNIKOL, Studien, S. 73. – Zu Heinrich von Ahaus vgl. SCHULZE, Ludwig Theodor: Heinrich von Ahaus, der Stifter der Brüder vom gemeinsamen Leben in Deutschland. In: Zeitschrift für kirchliche Wissenschaft und kirchliches Leben 3, 1882, S. 38–48, 93–104. LÖFFLER, Klemens: Heinrich von Ahaus und die Brüder vom gemeinsamen Leben. In: Historisches Jahrbuch der Görresgesellschaft 30, 1909, S. 762–798. LÖFFLER, Klemens: Neues über Heinrich von Ahaus. In: Westfälische Zeitschrift 74, 1916, S. 229–240. ELM, Kaspar: Heinrich von Ahaus. In: Westfälische Lebensbilder 15, 1990, S. 1–29.

und die Frömmigkeit der Brüder haben ihn dabei so beeindruckt, daß er sich diesen *volkomenen manen* anschloß.[18]

Zur gleichen Zeit hatte sich in Münster um den Kaplan Johann von Steveren eine kleine Gruppe von Priestern und Klerikern gebildet, die in Deventer um Unterstützung bei der Konstituierung ihrer Gemeinschaft baten. Das Deventer Fraterhaus sandte darauf im September 1401 eine kleine Delegation, zu der auch Heinrich von Ahaus gehörte, nach Münster, um der dortigen Gemeinschaft eine Lebensordnung zu geben. Am 26. Oktober 1401 kam es zur eigentlichen Gründung des Bruderhauses in Münster, als sich Johann von Steveren, Bernhard von Holte, Heinrich ton Rode und nun auch Heinrich von Ahaus vor Notaren zur *vita communis* verpflichteten. Die Gründung wurde nach dem Deventer Vorbild in Form einer *donatio inter vivos* vollzogen, in der das Haus auf dem Honekamp und der Besitz aller Beteiligten zum gemeinsamen Eigentum erklärt sowie die Zielsetzung der Gemeinschaft erläutert wurden.[19] Danach sollten zwei oder mehr Priester zusammen mit Klerikern und Laien, die nicht in einen Orden eintreten konnten oder wollten, in Gütergemeinschaft, Demut und Keuschheit Gott dienen, sich gegenseitig unterstützen und nach den Geboten Christi und der Kirche in Tugenden und guten Werken üben. Ebenso verpflichteten sie sich, andere fromme Leute in ihren Kreis aufzunehmen oder zu beherbergen.[20] Mit der Verwaltung des Hauses waren zwei Brüder beauftragt, die jedoch in wichtigen Angelegenheiten alle anderen zu Rate ziehen sollten.[21]

Nach einigen Änderungen der personellen Zusammensetzung und weiteren Schenkungen, die in ähnlicher Form vorgenommen wurden, war die Gründungsphase des Münsterschen Brüderhauses mit dem Umzug in das Haus *Zum Springborn* und der Übernahme der Leitung durch Heinrich von Ahaus spätestens seit 1409 abgeschlossen.[22] Diese Vorgänge, besonders aber die zitierte Urkunde von

---

[18] Barnikol, Studien, S. 21–29. Elm, Heinrich von Ahaus, S. 3–5.

[19] DiözesanA Münster GV U 1396: *[...] libera et spontanea voluntate atque matura deliberatione praehabita donationem inter vivos sibi invicem donaverunt [...] domum [...] omnes etiam ac singulos libros suos [...] clenodia, utensilia et supellectilia universa [...] sicque domus [...] semper debent esse in unitate ipsorum quatuor pro indiviso communes seu communia [...]* – Abgedruckt bei Löffler, Heinrich von Ahaus, S. 792ff. Barnikol, Studien, S. 31f., 160f. hat nachgewiesen, daß diese Urkunde fast wörtlich der Gründungsurkunde von Deventer 1396 folgt.

[20] DiözesanA Münster GV U 1396: *[...] ut videlicet in saepedicta domo debeant continue vel duo vel plures presbyteri cum nonnullis clericis ac uno vel pluribus familiaribus inhabitare, qui quibusdam obstaculis praepediti ad ingressum religionis non sunt idonei [...], sed in ipsa domo perseverant usque ad finem volentes in divino servitio permanere ac in humilitate, castitate, caeteris virtutibus viventes altissimo devotum et debitum persolvere famulatum atque in sociali vita alterutrum onera portantes secundum Christi et ecclesiae mandata se in divino servitio, virtutum studiis et bonis operibus exercere, qui etiam presbyteri et clerici inhabitantes et alios devotos et bonae voluntatis homines hospitandi desiderio ad se convertentes [...] debeant.*

[21] DiözesanA Münster GV U 1396: *Qui quatuor simul unum vel duos inter se [...] ordinabunt, et ille vel illi principaliter quotidianam curam domus [...] habebit et habebunt, sed in magnis et arduis negotiis ad custodiam domus et ceterorum pertinentibus ad alios tres vel duos de praedictis quatuor habebit vel habebunt recursum.*

[22] Crusius, Brüder, S. 25–30. Elm, Heinrich von Ahaus, S. 7f.

1401, die auch als *programmatische Gründungsurkunde der deutschen Brüderbewegung*[23] bezeichnet wurde, lassen wichtige Elemente der frühen Devotio moderna erkennen. Das Bruderhaus in Münster konstituierte sich sowohl nach der Form als auch in der Zielsetzung ganz nach dem niederländischen Vorbild als Gütergemeinschaft, deren Mitglieder ein religiöses Leben nach dem Vorbild der *ecclesia primitiva* führen wollten. Die wirtschaftliche Fundierung der Gründung erfolgte dabei nicht durch Stiftung eines Außenstehenden mit einer entsprechenden Billigung von kirchlicher Seite, sondern aus einem Kreis von devoten Personen, die in einem privatrechtlichen Akt, d.h. in einem Gesellschaftsvertrag, auf ihr Eigentum zugunsten der Gemeinschaft verzichteten. Im Unterschied zu anderen kirchlichen Institutionen basierte das Zusammenleben auf einem Rechtsverhältnis gleichberechtigter Mitglieder. Ebenso war die Verfassung des Hauses in starkem Maß nach genossenschaftlichen Gesichtspunkten ausgerichtet, so daß zunächst ein *primus inter pares* mit Zustimmung der anderen Brüder die Geschäfte führen sollte. Erst im Laufe der Zeit entwickelte sich eine gewisse Hausordnung mit der Ausbildung von fest umrissenen Ämtern. Der leitende Rektor übte dabei keine jurisdiktionelle Gewalt aus, sondern erteilte Ratschläge, denen die Brüder freiwillig, in Form einer *oboedientia caritatis*, folgen sollten. Aus den frühen Urkunden, aber auch aus den Rechtfertigungsschriften geht deutlich hervor, daß die Brüder in dieser rechtlichen Konstruktion hauptsächlich eine Alternative für diejenigen sahen, die nicht in ein Kloster eintreten wollten oder konnten.[24]

Heinrich von Ahaus beschränkte sein Engagement jedoch nicht nur auf das schnell florierende Fraterhaus in Münster. Er bemühte sich vielmehr intensiv, die Brüderbewegung auch in der Umgebung bekannt zu machen, und konnte schon 1416 in Köln eine weitere Niederlassung errichten. Zusammen mit zwei Brüdern aus Münster übernahm er den Hof *Weidenbach*, in dem schon vorher sechs Priester im Geist der Devotio moderna gelebt und sich dann aber für die Windesheimer Richtung entschieden hatten.[25] Bereits 1417 erlaubte der Kölner Erzbischof den Brüdern aufgrund eines Gutachtens der Universität, ein gemeinsames Leben zu führen und einen geeigneten Beichtvater zu wählen.[26] Fünf Jahre später stellte er sogar fest, daß diese Lebensweise aufgrund wiederholter Prüfungen durch Theologen nicht nur erlaubt, sondern sogar verdienstlich sei, und gestattete den Brüdern die Gründung weiterer Niederlassungen in der Erzdiözese Köln.[27] Heinrich von Ahaus selbst leitete das Kölner Fraterhaus, bis es rechtlich gesichert war, und kehrte erst 1424 nach Münster zurück.[28]

---

23 BARNIKOL, Studien, S. 34. CRUSIUS, Brüder, S. 25.

24 Vgl. MONASTICON 2, S. 12f. CRUSIUS, Brüder, S. 31–35.

25 Vgl. MONASTICON 2, S. 116f. CRUSIUS, Brüder, S. 45–49. WINDECK, Anfänge, S. 16–18.

26 1417, März 7. HA Köln, HUA 8766. – Abgedruckt bei KORTH, Leonard: Die ältesten Gutachten über die Brüderschaft des gemeinsamen Lebens. In: Mitteilungen aus dem Stadtarchiv von Köln 5, 1888, S. 1–27, hier S. 23–25.

27 1422, Januar 31. HA Köln, HUA 9810. – Abgedruckt bei KORTH, Gutachten, S. 25–27.

28 ELM, Heinrich von Ahaus, S. 8.

Schon vor seinen Bemühungen in Köln war Heinrich von Ahaus wohl auch an zwei Neugründungen beteiligt, die nur vorübergehend bestehen konnten. Das 1410 eingerichtete Haus in Osterberg mußte schon 1427 wahrscheinlich wegen ungünstiger materieller Bedingungen an Propst und Kapitel der Kreuzherren von Huy übertragen werden.[29] Schwierigkeiten anderer Art ergaben sich im benachbarten Osnabrück. Hier überließ das Kloster Windesheim 1417 dem Priester Johann Gandersen und drei Klerikern ein Haus, um ein gemeinsames Leben zu führen. Ein dauerhaftes Bestehen scheiterte jedoch an dem Widerstand von Rat und Bürgerschaft. Heinrich von Ahaus suchte zwar, durch Entsendung von Münsterschen Brüdern die Osnabrücker Gemeinschaft zu unterstützen, die jedoch nach sechsmaligem Wechsel ihrer Unterkunft um 1426 aufgab.[30] Die meisten Brüder gingen zusammen mit dem Osnabrücker Priester Konrad Westerwolt nach Herford, wo sie im darauffolgenden Jahr ein Fraterhaus gründen konnten.

Die Anziehungskraft und die schnelle Ausbreitung der Brüder in den Niederlanden und in Deutschland waren in der neuen Lebensform begründet. Gleichzeitig lag darin aber auch die Ursache für Kritik und heftige Anfeindung, vor allem seitens der Mendikanten.[31] Aufgrund der nicht eindeutig zu definierenden Rechtsstellung warf man den Brüdern vor, daß sie in unerlaubter Weise einen neuen Orden gegründet hätten und geistliche Funktionen ausübten. In der Tat führten die Brüder ein religiöses Leben, das dem Ordensleben in vielen Punkten glich. Die Zeitgenossen hatten durchaus Schwierigkeiten, zu unterscheiden zwischen der einheitlichen Tracht der Brüder und einem Ordenshabit, zwischen freiwilligem Besitzverzicht und dem Gelübde der Armut, zwischen freiwilligem Gehorsam und der klösterlichen Gehorsamspflicht. Mehrfach wurden die Brüder auch mit den Gemeinschaften der Beginen und Begharden gleichgesetzt und der Häresie verdächtigt. Johannes Busch schildert im Chronicon Windeshemense ausführlich, daß sich schon Geert Grote gegen solche Vorwürfe und Beschuldigungen, die vor allem von Dominikanern vorgebracht wurden, öffentlich verteidigt hatte.[32] Grote betonte, daß die Brüder weder Begharden noch Lollarden seien, sondern lediglich ein priesterliches und geistliches Leben führen würden, das nicht nur dem Kirchenrecht entspreche, sondern von vielen Autoritäten ausdrücklich empfohlen worden

---

[29] MONASTICON 2, S. 201–203. BARNIKOL, Studien, S. 46ff.

[30] MONASTICON 2, S. 199f. BARNIKOL, Studien, S. 56ff.

[31] Vgl. WACHTER, Stephan: Matthäus Grabow, ein Gegner der Brüder vom gemeinsamen Leben. In: Sankt Gabrieler Studien. Wien-Mödling 1939, S. 289–376. KEUSSEN, Hermann: Der Dominikaner Matthäus Grabow und die Brüder vom gemeinsamen Leben. In: Mitteilungen aus dem Stadtarchiv von Köln 5, 1888, S. 29–47 und 93f. KORTH, Gutachten. ELM, Heinrich von Ahaus, S. 20–22.

[32] Vgl. JOHANNES BUSCH, Chronicon Windeshemense III. Ed. GRUBE, S. 256–259: *De fratribus mendicantibus communem vitam modernorum devotorum reprobare conantibus, sed a magistro Gerardo Magno publice convictis.* – Zu Johannes Busch vgl. STAUBACH, Nikolaus: Das Wunder der Devotio moderna. Neue Aspekte im Werk des Windesheimer Geschichtsschreibers Johannes Busch. In: Windesheim 1395–1995. Nimwegen 1996. (Middeleeuwse Studies 12), S. 170–185.

sei.[33] Diese Argumentation hat später auch der Fraterherr Gerhard Zerbolt von Zutphen (1367–1398) aufgegriffen, der in seinem grundlegenden Traktat *Super modo vivendi devotorum hominum simul commorantium*[34] unter Einbeziehung zahlreicher Belegstellen aus der Heiligen Schrift und dem Kirchenrecht das gemeinsame Leben als *via media* rechtfertigte.[35] Aus dieser Schrift bezogen die Brüder später die entsprechenden Belegstellen für die Konzipierung von Urkunden und weitere Verteidigungsschriften.[36]

Die Fraterherren fanden jedoch außerhalb ihrer Reihen auch einflußreiche Fürsprecher und Verteidiger. 1395 bestätigten drei Windesheimer Prioren in einem Gutachten, daß die Brüder weder der Häresie noch anderer Dinge, die gegen das Kirchenrecht verstoßen würden, verdächtigt werden könnten.[37] Zwei Jahre später erklärte der Bischof von Utrecht, Friedrich von Blankenheim, aufgrund mehrerer Gutachten die Lebensweise der Fraterherren für erlaubt.[38] 1413 schließlich baten die Fraterherren den Kardinallegaten Pierre d'Ailly um ein bestätigendes Gutachten, in dem er ausführlich darlegte, daß ihre Lebensweise ehrbar sei und nicht gegen das Kirchenrecht verstoße.[39]

Trotz dieser positiven Stellungnahmen mußten sich die Fraterherren mit hartnäckigen Widersachern auseinandersetzen, namentlich mit dem aus Wismar stammenden Dominikanerlektor Matthäus Grabow, der das gemeinsame Leben in einer umfangreichen Schrift heftig kritisiert hatte.[40] Sie erreichten zwar in einem Prozeß vor dem Utrechter Bischof, den sie selbst angestrengt hatten, die Verurteilung dieser Thesen, doch Grabow beharrte auf seinen Vorwürfen und wandte sich gar an das Konstanzer Konzil.[41] Dort legte er seine Einwände gegen die Brüder in

---

[33] JOHANNES BUSCH, Chronicon Windeshemense III. Ed. GRUBE, S. 257: *Presbiteri autem et clerici prefati neque Bachardi neque Lullardi sunt aut unquam fuerunt [...], sed semper sacerdotaliter et clericaliter iuxta iuris disposicionem vixerunt et vivunt.* Groote verwies besonders auf C. 12, q. 1, c. 2. CIC, ed. FRIEDBERG I, Sp. 676f.: *Communis vita omnibus, fratres, necessaria est, maxime his, qui Deo irreprehensibiliter militare cupiunt et vitam apostolorum eorumque discipulorum volunt imitari.*

[34] GERHARD ZERBOLT VON ZUTPHEN: Super modo vivendi devotorum hominum simul commorantium. Ed. Albert HYMA. In: Archief voor de Geschiedenis van het Aartsbisdom Utrecht 52, 1925, S. 1–100.

[35] Vgl. STAUBACH, Nikolaus: Gerhard Zerbolt von Zutphen und die Apologie der Laienlektüre in der Devotio moderna. In: KOCK, Thomas – SCHLUSEMANN, Rita (Hgg.): Laienlektüre und Buchmarkt im späten Mittelalter. Frankfurt am Main 1997. (Gesellschaft, Kultur und Schrift 5), S. 221–289. STAUBACH, Christianam sectam arripe, S. 128–130. GERRITS, G. H.: Inter timorem et spem. A study of the theological thought of Gerard Zerbolt of Zutphen (1367–1398). Leiden 1986. (Studies in medieval and reformation thought 37). ROOIJ, Joannes van: Gerard Zerbolt van Zutphen. 1: Leven en geschriften. Nimwegen 1936.

[36] Vgl. auch BIEL, Tractatus de communi vita.

[37] Das Gutachten vom 19. Marz 1395 ist abgedruckt bei SCHOENGEN, Jacobus Traiecti, S. 499–501.

[38] Vgl. WACHTER, Matthäus Grabow, S. 316–322. KORTH, Gutachten, S. 14–17.

[39] SCHOENGEN, Jacobus Traiecti, S. 501–511.

[40] Vgl. WACHTER, Matthäus Grabow, S. 323–353. – Vgl. zu den Vorwürfen Grabows STAUBACH, Christianam sectam arripe, vor allem S. 126–128.

[41] Vgl. MAGNUM OECUMENICUM CONSTANTIENSE CONCILIUM. Ed. v. d. HARDT III, Sp. 106–121: *De rebus Matthaei Grabon Dominicani.*

mehreren *conclusiones* vor, die in der Hauptthese gipfelten, daß ein gemeinsames Leben in Armut, Keuschheit und Gehorsam nur innerhalb eines Ordens erlaubt sei.[42] Jeder freiwillige Verzicht auf Eigentum, der nicht an eine Ordensprofeß gebunden war, müsse deshalb als schwere Sünde betrachtet werden. Zur Untersuchung dieser Vorwürfe wurden Gutachten von den bedeutenden Theologen Pierre d'Ailly und Johannes Gerson eingeholt, die beide zu dem Schluß kamen, daß im Gegenteil die Schrift Grabows häretisch und deshalb zu verbrennen sei. Bei der öffentlichen Verhandlung am 3. April 1418 in Konstanz waren Johannes Vos und Johannes Wael, die Prioren von Windesheim und Zwolle, sowie Heinrich von Ahaus als Vertreter der Devotio moderna anwesend.

Die Verurteilung der Thesen Grabows bedeutete indirekt auch die Bestätigung der Fraterherren, mit der sich Heinrich von Ahaus jedoch nicht zufrieden gab. Er versuchte darüber hinaus, päpstliche Bestätigungen zu erwirken, die nicht nur den rechtlichen Bestand der Brüder sicherten, sondern ihnen auch weiterreichende Funktionen im geistlichen Bereich ermöglichten. Am 2. November 1424 bestätigte Papst Martin V. die Gemeinschaft in Münster und bestellte den Prior von Windesheim zum apostolischen Visitator, der die Bulle am 3. März vollzog.[43] Im gleichen Jahr gestattete der Papst auf Bitten Heinrichs, daß die Brüder an einem Tragaltar die Messe lesen dürften, und daß sie sich einen Seelsorger für das Haus wählen konnten.[44] Schließlich durften die Brüder nach dem Erwerb eines Nachbarhauses sogar eine eigene Kapelle errichten.[45]

Nachdem die Brüderhäuser in Münster, Köln und Herford durch päpstliche bzw. bischöfliche Bestätigungen rechtlich gesichert waren, kam es zu einer weiteren Gründung in Wesel. Dort war Heinrich von Ahaus zuerst an der Umwandlung eines ehemaligen Beginenhauses in ein Schwesternhaus der Devotio moderna beteiligt, dessen Gründung 1431 abgeschlossen war. Er selbst nahm an der jährlichen Visitation teil und entsandte den Münsterschen Prokurator Hermann von Wernen als Beichtvater für die Herforder Schwestern. Wahrscheinlich wurde auch schon früh die Gründung eines Bruderhauses erwogen, die 1436 realisiert werden konnte, nachdem der Münstersche Bruder Johannes Kolck ein Haus in Wesel geerbt hatte. Das Fraterhaus in Münster konnte auch das Nachbarhaus erwerben und den Brüdern in Wesel übergeben. Aufgrund dieser materiellen und personellen Vorleistungen wurde die neue Gründung ganz besonders eng an das Münstersche

---

[42] MAGNUM OECUMENICUM CONSTANTIENSE CONCILIUM, Cap. I. Ed. v. d. HARDT III, Sp. 106–111: *Quarum una principalis est, ex qua aliae deducuntur exceptis paucis. Nullus potest licite et meritorie immo nec veraciter oboedientiae, paupertatis et castitatis universalia consilia coniunctim extra veras religiones manendo adimplere.* Vgl. auch KEUSSEN, Dominikaner Matthäus Grabow, S. 37.

[43] DiözesanA Münster, GV U 1427 und U 1431. – Vgl. HÖING, Hubert: Kloster und Stadt. Vergleichende Beiträge zum Verhältnis Kirche und Stadt im Spätmittelalter, dargestellt besonders am Beispiel der Fraterherren in Münster. Münster 1981. (Westfalia Sacra, Quellen und Forschungen zur Kirchengeschichte Westfalens 7), hier S. 21. LÖFFLER, Heinrich von Ahaus, S. 772.

[44] DiözesanA Münster, GV U 1428 (Papst Martin V. für Münster; 1425 Januar 5). – Vgl. HÖING, Kloster und Stadt, S. 21. LÖFFLER, Heinrich von Ahaus, S. 773.

[45] DiözesanA Münster, GV U 1441 (Papst Eugen IV. für Münster; 1431 Oktober 25). – Vgl. HÖING, Kloster und Stadt, S. 21.

Filiationsübersicht der deutschen Bruderhäuser

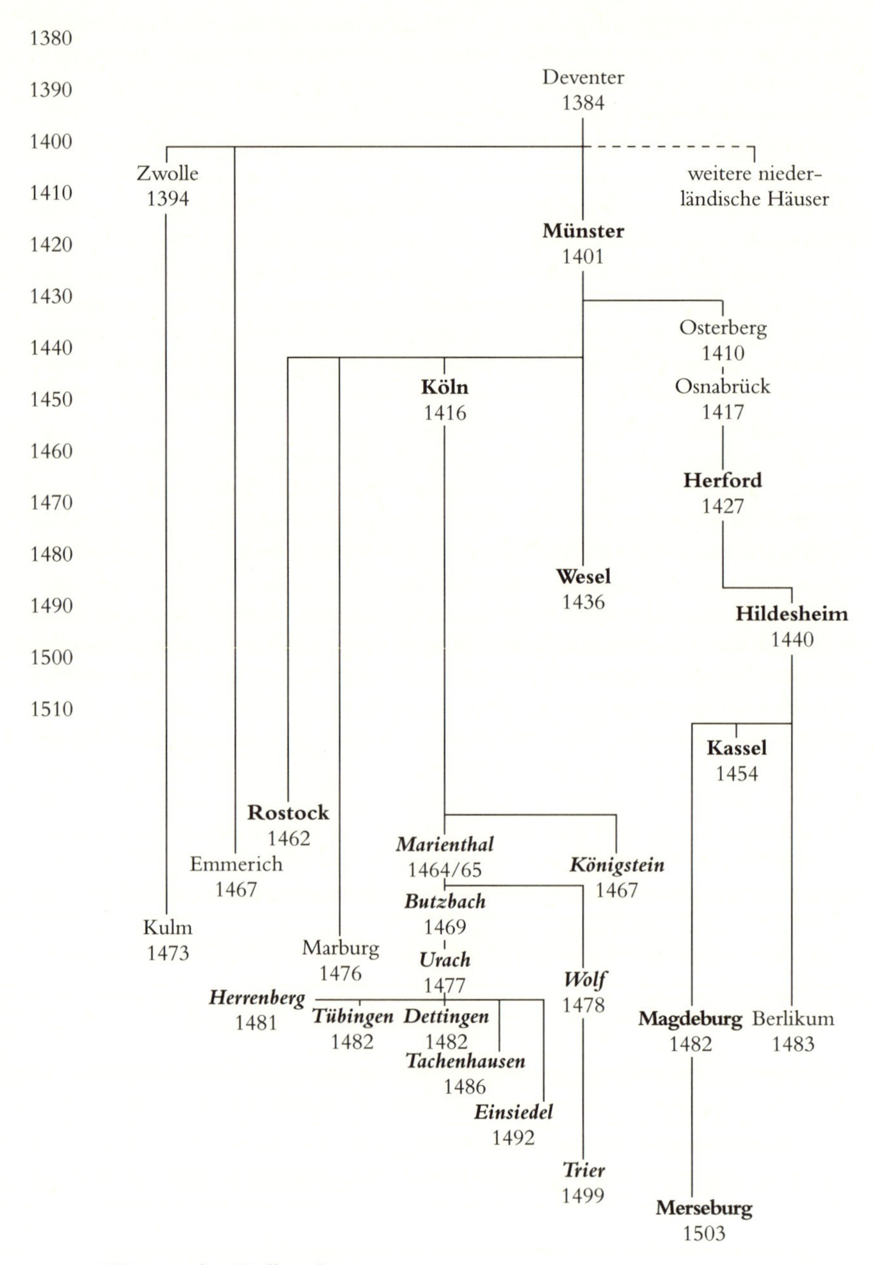

Münstersches Kolloquium
Oberdeutsches Generalkapitel

Haus gebunden.[46] Die Lebensform sollte bis in Einzelheiten den Gewohnheiten des Mutterhauses entsprechen.[47]

Die weitere Entwicklung und Verbreitung der norddeutschen Devotio moderna soll an dieser Stelle nur kurz skizziert werden.[48] 1440 wurde von Herford ausgehend in Hildesheim ein Bruderhaus errichtet, das bald durch weitere Gründungen einen eigenen Einflußbereich bildete. Hierzu zählen die Häuser in Kassel (1454–1527), Magdeburg (1482–1535), Merseburg (1503–1544) und das nur kurze Zeit bestehende Berlikum in Friesland (1482/83). Die Gründungen in Rostock (1462–1559) und Marburg (1476–1527) gingen von Münster aus. Das Kölner Fraterhaus war Vorbild für die Niederlassungen in Marienthal (1464/65–1554), Königstein (1467–1540) und Butzbach (1469–1555). Diese mittelrheinischen Häuser bildeten später zusammen mit den württembergischen Gründungen und den Häusern in Wolf an der Mosel (1478–1560) und Trier (1499–1569) einen eigenen Verband, das Oberdeutsche Generalkapitel. Außerdem bestanden zwei Häuser in Emmerich (1467–1811) und Kulm (1473–1554), die von den niederländischen Häusern in Deventer bzw. Zwolle gegründet wurden.

Unabhängig von der Filiation der Häuser ist ein struktureller Unterschied bei den verschiedenen Gründungen erkennbar.[49] Die älteren Häuser sind noch auf private Initiative devoter Personen entstanden, die eine gegenseitige Schenkung vornahmen und mit dem gemeinsamen Vermögen ein Haus mieteten oder kauften. Lediglich bei Tochtergründungen erfolgte eine gewisse personelle und finanzielle Unterstützung. Die Gemeinschaften unterstanden dem örtlichen Pfarrverband und wurden erst nachträglich von päpstlicher oder bischöflicher Seite approbiert und mit unterschiedlichen Privilegien bis hin zur Exemtion versehen. Seit der Mitte des 15. Jahrhunderts wurden auch Adlige, Städte und einzelne Bürger auf die junge Reformbewegung der Brüder aufmerksam und „stifteten" neue Niederlassungen. Mit vorheriger kirchlicher Genehmigung wurden nun den Fraterherren Pfarr-, Wallfahrts- und Stiftskirchen übertragen, die mit entsprechenden Einkünften ausgestattet waren. An diese Stiftungen waren nun auch – für die Brüder bisher unübliche – Aufgaben geknüpft, wie z.B. die Memoria der Stifterfamilie, die Betreuung von Schulen oder Wallfahrten und die öffentliche Seelsorge. Aufgrund der finanziellen Ausstattung dieser Häuser war die Handarbeit der Brüder – zumindest im Hinblick auf die Sicherung des Lebensunterhalts – nicht mehr im gleichen Maß notwendig. Da die Lebensform der Brüder in kirchenrechtlicher

---

[46] Gründungsurkunde vom 9. Oktober 1436 abgedruckt bei Drath, Heinrich: Sankt Martini Wesel. Festschrift zur 500-Jahresfeier des Weseler Fraterhauses. Gladbeck 1936, hier S. 143–145: *[...] presbyteri et clerici predicti [...] in perpetuum debent esse subiecti et subditi domui fontissalientis [...].* Zum Bruderhaus in Wesel vgl. auch: Arand, Werner: 550 Jahre St. Martini. Eine Gründung der Fraterherren in Wesel. Köln 1986. (Weseler Museumsschriften 12).

[47] Drath, St. Martini Wesel, S. 144: *[...] et omnia sua predictis presbyteris et clericis domus fontissalientis in omnibus conformare, ut propter aequalem conformitatem maior maneat unanimitas et caritas.*

[48] Nottarp, Brüder, S. 393f. Monasticon 2, S. 5–20.

[49] Vgl. Monasticon 2, S. 11–16. Crusius, Brüder, S. 76f., 84f., 132f. Windeck, Anfänge, S. 63f.

und institutioneller Hinsicht nur schwer einzuordnen war, entschied man sich nun für das weltliche Kollegiatstift, dessen Organisationsform so flexibel schien, die *vita communis* einerseits und die genannten Aufgaben andererseits in Einklang zu bringen. Der Schritt an die Stiftskirche wurde den Fraterherren schon von Zeitgenossen und noch viel mehr von der Forschung übelgenommen. Darin sah man ein *Verlassen der alten Linie* und die *Gefahr des Absinkens.*[50] Bernhard Windeck wies darauf hin, *daß ihre Gönner, die sie um ihres vorbildlichen Lebens willen so schätzten, mit Schuld daran trugen, daß das echte Brüderleben verfälscht wurde und sich an das gewöhnliche Stiftsleben anglich.*[51] Inwiefern dabei tatsächlich das alte Brüderideal zugunsten der stiftischen Organisationsform geopfert wurde, soll mit der unten durchgeführten Analyse der oberdeutschen Statuten zu beantworten versucht werden.

2.2 Das Münstersche Kolloquium

Heinrich von Ahaus erstrebte einen organisatorischen Zusammenschluß nach dem Vorbild des *Colloquium Zwollense*, von dem er sich einen gewissen Schutz vor äußeren Angriffen und die Gewähr einer einheitlichen Entwicklung der Häuser, die weitgehend unabhängig waren, versprach. Ein wichtiger Schritt auf diesem Wege war die 1425 zwischen Münster und Köln vereinbarte *confoederatio*, in der die beiden Häuser nach dem Grundsatz *cor unum et anima una* eine Gemeinschaft mit gleichen Rechten und Pflichten bildeten.[52] Die Angehörigen eines Hauses wurden damit zugleich auch als *condomestici* und *conpossessores* des anderen Hauses betrachtet; im Falle eines Ausschlusses durfte der Bruder auch nicht in dem anderen Hause aufgenommen werden. Ein weiteres Ziel war die gemeinsame *memoria*, da in beiden Häusern Listen geführt wurden, in denen Brüder und Wohltäter verzeichnet waren, und an den Vigilien vor den Hauptfesten der Toten gedacht wurde. Zuletzt verpflichteten sich die Häuser auch zu gegenseitiger Unterstützung in Notfällen, sei es durch Entsendung von Brüdern, wenn eine Gemeinschaft auszusterben drohte, oder durch gegenseitige Aufnahme, im Falle etwa der Zerstörung eines Hauses durch einen Brand. Zur Vertiefung der brüderlichen Eintracht sollten die Rektoren mit einer kleinen Delegation jährlich abwechselnd den anderen Konvent besuchen. Mit dieser engen Verbindung der beiden Häuser ging zweifellos auch eine gleichgerichtete Entwicklung der inneren Struktur einher. Ähnliche Verbrüderungen wurden auch später noch abgeschlossen, so am

---

[50] NOTTARP, Brüder, S. 408. WINDECK, Anfänge, S. 67.

[51] WINDECK, Anfänge, S. 67. Vgl. dazu auch CRUSIUS, Brüder, S. 134–137.

[52] DiözesanA Münster, GV U 1432/33 (1425, September 8). Abgedruckt bei ERHARD, Heinrich August (Hg.): Gedächtniss-Buch des Frater-Hauses zu Münster. In: Zeitschrift für vaterländische Geschichte und Alterthumskunde [Westfalens] 6, 1843, S. 89–126, hier S. 104–109. Vgl. BARNIKOL, Studien, S. 114ff. REHM, Schwestern, S. 123. WINDECK, Anfänge, S. 45.

29. Oktober 1436 zwischen den Häusern Münster, Köln, Wesel und Herford,[53] oder am 2. Februar 1442 zwischen Wesel und Münster.[54]

Schon vor den beiden letztgenannten „Sonderverbindungen" wurde 1431 unter maßgeblichem Einfluß Heinrichs von Ahaus das Münstersche Kolloquium, *der große Gesamtverband der deutschen Devotenbewegung*, gegründet.[55] Ein wichtiges Motiv für den Zusammenschluß war sicherlich – wie Barnikol betonte – die Sicherung und Konsolidierung der Niederlassungen nach innen wie auch gegen Anfeindungen von außen.[56] Heinrich von Ahaus wollte sich nicht nur auf kirchliche Bestätigungen verlassen, sondern, gestützt auf die Eigenkräfte der Devotio moderna, feste Strukturen schaffen, die auch nach seinem Tode einen institutionalisierten Zusammenhalt der Häuser gewährleisteten.[57] Diese Zielsetzung war durchaus zukunftsgerichtet, denn das Kolloquium, dem auch die Schwesternhäuser angeschlossen waren, sollte die Voraussetzungen für eine weitere Verbreitung schaffen und die Gründung von neuen Häusern koordinieren.[58] Über die Vorverhandlungen ist nichts Näheres bekannt, es wird lediglich erwähnt, daß nach eingehenden Beratungen in den Häusern alle Beteiligten zugestimmt haben.[59] Bei der Gründung des Kolloquiums waren die Rektoren der Brüderhäuser in Münster, Köln und Herford sowie die Beichtväter der Schwesternhäuser in Borken, Schüttorf, Coesfeld und Wesel anwesend.[60] Dabei wurde ein Gründungsstatut verabschiedet, das den Modus der Tagungen, die Visitation der Häuser und die Grundlagen der inneren Hausstruktur regelte.[61]

Obwohl über das Münstersche Kolloquium intensiv geforscht wurde, ist eine lückenlose und umfassende Darstellung dieses für die deutsche Brüderbewegung zentralen Gremiums aufgrund der problematischen Quellenlage nicht möglich. Zwar wurde 1431 bzw. 1433 angeordnet, daß alle Beschlüsse des Kolloquiums in den Häusern schriftlich aufbewahrt werden sollten, damit sie nicht in Vergessenheit

---

[53] Urkunde gedruckt bei BARNIKOL, Studien, S. 196f. – Vgl. BARNIKOL, Studien, S. 116f. WINDECK, Anfänge, S. 47. LEESCH, Fraterhaus zu Herford, S. 51–53.

[54] Urkunde gedruckt bei ERHARD, Gedächtnisbuch, S. 109f. – Vgl. BARNIKOL, Studien, S. 117f.

[55] BARNIKOL, Studien, S. 118. – Zum Münsterschen Kolloquium vgl. REHM, Schwestern, S. 123–144. REHM, Gerhard: Quellen zur Geschichte des Münsterschen Kolloquiums und des Schwesternhauses Engelenhuis in Groenlo. In: Westfälische Zeitschrift 131/132, 1981/82, S. 9–45. BARNIKOL, Studien, S. 116–126.

[56] BARNIKOL, Studien, S. 113 und 125.

[57] REHM, Schwestern, S. 127. ELM, Heinrich von Ahaus, S. 22.

[58] REHM, Schwestern, S. 126. REHM, Quellen, S. 25: *[...] fecimus unam charitativam fraternitatem et societatem. Pro qua augmentanda et conservanda simul concordavimus [...]*. S. 29 (Kolloquiumsbeschluß von 1431): *Item nullus nostrum praesumat aliquam novam domum fratrum vel sororum acceptare vel instituere nisi de communi consensu colloquii*. Vgl. DOEBNER, Annalen, S. 253.

[59] DOEBNER, Annalen, S. 248. REHM, Quellen, S. 25: *[...] matura deliberatione prehabita sponte et voluntarie de pleno consensu et voluntate omnium presbyterorum et clericorum domorum nostrarum [...]*.

[60] DOEBNER, Annalen, S. 248.

[61] Das Gründungsstatut ist mit kleinen Abweichungen zweimal überliefert. Die Hildesheimer Fassung ist bei DOEBNER, Annalen, S. 248–252 ediert. Eine zweite, vermutlich aus Münster stammende, Fassung ist kürzlich von REHM, Quellen, S. 25–29 herausgegeben worden.

geraten, sondern verlesen und eingehalten werden, aber dennoch ist die Überlieferung heute eher dürftig.[62] Um so bedeutender ist der Hildesheimer Quellenbestand, in dem sich neben den Annalen und anderen wichtigen Akten des Hauses auch die Kolloquiumsbeschlüsse erhalten haben.[63] Gustav Boerner hat jedoch in einer umfassenden Studie gezeigt, daß die Reihe der von Peter Dieburg aufgezeichneten Kolloquiumsbeschlüsse unvollständig ist, da der Hildesheimer Rektor den Tagungen weitgehend fernblieb und seit 1477 nur noch diejenigen Beschlüsse festhielt, die ihm für sein Haus wichtig erschienen. Da er außerdem seine ablehnende Haltung gegenüber dem Kolloquium in den Text aufnahm, *sind die Mitteilungen keine münsterschen Protokolle mehr, sondern Berichte über die Stellungnahme Hildesheims zu einzelnen Bundesbeschlüssen und Bundessachen.*[64] 1981 legte Gerhard Rehm die Edition einer weiteren, wahrscheinlich aus Münster stammenden Handschrift mit Kolloquiumsbeschlüssen von 1431–1490 vor, die aber ebenfalls unvollständig sind.[65] Der Fund ist dennoch für die Forschung sehr bedeutsam, da er vor allem für die Geschichte des Kolloquiums zwischen 1445 und 1458 wesentliche Korrekturen ermöglicht. Diese Periode wurde nämlich bisher aufgrund der Hildesheimer Überlieferung als *kolloquiumslose Zeit*, ja als vorübergehende Auflösung des Kolloquiums nach dem Tod Heinrichs von Ahaus eingestuft.[66] Rehm konnte nun nachweisen, daß zumindest in den Jahren 1445 bis 1449 Tagungen stattgefunden haben, und das Kolloquium lediglich in der Zeit der Münsterschen Stiftsfehde (1450–1456), als die Brüder zeitweise aus Münster vertrieben waren, ausgesetzt war. Dennoch bleibt der Quellenbefund problematisch, da die Hildesheimer Reihe höchst unvollständig ist und vielmehr die Opposition zur Münsterschen Zentrale zum Ausdruck bringt, und die andere Handschrift diesen Mangel nur zum Teil ausgleichen kann. Nach wie vor fehlen *Verzeichnisse der anwesenden Rektoren, Beschlüsse über organisatorische Fragen der Versammlungen und über die Aufnahme neuer Häuser sowie nur einzelne Konvente betreffende Entscheidungen.*[67]

Bei der Gründung des Kolloquiums verpflichteten sich alle Mitglieder, an den jährlich in Münster stattfindenden Tagungen teilzunehmen, um mindestens zwei Tage über alle wichtigen Fragen der Häuser zu verhandeln.[68] Die dabei gefaßten

---

[62] DOEBNER, Annalen, S. 252: *[...] concordavimus, quod, quicquid in communi colloquio ordinatum vel determinatum fuerit, quod hoc debeat scripto tradi, ne per oblivionem depereat sed legatur et teneatur.* DOEBNER, Annalen, S. 255. REHM, Quellen, S. 30f.: *[...] quod omnia hic scripta et contenta [...] debent singuli rectores [...] habere secum in scriptis et diligenter tenere [...].*

[63] Vgl. die Edition bei DOEBNER, Annalen.

[64] BOERNER, Gustav: Die Annalen und Akten der Brüder des gemeinsamen Lebens im Lüchtenhofe zu Hildesheim. Eine Grundlage der Geschichte der deutschen Bruderhäuser und ein Beitrag zur Vorgeschichte der Reformation. Fürstenfelde 1905, hier S. 65.

[65] Deutsche Staatsbibliothek Berlin, Ms. germ. quart 273. Edition bei REHM, Quellen, S. 25–42.

[66] BARNIKOL, Studien, S. 127–130.

[67] REHM, Schwestern, S. 127f.

[68] DOEBNER, Annalen, S. 248: *[...] nos et nostros successores perpetue obligavimus et constrinximus, quod omni anno [...] volumus simul convenire in civitate Monasterio in domo clericorum Fontis Salientis [...] ac ibidem manere ad minus per biduum et tractare et conferre mutuo et ad invicem de profectu et utilitate nostra et domorum nostrarum [...].* Vgl. REHM, Quellen, S. 25.

Beschlüsse sollten für alle Häuser vorbehaltlich der kirchlichen Gehorsamspflicht verbindlich sein. Beschlüsse von größerer Bedeutung mußten zunächst in den Häusern versuchsweise eingehalten werden, bevor sie auf den nächsten beiden Kolloquien endgültig approbiert oder verworfen werden sollten.[69] Dringende Fragen, die zwischen zwei Tagungen auftraten, konnten auch vom Münsterschen Rektor und seinen Brüdern, gegebenenfalls unter Beiziehung von ein oder zwei Rektoren anderer Häuser, entschieden werden.[70] Diese Bestimmung, der Tagungsort und die Tatsache, daß die Versammlungen vom Münsterschen Rektor geleitet wurden, zeigen deutlich die Vorrangstellung des Hauses in Münster und besonders Heinrichs von Ahaus, der auch das Gründungsstatut konzipierte.[71]

Der Ablauf der einzelnen Tagungen war in der Urkunde detailliert geregelt. Nach einer kurzen Ansprache des Rektors über die *ratio* des Kolloquiums wurden die einzelnen Mitglieder aufgefordert, alles vorzubringen, was dem gemeinen Nutzen diente. Nach der Verlesung des Gründungsstatuts wurde der im vorhergehenden Jahr verstorbenen Brüder gedacht, deren Namen von den jeweiligen Rektoren verlesen wurden.[72] Zu Beginn des zweiten Teils, der ganz den Beratungen gewidmet war, legten zunächst der Vorsitzende, anschließend nach Aufforderung auch die übrigen Anwesenden, die zu behandelnden Themen vor. Bestimmte Punkte, die der Schweigepflicht unterlagen, durften auf keinen Fall außerhalb des Kolloquiums verhandelt werden.[73] Alle Teilnehmer des Kolloquiums waren im Bruderhaus untergebracht und durften während der Tagungen den Konvent nicht verlassen. Zur Deckung der durch die Tagung entstehenden Kosten hatte jedes Haus einen Gulden in die gemeinsame Kasse zu bezahlen. Daraus sollten zum einen Aufwendungen *pro communi utilitate* finanziert und ganz besonders in Not geratene Konvente unterstützt werden.[74] Der Prokurator des Hauses hatte alle Beschlüsse in einem Protokoll schriftlich festzuhalten, von dem jeder Rektor ein Exemplar erhalten sollte.[75] Zum Abschluß der Beratungen wurden die Visitatoren für die jeweiligen Häuser festgelegt.[76]

Unmittelbar nach dem Kolloquium sollten die Visitationen nach Maßgabe des im Gründungsstatut festgelegten Schemas durchgeführt werden. Zu Beginn hielt der Haupvisitator vor dem versammelten Konvent eine Ansprache über die Prinzipien der *vita communis*, besonders aber über die häusliche Zucht, und ermahnte alle, auf die Befragung ehrlich zu antworten und alle Mißstände vorzubringen. Nach der Verlesung des letzten Visitationsprotokolls wurden alle Mitglieder einzeln befragt über die Amtsführung des Rektors oder, bei den Schwestern, der Rektorin und über die Einhaltung der Hausordnung bezüglich des Aufstehens,

---

[69] Doebner, Annalen, S. 253. Rehm, Quellen, S. 29.
[70] Doebner, Annalen, S. 250. Rehm, Quellen, S. 26.
[71] Barnikol, Studien, S. 126.
[72] Doebner, Annalen, S. 249. Rehm, Quellen, S. 25f.
[73] Doebner, Annalen, S. 249. Rehm, Quellen, S. 26f.
[74] Doebner, Annalen, S. 249f. Rehm, Quellen, S. 26.
[75] Doebner, Annalen, S. 249 und 255 (Protokoll zum Jahr 1433). Rehm, Quellen, S. 25.
[76] Doebner, Annalen, S. 250. Rehm, Quellen, S. 27.

der Mahlzeiten, der Arbeit und des Schweigens. Ein besonderes Augenmerk galt dabei dem *principale propositum*, nämlich der Eintracht, der Keuschheit und dem Gemeinbesitz.[77] Neben diesen *spiritualia* hatten die Visitatoren außerdem die wirtschaftliche Lage der Häuser zu prüfen. Dabei standen die Rechnungsführung und die Arbeit der Amtsinhaber im Vordergrund.[78] Einige Bestimmungen richteten sich auf die spezifischen Verhältnisse in den Schwesterkonventen, wo das Verhältnis des Beichtvaters zu den Schwestern gesondert untersucht werden sollte. Die Visitatoren hatten streng darauf zu achten, daß die Schwestern nicht das Haus des Beichtvaters betraten, und daß auch sonst kein allzu vertrauter Umgang gepflegt wurde.[79] Nach dieser umfassenden Prüfung des Hauses hatten die Visitatoren die Mißstände durch geeignete Maßnahmen und vor allem durch Ermahnung zu verbessern. Alle Beanstandungen sollten schriftlich in den Visitationsprotokollen festgehalten und dreimal jährlich – vor Weihnachten, Ostern und Mariae Himmelfahrt – im Haus verlesen werden.[80]

Im abschließenden Teil des Gründungsstatuts wurden die einzelnen Häuser auf eine einheitliche Ordnung festgelegt, die in wenigen Punkten umrissen wurde. Danach sollte den Häusern entweder ein Rektor oder eine Rektorin vorstehen, die vom Konvent gewählt wurden. Die Wahl – und auch eine etwaige Absetzung – mußte jedoch *de consilio visitatorum* erfolgen.[81] Für die verschiedenen Aufgaben im Haus sollten vom Rektor die Ämter des *procurator, vestiarius, cocus, hospitarius* und des *infirmarius* besetzt werden.[82] Bezüglich der Finanzverwaltung des Hauses wurde geregelt, daß das Barvermögen des Hauses in einer *cista communis* mit drei verschiedenen Schlössern aufbewahrt werden sollte, wobei jeweils ein Schlüssel dem Rektor, dem Prokurator und einem weiteren Bruder anvertraut war. Einmal jährlich mußte eine genaue Abrechnung über Einnahmen und Ausgaben des Hauses erstellt werden.[83] Zuletzt wurden die Häuser auf einen einheitlichen *modus refectionis*, auf den Gemeinbesitz und die Einhaltung der Keuschheit verpflichtet.[84]

Diese Grundregeln für die innere Struktur der Häuser bedeuteten wohl keine grundsätzlichen Neuerungen. Bezüglich der Ämter hatten sich schon vorher festere Strukturen ausgebildet. Aus dem früheren, mit der Leitung des Hauses beauftragten *primus inter pares* war das Rektorat hervorgegangen, das in den Häusern Münster und Köln 1425 nachgewiesen ist. Aus dem für die Wirtschaftsführung zuständigen Bruder wurde nach dem Vorbild der niederländischen Häuser der in Münster ebenfalls schon vor der Gründung des Kolloquiums belegte Prokurator.[85]

---

[77] DOEBNER, Annalen, S. 250f. REHM, Quellen, S. 27f.

[78] DOEBNER, Annalen, S. 251. REHM, Quellen, S. 27f.

[79] DOEBNER, Annalen, S. 251.

[80] DOEBNER, Annalen, S. 251. REHM, Quellen, S. 28.

[81] DOEBNER, Annalen, S. 251. REHM, Quellen, S. 27f.

[82] DOEBNER, Annalen, S. 252. REHM, Quellen, S. 27f. Einzelne Ämter werden hier nicht aufgeführt.

[83] DOEBNER, Annalen, S. 251. REHM, Quellen, S. 27f.

[84] DOEBNER, Annalen, S. 252. REHM, Quellen, S. 28.

[85] Vgl. BARNIKOL, Studien, S. 116, Anm. 1.

Auch Visitationen wurden schon vorher durchgeführt. Der Kölner Erzbischof bestimmte 1422, daß sich die Brüder am Weidenbach zur jährlichen Visitation ihres Hauses auf eigene Kosten den Propst oder Prior eines regulierten Chorherrenstifts in der Stadt oder der Diözese Köln auswählen konnten.[86] Heinrich von Ahaus hatte im gleichen Jahr den Windesheimer Prior von Frenswegen zum Visitator des Hauses in Münster bestellt.[87] Aus dem Gründungsstatut des Münsterschen Kolloquiums wird nun aber die Absicht deutlich, diese zum Teil schon länger bestehenden Strukturen in einheitliche Consuetudines zu fassen, die für alle angeschlossenen Häuser verbindlich sein sollten.

Das Münstersche Kolloquium faßte in der Anfangsphase unter Heinrich von Ahaus eine Reihe von wichtigen Beschlüssen, die noch im Zusammenhang mit dem Gründungsstatut gesehen werden müssen. Zur Konstituierung des Verbandes sollten bei der ersten Visitation in den Häusern alle Brüder und Schwestern befragt werden, ob sie die Autorität des Kolloquiums anerkennen und ihren Rektoren und Rektorinnen gehorchen wollten. Dabei sollte die Zustimmung jedes einzelnen in einem Buch, das auch die *consuetudines* enthielt, festgehalten werden.[88] Nachdem alle Personen zugestimmt hatten, wurde 1432 beschlossen, das Kolloquium jährlich fortzusetzen.[89] Mit dieser Bestimmung wurden alle Devoten erstmals zum Gehorsam gegenüber dem Kolloquium und den Hausoberen verpflichtet, wobei allerdings ein formelles Gehorsamsgelübde (*votum oboedientiae*) nicht erforderlich war. Jedem Bruder war es indes erlaubt, ein solches Gelübde freiwillig und als Zeichen *maioris profectus et stabilitatis* abzulegen.[90] Die Teilnahmepflicht am Kolloquium wurde 1433 und 1435 beschlossen.[91] Auch in jurisdiktioneller Hinsicht wurden die Kompetenzen des Kolloquiums gleich zu Anfang erweitert. So sollten alle größeren Streitigkeiten unter Brüdern oder mit auswärtigen Mönchen auf den gemeinsamen Tagungen entschieden werden.[92] Eine wichtige – wahrscheinlich auch nicht ganz unstrittige – Frage war der Einfluß des Kolloquiums auf die Rektorwahlen. Sowohl bei der Einsetzung wie bei der Absetzung sollte das Kolloquium durch die beiden Visitatoren vertreten sein, die beratend wirken sollten.[93] Diese Regelung konnte jedoch nicht gegen den Willen der Häuser durchgesetzt werden. Heinrich von Ahaus beabsichtigte mit der Verbandsbildung auch eine Wirkung nach außen, vor allem in der weiteren Verbreitung der Brüderbewegung. Nur mit Zustimmung des Kolloquiums sollten fortan

[86] 1422, Januar 31. HA Köln, HUA 9810. – Abgedruckt bei KORTH, Gutachten, S. 25–27. Vgl. BARNIKOL, Studien, S. 166–168.

[87] 1422, März 3. Urkunde gedruckt bei LÖFFLER, Heinrich von Ahaus, S. 795–798, hier S. 797.

[88] DOEBNER, Annalen, S. 252 (Beschluß von 1431). REHM, Quellen, S. 29.

[89] DOEBNER, Annalen, S. 254 (Beschluß von 1432). REHM, Quellen, S. 30.

[90] DOEBNER, Annalen, S. 253 (Beschluß von 1431). REHM, Quellen, S. 30.

[91] DOEBNER, Annalen, S. 254 und 256 (Beschlüsse von 1433 und 1435).

[92] DOEBNER, Annalen, S. 253 (Beschluß von 1431). REHM, Quellen, S. 30.

[93] Dieser Punkt wurde zunächst im Gründungsstatut und danach in weiteren Beschlüssen (1431, 1439 und 1458) geregelt. Vgl. DOEBNER, Annalen, S. 251, 253, 258, 262. REHM, Quellen, S. 28, 30, 31, 34.

neue Niederlassungen gegründet, oder schon bestehende Häuser aufgenommen werden.[94] Außerdem wurden nun auch die Verbindungen zum niederländischen Verband, dem Zwoller Kolloquium, in der Weise institutionalisiert, daß jeweils zwei Rektoren wechselseitig zu den Tagungen entsandt wurden.[95] Durch die regelmäßige Teilnahme zweier Windesheimer Prioren am Kolloquium wurde auch der Kontakt zum monastischen Zweig der Devotio moderna gepflegt.[96]

Das Münstersche Kolloquium wird in der Forschungsliteratur als *lockerer Zusammenschluß* der Bruder- und Schwesternhäuser[97], als Gremium *zur gegenseitigen Aussprache und Hilfe*[98] bewertet, dessen *lockere Organisationsform dem Charakter der Gesamtbewegung angemessen war.*[99] Eine solche Bewertung ist sicherlich zutreffend, wenn man die tatsächliche Entwicklung des Kolloquiums berücksichtigt. Dabei wurde schnell deutlich, daß widerstrebende Konvente weder zur regelmäßigen Teilnahme an den Tagungen noch zur Befolgung der Beschlüsse gezwungen werden konnten. Ebenso wurden spätere Bestrebungen, die auf eine noch stärkere Zentralisierung und Verbandsbildung zielten, von einigen Häusern nicht mitgetragen, ja sogar kategorisch abgelehnt.[100] Bei der Frage aber, welche Pläne Heinrich von Ahaus mit der Gründung des Kolloquiums verfolgte, dürfen die normativen Vorgaben im Gründungsstatut und in den Beschlüssen der ersten Jahre nicht zu sehr in den Hintergrund gedrängt werden. Denn um „nur" eine auf Freiwilligkeit basierende *fraternitas caritativa* zu verwirklichen, hätte es weder der starken Vorrangstellung des Münsterschen Hauses, und besonders Heinrichs von Ahaus, noch der vereinheitlichenden *consuetudines*, deren Durchführung und Einhaltung mit dem Instrument der Visitation sichergestellt werden sollten, und auch nicht der Einflußnahme auf die häuslichen Rektorwahlen durch die Visitatoren bedurft. Diese Maßnahmen machen deutlich, daß Heinrich von Ahaus durchaus einen stärkeren, über die früheren Verbrüderungen hinausgehenden Zusammenschluß der Brüder- und Schwesternhäuser im Sinne gehabt haben muß und sich dazu in einigen Punkten am Vorbild der Windesheimer Kongregation orientierte. Hierzu zählen eben die jährliche Zusammenkunft an einem Ort, die Teilnahmepflicht der Rektoren, die bindende Wirkung der Beschlüsse und die Visitation. Die Übernahme von allzu monastischen Formen hat er dabei vermieden.[101]

Heinrich von Ahaus hatte sich nach der Gründung des Münsterschen Kolloquiums mit den oben erwähnten bischöflichen und päpstlichen Privilegien nicht zufrieden gegeben und bemühte sich auch weiterhin um eine gesicherte Rechtsstellung der Häuser. Er schickte deshalb 1437 seinen Schüler Bernhard Dyrken aus Büderich an die Kurie, um dort Privilegien zur stärkeren Sicherung des gemeinsa-

[94] DOEBNER, Annalen, S. 253 (Beschluß von 1431). REHM, Quellen, S. 29.
[95] DOEBNER, Annalen, S. 257 (Beschluß von 1437).
[96] BARNIKOL, Studien, S. 121. CRUSIUS, Brüder, S. 58.
[97] ELM, Heinrich von Ahaus, S. 22f.
[98] BARNIKOL, Studien, S. 119.
[99] REHM, Schwestern, S. 126.
[100] Vgl. REHM, Schwestern, S. 124.
[101] Vgl. CRUSIUS, Brüder, S. 58.

men Lebens zu erbitten.[102] Nach der Überlieferung in den Hildesheimer Annalen soll der Papst, nachdem er von den Brüdern gehört hatte, in die Hände geklatscht und gesagt haben: *Gott sei gepriesen, daß es noch Leute gibt, die einen solchen Lebenswandel lieben.*[103] Obwohl dieser Ausspruch – so der Kommentar des Chronisten Dieburgs – als Bestätigung völlig ausreichend gewesen wäre, riet man Bernhard in der Kurie, daß das gemeinsame Leben, das in früheren Zeiten öfters praktiziert wurde, zuletzt aber fast ganz ausgelöscht worden sei, nur mit dem gebräuchlichen Titel einer Stiftskirche vor weiteren Anfeindungen und Verdächtigen geschützt werden könne.[104] Mit der Bulle vom 18. April 1439, die für die weitere Entwicklung der Devotio moderna von entscheidender Bedeutung werden sollte, bestätigte Papst Eugen IV. die Brüderhäuser in Münster, Köln und Wesel, und gestattete auf Bitten Heinrichs und seiner Brüder zur Vermeidung von Angriffen und zur weiteren Ausbreitung der Brüder, daß die bestehenden Kapellen zu Stiftskirchen erhoben und zugleich zu einem *collegium canonicorum fontis salientis* vereinigt werden sollten.[105] Dem Generalkapitel dieser Häuser wurden umfassende Kompetenzen eingeräumt: Es konnte verbindliche Statuten erlassen und deren Einhaltung notfalls mit geeigneten Strafen durchsetzen; für die Leitung der Stifte sollte es Pröpste wählen und gegebenenfalls absetzen; außerdem sollten mit der Seelsorge an den Stiften, die jetzt aus dem Pfarrverband gelöst und dem zuständigen Bischof unterstellt wurden, geeignete Priester betraut werden. Die Brüder werden in der Bulle als Kanoniker angesprochen, die jedoch entgegen der üblichen Stiftsverfassung nicht mit einer Präbende ausgestattet, sondern aus dem gemeinsamen Stiftsvermögen mit dem Notwendigen versorgt werden sollten.

Heinrich von Ahaus konnte zu diesem Privileg nicht mehr Stellung beziehen, da er schon zwei Monate vorher, am 14. Februar 1439, verstorben war. Statt der erhofften Bestätigung des *medius modus vivendi* hatten die Fraterherren die Erlaubnis erhalten, das gemeinsame Leben an Kollegiatstiften zu führen. Die Brüder nahmen diesen neuen Titel jedoch nicht an und beschlossen auf dem Kolloquium 1440, bis zum Ende des inzwischen nach Florenz verlegten Basler Konzils über die

[102] Doebner, Annalen, S. 28: *Circa annos igitur domini MCCCCXXXVII a domino Hinrico [...] fuit ipse missus ad curiam [...] ad acquirendum privilegia quedam pro maiori confirmacione vite communis clericorum modernorum.*

[103] Doebner, Annalen, S. 28: *[...] cum idem dominus apostolicus consuetudines et vitam audisset fratrum clericorum complosis manibus dixit: „Benedictus deus, quod adhuc vivunt homines, quibus sic conversari placet.“*

[104] Doebner, Annalen, S. 28: *[...] consultum tamen fuit domino Bernardo in curia, ut vitam istam [...] collegii sub titulo nunc usitato instituerent et nichilominus privilegiis, statutis et ordinacionibus [...] firmarent.*

[105] DiözesanA Münster, GV U 1729 (Papst Eugen IV. für Münster, Köln und Wesel; 1439 April 18): *ad evitandum molestias et impedimenta, que ipsis per nonnullos, eorum status huiusmodi forsan invidos inferri possent ac [...] ad laudem et gloriam divini nominis populique devotionis augmentum se sub vita predicta non solum conservare, sed in numero huiusmodi adaugere ac in vinea Domini uberiores fructus afferre valeant [...] committimus et mandamus, quatinus [...] capellas in collegiatas ecclesias [...] erigas [...] ac eas sic erectas perpetuo insimul unias, incorpores et annectas necnon [...] statuas, quod [...] omnes presbyteri ac clerici in domibus [...] de collegio canonicorum Fontis Salientis nuncupentur.*

Angelegenheit zu schweigen und den bisherigen Stand beizubehalten.[106] Wie weit nun Papst Eugen IV. mit dem erteilten Privileg über das eigentliche Anliegen Heinrichs von Ahaus hinausgeschossen ist, läßt sich heute nicht mit Sicherheit sagen.[107] Die Darstellung dieser Angelegenheit in den Hildesheimer Annalen wurde jedoch sicher von der ablehnden Haltung gegenüber einer straffen Verbandsbildung beeinflußt. Stellt man das Privileg vor den Hintergrund der Kolloquiumsgründung, ergeben die Bestimmungen bezüglich eines Generalkapitels durchaus einen Sinn. Heinrich von Ahaus hegte wohl den Wunsch, daß der Papst nicht nur die Lebensform der Brüder, sondern auch deren Verbandsbildung bestätigte. Daß der Papst dabei die ganze Angelegenheit *sachlich verkannt* haben soll, kann zumindest aufgrund der detaillierten Narratio, in der ausführlich auf die früheren Privilegien für das Fraterhaus in Münster und auf die Supplik der Brüder eingegangen wird, nicht bestätigt werden. Neben der Verbandsbildung hatte Eugen IV. den Brüdern außerdem die Perspektive der stiftischen Organisationsform eröffnet. Auch dabei wird deutlich, daß die Fraterherren nicht einfach in oberflächlicher Weise mit Kanonikern „verwechselt" wurden, da in der Bulle den Brüdern durchaus ein Weg aufgezeigt wird, ihre spezifische Lebensform auch an einer Stiftskirche umzusetzen. Alle Einkünfte sollten nämlich in ein gemeinschaftliches Vermögen fließen und nicht – wie am weltlichen Kollegiatstift üblich – in einzelne Präbenden aufgeteilt werden.[108] Dabei kann auch nicht uneingeschränkt von einer Tendenz zur *Klerikalisierung der Bewegung* gesprochen werden, da die Brüder an den Stiften zur Annahme der Weihen gezwungen worden wären.[109] Die Statuten der oberdeutschen Kanoniker zeigen vielmehr, daß die Laienbrüder nicht nur als Gesinde

---

[106] DOEBNER, Annalen, S. 259: *quod de litteris, quas dominus Bernardus portavit, omnino taceamus donec videamus finem negocii ecclesiae cum papa et consilio.* S. 207: *Propterea fratres pro tempore nolebant unanimiter consentire in titulum istum set manere in modo et estimacione pristine conversacionis more patrum [...].* Vgl. dazu auch LÖFFLER, Heinrich von Ahaus, S. 789. BARNIKOL, Studien, S. 32. WINDECK, Anfänge, S. 44. CRUSIUS, Brüder, S. 44, 83. WINDECK, Anfänge, S. 50 interpretiert die Stelle falsch: *Die Versammlung beschloß, die Sache totzuschweigen, bis sie durch neue Verhandlungen mit dem Papst geklärt sei.*

[107] Vgl. WINDECK, Anfänge, S. 44: *Aber nicht das wirkliche, eigentliche Bruderleben wurde damit bestätigt, sondern die Tarnung, deren Heinrich und die Brüder sich bedient hatten. Daß man sich einer „falschen kirchenrechtlichen Flagge" bedient hatte, rächte sich! So brachte die Bestätigung zwar die ersehnte Ruhe vor äußeren Verfolgungen, aber auch den Grund für die inneren Differenzen in den nächsten Jahrzehnten und das endgültige Auseinanderbrechen in den 70er Jahren.* BARNIKOL, Studien, S. 32: *Den Brüdern selbst war in den ersten Jahren diese sachliche Verkennung gleichgültig; sie waren im Gegenteil froh, dadurch von Verfolgungen verschont zu bleiben und endlich Ruhe zu bekommen.* POST, Modern Devotion, S. 450: *They decided it was better to forget the whole thing.*

[108] DiözesanA Münster, GV U 1729 (Papst Eugen IV. für Münster, Köln und Wesel; 1439 April 18): *[...] fructusque tam predictarum quam aliarum quarumlibet ecclesiarum erigendarum prefatarum rerum et bonorum presentium et futurorum non per speciales portiones sed dumtaxat inter canonicos in illis pro tempore residentes communiter ac alias in eorum et dictarum suarum ecclesiarum usus et utilitatem distribuantur et exponantur.*

[109] Vgl. CRUSIUS, Brüder, S. 136: *Um das Kanonikat an Präbenden binden zu können, sollen alle Laienbrüder die Weihen erhalten. Laien gehören dem Haus nur noch als Dienstleute an.* Vgl. auch POST, Modern Devotion, S. 444, 449ff., 487. WEILER, Recent historiography on the Modern Devotion, S. 170ff.

oder Dienstleute in die Gemeinschaft eingebunden waren. Das Privileg von 1439 macht noch einmal deutlich, wie schwer die Lebensform der Brüder kirchenrechtlich einzuordnen war. Da der Titel einer *domus* im Kirchenrecht nicht vorgesehen war, die Form der *vita communis* aber auf der anderen Seite als verdienstvoll eingeschätzt wurde, sah Eugen IV. offensichtlich im Kollegiatstift die adäquate Organisationsform für die Fraterherren. Daß die Brüder in Münster dieses Privileg zunächst nicht in Anspruch genommen haben, mag auch mit dem Tod Heinrichs von Ahaus zusammenhängen. Nach dem Verlust des Initiators eines stärkeren Zusammenschlusses kam nun den oppositionellen Kräften, die eine Stiftsverfassung eher ablehnten, ein stärkeres Gewicht zu. Die päpstlichen Privilegien spielten aber dennoch bei der weiteren Entwicklung eine wichtige Rolle. Spätestens seit den 1460er Jahren dienten sie den Brüdern innerhalb des Münsterschen Kolloquiums als Grundlage für die zahlreichen Versuche, die deutschen Brüderhäuser in eine Union einzubinden. Auf der anderen Seite wurde nun die Brüderbewegung auch für adlige Stifter interessant. Sie versprachen sich von der Einbindung der Fraterherren an Kollegiatstiften auch eine größere Wirksamkeit für ihren jeweiligen Herrschaftsbereich. Die oberdeutschen Gründungen und deren Zusammenschluß in einem Generalkapitel bedeuteten die konsequente Anwendung der Privilegien Eugens IV.

Bevor nun auf die weitere Entwicklung des Münsterschen Kolloquiums eingegangen wird, sollen die Verdienste Heinrichs von Ahaus um die deutsche Brüderbewegung kurz zusammengefaßt werden.[110] Er war maßgeblich für den Transfer der niederländischen Devotio moderna nach Deutschland verantwortlich gewesen und hatte sich unmittelbar bei zahlreichen Gründungen von Brüder- und Schwesternhäusern beteiligt. In der schwierigen Anfangsphase, als die Devotio moderna zahlreichen Anfeindungen ausgesetzt war, verteidigte Heinrich von Ahaus die Lebensform der Brüder und erwirkte deren Anerkennung nicht nur von seiten der Amtskirche, sondern auch ihre kirchenrechtliche Bestätigung, die Voraussetzung für weitere Tochtergründungen war. Mit der Gründung des Münsterschen Kolloquiums schuf er schließlich eine Zentrale, die die einheitliche Ausrichtung der Häuser gewährleisten sollte. In welchem Maß er sich die Weiterentwicklung dieses Gremiums – auch vor dem Hintergrund des päpstlichen Privilegs von 1439 – vorstellte, bleibt ungeklärt, da er noch vor der Ausstellung der Bulle, am 14. Februar 1439, gestorben war.

Obwohl das Kolloquium in starkem Maße von der Autorität Heinrichs geprägt war, kam es nach 1439 nicht zu einer zeitweiligen Auflösung, wie Barnikol aufgrund der fehlenden Protokolle noch vermutet hatte.[111] Eine weitergehende Zentralisierung war nun jedoch wegen der Ausbildung eines Hildesheimer Einflußbereiches nicht möglich. Erst nach einer Unterbrechung der Tagungen während der Münsterschen Stiftsfehde (1450–1456) werden in den Beschlüssen des Kolloqui-

---

110 Zur Würdigung Heinrichs von Ahaus vgl. ELM, Heinrich von Ahaus, S. 24ff. WINDECK, Anfänge, S. 49. BARNIKOL, Studien, S. 72–76.

111 Vgl. REHM, Schwestern, S. 126, 128. BARNIKOL, Studien, S. 127.

ums Bestrebungen deutlich, die Brüderbewegung in Deutschland wieder stärker zu vereinheitlichen und an die Münstersche Zentrale zu binden, was aber immer wieder an der Eigenständigkeit der einzelnen Häuser scheiterte. So wurde beispielsweise der Beschluß, daß künftig bei allen Rektorwahlen in den Häusern der Rektor aus Münster zugegen sein sollte, vom Hildesheimer Rektor später mit dem Kommentar versehen: *Domus nostra non sic facere consuevit neque umquam fecit.*[112] Weitere Beschlüsse, etwa daß die Rektoren auf dem Kolloquium mit ganzer Vollmacht ihrer Häuser entscheiden konnten,[113] oder daß die Statuten der Häuser gemeinsam abgestimmt und verbessert werden sollten,[114] wurden von Hildesheimer Seite ebenfalls nicht anerkannt. Aus den Protokollen geht deutlich hervor, daß die einzelnen Häuser weder zur Teilnahme an den Tagungen noch zur Befolgung der Beschlüsse gezwungen werden konnten. Als 1469 mehr als fünf Häuser nicht vertreten waren, wurde zwar mit einer Geldbuße gedroht, doch erhoben wurde sie letztlich nicht.[115]

Danach wurden von Münster ausgehend mehrere erfolglose Versuche unternommen, die deutschen Bruderhäuser in einer Generalunion zu vereinigen.[116] In dem Protokoll zum 19. Mai 1470 wird berichtet, daß alle anwesenden Rektoren nach reiflicher Überlegung der Bildung einer *generalis unio omnium congregacionum colloquii Fontissalientis Monasterii* zugestimmt haben.[117] Auf der Grundlage der Privilegien Eugens IV., die nun auch auf die anderen Häuser ausgedehnt werden sollten, war ein Generalkapitel geplant, das sich aus dem Rektor und vier Brüdern aus Münster sowie den übrigen Rektoren mit jeweils einem beigeordneten Bruder zusammensetzen sollte. Der Unterschied zum bisherigen Kolloquium bestand darin, daß nun die Häuser direkt dem Generalkapitel unterworfen waren und ihre Lebensweise nach gemeinsamen, verbindlichen Statuten ausrichten sollten. Im Protokoll wird nicht angegeben, welche und wieviele Häuser dieser Generalunion zugestimmt haben. Explizit aufgeführt wird lediglich die Einwilligung des Hildesheimer Rektors Lambert Holtappel, der aber anschließend von seinen Brüdern so heftig kritisiert wurde, daß er seinen Beitritt zur Union sofort widerrufen mußte. Dieser Hildesheimer Rückzug war jedoch sicherlich nicht allein verantwortlich für das Scheitern des Projekts: Im Protokoll zu 1471 ist weder von einem Generalkapitel noch von dem Projekt der gemeinsamen Statuten die Rede. Schon zwei Jahre später wird von der Bildung einer neuen Union berichtet, die sich aus den Häusern Münster, Köln, Wesel, Herford, Rostock, Kassel, Butzbach, Marienthal und

---

[112] DOEBNER, Annalen, S. 262 (Beschluß von 1458).

[113] DOEBNER, Annalen, S. 263 (Beschluß von 1459). Zusatz Peter Dieburgs: *Non consenserunt nostri.*

[114] DOEBNER, Annalen, S. 263 (Beschluß von 1465). Zusatz Peter Dieburgs: *Non invenitur factum.*

[115] DOEBNER, Annalen, S. 264 (Beschluß von 1469). Zusatz Peter Dieburgs: *Set non placuit hoc nostris set nec tentum est.*

[116] Vgl. HINZ, Brüder vom Gemeinsamen Leben, S. 25–39.

[117] DOEBNER, Annalen, S. 265f.

Königstein zusammensetzte.[118] Auch hier drängt sich der Verdacht auf, daß in diesem „Beschluß" vielmehr die erklärte Absicht des Kolloquiums zu einer solchen Union gesehen werden muß als die tatsächliche Realisierung. Völlig unklar bleibt hier, welche Rolle die mittelrheinischen Häuser Butzbach, Marienthal und Königstein spielen sollten, die zu dieser Zeit schon in einem eigenen Generalkapitel zusammengeschlossen waren. Entweder hatte man innerhalb des Kolloquiums die Situation falsch eingeschätzt oder man suchte – gerade im Gegenteil – mit der Einbindung dieser Häuser eine weitere Spaltung der Brüderbewegung zu verhindern. Es ist jedoch nicht zu klären, ob diese drei Häuser einem solchen Plan zugestimmt hatten und überhaupt auf dieser Sitzung vertreten waren.[119] Beide Unionsversuche, 1470 und 1473, sind den Anmerkungen des späteren Hildesheimer Rektors zufolge nicht zum Erfolg gelangt.[120] Dieser Befund wird auch durch die Münsterschen Protokolle gesichert, die beide Unionsversuche unerwähnt lassen.[121]

In welchem Maße sich die Häuser dem Münsterschen Kolloquium verbunden fühlten und auch regelmäßig auf den Tagungen anwesend waren, ist aus den Protokollen schwer zu ermitteln, da die Teilnehmerlisten fehlen. Oft wurde nur summarisch festgehalten, daß viele fehlten.[122] Man wird deshalb davon ausgehen können, daß nicht nur Hildesheim gegenüber dem Kolloquium, inbesondere aber zu den Unionsversuchen, eine reservierte Haltung eingenommen hat. 1477 regelte Hildesheim sein Verhältnis zum Kolloquium grundsätzlich, als Peter Dieburg erklärte, daß sein Haus aufgrund der Gründungsumstände nicht in gleichem Maße Münster verpflichtet sei, wie Köln und Wesel, und deshalb auch nicht zum Beitritt gezwungen werden könne. Sein Haus werde nur noch alle drei Jahre am Kolloquium teilnehmen und dessen Beschlüsse gleichsam als Vorschläge betrachten, die in Hildesheim erst nach Beratung und Zustimmung eingehalten werden.[123]

Münster drängte 1483 erneut zur Bildung einer Generalunion, deren geplante Verfassung in den ausführlichen Stellungnahmen Peter Dieburgs deutlich wird.[124] Wieder war ein Generalkapitel nach den päpstlichen Privilegien von 1439 vorgesehen, diesmal aber als eine Art Dachverband (*universale capitulum*), dem zwei

---

[118] Doebner, Annalen, S. 266 (Beschluß von 1473): *[...] facta est unio patrum, domorum, personarum et rerum Monasteriensis, Coloniensis, Wesaliensis, Hervordensis, Rosticensis, Casselensis, Butzbachensis, Ringavia et Koniksteyn.*

[119] Windeck, Anfänge, S. 93 behauptet ohne weitere Quellen zu benennen, daß diese Häuser nicht auf dem Kolloquium vertreten waren.

[120] Vgl. die Zusätze Peter Dieburgs zu 1470 (*Mansit infecta illa unio*) und 1473 (*Mansit infecta et fuit annullata*). Doebner, Annalen, S. 265f.

[121] Vgl. Rehm, Quellen, S. 35f.

[122] Doebner, Annalen, S. 264 (1469): *Absentes fuerunt rectores de Hildensem, Cassel, Rostok, de Valle Marie in Ryngavia et Koniksteyn etc.* S. 265 (1470): *Absentes fuerunt multi etc.* S. 266 (1471): *Item absentes fuerunt etc.* Die bei Rehm, Quellen, S. 25–42 edierten Protokolle machen keine Angaben bezüglich der Teilnehmer.

[123] Doebner, Annalen, S. 267f.

[124] Doebner, Annalen, S. 272–276.

Provinzialkapitel, ein oberdeutsches und ein niederdeutsches, unterstellt waren.[125] Alle Vollmachten, wie z.B. das Recht der Statutengebung, die Überwachung der Observanz, die Versetzung von Kanonikern, die Ein- und Absetzung von Pröpsten, die Gründung neuer Häuser und alle Maßnahmen der gegenseitigen Unterstützung lagen beim übergeordneten Generalkapitel und den von ihm eingesetzten Visitatoren. Die Kapitel in den angeschlossenen Häusern und die beiden Provinzialkapitel hatten eine beratende Funktion und konnten nur lokalspezifische Entscheidungen treffen. Die einzelnen Häuser waren nach diesen Vorstellungen so fest eingebunden, daß selbst örtliche Baumaßnahmen vom Generalkapitel entschieden werden sollten.[126] Zum Generalkapitel, das alle drei Jahre abwechselnd in einer der beiden „Provinzen" tagen sollte, waren die Pröpste mit jeweils einem beigeordneten Bruder zugelassen. In der Zeit zwischen den Tagungen sollten wichtige Entscheidungen allein von den Visitatoren getroffen werden.[127]

Das Münstersche Kolloquium reagierte mit diesem Entwurf, der im Unterschied zu den Unionsversuchen von 1470 und 1473 nun zwei untergeordnete Provinzialkapitel vorsah, auf die inzwischen im Süden fortgeschrittene Entwicklung. Das dortige Generalkapitel, das anfangs nur aus den Häusern Marienthal, Königstein und Butzbach bestand, hatte sich nach den württembergischen Gründungen zu einem festen oberdeutschen Verband entwickelt. Wie im folgenden noch gezeigt werden soll, war dabei die rechtliche Bindung so stark, daß an eine Loslösung dieser Häuser vom Oberdeutschen Generalkapitel und eine anschließende Einbindung in die geplante Generalunion nicht mehr zu denken war. Ein größerer Zusammenschluß schien daher Münster nur noch im Rahmen eines übergeordneten *capitulum universale* möglich. Das Oberdeutsche Generalkapitel und das Münstersche Kolloquium sollten als *capitula provincialia* beibehalten werden. Auch bei diesem letztlich gescheiterten Projekt können wichtige Fragen aufgrund fehlender Quellen nicht beantwortet werden. Völlig unklar ist, ob diese Pläne allein in Münster gefaßt und sozusagen als Entwurf an die Häuser verschickt worden sind, oder ob schon vorher Verhandlungen – auch mit dem Oberdeutschen Generalkapitel – stattgefunden haben. Eine Stellungnahme von dieser Seite, etwa von Gabriel Biel, konnte nicht nachgewiesen werden. Jedenfalls stimmen die einzelnen Elemente der Verbandsbildung in den Münsterschen Unionsentwürfen so detailliert mit der Praxis innerhalb des Oberdeutschen Generalkapitels überein, daß sich der Verdacht aufdrängt, Münster hätte sich an dem oberdeutschen Ver-

---

[125] DOEBNER, Annalen, S. 272f.: *[...] quod hec unio fieret ad instar unionis Monasteriensis, Coloniensis et Wesaliensis. [...] Fiat generale capitulum modi et forme privilegii Eugenii. [...] quod universale capitulum celebrabitur de triennio in triennium, unum in Alemania superiori et aliud in bassiori salvis provincialibus capitulis, in quibus nichil diffiniatur in preiudicium generalis.*

[126] DOEBNER, Annalen, S. 273f.: *[...] Vigore illius capituli generalis canonicus unius domus censebitur et canonicus aliarum domorum. [...] Nullus [...] se transferre habet ad aliam domum nisi capituli generalis diffinicione. [...] nulli domui licebit instaurare aut acceptare alibi novam domum absque licencia capituli generalis [...].* Vgl. zu den Kompetenzen des Generalkapitels auch das päpstliche Privileg DiözesanA Münster, GV U 1729 (Papst Eugen IV. für Münster, Köln und Wesel; 1439 April 18).

[127] DOEBNER, Annalen, S. 275: *[...] ad [visitatores] habeatur recursus in hiis, que non possunt expectare capitulum generale.*

band orientiert – mit oder ohne Beratung durch Gabriel Biel. Wenn das Projekt zustande gekommen wäre, hätte das Münstersche Kolloquium einen ähnlichen Weg wie die oberdeutschen Kanoniker eingeschlagen.

Der Hildesheimer Rektor lehnte eine solche Union wiederum ab und betonte vor allem die Eigenständigkeit der Häuser, die verloren ginge, wenn man *unter dem Haupt eines Generalkapitels gleich wie Mönche eines Ordens* leben würde.[128] Mit diesem Vergleich weist Peter Dieburg zugleich auf die Gefahr einer starken Annäherung an monastische Verbandsformen hin. Außerdem seien für den Unterhalt des Generalkapitels und zur Unterstützung der schwächeren Häuser große finanzielle Leistungen notwendig.[129] Die geplanten Provinzialkapitel hielt er aufgrund der fehlenden Kompetenzen für Zeit- und Geldverschwendung.[130] Weitere Gefahren sah Dieburg darin, daß die Brüder nun als Kanoniker an Stiftskirchen das gemeinsame Leben praktizieren sollen, weil dann die Bischöfe ihr Visitationsrecht einforderten und die Fürsten entsprechende Steuern erheben würden.[131] Die kanonikale Lebensform passe schließlich besser zu gut ausgestatteten Häusern mit gebildeten und gelehrten Personen, die sich vor allem dem Gottesdienst, der Predigt und dem Studium, keinesfalls aber der körperlichen Arbeit, demütigen Übungen und dem Gehorsam widmeten.[132] Die Brüder – so Dieburg – wollten jedoch weiterhin demütig, einfach, ohne Privilegien, in Armut und mit unbedeutender Bildung ein gemeinsames Leben führen.[133]

Die ablehnende Haltung Peter Dieburgs hatte innerhalb des Münsterschen Kolloquiums ein solches Gewicht, daß erst nach dem Tod des Hildesheimer Rektors 1494 wieder neue Pläne einer Union diskutiert wurden.[134] Auf dem Kolloquium von 1496 wurde – mit der Zustimmung des neuen Hildesheimer Rektors Johannes Hinsberg – beschlossen, daß im folgenden Jahr ein Generalkapitel aller Brüder- und Schwesternhäuser abgehalten werden solle, auf dem über die Bewahrung der ursprünglichen und einfachen Lebensweise zu verhandeln sei.[135] Die Tagung kam in der vorgesehenen Weise jedoch nicht zustande. Auch 1498 wurde noch die Frage diskutiert, wieviele Rektoren und Brüder beim nächsten *capitulum* teilnehmen sollten.[136] 1499 wurde der Hildesheimer Rektor zum *capitulum gene-*

---

128 Doebner, Annalen, S. 274: *[...] sub capite capituli generalis sicut monachi unius ordinis et capituli [...].* Zur Kritik Peter Dieburgs an den Unionsplänen vgl. auch Windeck, Anfänge, S. 120–123. Crusius, Brüder, S. 104f. Hinz, Brüder vom Gemeinsamen Leben, S. 26f.

129 Doebner, Annalen, S. 274f.

130 Doebner, Annalen, S. 273: *[...] ad nichil proderunt provincialia capitula nisi ad videre et audire et tempus et pecuniam consumere.*

131 Doebner, Annalen, S. 275f.

132 Doebner, Annalen, S. 276.

133 Doebner, Annalen, S. 276.

134 Vgl. Hinz, Brüder vom Gemeinsamen Leben, S. 27.

135 Doebner, Annalen, S. 279 (Beschluß von 1496): *[...] quod futuro anno celebrabitur capitulum generale [...] ad tractandum de modo convenienti pro disciplina fratrum servanda in primeva simplicitate et fervore primitivorum patrum.*

136 Doebner, Annalen, S. 280 (Beschluß von 1498): *Item deliberatum est de numero fratrum, qui venturi sunt cum patribus ad capitulum et de maioritate vocum, super quo plenius disseretur in futuro capitulo.*

rale zugelassen mit der Erlaubnis, daß er nur alle zwei Jahre teilzunehmen brauchte, und daß dadurch die Privilegien und Gewohnheiten des Hildesheimer Hauses nicht geschmälert werden sollten.[137] Das Protokoll geht also stillschweigend von einer *unio capituli generalis* aus, ohne einen förmlichen Beschluß über die Gründung eines solchen Verbandes anzuführen. Wir erfahren auch nichts über die beigetretenen Häuser oder über die Struktur des Generalkapitels. In den Protokollen der folgenden Jahre wird dagegen wieder der Terminus *colloquium Monasteriensi* verwendet.[138] Auf der Tagung von 1506, an der nur die Rektoren von Hildesheim, Kassel und Magdeburg teilnahmen, wurde wiederum über eine Union aller Häuser verhandelt.[139] Auch die von Rehm edierte Protokollreihe bringt keinen eindeutigen Beweis für eine Generalunion, da sie mit einem summarischen Eintrag zu 1490 endet.[140] Diese Quellenlage wurde hinsichtlich eines Zustandekommens der Generalunion unterschiedlich bewertet.[141]

Zunächst ist festzuhalten, daß sich der Unionsversuch von 1499 ganz wesentlich von dem letzteren unterschied. Während 1483 noch ein Verband aller deutschen Brüderhäuser angestrebt worden war, beschränkte man sich nun offensichtlich auf die im Münsterschen Kolloquium vereinigten Häuser.[142] Es ging also nicht mehr um einen Gesamtverband aller deutschen Brüderhäuser, sondern lediglich um eine Umgestaltung des Münsterschen Kolloquiums.[143] Die im Oberdeutschen Generalkapitel zusammengeschlossenen mittelrheinischen Häuser Butzbach, Königstein und Marienthal sowie die württembergischen Stifte werden an keiner Stelle erwähnt und haben auch in den Jahren zuvor nie an den Kolloquiumstagungen in Münster teilgenommen. Das heißt, daß sich das Münstersche Kolloquium nun als Generalkapitel formiert oder zu formieren versucht hat. Die neue Bezeichnung bringt zum Ausdruck, daß der Verband auf der Grundlage der Privilegien Eugens IV. zu einem strafferen *capitulum generale* umstrukturiert werden sollte, dem alle Häuser unmittelbar unterworfen waren. Damit verbunden war auch eine für alle Häuser einheitliche Statutengebung, über die 1496 und 1497

---

[137] DOEBNER, Annalen, S. 280f. (Beschluß von 1499): *[...] rector domus Hildensemensis [...] fuit admissus [...] ad capitulum generale et fuerunt contenti, quod semel veniret in biennio et nullam obligacionem exigebant ab eo, set quod tantummodo domus nostra maneret in illa unione capituli generalis salvis privilegiis [...].*

[138] DOEBNER, Annalen, S. 281f.

[139] DOEBNER, Annalen, S. 282 (Beschluß von 1506): *[...] et fuit ibidem propositum et tractatum de unione omnium domorum nostrarum.*

[140] REHM, Quellen, S. 38.

[141] Gustav BOERNER (Annalen und Akten, S. 87, Anm. 3) ging davon aus, daß *die Erschienenen wohl nach vorheriger Übereinkunft in die Versammlung jenes Jahres 1499 als in ihr Generalkapitel unter Annahme der entworfenen Statuten eingetreten* sind. Diese Ansicht teilten LÖFFLER, Klemens: Das Fraterhaus Weidenbach in Köln. In: Annalen des Historischen Vereins für den Niederrhein, insbesondere das alte Erzbistum Köln 102, 1918, S. 99–128, hier S. 114 und NOTTARP, Brüder, S. 397. Große Zweifel äußerten BARNIKOL, Studien, S. 135. WINDECK, Anfänge, S. 128f. CRUSIUS, Brüder, S. 106f.

[142] Münster, Köln, Wesel, Kassel, Magdeburg, Rostock, Herford.

[143] Vgl. HINZ, Brüder vom Gemeinsamen Leben, S. 27.

verhandelt worden war.[144] Das Ergebnis waren die von Doebner edierten Statuten, die er allerdings fälschlicherweise als Hildesheimer Statuten von 1463 bezeichnet hatte.[145]

Ulrich Hinz hat gezeigt, daß eine strikte Hierarchisierung und Zentralisierung der norddeutschen Brüderbewegung unter der Vorherrschaft des Hauses in Münster nicht realisiert werden konnte. Einzelne Häuser, wie etwa Hildesheim und Herford, hatten es verstanden, ihre Gewohnheiten, die zum Teil von den Unionsstatuten abwichen, beizubehalten.[146] Diese von Münster ausgegangenen gescheiterten Unionsversuche sind jedoch im Blick auf die Statuten des Oberdeutschen Generalkapitels wichtig. Wie noch gezeigt werden soll, ergeben sich hinsichtlich der Strukturen und der Statuten auffallend große Übereinstimmungen.

3 Gabriel Biel und die Entwicklung in Oberdeutschland

3.1 Gabriel Biels Werdegang

Gabriel Biel wurde um 1410 in Speyer geboren. Da das genaue Geburtsdatum nicht bekannt ist, können lediglich aus dem Jahr seiner Immatrikulation (1432) Rückschlüsse gezogen werden.[147] Er entstammte wohl einer relativ vermögenden Handwerker- oder Handelsfamilie, die ursprünglich in Heidelberg ansässig war.[148] Über seine Kindheit und seine Schulausbildung ist absolut nichts bekannt. Am

---

[144] DOEBNER, Annalen, S. 279.

[145] Gustav BOERNER (Annalen und Akten, S. 75–98) hat schon 1905 nachgewiesen, daß es sich bei diesen Statuten um die Unionsstatuten handelt, die erst 1496–1499 entstanden sind.

[146] Vgl. HINZ, Brüder vom Gemeinsamen Leben, S. 28–39.

[147] Als Geburtsjahr nennen *um 1413/14:* CRUSIUS, Gabriel Biel (1995), S. 300. *Um 1410:* ERNST, Wilhelm: Gott und Mensch am Vorabend der Reformation. Eine Untersuchung zur Moralphilosophie und -theologie bei Gabriel Biel. Leipzig 1972. (Erfurter Theologische Studien 28), hier S. 6. DECKER, Bruno: Gabriel Biel. In: Die Religion in Geschichte und Gegenwart, Band 1. Tübingen ³1957, Sp. 1267. STEGMÜLLER, Friedrich: Literaturgeschichtliches zu Gabriel Biel. In: Theologie in Geschichte und Gegenwart. München 1957, S. 309–316, hier S. 309. *Kurz vor 1410:* BUBENHEIMER, Ulrich: Gabriel Biel. In: GRESCHAT, Martin (Hg.): Gestalten der Kirchengeschichte. Band 4. Stuttgart 1983, S. 308–319, hier S. 308. DETTLOFF, Werner: Gabriel Biel. In: Theologische Realenzyklopädie. Band 6. Berlin, New York 1980, S. 488–491, hier S. 488. *Etwa 1408:* BAYERER, Wolfgang Georg: Gabrielis Biel Gratiarum Actio und andere Materialien zu einer Testimonien-Biographie bezüglich seiner Universitätsjahre in Heidelberg, Erfurt, Köln (und Tübingen). In: Forschungen aus der Handschriftenabteilung der Universitätsbibliothek Gießen. Gießen 1985. (Berichte und Arbeiten aus der Universitätsbibliothek Gießen 39), S. 2. *Erstes Viertel des fünfzehnten Jahrhunderts*: OBERMAN, Herbst der mittelalterlichen Theologie, S. 9. *Vor 1418:* LANDEEN, Gabriel Biel and the Devotio moderna, S. 149f. Biel selbst nennt Speyer als Geburtsort in seinem „Defensorium oboedientiae apostolicae ad Pium papam secundum destinatum ab eodem approbatum": *Ego Gabriel Biel de Spira, ecclesiae Moguntiae vicarius, inter orthodoxos praedicatores minimus [...]* (Prolog); *Et ego, Gabriel ex Spira [...]* (Lect. 89 P). Weitere zahlreiche Herkunftsvermerke befinden sich in den Gießener Handschriften. Vgl. BAYERER, Gabrielis Biel Gratiarum Actio, S. 2.

[148] Vgl. CRUSIUS, Gabriel Biel (1995), S. 300.

13. Juli 1432 immatrikulierte sich Biel an der Heidelberger Artistenfakultät als *premissarius altaris X milium martirum in capella sancti Petri Spyrensis.*[149] Nach der Matrikel wurde er am 21. Juli 1435 *baccalarius in artibus*[150] und drei Jahre später, am 21. März 1438 bei Magister Conrad Gummeringen *licentiatus in artibus*[151]. Damit war Biel zugleich *magister in artibus*, denn nach den Statuten der Universität Heidelberg begann mit der Gebührenentrichtung und der *determinacio pro recepcione insignium magistralium* das vorgeschriebene *biennium regencie.*[152] Um diese Zeit ist er wohl auch zum Priester geweiht worden.[153] In den folgenden Jahren blieb er als Magister an der Heidelberger Artistenfakultät und promovierte 1441 zwei Bakkalare zu Lizentiaten.[154] Bis mindestens 1444 können Schreibtätigkeiten Biels in Heidelberg nachgewiesen werden.[155] Die Frage nach seinem Aufenthalt in den folgenden sieben Jahren muß offen bleiben, die Vermutung liegt jedoch nahe, daß er zunächst in Heidelberg geblieben ist, um Theologie zu studieren.[156] Zumindest für die Jahre 1449/50 ist auch ein vorübergehender Aufenthalt in Mainz oder Speyer denkbar, wo er sich möglicherweise um ein geistliches Amt bemüht hat.[157] 1451 ist Biel an der Universität Erfurt immatrikuliert.[158] Es ist anzunehmen, daß er sich dort dem Theologiestudium widmete, das er 1453 für zwei Jahre in Köln fortsetzte[159] und wiederum in Erfurt im Herbst 1457 mit dem Grad eines *licentiatus theologiae* abschloß.[160]

Bildete bis zu diesem Zeitpunkt die Universität den Mittelpunkt in Biels Lebens, so wandte er sich in den folgenden Jahren einer eher praxisbezogenen Tätigkeit in

---

[149] Toepke, Gustav: Die Matrikel der Universität Heidelberg von 1386 bis 1662. 3 Bände. Heidelberg 1884–1893. ND Nendeln 1976, hier Band 1, S. 191.

[150] Toepke, Matrikel der Universität Heidelberg 1, 190f.

[151] Toepke, Matrikel der Universität Heidelberg 2, 384f.

[152] Vgl. Toepke, Matrikel der Universität Heidelberg 2, 361. Vgl. Bayerer, Gabrielis Biel Gratiarum Actio, S. 3.

[153] Vgl. Crusius, Gabriel Biel (1995), S. 300.

[154] Toepke, Matrikel der Universität Heidelberg 2, 386: *Anno 1441° 13ª Marcij per Magistrum Johannem de Bruxella in sacra theologia licentiatum necnon vicecancellarium vniversitatis, licentiati sunt in artibus baccalarij infra scripti et secundum hunc ordinem locati: [...] 2. Symon de Rauenspurg, dedit et determinavit sub Magistro Gabriele Byhel de Spira [...] 4. Ulricus de Vrach, dedit et determinavit sub Magistro Gabriele Byhel de Spira.*

[155] Bayerer, Gabrielis Biel Gratiarum Actio, S. 7.

[156] Bayerer, Gabrielis Biel Gratiarum Actio, S. 8. Ernst, Gott und Mensch, S. 7.

[157] Bayerer, Gabrielis Biel Gratiarum Actio, S. 8.

[158] Weissenborn, Hermann: Acten der Erfurter Universität. 3 Bände. Halle 1881–1899. (Geschichtsquellen der Provinz Sachsen und angrenzender Gebiete 8), hier Band 1, S. 224: *Gabriel Byel de Spira, arcium magister.* Vgl. Bayerer, Gabrielis Biel Gratiarum Actio, S. 8f. Ernst, Gott und Mensch, S. 12.

[159] Keussen, Hermann: Die Matrikel der Universität Köln. Band 1: 1389–1475. Bonn ²1928. (Publikationen der Gesellschaft für Rheinische Geschichtskunde 8), S. 561: *44. Gabriel Byel de Spira, presbyter Maguntinensis diocesis, ad facultatem theologie, solvit et iuravit, Mai 25.* Vgl. Bayerer, Gabrielis Biel Gratiarum Actio, S. 12.

[160] Kleineidam, Erich: Universitas Studii Erffordensis. Teil 1: 1392–1460. Leipzig 1964. (Erfurter Theologische Studien 14), S. 161. Ernst, Gott und Mensch, S. 13. Bayerer, Gabrielis Biel Gratiarum Actio, S. 17.

der Kirche zu. Kurze Zeit nach seinem Examen in Erfurt wurde er auf eine Predigerstelle am Mainzer Dom berufen und hielt dort am 25. Dezember 1457 seine erste Predigt.[161] Seine Mainzer Zeit ist durch die zahlreichen, heute noch erhaltenen Predigten gut dokumentiert. Von Weihnachten 1457 bis November 1459 sind zwei Predigtzyklen erhalten, wobei der zweite mit der Predigt *in festo beatissimi Martini confessoris* (11. November 1459) endete.[162] In dieser Predigt gibt Biel seinen Entschluß bekannt, auf die Dompredigerstelle zu verzichten, um die Pfründe für einen Besseren freizumachen.[163] Wo sich Biel in der Folgezeit aufgehalten hat, ist unbekannt,[164] aber schon ein Jahr später, im Oktober 1460, kehrte er in sein Amt nach Mainz zurück und erwähnte in seiner ersten Predigt am 26. Oktober, daß er nach seinem freiwilligen Ausscheiden auf päpstlichen Befehl hin zurückgekehrt sei und nun mit größerer Autorität und Bindung sein Amt ausüben könne. Er zweifelte nicht daran, daß seine Rückkehr auf Veranlassung der Gläubigen und vor allem durch seine Vorgesetzten im Domkapitel angeregt worden war.[165] Biel predigte nun wieder regelmäßig an Sonn- und Feiertagen bis zum Spätherbst 1461, als seine Tätigkeit ein weiteres Mal – nun im Zusammenhang mit der Mainzer Stiftsfehde[166] – unterbrochen wurde.[167] Das Mainzer Domkapitel hatte am 18. Juni 1459 mit knapper Mehrheit Diether von Isenburg zum Erzbischof gewählt. Die päpstliche Bestätigung wurde unter dem Vorbehalt der Annatenzahlung und der persönlichen Vorstellung Diethers beim Papst gegeben. Als Diether von Isenburg diesen Bedingungen nicht nachkam, wurde er vom Papst abgesetzt, am 8. Januar 1462 mit dem Bann belegt, und an seiner Stelle wurde Adolf von Nassau zum Bischof von Mainz ernannt. Biel stellte sich in diesem Streit auf die Seite des vom Papst gestützten, „legitimen" Bischofs Adolf von Nassau und mußte 1461 die von Diether von Isenburg besetzte Stadt Mainz verlassen.[168] Er suchte Zuflucht im Rheingau am Hofe Adolfs von Nassau und verfaßte das *Defensorium oboedientiae*

---

[161] ELZE, Martin: Handschriften von Werken Gabriel Biels aus seinem Nachlaß in der Gießener Universitätsbibliothek. In: Zeitschrift für Kirchengeschichte 81, 1970, S. 70–91, hier S. 77. Vgl. CRUSIUS, Gabriel Biel (1995), S. 302f.

[162] ERNST, Gott und Mensch, S. 17. ELZE, Handschriften, S. 89f.

[163] Vgl. die Ausführungen Biels über die Niederlegung seines Amtes als Domprediger bei ELZE, Handschriften, S. 89f, hier S. 90: *Novi vobis necessarium esse doctorem, cuius lucerna intus vehementer ardeat atque de flamma cordis sui quasi scintillas ignita verba proferat, quibus audientium duritia liquefiat. Qualem me non esse doleo. Quapropter et vobis et mihi melius iudicavi sapienter meliori cedere quam praesumptuose locum mihi indebitum occupare.*

[164] CRUSIUS, Gabriel Biel (1995), S. 304f. vermutet, daß sich Biel in die Mainzer Kartause zurückgezogen und dort möglicherweise erste Kontakte zur Devotio moderna gefunden hat.

[165] ELZE, Handschriften, S. 90f.: Biels Ausführungen über die Wiederaufnahme seines Amtes als Domprediger in der Predigt vom 26. Oktober 1460.

[166] Vgl. BROSIUS, Dieter: Zum Mainzer Bistumsstreit 1459–1463. In: Archiv für hessische Geschichte NF 33, 1975, S. 111–136.

[167] Vom ersten Adventssonntag 1460 bis zum 25. Sonntag nach Trinitatis im Jahre 1461 ist ein dritter Predigtzyklus Biels erhalten. Vgl. ELZE, Handschriften, S. 78.

[168] ERNST, Gott und Mensch, S. 19. ERLER, Adalbert: Gabriel Biel und die Mainzer Stiftsfehde. In: Nassauische Annalen 71, 1960, S. 222–224. CRUSIUS, Gabriel Biel (1995), S. 305.

apostolicae[169], in dem er nachzuweisen versuchte, daß päpstliche Entscheidungen bindend sein mußten und deshalb Diether von Isenburg zu Unrecht die erzbischöfliche Würde beanspruchte. Ferner erklärt sich Biel in einem offenen Brief vom 18. September 1462 an einen guten Freund in Mainz bereit, bei Zusicherung freien Geleits seine Predigttätigkeit in Mainz wieder aufzunehmen und seine Anklagen gegen Diether von Isenburg zu verteidigen.[170] Nachdem Adolf von Nassau am 29. Oktober 1462 Mainz eingenommen hatte, kehrte Biel zurück, um sein Dompredigeramt fortzuführen. Für die Jahre 1462–1464 liegen zwei komplette Predigtzyklen vor.[171] Von dem unmittelbar darauf folgenden, sechsten Zyklus sind lediglich die Predigten zum ersten und vierten Adventssonntag des Jahres 1464 erhalten.[172] Daß Biel mit der Predigt auf den 4. Advent 1464 aus dem Dompredigeramt ausgeschieden ist,[173] scheint aber fraglich, denn in der päpstlichen Bulle vom 29. November 1465, in der die Zusammenlegung der *vicaria archiepiscopalis* mit dem *officium praedicationis* bestätigt wird, ist Biel noch als Domprediger aufgeführt.[174] In den Protokollen des Mainzer Domkapitels wird schließlich für den 4. Juni 1466 als Domprediger Rudolf von Seligenstadt genannt.[175] Biel dürfte also irgendwann zwischen Dezember 1465 und Juni 1466 auf sein Predigeramt verzichtet haben.

3.2 Die Entwicklung der mittelrheinischen Häuser

Der darauffolgende Lebensabschnitt ist nun vor allem im Zusammenhang mit den Brüdern vom Gemeinsamen Leben zu sehen. Im Mittelpunkt des Interesses stehen hier die Fragen, wann Biel zum ersten Mal mit der Devotio moderna in Kontakt gekommen ist, welche Rolle er bei den Gründungen von Marienthal, Königstein und Butzbach spielte und wann er schließlich selbst bei den Fraterherren eingetreten ist.

In der Literatur finden sich dazu recht widersprüchliche und zum Teil nur auf Vermutungen basierende Angaben. Friedrich Stegmüller läßt Biel – freilich ohne dafür einen Beleg anzuführen – 1463 in das Bruderhaus Marienthal eintreten und

---

[169] Defensorium oboedientiae apostolicae et alia documenta, ed. and transl. by H. A. OBERMAN, D. F. ZERFOSS and W. J. COURTENAY. 1968.

[170] ERNST, Gott und Mensch, S. 20. COURTENAY, William J.: Zur Chronologie der Schriften Gabriel Biels von 1462 und zu seiner Rolle in der Mainzer Stiftsfehde. In: Trierer Theologische Zeitschrift 74, 1965, S. 373–376. ERLER, Gabriel Biel. ROTH, F. W. E.: Ein Brief des Gabriel Biel 1462. In: Neues Archiv der Gesellschaft für ältere deutsche Geschichtskunde 35, 1910, S. 582–585.

[171] ELZE, Handschriften, S. 78.

[172] ELZE, Handschriften, S. 83.

[173] Vgl. CRUSIUS, Gabriel Biel (1995), S. 306.

[174] COURTENAY, William J.: Gabriel Biel als Mainzer Domprediger und sein Eintritt bei den Brüdern vom gemeinsamen Leben. In: Trierer Theologische Zeitschrift 75, 1966, S. 49–52, hier S. 51.

[175] COURTENAY, Gabriel Biel als Mainzer Domprediger, S. 51.

sieht ihn als ersten Propst des 1468 errichteten Stifts Butzbach.[176] Landeen erwähnt die wichtige Rolle, die Biel bei der Gründung des Hauses Marienthal gespielt hat, und datiert seinen Eintritt unmittelbar nach Gründung des Hauses. In Marienthal habe er auch seinen *Tractatus de communi vita clericorum* verfaßt, bevor er 1468 die Leitung des neugegründeten Hauses in Butzbach übernommen habe.[177] An einer anderen Stelle räumt Landeen ein, daß es keinen datierten Beleg für den Eintritt Biels in Butzbach gibt, *but it must have been soon after the beginning of the house.*[178] Ebenfalls unmittelbar nach der Mainzer Stiftsfehde, noch im Jahre 1462, datiert Oberman Biels Eintritt in Marienthal.[179] Dort habe er sich bis 1468 aufgehalten, ehe er die Leitung in Butzbach übernommen habe.[180] Wenn auch in der übrigen Literatur der Aufenthalt Biels in Marienthal bestritten oder zumindest mit einem Fragezeichen versehen wurde, bestand jedoch allgemein Einigkeit darüber, daß er 1468 in Butzbach die Propstwürde übernommen habe.[181]

Ein ganz anderes Bild dieser entscheidenden Phase in Biels Lebenslauf ergibt sich, wenn man die Erkenntnisse über seine Predigertätigkeit in Mainz[182] mit den übrigen gesicherten Fakten zusammenzubringen versucht.[183] Spätestens seit Herbst 1461, als Biel die Stadt verlassen mußte, erweiterte er seinen Tätigkeitsbereich. Dies stand in engem Zusammenhang mit seiner Parteinahme für Adolf von Nassau, die ihn in die nächste Umgebung des späteren Erzbischofs und dessen familiäres Umfeld, der Grafen von Nassau und von Eppstein, brachte. Biel predigte an verschiedenen Orten im Rheingau, er ist 1464 auch als Benefiziat an der Nikolauskapelle in Eltville bezeugt, also in unmittelbarer Nähe der erzbischöflichen Residenz.[184] 1463/64 gründete Adolf von Nassau im Zusammenwirken mit Gabriel Biel das Fraterhaus in Marienthal, die erste oberdeutsche Niederlassung der Brüder vom Gemeinsamen Leben.[185] Die in einem Wald nördlich von Geisenheim im Rheingau gelegene Kapelle barg ein wundertätiges Vesperbild, das schon seit 1309

---

176 STEGMÜLLER, Literaturgeschichtliches zu Gabriel Biel, S. 310.

177 LANDEEN, Gabriel Biel and the Devotio moderna, S. 155: *Meanwhile Gabriel Biel himself had joined the brethren at Marienthal, finding refuge there after the strife and warfare in Mainz. Here, amid the quiet, lovely surroundings of the house and in pleasant fellowship with the brethren, he composed his brilliant defense of the common life. Finally, he went from Marienthal to Butzbach in 1468 as rector of the house of clerics in that city.*

178 LANDEEN, Gabriel Biel and the Devotio moderna, S. 168.

179 OBERMAN, Herbst der mittelalterlichen Theologie, S. 14. Das Bruderhaus in Marienthal war zu diesem Zeitpunkt freilich noch gar nicht gegründet.

180 OBERMAN, Herbst der mittelalterlichen Theologie, S. 14.

181 ERLER, Gabriel Biel, S. 222. DETTLOFF, Gabriel Biel, S. 488. DECKER, Gabriel Biel, Sp. 1267. SCHULZE, Manfred: Gabriel Biel. In: Lexikon des Mittelalters. Band 2. München-Zürich 1983, Sp. 127.

182 ELZE, Handschriften.

183 Vgl. CRUSIUS, Gabriel Biel (1995), S. 305–307.

184 MONASTICON 2, S. 174. CRUSIUS, Gabriel Biel (1995), S. 306f. ELZE, Handschriften, S. 80 erwähnt eine Predigt *auf den Tag des Evangelisten Markus* und *auf das Fest der Kreuzerhöhung*, die Biel 1467 in Eltville gehalten hat.

185 MONASTICON 2, S. 167–179. LANDEEN, Gabriel Biel and the Devotio moderna, S. 151–157. WINDECK, Anfänge, S. 72–74. CRUSIUS, Brüder, S. 89–91. POST, Modern Devotion, S. 441f.

Ziel vieler Wallfahrten war. Mit deren Betreuung waren vier Säkularpriester beauftragt, die jedoch dort keine regelmäßigen Gottesdienste mehr hielten und die Gebäude verfallen ließen, so daß sich die Patronatsherren Ulrich, Diether und Reynhart von Rüdesheim entschlossen, die Präbenden anderweitig zu vergeben. Sie beriefen 1463 unter Vermittlung Gabriel Biels Brüder aus dem Kölner Fraterhaus, damit in Marienthal *ein ersame gotliche Versamelung geistlicher prister und bruder werden moge, besunder der Gesellschaft der Brüder zu Wydenbach zu Cölln.* Zugleich wurden alle *Renten und Gülten miteynander unuerscheydenlichen und unuerteilt zu einen gemeinen tisch [...] incorporirt* und den Brüdern zur gemeinsamen Nutzung übergeben.[186] Die Brüder sollten *nach iren Statuten* leben und zusätzlich bestimmte Messen und Vigilien lesen, unter anderem vier Mal jährlich eine Seelmesse zum Gedenken an die Stifterfamilie.[187] Noch im gleichen Jahr bestätigte der Mainzer Erzbischof, Adolf von Nassau, die Stiftung. Kurze Zeit später muß die Kapelle zur Stiftskirche erhoben worden sein, da sie in einer Urkunde vom 13. April 1467 als *collegiata ecclesia presbyterorum et clericorum communiter viventium* bezeichnet wird.[188] Darin erteilten zehn Kardinäle in Rom allen Besuchern am Montag nach Ostern und nach Pfingsten, an den Festtagen Mariä Aufnahme und Reinigung sowie am Kirchweihtag hundert Tage Ablaß.

Das wirtschaftlich gut ausgestattete Stift erlangte nicht nur aufgrund der Wallfahrt eine große Bedeutung. Schon 1468 errichteten die Brüder eine Druckerei, in der bis 1484 mindestens sechzehn Inkunabeln entstanden sind.[189] Im Auftrag des Mainzer Erzbischofs wurden unter anderem ein *Psalterium et breviarium Moguntinense*, ein Ablaßbrief mit der Liturgie des Festes Mariae Tempelopferung sowie mehrere Breviere für die Diözesen Trier und Worms herausgegeben. Die Bursfelder Kongregation ließ ihren *Ordinarius divinorum officiorum* in einer Auflage von 150 Exemplaren bei den Brüdern drucken. Hervorgehoben sei auch das *Opusculum tripartitum* von Johannes Gerson, ein „dreigeteiltes Werk“ von den zehn Geboten, der Beichte und der Kunst, gut zu sterben. Gabriel Biel selbst hatte dieses Werk ins Deutsche übersetzt, bevor es 1474 in der Marienthaler Presse gedruckt wurde.[190] Außerdem wird das *Tripartitum* in den Statuten des Oberdeutschen Generalkapitels besonders denjenigen Brüdern empfohlen, die mit der Seelsorge betraut

---

[186] Urkunde vom 31.10.1463. Gedruckt bei BODMANN, Franz Joseph: Rheingauische Alterthümer oder Landes- und Regiments-Verfassung des westlichen oder Niederrheingaues im mittleren Zeitalter. Mainz 1819, S. 213f. – Wolf Heino STRUCK (MONASTICON 2, S. 174f.) hat nachgewiesen, daß diese nur in einer Abschrift überlieferte Urkunde eine Fälschung des 17. Jahrhunderts ist. Das Falsifikat enthält jedoch bezüglich des Rechtsgeschäfts einen echten Kern.

[187] Urkunde vom 31.10.1463. Gedruckt bei BODMANN, Rheingauische Alterthümer, S. 214: *[...] das wir aller irer guten Werk theilhafftig mogen werden.*

[188] HStA Wiesbaden, 75/4.

[189] Vgl. MONASTICON 2, S. 170f.

[190] UB Gießen, Hs. 851, fol. 26r–55v: Übersetzung des „Tripartitum“ durch Gabriel Biel. Die Handschrift stammt aus dem Butzbacher Fraterhaus. Vgl. KRAUME, Herbert: Die Gerson-Übersetzungen Geilers von Kaysersberg. Studien zur deutschsprachigen Gerson-Rezeption. [Diss. Freiburg 1974]. München 1980. (Münchener Texte und Untersuchungen zur deutschen Literatur des Mittelalters 71), S. 49–55.

sind.[191] Wahrscheinlich wurden also auch die oberdeutschen Brüderhäuser mit Marienthaler Inkunabeln beliefert.

Gabriel Biel hatte an der Gründung Marienthals maßgeblich mitgewirkt. Er machte den Mainzer Erzbischof auf die Kölner Fraterherren aufmerksam, die er in seiner Kölner Studienzeit kennengelernt hatte, und wählte auch den ersten Rektor für die Neugründung aus.[192] Aus dem Kölner Fraterhaus holte er – nach Aussage der Wolfer Annalen – Benedikt von Helmstadt, dem er stets freundschaftlich verbunden blieb.[193] Bei der Gründung von Marienthal ist neu und bemerkenswert, daß die Fraterherren von den Stiftern zu Reformzwecken an eine abgelegene Wallfahrtskirche berufen wurden. Neben der Wallfahrtsbetreuung übernahmen die Brüder nun auch weitere liturgische Verpflichtungen. Das alte Brüderideal der Handarbeit, insbesondere des Abschreibens von Büchern, fand in Marienthal seine Fortsetzung mit der Einrichtung einer Druckerei.

Gabriel Biel war nun auch bei der Gründung von weiteren Bruderhäusern im Rheingau beteiligt. Zunächst kam allerdings eine beabsichtigte Niederlassung in Wiesbaden nicht zustande.[194] Hier wollte 1465 Graf Johann von Nassau, der Bruder des Erzbischofs, ebenfalls eine Brüdergemeinschaft nach Kölner Vorbild einrichten, um ihnen die Seelsorge an der Pfarrkirche zu übertragen.[195] Aus welchen Gründen dieses Projekt letztlich scheiterte, ist unklar. Sicherlich ging auch in diesem Fall die Initiative von Biel aus, der sich in dieser Zeit als Beichtvater Johanns von Nassau an dessen Hof in Idstein aufhielt und in der dortigen Stiftskirche predigte.[196] Es wird deutlich, daß Biel bei der Gründung von Bruderhäusern nun vor allem auf die verwandtschaftlichen Beziehungen setzte. Ging die geplante Gründung in Wiesbaden vom Bruder Adolfs von Nassau aus, so trat ein Jahr später dessen Schwager, Eberhard III. von Eppstein, als Stifter auf. Er beabsichtigte, die Pfarrkirche in Königstein zur Stiftskirche zu erheben und den Brüdern vom Ge-

[191] STATUTA [OBERDEUTSCHES GENERALKAPITEL], fol. 38^{v}. – KRAUME, Gerson-Übersetzungen, S. 13 erklärt – völlig zu Recht – die hohe Auflage des Tripartitums mit *einer tieferen Übereinstimmung des brüderlichen Lebens mit den Auffassungen Gersons.*

[192] ERNST, Gott und Mensch, S. 26. Zum Kölner Fraterhaus *Am Weidenbach* vgl. MONASTICON 2, S. 107–120.

[193] LHA Koblenz, Best. 701, Nr. 92 (*Historie quedam sive annales collegii in Wolf 1478–1524*), fol. 30^{v}: *Eodem anno [1504] 13 die Augusti obiit pater Benedictus in Mergendayl primus pater in Almania superiori per patrem Gabrielem vocatus a domo Widennach in Colonia, dum pater Gabriel adhuc esset praedicator maioris ecclesie Moguntine et obtinuisset domum Mergendayl a reverendissimo Moguntino episcopo eundem patrem Benedictum ibidem instituit pro statu nostro erigendo eciam in Almania superiori sicut efficaciter fecit.*

[194] CRUSIUS, Brüder, S. 91f. WINDECK, Anfänge, S. 74.

[195] Urkunde vom 24.09.1465. Gedruckt bei GUDENUS, Valentin F. von: Codex diplomaticus exhibens anectoda ab anno 981 ad 1300 Moguntiaca, ius Germanicum, et S. R. I. historiam illustrantia. 5 Bände. Göttingen 1743–1768, hier 4, S. 380f.

[196] CRUSIUS, Gabriel Biel (1995), S. 306. Biel hielt 1467 die Exequienpredigt für Margareta von Nassau. Vgl. ELZE, Martin: Sieben Exequienpredigten von Gabriel Biel. In: Blätter für württembergische Kirchengeschichte 68/69, 1968/69, S. 3–52, hier S. 7–15.

meinsamen Leben zu übergeben.[197] Auch hier spielten Reformabsichten des Patronatsherren eine wichtige Rolle, da der Gottesdienst vor allem durch die ständige Abwesenheit der Pfründeninhaber vernachlässigt worden war.[198] Adolf von Nassau kam diesem Wunsch seines Schwagers gerne nach, vereinigte alle Einkünfte zu einem gemeinsamen Vermögen und erhob die Pfarrkirche am 23. August 1466 zum Kollegiatstift.[199] Nachdem im folgenden Jahr Papst Paul II. dieser Gründung zugestimmt hatte,[200] konnte am 16. Juli 1467 die feierliche Übergabe stattfinden.[201] Der Rektor des Kölner Hauses, Johann de Berlin, war persönlich nach Königstein gekommen, um im Namen des Münsterschen Kolloquiums den Kölner Bruder Heinrich Kroesen von Zülpich (de Tulpeto) als ersten Rektor einzusetzen. Damit erhielt dieser die Vollmacht, weitere geeignete Personen nach den Statuten des Münsterschen Kolloquiums aufzunehmen und eine Brüdergemeinschaft nach Kölner Vorbild zu bilden. Das Münstersche Kolloquium behielt sich das Visitationsrecht und die Aufsicht über die Einhaltung der Statuten vor. Gabriel Biel war bei diesem Gründungsakt ebenfalls anwesend; in der Urkunde wird er aber nicht als Fraterherr, sondern als *magister, licentiatus* und *presbiter praedictae Moguntinae dioecesis* erwähnt.[202]

Schon kurze Zeit später gründete Eberhard III. von Eppstein ein weiteres Haus der Brüder vom Gemeinsamen Leben in Butzbach.[203] Mit dem Einverständnis des Grafen Otto von Solms, der dort ebenfalls einen Teil der Ortsherrschaft innehatte, sollte die Pfarrkirche St. Markus zur Kollegiatkirche erhoben werden. Einer entsprechenden Bitte kam Papst Paul II. mit der Bulle vom 1. November 1468 nach und verfügte gleichzeitig, daß an diesem Stift künftig eine nicht genannte Anzahl von Priestern und Klerikern mit gemeinsamem Tisch und Dormitorium nach dem Vorbild der Häuser Münster, Wesel und Königstein leben sollte.[204] Zu diesem Zweck wurden wiederum alle Einkünfte zu einem gemeinsamen Stiftsvermögen

---

[197] Vgl. MONASTICON 2, S. 121–125. CRUSIUS, Brüder, S. 92–97. WINDECK, Anfänge, S. 74–76. POST, Modern Devotion, S. 442. LANDEEN, Gabriel Biel and the Devotio moderna, S. 157–166.

[198] GUDENUS, Codex diplomaticus 4, S. 386f.: *[...] quod dolenter refert, propter nonnullorum ibidem beneficiatorum et eorundem beneficiorum possessorum non residentiam et continuam absentiam divinum cultum negligi et contra fundatorum mentes attenuari.*

[199] Urkunde gedruckt bei GUDENUS, Codex diplomaticus 4, S. 386f.

[200] HStA Wiesbaden, Abt. 38, Urk. Nr. 7 (1466, März 20; Papst Paul II. für Königstein).

[201] Urkunde gedruckt bei SCHALK, H.: Beiträge zur Geschichte des Kugelherrenhauses zu Königstein. In: Annalen des Vereins für Nassauische Alterthumskunde und Geschichtsforschung 7, 1864, S. 211–236, hier S. 214ff.

[202] SCHALK, Beiträge, S. 214ff. Vgl. COURTENAY, Gabriel Biel als Mainzer Domprediger, S. 51.

[203] MONASTICON 2, S. 31–49. CRUSIUS, Brüder, S. 97–101. WINDECK, Anfänge, S. 76–78. LANDEEN, Gabriel Biel and the Devotio moderna, S. 166–1176. Vgl. auch KRÄTZINGER, G.: Versuch einer Geschichte des Kugelhauses zu Butzbach. In: Archiv für hessische Geschichte und Altertumskunde 10, 1864, S. 48–93.

[204] StA Darmstadt, A 3, Nr. 61/132 (1468, November 1; Papst Paul II. für Butzbach): *[...] mandamus, quatenus [...] prefatam ecclesiam sancti Marci in collegiatam ecclesiam cum numero sacerdotum et clericorum communi mensa et dormitorio [...] erigere [...].*

vereinigt und die bisherigen Pfründeninhaber mit einer jährlichen Rente vom Stift entschädigt. Gleichzeitig wurde den Fraterherren auch die Pfarrseelsorge übertragen, die entweder der Propst oder ein vom Kapitel bestellter Kanoniker ausüben sollte.[205] Bedeutsam ist nun, daß sich Paul II. bei den einzelnen Bestimmungen nicht nur an dem Privileg orientierte, das Eugen IV. 1439 den Brüdern in Münster gewährt hatte, sondern daß er dasselbe auch auf die Neugründung übertrug.[206] In diesem Privileg war schon die Möglichkeit eines Zusammenschlusses mehrerer Häuser in einem Generalkapitel vorgesehen, das nun realisiert wurde. Das neue Markusstift wurde nämlich unter Wahrung aller Rechte der Kongregation von Königstein und Marienthal angeschlossen.[207]

Noch im gleichen Jahr übertrugen die Patronatsherren Otto von Solms, Eberhard III. von Eppstein und dessen Sohn Philipp sowie die Brüder Gottfried X. und Johann von Eppstein ihre Rechte an der Pfarrkirche mit allen Einkünften und zugehörigen Grundstücken den Fraterherren, befreiten sie von allen Abgaben und nahmen sie in ihren Schutz. Die Brüder sollten außerdem die Leitung der Butzbacher Schule übernehmen.[208] Am 30. Januar 1469 wurde das Stift in feierlicher Sitzung den Rektoren der Häuser in Marienthal und Königstein, Benedikt von Helmstadt und Heinrich Kroesen von Zülpich, übergeben. Damit wird erstmals der Zusammenschluß der mittelrheinischen Häuser deutlich, denn die beiden Rektoren traten als *patres unionis* auf und nahmen das Markusstift in Besitz.[209] Bei den Gründungen Butzbachs und Königsteins muß außerdem auf einen wichtigen Unterschied hingewiesen werden. Während in Königstein Johann de Berlin als Vertreter des Münsterschen Kolloquiums anwesend war, um den neuen Rektor einzusetzen, nahmen bei der Gründung Butzbachs die beiden Rektoren von Marienthal und Königstein das neue Stift in Besitz.[210] Damit wird zum ersten Mal die spätere Praxis des Oberdeutschen Generalkapitels deutlich, die Häuser schon bei der Gründung dem Verband zu „inkorporieren".

Bei der Gründung Butzbachs fungierte Biel als Bevollmächtigter Eberhards von Eppstein; er wird aber weder als Mitglied der Fraterherren angesprochen noch wird er zum ersten Rektor in Butzbach gewählt.[211] In dieser Eigenschaft wird bis zum 3. Februar 1470 ein Bruder *Christian* erwähnt, der wahrscheinlich aus dem

---

205 *[...] ac perpetuo statuere et ordinare, quod inibi sit prepositus seu rector ut caput et quod cura animarum [...] committatur preposito et capitulo [...].*

206 *[...] quodque prepositus, capitulum, sacerdotes et clerici dicte ecclesie [...] omnibus et singulis privilegiis, graciis, indultis, ordinacionibus et statutis per sancte memorie Eugenium quartum et Calistum tercium domibus et collegiis antedictis in genere concessis [...] perpetuo gaudeant et utantur illaque ad ipsam ecclesiam [...] extendere [...].*

207 *[...] ipsamque ecclesiam sancti Marci prefate congregacioni beatae Mariae in Konigstein et vallis sancte Marie prope Gysenheim [...] singularum ipsarum ecclesiarum titulis firmis remanentibus perpetuo adiungere et applicare [...].*

208 StA Darmstadt, A 3, Nr. 61/130 (1468, Dezember 11).

209 StA Darmstadt, E 5, B 3, Nr. 180/3 (1469, Januar 30; Notariatsinstrument über die Errichtung des Kollegiatstifts Butzbach).

210 StA Darmstadt, E 5, B 3, Nr. 180/3: *[...] corporalem, realem et actualem possessionem [...].*

211 MONASTICON 2, S. 42. CRUSIUS, Gabriel Biel (1995), S. 307.

Münsterschen Bruderhaus stammt.[212] Die ersten Belege für den Eintritt Biels in Butzbach bieten zwei Briefe vom 6. September 1469 und vom 24. Januar 1470, die er eigenhändig als *caplan und bruder sant Marcs zu Butzbach* unterzeichnet.[213] Erst ein Jahr später, am 1. September 1470, wurde Biel zum Propst gewählt.[214]

Gabriel Biel ist also zunächst nicht – wie vielfach behauptet wird – in eines der Brüderhäuser eingetreten, sondern er muß als deren externer Begründer in Oberdeutschland angesehen werden. Spätestens seit der Mainzer Stiftsfehde hatte Biel gute Kontakte zu Adolf von Nassau und dessen Familie. Dies verdeutlichen auch die Leichenpredigten, die Biel auf Personen dieses Umkreises gehalten hat. 1467 hielt er die Leichenpredigt auf Margarete von Nassau, einer Tochter Engelberts II. von Nassau;[215] 1470 predigte er beim Leichenbegängnis der Margarete von Württemberg, der Tochter Ulrichs V. von Württemberg und Schwiegertochter Eberhards III. von Eppstein;[216] 1472 predigte er auf Maria von Nassau, die Schwägerin Adolfs von Nassau[217], und schließlich 1475 auf Eberhard III. von Eppstein,[218] den Stifter der Brüderhäuser in Königstein und Butzbach.

Bei den mittelrheinischen Gründungen sind gleich mehrere, im Vergleich zur älteren Brüderbewegung in Norddeutschland neue Aspekte erkennbar. Die Brüderhäuser wurden in Form von Kollegiatstiften konstituiert, von denen sich die Stifter auch eine Reform der bestehenden Mißstände erhofften. Die Gemeinschaften entstanden dabei nicht aus einem vor Ort bestehenden Kreis devoter Männer, sondern sie werden von adligen Stiftern „gerufen". Mit der guten wirtschaftlichen Fundierung und Privilegierung der Gründungen waren auf der anderen Seite auch neue Aufgaben verbunden, die im Bereich der Wallfahrtsbetreuung, der Pfarrseelsorge, der Schulaufsicht und der Stiftermemoria lagen.[219] Die drei mittelrheinischen Häuser lösten sich schließlich vom Münsterschen Kolloquium und bildeten ein eigenes Generalkapitel. Dieser Weg wurde kurze Zeit später im Rahmen der Entwicklung in Württemberg konsequent weiterverfolgt.

3.3 Die Entwicklung in Württemberg

3.3.1 Die Anfänge

Gabriel Biel nutzte bei den mittelrheinischen Gründungen in besonderem Maße seine persönlichen Kontakte zu den Familien der Nassauer und Eppsteiner. Daß

---

212 Monasticon 2, S. 43. Crusius, Gabriel Biel (1995), S. 307.
213 Monasticon 2, S. 43. Crusius, Gabriel Biel (1995), S. 307.
214 Monasticon 2, S. 43. Crusius, Gabriel Biel (1995), S. 307.
215 Elze, Sieben Exequienpredigten, S. 7–15.
216 Elze, Sieben Exequienpredigten, S. 15–23.
217 Elze, Sieben Exequienpredigten, S. 23–30.
218 Elze, Sieben Exequienpredigten, S. 31–38.
219 Vgl. Crusius, Gabriel Biel (1995), S. 310–312.

die Brüderbewegung schließlich in der Grafschaft Württemberg[220] mit sechs weiteren Niederlassungen einen ganz besonderen Schwerpunkt bilden konnte, ist auf das enge Zusammenwirken von Gabriel Biel mit dem württembergischen Landesherrn Eberhard V.[221] zurückzuführen. Bei welchem Anlaß sich die beiden zum ersten Mal begegnet waren, läßt sich nicht sagen. Die Württemberger hatten jedoch verschiedene Beziehungen zum mittelrheinisch-hessischen Raum, über die Eberhard im Bart die Brüder vom Gemeinsamen Leben als eine für kirchliche Reformen geeignete Gemeinschaft kennengelernt haben könnte. Die Schwester Eberhards im Bart, Mechthild, vermählte sich 1454 mit Landgraf Ludwig II. von Hessen, dessen Vater im gleichen Jahr ein Fraterhaus in Kassel eingerichtet hatte. Die oben erwähnte Margarete von Württemberg, Tochter Ulrichs V. von Württemberg, war seit 1469 mit Philipp I. von Eppstein verheiratet, dessen Vater, Eberhard III. von Eppstein, die Fraterhäuser in Butzbach und Königstein begründet hatte. Außerdem hatte Eberhard im Bart 1461 in der Mainzer Stiftsfehde für Adolf von Nassau Partei ergriffen, auf dessen Seite auch Gabriel Biel und die Grafen von Eppstein-Königstein standen.[222]

Eberhard erwähnte später, daß er den vorbildlichen Gottesdienst der Brüder in Butzbach kennengelernt habe.[223] Die Fraterherren müssen einen nachhaltigen Eindruck auf ihn gemacht haben, denn er beschloß, diese Gemeinschaft auch in seine Residenzstadt Urach zu holen.[224] Am 1. Mai 1477 erhob Papst Sixtus IV. die Pfarrkirche St. Amandus in Urach auf Bitten des Grafen zur Stiftskirche, bestätigte die Privilegien, die Eugen IV. und Calixtus III. den Häusern Münster und Köln erteilt hatten, vereinigte alle Präbenden und Kaplaneien der Amanduskirche sowie zwei Präbenden der Dettinger Pfarrkirche zu einem gemeinsamen Vermögen und inkorporierte die neue Stiftskirche dem Generalkapitel der Häuser Königstein,

---

220 Zu den Brüdern vom gemeinsamen Leben in Württemberg vgl. MEYER, Brüder des gemeinsamen Lebens. SCHÖNTAG, Anfänge. SCHÖNTAG, Aufhebung. SCHÖNTAG, Kanoniker. NEIDIGER, Dominikanerkloster.

221 Zu Eberhard im Bart vgl. ERNST, Fritz: Eberhard im Bart. Die Politik eines deutschen Landesherrn am Ende des Mittelalters. Stuttgart 1933. ND Darmstadt 1970. WÜRTTEMBERG IM SPÄTMITTELALTER. Ausstellung des Hauptstaatsarchivs Stuttgart und der Württembergischen Landesbibliothek. Katalog bearbeitet von Joachim FISCHER, Peter AMELUNG und Wolfgang IRTENKAUF. Stuttgart 1985. MAURER, Hans-Martin (Hg.): Eberhard und Mechthild. Untersuchungen zur württembergischen Geschichte im ausgehenden Mittelalter. Stuttgart 1994. (Lebendige Vergangenheit 17).

222 Vgl. zu diesen Verbindungen SCHÖNTAG, Anfänge, S. 461f. SCHÖNTAG, Kanoniker, S. 199.

223 HStA Stuttgart, A 602, WR 14072 (1478, März 25; Eberhard V. für Urach): *[...] andechtig und flissig gottesdienst befunden und erkannt haben an der ersamen versammlung gaistlicher priester und brieder des stifts sancti Marci zu Butzbach in gemain lebend Mentzer Bistumbs [...].*

224 Zum Stift Urach vgl. SCHÖNTAG, Anfänge, S. 459–465. MONASTICON 2, S. 233–246. MEYER, Brüder des gemeinsamen Lebens, S. 113–138. BRECHT, Martin: „Moderne Frömmigkeit" und „gemeinsames Leben". Das Uracher Brüderhaus und seine Geschichte. In: Blätter für württembergische Kirchengeschichte 78, 1978, S. 5–23. SCHULZE, Manfred: Die Brüder des gemeinsamen Lebens in Urach. In: SCHMID, Friedrich (Hg.): Die Amanduskirche in Bad Urach. Sigmaringen 1990, S. 9–16.

Marienthal und Butzbach.[225] Kurz darauf stimmte das Generalkapitel in Butzbach der geplanten Gründung zu und beauftragte Benedikt von Helmstadt und Gabriel Biel mit der Errichtung des Kollegiatstifts.[226] Bei der feierlichen Übergabe des Amandusstifts an die Brüder am 16. August 1477 wurde Benedikt von Helmstadt zum ersten Uracher Propst gewählt.[227]

Ein halbes Jahr später unterstrich Eberhard in seinem Gründungsprivileg noch einmal die Hauptaufgaben der Brüder, nämlich das gemeinschaftliche *opus Dei* auf der einen und die Pfarrseelsorge auf der anderen Seite.[228] Gleichzeitig befreite er das Stift von der Bede, allen Diensten, Steuern und sonstigen weltlichen Verpflichtungen. Nur im Falle einer Auflösung der Gemeinschaft sollten alle Patronatsrechte wieder an ihn oder seine Nachfolger zurückfallen.[229] 1482 bestätigte er diese Privilegien nochmals und befreite außerdem das Stift von jeglicher Nachfolge, da er *in leben und ordenung semlicher priester und brueder ain wolgevallen* hatte.[230] Daraus resultierte eine bemerkenswerte rechtliche Stellung der Brüder, die von allen Pflichten eines landsässigen Kollegiatstifts entbunden waren. Der Landesherr verzichtete auf das Präsentationsrecht, auf alle Einkünfte sowie auf Eingriffe in die inneren Angelegenheiten des Stifts. Dieser Sonderstellung im weltlichen Bereich entsprach das Verhältnis zum Bischof von Konstanz.[231] Die Brüder mußten zwar die Sendabgaben und das *subsidium caritativum* entrichten und unterlagen in der Pfarrseelsorge der bischöflichen Aufsicht. Ansonsten hatte der Bischof keinerlei Eingriffsrechte in Verfassung und Lebensform der Brüder. Die Visitationen wurden vom Generalkapitel durchgeführt, und neugewählte Pröpste bedurften weder der päpstlichen noch der bischöflichen Bestätigung; das Stift hatte also de facto eine exemte Stellung.[232]

Neben der Pfarrseelsorge wurde den Brüdern kurze Zeit später die Besetzung des Mesneramts an der Amanduskirche und die Leitung der Uracher Schule übertragen.[233] Eberhard unterstützte auch das Bestreben der Brüder, religiöses und pädagogisches Schrifttum zu verbreiten, indem er 1478/79 den Esslinger Drucker

---

[225] HStA Stuttgart, A 602, WR 14067 (1477, Mai 1) in WR 14069 (1477, August 16; Notariatsinstrument über die Errichtung des Stifts Urach).

[226] HStA Stuttgart, A 602, WR 14068 (1477, Juli 10).

[227] HStA Stuttgart, A 602, WR 14069.

[228] HStA Stuttgart, A 602, WR 14072 (1478, März 25): *[...] uf das die versamlung sich destbaß betragen, Gott dem almechtigen gerüwiglich gedienen und dem volk mit meßlesen, predigen, bichthören und andern sacramenten zu raichen desterbaß gewarten mögent [...].*

[229] HStA Stuttgart, A 602, WR 14072: *[...] sollent sie erlassen und gefrit sin aller bet, dienst, stür, wechtergelts und aller beschwernuß, wie man das nennen möcht, aller der güter halb, die jetzo den vorgenannten gaistlichen lehen zugehörigt sint [...].*

[230] HStA Stuttgart, A 602, WR 14079 (1482, Januar 20; Eberhard V. für Urach).

[231] HStA Stuttgart, A 602, WR 14088 (1485, Januar 13; Bischof Otto von Konstanz für Urach, Herrenberg, Dettingen und Tübingen).

[232] Zur rechtlichen Stellung der Stifte vgl. SCHÖNTAG, Anfänge, S. 462–464, 479. SCHÖNTAG, Kanoniker, S. 201.

[233] HStA Stuttgart, A 602, WR 14070 (1477, Oktober 29).

Konrad Fyner nach Urach holte.[234] Wie in Marienthal nutzten die Brüder nun auch in Urach die Technik des Buchdrucks. Die Ansiedlung Fyners ist in unmittelbarem Zusammenhang mit dem Brüderstift zu sehen, denn schon bald entstanden unter Mitwirkung der Fraterherren mehrere Werke, unter anderem 1481 ein reich illustriertes Plenar.[235] Außerdem druckte Fyner zwei Werke Gabriel Biels, die für den Schulunterricht gedacht waren, eine *Regula puerorum* und einen *Tractatus artis grammaticae*.[236] Eberhard selbst veranlaßte neben Amtsdrucksachen eine prachtvolle, deutschsprachige Ausgabe des Buches der Beispiele der alten Weisen.[237]

Benedikt von Helmstadt blieb nur kurze Zeit als Propst in Urach und kehrte dann nach Marienthal zurück. Spätestens im Januar 1479 übernahm Gabriel Biel die Propstwürde in Urach.[238] Er hat währenddessen zumindest eine Zeit lang noch die Leitung des Butzbacher Hauses weitergeführt, denn 1482 urkundete er noch als Propst von Butzbach, siegelte aber mit dem Uracher Kapitelssiegel.[239] Schließlich verlegte er sein Tätigkeitsfeld ganz nach Urach und Tübingen, wo er 1484 in hohem Alter einen theologischen Lehrstuhl an der von Eberhard im Bart 1477 gegründeten Universität übernahm.[240] Zweimal, in den Jahren 1485/86 und 1489, bekleidete er hier das Amt des Rektors. Sein hervorragendes Vertrauensverhältnis zu Eberhard im Bart wird nicht zuletzt dadurch deutlich, daß er den Grafen 1482 auf dessen Reise nach Rom begleitete.

Kurz nach der Uracher Gründung faßte Eberhard den Plan, auch das Stift Herrenberg mit Fraterherren zu besetzen.[241] Diese Gründung war insofern ein Sonderfall, als hier ein schon bestehendes Kollegiatstift umgewandelt werden sollte,

---

[234] HAMMER, Franz: Das Verhältnis Eberhards zur Presse des Konrad Fyner. In: Graf Eberhard im Bart von Württemberg im geistigen und kulturellen Geschehen seiner Zeit. Zur Stuttgarter Bibliophilentagung verfaßt von Bibliothekaren der Württembergischen Landesbibliothek. Stuttgart 1938, S. 67–82. GELDNER, Ferdinand: Die deutschen Inkunabeldrucker. Band 1. Stuttgart 1968, S. 228–230.

[235] WÜRTTEMBERG IM SPÄTMITTELALTER, Nr. 184, S. 180. Vgl. AMELUNG, Peter: Bemerkungen zum frühen Buchdruck in Urach. In: Schwäbische Heimat 27, 1976, S. 193–199.

[236] WÜRTTEMBERG IM SPÄTMITTELALTER, Nr. 185, S. 181.

[237] WÜRTTEMBERG IM SPÄTMITTELALTER, Nr. 183, S. 179f.

[238] HStA Stuttgart, A 602, WR 6397.

[239] MONASTICON 2, S. 46. CRUSIUS, Gabriel Biel (1989), S. 83.

[240] ERNST, Gott und Mensch, S. 32f. OBERMAN, Herbst der mittelalterlichen Theologie, S. 15–19. HALLER, Johannes: Die Anfänge der Universität Tübingen 1477–1537. 2 Bände. Tübingen 1927, 1929. HERMELINK, Heinrich: Geschichte der theologischen Fakultät in Tübingen vor der Reformation 1477–1534. Tübingen 1906. OBERMAN, Heiko A.: Via moderna – Devotio moderna. In: BRECHT, Martin (Hg.): Theologen und Theologie an der Universität Tübingen. Tübingen 1977. (Contubernium 15), S. 1–64. FECKES, Karl: Gabriel Biel, der erste große Dogmatiker der Universität Tübingen in seiner wissenschaftlichen Bedeutung. In: Theologische Quartalschrift 108, 1927, S. 50–67.

[241] Zum Stift Herrenberg vgl. MONASTICON 2, S. 77–82. FAIX, Gerhard: „Kein Mönch zu sein und dennoch wie ein Mönch leben". Die Brüder vom gemeinsamen Leben in Herrenberg. In: JANSSEN, Roman – MÜLLER-BAUR, Harald (Hgg.): Die Stiftskirche in Herrenberg 1293–1993. Herrenberg 1993. (Herrenberger Historische Schriften 5), S. 51–77. SCHMIDT, Werner: Pfarrkirche und Stift St. Maria in Herrenberg bis zur Reformation. Eine rechtsgeschichtliche Untersuchung der kirchlichen Verhältnisse Herrenbergs. [Diss.] Tübingen 1960.

während für die übrigen württembergischen Gründungen die organisatorischen Rahmenbedingungen eigens für die Fraterherren geschaffen wurden. Die Verhältnisse im Herrenberger Stift waren derart unbefriedigend, daß sich Eberhard schon 1474 um eine Reform bemüht hatte.[242] Im Februar 1481 ergab sich schließlich nach dem Tod des Propstes Leonhard Nötlich eine günstige Gelegenheit für die Umwandlung des Stiftes. Papst Sixtus IV. verlieh die vakante Propstei auf Bitten Eberhards am 17. März 1481 an den Uracher Fraterherr Wentzel Melweiß.[243] Der zweite Schritt folgte schon am 23. März 1481, als Sixtus die Umwandlung des weltlichen Kollegiatstifts in ein Stift der Brüder vom Gemeinsamen Leben nach dem Uracher Vorbild billigte.[244] Die an der Stiftskirche bestehenden elf Kanonikate sowie drei Kaplaneien, über welche Eberhard im Bart das Patronatsrecht hatte, wurden dem gemeinsamen Kapitelsgut einverleibt. Wentzel Melweiß sollte Kanoniker, Priester und Kleriker aus anderen Brüderstiften nach Herrenberg berufen.[245] Eberhard versprach sich von dem lobenswerten und beispielhaften Lebenswandel der Brüder die Verbesserung des Gottesdienstes und die Beseitigung der Mißstände.[246] In einer zweiten, ebenfalls am 23. März 1481 ausgestellten Bulle beauftragte der Papst den Abt von Blaubeuren, die bisherigen Chorherren mit einer jährlichen Pension aus dem Kapitelsvermögen abzufinden.[247] Erst ein Jahr später, am 20. Mai 1482, fand in der Stiftskirche die feierliche Investitur des neuen Propstes Wentzel Melweiß statt.[248] Eberhard sicherte dem neuen Stift in einem Privileg die gleiche Rechtsstellung wie Urach zu.[249]

Die Einführung der Fraterherren in Herrenberg gestaltete sich allerdings problematisch, da sich die bisherigen Chorherren weigerten, zu resignieren. Am 22. September 1483 beauftragte Sixtus IV. daher den Abt des Klosters Blaubeuren und den Propst der Heiligkreuz-Stiftskirche in Stuttgart, nun die alten Chorherren zur Entscheidung zu zwingen, entweder die schon eingeführte Lebensweise der Brüder zu übernehmen oder auf die Pfründen gegen eine angemessene Pension zu

---

[242] Die Urkunde hat sich nicht erhalten. Vgl. Archivrepertorium zu HStA Stuttgart, A 490, S. 34: *Verordnungen des Grafen Eberhard das Stift Herrenberg betreffend.*

[243] Die Urkunde ist nicht erhalten. Der Vorgang wird in der päpstlichen Bulle vom 23.03. 1481 (HStA Stuttgart, A 602, WR 9490) ausdrücklich erwähnt: *Nuper [...] prepositura ecclesiae beate Marie [...] quam qondam Leonardus Nottlich, [...] dum viveret, obtinebat, per obitum eiusdem Leonardi, [...] Ventzoni Meluis, canonico ecclesie sanctorum Andree et Amandi in Urach [...] sub datum videlicet Sexto decimo kal. Aprilis [...] concessimus provideri.*

[244] HStA Stuttgart, A 602, WR 9490. – Urkunde gedruckt bei STEINHOFER, Johann Ulrich: Neue Wirtembergische Chronik, Band 3, Stuttgart 1752, S. 346–348. BESOLD, Christoph: Virginum sacrarum monimenta. Tübingen 1636, S. 545–547.

[245] HStA Stuttgart, A 602, WR 9490: *[...] aliquos canonicos seu presbyteros et clericos seculares ex aliis similibus collegiatis ecclesiis eligere et assumere [...].*

[246] HStA Stuttgart, A 602, WR 9490: *ex laudabili vita et exemplari conversatione canonicorum [...] divinus cultus augeatur [...] evagandi et dissolutionis materia et occasio auferatur [...].*

[247] HStA Stuttgart, A 602, WR 9511.

[248] Die Beschreibung der Zeremonie hat sich nicht erhalten. Wir sind deshalb auf den Bericht des Herrenberger Chronisten Heß angewiesen, dem die Urkunde wohl noch vorlag. – HStA Stuttgart, J 1, 256: Herrenberger Chronik I, 900f.

[249] HStA Stuttgart, A 602, WR 9498 (1482, Juni 3).

verzichten.[250] Erst danach kam es endlich zu einer Klärung der Situation: Nur einer der Chorherren, nämlich Kaspar Rockenbuch, trat zu den Brüdern vom Gemeinsamen Leben über.[251] Alle anderen gaben sich mit einer Pension von 50 Gulden zufrieden.[252] Da die Pensionszahlungen aus dem Kapitelsgut bestritten werden mußten, ergab sich für die Neugründung eine zusätzliche, erhebliche finanzielle Belastung.

Nach dem Muster der Uracher Gründung wurden die Pfarrkirchen in Dettingen/Erms und in Tachenhausen bei Nürtingen 1482 bzw. 1486 in Stiftskirchen umgewandelt und den Fraterherren übergeben.[253] Eine ganz besondere Funktion war der Brüderniederlassung in Tübingen zugedacht.[254] Im Jahre 1481 hatte Eberhard im Bart Papst Sixtus IV. gebeten, die Schloßkapelle auf Hohentübingen in eine Pfarrkirche umzuwandeln, denn der Gang zur Pfarrkirche sei ihm und seinen Hofleuten zu beschwerlich und nachts auch gefährlich. Der künftige Pfarrer sollte aus den Einkünften der Kirche auf dem Floriansberg bei Metzingen besoldet werden. Der Papst entsprach dieser Bitte durch eine Bulle vom 13. August 1481 und beauftragte Abt Heinrich Fabri von Blaubeuren, die Umwandlung vorzunehmen.[255] Am 11. Februar 1482 stellte Fabri im Rahmen der feierlichen Übergabe fest, daß alle Betroffenen ihre Zustimmung gegeben hatten und übertrug dem Amandusstift in Urach das Recht, den Pfarrer ein- und abzusetzen. Als erster *rector ecclesiae* in Tübingen wurde der Uracher Fraterherr Wendelin Steinbach eingesetzt.[256] Die eigentliche Zielsetzung dieser Umwandlung machte Eberhard erst in seinem Privileg deutlich, denn er räumte den Uracher Fraterherren ein, *daß sie ex corpore suo leut im Pfarrhaus haben mögen, die da studieren, und sich züchtig und erbarlich da halten, fleißig studieren, und dem Pfarrer im Schloß zur Vollbringung des Gottesdiensts helffen.*[257] Die mit ansehnlichen Einkünften ausgestattete Schloßpfarrei diente also primär der Versorgung und Unterbringung von Fraterherren, die an der Universität studierten. Das Pfarrhaus wurde vom Oberdeutschen Ge-

---

[250] HStA Stuttgart, A 602, WR 9501: *committimus et mandamus, quatinus vos [...] canonicos ad alterum duorum eligendum videlicet, quod aut vitam communam [...] assumant aut, si id facere recusaverint, prebendas eorum dimittant reservatis tamen eis ad vitam eorum super fructibus dicte Mense pensionibus condecentibus [...] compellatis.*

[251] SCHMIDT, Pfarrkirche und Stift, S. 211f. Ob er mit dem an der Universität Tübingen eingeschriebenen Caspar Rockenbach identisch ist, scheint fraglich. Vgl. HERMELINK, Geschichte der theologischen Fakultät, S. 214.

[252] HStA Stuttgart, J 1, 256: Herrenberger Chronik I, 897: *wie dann alle Canonici biß auf einen, nahmens Rockenbuch eine Pension von 50 fl. angenommen, und gantz mißvergnügt abgezogen seynd.*

[253] Zu Dettingen vgl. MONASTICON 2, S. 51–54. SCHÖNTAG, Anfänge, S. 469. CRUSIUS, Brüder, S. 147f. – Zu Tachenhausen vgl. MONASTICON 2, S. 217–221. SCHÖNTAG, Anfänge, S. 470f. CRUSIUS, Brüder, S. 148f.

[254] Zu Tübingen vgl. MONASTICON 2, S. 227–232. SCHÖNTAG, Anfänge, S. 467–469. MEYER, Brüder des gemeinsamen Lebens, S. 122–124. SCHÖN, Theodor: Zur Geschichte der Schloßkirche. In: Tübinger Blätter 6, 1903/04, S. 37–38.

[255] HStA Stuttgart, A 602, WR 14078.

[256] HStA Stuttgart, A 602, WR 14080.

[257] Das Privileg ist nur bei GABELKOVER, Historia Württembergica 3, S. 693f. (HStA Stuttgart, J 1, Nr. 5) überliefert.

neralkapitel als „Universitätskolleg" oder „Studienhaus" genutzt. Da das alte, an der Südwestecke des Schlosses gelegene Haus des Schloßkaplans den räumlichen Anforderungen nicht entsprach, stellte Eberhard den Marstall und Gelände in beiden Zwingern für einen Neubau zur Verfügung.[258]

Die oberdeutschen Fraterherren pflegten intensive Kontakte zur Universität. Schon 1482 waren allein aus dem Stift Urach acht Kanoniker an der Universität eingeschrieben.[259] Betrachtet man den gesamten Zeitraum bis zur Aufhebung der Häuser im Jahre 1517, wird deutlich, daß die Fraterherren auch einen beträchtlichen Anteil am Lehrkörper der theologischen Fakultät ausmachten.[260] Als Theologieprofessoren wirkten von 1484 bis 1492 Gabriel Biel, von 1486 bis 1519 Wendelin Steinbach und ab 1503 Peter Brun. Unter den an dieser Fakultät promovierten Personen befanden sich bei insgesamt 23 Doktoren zwei Brüder (Wendelin Steinbach und Peter Brun), unter den fünf Lizentiaten drei Brüder (Gabriel Biel, Heinrich Steinbach und Johannes Rebmann), von insgesamt zehn Sententiaren zwei Brüder (Ulrich Bühler und Konrad Brun). Damit haben die Brüder die Tübinger Theologie bis zur Reformation entscheidend mitgeprägt. Neben Gabriel Biel ist hier vor allem der oben als *rector* der Tübinger Schloßpfarrei genannte Wendelin Steinbach zu erwähnen.[261] 1454 in Butzbach geboren, trat er schon als junger Mann in das dortige Bruderhaus ein und kam 1477 mit Biel nach Urach. Bei seiner Immatrikulation am 14. November 1481 wird er bereits als *plebanus in castro Tübingen*[262] bezeichnet. Steinbach las seit 1486 an der theologischen Fakultät über die Sentenzen und erhielt am 16. Juli 1489 das theologische Lizentiat. Neben seiner wissenschaftlichen Tätigkeit versah er die Schloßpfarrei und fungierte als Beichtvater Graf Eberhards, für den er auch eine *Summa doctrinae christianae*, einen Katechismus in deutscher Sprache, verfaßt hatte. Das freundschaftliche Verhältnis der beiden kommt nicht zuletzt dadurch zum Ausdruck, daß Eberhard an der feierlichen Promotion Steinbachs im Oktober 1489 teilnahm und alle Kosten bestritt. Steinbach lehrte bis zu seinem Tod am 14. Januar 1519 an der Universität und entfaltete eine ausgedehnte wissenschaftliche Tätigkeit. Neben der Abfassung eigener Werke[263] sorgte er für die Drucklegung und Ergänzung der

---

[258] Zur damaligen, später unter Herzog Ulrich veränderten Topographie des Schlosses vgl. KOCH, Albert: Beiträge zur Geschichte des Schlosses Hohentübingen. In: Württembergische Vierteljahreshefte für Landesgeschichte NF 6, 1897, S. 192–240.

[259] HERMELINK, Matrikel I, S. 37, Nr. 9, 15–22: *presbyteri et canonici in Urach: Wendelin Steinbach, Jacobus Sartoris de Erbach, Antonius de Rennch, Wernherus Calceatoris de Kirchberg, Johannes Jeckel de Martolff, Hainricus Stainbach de Butsbach, Johannis Molitoris de Meerspurg, Wilhelmus de Tulpeto.*

[260] HERMELINK, Geschichte der theologischen Fakultät, S. 190–220.

[261] Zur Biographie Steinbachs vgl. FELD, Helmut: Martin Luthers und Wendelin Steinbachs Vorlesungen über den Hebräerbrief. Eine Studie zur Geschichte der neutestamentlichen Exegese und Theologie. Wiesbaden 1971. (Veröffentlichungen des Instituts für Europäische Geschichte Mainz 62 Abt. Abendländische Religionsgeschichte), hier S. 10–18.

[262] HERMELINK, Matrikeln Tübingen I, S. 37.

[263] Die wichtigsten erhaltenen Schriften sind die handschriftlichen Kommentare zum Galaterbrief von 1513 (UB Tübingen: Mc 256) und zum Hebräerbrief von 1516/17 (UB Tübingen: Mc 201). Vgl. FELD, Vorlesungen, S. 11.

Hauptwerke[264] seines Lehrers Gabriel Biel. Auch die anderen oben erwähnten Fraterherren übernahmen nach dem Theologiestudium wichtige Ämter an den Brüderhäusern. Peter Brun immatrikulierte sich 1489 in Tübingen und trat später, gefesselt von der Persönlichkeit Biels, als Kanoniker in die Brüdergemeinschaft auf dem Einsiedel ein.[265] Nach dem Tode Biels 1495 übernahm er dort das Amt des Propstes. Vom Einsiedel aus studierte er in Tübingen weiter und wurde 1504 zum Doktor promoviert. Der Uracher Kanoniker Johann Rebmann wurde nach seinem Lizentiat am 3. Februar 1502 Propst in Herrenberg.[266] Diese engen Verbindungen der Fraterherren zur Universität machen deutlich, daß die Forderung Gabriel Biels nach einer fundierten wissenschaftlichen Ausbildung als Grundlage für eine qualitätvolle Seelsorge offensichtlich sehr ernst genommen wurde.[267]

3.3.2 Kirchenreform und Bildungspolitik

Die Entwicklung der Brüderbewegung in Württemberg zeigt, daß die schon bei den mittelrheinischen Gründungen deutlich gewordene Instrumentalisierung der Devotio moderna durch adlige Stifter nun mittels einer direkten Einbindung in die landesherrliche Politik noch verstärkt wurde. Die planmäßige Ansiedlung der Fraterherren war ein zentraler Bestandteil im kirchen- und bildungspolitischen Konzept Eberhards. Dieter Stievermann hat in einer umfassenden Arbeit das Verhältnis von Klosterwesen und Landesherrschaft in Württemberg, insbesondere die allmähliche Integration der Klöster in den Territorialverband, dargestellt.[268] Die Grafen von Württemberg hatten im Vergleich zu anderen Territorien schon früh einen großen Bestand an Patronats-, Vogtei- und Schirmrechten erworben, auf deren Grundlage Einflußnahmen sowohl auf die ökonomischen als auch auf die geistlichen Verhältnisse der Klöster möglich waren. Obwohl auch die württembergischen Klosterreformen des 15. Jahrhunderts ihren geistigen Hintergrund in den Orden selber hatten, wurden sie mit besonderem Engagement vom Landesherrn initiiert und durchgeführt, so daß sie Stievermann als *Kulminationsphasen landesherrlichen Einflusses* bezeichnet hat.[269] Die Durchführung von Klosterreformen wurde seit 1459 wesentlich gefördert, als Papst Pius II. den württembergischen Grafen Ulrich V. und Eberhard im Bart gestattete, sämtliche klösterliche Niederlassungen ihres Herrschaftsbereich zu reformieren.[270] Als Reformkommissare für Württemberg wurden die Bursfelder Äbte von St. Jakob in Mainz und von Hirsau sowie der Prior der Kartause Güterstein ernannt. Beide Bestimmungen

---

[264] *Canonis Misse Expositio* (Tübingen 1499) und *Epitome et Collectorium ex Occamo circa quattuor sententiarum libros* (Tübingen 1501).

[265] Hermelink, Geschichte der theologischen Fakultät, S. 200f.

[266] Hermelink, Geschichte der theologischen Fakultät, S. 208f.

[267] Vgl. Biel, Collatio de communi vita, fol. 233^r–234^v.

[268] Stievermann, Landesherrschaft und Klosterwesen.

[269] Stievermann, Landesherrschaft und Klosterwesen, S. 261.

[270] Stievermann, Landesherrschaft und Klosterwesen, S. 265. Vgl. auch Stievermann, Klosterreformen, S. 77f., 85.

prägten den Charakter der späteren Politik: Zum einen wurde dadurch die Position des Landesherrn gegenüber den Bischöfen erheblich gestärkt, und eine Ordens- und Diözesangrenzen sprengende, auf das Territorium bezogene Politik ermöglicht. Der andere entscheidende Punkt ist der ordensübergreifende Einsatz maßgeblicher Personen, die *weniger als Ordensmänner agierten, sondern mehr als Fachkommissare des Landesherrn.* Gerade Eberhard im Bart hat bei den zahlreichen reformerischen Maßnahmen immer wieder diesselben Personen als Räte herangezogen.

Diese Elemente fanden auch bei der Ansiedlung der Brüder vom Gemeinsamen Leben Anwendung. Eberhard verhandelte bei allen Gründungen direkt mit der Kurie in Rom. In den Privilegien wurde ausdrücklich festgestellt, daß eine bischöfliche Bestätigung nicht mehr notwendig war. Als „Reformkommissar" Eberhards fungierte in diesen Fragen stets Gabriel Biel. Allerdings ist im Vergleich zur Klosterpolitik ein gravierender Unterschied feststellbar. Während Eberhard die Klöster im Zuge der Reformen fast vollständig in sein Territorium integrierte, verzichtete er bei den Fraterherren auf elementare landesherrliche Rechte und billigte zudem die Inkorporation der Stifte in den Verband des Oberdeutschen Generalkapitels, das weit über die Grenzen des württembergischen Territoriums hinausreichte. Diese Tatsache ist nur mit der Interessengleichheit und dem daraus resultierenden Vertrauensverhältnis zwischen Eberhard und Gabriel Biel zu erklären. Während die Ordensleute, etwa der Abt von Hirsau, neben den landesherrlichen Maßgaben auch den ordensinternen Zielen der Bursfelder Kongregation verpflichtet waren, konnte Eberhard in Übereinstimmung mit Gabriel Biel, dem Initiator und Gestalter des Oberdeutschen Generalkapitels, auf die Ausrichtung dieses Verbandes erheblichen Einfluß ausüben. Die Privilegierung der Brüderstifte macht dabei deutlich, daß Eberhard in der Kirchenpolitik nicht nur ökonomische und politische Motive verfolgte, sondern – nicht zuletzt aufgrund einer tiefen persönlichen Frömmigkeit – durchaus nach der Formel *Gott zu Lob und dem Land zu Nutz*[271] handelte.

Die „Nutzbarmachung" der Fraterherren bedingte die strukturellen Unterschiede der oberdeutschen im Vergleich zur norddeutschen Devotio moderna. Eberhard und Gabriel Biel sahen in der Verbindung von spirituellem Gemeinschaftsleben, theologischer Wissenschaft und deren praxisorientierter Umsetzung ein probates Mittel zur Verbesserung der Seelsorge und ein Modell zur Reform des Weltklerus. Dieter Mertens hat darauf hingewiesen, daß solche Reformvorstellungen auch in den humanistisch geprägten Kreisen von Weltklerikern am Oberrhein diskutiert wurden.[272] Jakob Wimpfeling und Geiler von Kaysersberg forderten eine bessere Ausbildung des Klerus durch die Integration der humanistischen Studien an Lateinschulen und Universitäten. Auch das gemeinsame Leben von Priestern spielte bei Reformüberlegungen eine wichtige Rolle: Jacobus

---

[271] STIEVERMANN, Landesherrschaft und Klosterwesen, S. 295.

[272] MERTENS, Dieter: Der Humanismus und die Reform des Weltklerus im deutschen Südwesten. In: Rottenburger Jahrbuch für Kirchengeschichte 11, 1992, S. 11–28.

Philippi publizierte in seinem *Reformatorium vitae* die Statuten des Brüderhauses in Zwolle und forderte die Adaption dieser urchristlichen Lebensform durch den Weltklerus.[273] Christoph von Utenheim, Geiler von Kaysersberg und Wimpfeling erwogen zeitweise sogar die Verwirklichung eines Gemeinschaftslebens nach dem Beispiel der Brüder.[274]

Eine wichtige Rolle spielten die Brüder vom Gemeinsamen Leben auch in der Bildungspolitik Eberhards, und hier besonders im Hinblick auf die Gründung der Universität Tübingen im Jahr 1477.[275] In der Planungsphase hatte Eberhard zunächst mit dem Gedanken gespielt, im Zuge der Universitätsgründung auch Dominikanerobservanten anzusiedeln.[276] Bernhard Neidiger hat jüngst herausgearbeitet, daß die Abkehr des württembergischen Grafen von den Dominikanerobservanten vermutlich mit Spannungen innerhalb der Provinz Teutonia zwischen der älteren Wien-Basler Verkündigungstheologie und dem sich immer stärker durchsetzenden, strengen Neuthomismus der Kölner Schule zusammenhängen. Spätestens nach dem vor allem von Seiten des Weltklerus heftig kritisierten Prozeß gegen den Mainzer Dompfarrer Johann Wesel, der 1479 unter dem Vorsitz des Dominikaners Gerhard von Elten der Häresie für schuldig befunden wurde, habe Eberhard die Brüder vom Gemeinsamen Leben im Zusammenhang mit der Universitätsgründung favorisiert.[277] Die Brüder wurden zwar bereits 1477 in Württemberg zeitgleich mit der Universitätsgründung angesiedelt, doch die direkte institutionelle Verknüpfung der Hohen Schule mit den Fraterherren durch das Studienhaus auf dem Schloß wurde erst 1481/82 realisiert.

Die Universitätsgründung muß ebenfalls im Zusammenhang mit dem Reformkonzept Eberhards für den Weltklerus gesehen werden, wie die personelle Besetzung der theologischen Fakultät verdeutlicht. Eberhard holte ausschließlich Weltkleriker, die ein hohes wissenschaftliches Niveau mit der praktischen Tätigkeit in Predigt und Seelsorge zu verbinden wußten, wie z.B. Johannes Heynlin, Konrad Summenhard, seit 1484 Gabriel Biel und später Wendelin Steinbach. Dadurch sollte ein *reformorientierter Klerus herangezogen werden, der gerade auch den Anforderungen der Predigt gewachsen war.*[278] Die Fraterherren sollten an der Universität nicht nur studieren, sondern auch lehren. Über seine Tätigkeit als Universitätslehrer hinaus wurde Gabriel Biel einer der maßgeblichen Berater Eberhards, der die Kirchen- und Universitätspolitik des Grafen entscheidend prägte.

---

[273] MERTENS, Humanismus, vor allem S. 25–28.

[274] MERTENS, Humanismus, S. 27.

[275] MERTENS, Dieter: Eberhard im Bart und der Humanismus. In: MAURER, Hans-Martin (Hg.): Eberhard und Mechthild. Untersuchungen zur württembergischen Geschichte im ausgehenden Mittelalter. Stuttgart 1994. (Lebendige Vergangenheit 17), S. 35–82.

[276] NEIDIGER, Dominikanerkloster, S. 80–82.

[277] NEIDIGER, Dominikanerkloster, S. 80–92.

[278] Zur Berufungspolitik und zur Einbindung der Fraterherren vgl. NEIDIGER, Dominikanerkloster, S. 92–114 (hier S. 97). MERTENS, Eberhard im Bart und der Humanismus, S. 48–51.

3.3.3 Das Stift St. Peter auf dem Einsiedel

In welchem Maße Eberhard auch seine persönliche Frömmigkeit und seine landespolitischen Vorstellungen mit der Brüderbewegung verknüpfte, verdeutlicht die Gründung des Stifts St. Peter auf dem Einsiedel.[279] Sowohl Gabriel Biel als auch Eberhard nahmen an diesem letzten Projekt ganz besonderen Anteil: Beide zusammen verfaßten die Statuten und ließen sie als *Ain büchlin inhaltend die Stifftung des Stiffts Sannt Peters zum Ainsidel im Schainbuch* im Druck erscheinen;[280] Gabriel Biel übernahm nach der Beendigung seiner Tübinger Lehrtätigkeit als Propst die Leitung dieses Hauses; Eberhard finanzierte – im Unterschied zu den anderen Stiften – aus seinem Privatvermögen die gesamten Baulichkeiten, wies dem Stift sein Jagdschloß mit den umliegenden Ländereien zu und stattete die Neugründung mit 18.000 Gulden Kapital aus; und schließlich fanden beide, der Landesherr und sein geistlicher Berater, in diesem Stift als „Brüder" ihre letzte Ruhe.

Eberhard sicherte diese Gründung in außergewöhnlicher Weise ab. Am 5. Mai 1492 bestätigte Kaiser Friedrich III. die Stiftung und nahm sie in *sonnder gnád, verspruch, schútz und scherm* des Reiches.[281] Papst Innozenz VIII. billigte die Gründung am 2. Juni 1492 und dehnte alle den oberdeutschen Stiften gewährten Privilegien auch auf den Einsiedel aus.[282] Bischof Thomas von Konstanz kam am 4. September 1492 persönlich zur feierlichen Gründung und nahm die Grundsteinlegung vor.[283] Schließlich versicherte auch Eberhard der Jüngere am 11. September 1492, daß er die Stiftung *in allen iren puncten und articklen zú ówiger bestendikait handthaben, schützen und schirmen* wolle.[284]

Im Vergleich zu den anderen oberdeutschen Gründungen war dem Einsiedel eine weitergehende Zielsetzung zugedacht. In dem Stift sollten Angehörige der in Württemberg vertretenen drei Stände – Geistliche, Adlige und Bürger – in einer einzigen geistlichen Gemeinschaft zusammenleben. Der Konvent sollte bestehen aus einem Propst mit zwölf Kanonikern und aus einem Meister, dem zwölf Adlige oder Ritter sowie zwölf ehrbare Bürger aus den Städten des Landes unterstellt waren; insgesamt also aus 13 Geistlichen und 25 Laienbrüdern, die alle aus Württemberg stammen sollten. Für die Lebensweise der Geistlichen wurde im Stiftungsbüchlein lediglich auf *ordnung, statuten und gesatzung* der anderen Brüderhäuser verwiesen, während die Lebensführung der Laienbrüder detailliert beschrieben ist.[285] Die Stiftung erfolgte nach Eberhards Angaben zur Ehre Gottes, zur beson-

---

[279] SCHIEK, Siegwalt: Der Einsiedel bei Tübingen (1482–1982). Seine Geschichte und seine Bauten. Sigmaringen ^{2}1982. MONASTICON 2, S. 55–62. LANDEEN, William M.: Das Brüderhaus St. Peter im Schönbuch auf dem Einsiedel. In: Blätter für württembergische Kirchengeschichte 60/61, 1960/61, S. 5–18. SCHÖNTAG, Anfänge, S. 471–474.

[280] WÜRTTEMBERG IM SPÄTMITTELALTER, Nr. 188.

[281] HStA Stuttgart, A 522, U 6/7.

[282] HStA Stuttgart, A 522, U 1 (Vgl. Kapitel VI,2.1).

[283] HStA Stuttgart, A 522, U 6/7.

[284] HStA Stuttgart, A 522, U 4.

[285] Vgl. Kapitel IV,3.4 und IV,3.5.

deren Verehrung des heiligen Petrus, zur Mehrung des Gottesdienstes, zu seinem und seiner Familie Seelenheil, als Buße für etwaige Vergehen und schließlich zum Nutzen des gesamten Landes.[286]

Die landespolitisch-religiöse Zielsetzung des Einsiedel ergibt sich aus der Zusammensetzung des Konvents, der die drei Stände des Landes abbildet.[287] Eberhard hatte die Einheit des Landes vor allem in Zusammenarbeit mit den Landständen erreicht. Beim Münsinger Vertragsschluß 1482, in dem die Landeseinheit und die Alleinregierung Eberhards im Bart festgelegt wurden, traten Prälaten, Ritterschaft und Landschaft als Garanten auf.[288] Auch als Eberhard der Jüngere später versuchte, eine Abänderung des Vertragswerkes zu erwirken, wurde Eberhard von den Ständen und vom König unterstützt, der den Streit zwischen den Grafen im Frankfurter Entscheid 1489 zugunsten des Älteren schlichtete. Drei Jahre später regelte Eberhard im Bart im Esslinger Vertrag – wiederum in Zusammenarbeit mit den Landständen –, in welcher Weise das Regiment nach seinem Tod gestaltet werden sollte. Eberhard der Jüngere wurde zwar als Alleinerbe eingesetzt, die Regierung aber sollte ein Zwölfergremium der Landstände, nämlich jeweils vier Prälaten, Ritter und Städtevertreter, unter dem Vorsitz des Landhofmeisters ausüben.[289] Da sowohl Eberhard im Bart als auch Eberhard VI. keine ehelichen Nachkommen hatten, sollte dieses ständische Regiment bis zum 20. Geburtstag des 1487 geborenen und für die Nachfolge bestimmten Ulrich amtieren. Die tragende Rolle der Landstände wurde sowohl im Testament Eberhards vom 26. Dezember 1492[290] und im Herzogsbrief vom 21. Juli 1495[291] bekräftigt.

---

[286] Statuten [Einsiedel], fol. 5^r: *uffzerichten und stifften zú siner ere, merung gottlichs diensts und sálikait unnser, unnser vorfarn und nachkomen óch der unnsern selen.* Fol. 5$^{r/v}$: *das durch solich stifftung góttlich ere und dienst gemert, hail der selen gefúrdert wúrd, ouch wir damit widerlegung tátten, ob wir yemands schuldig wérn, widerkerung zú tun, da wir nit aigentlich wißten den rechten erben.* Fol. 5^v: *zú lob und ere der hailigsten dryfaltikait, ouch der góttlichen magt und mútter unnsers herrn und erlósers Jhesu Cristi Marien und des ganntzen hymelschen hóres und sonnderlich des hailigen sant Peters [...] zú gaistlichem trost und nútz unnser baider, unnser vorfaren und nachkomen, unnser herschafft von Wirtemberg selen, ouch aller der, von den wir gútz empfangen hond oder in kúnfftigen zytten empfahen werden, und zú gnúgtúung fúr unnser sünde und widerkerung, ob wir ettwas schuldig wáren zú bekernn, da wir die rechten erben nit wústen [...].* Fol. 19^v: *Got dem allmáchtigen zú lob, unnser, unnser vordern und nachkomen selen zů trost, ouch zú uffenthalt, nutz und gút, dem gemainen adel im land zú Swaben, unnsern stetten und den unnsern [...].*

[287] Zur Zielsetzung des Einsiedels vgl. Crusius, Gabriel Biel (1995), 315–321. Neidiger, Dominikanerkloster, S. 125. Stievermann, Landesherrschaft und Klosterwesen, S. 286. Graf, Klaus: Eberhard im Bart und die Herzogserhebung 1495. In: Molitor, Stephan: 1495. Württemberg wird Herzogtum. Stuttgart 1995, S. 9–38, hier S. 24.

[288] Vgl. Stievermann, Dieter: Herzog Eberhard im Bart. In: Uhland, Robert (Hg.): 900 Jahre Haus Württemberg. Stuttgart 1984, S. 82–109, hier S. 96. Maurer, Hans-Martin: Von der Landesteilung zur Wiedervereinigung. Der Münsinger Vertrag als ein Markstein württembergischer Geschichte. In: Zeitschrift für württembergische Landesgeschichte 43, 1984, S. 89–132, hier S. 105–109.

[289] HStA Stuttgart, A 602, WR 360. – Gedruckt bei Reyscher I, S. 513–520. Vgl. Maurer, Landesteilung, S. 111f.

[290] Molitor, 1495, Nr. 4, S. 61–70.

[291] Molitor, 1495, Nr. 11, S. 82–85.

Diese für Eberhard so wichtigen Regelungen bildeten den aktuellen politischen Hintergrund, als der Einsiedel gegründet wurde. Die zeitliche Kongruenz ist überraschend: Am 2. September 1492 wurde der Esslinger Vertrag unterzeichnet, einen Tag später besiegelte Eberhard den Stiftungsbrief für den Einsiedel, und am 4. September wurde im Beisein des Konstanzer Bischofs der Grundstein gelegt. Vor diesem Hintergrund muß möglicherweise die bisher angenommene Zielsetzung des Einsiedel als *Abbild der drei Stände Württembergs*[292], als *geistliches Symbol für das soziale Ganze der Herrschaft Württemberg*[293] oder als *Instrument zur Festigung des Staatsgedankens*[294] noch um eine Komponente erweitert werden: Der Einsiedel als geistig-religiöse Legitimation des ständischen Regiments. Eberhard benennt eine solche Zielsetzung im Stiftungsbrief zwar nicht ausdrücklich, aber es deutet doch einiges darauf hin, daß die Gründung nicht nur auf die Stände im allgemeinen, sondern ganz spezifisch auf das ständische Regiment abzielte. Die Verfassung des Petersstifts unterscheidet sich von den übrigen Stiften besonders in der starken Stellung des „Meisters", der dem Propst fast gleichrangig gegenüberstand. Im Grunde übte der Meister die Funktionen des sonst im Oberdeutschen Generalkapitel vorgesehenen Prokurators aus. Ein Grund für die Änderung und für die Wahl gerade dieser Amtsbezeichnung könnte darin liegen, daß Eberhard einen Bezug zum „Landhofmeister" herstellen wollte, der für den Vorsitz des ständischen Regiments vorgesehen war. Auch der Bereich der Herrschaftslegitimation wird von Eberhard angesprochen, da er im Vorwort erklärt, daß alle Herrschaft von Gott gegeben sei.[295] Das Gotteslob sollte nun jedoch nicht wie üblich von einer klerikalen Gemeinschaft, sondern von den „Landständen" gemeinsam praktiziert werden. Die unkonventionelle Zusammensetzung des Stifts entsprach der unkonventionellen Form des geplanten Regiments. Eberhard behielt sich am Einsiedel gewisse Rechte vor, wie beispielsweise die Nutzung des Jagdschlößchens. Nach seinem Tod sollten diese Rechte auf den Konvent übergehen. Im Stiftungsbrief legte er nämlich ausdrücklich fest, *das nach unnserm tod kainer unnser erb oder nachkomm wonung oder gerechtikait darzů haben söllen.*[296] Damit war vor allem Eberhard VI. gemeint. In solchen Bestimmungen spiegelt sich auch der Esslinger Vertrag wieder. Aufgrund dieser Argumente ist es meines Erachtens möglich, den Einsiedel stärker in das damalige innenpolitische Umfeld mit der Zurückdrängung Eberhards VI. und dem ständischen Regiment zu stellen. Irene Crusius hat auch den Residenzcharakter des Einsiedels betont und auf die Einheit von Schloß und Augustinerstift Ripaille am Genfer See verwiesen, die Herzog Amadeus VIII. von Savoyen, der spätere Papst Felix V., begründet hatte.[297] Aufgrund der andersartigen Verfassung und der personellen Zusammensetzung dieses Ritterstifts scheint es allerdings wenig wahrscheinlich, daß sich Eberhard an diesem Vorbild orientiert haben soll.

---

292 GRAF, Eberhard im Bart, S. 24.

293 CRUSIUS, Gabriel Biel (1995), S. 318.

294 CRUSIUS, Gabriel Biel (1995), S. 320.

295 STATUTEN [EINSIEDEL], fol. 5^r.

296 STATUTEN [EINSIEDEL], fol. 16^r.

297 CRUSIUS, Gabriel Biel (1995), S. 316–318.

Über die geschichtliche Entwicklung des Einsiedels läßt sich aufgrund der schlechten Überlieferung wenig sagen. Die vorgesehene Anzahl der Personen ist wohl nie erreicht worden. Ein Grund dafür liegt sicher darin, daß beide Hauptakteure schon kurze Zeit nach der Gründung gestorben sind: Gabriel Biel am 29. November 1495 und Eberhard kurz darauf am 25. Februar 1496. Die Nachfolge als Propst übernahm Biels Schüler, Wendelin Steinbach. Aus dem Kreis der Laienbrüder sind lediglich zum Jahr 1503 zwei Namen überliefert: Hans Späth wird als Meister, Johannes Häller als Laienbruder erwähnt.[298] Beim ersteren handelt es sich wahrscheinlich um Hans Späth von Ehstetten, der von 1481 bis 1501 als Rat und von 1486 bis 1490 als Vogt von Zwiefalten nachgewiesen ist.[299] Johannes Heller war von 1498 bis 1503 als Landschaftsvertreter im Vormundschaftsrat tätig.[300] Allein diese beiden Laienbrüder zeigen jedoch, daß Eberhard durchaus auch qualifizierte adlige und bürgerliche Räte im Einsiedel wissen wollte.

Der Stellenwert der Brüder vom Gemeinsamen Leben und des Einsiedel für Eberhard kann nicht hoch genug eingeschätzt werden. Nach dem Zeugnis seines Erziehers Johannes Naukler benannte Eberhard selbst *drei hervorragende Taten, für die er nach eigenem Zeugnis hauptsächlich gelebt hatte:* die Gründung der Universität Tübingen, die Ansiedlung der Brüder vom Gemeinsamen Leben und die Einheit Württembergs.[301] Sein besonderes Verhältnis – ja seine Zugehörigkeit – zu den Fraterherren dokumentierte Eberhard schließlich in seinem Testament, in dem er seine letzte Ruhestätte weder in der von seinem Vater begründeten Familiengrablege in Güterstein noch in der Residenzstadt Stuttgart, sondern auf dem Einsiedel festgelegt hatte, wo er in dem blauen Habit eines Fraterherren als *mitbruder* beigesetzt werden wollte.[302]

3.3.4 Die Aufhebung

Die Ursachen für die Aufhebung der Brüder vom Gemeinsamen Leben lagen nicht etwa darin, daß ihr Lebenswandel oder ihr geistliches Wirken Kritik hervorgerufen hätte. Sie hatten weder ihre seelsorgerlichen Pflichten verletzt, noch wa-

---

298 HStA Stuttgart, A 414, U 37, 30.

299 Kothe, Irmgard: Der fürstliche Rat in Württemberg im 15. und 16. Jahrhundert. Stuttgart 1928. (Darstellungen aus der württembergischen Geschichte 29), S. 109.

300 Kothe, Der fürstliche Rat, S. 32, 151.

301 Johannes Nauclerus, Memorabilium omnis aetatis et omnium gentium chronici commentarii. 2 Bände. Tübingen 1516, fol. CCCI^{v}: *Illustriora tamen eius ut memini facta et quibus se maxime vixisse testatus est tria sunt tanto principe digna: [...] universitatem studii generalis privilegiatam in opido suo Tubingen autoritate apostolica erigi fecit ac fundavit [...] Clericos quoque seculares quosdam communiter viventes ipse primus vocavit in Sueviam [...] inter ipsum et patruelem suum convenisset, ut terras suas ac dominia omnia in unum conferrent et penitus unirent, prout in unum collata et unita fuere, ita quod nullo unquam tempore inantea dividi possent aut deberent [...].*

302 Molitor, 1495, Nr. 4, S. 61–70, hier S. 61f.: *Item wir erwöllent unnser begröbte in der kirchen sant Peters von unns gestifft in dem Schainbüch in mit der edeln layenprúder chor, aldahin man uber unns ain glaten grabstain [...] legen soll und word ordnen und begeren unnsern lybe zu der erden zimlich und ordenlich bestattet und begraben zu werden, besonnder nach gewonheit solches huses mit singen, lesen und allen gebetten, wie dieselben ainen irn mitbruder pflegent zu begraben.*

ren ihnen sonstige Vergehen vorgeworfen worden. Wilfried Schöntag hat eindrucksvoll herausgearbeitet, daß die *Aufhebung eine Folge des kirchlichen, sozialen und wirtschaftlichen Umbruchs* in der Regierungszeit Herzog Ulrichs war.[303] Letztlich wurde den Brüderstiften ihre außergewöhnlich privilegierte Sonderstellung zum Verhängnis.

Die politischen Verhältnisse hatten sich inzwischen grundlegend verändert. Seit 1503 regierte Herzog Ulrich in Württemberg, dessen aufwendige Hofhaltung maßgeblich zu einer finanziellen Krise beitrug.[304] Der Versuch, eine Verbrauchssteuer einzuführen, hatte den Aufstand des „Armen Konrad" im Remstal zur Folge.[305] In dieser schwierigen Situation berief Ulrich im Frühsommer 1514 den Landtag nach Tübingen. Hier kam am 8. Juli der berühmte „Tübinger Vertrag" zustande, ein kaiserlicher Schiedsspruch zwischen Ulrich und der Landschaft, in dem vor allem die Landschaft auf Kosten des Herzogs und der Bauern gestärkt wurde.[306]

Im Vorfeld des Tübinger Vertrags hatte die Landschaft mehrfach die kostspielige Hofhaltung Ulrichs und insbesondere seine Hofkapelle kritisiert. Zugleich wurde gefordert, daß Pfründen mit Landeskindern besetzt und kirchliche Institutionen zur Schuldentilgung herangezogen werden. In diesem Zusammenhang wurde auch die Aufhebung der Fraterherrenstifte vorgeschlagen.[307] Nur auf diesem Weg war es möglich, die Stifte über Steuern an der Schuldentilgung zu beteiligen und dem Landesherrn wieder die freie Besetzung der Pfründen zu ermöglichen. In den Nebenabschied des Tübinger Vertrags wurde schließlich die für die Brüder verhängnisvolle Bestimmung aufgenommen, daß *die kappenhern [...] mit verwiligung bäpstlicher hailigkeit abgetan und in stift gewendt werden.*[308]

Herzog Ulrich hat den Vorschlag der Landschaft, die Fraterherren zur Disposition zu stellen, zunächst nicht aufgegriffen. Erst als die hohen Kosten für seine Hofkapelle beanstandet wurden, bemühte er sich um eine päpstliche Genehmigung zur Aufhebung der Brüder vom Gemeinsamen Leben. Ulrich wollte nämlich einen Teil der frei werdenden Pfründen zur Finanzierung der Hofkapelle verwenden. Papst Leo X. entsprach der Bitte Ulrichs und verfügte in der Bulle vom 19. April

---

303 Zur Aufhebung der württembergischen Fraterhäuser vgl. SCHÖNTAG, Aufhebung. SCHNEIDER, Eugen: Die Aufhebung der Kappenherren in Württemberg. In: Blätter für württembergische Kirchengeschichte 1, 1886, S. 13–15. MEYER, Brüder des gemeinsamen Lebens, S. 150–160.

304 HEYD, Ludwig Friedrich: Ulrich, Herzog zu Württemberg. 3 Bände. Tübingen 1841–1844. PRESS, Volker: Herzog Ulrich (1498–1550). In: UHLAND, Robert (Hg.): 900 Jahre Haus Württemberg. Stuttgart 1984, S. 110–135.

305 WANDEL, Uwe Jens (Hg.): Der Arme Konrad. Die Vorträge und Referate des Schorndorfer Symposions 1986. Schorndorf 1991. (Schriftenreihe des Stadtarchivs Schorndorf 5).

306 Vgl. MERTENS, Dieter: Württemberg. In: Handbuch der baden-württembergischen Geschichte. Band 2. Stuttgart 1995, S. 1–163, hier S. 69–75.

307 Vgl. SCHÖNTAG, Aufhebung, S. 84–87. OHR, Wilhelm – KOBER, Erich: Württembergische Landtagsakten 1498–1515. Stuttgart 1913. (Württembergische Landtagsakten I/1): Nr. 44 (Marbacher Städtetag), Nr. 59 (Beschwerdeschrift der Landschaft), Nr. 62 (Ulrichs Antwort), Nr. 64 (Erster Vorschlag der Landschaft), Nr. 65 (Zweiter Vorschlag der Landschaft).

308 Württ. Landtagsakten I/1, S. 238. Vgl. SCHÖNTAG, Aufhebung, S. 87.

1516, daß die Einrichtungen und die Lebensweise der Brüder vom Gemeinsamen Leben aufgehoben wurden.[309] Die Stifte Urach und Herrenberg sollten in weltliche Chorherrenstifte umgewandelt, die Häuser in Dettingen, Tachenhausen und Tübingen sollten ganz aufgehoben werden.[310] Ferner wurde detailliert festgelegt, welche Einkünfte Ulrich nun zur Finanzierung der Hofkapelle nutzen konnte. Von Herrenberg beispielsweise sollten die Einkünfte zweier Kanonikate abgezogen werden.[311]

Der ganze Vorgang zeigt, daß für die Aufhebung der Fraterherren allein finanzielle Gründe ausschlaggebend waren. Für die Landschaft zählte ausschließlich die Schuldentilgung und die Pfründenbesetzung mit Landeskindern, die finanzielle Sicherung der Hofkapelle lag dem Herzog am Herzen. Ulrich hatte gegenüber dem Papst vorgebracht, daß die neue, fremde und ungewohnte Lebensform der Brüder, die Einführung von Ausländern und der Gebrauch einer fremden Sprache gewaltige Schäden verursacht hätten.[312] Dies waren jedoch völlig unhaltbare, vorgeschobene Gründe, die mit dem tatsächlichen Lebenswandel der Brüder offenbar nichts zu tun hatten. Die Behauptung, daß aus dem Wirken der Brüder *gewaltige Schäden* entstanden seien, wurde in der Bulle nicht näher konkretisiert. Auch anhand des heute vorhandenen Quellenmaterials kann diese Tatsache nicht nachgewiesen werden. Allein die Festellung einer „fremden und ungewohnten Lebensform“ war aus Ulrichs Sicht gerechtfertigt, nicht aber – wie es auch in der Forschung verstanden wurde –, weil die Devotio moderna von den Niederlanden ausging, sondern weil die Brüderstifte aufgrund der spirituellen Ausrichtung und der rechtlichen Privilegierung durch Eberhard nur noch wenig mit dem klassischen weltlichen Kollegiatstift gemein hatten.

Nachdem die Brüder vom Inhalt der päpstlichen Bulle erfahren hatten, wandten sich die Pröpste in einem Brief an Herzog Ulrich und baten *demütig umb Gots willen*, er *wölle in vollziehung obgemelten bullen gnediglich stillstön*. Bezüglich der angeführten Vorwürfe fügten sie hinzu: *[...] diewil wir nun nit zwifeln, dann das euer fürstlich gnad unsers wesens, wandels, haltens und lebens nit misfallens, sonder gnedigs gevallen bishin gehabt und noch hab.*[313] Da sie wußten, daß allein finanzielle Gründe

---

[309] HStA Stuttgart, A 535, U 1: *Erectiones, institutiones, reductiones, uniones et applicationes ac insolitam observantiam, novumque et alienum vivendi modum presbyterorum et clericorum in communi viventium [...] penitus et omnino supprimimus et extinguimus.*

[310] HStA Stuttgart, A 535, U 1: *[...] Sancti Amandi et in Heremberg ecclesias in collegiatas seculares [...] erigimus et instituimus ac in Tettingen et in Tuwingen nec non in Dachenhusen domos huiusmodi in pristinum [...] statum restituimus.*

[311] SCHMIDT, Pfarrkirche und Stift, S. 164.

[312] HStA Stuttgart, A 535, U 1: *[...] ex [...] novi et alieni modi vivendi [...] inusitati institutione necnon externorum ac lingue peregrine [...] introductione incole et habitatores prefati gravia damna incurrerunt et, nisi desuper provideatur, graviora incurrere verisimiliter formidentur. Quare pro parte dicti Udalrici ducis nobis fuit humiliter supplicatum, ut, ne huiusmodi vite et conversationis novitas et insolita observatio in subditis suis non solum confusionem et scandala, verum etiam tempore procedente deteriora parturiant, sed ipsi in tranquilitatis amenitate permaneant, in premissis oportune providere de benignitate apostolica dignaremur.*

[313] HStA Stuttgart, A 535, Bü 1, Nr. 7. Vgl. MEYER, Brüder des gemeinsamen Lebens, S. 155.

im Vordergrund standen, boten sie dem Herzog an, jährlich 600 Gulden zur Finanzierung der Hofkapelle zu leisten.

Ohne zu dem Angebot Stellung zu nehmen, leitete Herzog Ulrich im Juli 1517 das Aufhebungsverfahren ein. Papst Leo X. hatte als Exekutoren die Äbte von Maulbronn und Lorch, sowie den Propst der Tübinger Stiftskirche, Ambrosius Widmann bestimmt. Da die beiden Äbte abgelehnt hatten, beauftragte Widmann am 30. Juli 1517 zwei Kanoniker der Stuttgarter Stiftskirche, Johannes Reuchlin und Benedikt Farner, mit der Durchführung der päpstlichen Bestimmungen. Die Fraterherren wurden nun einzeln vor Notar und Zeugen befragt, ob sie zur geplanten Änderung einwilligten oder nicht. Diese Befragung ergab folgendes Ergebnis: In Herrenberg stimmten von 16 Brüdern 11 vorbehaltlos zu, 2 waren unter gewissen Bedinungen bereit und 3 lehnten ab. Von 13 Brüdern in Urach weigerte sich nur einer, ebenso in Dettingen von 5 Brüdern, während in Tachenhausen alle 5 Brüder einwilligten. Die große Mehrheit der Fraterherren, insgesamt 33 von 38 (87%), stimmte also der Veränderung zu.[314] Dieses Votum kann nun nicht einfach als Beleg dafür herangezogen werden, daß die Brüder selbst ihre Ideale und ihre Lebensform aufgegeben hätten. Es zeigt vor allem, daß die Fraterherren letztlich keine Möglichkeit hatten, diesen massiven „landesherrlichen Zugriff" abzuwenden. Mit ihrer Zustimmung hofften sie, nach dem Wechsel wenigstens mit einem Kanonikat finanziell abgesichert zu sein. In der Tat wurden die meisten Brüder an ihrer alten Stätte – nun aber unter veränderten organisatorischen Bedingungen – als Kanoniker präsentiert.

Vierzig Jahre nach der Einführung wurde in der Amanduskirche in Gegenwart Herzog Ulrichs und aller Fraterherren schließlich *die ganze Observanz und die neue und fremde Art der ein gemeinsames Leben führenden Presbyter und Kleriker abgethan und die Kirchen in Urach und Herrenberg zu weltlichen Stiften erklärt.*[315] Von der Aufhebung ausgenommen blieb allein das Stift St. Peter auf dem Einsiedel, weil es unter besonderem päpstlichen Schutz stand. Seine Aufhebung erfolgte erst 1537 im Zuge der Reformation in Württemberg.

Betrachtet man nun zusammenfassend das Vorgehen Biels bei den oberdeutschen Gründungen, werden vor allem zwei wichtige Elemente deutlich.[316] Zum einen das enge Zusammenwirken mit Adligen, die bei den Neugründungen jeweils als „Stifter" für die materiellen Grundlagen sorgen, während Biel die Rolle des spirituellen „Gründers" oder „Initiators" übernahm. Er nutzte in ganz besonderem Maße adlige Verwandtschaftsbeziehungen als Vehikel für die Ausbildung von Reformstrukturen. Dabei entstand ein enges Vertrauensverhältnis zu den Grafen von Nassau, zu den Eppsteinern und hauptsächlich zu Eberhard im Bart. Gerade Letzterer nahm über seine Rolle als Stifter hinaus auch in ganz persönlicher Hinsicht Anteil an den Neugründungen. Die vollständige Einbindung der Fraterherren in

---

[314] SCHÖNTAG, Aufhebung, S. 90f. MEYER, Brüder des gemeinsamen Lebens, S. 156f. SCHNEIDER, Aufhebung, S. 14.

[315] SCHNEIDER, Aufhebung, S. 14.

[316] Vgl. auch CRUSIUS, Gabriel Biel (1995), S. 309–314.

die landesherrliche Kirchen- und Bildungspolitik verdeutlicht, daß nun der „Nutzen" einer solchen Reformbewegung für das Land im Vordergrund stand.

Ein anderes Strukturelement der oberdeutschen Gründungen Biels ist die Verwendung und Modifikation der Institution „Stiftskirche" für die Ziele der Devotio moderna. Den Fraterherren wurde jeweils bei der Gründung entweder ein schon bestehendes Stift oder eine eigens zur Stiftskirche erhobene Pfarrkirche übergeben. Gabriel Biel begründete hier geradezu einen neuen Typus der Stiftskirche. Er diente *nicht zur Versorgung von Mitgliedern der Stifterfamilie, auch nicht zur Konzentration von Herrschaft oder als Verwaltungszentrum*; hier *lebten keine Kanoniker mit Pfründen, Privatbesitz, eigenen Wohnungen, persönlicher Handlungsfreiheit, Freizügigkeit und verschiedenen Berufen*, sondern die stiftische Organisationsform wurde ganz der Spiritualität der Brüder angepaßt.[317] Die *vita communis* fand hier ihren sichtbaren Ausdruck in der gemeinsamen *mensa*, im gemeinsamen Dormitorium und im gemeinschaftlichen Besitz. Die Präbenden wurden zu einem gemeinsamen Stiftsvermögen zusammengefaßt, in das auch alle Einkünfte flossen; jeder Kanoniker mußte bei seinem Eintritt auf jeglichen Eigenbesitz verzichten. Aus der ursprünglichen Fremdbestimmtheit einer Stiftskirche erwuchs den württembergischen Stiften ein hohes Maß an rechtlicher Unabhängigkeit, da Eberhard im Bart auf Patronats- und Präsentationsrechte sowie auf weltliche Steuern und Dienste verzichtete.[318] Irene Crusius bezeichnet diese Form der Stiftskirche, die vor allem als Instrument zur Kirchenreform diente, in Ergänzung der von Peter Moraw formulierten Stiftskirchentypologie in treffender Weise als *devotes Kollegiatstift*.[319]

Eine zentrale Rolle spielte bei alldem das Generalkapitel, das jeweils die Neugründungen und die Einsetzung der Pröpste vornahm, Kanoniker in neu gegründete Stifte entstandte und auch die inneren Angelegenheiten der Stifte regelte. Mit den württembergischen Gründungen und dem Wechsel Biels von Butzbach nach Urach verlagerte sich der Schwerpunkt des Generalkapitels deutlich in Richtung Württemberg, was auch durch die seit 1482 nachgewiesene Bezeichnung *Generalkapitel in oberdeutschen Landen*[320] deutlich wird. Die Führungsrolle lag nun bei den Stiften Urach und Herrenberg.

Im folgenden wird nun, nach einer Vorstellung der programmatischen Schriften Biels, besonders nach dem Selbstverständnis der Brüder und dessen organisatorischer Umsetzung im Oberdeutschen Generalkapitel gefragt werden. Dabei wird in einem Vergleich – unter anderem mit dem Münsterschen Kolloquium – zu klären sein, in welchem Maße die spezifische Formierung und Ausrichtung der oberdeutschen Devotio moderna auch in der Gestaltung des Oberdeutschen Generalkapitels manifest wird.

---

317 CRUSIUS, Gabriel Biel (1995), S. 311.

318 SCHÖNTAG, Anfänge, S. 479. SCHÖNTAG, Aufhebung, S. 84.

319 CRUSIUS, Gabriel Biel (1995), S. 322.

320 MONASTICON 2, S. 245.

III Gabriel Biel über das gemeinsame Leben

1 Der *Tractatus de communi vita clericorum*

Eine zentrale Schrift für das Selbstverständnis der Brüder vom Gemeinsamen Leben ist der von Gabriel Biel verfaßte *Tractatus de communi vita clericorum.*[1] Der Text wurde erstmalig von William M. Landeen ediert[2] und fand in der Forschung bereits mehrfach Berücksichtigung[3]. Eine genaue Datierung ist aufgrund inhaltlicher Kriterien sehr schwierig und wurde in der Forschungsliteratur kontrovers diskutiert. Alle bisher geäußerten Datierungsvorschläge beruhen auf der Annahme, daß die Abfassung dieses Traktats in unmittelbarem Zusammenhang mit dem Eintritt Biels bei den Brüdern vom Gemeinsamen Leben steht. Landeen geht davon aus, daß Biel den Traktat in Marienthal verfaßt hatte, bevor er 1468 als Gründungsrektor nach Butzbach wechselte.[4] Der Traktat wäre also in den Jahren 1464–68 entstanden. Bayerer[5], Dettloff[6] und Hellriegel[7] sehen die Abfassungszeit ebenfalls vor dem Übersiedeln Biels nach Butzbach. Wilhelm Ernst entgegnet

---

[1] Den Haag, Königliche Bibliothek, Hs 75 G 58: *Tractatus Magistri Gabrielis Byell De communi vita clericorum.* Papier; 143 x 99 mm; 15. Jh.; Incipit [fol. 1[r]]: *Quesitum est a me pridem unde ordo noster vel institutio communis vite [...]*; Explicit [fol. 21[r]]: *[...] Que et satis ut arbitror sobrie sunt descripta et correctioni cuiuslibet sanum sapientis humillime submittenda. Finitur tractatus magistri Gabrielis de communi vita clericorum.*

[2] LANDEEN, William M.: Gabriel Biel and the Devotio Moderna in Germany. In: Research Studies of the State College of Washington 28, 1960, S. 79–95. Vgl. dazu: LANDEEN, Gabriel Biel and the Devotio Moderna. – Die Edition von Landeen ist stellenweise sehr fehlerhaft. Überdies sind die Nachweise von zitierten Autoritäten und Bibelstellen sehr knapp gehalten, so daß eine Neubearbeitung geboten schien. Vgl. die Edition unten Kapitel VI,3.

[3] Inhaltliche Berücksichtigung findet der Traktat bei: BRECHT, Moderne Frömmigkeit und gemeinsames Leben, S. 8–12. BUBENHEIMER, Gabriel Biel, S. 311. ERNST, Gott und Mensch, S. 25–27, 47. KRAUME, Gerson-Übersetzungen, S. 52–54. OBERMAN, Werden und Wertung, S. 66–69. Ferner wird der Traktat erwähnt bei: ACQUOY, Het klooster te Windesheim. Band 3. S. 330. BAYERER, Gabrielis Biel Gratiarum Actio, S. 19. BUBENHEIMER, Gabriel Biel, Sp. 857. DETTLOFF, Gabriel Biel, S. 489. ELM, Bruderschaft, S. 490. ELZE, Handschriften, S. 89. HALLER, Anfänge der Universität Tübingen 1, S. 150; II, S. 56. HELLRIEGEL, Ludwig: Gabriel Biel in Butzbach. In: Wetterauer Geschichtsblätter 18, 1969, S. 73–82, hier S. 75. OBERMAN, Herbst der mittelalterlichen Theologie, S. 15, 320f. POST, Modern devotion, S. 447f. SCHRAMA, Martijn: Gabriel Biel et son entourage. In: Nederlands Archief voor Kerkgeschiedenis 61, 1981, S. 154–184, hier S. 179.

[4] LANDEEN, Gabriel Biel and the Devotio Moderna, S. 155.

[5] BAYERER, Gabrielis Biel Gratiarum Actio, S. 19 nennt als Entstehungszeit *um 1468*.

[6] DETTLOFF, Gabriel Biel, S. 489. Die Angabe *1448* ist hier wohl auf einen Druckfehler zurückzuführen und soll *1468* lauten.

[7] HELLRIEGEL, Gabriel Biel in Butzbach, S. 75.

Landeen, Biel sei nicht in das Marienthaler Brüderhaus eingetreten, und vermutet deshalb, daß der Traktat *wohl erst nach seinem Rücktritt vom Dompredigeramt oder später in Butzbach* verfaßt worden ist.[8] Als frühesten Abfassungstermin sieht Oberman die Jahre 1468/69, die er mit dem Eintritt Biels in die Windesheimer Kongregation (!) verbindet. Oberman zieht jedoch als einziger auch eine spätere Datierung in Betracht und sieht in dem Traktat möglicherweise *die Programmschrift, die ihn* [Biel] *und seine Bewegung bei dem Umzug nach Württemberg in der Gründungszeit der Universität ausweisen und einführen sollte.*[9]

Die Verknüpfung des frühest möglichen Abfassungstermins mit der Bedingung, daß Biel zu dieser Zeit schon Fraterherr gewesen sein muß, erscheint plausibel, da er im Traktat von der Gemeinschaft der Brüder durchgehend in der ersten Person Plural spricht.[10] Da nun Biel erstmals 1469/70 als *bruder sant Marcs zu Butzbach* und erst im September 1470 als Propst nachgewiesen ist,[11] können die oben angeführten, frühen Datierungen nicht gehalten werden. Als Fraterherr kann Biel den Traktat also frühestens 1469/70 verfaßt haben.

Die Bemerkungen Biels über die geschichtliche Entwicklung der Brüder[12] geben für die Datierung des Traktats keine weiteren Aufschlüsse, da er lediglich die Anfänge der Devotio moderna unter Geert Grote bis zur Gründung der Windesheimer Kongregation (1395) schildert. Auf die Entwicklung und Verbreitung der Brüderhäuser in Deutschland geht er nicht ein. Aus dem Traktat geht auch nichts über die näheren Umstände hervor, die zu seiner Abfassung geführt haben. Biel erwähnt lediglich in der Einleitung, daß er *pridem* nach dem Ursprung der Brüder vom Gemeinsamen Leben gefragt worden sei.[13] Es besteht jedoch kein Grund zur Annahme, Biel habe den Traktat *als Apologie für seinen Eintritt bei den Brüdern vom Gemeinsamen Leben verfaßt.*[14] Ein abschließendes Urteil über die Entstehungszeit des Traktates ist also nicht möglich. Frühestens kann diese Verteidigungsschrift in Butzbach 1469/70 entstanden sein.[15] Andererseits kann auch eine spätere Abfassungszeit im Zusammenhang mit Biels Wirken in Württemberg nicht ausgeschlossen werden.

---

[8] Ernst, Gott und Mensch, S. 27. Hier folgt er Haller, Anfänge der Universität Tübingen 1, S. 150.

[9] Oberman, Werden und Wertung der Reformation, S. 66.

[10] Vgl. beispielsweise Biel, Tractatus de communi vita, fol. 1^r: *[...] ordo noster vel institutio communis vite, sub qua et in qua nos vivere dicimus [...]*; fol. 1^v: *[...] dicimus nos habere vel gerere ordinem apostolorum [...]*; fol. 2^r: *[...] fatemur nos ordinem non habere [...]*; fol. 3^{rv}: *[...] nobis interim satis est ad omnem perfectionem stare et vivere in libertate legis christiane [...]*; fol 5^v: *[...] dicimus, quod institutio vite nostre [...]*; fol 13^v: *[...] Assumimus laborem manualem [...]*; fol 17^v: *[...] constituimus unum ex nostris [...]* und viele andere Stellen.

[11] Monasticon 2, S. 43.

[12] Biel, Tractatus de communi vita, fol. 10^v–13^r.

[13] Biel, Tractatus de communi vita, fol. 1^r: *Quesitum est a me pridem, unde ordo noster vel institutio communis vite clericorum, sub qua et in qua nos vivere dicimus, sumpserit exordium.*

[14] Landeen, Gabriel Biel and the Devotio Moderna, S. 21. Hellriegel, Gabriel Biel in Butzbach, S. 75.

[15] Krätzinger, Versuch, S. 58f. Monasticon 2, S. 11. Hellriegel, Biel in Butzbach, S. 81.

Im *Tractatus de communi vita clericorum* beschreibt Biel vor allem das Selbstverständnis der Brüder vom Gemeinsamen Leben. Schon die Einleitung zeigt den apologetischen Charakter der Schrift.[16] Der Traktat läßt sich in drei Hauptteile untergliedern, wobei der erste als *Defensio communis vite tamquam medii modi vivendi* bezeichnet werden kann.[17] In einem zweiten Teil *(Progressus et commendatio communis vite)* beschreibt Biel die Entwicklung des gemeinsamen Lebens und beruft sich auf historische Vorbilder und Zeugen.[18] Der abschließende dritte Hauptteil befaßt sich mit der inneren Organisation der Brüderhäuser *(Constitutio communitatis).*[19]

Im ersten Hauptteil rechtfertigt Biel das gemeinsame Leben als *medius modus vivendi*[20] durch eine Definition der Begriffe *ordo* und *religio*. Biel stellt die ursprüngliche, bei Augustin entlehnte Bedeutung[21] des Begriffs *ordo* als *forma alicuius honeste et ordinate vite*[22] der übertragenen Bedeutung im Sinne eines Ordens mit Profeß, Habit und Gelübde gegenüber. Gemäß der ersten Auffassung verstehen sich die Brüder als Orden, und zwar als *ordo apostolorum vel discipulorum Christi vel sancte primitive ecclesie*[23], gemäß der zweiten Auffassung jedoch nicht. Biel weist ausdrücklich darauf hin, daß die Brüder weder Mönche sind, noch ein Gelübde ablegen oder irgendein Ordensgewand anlegen.[24] In der ganzen Argumentation stützt sich Biel auf Johannes Gerson, der die Brüder vom Gemeinsamen Leben auf dem Konstanzer Konzil gegen die Vorwürfe des Dominikaners Matthäus Grabow verteidigt hatte.[25] Gerson gab dabei eine ähnliche Definition des Begriffs *religio*. Er unterscheidet die einzige wahre *religio, quam Christus observavit perfectissimo modo*, von den übrigen *religiones* in übertragenem Sinn, die von Menschen künstlich geschaffen wurden.[26] Als bessere Lebensform bezeichnet Biel jedoch diejenige, die *Christus per se et immediate* eingerichtet hat.[27] Die *vita communis* wird nicht nur legitimiert, sondern mit Christus als „Stifter" über die etablierten Orden gestellt.[28] Biel erkennt zwar diejenigen an, die in einen Orden eintreten, erklärt

---

[16] BIEL, Tractatus de communi vita, fol. 1r: *Quesitum est a me pridem, unde ordo noster vel institutio communis vite clericorum, sub qua et in qua nos vivere dicimus, sumpserit exordium.*

[17] BIEL, Tractatus de communi vita, fol. 1r–5v.

[18] BIEL, Tractatus de communi vita, fol. 5v–13r.

[19] BIEL, Tractatus de communi vita, fol. 13r–20v.

[20] BIEL, Tractatus de communi vita, fol. 4v.

[21] AUGUSTINUS, De civitate Dei 19,13. Ed. DOMBART II, S. 377: *ordo est parium dispariumque rerum sua cuique loca tribuens dispositio*. Vgl. BIEL, Tractatus de communi vita, fol. 1r.

[22] BIEL, Tractatus de communi vita, fol. 1v.

[23] BIEL, Tractatus de communi vita, fol. 1v.

[24] BIEL, Tractatus de communi vita, fol. 2r.

[25] BIEL, Tractatus de communi vita, fol. 2r/v. Vgl. WACHTER, Matthäus Grabow. KEUSSEN, Dominikaner Matthäus Grabow. – Zu Gerson vgl. PASCOE, Louis B.: Jean Gerson. Principles of church reform. Leiden 1973. (Studies in medieval and reformation thought 7). BURGER, Christoph: Aedificatio, Fructus, Utilitas. Johannes Gerson als Professor der Theologie und Kanzler der Universität Paris. Tübingen 1986. (Beiträge zur Historischen Theologie 70).

[26] BIEL, Tractatus de communi vita, fol. 2v.

[27] BIEL, Tractatus de communi vita, fol. 2v.

[28] Vgl. dazu STAUBACH, Christianam sectam arripe, bes. S. 130–134.

aber im Anschluß an Gerson: *Nobis interim satis est ad omnem perfectionem stare et vivere in libertate legis christiane sub uno abbate Christo Ihesu servando pro posse primo quidem regulam preceptorum suorum, sine quibus non est salus.*[29] Die Brüder wollen zwar nicht durch Gelübde und Ordensregel verpflichtet sein, übernehmen jedoch *nonnulla ex observantiis religiosorum*, denn es sei erlaubt *non esse monachum et nihilominus religiose vivere ut monachum.*[30] Biel sieht die Brüder nicht als Angehörige eines Ordens, sondern vielmehr als Mitglieder eines Standes, den schon Gerhard Zerbolt von Zutphen in seinem Traktat *Super modo vivendi devotorum hominum*[31] als *status medius* bezeichnet und zwischen den *saeculares saeculariter viventes* und dem *status religiosorum* ansiedelt.[32] Biel bezeichnet es als Nutzen für die Kirche, wenn die *observantia communis vite* nicht nur von Mönchen, sondern auch von Klerikern eingehalten wird, da es viele Menschen gibt, für die der Eintritt in einen Orden nicht in Frage kommt und die dennoch nicht *in seculari statu* bleiben wollen.[33]

Zu Beginn des zweiten Hauptteils beantwortet Biel die eingangs gestellte Frage nach dem Ursprung des gemeinsamen Lebens: *institutio vite nostre exordium et formam sumpsit a primitiva ecclesia.*[34] Er schildert das brüderliche Zusammenleben der Apostel[35], das vor allem in der *abdicatio proprietatis* und der *communis possessio* bestand, als nachahmenswerten *status perfectissimus*. Diese Lebensform sei auch nach der Zeit der Apostel eingehalten und von Papst Klemens I. (gest. 97) allen Klerikern empfohlen worden. Biel zitiert hierzu eine längere Passage aus dem Klemens-Brief[36], in dem die Gütergemeinschaft eine besondere Rolle spielt. Die Brüder vom Gemeinsamen Leben wählten als bestimmende Norm ihres Zusammenlebens diese *forma primitivae ecclesiae* und nahmen niemanden in ihre Gemeinschaft auf, der nicht ausdrücklich auf sein Eigentum verzichtet hatte.[37] Die Fraterherren sahen sich selber somit als legitime Fortsetzer der *vita vere apostolica*. Biel zeigt nun in einer *commendatio communis vite* die historische Dimension des gemeinsamen Lebens. In einer Kombination von historischer Untersuchung und juristischer Argumentation führt er Zeugen und Vorbilder des gemeinsamen Lebens an. Es sei schon seit der Erschaffung der Welt eingerichtet, als alle Dinge Gemeinbesitz waren; die Propheten und Philosophen hätten es gleichermaßen eingehalten; von Christus sei das gemeinsame Leben neu eingerichtet worden, von den Päpsten

---

[29] BIEL, Tractatus de communi vita, fol. 3r/v. Vgl. GERSON, De religionis perfectione. Ed. GLORIEUX II, S. 233.

[30] BIEL, Tractatus de communi vita, fol. 3v.

[31] GERHARD ZERBOLT VON ZUTPHEN, Super modo vivendi devotorum hominum simul commorantium. Ed. HYMA.

[32] GERHARD ZERBOLT VON ZUTPHEN, Super modo vivendi devotorum hominum simul commorantium. Ed. HYMA, S. 23. – Vgl. auch STAUBACH, Gerhard Zerbolt von Zutphen. STAUBACH, Christianam sectam arripe, bes. S. 128–130.

[33] BIEL, Tractatus de communi vita, fol. 4v.

[34] BIEL, Tractatus de communi vita, fol. 5v.

[35] BIEL, Tractatus de communi vita, fol. 5v. Vgl. Act 4,32.

[36] BIEL, Tractatus de communi vita, fol. 6v–7v. Vgl. C. 12, q. 1, c. 2. CIC, ed. FRIEDBERG I, Sp. 812f.

[37] BIEL, Tractatus de communi vita, fol. 8r.

gebilligt, von Kirchenlehrern empfohlen, von Augustin erneuert und schließlich bis zur Gegenwart bewahrt worden.[38] Biel schildert das gemeinsame Leben nicht zuletzt deshalb für besonders verdienstvoll, weil es überhaupt die Befolgung des *consilium evangelice paupertatis* ermöglicht.[39]

An dieser Stelle folgt nun ein Exkurs über die *innovatio istius vite communis clericorum per Alemanniam*, gleichsam ein historischer Abriß über die Anfänge der Devotio moderna.[40] Biel schildert Geert Grote als einen *glühenden Nachahmer der christlichen Lebensform*, der vor allem durch seine Predigten wirkte. Von einem Ordenseintritt jedoch sei Grote, wie andere fromme Menschen, abgehalten worden, weil kaum ein observantes Kloster zu finden war. Deshalb habe er beschlossen, mit Gleichgesinnten ein gemeinsames Leben zu führen, wie es schon die Apostel praktiziert hatten. Gabriel Biel vergleicht Grote an dieser Stelle mit dem heiligen Augustin, der eine Klerikergemeinschaft eingerichtet und damit die *apostolische vita communis* wiederbegründet habe. Neben dem Wirken Geert Grotes und seines Nachfolgers, Florens Radewijns, beschreibt Biel außerdem die Gründung des Chorherrenstifts Windesheim bis zur Errichtung der Windesheimer Kongregation. Bei diesem Exkurs hat sich Biel an Johannes Busch[41] und seinem Geschichtswerk über die Windesheimer Kongregation orientiert, vor allem aber an dessen *heilsgeschichtlicher Deutung der Devotio moderna*, nämlich als Wiederherstellung der apostolischen vita communis und als *Neuevangelisation des totus Almanicus orbis*.[42]

Der abschließende dritte Hauptteil des Traktats ist der inneren Organisation der Brüderhäuser gewidmet *(Constitutio communitatis)*.[43] Wie es im Kirchenrecht empfohlen wird, sollen die Kleriker das gemeinsame Leben *sub uno tecto* in vollkommener Gütergemeinschaft praktizieren.[44] Biel beschreibt in einem ausführlichen Abschnitt, daß die Brüder ihren Lebensunterhalt durch Handarbeit erwirtschaften wollen. Zum einen, damit sie bei der Sicherung des Lebensunterhalts dem Volk und den Bürgern nicht lästig sind, dann, weil der *labor manuum* von den heiligen Vätern so vielfältig empfohlen wurde, und schließlich, um Müßiggang, den Anfang allen Übels, zu vermeiden.[45] Der erwirtschaftete Ertrag soll als Gemeinbesitz verwaltet werden. Bettelarmut und Almosen werden strikt abgelehnt.[46] Als hauptsächliche Arbeit sehen die Brüder das Abschreiben von Büchern. Diese Arbeit sei sowohl von den heiligen Vätern und Gelehrten gebilligt und ausgeübt worden als

---

38 Biel, Tractatus de communi vita, fol. 8v–9v.

39 Biel, Tractatus de communi vita, fol. 10rv.

40 Biel, Tractatus de communi vita, fol. 10v–13r.

41 Vgl. Grube, Karl (Hg.): Des Augustinerpropstes Johannes Busch Chronicon Windeshemense und Liber de reformatione monasteriorum. Halle 1886. (Geschichtsquellen der Provinz Sachsen und angrenzender Gebiete 19).

42 Vgl. zu Johannes Busch und zur Zielsetzung devoter Geschichtsschreibung Staubach, Das Wunder der Devotio moderna, hier S. 171.

43 Biel, Tractatus de communi vita, fol. 13r–20v.

44 Biel, Tractatus de communi vita, fol. 13r/v. Vgl. X 3. 1. 9. CIC, ed. Friedberg II, Sp. 450f.

45 Biel, Tractatus de communi vita, fol. 13v.

46 Biel, Tractatus de communi vita, fol. 13v–14r.

auch *spiritualibus studiis et exercitiis devotionis magis vicinus et accomodus.*[47] Als Beleg für den vielfältigen Nutzen dieser Schreibarbeit wird Gersons Abhandlung *De laude scriptorum*[48] angeführt. Biel sieht die Brüder mit ihrer Tätigkeit *(scripto predicare)* im Vergleich zu den anderen Aufgaben in der Kirche *(cura regendarum animarum; verbum Dei voce predicare)* zwar als *geringstes Gefäß im Hause Gottes*, aber dennoch als ein Nützliches,[49] denn *quomodo enim predicabuntur, nisi legantur, et quomodo legentur, nisi scribantur.*[50] Die Schreibarbeit sollte jedoch nicht ununterbrochen ausgeübt werden, sondern nach einer festen Tageseinteilung waren auch Zeiten für das Gebet und für die Lesung vorgesehen.[51] Als Gewährsmann für diese *vicissitudo officiorum* zitiert Biel einen längeren Abschnitt aus Augustins *De opere monachorum.*[52]

Aus den Reihen der Brüder wurde jeweils ein geeigneter Leiter gewählt, dem die *provisio et dispositio rerum domesticarum* übertragen wurde.[53] Biel weist ausdrücklich darauf hin, daß sie diesen Leiter nicht *prior vel abbas vel magister*, sondern *pater* nennen.[54] Begriffe, die auf einen Orden hindeuten könnten, werden auch hier sorgsam vermieden. Die Vorsteher der Brüderhäuser *(rector, senior* oder *pater)* hatten keine echte Jurisdiktionsgewalt, denn die Brüder befolgten die Anweisungen nicht *ex necessitate*, sondern *ex caritate.*[55] Ihre Niederlassungen bezeichneten die Fraterherren nicht als *ecclesia, conventus* oder *monasterium*, sondern als *domus.*[56]

Bezüglich der *castitas* verweist Biel auf die einschlägigen kirchenrechtlichen Bestimmungen. Die Brüder nahmen ausschließlich Leute in ihre Gemeinschaft auf, die sich verpflichtet hatten *continenter et caste vivere.*[57] Die Kleidung der Fraterherren bezeichnet Biel *pretio mediocris et in colore humilis*, da sie besonders denjenigen zukommt, die sich *in spiritu humilitatis* von der Welt zurückgezogen haben.[58] Dies sei keine Neuerung, sondern lediglich eine Rückbesinnung auf die *traditio paternarum nostrarum.*[59] Biel weist den Vorwurf, die Brüder hätten entgegen dem kirchlichen Verbot einen *habitus nove religionis* angenommen, scharf zurück und bekräftigt zum Schluß: *Nos enim neque habitu neque nomine neque ipso animo statuere vel instituere nitimur vel antiquam vel novam religionem, sed honesta conversatione cohabitatione servare et salvare cupimus vite clericalis integritatem.*[60]

---

[47] Biel, Tractatus de communi vita, fol. 15^{r}.
[48] Biel, Tractatus de communi vita, fol. 15$^{r/v}$. Vgl. Gerson, De laude scriptorum. Ed. Glorieux IX, S. 423–434.
[49] Biel, Tractatus de communi vita, fol. 15^{v}.
[50] Biel, Tractatus de communi vita, fol. 15^{v}.
[51] Biel, Tractatus de communi vita, fol. 16$^{r/v}$.
[52] Biel, Tractatus de communi vita, fol. 16^{v}–17^{v}.
[53] Biel, Tractatus de communi vita, fol. 17^{v}–18^{r}.
[54] Biel, Tractatus de communi vita, fol. 18^{r}.
[55] Biel, Tractatus de communi vita, fol. 18^{r}.
[56] Vgl. Elm, Bruderschaft, S. 483ff.
[57] Biel, Tractatus de communi vita, fol. 19^{r}. Vgl. X 3. 1. 13. CIC, ed. Friedberg II, Sp. 452.
[58] Biel, Tractatus de communi vita, fol. 19$^{r/v}$.
[59] Biel, Tractatus de communi vita, fol. 19^{r}.
[60] Biel, Tractatus de communi vita, fol. 19^{v}–20^{r}.

Inhaltsübersicht

Gabriel Biel: Tractatus de communi vita clericorum

Die Folioangaben beziehen sich auf die Edition in diesem Band Kapitel VI,3.

2.2.1 **Accepimus formam primitive ecclesie**
[7^v Et quamquam – 8^r non perficere]

2.3 **Communis vita multis ex causis commendabilis et expetenda**
[8^r Est et haec – 10^r sunt et dilatata]

2.3.1 **Communis vita ab inicio nascentis mundi instituta est**
[8^v Est enim – 8^v capitulo Dilectissimis]

2.3.2 **Communis vita a gentium prophetis et a philosophis servata**
[8^v Est etiam – 8^v possessio communis est]

2.3.3 **Communis vita a Christo et primitiva ecclesia instituta et servata**
[8^v Et a Christo – 8^v ut supra]

2.3.4 **Communis vita a summis pontificibus pluries approbata**
[8^v Et a summis – 8^v per totum]

2.3.5 **Communis vita a sanctis doctoribus et patribus verbo et scripto commendata**
[8^v Et a sanctis – 8^v commendata ut ibidem]

2.3.6 **Communis vita per sanctum Augustinum iterum renovata**
[8^v Est et – 9^r ista posse meruerunt]

2.3.7 **Communis vita est ab antiquis temporibus servata et continuata usque in praesens**
[9^r Est etiam ista – 10^r sunt et dilatata]

2.4 **Communis vita est maxime meritoria, quia per eam impletur consilium evangelice paupertatis**
[10^r Demum etiam – 10^v necessariis providebatur]

2.5 **Innovatio vite communis per Alemanniam**
[10^v Quomodo autem – 13^r beneficium susceperunt]

3 **⟨Constitutio communitatis⟩**
[13^r De ista cohabitatione – 20^v quisque sectatur]

3.1 **Bona clericorum veniant in commune, et in una domo vescantur atque sub uno tecto dormiant et quiescant**
[13^r De ista cohabitatione – 13^v non mediocriter]

3.2 **Labor manuum**
[13^v Assumimus etiam – 15^r capitulo Numquam]

3.2.1 **Scribendi labor**
[15^r Inter omnia – 16^r omnibus usurpatur]

3.2.2 **Vicissitudo officiorum**
[16^r Neque tamen huic – 17^v facit, quod legit]

3.3 **Patrem constituimus, cui provisio et dispositio rerum domesticarum incumbat**
[17^v Denique, ut – 18^r expedit vobis]

3.4 **Castitas**
[18^r Iam vero – 19^r vicio precaventes]

3.4.1 **Mulieribus non pateat accessus**
[18^v Unde illud – 19^r vicio precaventes]

3.5 **Habitus et vestitus**
[19^r Tandem ipse habitus – 20^v quisque sectatur]

⟨Epilogus⟩
[20^v Hec habita – 21^r humillime submittenda]

2 Die Collatio de vita communi

Die zweite Schrift Gabriel Biels *De vita communi*[61] liegt in Form einer Ansprache vor dem Oberdeutschen Generalkapitel vor und ist deshalb in der Argumentation nicht so ausführlich wie der *Tractatus de communi vita clericorum*. Gleichwohl ist der Text ein weiteres wichtiges Zeugnis dafür, wie Biel selbst die Prinzipien des brüderlichen Zusammenlebens erläutert und gewichtet hat. Die Sammelhandschrift gelangte 1802 von dem Windesheimer Kloster Eberhardsklausen[62] in die Trierer Stadtbibliothek. Eine Edition und inhaltliche Würdigung des Textes liegt derzeit noch nicht vor.[63]

Die *collatio de vita communi* ist ebenfalls nicht datiert. Aus dem Text geht hervor, daß diese Ansprache vor dem Generalkapitel gehalten wurde.[64] Über Ort und Anlaß dieser Sitzung wird jedoch nichts gesagt. Sie dürfte aber im Zusammenhang mit einer Neugründung stehen, da Biel die anwesenden Väter mit zahlreichen Metaphern aus dem Bereich des Gartenbaus ermahnt, das gemeinsame Leben wieder aufzurichten und zu pflegen;[65] aus diesem Grund habe sich das Generalkapitel eingefunden.[66] Bislang sind nur folgende Tagungen des Generalkapitels bekannt: am 25. Juni 1471 in Marienthal[67], am 18. Juni 1477 in Butzbach anläßlich der Gründung in Wolf[68], am 10. Juli 1477 in Butzbach anläßlich der Gründung in Urach[69], im Jahre 1484 in Königstein, als über den Beitritt des Hauses Wolf verhandelt wurde[70] und am 23. April 1496 auf dem Einsiedel.[71]

---

[61] Trier, Stadtbibliothek, Hs 796: Collatio patris reverendi Gabrihelis ⟨Biel⟩ ⟨De vita communi⟩. Papier; 268 Bl.; 103 x 142 mm; 15. Jh.; Incipit [fol. 228^v]: *Non sum nescius*; Explicit [fol. 234^v]: *Sermo est Gabriehelis in capitulo magistri excellentis*. – Vgl.: Kentenich, G.: Die Ascetischen Handschriften der Stadtbibliothek zu Trier. No. 654–804 des Handschriftenkatalogs und Nachträge. Trier 1910. (Beschreibendes Verzeichnis der Handschriften der Stadtbibliothek zu Trier VI,2), S. 121. Kentenich gibt aufgrund eines Lesefehlers als Autor den Dominikaner Gabriel Barletta (gest. nach 1480) an. – Vgl. die Edition unten Kapitel VI,4.

[62] Monasticon Windeshemense. Herausgegeben von Wilhelm Kohl, Ernest Persoons und Anton G. Weiler. Teil 2: Deutsches Sprachgebiet. Brüssel 1977. (Archives et Bibliothèques de Belgique. N° Spécial 16), S. 106–113. Dohms, Peter: Die Geschichte des Klosters und Wallfahrtsortes Eberhardsklausen an der Mosel. Von den Anfängen bis zur Auflösung des Klosters im Jahre 1802. Bonn 1968. (Rheinisches Archiv 64).

[63] Erwähnt ist die Handschrift bei: Elm, Bruderschaft, S. 490. Ernst, Gott und Mensch, S. 25. Elze, Handschriften, S. 71. Schrama, Gabriel Biel et son entourage, S. 179.

[64] Biel, Collatio de communi vita, fol. 232^r: *[...] ad generalis nostri capituli conventum in presentiarum patres fratresque comparuistis [...]*.

[65] Biel, Collatio de communi vita, fol. 232^r: *Ad huius iacti seminis ac novellarum plantationum culturam vos, o patres devoti, Dominus elegit, ut ortulum hunc diu desolatum plantare, rigare ac colere curetis.*

[66] Biel, Collatio de communi vita, fol. 232^r: *Eapropter ad generalis nostri capituli conventum in presentiarum patres fratresque comparuistis [...]*.

[67] Monasticon 2, S. 125, 168 und 178. Ernst, Gott und Mensch, S. 29. Krätzinger, Versuch, S. 58. Landeen, Gabriel Biel and the Devotio Moderna, S. 173f.

[68] Monasticon 2, S. 255. Landeen, Gabriel Biel and the Devotio Moderna, S. 179.

[69] Monasticon 2, S. 242. Landeen, Gabriel Biel and the Devotio Moderna, S. 197.

[70] Monasticon 2, S. 255. Landeen, Gabriel Biel and the Devotio Moderna, S. 183.

[71] Monasticon 2, S. 61, 179.

Daß Biel die Collatio anläßlich der Gründung des Generalkapitels gehalten hat, erscheint unwahrscheinlich, da er doch wohl zumindest bei der Erwähnung des *conventum generalis nostri capituli* auf die Neugründung hingewiesen hätte. Wenn aber – wie oben vermutet – ein Zusammenhang mit einer neuen Niederlassung der Brüder besteht, kämen die Butzbacher Sitzungen vom 18. Juni und 10. Juli 1477 in Betracht. Ein Bezug zur Uracher Gründung wäre denkbar, wenn man die Bemerkungen über die Notwendigkeit eines Theologiestudiums[72] als Hinweis auf die enge Beziehung der württembergischen Fraterherren zur gleichzeitig gegründeten Universität Tübingen deutet. Biel erwähnt in der Collatio auch die landesherrlichen Reformbemühungen.[73] Hier könnte neben Eberhard III. von Eppstein, den Biel als Erneuerer des gemeinsamen Lebens[74] bezeichnete, auch Eberhard im Bart angesprochen sein. Unter dem Vorbehalt des lückenhaften Kenntnisstands über die Tagungen des Generalkapitels scheint es möglich, die Abfassungszeit der Collatio mit dem Jahr 1477 in Verbindung zu bringen, also entweder mit der Gründung von Wolf oder Urach.

Die *collatio de communi vita* ist – wie Biel selbst in der Einleitung erwähnt – in drei Teile gegliedert.[75] Dem umfangreichen ersten Hauptteil mit einer *commendatio communis vite*[76], stehen zwei kürzere gegenüber, eine *exhortatio brevior ad patres in presentiarum constitutos*[77] und eine *annotatio brevissima status fratrum et profectus.*[78]

Biel zeigt in einer historisch-juristischen Beweisführung, daß das gemeinsame Leben eine *sanctissima vetustissimaque institutio* sei und nur deshalb als *novitas odiosa* angegriffen werde, weil sie im Laufe der Zeit immer mehr in Vergessenheit geraten sei.[79] Das gemeinsame Leben existiere seit Erschaffung der Welt, da zu dieser Zeit noch keine *proprietas* eingeführt war.[80] Diese naturrechtliche Argumentation stützt Biel mit zwei längeren Passagen aus dem Kirchenrecht[81]: *Iure naturali omnia sunt communia omnibus.* Erst mit dem *ius humanum* und der *avaritia hominum* ist der Privatbesitz eingeführt worden. Aber schon vor der Zeit der Apostel gab es in der Antike auch Philosophen, die eine *possessio communis* gefordert haben. Als Zeugen

---

[72] Biel, Collatio de communi vita, fol. 233r–234r.

[73] Biel, Collatio de communi vita, fol. 233r: *Accendat vos secularium fervor principum, qui – proch pudor – vincere cernitur zelum ecclesie paranimphorum.*

[74] Vgl. die Leichenpredigt Biels auf Eberhard III. von Eppstein (1475): *Per caritatem dei divinum cultum instituere, augmentare, conservare laboravit. Nam et communem clericorum vitam ab apostolis ac eorum discipulis primitus consectatam et multo post tempore continuatam, licet novissimis temporibus in partibus istis abolitam, renovari ad dei gloriam et aedificationem populi procuravit, reformationibus monasteriorum utriusque sexus favit, non tantum in corporibus alienis, sed magis in seipso.* Elze, Sieben Exequienpredigten, S. 36.

[75] Biel, Collatio de communi vita, fol. 228v: *Iniuncte collationis tripharia est portio.*

[76] Biel, Collatio de communi vita, fol. 228v–232r.

[77] Biel, Collatio de communi vita, fol. 232r–233r.

[78] Biel, Collatio de communi vita, fol. 231v–232r.

[79] Biel, Collatio de communi vita, fol. 228v–229r.

[80] Biel, Collatio de communi vita, fol. 229r.

[81] Biel, Collatio de communi vita, fol. 229r/v. Vgl. D. 8, c. 1. CIC, ed. Friedberg I, Sp. 12f. und C. 12, q. 1, c. 2. CIC, ed. Friedberg I, Sp. 676f.

werden Plato, Aristoteles und Cicero angeführt.[82] Ebenfalls als vorchristliches Beispiel einer vollkommenen *vita communis* führt Biel die Essener, eine *probatissima Iudeorum secta*, an und zitiert einen längeren Abschnitt aus Eusebius, in dem vor allem die *communitas et aequalitas*, also vor allem die Gemeinsamkeiten mit den Brüdern vom Gemeinsamen Leben ausführlich geschildert werden.[83] Danach lebten die Essener nach einer dreifachen Regel: der Liebe zu Gott, zur Tugend und zu den Menschen. Die besonderen Kennzeichen der essenischen *vita communis* sind Gütergemeinschaft, gemeinsame Arbeit und Gemeinschaftsmahl sowie Bedürfnislosigkeit: *omnis vita communis est.*[84]

Die Argumentation Biels muß hier jedoch differenziert werden. Die Brüder vom Gemeinsamen Leben sehen ihren Ursprung keinesfalls bei den Essenern oder den antiken Philosophen. Beide Beispiele werden hier als Zeugen oder Vorbilder der *vita communis* angeführt.[85] Die verbindliche Norm für die Fraterherren ist die *religio certissima*, die Jesus Christus als *legifer* mit den Aposteln eingehalten hat.[86] Biel verweist auf das Zusammenleben und die vollkommene Gütergemeinschaft der Apostel[87] und beklagt, daß diese *forma omnium virtutum* immer mehr in Vergessenheit geriet. Nun regiere das Geld, die Nachkommenschaft der Habgier und der verfluchte Besitz, der die *honestas sancte conversacionis* aufgehoben und alles Übel eingeführt hat. Diejenigen, die das gemeinsame Leben als *nova et reprehensibilis* verdammen, würden damit zugleich die Väter, die Apostel, ja sogar Christus selbst angreifen.[88] Das gemeinsame Leben müsse nun hinsichtlich der Weltgeistlichen *per simplices ac mundo despectos* wieder aufgerichtet werden.[89]

Im zweiten Hauptteil der *collatio*[90] ermahnt Biel die im Generalkapitel versammelten *patres et fratres*, diese *novella plantatio* zu pflegen, und das *hortulum desolatum* – er meint das gemeinsame Leben – neu zu bepflanzen und zu bewässern.[91] Gutes könne erst dann erbaut werden, wenn zuvor das Übel beseitigt worden ist. Biel ermahnt die Anwesenden: *Evellatis carnis concupiscentias, destruatis fraudes diabolicas, disperdatis proprietates noxias, dissipetis presumptiones superbas! Edificetis autem humilia, plantetis virtutum germina!*[92] Im zeitlichen Umfeld dieser Predigt spielten wohl auch

---

[82] BIEL, Collatio de communi vita, fol. 229$^{r/v}$.

[83] BIEL, Collatio de communi vita, fol. 230^{r}–231^{r}. Vgl. EUSEBIUS PAMPHILI, De praeparatione evangelica VIII,4 (De Esseis qui priscis temporibus apud Iudaeos sublimi vivebant philosophia). TRAPEZUNTIO interprete (1497), h_4^{v}-h_5^{v}.

[84] BIEL, Collatio de communi vita, fol. 230^{v}.

[85] Biel stützt sich in seiner Argumentation auf die Schriften Gerhard Zerbolt von Zutphens, der ebenfalls den Urkommunismus des Paradieses, die antiken Philosophen und die Essener als Beispiele anführt. Vgl. hierzu STAUBACH, Christianam sectam arripe, bes. S. 128–130.

[86] BIEL, Collatio de communi vita, fol. 231^{r}.

[87] BIEL, Collatio de communi vita, fol. 231$^{r/v}$. Vgl. Act 4,32–35.

[88] BIEL, Collatio de communi vita, fol. 231^{v}.

[89] BIEL, Collatio de communi vita, fol. 231^{v}.

[90] BIEL, Collatio de communi vita, fol. 232^{r}–233^{r}: *Ad patres in presentiarum constitutos exhortatio.*

[91] BIEL, Collatio de communi vita, fol. 232^{r}.

[92] BIEL, Collatio de communi vita, fol. 232^{r}. Vgl. Ier 1,10. GLOSSA ORD. ad Ier 1,10. Biblia 1506–08, IV, fol. 111^{r}.

die Reformbemühungen der weltlichen Fürsten eine Rolle, denn Biel mahnt am Schluß: *Accendat vos secularium fervor principum, qui – proch pudor – vincere cernitur zelum ecclesie paranimphorum.*[93]

Der abschließende dritte Hauptteil[94] ist der Empfehlung eines *studium theologicum*[95] gewidmet. Dies sei für die Seelsorge notwendig, die den Brüdern an verschiedenen Orten übertragen wurde. Denn einer, der die Schrift nicht kennt, könne auch die ihm übertragene Herde nicht auf die Weide der rechten Wahrheit führen.[96] Außerdem fände man in der Schrift die *arma* gegen die Widersacher der Wahrheit.[97] Derjenige aber, der meint, die weiten Felder der Schrift *sine duce magistro* betreten zu können, befinde sich im Irrtum.[98]

Inhaltsübersicht

Gabriel Biel: Collatio de communi vita

Die Folioangaben beziehen sich auf die Edition in diesem Band Kapitel VI,4.

⟨Prologus⟩
[228ᵛ Non sum nescius – 228ᵛ brevissima annotatio]

1 **Communis vite commendatio**
[228ᵛ Res itaque – 232ʳ Deo electorum]

1.1 **Natura ipsa commendat vitam communem**
[229ʳ Etsi sanctissima – 230ʳ tuumque indixit]

1.2 **Esseni vitam communem duxerunt**
[230ʳ Denique revocato – 231ʳ Eusebio referente]

1.3 **Lex evangelica**
[231ʳ Transeamus ad – 231ʳ non habet etc.]

1.4 **Universitas fidelium omnia in commune contulit**
[231ʳ Cuius doctrinam – 231ʳ prodit historia]

1.5 **Hec sancta communia tandem in viris ecclesiasticis dumtaxat perseverans de die in diem tepuit senescente mundo**
[231ᵛ Hec sancta communio – 232ʳ Deo electorum]

2 **Ad patres in presentiarum constitutos exhortatio ad culturam communis vite**
[232ʳ Quoad secundum – 233ʳ ecclesie paranimphorum]

3 **Status fratrum et profectus annotatio Theologicum necessarium est studium**
[233ʳ Quoad tertium – 234ᵛ residet virtus Christi]

⟨Epilogus⟩
[234ᵛ universalis ecclesie – 234ᵛ magistri excellentis]

---

93 BIEL, Collatio de communi vita, fol. 233ʳ.
94 BIEL, Collatio de communi vita, fol. 233ʳ–234ᵛ: *Cuiusdam status fratrum et profectus annotatio.*
95 BIEL, Collatio de communi vita, fol. 233ᵛ.
96 BIEL, Collatio de communi vita, fol. 233ʳ.
97 BIEL, Collatio de communi vita, fol. 234ʳ.
98 BIEL, Collatio de communi vita, fol. 234ʳᵛ.

3 Jordan von Quedlinburg: Liber Vitasfratrum (III, 1–6)

Wenn im Rahmen dieser Untersuchung auch der Augustinereremit Jordan von Sachsen mit Auszügen aus seinem Hauptwerk, dem *Liber Vitasfratrum,* berücksichtigt wird, bedarf dies der Erläuterung. Gabriel Biel hat während seiner Butzbacher Zeit eine Handschrift[99] angefertigt, die er selbst als *Commendacio communis vite*[100] und als *Sermo recommendatorius communis vite et de diversis modis vivendi communi*[101] bezeichnet hat. Der Text erweist sich als wörtliche Abschrift von sechs Kapiteln aus dem *Liber Vitasfratrum.*[102] Die Auswahl war sicher nicht zufällig, denn Biel hat aus dem umfangreichen Werk über das augustinische Mönchtum genau die Kapitel abgeschrieben, die sich dezidiert der Frage nach dem Ursprung und der Entwicklung des gemeinsamen Lebens, nach dem Stellenwert der Gütergemeinschaft und der Rolle Augustins als *renovator vitae communis* widmen. Diese Texte waren für Biel in doppelter Hinsicht wertvoll. Zum einen entsprachen die Hauptthesen voll und ganz seiner Wertschätzung Augustins als *Erneuerer der apostolischen Urgemeinschaft,* und andererseits bot das Werk Jordans von Quedlinburg eine Fülle von Bibelstellen, Autoritäten und Exempla zu diesem Themenkreis. Beides, sowohl die Thesen – wenn auch zum Teil in veränderter Form – als auch die zahlreichen Belegstellen verwendete Biel für seine Schriften über die *vita communis.* Damit wird die Arbeitsweise Biels als *collector*[103] besonders transparent, die ihm bei seinen theologischen Schriften auch den Vorwurf der Unselbständigkeit eingetragen haben. Biels großer Messkommentar beispielweise stützt sich in großen Teilen auf das Werk seines Studienfreunds Eggeling Becker, bei seinem Sentenzenkommentar nahm er Ockham als Grundlage. Aufgrund dieser Methode wurde Biel auch als Eklektiker bezeichnet, der sich nach seiner jeweils vorgetragenen Auffassung der verschiedensten, ihm gerade passenden Autoren bediene und zudem nicht einmal in der Lage sei, unterschiedliche Lehranschauungen getreu wiederzugeben.[104] Positiv dagegen beurteilte Wilhelm Ernst dieses Vorgehen, der darin kei-

---

[99] Giessen, Universitätsbibliothek, Hs 675, fol. 87^{r}–96^{v}: Commendatio communis vitae. Provenienz: Butzbach; Besitzvermerk aus dem 15. Jh. [fol. 1^{r}, 259^{v}]: *Liber Capituli ecclesie Sancti Marci in Butzspach.* – Vgl.: Bayerer, Wolfgang Georg: Die Handschriften des ehemaligen Fraterherrenstifts St. Markus zu Butzbach. Teil 1: Handschriften aus der Nummernfolge Hs 42 – Hs 760. Wiesbaden 1980. (Handschriftenkataloge der Universitätsbibliothek Giessen 4), S. 58–60. – Zur Bibliothek des Fraterherrenhauses Butzbach vgl. Bayerer, Wolfgang Georg: Libri Capituli Ecclesiae Sancti Marci. Zur Katalogisierung der Butzbacher Handschriften an der Universitätsbibliothek Gießen. In: Wetterauer Geschichtsblätter 24, 1975, S. 57–91.

[100] UB Gießen, Hs 675, fol. 87^{r}: Marginaltitel.

[101] UB Gießen, Hs 675, fol. 1^{r}: Inhaltsverzeichnis der Sammelhandschrift von Gabriel Biel eigenhändig nachgetragen.

[102] Arbesmann, Rudolph O.S.A. – Hümpfner, Winfried O.S.A. (Hgg.): Jordani de Saxonia Liber vitasfratrum. New York 1943. (Cassiciacum, American Series 1). Hier Tertia Pars, Cap. I–VI, S. 320–340.

[103] Oberman, Werden und Wertung, S. 53.

[104] Braun, Wilhelm: Die Bedeutung der Concupiszenz in Luthers Leben und Lehre. Berlin 1908, hier S. 198ff. Seeberg, Reinhold: Lehrbuch der Dogmengeschichte. Band 4,1: Die Lehre Luthers. Leipzig ^{4}1933, hier S. 72.

nen Eklektizismus im negativen Sinne, sondern vielmehr *eine in jeder wissenschaftlichen Disziplin gerechtfertigte, notwendige und zu allen Zeiten geübte Methode wissenschaftlicher Arbeit* sah.[105]

Es geht bei diesem Beispiel nicht darum, Biel – nach heutigen Kriterien wissenschaftlichen Arbeitens – zu kritisieren, wenn er seine Gewährsmänner nicht eigens belegte. Nicht nur als Theologe, sondern auch in seinen Schriften über die Brüder, ja sogar in seiner Funktion als „Architekt des Oberdeutschen Generalkapitels" erweist sich Biel als „Eklektiker", indem er auch bei organisatorischen Aufgaben auf bewährte Strukturen zurückgriff. Dennoch kann ihm dabei, wie auch in seinen Texten die „Eigenständigkeit" nicht abgesprochen werden, denn Biel beließ es nicht dabei, verschiedene Elemente unkommentiert zusammenzustellen, sondern er fügte diese zu einem durchaus von ihm selbst komponierten Gesamtbild zusammen. Der vorliegende Fall muß vielmehr als originell bezeichnet werden, wenn Biel die Thesen eines Augustineremiten in seine Beweisführung integriert, mit der die Lebensform der Brüder über diejenige der Orden gestellt wird.

Jordan von Quedlinburg wurde um 1300 geboren und trat wohl früh in das Augustinerkloster seiner Vaterstadt ein.[106] Nach der Profeß (um 1314) studierte er Theologie in Bologna (1317–1319) und Paris (um 1319–1322) an den Generalstudien des Augustinerordens. 1322 kehrte er mit dem Grad eines Lektors in die sächsisch-thüringische Ordensprovinz zurück und wirkte als solcher zunächst im Erfurter, anschließend, von 1327–1333, im Magdeburger Studienhaus seines Ordens. Aufgrund seiner fundierten Kenntnisse im kanonischen Recht genoß Jordan großes Ansehen und wurde um 1336 vom Papst mit der Untersuchung von Häresiefällen betraut. Auch innerhalb des Ordens wurde er neben seiner Lehr- und Predigttätigkeit zu wichtigen Aufgaben herangezogen, beispielsweise als er 1343 als *vicarius prioris generalis* die Klöster der französischen Ordensprovinz zu visitieren hatte. In den Jahren von 1345–1351 stand er als *provincialis prior* der sächsisch-thüringischen Ordensprovinz vor.

Jordans Tätigkeit als Lehrer, Delegierter und Prediger spiegelt sich auch in seinem schriftlichen Werk wieder. Neben Abhandlungen und Materialsammlungen über das Leben Augustins zeitigten vor allem die *Meditationes de passione Christi* und seine homiletischen Werke (*Opus postillarum, Sermones de tempore, Sermones de sanctis, Quadragesimale*), die insgesamt rund tausend Predigten enthalten, eine große Wirkung auf die spätmittelalterliche Frömmigkeit. Als sein „Lebenswerk" gilt jedoch der *Liber Vitasfratrum*, eine umfangreiche Abhandlung über die Entstehung und die geistigen Grundlagen der Augustiner.[107] Mit dem Titel bezog sich Jordan

[105] ERNST, Gott und Mensch, S. 94.

[106] Zur Biographie Jordans vgl. ARBESMANN – HÜMPFNER, Liber Vitasfratrum, S. xi–xxiii. ZUMKELLER, Adolar: Jordan von Quedlinburg (Jordan von Sachsen). In: Die deutsche Literatur des Mittelalters. Verfasserlexikon. Band 3, Berlin-New York ^{2}1981, Sp. 853–861.

[107] Vgl. zum Werk Jordans von Quedlinburg SAAK, Religio Augustini. SAAK, Quilibet Christianus. Zum Liber Vitasfratrum vgl. die Einführung von ARBESMANN – HÜMPFNER, Liber Vitasfratrum, bes. S. xlvii–lx. – Jordan von Quedlinburg war der erste, der die pseudoaugustinischen „Sermones ad fratres in eremo" systematisch gesammelt hatte. Vgl. dazu ELM, Elias. WALSH, Bettelorden.

absichtlich auf die *Vitae patrum*, eine Sammlung von Lebensbeschreibungen der christlichen Mönchsväter.[108] Er stellte dabei aber nicht nur eine Reihe von Lebensbeschreibungen bedeutender Augustiner nebeneinander, sondern verfaßte vielmehr eine Geschichte des religiösen Lebens unter Betonung der Augustinischen Klostergründung und der Wiederbegründung des kanonischen Lebens im 13. Jahrhundert. Andere Kapitel, in denen er ausführlich die Grundprinzipien der Augustiner erläutert, haben regelrecht den Charakter eines Kommentars zur Augustinerregel. Beeindruckend ist die breite Quellengrundlage des Werkes. Neben zahlreichen Bibelzitaten verwendete Jordan antike Autoren, überwiegend Cicero, Valerius Maximus und Seneca, sowie die christlichen „Väter" Ambrosius, Hieronymus, Gregor der Große, Benedikt von Nursia, Leo der Große und Isidor von Sevilla, um hier nur die wichtigsten zu nennen. Außerdem zog er eine Reihe wichtiger mittelalterlicher Schriftsteller heran, von denen hier nur Beda Venerabilis, Petrus Lombardus, Sigebert von Gembloux, Hugo von St. Viktor und Bernhard von Clairvaux erwähnt werden sollen.[109] Diese breite Quellenbasis ist auf die lange Zeit zurückzuführen, die Jordan an diesem Werk gearbeitet hat. Er begann damit schon in seiner Studienzeit und nutzte seine Reisen auch immer für weitere Nachforschungen. Spätestens seit 1351 widmete sich Jordan, nun frei von Ämtern, voll und ganz seinem Hauptwerk, das er 1357 fertigstellen konnte.

Im folgenden sollen kurz die Passagen skizziert werden, die Gabriel Biel aus dem Liber Vitasfratrum übernommen hat. Beim ersten Kapitel handelt es sich um eine *commendatio communis vitae.*[110] Sie entspricht teilweise dem entsprechenden Abschnitt der *collatio* Gabriel Biels[111], ist aber ausführlicher und strenger gegliedert. Jordan erläutert eingangs, daß die *vita communis* vor allem in der *possessio communis* und damit in der *paupertas voluntaria* beruht. Das gemeinsame Leben sei in vielfältiger Hinsicht empfehlenswert: Zunächst ist es im *ius naturale et divinum* verankert, denn seit Erschaffung der Welt war den Menschen alles gemeinsam. Erst durch das *ius humanum* ist der Individualbesitz *(proprietas)* eingeführt worden. Wer sich dem *status originalis rectitudinis* nähern möchte, muß sich von jeglichem

---

[108] Vitae Patrum. PL 73, 74.

[109] Kaspar Elm hat nachgewiesen, daß die *Quaestio disputata de praestantia religionis S. Augustini* des Augustiner-Eremiten Gerhard von Bergamo in *den Distinktionen und Artikeln, die die theologischen Prämissen ihrer historischen Argumentation betreffen, wortwörtlich* mit den Ausführungen des Jordan von Quedlinburg übereinstimmen. Entweder haben beide Autoren gleiche Vorlagen benutzt, oder Jordan hat, was wahrscheinlicher ist, die zuvor entstandene *Quaestio* abgeschrieben und für seinen Liber Vitasfratrum verwendet. Vgl. ELM, Kaspar: De praestantia religionis S. Augustini. Eine als verloren geltende Quaestio quodlibetica des Augustiner-Eremiten Gerhard von Bergamo († 1355). In: SCHIEFFER, Rudolf (Hg.): Mittelalterliche Texte. Überlieferung, Befunde, Deutungen. Hannover 1996. (Monumenta Germaniae Historica, Schriften 42), S. 155–172, bes. S. 170–172.

[110] UB Gießen, Hs 675, fol. 87ʳ–89ᵛ. Vgl. JORDAN VON QUEDLINBURG, Liber vitasfratrum III,1. Ed. ARBESMANN – HÜMPFNER, S. 320–325: *De communione temporalis possessionis, quando inceperit et qualiter ab exordio rationalis creaturae usque ad tempora beati Augustini sit deducta.*

[111] Vgl. BIEL, Collatio de communi vita, fol. 228ᵛ–232ʳ.

Individualbesitz frei machen.[112] Zum zweiten ist der gemeinschaftliche Besitz auch *in veteri lege* empfohlen worden. Die Leviten durften auf Erden nämlich nichts besitzen und lebten vom Zehnten der anderen Stämme.[113] Drittens ist die Armut schon von den Propheten verkündigt worden, wenn beispielsweise Jesajas sagt: *Pauperes fiducialiter requiescent.* Jordan schränkt allerdings ein, daß sich dies nur auf *pauperes ex voluntate*, nicht aber auf *pauperes ex necessitate* bezieht.[114] Ferner ist die *voluntaria paupertas* auch von vielen Philosophen und Fürsten praktiziert worden. Jordan führt hier u.a. Plato, Cicero, Sokrates, Diogenes und Fabricius an[115] und schränkt jedoch sofort ein, daß es sich hier noch nicht um eine *perfecta paupertas* handelte, da hierzu neben dem Besitzverzicht auch die Nachfolge Christi *(Christum sequere)* notwendig sei.[116]

Schließlich hat Christus selbst die *voluntaria paupertas* geweiht, von seiner Geburt bis zum Tode vorgelebt und vielfach empfohlen. Die Armut Christi bezeichnet Jordan als *paupertas perfectissima et nobilissima.* In dieser Vollkommenheit wird sie zwar kein Mensch jemals erreichen, aber alle, die *veraces discipuli* sein wollen, sind zur Teilhabe verpflichtet.[117] Die Apostel haben diese Armut eingehalten, da sie alles, was sie besaßen, aufgegeben haben und Christus gefolgt sind.[118] Auch die Gläubigen der *primitiva ecclesia* verkauften ihren Besitz und übergaben den Erlös den Aposteln.[119] Als letzten Punkt dieser *commendatio* erwähnt Jordan den heiligen Augustin, der die *paupertas apostolica* durch seine Regel erneuerte und wiederherstellte.[120]

Im zweiten Kapitel gibt Jordan einen geschichtlichen Überblick über den Verlauf der *vita communis* bis zu seiner Gegenwart.[121] Er erläutert die verschiedenen *modi vivendi in communi* anhand der entsprechenden Bestimmungen aus dem Kirchenrecht. Als „Indikator" für die verschiedenen *modi* dient ihm die jeweilige Besitzform. Jordan kommt nach der Betrachtung der verschiedenen *modi* zu dem Schluß, daß die *sancta communio regulae apostolicae* im Lauf der Zeit immer mehr vernachlässigt worden ist. War diese Lebensform zunächst für alle Christen gültig gewesen, so kann ihre Spur nun selbst bei bepfründeten Klerikern kaum mehr wahrgenommen werden.[122]

---

112 UB Gießen, Hs 675, fol. 87$^{r/v}$. Vgl. D. 8, c. 1. CIC, ed. Friedberg I, Sp. 12f. C. 12, q. 1, c. 2. CIC, ed. Friedberg I, Sp. 676f.

113 UB Gießen, Hs 675, fol. 87^{v}. Vgl. Nm 18,20.

114 UB Gießen, Hs 675, fol. 87^{v}–88^{r}. Vgl. Is 14,30.

115 UB Gießen, Hs 675, fol. 88$^{r/v}$.

116 UB Gießen, Hs 675, fol. 88^{v}.

117 UB Gießen, Hs 675, fol. 88^{v}–89^{r}.

118 UB Gießen, Hs 675, fol. 89^{r}. Vgl. Mt 19,27.

119 UB Gießen, Hs 675, fol. 89^{r}. Vgl. Act 4,32–35.

120 UB Gießen, Hs 675, fol. 89$^{r/v}$.

121 UB Gießen, Hs 675, fol. 89^{v}–91^{v}: *De diversis modis vivendi in communi secundum diversa tempora quo religio incepta christiana.* Vgl. Jordan von Quedlinburg, Liber vitasfratrum III,2. Ed. Arbesmann – Hümpfner, S. 326–330: *De diversis modis vivendi secundum diversa tempora in hac communione, qua omnia censentur communia.*

122 UB Gießen, Hs 675, fol. 91^{v}.

Als *primus modus* nennt Jordan die *sanctissima communio Christi et apostolorum*, in der weder Christus *(fundator paupertatis evangelicae)* noch die Apostel etwas besaßen, sondern in einer Gemeinschaft *de eleemosynis hominum fidelium* lebten.[123] Der *secundus modus* entsprach der *forma apostolorum* zur Zeit der Urkirche, als kein Christ Individualbesitz hatte und alle vom Erlös der verkauften Güter lebten *(communis possessio)*.[124] Der *tertius modus* besteht darin, daß nun die Kirche Grundstücke besaß, weil aus deren Nutznießung *(fructus)* die Gläubigen zweckmäßiger und für eine längere Zeit unterstützt werden konnten, als aus dem Verkaufserlös *(pretium)*. Als Verwalter dieser *possessio communis* fungierten die Bischöfe, die den Gläubigen das Notwendige zuteilen sollten.[125] Im *quartus modus* sieht Jordan die *sancta communio* aller Gläubigen bereits wanken. Nachdem Kaiser Konstantin der Kirche weiteren Grundbesitz geschenkt hatte, übte sie nun auch Herrschaftsrechte aus *(dominia)* und empfing den Zehnten. Während die Kleriker immer noch vom gemeinschaftlichen Besitz lebten, wurde den Laien nun Individualbesitz erlaubt.[126] Diesen forderten nun *(quintus modus)* auch die Kleriker, was der heilige Augustin zunächst verwehrte, aber dann doch gestattete, weil diese Bestimmung nur dürftig eingehalten wurde. Bald darauf bekräftigte er jedoch die erste Bestimmung, daß den Klerikern keinesfalls Individualbesitz erlaubt sein sollte.[127] Zur Zeit des Papstes Gelasius I. *(sextus modus)* wurden der Ertrag und die Güter der Kirche in vier Teile aufgeteilt, von denen der erste dem Bischof, der zweite den Klerikern, der dritte für kirchliche Bauvorhaben und der vierte den Armen und Pilgern zugewiesen werde sollte. Auf diese Weise blieb die *possessio communis* wenigstens unter den Klerikern erhalten.[128] Mit der Aufteilung des Kirchenguts in Pfründen *(septimus modus)*[129] und der Möglichkeit, daß Kleriker außer den zugewiesenen Pfründen auch Individualbesitz haben können *(octavus modus)*[130], war von dem Ideal der *communis possessio* in der Urkirche nichts mehr übriggeblieben.

Nach diesem Überblick über Verlauf und Verfall des gemeinsamen Lebens folgen vier Kapitel, die sich mit Augustin, dem *restaurator seu renovator communionis apostolicae* beschäftigen.[131] Zunächst legt Jordan dar, daß Augustin der Erste war, der die *communio apostolica* mit einer geschriebenen Regel wiederhergestellt

---

[123] UB Gießen, Hs 675, fol. 89^{v}–90^{r}.

[124] UB Gießen, Hs 675, fol. 90^{r}. Vgl. Act 4,32–35. C. 12, q. 1, c. 2. CIC, ed. FRIEDBERG I, Sp. 676f.

[125] UB Gießen, Hs 675, fol. 90$^{r/v}$. Vgl. C. 12, q. 1, c. 9. CIC, ed. FRIEDBERG I, Sp. 670. C. 12, q. 1, c. 15. CIC, ed. FRIEDBERG I, Sp. 682. C. 12, q. 1, c. 16. CIC, ed. FRIEDBERG I, Sp. 682f.

[126] UB Gießen, Hs 675, fol. 90^{v}. Vgl. C. 12, q. 1, c. 7. CIC, ed. FRIEDBERG I, Sp. 678. C. 12, q. 1, c. 10 u. 11. CIC, ed. FRIEDBERG I, Sp. 679ff.

[127] UB Gießen, Hs 675, fol. 90^{v}–91^{r}. Vgl. C. 12, q. 1, c. 10. CIC, ed. FRIEDBERG I, Sp. 679f. C. 12, q. 1, c. 18. CIC, ed. FRIEDBERG I, Sp. 683.

[128] UB Gießen, Hs 675, fol. 91^{r}. Vgl. C. 12, q. 2, c. 23. CIC, ed. FRIEDBERG I, Sp. 694f. C. 12, q. 2, c. 26. CIC, ed. FRIEDBERG I, Sp. 696. C. 12, q. 2, c. 30. CIC, ed. FRIEDBERG I, Sp. 697.

[129] UB Gießen, Hs 675, fol. 91$^{r/v}$. Vgl. C. 12, q. 1, c. 27. CIC, ed. FRIEDBERG I, Sp. 686.

[130] UB Gießen, Hs 675, fol. 91^{v}. Vgl. C. 12, q. 1, c. 21. CIC, ed. FRIEDBERG I, Sp. 684. X 3. 25. 1–5. CIC, ed. FRIEDBERG II, Sp. 537f.

[131] UB Gießen, Hs 675, fol. 92^{r}.

hat.[132] Seine Regel sei früher entstanden als die Benedikt- und die Basiliusregel. Jordan räumt ein, daß schon vor Augustin *religiosi in coenobiis sub certis regulis* lebten. In diesem Zusammenhang erwähnt er Serapion, Isidor und Pachomius. Von Pachomius sei bekannt, daß er eine Mönchsregel verfaßt habe, die jedoch nicht so sehr in der Apostelgeschichte begründet sei, wie die Augustin-Regel.[133] Jordan führt zu diesem Problem auch Augustin selbst an, der in einer Predigt erwähnt, *quod ante me fuerunt fratres multi, quos imitari debemus, non tamen sicut ego secundum apostolicam vitam alios vivere docuerunt.*[134]

In welcher Weise die Augustin-Regel in der Apostelgeschichte begründet ist, zeigt Jordan im vierten Kapitel.[135] Er verweist auf den Beginn der Regel, wo Augustin unter Berufung auf die Apostelgeschichte den Individualbesitz verbietet: *Non dicatis aliquid proprium, sed sint vobis omnia communia.*[136] In einem Punkt allerdings weiche Augustin von der Apostelgeschichte ab. Gemäß seiner Regel müssen diejenigen, die in das Kloster eintreten, ihren Besitz nicht erst verkaufen, um danach den Erlös der klösterlichen Gemeinschaft zu übergeben, sondern es genügt, wenn sie ihren weltlichen Besitz dem Kloster direkt übergeben. Jordan bezeichnet diese Regelung als *conformis temporibus subsequentium*, denn es entsprach dem, was zur Zeit der Apostel geschah.[137]

Da die Augustin-Regel Grundbesitz *(praedia)* weder verbietet noch ausdrücklich erlaubt, bezeichnet sie Jordan *tam habentibus quam non habentibus communis.*[138] Das entscheidende Kriterium ist die *communis possessio*. So können sich sowohl Ordensgemeinschaften mit *magnas possessiones et praedia*, als auch Bettelorden auf die Augustin-Regel berufen.[139] Für Jordan entspricht es jedoch eher der Augustin-Regel, keinen Grundbesitz zu haben,[140] da auch die Apostel keine *praedia* hatten.[141]

---

[132] UB Gießen, Hs 675, fol. 91ᵛ–92ᵛ: *Quod beatus Augustinus primus communionis apostolicae regulam innovavit.* Vgl. JORDAN VON QUEDLINBURG, Liber vitasfratrum III,3. Ed. ARBESMANN – HÜMPFNER, S. 330–332: *Qualiter beatus Augustinus primus communionem apostolicam per regulam renovavit.*

[133] UB Gießen, Hs 675, fol. 92ᵛ.

[134] UB Gießen, Hs 675, fol. 92ʳ. Vgl. AUGUSTINUS, Sermo 21 (De triplici genere monachorum in Aegypto). PL 40, Sp. 1269.

[135] UB Gießen, Hs 675, fol. 92ᵛ–94ʳ: *Qualiter regula Augustini super actus apostolorum est fundata.* Vgl. JORDAN VON QUEDLINBURG, Liber vitasfratrum III,4. Ed. ARBESMANN – HÜMPFNER, S. 332–335: *Qualiter regula Augustini super actus apostolorum est fundata.*

[136] UB Gießen, Hs 675, fol. 93ʳ. Vgl. AUGUSTINUS, Regula I,3. Ed. VERHEIJEN, S. 418. Vgl. Act 4,32.

[137] UB Gießen, Hs 675, fol. 93ʳ.

[138] UB Gießen, Hs 675, fol. 94ʳ–95ʳ: *Quod regula sancti Augustini tam habentibus quam non habentibus communis est.* Vgl. JORDAN VON QUEDLINBURG, Liber vitasfratrum III,5. Ed. ARBESMANN – HÜMPFNER, S. 335–337: *Quod regula sancti Augustini tam habentibus quam non habentibus communis est.*

[139] UB Gießen, Hs 675, fol. 95ʳ.

[140] UB Gießen, Hs 675, fol. 95ʳ–96ᵛ: *Quod magis conforme est regulae Augustini non habere possessiones et praedia quam habere.* Vgl. JORDAN VON QUEDLINBURG, Liber vitasfratrum III,6. Ed. ARBESMANN – HÜMPFNER, S. 337–340: *Quod magis conforme est regulae Augustini non habere praedia et possessiones quam habere.*

[141] UB Gießen, Hs 675, fol. 95ʳ.

Inhaltsübersicht des von Biel exzerpierten Textes aus Jordan von Quedlinburg: Liber Vitasfratrum (III, 1–6)

Die Seitenangaben beziehen sich auf: ARBESMANN, Rudolph O.S.A. – HÜMPFNER, Winfried O.S.A. (Hgg.): Jordani de Saxonia Liber vitasfratrum. New York 1943. (Cassiciacum, American Series 1).

1 **Commendatio communis vitae**
[S. 320 Beati pauperes spiritu – S. 325 Haec Augustinus]

1.1 **Paupertas est naturae legibus complantata**
[S. 320 Primo inquam – S. 321 abdicare]

1.2 **Paupertas est in veteri lege figurata**
[S. 321 Est etiam – S. 321 nisi in communi]

1.3 **Paupertas est a prophetis praenuntiata**
[S. 321 Est denique – S. 322 super asinam]

1.4 **Paupertas est a philosophis investigata et a principibus gentilium gratificata**
[S. 322 Est etiam – S. 323 capitulo]

1.5 **Paupertas est ab ipso salvatore et Domino nostro in se ipso consecrata et nobis commendata**
[S. 323 Est praeterea – S. 324 Matthaei 19]

1.6 **Paupertas est ab apostolis servata et praedicata**
[S. 324 Est rursus – S. 324 ut sequitur]

1.7 **Paupertas est a fidelibus primitivae ecclesiae acceptata et observata**
[S. 324 Est consequenter – S. 325 monachorum]

1.8 **Paupertas est a beato Augustino praeceptore nostro per regulam restaurata**
[S. 325 Demum hanc – S. 325 Haec Augustinus]

2 **De diversis modis vivendi in communi secundum diversa tempora quo religio incepta christiana**
[S. 326 Fuerunt autem – S. 330 de quo sequitur]

2.1 **Primus modus fuit in illa sanctissima communione ipsius Christi et apostolorum**
[S. 326 Primus modus – S. 326 curatae]

2.2 **Secundus modus fuit iuxta formam apostolorum (duravit usque ad tempus sancti Urbani papae)**
[S. 326 Secundus modus – S. 326 Petrum]

2.3 **Tertius modus vivendi religionis christianae incepit sub eodem Urbano, ut scilicet ecclesia teneret praedia ac possessiones et hereditates in communi et tamen sine proprio**
[S. 327 Tertius modus – S. 327 Futuram]

2.4 **Constantinus constituit ecclesiis praedia tribuenda et cum hoc ordinavit, ut ecclesia decimas acciperet**
[S. 327 Quartus modus – S. 328 modus]

2.5 **Laici christiani iam multa habent propria**
[S. 328 Quintus modus – S. 328 habere propria]

2.6 **Bona ecclesiarum dividebantur in quattuor partes**
[S. 328 Sextus modus – S. 329 inter clericos]

2.7 **Bona ecclesiarum divisa sunt in praebendas, quae dabantur canonicis et clericis non ut propria, sed communia**
[S. 329 Septimus modus – S. 329 res ecclesiae]

2.8 **Clerici praebendas suas et ecclesiastica beneficia possident**
[S. 329 Sed postmodum – S. 330 de quo sequitur]

3 **Quod beatus Augustinus primus communionis apostolicae regulam innovavit**
[S. 330 Videns igitur – S. 332 per regulam renovavit]

4 **Qualiter regula Augustini super actus apostolorum est fundata**
[S. 332 Ad videndum – S. 335 res publica est]

5 **Quod regula Sancti Augustini tam habentibus quam non habentibus communis est**
[S. 335 Ex dictis forte – S. 337 esse commune]

6 **Quod magis conforme est regulae Augustini non habere possessiones et praedia quam habere**
[S. 337 Verum si quaeratur – S. 340 transigere vitam suam]

4 Synopse der Texte

Die unten angeführte, aus den Abschnitten der Texte konstruierte „Idealgliederung“ soll den inhaltlichen Zusammenhang der Schriften untereinander verdeutlichen. In den rechten Spalten ist dabei angegeben, ob der jeweilige Punkt in den Texten nachgewiesen ist. In dem Schema wird auch deutlich, in welchem Maße Biel die Thesen Jordans von Quedlinburg in seiner eigenen Argumentation verwendet. Der erste Teil der Idealgliederung, hier als *Defensio communis vitae tamquam medii modi vivendi* überschrieben, weist keine Entsprechungen mit den anderen Texten auf. Der zweite (*Commendatio communis vitae*) und der dritte Teil (*Progressus institutionis communis vitae*) dagegen zeigt in den Hauptthesen eine hohe Übereinstimmung. Bei der Auflistung von Vorbildern und Autoritäten für das gemeinsame Leben, wie auch bei der geschichtlichen Entwicklung der *vita communis* von dem „Idealzustand“ in der Urkirche bis zum bepfründeten Kleriker hat sich Gabriel Biel nicht nur an der reichen Sammlung von Belegen und Zitaten aus der Schrift *Super modo vivendi*[142], sondern auch an Jordan von Quedlinburg orientiert. Im vierten Kapitel (*Augustinus praeceptor noster*) sind die wörtlichen Übernahmen in den Texten Biels nicht so zahlreich. Die Brüder richteten ihr Leben zwar nicht in toto an der Regel Augustins aus, aber es muß dennoch darauf hingewiesen werden, daß Augustin als *renovator communis vitae* eine beherrschende Rolle für die Fraterherren gespielt hat. Dies wird in den zahlreichen Augustin-Zitaten deutlich. Auf die Flexibilität der Regel Augustins in der Frage des Besitzes hat schon Jordan von Quedlinburg hingewiesen. Die Brüder fügten hier noch eine weitere Variante hinzu, da sie Augustin nicht als Gründer eines Mönchsordens, sondern einer Klerikergemeinschaft in Anspruch nehmen. Die letzten drei Kapitel der Idealgliederung weisen nur in geringem Maß Übereinstimmungen der Texte auf.

Insgesamt zeigt sich Biel in seinen Schriften über das gemeinsame Leben den ursprünglichen Idealen der Brüderbewegung verpflichtet. Mit seiner Argumentationsweise und seinen Hauptthesen, voran der Legitimation des *medius modus vivendi* und der Orientierung an der vollkommenen Güter- und Lebensgemeinschaft der Apostel, steht er in der Tradition zahlreicher Verteidigungsschriften aus dem Umfeld der Devotio moderna und hier besonders der Schrift Gerhard Zerbolt van Zutphens *Super modo vivendi devotorum hominum*. Die Abgrenzung der Brüder vom klassischen Ordenswesen hinderte Biel jedoch nicht daran, gerade auch auf die Thesen eines Augustereremiten zurückzugreifen.

---

[142] Gerhard Zerbolt von Zutphen, Super modo vivendi devotorum hominum simul commorantium. Ed. Hyma.

Synoptische Inhaltsübersicht unter Berücksichtigung der Schriften Gabriel Biels über das gemeinsame Leben und Jordans von Quedlinburg Liber Vitasfratrum

	Materia	Tractatus	Collatio	Jordan
1	**⟨Defensio communis vite tamquam medii modi vivendi⟩**	1	–	–
1.1	Distinctio termini „ordo“	1.1	–	–
1.1.1	Principalis significatio termini „ordo“	1.1.1	–	–
1.1.1.1	Dicimus nos habere ordinem apostolorum vel sancte primitive ecclesie	1.1.1.1	–	–
1.1.2	Transsumptiva significatio termini „ordo“	1.1.2	–	–
1.1.2.1	Fatemur nos ordinem non habere	1.1.2.1	–	–
1.2	Propositio et probatio institutionis communis vite in definitionibus consilii Constanciensi	1.2	–	–
1.3	Distinctio termini „religio“	1.3	–	–
1.3.1	Sola religio christiana est proprie vere et anthonomatice dicenda religio quam Christus observavit	1.3.1	–	–
1.3.2	Cetere religiones factitias	1.3.2	–	–
1.3.2.1	Excellentior est religio, quam Christus per se instituit	1.3.2.1	–	–
1.4	⟨Institutio communis vite est medius vivendi modus⟩	1.4	–	–
1.4.1	Nobis satis est ad omnem perfectionem stare et vivere in libertate christiane sub uno abbate Christo Jesu	1.4.1	–	–
1.4.2	Licet non esse monachum et nihilominus religiose vivere ut monachum	1.4.2	–	–
1.4.3	In sancta ecclesia sunt multi perfectionis gradus	1.4.3	–	–
2	**⟨Commendatio communis vite⟩**	2.3	1	1
2.1	Communis vita ab initio nascentis mundi instituta est	2.3.1	1.1	1.1
2.2	Communis vita est in veteri lege figurata	–	–	1.2
2.3	Esseni vitam communem duxerunt	–	1.2	–
2.4	Communis vita est a gentium prophetis praenuntiata	2.3.2	–	1.3
2.5	Communis vita est a philosophis investigata et servata	2.3.2	[1.1]	1.4
2.6	Communis vita est a principibus gentilium gratificata	–	–	1.4
2.7	Communis vita a Christo instituta et nobis commendata	2.3.3	1.3	1.5
2.8	Communis vita ab apostolis servata et praedicata	2.3.3	1.4	1.6
2.9	Communis vita est a fidelibus primitive ecclesie acceptata et observata	2.3.3	1.4	1.7
2.10	Communis vita a summis pontificibus pluries approbata	2.3.4	–	–
2.11	Communis vita a sanctis doctoribus et patribus verbo et scripto commendata	2.3.5	–	–
2.12	Communis vita est a beato Augustino praeceptore nostro per regulam restaurata	2.3.6	–	1.8
2.13	Communis vita est ab antiquis temporibus servata et continuata usque in praesens	2.3.7	–	–
2.14	Haec sancta communio tandem in viris ecclesiasticis dumtaxat perseverans de die in diem tepuit senescente mundo	–	1.5	–

3	**⟨Progressus institutionis communis vite⟩**	2	–	2
3.1	Primus modus fuit in illa sanctissima communione ipsius Christi et apostolorum – Exordium vite communis	2.1	–	2.1
3.1.1	Abdicatio proprietatis – communis possessio	2.1.1	–	2.1
3.2	Secundus modus fuit iuxta formam apostolorum (duravit usque ad tempus sancti Urbani papae)	2.2	–	2.2
3.2.1	Accepimus formam primitive ecclesie	2.2.1	–	–
3.2.2	Communis vita est maxime meritoria, quia per eam impletur consilium evangelice paupertatis	2.4	–	–
3.3	Tertius modus vivendi religionis christiane incepit sub eodem Urbano, ut scilicet ecclesia teneret praedia ac possessiones et hereditates in communi	–	–	2.3
3.4	Constantinus constituit ecclesiis predia tribuenda et cum hoc ordinavit, ut ecclesia decimas acciperet	–	–	2.4
3.5	Laici christiani iam multa habent propria	–	–	2.5
3.6	Bona ecclesiarum dividebantur in quattuor partes	–	–	2.6
3.7	Bona ecclesiarum divisa sunt in prebendas, quae dabantur canonicis et clericis non ut propria, sed communia	–	–	2.7
3.8	Clerici prebendas suas et ecclesiastica beneficia possident	–	–	2.8
4	**Augustinus preceptor noster**			
4.1	Quod beatus Augustinus primus communionis apostolice regulam innovavit	[2.3.6]	–	3 [1.8]
4.2	Qualiter regula Augustini super actus apostolorum est fundata	–	–	4
4.3	Quod regula Sancti Augustini tam habentibus quam non habentibus communis est	–	–	5
4.4	Quod magis conforme est regule Augustini non habere possessiones et predia quam habere	–	–	6
5	**Innovatio vite communis per Alemanniam**	2.5	–	–
6	**Exhortatio ad culturam communis vite**	–	2	–
7	**⟨Constitutio communitatis⟩**	3	–	–
7.1	Bona clericorum veniant in commune, et in una domo vescantur atque sub uno tecto dormiant et quiescant	3.1	–	–
7.2	Labor manuum	3.2	–	–
7.2.1	Scribendi Labor	3.2.1	–	–
7.2.2	Vicissitudo officiorum	3.2.2	–	–
7.3	Theologicum necessarium est studium	–	3	–
7.4	Patrem constituimus, cui provisio et dispositio rerum domesticarum incumbat	3.3	–	–
7.5	Castitas	3.4	–	–
7.5.1	Mulieribus non pateat accessus	3.4.1	–	–
7.6	Habitus et vestitus	3.5	–	–

IV Das Oberdeutsche Generalkapitel

1 *Die Gründung*

Über die Anfänge des Oberdeutschen Generalkapitels existieren in der Forschung nach wie vor widersprüchliche und falsche Aussagen, die zum großen Teil auf eine Fehlinterpretation der sogenannten „Gründungsurkunde" vom 25. Juni 1471 zurückzuführen sind.[1] Darin beurkundeten die Rektoren von Marienthal (Benedikt von Helmstadt), Königstein (Heinrich Kroesen von Zülpich) und Butzbach (Gabriel Biel) sowie die übrigen Brüder, die sich alle zu einer Tagung des Generalkapitels in Marienthal versammelt hatten, abermals ihre Zustimmung zur Union ihrer Häuser, die von dem päpstlichen Exekutor Johannes Hase am 30. Januar 1469 nach dem Vorbild der Häuser Münster und Wesel errichtet worden war.[2] Sie nahmen die Privilegien, die Papst Eugen IV. den Häusern Münster und Wesel erteilt hatte, entsprechend der Regelung Pauls II. an und verpflichteten sich zum Gehorsam gegenüber dem Generalkapitel sowohl in seinen Anordnungen und Statuten wie auch in allen Beschlüssen und Entscheidungen, die bei etwaigen Streitigkeiten unter den Häusern gefällt wurden.[3] Außerdem versprachen sie, niemanden als Kanoniker aufzunehmen, der sich nicht an Eides statt verpflichtete, die Union und den Gehorsam zu wahren.[4]

---

[1] StadtA Mainz, Abt. 14 (25. Juni 1471). Eine (unvollständige) Abschrift befindet sich im Butzbacher Kopialbuch (StA Darmstadt, C 1, A 13, fol. 249^{r}) – Die Urkunde ist abgedruckt bei: KRÄTZINGER, Versuch, S. 58f. BODMANN, Rheingauische Alterthümer, S. 217f. LANDEEN, Gabriel Biel and the Devotio moderna, S. 173f.

[2] *Benedictus de Helmstat beatae Mariae in Mergendal prope Gysenheim, Henricus de Tulpeto eiusdem sanctae Mariae in Koenigstein, Gabriel Biel de Spira sancti Marci in Butzspach [...] ecclesiarum sive domorum rectores ceterique fratres dictarum ecclesiarum canonici capitulares in domo beatae Mariae in Mergendal capitulariter congregati capitulum generale earundem ecclesiarum representantes de pleno et expresso consensu omnium fratrum nostrorum concapitularium absentium in dictis nostris ecclesiis residentium pro nobis et omnibus successoribus nostris iterum consentimus sicut et certis elapsis diebus consensimus in unionem et annexionem dictarum ecclesiarum sive domorum per honorabilem Dominum Johannem Hase [...] executorem apostolicarum litterarum sanctissimi domini nostri domini Pauli papae secundi eius autoritate adinstar domorum fontis salientis in Monasterio et sancti Martini in Wesalia inferiori [...] die penultima Januarii anni millesimi quadringentesimi sexagesimi noni factam [...].*

[3] *[...] omnesque et singulas concessiones, statuta et ordinationes per sanctae memoriae Eugenium papam quartum pro dictis domibus factas secundum moderationem prefati Domini Pauli [...] acceptamus sicut et acceptavimus ad illas quoque et ad obdientiam nostri generalis capituli tam in suis ordinationibus et statutis [...] quam etiam decisionibus, sententiis et diffinitionibus in causis et differentiis inter domos predictas aut earum personas [...] nos et successores nostros per praesentes firmiter et perpetuo obligamus.*

[4] *Promittimus [...] quod neminem [...] in canonicum recipiemus, nisi ad jam dictas unionem et obedientiam firmiter [...] simili promissione loco juramenti se obligaverit observandas.*

Krätzinger stellte in seiner Interpretation dieser Urkunde unglücklicherweise einen Zusammenhang mit dem Münsterschen Kolloquium her, der auch später immer weiter tradiert wurde. Er verstand nämlich diese Tagung als *Generalkapitel zwischen Butzbach, Königstein und Mergenthal, auf dem beschlossen wurde, der Union eingegangen von den Häusern zu Münster und Wesel, beizutreten.*[5] Otto Meyer machte daraus ein *Generalkapitel* aus den Häusern Butzbach, Marienthal, Königstein und Wesel.[6] William Landeen ging aus von einer *general union modeled on a special union which had been formed in 1469 by the houses of Münster and Wesel.* Die mittelrheinischen Häuser hätten sich lediglich diese *special two-house union* zum Vorbild genommen.[7] Auf der anderen Seite vertrat Irene Crusius die Ansicht, daß eine *unio et annexio der drei Niederlassungen und der Beitritt zum Münsterschen Kolloquium beschlossen* wurde.[8] Andere wiederum sahen keinen Zusammenhang mit dem Münsterschen Kolloquium, bezeichneten aber den 25. Juni 1471 als Gründungsdatum des Generalkapitels.[9]

In der Urkunde von 1471 ist jedoch weder von einer „Gründung" des Generalkapitels noch von einem Zusammenschluß mit dem Münsterschen Kolloquium die Rede. Die Häuser in Münster und Wesel spielen dabei nur insofern eine Rolle, als deren Zusammenschluß, wie er in den Privilegien Eugens IV. vorgesehen war, nun als Vorbild dienen sollte. Bezüglich der Bildung eines Generalkapitels der mittelrheinischen Häuser geht aus der Urkunde eindeutig hervor, daß die Rektoren der Union *erneut zustimmen* (*iterum consentimus*) und auch schon vorher *zugestimmt haben* (*sicut consensimus*). Man muß also davon ausgehen, daß das Generalkapitel schon bei der Ausführung der päpstlichen Bestimmungen am 30. Januar 1469 in Butzbach gebildet wurde, als das neue Stift der Kongregation von Königstein und Marienthal angeschlossen und den beiden anwesenden Rektoren Benedikt von Helmstadt und Heinrich Kroesen von Zülpich übergeben wurde.[10]

---

[5] KRÄTZINGER, Versuch, S. 58.

[6] MEYER, Brüder des gemeinsamen Lebens in Württemberg, S. 109.

[7] LANDEEN, Gabriel Biel and the Devotio moderna, S. 174f.

[8] CRUSIUS, Brüder, S. 102. Dieser Meinung hat sich auch SCHÖNTAG, Anfänge, S. 475 angeschlossen: *Am 25. Juni 1471 beschloß das Generalkapitel in Marienthal, sich der Münsterschen Union anzuschließen.*

[9] MONASTICON 2, S. 11. NOTTARP, Brüder, S. 397. SCHÖNTAG, Kanoniker, S. 201. WINDECK, Anfänge, S. 91–93. – Den Sachverhalt richtig erkannt hat Wolf-Heino STRUCK in MONASTICON 2, S. 178.

[10] StA Darmstadt, A 3, Nr. 61/132 (1469, Januar 30; Notariatsinstrument über die Errichtung des Kollegiatstifts Butzbach): *[...] ecclesiam sancti Marci prefate congregationi beate Marie in Konigstein ac vallis beate Marie prope Gysenheim, quemadmodum alie ecclesie fontissalientis Monasteriensis et sancti Martini Wesaliensis prenominate sibi mutuo unite et applicate censentur, singulis ipsarum ecclesiarum titulis firmis remanentibus perpetuo adiungimus et applicamus.* Vgl. auch die ausführlichere Fassung StA Darmstadt, E 5, B 3, Nr. 180/3 (1469, Januar 30; Notariatsinstrument über die Errichtung des Kollegiatstifts Butzbach): *[...] tunc dominus Johannes Hase scolasticus et iudex subdelegatus prefatos fratres dominos Benedictum et Henricum [...] in et ad corporalem realem et actualem possessionem dicte unite ecclesie et erecti collegii communis mense et dormitorii sub compulsu campanarum et decantacione Te Deum laudamus inmittendum duxit atque inmisit [...].*

In engem Zusammenhang mit jener Tagung des Generalkapitels am 25. Juni 1471 steht eine fünf Tage vorher ausgestellte Urkunde des Konvents in Marienthal. Darin werden als Delegierte für die kommende Versammlung der Rektor des Hauses, Benedikt von Helmstadt, und die beiden Kapitulare Philipp Sartoris und Jakob Crull benannt. Sie wurden beauftragt, zusammen mit den Vätern und Brüdern der anderen Häuser ein Generalkapitel zu bilden, das mit uneingeschränkter Vollmacht für den Bestand und den Zuwachs der Häuser Beschlüsse fassen und für den gesamten Verband bindende Statuten erlassen konnte.[11] Außerdem billigte der Konvent die *unio trium domorum* gemäß der von allen Häusern besiegelten Urkunde.[12] Diese eigentliche „Gründungsurkunde", die wahrscheinlich bei der ersten konstitutiven Sitzung erstellt wurde, ist nicht erhalten, und der Zeitpunkt dieses ersten Zusammentretens kann nur vage bestimmt werden. Daß sich das Generalkapitel spätestens im Jahre 1470 konstituiert haben muß, dafür bietet die aus dem Königsteiner Brüderhaus überlieferte Eidesformel einen Anhaltspunkt, mit der ein Kanoniker Conrad bei seiner Aufnahme gelobte, sich für die Erhaltung der Union und des Verbandes der Häuser Marienthal, Königstein und Butzbach einzusetzen und dem Generalkapitel mit seinen Anordnungen und Statuten zu gehorchen.[13] Sie ist mit der Jahresangabe 1470 ohne nähere Datierung versehen.

Aus diesen Quellen ergibt sich also folgendes Bild: Schon bei der Gründung des Stifts Butzbach war ein Generalkapitel der drei mittelrheinischen Häuser vorgesehen, das von Papst Paul II. mit der Bulle vom 1. November 1468 bestätigt und mit der Inkorporation des Stifts Butzbach am 30. Januar 1469 errichtet wurde. Noch im Laufe des Jahres, spätestens aber 1470, konstituierte sich das Generalkapitel und legte eine vorläufige Geschäftsordnung fest. Auf der Tagung vom 25. Juni 1471 wurden möglicherweise für alle Häuser verbindliche Statuten beschlossen.[14] Die in der Gründungszeit erkennbaren Merkmale lassen aufgrund der Übereinstimmung mit den später überarbeiteten oberdeutschen Statuten den Schluß zu, daß das Generalkapitel von Anfang an als straffer Verband konzipiert

---

[11] Urkunde vom 20. Juni 1471. Abgedruckt bei GUDENUS, Codex diplomaticus 4, S. 388–389: *Ad nostrum generale capitulum dominica proxime futura in domo nostra celebrandum, deputamus predictos rectorem, Philippum, Iacobum, sacerdotes cum ceteris nostris patribus et fratribus ibidem congregandis generale capitulum pro hac vice representaturis cum plena facultate statuendi, decernendi ac ordinandi decreta, ordinationes et statuta secundum apostolica indulta et concessiones pro felici domorum nostrorum stabilitate et incremento nos et nostros sucessores obligantia.*

[12] *Consentimus etiam in unionem trium Domorum, secundum formam littere desuper confecte et singularum domorum sigillis sigillate.*

[13] Abgedruckt bei GUDENUS, Codex diplomaticus 4, S. 393–394: *Ego Conradus [...] iuro, quod pro conseruacione unionis siue annexionis domorum beate Marie in Mergendal prope Gysenheim et eiusdem beate virginis in Königstein et sancti Marci in Putzbach [...] auctoritate apostolica facte pro posse niti volo et laborare quodque generali capitulo nostro in suis ordinacionibus et statutis [...] obediam simpliciter absque temeraria contradictione.*

[14] Urkunde vom 20. Juni 1471. Abgedruckt bei GUDENUS, Codex diplomaticus 4, S. 388–389: *[...] generale capitulum [...] cum plena facultate statuendi, decernendi ac ordinandi decreta, ordinationes et statuta [...] nos et nostros sucessores obligantia.* StadtA Mainz, Abt. 14 (25. Juni 1471): *[...] et ad obedientiam nostri generalis capituli tam in suis ordinationibus et statutis rite secundum apostolicas concessiones factis et faciendis [...] nos et successores nostros per praesentes firmiter et perpetuo obligamus.*

wurde. Dabei beriefen sich die Fraterherren auf das Privileg Eugens IV., in welchem die Grundstrukturen eines solchen Verbandes, wie beispielsweise das Recht der Statutengebung und die Verpflichtung zu strikter Observanz, vorgezeichnet waren. Jeder Kanoniker mußte sich bei der Aufnahme – wie das Königsteiner Beispiel von 1470 zeigt – zum Gehorsam gegenüber dem Generalkapitel verpflichten. Ein wesentlicher Unterschied zum Münsterschen Kolloquium wird schon bei der Gründung deutlich. Während in Königstein ein Vertreter des Münsterschen Kolloquiums anwesend war, um den neuen Rektor einzusetzen, nahmen bei der Gründung in Butzbach die Rektoren von Marienthal und Königstein die neue Gründung in Besitz (*realis et corporalis possessio*). Diese Inkorporation, die auch bei den nachfolgenden württembergischen Gründungen praktiziert wurde, bedeutete eine viel stärkere rechtliche Bindung der Häuser an den Verband, als es im Münsterschen Kolloquium üblich war.

Es stellt sich nun aber die Frage, wie man in Münster auf diese Verbandsbildung reagierte, da die Häuser Marienthal und Königstein ja von dieser Seite zum Münsterschen Kolloquium gezählt wurden. Über etwaige Verhandlungen liegen jedoch keine Quellen vor. Das Münstersche Tagungsprotokoll aus dem Jahre 1469 vermeldet erstaunlicherweise, daß die Pfarrkirche in Butzbach zur Stiftskirche erhoben und dem Kolloquium einverleibt worden sei, wie die Häuser Marienthal und Königstein.[15] Aus dem Protokoll geht jedoch ebenfalls hervor, daß kein Rektor aus diesen Häusern anwesend war.[16] Und da bei dem gesamten, recht ausführlich dokumentierten Butzbacher Gründungsvorgang eine solche Verbindung zum Münsterschen Kolloquium nicht erwähnt wurde, muß man daraus schließen, daß dieses den Beschluß nicht nur in Abwesenheit, sondern auch ohne Wissen der betroffenen Häuser gefaßt hat.[17] Möglicherweise gab die Abspaltung der mittelrheinischen Häuser letztlich den Anstoß für die nun einsetzenden Unionsversuche in Münster. Schon ein Jahr später versuchte das Münstersche Kolloquium, ebenfalls ein Generalkapitel auf der Grundlage der Privilegien Eugens IV. zu bilden, dessen Beschlüssen alle angeschlossenen Häuser unterworfen sein sollten.[18] Dieses Projekt scheiterte aber an dem Widerstand einiger Häuser. Bemerkenswert ist jedoch die zeitliche Kongruenz. Offenbar versuchte man in Münster einen ähnlichen Verband zu schaffen, obwohl man die Bezeichnung *capitulum generale* bisher streng vermieden hatte. Wahrscheinlich wußte Gabriel Biel von diesen Plänen, wenn er nicht sogar an den Verhandlungen beteiligt war. Für die Entscheidung,

---

[15] DOEBNER, Annalen, S. 264 (Beschluß von 264): *Item anno domini MCCCCLXIX […] radicatum est, quod actum est in erectione ecclesie parrochialis in Butzbach Moguntinensis dyocesis in collegialem ecclesiam de vita communi et acceptata est ad colloquium et eidem incorporata sicut alie domus in Ringavia et Koniksteyn.*

[16] *[…] Absentes fuerunt rectores de Hildensem, Cassel, Rostok, de Valle Marie in Ryngavia et Konikstey etc.*

[17] In den bei REHM, Quellen edierten Protokollen ist dieser Beschluß nicht aufgeführt.

[18] DOEBNER, Annalen, S. 265 (Beschluß von 1470): *omnes rectores […] consenserunt in dictam unionem faciendam […] et firmaverunt subiectos esse velle et stare dictamini et diffinitionibus generalis capituli […] secundum tenorem privilegiorum Fontissaliensium […].*

einen eigenen Verband zu gründen, waren zwei Gründe ausschlaggebend. Biel wußte einerseits sicherlich von den oppositionellen Kräften, die ein solches Vorhaben rigoros ablehnten. Auf der anderen Seite spielten gewiß die strukturellen Unterschiede der Häuser eine Rolle. Marienthal, Königstein und Butzbach wurden als Kollegiatstifte eingerichtet, die in ihrer Aufgabenstellung auch dem Stifterwillen verpflichtet waren. Daraus möchte man den Schluß ziehen, daß Biel einem Gesamtverband der Brüderhäuser eher skeptisch gegenüberstand.

2 *Die geschichtliche Entwicklung*

Die Tätigkeit und die organisatorische Entwicklung des Generalkapitels sind quellenmäßig sehr schlecht belegt. Beschlußprotokolle der einzelnen Tagungen, wie sie für das Münstersche Kolloquium überliefert sind, fehlen vollkommen. Aus den Statuten geht hervor, daß zum Abschluß jeder Sitzung alle Beschlüsse schriftlich fixiert werden sollten.[19] Außerdem hatten alle Rektoren eine Abschrift des Protokolls in ihre Häuser mitzunehmen und den Brüdern mitzuteilen.[20] Da auf den zweijährlich stattfindenden Tagungen alle Fragen des Verbandes und der einzelnen Häuser verhandelt wurden, wären die Protokolle die wichtigste Quelle, um die Arbeit und die Genese, aber auch die Konfliktfelder des Generalkapitels analysieren zu können. Die jährlichen Visitationsberichte der einzelnen Häuser fehlen ebenfalls.[21]

Die erhaltenen Urkunden stehen zum größten Teil im Zusammenhang mit Neugründungen und dokumentieren damit eher den außerordentlichen Tätigkeitsbereich. Bei der Aufnahme von neuen Gemeinschaften spielte das Generalkapitel eine wichtige Rolle, indem es schon vor deren Gründung in die Verhandlungen miteinbezogen wurde. Dieses Verfahren findet zwar in den Statuten keine Erwähnung, kann aber anhand der Urkunden nachvollzogen werden. Als typisches Beispiel sei hier auf die Gründung des Stifts Urach verwiesen. Nachdem Papst Sixtus IV. auf Bitten Graf Eberhards im Bart die Pfarrkirche St. Amandus in Urach am 1. Mai 1477 zur Stiftskirche erhoben und dem Oberdeutschen Generalkapitel einverleibt hatte, tagte dieses Gremium am 10. Juli in Butzbach unter dem Vorsitz Gabriel Biels. In dieser Sitzung wurde die päpstliche Bulle verlesen und gebilligt, das weitere Verfahren erörtert und schließlich folgender Beschluß gefaßt: Das Generalkapitel sandte Benedikt von Helmstadt, Propst in Marienthal, und Gabriel Biel, Propst in Butzbach, als Bevollmächtigte zur feierlichen Grün-

---

19 STATUTA [GENERALKAPITEL], fol. 11^{v}: *[...] conclusa conscribat aut scribi faciat [...].* Fol. 13^{r}: *[...] quicquid ex hiis decisum, declaratum, diffinitum, statutumve fuerit vel ordinatum in audiencia omnium capitulum generale representancium per notarium capitulo proferendum est et exponendum.*

20 STATUTA [GENERALKAPITEL], fol. 13^{r}: *Exemplar autem eorum, que diffinita fuerint, sumat secum unusquisque rectorum fratribus domesticae sue congregationis deferendum [...].*

21 STATUTA [GENERALKAPITEL], fol. 64^{v}: *si aliqua ab omnibus generaliter observanda sunt sive cavenda, que in statutis non sunt scripta, carthe visitatorum signeto munite inscribantur, quam retenta sibi copia [...].*

dung des Stifts am 16. August 1477 nach Urach. Sie waren beauftragt, im Namen des Generalkapitels der Erhebung der Pfarrkirche St. Amandus zur Stiftskirche, der Vereinigung aller Pfründen und Einkünfte zu einem gemeinschaftlichen Vermögen und der Aufnahme des neuen Stifts in das Generalkapitel zuzustimmen.[22] Außerdem sollten sie das Stift mit allen Rechten und Einkünften in Besitz nehmen, Kanoniker einführen und ein Partikularkapitel bilden. Unmittelbar darauf sollte das Kapitel einberufen und ein Propst gewählt werden, der von den Bevollmächtigten im Namen des Generalkapitels eingesetzt und bestätigt wurde.[23]

Erst kurze Zeit vorher hatte sich das Generalkapitel am 18. Juni 1477 in Butzbach versammelt, um über die Gründung des Hauses in Wolf an der Mosel zu beraten. Die darüber ausgestellte Urkunde dokumentiert das gleiche Verfahren wie bei der Uracher Gründung. Auch hier wurde den Pröpsten Benedikt von Helmstadt und Gabriel Biel die Vollmacht erteilt, von der Neugründung Besitz zu ergreifen, Kanoniker einzusetzen und den Propst zu wählen.[24] Auch bei den anderen Gründungen verfuhr das Generalkapitel in ähnlicher Weise. Die Urkunden sind jedoch nicht erhalten, so daß über Datum und Ort der entsprechenden Tagungen keine Angaben möglich sind.[25] Aus dieser Vorgehensweise wird deutlich, daß das Generalkapitel der Aufnahme eines Hauses nicht erst nach dessen Gründung zustimmte, sondern schon im Vorfeld an den Verhandlungen beteiligt war und dabei die Genehmigung erteilte. Beim Gründungsakt selbst trat es – vertreten durch Bevollmächtigte – als Körperschaft auf, indem es eine Stiftskirche mit allen Einkünften und Rechten in Besitz nahm und mit Kanonikern besetzte. Bei der anschließenden Propstwahl wurde nach dem obengenannten Verfahren aus dem Partikularkapitel des betreffenden Hauses und den beiden Bevollmächtigten ein *capitulum generale pro praeposito eligendo* gebildet.

---

[22] HStA Stuttgart, A 602, WR 14068 (1477, Juli 10): *ordinamus et constituimus [...] in nostros veros legitimos et in dubitatos procuratores negocii infra scripti gestores et actores venerabiles viros dominum Benedictum de Helmstat prepositum predicte vallis sancte Marie et Gabrielem Biel prepositum sancti Marci prefatum [...] ad consenciendum pro nobis et nostro nomine in erectionem parrochialis ecclesie sancti Amandi in Vrach [...] in collegiatam canonicorum communiter vivencium eiusque annexionem, adiunctionem et applicationem [...] capitulo generali [...] beneficiorum extinctis eorum titulis mense capitulari ipsius ecclesie incorporacionem ac unionem [...].*

[23] HStA Stuttgart, A 602, WR 14068 (1477, Juli 10): *necnon ad acceptandum dictam ecclesiam [...] erectam eiusque realem et corporalem possessionem [...] omniumque iurium pertinenciarum [...] apprehendendum, canonicos in eadem introducendum, capitulum particulare inibi instituendum, prepositum sive rectorem per introductos canonicos eligendum, nostra auctoritate investiendum et confirmandum [...].*

[24] PfarrA Wolf, Urkunde Nr. 29 (1477, Juni 18). Vgl. auch LHA Koblenz, Best. 701, Nr. 92 (*Historie quedam sive annales collegii in Wolf 1478–1524*), fol. 7r–8r, hier fol. 7r: *[...] facimus et ordinamus venerabiles Benedictum supranominatum ac Gabrielem Byel in theologia licenciatum prepositum sancti Marci in Butzbach dicti Moguntinensis dioecesis in nostros veros, legittimos et indubitatos procuratores ac negocii infra scripti gestores et actores.*

[25] Bei der Gründung in Tachenhausen geht aus dem Notariatsinstrument (StadtA Nürtingen, Briefbuch Tachenhausen, fol. 12r–13r) nur hervor, daß Gabriel Biel als *sindicus et procurator capituli generalis* auftrat. Bei der Gründung in Wolf nahmen vier Brüder aus Butzbach, Herrenberg, Marienthal und Wolf das neue Haus in Besitz. Vgl. LHA Koblenz, Best. 701, Nr. 92 (*Historie quedam sive annales collegii in Wolf 1478–1524*), fol. 22v.

Innerhalb des Generalkapitels scheint es aus unbekannten Gründen üblich gewesen zu sein, daß die einzelnen Häuser ihre Zugehörigkeit zum Generalkapitel urkundlich bestätigten. Am 25. Juli 1494 stimmten beispielsweise Konrad Coci, Rektor des Hauses in Tachenhausen, und das dortige Kapitel der Union des Oberdeutschen Generalkapitels zu und nahmen die päpstlichen Bestimmungen und Privilegien, die auf alle Häuser ausgedehnt wurden, an.[26] Sie verpflichteten sich mit einem feierlichen Eid zum Gehorsam gegenüber dem Generalkapitel, sowohl in seinen Anordnungen und Statuten wie auch in allen Beschlüssen und Entscheidungen, die bei etwaigen Streitigkeiten unter den Häusern gefällt werden würden.[27] Außerdem schworen sie, künftig niemanden als Kanoniker aufzunehmen, der sich nicht mit einem Eid zur Union und zum Gehorsam verpflichtet.[28] Dieser Text war sicher in einem Formular verbreitet, da absolut gleichlautende Urkunden auch für die Stifte Königstein[29] (10. August 1487) und Urach[30] (22. August 1483) überliefert sind. Diese Urkunden stimmen zum großen Teil mit dem Wortlaut der eingangs erwähnten, vermeintlichen „Gründungsurkunde" des Generalkapitels vom 25. Juni 1471 überein.[31] In welchen Zeitabständen oder zu welchen Anlässen von den Häusern solche Erklärungen abgegeben wurden, ist den Urkunden nicht zu entnehmen. Vorgesehen war aber auch der umgekehrte Fall, nämlich daß der Verband die Inkorporation eines Hauses erneut bestätigte. 1484 billigte das in Königstein unter dem Vorsitz Heinrichs von Zülpich tagende Generalkapitel die Erhebung der Pfarrkirche in Wolf zur Stiftskirche und deren Eingliederung in das Generalkapitel und anerkannte die dortigen Kanoniker als *concanonici et confratres*.[32]

---

[26] StadtA Nürtingen, Briefbuch Tachenhausen, fol. 14r/v: *Nos Cunradus Koci rector ac capitulum ecclesie beate marie virginis in Tachenhusen [...] pro nobis et omnibus successoribus nostris in ipsam unionem, annexionem et incorporationem perpetuo cum domibus prefatis consentimus omnesque ordinaciones, statuta, moderaciones, privilegia, concessiones et indulta per apostolicam sedem predictis domibus et personis factas vel extensas in nomine domini acceptamus.*

[27] *[...] ad obedienciam dicti generalis capituli tam in suis ordinationibus et statutis rite secundum apostolicas concessiones factis et faciendis quam etiam in decisionibus sentenciis et diffinitionibus in causis inter domus predictas earumque personas motas vel movendas [...] nos et successores nostros per presentes atque per iuramentum per nos solenniter prestitum firmiter et perpetue obligamus.*

[28] *Iuravimus etiam sacrosanctis tactis evangeliis, quod neminem futuris temporibus in canonicum nostre domus et ecclesie recipiemus, nisi ad iam dictam unionem et obedientiam iuramento secundum formam in statutis [...] descriptam se astrinxerit [...].*

[29] StadtA Mainz, Abt. 14 (Jesuitenarchiv), Kloster Marienthal 10. August 1487. – Teilweise abgedruckt bei BODMANN, Rheingauische Alterthümer, S. 218. LANDEEN, Gabriel Biel and the Devotio moderna, S. 176.

[30] Abgedruckt bei BODMANN, Rheingauische Alterthümer, S. 218.

[31] Vgl. StadtA Mainz, Abt. 14 (25. Juni 1471).

[32] PfarrA Wolf, Urkunde Nr. 32. – Vgl. LANDEEN, Gabriel Biel an the Devotio moderna, S. 183. MONASTICON 2, S. 255. WINDECK, Anfänge, S. 108. *Nos Henricus de Tulpeto, rector domus St. Mariae in Konigstein, Moguntinensis Dioecesis, ac capitulum generale canonicorum in communi viventium alemaniae altae in eadem domo congregatum [...] erectionem domus sancte Mariae in Wulve [...] in collegiatam ecclesiam [...] eiusque unionem, annexionem et incorporationem ecclesis similibus nostro generali capitulo subiectis [...] laudamus, approbamus et in domino acceptamus personasque dictas ecclesiae tam canonicos quam fratres perpetuo receptos in concanonicos et confratres nostros ac nostro generali capitulo subiectos, annexos et unitos recipimus.*

Dabei handelte es sich eindeutig um eine erneute Zustimmung, da die Inbesitznahme des Hauses schon am 3. Juli 1478 erfolgt war.[33]

Nach dem Tod Gabriel Biels fand am 23. April 1496 ein Generalkapitel auf dem Einsiedel unter dem Vorsitz Wendelin Steinbachs statt, auf dem die Häuser Marienthal, Königstein, Butzbach, Urach, Wolf, Herrenberg, Dettingen, Tachenhausen und Tübingen vertreten waren. Bei diesem Anlaß wurde eine Urkunde ausgestellt, in der die Gräfin Loys von der Mark, Witwe des 1481 verstorbenen Grafen Philipp von Eppstein-Königstein, *zu ainem zeuchen der danckberkait inn unsir gemain bruderschafft* aufgenommen wurde. Das Generalkapitel verpflichtete sich, nach ihrem Tod *das gnaden begennckmuß zu halten als vor ayn bruder unßir husser.*[34] Damit wird die enge Verbindung der Fraterherren zu ihren Stiftern und Wohltätern – in diesem Fall den Grafen von Eppstein – unterstrichen. Sie wurden in das gemeinsame Totengedächtnis in den Häusern einbezogen.

Diese wenigen Belege zeigen, daß die Konvente sehr eng an das Generalkapitel gebunden waren. Neugründungen wurden dem Verband inkorporiert und dessen Autorität unterstellt. Der Schwerpunkt des Generalkapitels verlagerte sich nach den württembergischen Gründungen sehr stark nach Oberdeutschland, was auch in der seit 1482 erstmals nachgewiesenen Bezeichnung *Generalkapitel in oberdeutschen Landen* zum Ausdruck kommt.[35] Der Verband unterstützte Neugründungen in finanzieller und personeller Hinsicht. So wurden beispielsweise Butzbacher Fraterherren nach Urach (Wendelin und Heinrich Steinbach), Wolf (Engelbert Fulstal), Herrenberg (Hermann von Butzbach, Nikolaus Lanich) und Trier (Robert von Köln, Michael von Butzbach) versetzt.[36] Ein letzter Beleg für die gegenseitige finanzielle Unterstützung ist für das Jahr 1516 nachgewiesen, als die Stifte Geld für die von der Aufhebung bedrohten württembergischen Häuser spendeten. Sogar das finanziell recht schwache Haus in Wolf brachte 20 fl. auf.[37] Die Auflösung der württembergischen Bruderhäuser im Jahre 1517 hatte erhebliche Auswirkungen auf den Verband. Obwohl die übrigen Häuser Königstein, Marienthal, Butzbach, Wolf und Trier zum Teil noch engen Kontakt hielten, ist bis zu ihrer Aufhebung in der Mitte des 16. Jahrhunderts keine Tagung des Generalkapitels mehr nachzuweisen.

---

33 LHA Koblenz, Best. 701, Nr. 92 (*Historie quedam sive annales collegii in Wolf 1478–1524*), fol. 2v–8r.

34 Urkunde abgedruckt in: Baur, Ludwig (Hg.): Hessische Urkunden aus dem großherzoglich-hessischen Haus- und Staatsarchiv. Band IV: (Urkunden 1400–1500). Darmstadt 1866. ND Aalen 1979, Nr. 272, S. 278.

35 HStA Stuttgart, A 602, WR 9498 (1482, Juni 3) und WR 14088 (1485, Januar 13). – Vgl. Monasticon 2, S. 245.

36 Monasticon 2, S. 49.

37 LHA Koblenz, Best. 701, Nr. 92 (*Historie quedam sive annales collegii in Wolf 1478–1524*), fol. 20r: *[...] pro defensione fratrum nostrorum dedimus tamquam pauperi inter omnes domos nostras 20 fl. in auro, sed nihil profecit.*

3 *Die Verfassung*

3.1 *Die Quellen*

Die insgesamt eher schlechte Quellenlage zum Oberdeutschen Generalkapitel kann nun zumindest teilweise mit einer umfangreichen Handschrift der Statuten erhellt werden. Diese wurde erstmals 1730 im Bibliothekskatalog des Frankfurter Juristen und Bibliophilen Zacharias Konrad von Uffenbach (1683–1734) erwähnt, der sich seit 1704 mit großem Sachverstand und Spürsinn eine umfangreiche Privatbibliothek zusammengestellt hatte.[38] Darunter befanden sich auch rund 2000 Handschriften, die er auf Auktionen und Messen sowie durch private Vermittlung gekauft hatte, um sie vor dem Untergang zu bewahren. 1729–1731 veröffentlichte Uffenbach einen vierbändigen Katalog und bot seine Bibliothek zum Einzelverkauf an. Über die Brüder Johann Christoph (1683–1739) und Johann Christian Wolf (1689–1770) kam ein Teil der Uffenbach-Handschriften an die Hamburger Stadtbibliothek. Mit dem Ende des Zweiten Weltkriegs ging der größte Teil der Hamburger Handschriften verloren, als die aus Sicherheitsgründen in die sächsischen Schlösser Lauenstein im Erzgebirge und Hermsdorf bei Gera ausgelagerten Bestände von sowjetischen Truppen als Beutegut nach Moskau verbracht wurden. 1958/59 wurde ein kleiner Teil der Handschriften der Deutschen Staatsbibliothek in Berlin (DDR) zur treuhänderischen Verwaltung übergeben; der Rest galt als „verschollen".[39] In den achtziger Jahren kam schließlich der Zufall zu Hilfe. Im Rahmen der Vorarbeiten zu einem Jubiläum der Stadt Reval kam es zu einem deutsch-sowjetischen Vertrag über die Rückführung von Archivalien. Dabei sollte das Archiv der Stadt Reval, das sich seit dem Krieg in Koblenz befand, gegen Archivbestände der Städte Lübeck, Hamburg und Bremen, die in Moskau lagen, ausgetauscht werden. Im Zuge dieser Transaktion kamen 1990 auch mehrere Hamburger Handschriften an ihren ursprünglichen Ort zurück, darunter auch der Cod. theol. 1567 mit den Statuten des Oberdeutschen Generalkapitels.[40]

---

[38] [UFFENBACH, Conrad Zacharias von]: Bibliotheca Uffenbachiana universitatis sive catalogus librorum tam typis quam manu exaratorum quas summo studio hactenus collegit Zach[arias] Conradus ab Uffenbach. 1–4. Frankfurt 1729–1731, hier Band 3 (1730), S. 534, Nr. LVI: *Quart. sec. XV initio scriptum volumen exhibens Statuta, ordinationes, exhortationes salubriaque monita pariter et consuetudines laudabiles canonicorum presbyterorum et clericorum secularium in communi viventium Alemanniae superioris.* – Zu Uffenbach vgl. FRANKE, Konrad: Zacharias Conrad von Uffenbach als Handschriftensammler. In: Archiv für Geschichte des Buchwesens 7, 1967, S. 1–207.

[39] DIE THEOLOGISCHEN HANDSCHRIFTEN DER STAATS- UND UNIVERSITÄTSBIBLIOTHEK HAMBURG. Band 2: Quarthandschriften. Cod. theol. 1252–1750. Beschrieben von Nilüfer KRÜGER. Stuttgart 1985. (Katalog der Handschriften der Staats- und Universitätsbibliothek Hamburg 2).

[40] SUB Hamburg, Cod. Theol. 1567: *Statuta, ordinationes, exhortationes, salubriaque monita pariter et consuetudines laudabiles canonicorum, presbiterorum et clericorum secularium in communi vivencium Alemanie superioris.* Papierhandschrift in 4°, 102 Bll., 20 x 14,3 cm, um 1500, 25–28 Zeilen, Kursive, üblich rubriziert. Lagen: Pergamentspiegel, dessen Gegenblatt als Falz sichtbar zwischen fol. 2 und 3; (1–2) II in der Lagenmitte Peramentfalz + (3–66) 8 IV + (67–72) III + (73–96) 3 IV + (97–100) II + (101–102) 1 Doppelblatt, zwischen fol. 100 und 101 Pergamentfalz (Rest des Gegenblatts, das zum hinteren Spiegel gehört). Lagensignaturen a–n (in a–d Buchstaben und

Die ursprüngliche Provenienz der Handschrift ist nicht zu ermitteln, da sie keinen Besitzvermerk eines oberdeutschen Bruderhauses beinhaltet. Als erster Besitzer ist der Gießener Hebraist Johann Heinrich Majus jun. (1688–1732) nachgewiesen. Möglicherweise stammt die Handschrift aus dem Butzbacher Fraterhaus. Dessen Bibliothek wurde zwar erst 1771 der Universitätsbibliothek in Gießen einverleibt, aber es wäre denkbar, daß Majus schon vorher die Gelegenheit hatte, einzelne Bände zu erwerben.

Der Codex ist aufgrund der Schrift um 1500 zu datieren. Das nicht zu identifizierende Wasserzeichen zeigt blasse Spuren eines gekrönten Schildes mit einer Lilie im unteren Drittel, der in dieser Form bei Briquet und Piccard nicht nachgewiesen ist. Auf dem hinteren Spiegel befindet sich ein flüchtiger, nicht vom Schreiber stammender Eintrag *anno domini ccccc xiiij*. Weitere Datierungshilfen bieten inhaltliche Kriterien. In den Statuten wird eine Bulle Innozenz' VIII. vom 11. Mai 1492 ausführlich zitiert,[41] und Eberhard im Bart wird als *dux in Wirttenberg et Deck* angesprochen.[42] Mit der Herzogserhebung im Juli 1495 ist somit ein terminus post quem gegeben. Der Eintrag auf dem hinteren Spiegel, der in das Jahr 1514 weist, muß nicht unmittelbar mit der Fertigstellung der Handschrift zusammenhängen, da der Einband später entstanden ist. Die Entstehung der Handschrift fällt also in den Zeitraum nach 1495 und vor 1514.

Die Gliederung des Textes wird in der Vorrede (fol. 3^r) kurz erläutert.[43] Im ersten Kapitel (fol. 3^v–9^v) werden gleichsam als *bases et fundamenta* die wichtigsten Bestimmungen aus den päpstlichen Bullen Martins V., Eugens IV., Pauls II., Sixtus' IV. und Innozenz' VIII. aufgeführt. Die Brüder weisen noch einmal dezidiert darauf hin, daß sie sich vor allem auf das Privileg Eugens IV. berufen, in dem die wichtigsten Bestimmungen enthalten seien.[44] Sixtus IV. und Innozenz VIII. haben dieses Privileg jeweils auf die Neugründungen innerhalb des Oberdeutschen Generalkapitels übertragen. Das zweite Kapitel (fol. 9^v–99^r), das wiederum in drei Teile gegliedert ist, enthält die vom Generalkapitel erlassenen Statuten. Im ersten Teil (fol. 9^v–60^v) werden in 15 Kapiteln die allgemeinen Grundsätze und Gewohnheiten der oberdeutschen Kanoniker festgelegt.[45] Am Anfang stehen hier umfassende Bestimmungen zum Generalkapitel und zur Statutengebung, wäh-

---

Ziffer mit roter Tinte geschrieben). Beide Einbandspiegel beschriebenes Pergament (Fragment aus einer Musikhandschrift mit Noten). Vorderer Spiegel: Uffenbachs Exlibris und 16 x 11 cm Papier mit Inhaltsangabe von einer Hand aus der Zeit des Schreibers. Darüber befindet sich eine geschabte Eintragung aus der Zeit des Schreibers, die jedoch auch mit UV–Lupe nicht entziffert werden konnte. Gepreßter, brauner Halbledereinband über Holzdeckeln, Lederrücken mit Einzelstempeln verziert (im Rombus eine Lilie, im Kreis ein Lamm). Fol. 2^r Uffenbach-Signatur *534 n. 56*. Fol. 3^r Namenseintrag *J. H. Majus F.*

[41] Statuta [Generalkapitel], fol. 7^r–9^r. Vgl. StA Darmstadt, A 3, Nr. 61/228.

[42] Statuta [Generalkapitel], fol. 6^v.

[43] Statuta [Generalkapitel], fol. 3$^{r/v}$.

[44] Statuta [Generalkapitel], fol. 3^r: *[...] quod statuta, ordinationes, concessiones, privilegia et indulta apostolica subnotata saltem pro maiori parte primitus concessa et data fuere ab Eugenio quarto [...].*

[45] Statuta [Generalkapitel], fol. 9v: *Prima pars de institutis capittularibus canonicorum, presbiterorum et clericorum communis vite Alemanie superioris.*

rend die anderen Kapitel das gemeinsame Leben und den Tagesablauf in den Häusern regeln. Der zweite Teil (fol. 61ʳ–94ʳ) behandelt alle Ämter von den Visitatoren bis zum Bäcker, wobei Fragen der Wahl oder Einsetzung sowie Rechte und Pflichten der Amtsträger im Vordergrund stehen.[46] Freilich ergeben sich hier Wiederholungen, aber auch Ergänzungen zum ersten Teil. Im zweiten Teil fällt eine Inkonsequenz bei der Kapitelzählung auf, da der Schreiber nach den ersten beiden Kapiteln über die Visitatoren und die Wahl des Propstes das folgende Kapitel über das Amt des Propstes als *capitulum quartum* bezeichnet. Ein Blattverlust oder eine Textlücke kann jedoch nicht festgestellt werden. Da auch inhaltlich zwischen der Wahl des Propstes und dessen Amtsführung ein zusätzliches Kapitel schwer denkbar ist, muß es sich hier schlicht um eine falsche Zählung handeln. Ein ähnlicher Fehler liegt beim sechzehnten Kapitel vor, das als *capitulum decimum quartum* angegeben wird. Der abschließende dritte Teil (fol. 94ʳ–99ᵛ) ist vor allem der Buß- und Strafpraxis in den Häusern gewidmet.[47] Am Schluß folgt – etwas unorganisch – ein Abschnitt über das Hauskapitel (*capitulum particulare*). Aus den Kapitelüberschriften und anderen Hinweisen aus dem Text, die in der folgenden Übersicht in Spitzklammern gesetzt werden, ergibt sich folgender Aufbau:

⟨Statuta, ordinationes, exhortationes, salubriaque monita pariter et consuetudines laudabiles canonicorum, presbiterorum et clericorum secularium in communi vivencium Alemanie superioris⟩[48]

	⟨Prologus⟩ [fol. 3ʳ]
I	**Capitulum primum: ⟨Bases et fundamenta totius status vitae communis, que summi pontifices ediderunt, statuerunt, ordinaverunt et servari preceperunt⟩**[49] [fol. 3ᵛ]
II	**⟨Capitulum secundum: Statuta capituli generalis⟩**
1	**⟨Prima pars: De institutis capitularibus canonicorum, presbiterorum et clericorum communis vite Alemanie superioris⟩**[50] [fol. 9ᵛ]
1.1	Partis prime capitulum primum de generali capittulo [9ᵛ]
1.2	De modo condendi statuta capitulum secundum [15ʳ]
1.3	De modo receptionis fratrum capitulum tercium [16ʳ]
1.4	De divino officio et ceremoniis capitulum quartum [24ʳ]
1.5	De privatis fratrum exerciciis, studio, confessione, communione, collacione, meditacione, contemplacione, recollectione, misse audicione capitulum quintum [32ᵛ]
1.6	De cura animarum committenda et exercenda capitulum sextum [37ʳ]
1.7	De proprietatis abdicacione capitulum septimum [40ᵛ]
1.8	De obediencia capitulum octavum [43ʳ]
1.9	De mutua concordia capitulum nonum [44ʳ]
1.10	De mutua et caritativa domorum unione assistencia et subvencione capitulum decimum [46ʳ]

[46] Statuta [Generalkapitel], fol. 9v: *Secunda pars de officiis et officialium electione, confirmatione, auctoritate et constitutione.*

[47] Statuta [Generalkapitel], fol. 9v: *Tercia pars de culpis et transgressoribus ac penis iniungendis.*

[48] Statuta [Generalkapitel], fol. 3ʳ.

[49] Statuta [Generalkapitel], fol. 3ʳ. Vgl. fol. 9ᵛ: *Bases et fundamenta totius nostri status ac conuersationis vitae communis.*

[50] Statuta [Generalkapitel], fol. 9ᵛ.

1.11 De continencia capitulum undecimum [48^{v}]
1.12 ⟨De refectione et abstinencia capitulum duodecimum⟩ [50^{r}]
1.13 De lectione mense et lectore capitulum decimum tertium [53^{r}]
1.14 De preparacione mense et servitoribus capitulum decimum quartum [54^{r}]
1.15 De minucione et lotura capitulum decimum quintum [54^{v}]
1.16 De somno et quiete capitulum decimum sextum [55^{v}]
1.17 De silencio et locucione capitulum decimum septimum [56^{v}]
1.18 De manuum laboribus capitulum decimum octavum [57^{v}]
1.19 De itinerantibus capitulum decimum nonum [58^{v}]

2 **Secunda pars de officiis**
⟨De officiis et officialium electione, confirmatione, auctoritate et constitutione⟩[51] [61^{r}]
2.1 De officio visitatorum [61^{r}]
2.2 De prepositi electione [68^{r}]
2.4 De officio prepositi capitulum quartum [72^{r}]
2.5 ⟨De vicerectore⟩ [75^{r}]
2.6 De ebdomadario capitulum sextum [76^{r}]
2.7 De cantore et succentore capitulum septimum [76^{v}]
2.8 De sacrista capitulum octavum [78^{v}]
2.9 ⟨De procuratore capitulum nonum⟩ [80^{v}]
2.10 De librario capitulum decimum [82^{v}]
2.11 De vestiario capitulum undecimum [83^{r}]
2.12 De infirmario capitulum duodecimum [84^{v}]
2.13 De hospitario capitulum decimum tertium [91^{v}]
2.14 De cellario ⟨capitulum⟩ decimum quartum [92^{v}]
2.15 De coco et ortulano [93^{r}]
2.16 De custode granarii et pistore capitulum decimum quartum (!) [94^{r}]

3 **Pars tertia: ⟨De culpis et transgressoribus ac penis iniungendis⟩**[52] [94^{r}]
3.1 Culparum sive exercicii capitulum [94^{r}]
3.2 De satisfactione pro culpis iniungendis capitulum secundum [95^{v}]
3.3 ⟨De capitulo domestico seu particulari⟩ [99^{r}]

Bevor nun anhand dieser Statuten die Verfassung und der Alltag der oberdeutschen Kanoniker geschildert werden, soll ein kurzer Überblick über die erhaltenen Statuten der deutschen Brüderhäuser gegeben werden. Dabei soll auch geklärt werden, in welchem Verhältnis die Statuten zueinander stehen und welche zu einem Vergleich herangezogen werden müssen.

Die ältesten Statuten der niederländischen Häuser liegen in den von Michael Schoengen herausgegebenen *Consuetudines* von Zwolle vor, in denen auch die Hausordnung von Deventer verarbeitet ist.[53] Obwohl sich Geert Grote mit seiner Gemeinschaft deutlich vom traditionellen Mönchtum distanzierte, konnte er nicht umhin, sich bei der Gestaltung einer Lebensordnung auch an monastischen Traditionen zu orientieren. Das heißt nicht, daß Grote verschiedene Bestimmungen, etwa der Regularkanoniker, wörtlich übernommen hat, sondern, daß er sich viel-

---

[51] Statuta [Generalkapitel], fol. 9^{v}.
[52] Statuta [Generalkapitel], fol. 9^{v}.
[53] Schoengen, Jacobus Traiecti, hier S. 239–273. – Zur Kontroverse über die Statuten von Deventer und Zwolle vgl. Stupperich, Fraterhaus zu Herford, S. 19f.

mehr in zurückhaltender Weise z.B. bei der Bezeichnung der Hausämter nach allgemein üblichen Gebräuchen gerichtet hat. Einen stärkeren Einfluß auf die frühen Hausordnungen der Devotio moderna hatten die Schriften Augustins (*Soliloquia, Sermones* und *De opere monachorum*), Gregors des Großen (*Moralia*) und Bernhards (*De gradibus humilitatis et superbiae, De ordine vitae*).[54]

Die überlieferten Statuten deutscher Brüderhäuser konzentrieren sich im wesentlichen auf zwei Komplexe, nämlich die *Consuetudines* von Herford und die „Unionsstatuten", die erst anläßlich der oben geschilderten Umwandlung des Münsterschen Kolloquiums in ein Generalkapitel um 1499 abgefaßt wurden.[55] Die Herforder Statuten sind erst in den siebziger Jahren entdeckt worden, als eine gut erhaltene Kleinquarthandschrift in Privatbesitz aufgetaucht war. Robert Stupperich hat diese *Consuetudines* 1984 zusammen mit umfangreichem Herforder Archivmaterial in einer Edition vorgelegt.[56] Die Statuten sind in drei Teile gegliedert: Im ersten werden die Gründung des Hauses und die Grundlagen der *vita communis*, im zweiten die Hausämter und im dritten Teil allgemeine Bestimmungen über die monatlichen Hausversammlungen, die Visitation und die Aufnahme der Brüder erörtert.[57] Der Text zeigt dabei in Aufbau und Inhalt deutliche Bezüge zu den Consuetudines von Zwolle. Die Handschrift wurde 1437 unter dem ersten Rektor Konrad von Westerwolt angefertigt und war nach Stupperichs Beobachtungen *für das regelmäßige Vorlesen im Haus bestimmt.*[58] In der zweiten Hälfte des 15. Jahrhunderts übersetzten die Herforder Fraterherren die Consuetudines ins Niederdeutsche. Dieser Text ist zum einen in einer vollständigen Abschrift aus dem 17. Jahrhundert dokumentiert, deren erster Teil schon 1851 publiziert worden ist.[59] Zum anderen ist eine ältere Handschrift – ebenfalls in Privatbesitz – erhalten, deren Teile im 15. bzw. 16. Jahrhundert entstanden sind.[60] Beide Handschriften wurden von Stupperich für die Edition herangezogen.[61]

Eine andere Reihe von Statuten, die fälschlicherweise als Consuetudines der Häuser Münster, Köln und Wesel bezeichnet wurden, haben sich als Unions-

---

[54] Stupperich, Fraterhaus zu Herford, S. 20–22.

[55] Vgl. Kapitel II,2.2.

[56] Bielefeld, Privatbesitz: *Consuetudines domus presbiterorum et clericorum in Heruordia.* 1437. Ediert bei Stupperich, Fraterhaus zu Herford, S. 55–98. – Vgl. Leesch, Fraterhaus zu Herford, S. 25.

[57] Vgl. auch Stupperich, Robert: Das Herforder Fraterhaus und die Devotio moderna. Studien zur Frömmigkeitsgeschichte Westfalens an der Wende zur Neuzeit. Münster 1975. (Schriften der Historischen Kommission Westfalens 10), hier S. 15–18. Stupperich, Robert: Die Herforder Fraterherren als Vertreter spätmittelalterlicher Frömmigkeit in Westfalen. In: Dona Westfalica. Georg Schreiber zum 80. Geburtstag. Münster 1963, S. 339–353, hier bes. S. 343–353.

[58] Stupperich, Fraterhaus zu Herford, S. 55.

[59] BA Hildesheim, Ps. 10 (ehemaliger Bestand Priesterseminar): Statuta des Fraterhauses zu Heruerde [Herford]. – Erster Teil abgedruckt in: Die Brüder des gemeinschaftlichen Lebens. In: Theologische Monatsschrift [des Bischöflichen Priesterseminars zu Hildesheim] 2, 1851, S. 543–582.

[60] Herford, Privatbesitz: Niederdeutsches Statutenbuch. *Statuta domus, diß ist gewointen oder sedden duses hauses.* [Teil I: 15. Jh.; Teil II: 1. Hälfte 16. Jh.; Teil III: 2. Hälfte 16. Jh.].

[61] Stupperich, Fraterhaus zu Herford, S. 99–132.

statuten von 1499 erwiesen. Dazu zählen drei Handschriften aus dem 16. Jahrhundert, die in Köln[62], Münster[63] und Hildesheim[64] überliefert sind. Die Münstersche Handschrift diente als Grundlage für einen Druck, den der Generalvikar Franz Egon von Fürstenberg anläßlich einer Visitation des dortigen Hauses 1741 veranlaßt hat.[65] Die Hildesheimer Handschrift wurde von Richard Doebner 1903 mit dem übrigen Archivmaterial dieses Hauses ediert.[66] Außerdem sei noch auf die *Excerpta ex statutis fratrum vitae communis in urbe Monasteriensi, Coloniensi et Wesaliensi* hingewiesen, die Miraeus 1683 wohl nach der Kölner Handschrift publiziert hat.[67] Alle diese Texte enthalten in wörtlicher Übereinstimmung ein dreiteiliges Statutenwerk. Gustav Boerner hat schon 1905 nachgewiesen, daß der von Doebner edierte Text nicht die „ursprünglichen", um 1463 abgefaßten Statuten der Häuser Münster, Köln und Wesel wiedergibt, sondern die Münsterschen Unionsstatuten.[68] Außerdem ergaben sich beim Vergleich des Hildesheimer Exemplars mit den übrigen Texten folgende Abweichungen: Nach dem Kapitel *De electione rectoris* folgt unmittelbar ein Kapitel *Modus eligendi rectorem huius domus*, während die sonst nachgewiesenen Kapitel *de pistore, de capitulo culparum* und *de differentiis culparum* fehlen. Daraus folgt, daß das Hildesheimer Exemplar nur eine – wenn auch geringfügig veränderte – Bearbeitung der Unionsstatuten darstellt.[69] Wenn also die ursprünglichen Unionsstatuten zu einem Vergleich herangezogen werden, müssen die bei Doebner fehlenden Kapitel ebenfalls berücksichtigt werden.

Für einen Vergleich der beiden deutschen Verbände ergibt sich also folgende Quellensituation. Das „frühe" Münstersche Kolloquium ist aufgrund des Gründungsstatuts von 1431, der Tagungsprotokolle und der Herforder Consuetudines von 1437 bezüglich der Organisation des Verbandes und der ihm angeschlossenen Häuser gut dokumentiert. Die weitere Entwicklung des Verbandes mit den zahlreichen Unionsversuchen, die in der Umwandlung des Kolloquiums zu einem Generalkapitel gipfelten, wird in den Unionsstatuten von 1499 sichtbar. Mit Hilfe der Statuten des Oberdeutschen Generalkapitels kann nun in einem Vergleich die Frage beantwortet werden, wie die Devotio moderna Biel'scher Prägung innerhalb der deutschen Brüderbewegung einzuordnen ist.

---

[62] HA Köln. Geistl. Abt. 224b: *Statuta domus Wydenbach.* [Statuten des Kölner Bruderhauses]. 16. Jh.

[63] Diözesanbibliothek Münster, Ms. 8.10: [Statuten der Brüder des gemeinsamen Lebens, aufgestellt für das Fraterhaus Münster und die mit Münster in Generalunion verbundenen Häuser]. 1. Hälfte 16. Jh.

[64] BA Hildesheim, Ps. 9: *Statuta domus seu congregationis Fratrum Hildesiae.* 16. Jahrhundert.

[65] StA Münster, Bibl. WG 67: *Instituta primaeva fratrum canonicorum seu clericorum collegii sanctissimae trinitatis ad Fontem salientem Monasterii in communi viventium. Ab eiusdem collegii pro tempore rectore sive patre in visitacione episcopali die 9na Maii 1741 producta, ut olim scripta sunt, sequuntur excusa.*

[66] BA Hildelsheim, Ps. 9: *Statuta domus seu congregationis Fratrum Hildesiae.* 16. Jahrhundert. DOEBNER, Annalen, S. 209–245. Im folgenden zitiert als STATUTA [MÜNSTERSCHE UNION]. Ed. DOEBNER.

[67] MIRAEUS, Aubertus: Codex regularum et constitutionum clericalium. Antwerpen 1638, hier S. 142–150.

[68] BOERNER, Annalen und Akten, S. 75–93.

[69] BOERNER, Annalen und Akten, S. 88.

Inhaltsübersicht der Statuten von Herford (1437)

Ediert bei Stupperich, Fraterhaus zu Herford, S. 55–98 (lateinische Fassung), S. 99–131 (niederdeutsche Fassung).

Consuetudines domus presbiterorum et clericorum in Heruordia	*Anfangk der gewónten und sedden dusses huses*
Pars prima	**Dat erste deel**
De fundatione domus nostre	Von der fundation und grundt uses huses
De vita communi	Vam gemenen leevende
De concordia et caritate	Van eindracht und leve
De humilitate	Van der demodt
De obediencia	Van dem Gehorsam
De castitate	Van der Keuscheit
De silencio et locutione	Van dem stilleswigende und sprekende
De correptione	Van der straffe
De collatione	Van der Collatien
De hora surgendi et horis dicendis Et de missa	Van der stúnde des upstándes, getide tho lesende und der Misse
De studio sacre scripture	Van studerynge godtliker schrifft
De materiis meditandi	Van den materien der betrachtingen, welcke vele helpen thor beterynge
De labore manuum	Vam arbeit der henden
De comestione	Van dem ettende ette stunden
De opere post cenam	Van der óffeningen des aven na der maltytt
De sacra communione	Van der communion und der sulven feste
Pars secunda	**Dat ander deel**
De rectore domus	Vam Rector des Hüses
De procuratore	Van den procurator
De scriptuario	Van den scriptuario
De librario	
De vestiario	Van dem cleder vestiario
De sacrista	Van dem koster
De tonsore	Van den scherer
De portario	Van dem Portener
De hospitario	Vam gastwarer
De infirmis et infirmario	Van den Kranken und Krankenwarer
De coco	
De rubricatore	
De ligatore	Van den bockbynder
De pistore et braxatore	Van dem Becker
De officiis in generali	Int gemein van allen ampten
De ambulantibus	Von uth tho gande
Pars tercia	
De colloquio mensis	
De consiliis	
De aliquibus in generali	
De visitatione	
De probatione nouiciorum recipiendorum	
De institucione nouiciorum	
De causis siue articulis expulsionis	Van saken darumme man Jemandt uth unsem huse verdiven mach
De modo receptionis fratris	Van der wyse tho entfangen

Inhaltsübersicht der Münsterschen Unionsstatuten von 1499

Die Seitenangaben der rechten Spalten beziehen sich auf:

DOE — DOEBNER, Annalen, S. 209–245. Grundlage: BA Hildesheim, Ps. 9: *Statuta domus seu congregationis Fratrum Hildesiae.*

MÜ — Instituta primaeva fratrum canonicorum seu clericorum collegii sanctissimae trinitatis ad Fontem salientem Monasterii in communi viventium. 1741. Grundlage: Diözesanbibliothek Münster, Ms. 8.10: [Statuten der Brüder des gemeinsamen Lebens].

MIR — MIRAEUS, Regulae et constitutiones, S. 142–150.

KÖ — HA Köln, Geistl. Abt. 224b: *Statuta domus Wydenbach.* [In der unvollständigen Handschrift fehlt der dritte Teil der Statuten]

		DOE	MÜ	MIR	KÖ
	Prologus	209	1	142	1
	Statuta et ordinaciones ex bulla Eugeniana	210	4	142	3
I.	**Prima pars statutorum**				
1.	De capitulo generali	212	11	145	7
2.	De visitationibus domorum	214	15	145	10
3.	De electione rectoris	216	20	145	13
4.	Modus eligendi rectorem huius domus	216	—	—	—
5.	De forma receptionis fratrum	218	23	145	14
6.	De casibus expulsionis	222	30	146	19
II.	**Secunda pars statutorum ⟨de officiis⟩**				
1.	De officio rectoris	224	33	146	21
2.	De vicerectore	225	38	146	25
3.	De procuratore	226	40	146	26
4.	De cellerario	227	67	148	—
5.	De scriptuario	228	44	147	28
6.	De rubricatore	229	66	148	41
7.	De magistro novitiorum	229	51	147	32
8.	De sacrista	230	53	147	33
9.	De cantore	230	56	147	35
10.	De librario	231	46	147	30
11.	De vestiario	232	48	147	31
12.	De infirmario	232	58	148	36
13.	De hospitario	233	62	148	38
14.	De ligatore librorum	234	66	148	41
15.	De tonsore	234	63	148	39
16.	De coquo	234	68	148	42
17.	De hortulano	235	70	148	42
18.	De pistore	—	68	148	41
III.	**Tertia pars statutorum ⟨de generalibus observantiis⟩**				
1.	De servanda perpetua castitate	235	70	148	43
2.	De concordia mutua servanda	236	73	148	
3.	De proprietatis abdicatione	238	78	149	
4.	De lectione mensae et refectione fratrum	239	83	149	
5.	De silentio servando	240	87	149	
6.	De labore et requie fratrum	241	90	149	
7.	De divinis officiis et ceremoniis	242	92	150	
8.	De privatis fratrum exercitiis	242	94	150	
9.	De capitulo domestico et colloquio mensili	243	98	150	
10.	De capitulo culparum	—	100	150	
11.	De differentiis culparum	—	104	150	

3.2 Der Verband

3.2.1 Das Generalkapitel

Das entscheidende Gremium im Verband der oberdeutschen Kanoniker war das Generalkapitel. Es besaß beträchtliche Entscheidungsbefugnisse und konnte im Hinblick einer strengen Observanz erheblich auf die geistlichen und weltlichen Angelegenheiten der Stifte Einfluß nehmen. Darunter fallen vor allem die Abfassung bindender Beschlüsse und der Erlaß von Statuten, die Überwachung derselben mittels der regelmäßigen Visitation sowie die Bestrafung von Übertretungen. Einer besonderen Kontrolle unterstanden die Amtsträger der Stifte, besonders die Pröpste und Seelsorger, die jeweils vom Generalkapitel eingesetzt wurden, gegebenenfalls aber auch abgesetzt werden konnten.

Das *capitulum generale ordinarium* trat alle zwei Jahre zusammen, wobei der Tagungsort regelmäßig gewechselt wurde. Alternierend sollte das Generalkapitel von einem Haus innerhalb der Diözese Konstanz, also von einem der württembergischen Stifte, und dann von einem Haus innerhalb der Diözesen Mainz und Trier ausgerichtet werden. Innerhalb dieses Diözesanprinzips war die Reihenfolge durch das Gründungsdatum bzw. die Aufnahme in das Generalkapitel festgelegt.[70]

Das Generalkapitel wurde aus folgenden Personen, die alle zur Teilnahme verpflichtet waren, gebildet: Die Pröpste der einzelnen Häuser mit jeweils einem beigeordneten Kanoniker, der vom Hauskapitel gewählt wurde; der Rektor des Studienhauses in Tübingen, jedoch ohne beigeordneten Bruder; außerdem ein Kanoniker aus dem Haus des Tagungsortes, der allerdings nicht vom dortigen Hauskapitel, sondern von den am Generalkapitel teilnehmenden Kanonikern gewählt werden sollte.[71] War ein Rektor verhindert, entsandte das betreffende Hauskapitel einen Kanoniker als Stellvertreter; dieser konnte bei Mangel an qualifizierten Kräften im eigenen Haus auch aus einem anderen Haus innerhalb des Verbandes gewählt werden.[72] Wenn trotz dieser Regelungen einige Deputierte fehlten, war die Beschlußfähigkeit des versammelten Generalkapitel in keiner Weise eingeschränkt. Die Anwesenden waren befugt, alle Punkte zu verhandeln und zu entscheiden, wobei die Abwesenden keinerlei Möglichkeit hatten, nachträglich Widerspruch einzulegen.[73]

Den Vorsitz über die Verhandlungen übernahm der Rektor des Versammlungsortes.[74] Ihm oblag die Leitung der Verhandlungen, deren formeller Ablauf in den Statuten detailliert festgelegt ist.[75] Zunächst eröffnete der Vorsitzende das Generalkapitel mit einer Messe und der Ankündigung der zu behandelnden Fragen. Daraufhin konnten weitere Themen, wie etwa spezifische Probleme eines Hauses,

---

70 STATUTA [GENERALKAPITEL], fol. 10^{r}.
71 STATUTA [GENERALKAPITEL], fol. 10^{r}, 11^{r}.
72 STATUTA [GENERALKAPITEL], fol. 10^{r}.
73 STATUTA [GENERALKAPITEL], fol. 10^{v}.
74 STATUTA [GENERALKAPITEL], fol. 11^{v}.
75 STATUTA [GENERALKAPITEL], fol. 12^{r}–14^{r}.

von den anwesenden Rektoren und Kanonikern vorgebracht werden. Außerdem konnten auch Kanoniker, die nicht am Generalkapitel teilnahmen, schriftliche Anträge einreichen. Die gemeinsame Beratung erstreckte sich ohne Einschränkung auf alle geistlichen und weltlichen Fragen der Stifte, wobei alle Teilnehmer des Generalkapitels in gleicher Weise stimmberechtigt und nicht an Weisungen ihres Hauskapitels gebunden waren.[76] Die Abstimmungen erfolgten im allgemeinen nach dem Mehrheitsprinzip.[77] Nach den eigentlichen Verhandlungen wurden regelmäßig der Termin für das nächste Generalkapitel sowie die Visitatoren und Visitationstermine für die einzelnen Häuser festgelegt, bevor der Visitationsbericht über die finanziellen Verhältnisse geprüft wurde. Den Abschluß der Versammlung bildete ein Totengedächtnis für alle verstorbenen Mitbrüder und Wohltäter.

Die Beschlüsse des Generalkapitels waren für den gesamten Verband bindend und sollten in den einzelnen Häusern von den Rektoren bekanntgegeben werden. Zu diesem Zweck wurde ein Notar hinzugezogen, der die Beschlüsse in Form einer Urkunde zu fixieren hatte, die dann den Rektoren abschriftlich mitgegeben wurde.[78] Ausgenommen davon waren ledigliche solche Punkte, die der Vorsitzende *zum gemeinen Nutzen* als *secreta capituli* verkündete und die damit der Schweigepflicht unterlagen; sie wurden in gesonderter Weise aufgezeichnet und unter Verschluß gehalten.[79]

Neben dem ordentlichen Generalkapitel waren zwei Sonderformen möglich, die sich dem Anlaß entsprechend vor allem in der Zusammensetzung des Gremiums unterschieden. So wurde zur Wahl eines Propstes ein Generalkapitel gebildet, das sich lediglich aus den Kanonikern mit Sitz und Stimme im Kapitel des vakanten Hauses und den beiden Visitatoren zusammensetzte. Die Einberufung wie auch die Durchführung der Tagung erfolgte durch das von der Vakanz betroffene Haus.[80] Außerdem war auch die Einberufung eines außerordentlichen Generalkapitels möglich, wenn besondere Angelegenheiten, ein Haus oder mehrere betreffend, geregelt werden mußten. In diesem Fall genügte die Anwesenheit der Visitatoren sowie der betroffenen Pröpste, die auch entscheiden konnten, ob und wieviele Kanoniker hinzugezogen werden mußten. Sobald jedoch alle Häuser betroffen waren, sollte ein außerordentliches Generalkapitel zusammentreten, das sich in der Zusammensetzung vom ordentlichen nicht unterschied.[81]

Die Kompetenz des Generalkapitels war für den Verband der oberdeutschen Kanoniker uneingeschränkt. Wirft man einen genaueren Blick auf die eingangs grob skizzierten Bereiche, wird deutlich, daß wir es hier nicht mit einer Verbrüderung mehrer Stifte zu tun haben, die sich in regelmäßigen Zusammenkünften

---

[76] Statuta [Generalkapitel], fol. 10^{v}.

[77] Vgl. Hofmeister, Philipp: Die Kompromißwahl bei den Ordensleuten. In: Theologische Quartalschrift 140, 1960, S. 70–90.

[78] Statuta [Generalkapitel], fol. 13^{r}.

[79] Statuta [Generalkapitel], fol. 13^{v}.

[80] Statuta [Generalkapitel], fol. 14^{r}, 67^{r}–72^{r}.

[81] Statuta [Generalkapitel], fol. 14$^{r/v}$.

zum gegenseitigen Erfahrungsaustausch trafen, sondern mit einem straff durchorganisierten Verband, der mittels verbindlicher Statuten und Beschlüsse das gesamte Leben der einzelnen Stifte bis ins Detail regelte. So waren alle Brüder, ob Kanoniker oder Laien, zur Einhaltung der Statuten und dem Generalkapitel zu Gehorsam verpflichtet.[82] Die einzelnen Häuser wurden schon bei der Gründung als *capitulum particulare* in den Verband des Oberdeutschen Generalkapitels inkorporiert.[83] Die Kanoniker wurden bei ihrer Aufnahme in ein Stift zugleich als Mitbruder des gesamten Generalkapitels aufgenommen[84] und konnten deshalb auch innerhalb des Verbandes versetzt werden.[85] Außer dieser Form der personellen Unterstützung waren die einzelnen Häuser gehalten, sich auch in anderer Hinsicht gegenseitig zu unterstützen. Dies konnte von Rat und Hilfe bei Problemen oder der Ausleihe von Büchern bis hin zum Darlehen oder zur Unterstützung in finanziellen Notlagen gehen. Außerordentliche Beihilfen, die das Maß der Freiwilligkeit übertrafen, wurden jeweils vom Generalkapitel oder den Visitatoren angeordnet.[86]

Das ganze innere Leben im Verband der oberdeutschen Kanoniker war durch einheitliche, für alle Häuser verbindliche Statuten geregelt, die allein das Generalkapitel erlassen oder ändern konnte.[87] Hausspezifische Angelegenheiten, wie z.B. die Wahl der nachgeordneten Amtsträger, konnten zwar in den jeweiligen Hauskapiteln beraten und entschieden werden; dabei durften die Hauskapitel jedoch nichts beschließen, was dem Generalkapitel zuwiderlief.[88] Spezifische Hausordnungen neben den Statuten des Generalkapitels waren nicht vorgesehen. Vielmehr sollten in den Häusern die Statuten des Oberdeutschen Generalkapitels des öfteren, mindestens aber viermal jährlich vorgelesen werden.[89]

Eine dauerhafte Änderung der Statuten konnte nur auf insgesamt drei Generalkapiteln vorgenommen werden.[90] Im ersten wurden neue oder zu ändernde Punkte beraten, worauf den einzelnen Häusern ein vorläufiger Beschluß zugesandt wurde. Nachdem diese ihre Stellungnahmen abgegeben hatten, mußte das folgende Ge-

---

[82] STATUTA [GENERALKAPITEL], fol. 6^{v}, 17^{r}, 43^{v}, 47^{r}.

[83] STATUTA [GENERALKAPITEL], fol. 47^{r}.

[84] STATUTA [GENERALKAPITEL], fol. 3^{v}, 17^{v}, 47^{v}. Vgl. DiözesanA Münster, GV U 1729 (Papst Eugen IV. für Münster, 1439, April 18): *quod unius canonicus eciam cuiuslibet aliarum erigendarum ecclesiarum huiusmodi canonicus censeatur.*

[85] STATUTA [GENERALKAPITEL], fol. 47^{r}, 65^{v}.

[86] Vgl. das Kapitel *De mutua et caritativa domorum unione assistentia et subvencione.* STATUTA [GENERALKAPITEL], fol. 46^{r}–48^{v}.

[87] STATUTA [GENERALKAPITEL], fol. 4^{v}, 5^{r}. DiözesanA Münster, GV U 1729 (Papst Eugen IV. für Münster, 1439, April 18): *Preterea generali capitulo collegii canonicorum huiusmodi, quod pro tempore fieri contigerit quotiens opus fuerit quecumque quotcumque et qualiacumque pro statu et directione felici eorum ac dictarum ecclesiarum erigendarum divinique cultus in eis conservatione et augmento salubria, decencia, honesta et utilia statuta, ordinationes, constitutiones et decreta faciendi et condendi illaque sic confecta immutandi, corrigendi, addendi et minuendi prout ipsis expediens videbitur et sub penis condecentibus per ipsos pro tempore canonicos observari mandandi et decernendi.*

[88] STATUTA [GENERALKAPITEL], fol. 99^{r}.

[89] STATUTA [GENERALKAPITEL], fol. 1^{v}.

[90] Vgl. das Kapitel *De modo condendi statuta.* STATUTA [GENERALKAPITEL], fol. 15$^{r/v}$.

neralkapitel den Sachverhalt erneut beraten und entscheiden. Dieser Beschluß wurde dann probeweise eingehalten und auf dem dritten Generalkapitel entweder verworfen oder, falls er sich bewährt hatte, verbindlich in die Statuten aufgenommen. Ausdrücklich festgehalten wurde, daß die Statuten nicht unverständlich oder zu umfangreich, sondern deutlich und auf das notwendige Maß beschränkt sein sollten.[91]

Unter direkter Aufsicht des Generalkapitels standen die wichtigsten Amtsträger der einzelnen Konvente, die Pröpste und Seelsorger. Deren Wahl und Einsetzung erfolgte durch das Generalkapitel.[92] Grobes Fehlverhalten wurde vor dem Generalkapitel verhandelt und entsprechend dem Vergehen bestraft;[93] im äußersten Fall konnten nachlässige Amtsträger auch abgesetzt werden.[94] Diese Kontrolle erfolgte mit dem Instrument der Visitation.

3.2.2 Die Visitation

Zur Aufrechterhaltung der Disziplin sollten alle Häuser des Generalkapitels einmal jährlich visitiert werden.[95] Hierfür wurden auf jedem ordentlichen Generalkapitel die Visitationstermine festgelegt und zwei Pröpste als Visitatoren gewählt, von denen der eine aus den württembergischen Häusern, der andere aber aus einem Haus innerhalb der Diözesen Mainz oder Trier sein sollte.[96]

Die Visitation eines Hauses wurde feierlich mit einer Vollversammlung aller Brüder im Kapitelsaal mit einer Rede der Visitatoren eröffnet, in der sie die Brüder *zur Einhaltung der gemeinsamen Verfassung, zur Vermeidung von Ärgernissen* und *zur gegenseitigen Liebe* ermahnten und mit dem Hinweis auf die Gehorsamsverpflichtung zur wahrheitsgetreuen Aussage *über Ausschweifungen und ärgerliche Nachlässigkeiten an Haupt und Gliedern* verpflichteten, damit *Fehler verbessert, Übertretungen vermieden* und somit *das Seelenheil gefördert* werde.[97] Anschließend wurden alle Brüder des Hauses – angefangen vom Propst über die Kanoniker bis zu den Novizen – einzeln befragt. Wenn es erforderlich war, konnten die Visitatoren zur Klärung

---

[91] Statuta [Generalkapitel], fol. 15ʳ.

[92] Statuta [Generalkapitel], fol. 4ʳ/ᵛ, 5ʳ, 43ᵛ, 37ᵛ/38ʳ. Vgl. DiözesanA Münster, GV U 1729 (Papst Eugen IV. für Münster, 1439, April 18): *quodque [...] ecclesie per singulos prepositos, qui de numero canonicorum huiusmodi collegii existant et per illius generale capitulum ad tempus [...] eligi valeant absque alicuius desuper faciende apostolice seu ordinarie confirmationis seu provisionis adminiculo alias iuxta statuta et ordinationes per generale capitulum facienda.*

[93] Statuta [Generalkapitel], fol. 4ᵛ/5ʳ. Vgl. DiözesanA Münster, GV U 1729 (Papst Eugen IV. für Münster, 1439, April 18): *singulos prepositos, canonicos et personas ecclesiarum erigendarum predictarum et cuiuslibet earundem pro suis excessibus et delictis alias iuxta statuta et ordinationes facienda huiusmodi corrigendi, castigandi, puniendi, carcerandi.*

[94] Statuta [Generalkapitel], fol. 4ᵛ, 44ᵛ, 65ᵛ. Vgl. DiözesanA Münster, GV U 1729 (Papst Eugen IV. für Münster, 1439, April 18): *quod quilibet prepositorum sic electus per generale capitulum supradictum etiam quotiens eis videbitur a regimine et gubernatione ecclesie, ad quam sic electus extiterit amoveri [...] valeat.*

[95] Statuta [Generalkapitel], fol. 61ʳ.

[96] Statuta [Generalkapitel], fol. 61ʳ.

[97] Statuta [Generalkapitel], fol. 61ᵛ/62ʳ.

von strittigen Fällen, die beispielsweise die Wirtschaftsführung des Hauses betrafen, auch das Gesinde und sogar außenstehende, nicht zum Haus gehörige Personen befragen.[98]

Die Befragung der Visitatoren erstreckte sich zunächst auf den Zustand des Hauses in geistlicher Hinsicht und orientierte sich an einem umfangreichen Fragenkatalog[99], dessen erster Teil vor allem liturgischen Bestimmungen wie z.B. der Durchführung des Gottesdienstes, der Ausübung der Seelsorge und der Einhaltung des Totengedächtnisses galt. Einen zweiten Schwerpunkt bildete die Einhaltung der Statuten mit der Amtsführung des Propstes, der Lebensführung der Kanoniker und der Durchführung der vorgeschriebenen geistlichen Übungen. Die Visitation erstreckte sich außerdem auf die wirtschaftlichen Verhältnisse eines Hauses. Neben der Prüfung von Einkünften, Ausgaben und Schuldenbelastung des Stifts, über die der Propst oder der Prokurator eine genaue Abrechnung vorzulegen hatte,[100] wurden auch die Ausstattung des Hauses mit seinen Werkstätten und Gerätschaften sowie die Tätigkeit der Amtsträger überprüft.

Zum Abschluß der Visitation hatten sich wiederum alle Hausangehörigen im Kapitelsaal zu versammeln, wo die Visitatoren über die Mißstände berichteten und jedem einzelnen für sein Vergehen eine entsprechende Buße auferlegten. In hierarchischer Folge wurden zunächst das Gesinde und die Studenten, danach die Kanoniker einzeln getadelt, wobei jeder vortreten, demütig kniend die Buße empfangen und anschließend den Raum wieder verlassen mußte. Zuletzt wurde der Propst, dem als *persona publica* eine höhere Ehre zukam, unter Ausschluß der Öffentlichkeit gerügt, *damit er nicht zum Hohn und Gespött der Gemeinschaft* würde.[101] Wenn seine Vergehen oder Nachlässigkeiten jedoch so schwerwiegend waren, daß er seines Amtes nicht würdig war, wurde auch er vor dem versammelten Hauskapitel getadelt und gegebenenfalls von der Leitung des Hauses entbunden.[102] Über die Visitation wurde schließlich ein Bericht angefertigt, in dem alle Punkte aufgeführt waren, die das Haus im allgemeinen betrafen. Das Original wurde im Haus aufbewahrt und sollte mindestens einmal monatlich verlesen werden, während eine Abschrift bei den Visitatoren verblieb, *damit sie künftig sehen konnten, ob ihre Bestimmungen eingehalten worden sind oder nicht.*[103]

Die ordentliche Visitation mußte zum festgelegten Termin von den Visitatoren persönlich durchgeführt werden. Ausnahmen waren nur möglich bei außerordentlichen Visitationen oder wenn das Haus eines Visitators geprüft werden sollte. Für diese Fälle wurde auf dem Generalkapitel jedem Visitator ein Beigeordneter aus seinem Bereich zugeteilt, der mit den gleichen Vollmachten ausgestattet war wie der ordentliche Visitator.[104]

---

98 Statuta [Generalkapitel], fol. 64^{r}.
99 Statuta [Generalkapitel], fol. 62^{v}–64^{r}.
100 Statuta [Generalkapitel], fol. 66^{r}.
101 Statuta [Generalkapitel], fol. 64$^{r/v}$.
102 Statuta [Generalkapitel], fol. 65^{v}/66^{r}.
103 Statuta [Generalkapitel], fol. 64^{v}.
104 Statuta [Generalkapitel], fol. 66^{v}/67^{r}, 68^{r}.

Die herausragende Bedeutung der Visitatoren innerhalb des Oberdeutschen Generalkapitels ist freilich nicht allein in der korrekten Durchführung der Visitationen begründet. Daneben amtierten sie in der Zeit zwischen den Generalkapiteln gleichsam als „ständige Kommissare" dieses Gremiums, indem sie viele Angelegenheiten vor Ort zu entscheiden hatten. Bei der Wahl eines neuen Propstes oder bei der Klärung von wichtigen Angelegenheiten eines Hauses erhielt das Hauskapitel durch die Anwesenheit der Visitatoren den Rang eines Generalkapitels.[105] Ein neuer Propst wurde jeweils von den anwesenden Visitatoren im Namen des Generalkapitels in sein Amt eingesetzt und mit der Seelsorge betraut.[106] Sie hatten Beschlüsse des Generalkapitels umzusetzen, den örtlichen Gegebenheiten anzupassen und den Brüdern unverständliche Statuten zu erläutern.[107] Wenn es darum ging, Ausnahmeregelungen einzuräumen, war auch dies die Aufgabe der Visitatoren. Viele Einzelbestimmungen in den Statuten sind deshalb mit dem Vorbehalt ihrer Zustimmung verknüpft. Dies betrifft vor allem Dispense bei der Aufnahme von Kanonikern vor Ablauf des Noviziats[108] und bei der Aufnahme von Minderjährigen[109] oder Illegitimen[110], aber auch alle anderen Abweichungen von den Statuten wie beispielsweise Ausnahmeregelungen, die den Eigenbesitz betrafen[111]. Kanoniker konnten die Gemeinschaft des Oberdeutschen Generalkapitels nur mit Zustimmung der Visitatoren verlassen.[112] Außerdem führten diese die Oberaufsicht über das geistliche Leben in den Häusern, indem sie liturgische Bestimmungen modifizierten[113], die Andachtsübungen der Brüder regelten und eine Ordnung für die studierenden Kanoniker aufstellten.[114] Beschlüsse des Hauskapitels, die nicht im Einklang mit den Statuten des Generalkapitels standen, mußten die Visitatoren anpassen oder gegebenenfalls revidieren.[115] Schwere Streitfälle schließlich, die keinesfalls außer Haus ausgetragen werden durften, sollten die Visitatoren beilegen oder bis zur Klärung auf dem nächsten Generalkapitel schlichten.[116] Wenn ein Bruder wegen eines schlimmen Vergehens (*gravissima culpa*) eingekerkert werden mußte, sollte dies nur auf Anweisung der Visitatoren geschehen.[117] Umgekehrt waren sie für die Brüder gleichsam eine Appellationsinstanz, wenn es Beschwerden über den Propst und seine Amtsführung gab.[118]

---

105 Statuta [Generalkapitel], fol. $14^{r/v}$, 67^{r}–72^{r}.
106 Statuta [Generalkapitel], fol. 37^{v}.
107 Statuta [Generalkapitel], fol. 67^{r}.
108 Statuta [Generalkapitel], fol. 16^{r}.
109 Statuta [Generalkapitel], fol. 16^{v}.
110 Statuta [Generalkapitel], fol. 24^{r}.
111 Statuta [Generalkapitel], fol. 42^{r}.
112 Statuta [Generalkapitel], fol. 7^{r}, 23^{r}.
113 Statuta [Generalkapitel], fol. 25^{v}.
114 Statuta [Generalkapitel], fol. 35^{r}.
115 Statuta [Generalkapitel], fol. 67^{v}, 99^{r}.
116 Statuta [Generalkapitel], fol. 45^{v}.
117 Statuta [Generalkapitel], fol. 98^{v}.
118 Statuta [Generalkapitel], fol. 38^{v}, 44^{v}.

3.3 Die einzelnen Häuser

3.3.1 Der Propst

Für die Leitung der Stifte *in geistlichen wie in weltlichen Angelegenheiten*[119] wurden vom Generalkapitel Pröpste eingesetzt, die aus dem jeweiligen Hauskapitel gewählt werden sollten.[120] Der Propst sollte *ehrenhaft*, *gerecht* und *den Brüdern ein Beispiel für demütiges Leben* sein und sein Amt entsprechend den Statuten führen.[121] Alle Brüder waren ihm gegenüber zum Gehorsam verpflichtet und sollten ihn nicht „Propst" oder „Rektor", sondern „Vater" nennen.[122] Trotz seiner herausgehobenen Stellung kamen ihm jedoch hinsichtlich der Lebensweise keine Sonderregelungen zu, da er *seinen Mitbrüdern gleich sein sollte beim Essen, in der Kleidung, beim Chordienst* und *bei der Handarbeit*. Außerdem sollte er keinen besonderen Besitz haben und wie alle Brüder mit dem Lebensnotwendigen versorgt werden.[123] Der Propst war auch an die Präsenzpflicht gebunden. Wollte er mehr als fünf Meilen reisen oder außer Haus übernachten, benötigte er die Zustimmung des Hauskapitels.[124]

Die Kompetenzen des Propstes erstrecken sich auf drei Hauptbereiche, nämlich der disziplinarischen, administrativen und seelsorgerlichen Leitung des Hauses. Zunächst oblag ihm die Aufsicht über die Observanz der Statuten, die er – falls nötig – auch mit disziplinarischen Maßnahmen durchsetzen sollte. Dazu leitete der Propst einmal wöchentlich das *capitulum culparum*, auf dem er die einzelnen Vergehen nach einem festgelegten Bußkatalog ahndete.[125] Die Strafen reichten dabei von einfachen Bußübungen und zusätzlichem Fasten bei leichteren Vergehen bis hin zu Amtsenthebungen oder Entzug von Sitz und Stimme im Hauskapitel bei schwereren Verfehlungen. Einkerkerungen sollten dagegen normaler-

---

119 STATUTA [GENERALKAPITEL], fol. 72^{r}.

120 STATUTA [GENERALKAPITEL], fol. 4^{r}, 72^{r}. – DiözesanA Münster, GV U 1729 (Papst Eugen IV. für Münster, 1439, April 18): *quodque singule erigende ecclesie predicte per singulos prepositos, qui de numero canonicorum huiusmodi collegii existant et per illius generale capitulum [...] eligi valeant.*

121 STATUTA [GENERALKAPITEL], fol. 72$^{r/v}$.

122 STATUTA [GENERALKAPITEL], fol. 43^{v}, 74^{v}, 75^{r}. – In den Statuten des Oberdeutschen Generalkapitels werden für den Propst gleichbedeutend die Bezeichnungen *praepositus*, *rector* oder *pater* verwendet. Vgl. STATUTA [GENERALKAPITEL], fol. 43^{v}: *[...] quem in sua congregacione a generali capitulo loco Dei vicarium, rectorem, patrem et prepositum receperunt [...]*. Am häufigsten vertreten ist das Begriffspaar *praepositus seu rector*. Vgl. STATUTA [GENERALKAPITEL], fol. 7^{r}, 7^{v}, 9^{r}, 14^{r}, 17^{r}, 19^{v}, 21^{r}, 21^{v}, 37^{v}, 38^{v}, 58^{v}, 75^{r} etc. Ebenso tritt auch die Kombination der Begriffe *pater et praepositus* oder *pater seu rector* auf; vgl. STATUTA [GENERALKAPITEL], fol. 18^{r}, 36^{r}, 63^{v}, 74^{v} etc.

123 STATUTA [GENERALKAPITEL], fol. 4^{v}, 72^{v}. Vgl. DiözesanA Münster, GV U 1729 (Papst Eugen IV. für Münster, 1439, April 18): *Item prepositus sic electus per generale capitulum propterea propriam porcionem vel specialem non habeat in bonis, proventibus, fructibus, redditibus, emolimentis aut obventionibus ecclesie sue aut collegii, sed ei in communi sicut cuilibet de canonicis huiusmodi collegii dumtaxat vite necessaria ministrentur.*

124 STATUTA [GENERALKAPITEL], fol. 73^{r}.

125 STATUTA [GENERALKAPITEL], fol. 43^{v}, 74^{r}. – Vgl. fol. 94^{r}–95^{v}: *Culparum sive exercicii capitulum.* Fol. 95^{v}–99^{r}: *De satisfactione pro culpis iniungendis capitulum.*

weise durch den Visitator vorgenommen werden. Wenn jedoch Gefahr drohte, konnte diese Strafe auch vom Propst – jedoch nur mit Zustimmung des Hauskapitels – ausgesprochen werden.[126] Ein besonderes Gewicht bei der Lebensweise der Brüder kam der strikten Gütergemeinschaft zu. Der Propst hatte streng darauf zu achten, daß ohne seine ausdrückliche Genehmigung kein Bruder irgendeine Sache zur Nutzung erhielt oder gar als sein privates Eigentum betrachtete.[127] Zu diesem Zweck sollten alle Zellen der Brüder einmal jährlich durch den Propst visitiert werden.[128] Er konnte den Brüdern auch neue Zellen zuweisen, wobei sie ausschließlich diejenigen Gegenstände mitnehmen durften, die der Propst genehmigt hatte.[129] Befreiungen von der Residenzpflicht erteilte ebenfalls der Propst. Die Brüder durften das Haus nur aus triftigen Gründen verlassen, im längsten Fall bis zu zwei Monaten. Alle über diesen Zeitraum hinausgehenden Abwesenheiten bedurften der Zustimmung des Hauskapitels.[130]

Der Propst war jedoch in seiner Amtsführung nicht uneingeschränkt, da er nach außen dem Generalkapitel verantwortlich war. Innerhalb des Hauses war er bei gewissen Entscheidungen auf die Mitwirkung des Hauskapitels angewiesen. Mindestens einmal monatlich sollte der Propst das Hauskapitel einberufen und als Vorsitzender die Verhandlungen leiten.[131] Hier sollte jeder Bruder *frei, aber dennoch demütig vorbringen*, was dem Haus nütze.[132] In den folgenden Fällen aber, die in den Statuten als *causae maiores* ausdrücklich hervorgehoben sind, war der Propst in seiner Regierung an den Mehrheitsbeschluß des Hauskapitels gebunden. Hierzu zählte die Besetzung der beiden wichtigsten Ämter nach dem Propst, nämlich des Vizerektors und des Prokurators,[133] die Aufnahme eines Novizen oder eines Kanonikers und die Erteilung kirchlicher Weihen. Ebenfalls der Zustimmung des Hauskapitels bedurften größere finanzielle Geschäfte, die den Umfang von zwanzig Gulden überschritten, größere Baumaßnahmen sowie der Gebrauch des großen Siegels.[134] Alle anderen Angelegenheiten sollte der Propst *allein mit väterlicher Sorgfalt* durchführen, wobei er jedoch *häufig den Rat des Vizerektors und des Prokurators einholen* sollte.[135] Damit ist für die Leitung der Stifte gleichsam ein „engerer Rat" beichnet, der die laufenden Geschäfte und insbesondere die Vermögensverwaltung zu erledigen hatte. Propst, Vizerektor und Prokurator hatten nämlich jeweils einen von drei unterschiedlichen Schlüsseln zur *cista communis*, in der das Barvermögen, das große Siegel und die wichtigsten Urkunden aufbewahrt wurden.[136] Auch die Besetzung der übrigen Ämter, die zur Aufrechterhaltung des

---

[126] Statuta [Generalkapitel], fol. 98^v.
[127] Vgl. Statuta [Generalkapitel], fol. 40^v–43^r: *De proprietatis abdicacione.*
[128] Statuta [Generalkapitel], fol. 41^v, 73^r.
[129] Statuta [Generalkapitel], fol. 41^v/42^r.
[130] Statuta [Generalkapitel], fol. 58^v, 73^r.
[131] Statuta [Generalkapitel], fol. 74^r, 99^r.
[132] Statuta [Generalkapitel], fol. 99^r.
[133] Statuta [Generalkapitel], fol. 73^v, 75^r, 80^v.
[134] Statuta [Generalkapitel], fol. 74^r.
[135] Statuta [Generalkapitel], fol. 74^r.
[136] Statuta [Generalkapitel], fol. 42^v/43^r.

Stiftslebens notwendig waren, nahm der Propst in Absprache mit dem Vizerektor und dem Prokurator vor.[137] Alle Amtsträger wurden vom Propst kontrolliert und mußten bei der hausinternen Visitation, die der Propst jährlich durchführte, über ihren Bereich Rechenschaft ablegen.[138]

Als geistlicher Leiter des Stifts wurde der Propst unmittelbar nach seiner Wahl vom anwesenden Visitator im Namen des Generalkapitels auch mit der Seelsorge betraut, die er im Stift wie auch in den zugehörigen Pfarrsprengeln auszuüben hatte.[139] Wenn es nötig war, konnte der Propst aus dem Kapitel weitere geeignete Priester zur Seelsorge berufen.[140] In Ausnahmefällen konnte der Propst mit Zustimmung des Hauskapitels auch auswärtige Priester holen.[141] In der Regel sollte aber die *cura animarum* von Priestern aus dem Stift ausgeübt werden. Insgesamt hatte der Propst die korrekte Ausübung der Seelsorge zu überwachen und nachlässige Priester zurechtzuweisen oder zu entlassen.[142]

War in einem Haus das Amt des Propstes durch Tod, Abdankung oder Absetzung vakant geworden, hatte dies der Vizerektor unmittelbar dem in diesem Bereich zuständigen Visitator zu melden, der daraufhin einen Termin für die Propstwahl festlegte.[143] Die Wahl wurde in dem betroffenen Haus durchgeführt, wobei ausschließlich die Brüder des Hauskapitels und die beiden ordentlichen Visitatoren oder deren Stellvertreter wahlberechtigt waren und ein sogenanntes *capitulum generale pro preposito eligendo* bildeten.[144] Nachdem die Wahlberechtigten am Vortag gefastet hatten, wurde der Wahltag mit einer Messe *de spiritu sancto* eröffnet, die vom Vizerektor zelebriert wurde. Danach ging man zum Kapitelsaal, wo einer der Visitatoren die Wähler ermahnte, ihr Votum *ohne Begünstigung, Haß, persönlichen Vorteil oder sonst einer böswilligen Absicht* abzugeben. Wählbar war jeder Kapitular innerhalb des Oberdeutschen Generalkapitels, der zuvor noch nicht Rektor war; ein ehemaliger Rektor konnte nur gewählt werden, wenn er zuvor in dem vakanten Haus als Kanoniker aufgenommen worden war.[145] Der Vorsitzende und die Wähler mußten nun in Gegenwart eines Notars schwören, nur denjenigen

---

[137] STATUTA [GENERALKAPITEL], fol. 73^v^.

[138] STATUTA [GENERALKAPITEL], fol. 73^r^.

[139] STATUTA [GENERALKAPITEL], fol. 5^r^, 36^r^, 37^v^, 72^r^. Vgl. DiözesanA Münster, GV U 1729 (Papst Eugen IV. für Münster, 1439, April 18): *quod illi ex eis in sacerdotio constituti per generale capitulum [...] personarum [...] confessiones audire et pro commissis [...] absolutionem et salutarem penitentiam iniungendi eisque eucaristie olei sancti et alia ecclesiastica sacramenta ministrandi.*

[140] STATUTA [GENERALKAPITEL], fol. 37^v^.

[141] STATUTA [GENERALKAPITEL], fol. 39^v^.

[142] STATUTA [GENERALKAPITEL], fol. 38^v^.

[143] STATUTA [GENERALKAPITEL], fol. 68^v^.

[144] STATUTA [GENERALKAPITEL], fol. 69^v^/70^r^. – Die Anwesenheit der beiden ordentlichen Visitatoren war unter Strafandrohung vorgeschrieben. Aus zwingenden Gründen konnte jedoch auch der beigeordnete Visitator oder älteste Priester des Hauses die Vertretung übernehmen. Vgl. STATUTA [GENERALKAPITEL], fol. 68^v^–69^v^.

[145] STATUTA [GENERALKAPITEL], fol. 69^v^–70^v^.

zum Propst zu wählen, den sie aufgrund seines Lebenswandels, seines Alters und seiner Fähigkeiten für dieses Amt als *persona idonea*[146] hielten.[147]

Nach dem kanonischen Recht war die Wahl auf unterschiedliche Weise gestattet. Sie konnte *per inspirationem* erfolgen, wenn ein Kandiat sofort übereinstimmend gewählt wurde, oder *per scrutinium*, wenn in geheimer Abstimmung gewählt wurde. Schließlich war die Wahl auch *per compromissum* möglich, wobei die Wähler ihr Wahlrecht nicht selbst ausübten, sondern einem oder mehreren *compromissarii* übertrugen.[148] Bei den oberdeutschen Kanonikern erfolgte die Propstwahl durch eine Mischform, ein *compromissum limitatum*[149], das sowohl Elemente des *compromissum* als auch des *scrutinium* beinhaltete. Dabei hatten die Kompromissare den von der Mehrheit des Kapitels genannten zu wählen.[150] Nachdem sich die Wahlversammlung auf einen oder zwei Kompromissare geeinigt hatte, gaben die Wähler einzeln und geheim ihr Votum ab, das von den Kompromissaren verzeichnet und ausgezählt wurde. Im Anschluß trat ein Kompromissar vor den Altar und nahm die formelle *electio* im Namen seines Kollegen mit folgender Formel vor: *Ego N. compromissarius de consensu et voluntate compromissariorum meorum virtute compromissi in nos facti eligo in huius ecclesie Sancti N. prepositum venerandum virum N., in quem maior pars tocius capituli consensit.*[151] Nachdem der Gewählte die Wahl angenommen hatte, übertrugen die Visitatoren ihm im Namen des Generalkapitels sein neues Amt, indem sie ihn an den Platz des Propstes führten.[152] Unmittelbar danach wurde dem Propst die *cura animarum* übertragen,[153] der den anwesenden Visitatoren und Kapitularen schwören mußte, *sein Amt nach bestem Können und Wissen getreu und sorgfältig auszuüben.*[154]

Wenn der erste Wahlgang keine Mehrheit erbrachte, sollte dieses Verfahren ein zweites und drittes Mal wiederholt werden. Sollte auch danach keine Entscheidung fallen, waren die Visitatoren befugt, aus dem Kapitel weitere Brüder als Kompromissare zu berufen, um ein neues Generalkapitel zu bilden. Dieses Wahlgremium sollte dann *per compromissum limitatum vel illimitatum* einen geeigneten Propst wählen, der vom gesamten Kapitel anerkannt werden mußte.[155]

---

[146] Vgl. HINSCHIUS, Paul: Das Kirchenrecht der Katholiken und Protestanten in Deutschland. Band 2. Berlin 1878. ND Graz 1959, hier S. 476–493.

[147] STATUTA [GENERALKAPITEL], fol. 70^v.

[148] Vgl. HINSCHIUS, Kirchenrecht 2, S. 661–666.

[149] Vgl. HINSCHIUS, Kirchenrecht 2, S. 664f.

[150] STATUTA [GENERALKAPITEL], fol. 70^v: *[...] electionem via compromissi cum limitacione et restrictione, quod ipsi compromissarii vel compromissarius eligant vel eligat eum, in quem maior pars capituli consenserit [...].*

[151] STATUTA [GENERALKAPITEL], fol. 70^v/71^r. Vgl. die Elektionsformel bei HINSCHIUS, Kirchenrecht 2, S. 665, Anm. 8.

[152] STATUTA [GENERALKAPITEL], fol. 71^r/71^v.

[153] STATUTA [GENERALKAPITEL], fol. 37^v, 72^r.

[154] STATUTA [GENERALKAPITEL], fol. 72^r.

[155] STATUTA [GENERALKAPITEL], fol. 71^v/72^r. Dieses Verfahren war gemäß X 1.6.42 (FRIEDBERG II, Sp. 88f.) und X 1.6.30 (FRIEDBERG II, Sp. 74–76.) abgesichert. Vgl. HINSCHIUS, Kirchenrecht 2, S. 664f.

3.3.2 Der Vizerektor

Das zweite für die Leitung des Hauses maßgebliche Amt bekleidete der Vizerektor. Dafür wurde ein *Priester guten Leumunds* vom Propst mit Zustimmung des Hauskapitels ernannt.[156] Er fungierte als Beirat des Propstes in allen Angelegenheiten und übernahm bei dessen Abwesenheit als Stellvertreter die Leitung des Hauses. Alle Brüder sollten ihm gleichermaßen Gehorsam und Achtung erweisen wie dem Propst.[157]

Der Vizerektor war in seinen Befugnissen als Stellvertreter jedoch in der Weise eingeschränkt, daß er bei wichtigen Entscheidungen die Rückkehr des Propstes abwarten mußte. So konnte er zwar ein Hauskapitel einberufen und den Vorsitz übernehmen[158] oder den Propst beim Generalkapitel vertreten[159], aber es war ihm untersagt, Amtsträger zu entlassen oder einzusetzen, Novizen oder Kanoniker in die Gemeinschaft aufzunehmen oder Sitze für das Hauskapitel zu vergeben.[160]

Angelegenheiten, die nicht auf dem Hauskapitel entschieden werden mußten, sollte der Propst mit dem Vizerektor und dem Prokurator beraten;[161] dies galt beispielsweise für die Einsetzung der Amtsträger.[162] Außerdem übte der Vizerektor eine gewisse Kontrolle über die Amtsführung des Propstes aus. Beschwerden seitens der Brüder sollte der Vizerektor prüfen und den Propst gegebenenfalls zurechtweisen.[163]

3.3.3 Der Prokurator

Für die Verwaltung der Ökonomie wurde in den Häusern des Oberdeutschen Generalkapitels ein *procurator* bestellt, dessen Befugnisse etwa mit dem Amt des *cellerarius* anderer Kollegiatstifte vergleichbar sind.[164] Die Statuten der oberdeutschen Kanoniker nennen neben dem *procurator* auch einen *cellarius*[165], der jedoch ausschließlich für die Bewirtschaftung der Vorratskammer zuständig war. Das Aufgabenfeld des Prokurators hingegen war erheblich umfassender und damit einflußreicher, da er auf der einen Seite das gemeinsame Vermögen zu verwalten hatte[166] und auf der anderen Seite alle Amtsträger des Stiftes in weltlichen Dingen zu beaufsichtigen hatte.[167] Er wurde vom Propst mit Zustimmung des Hauskapi-

---

[156] Statuta [Generalkapitel], fol. 73v, 75r.

[157] Statuta [Generalkapitel], fol. 75r/v.

[158] Statuta [Generalkapitel], fol. 75r, 99v.

[159] Statuta [Generalkapitel], fol. 11r.

[160] Statuta [Generalkapitel], fol. 75v.

[161] Statuta [Generalkapitel], fol. 74r.

[162] Statuta [Generalkapitel], fol. 73v.

[163] Statuta [Generalkapitel], fol. 44v, 75v.

[164] – Zum *cellerarius* vgl. Hinschius, Kirchenrecht 2, S. 105f. Marchal, Guy P.: Die Dom- und Kollegiatstifte der Schweiz. In: Die weltlichen Kollegiatstifte der deutsch- und französischsprachigen Schweiz. Bern 1977. (Helvetia Sacra Abt. II, Teil 2), S. 27–102, hier S. 61.

[165] Vgl. Statuta [Generalkapitel], fol. 92v–93r: *De cellario.*

[166] Statuta [Generalkapitel], fol. 80v.

[167] Statuta [Generalkapitel], fol. 81v.

tels eingesetzt, dem er jährlich über seine Amtsführung Rechenschaft abzulegen und sein Amt zur Verfügung zu stellen hatte.[168] Der Prokurator sollte ein *kluger, zuverlässiger und gottesfürchtiger Mann* sein, der *in den Angelegenheiten des Hauses niemanden täuscht und auch von keinem getäuscht wird*;[169] er mußte nicht unbedingt aus dem Hauskapitel hervorgehen, aber wenn es erforderlich war, sollte er an den Sitzungen teilnehmen und gehört werden.[170]

Die wichtigste Aufgabe des Prokurators bestand in der Vermögensverwaltung des Hauses, die er freilich nach den Direktiven von Propst und Hauskapitel durchzuführen hatte.[171] So konnte der Prokurator finanzielle Aufwendungen über sechs Gulden nur mit Zustimmung des Propstes, über fünfzig Gulden nur mit Zustimmung des Hauskapitels vornehmen.[172] Da die strikte Gütergemeinschaft bei den oberdeutschen Kanonikern ein bestimmendes Merkmal war, kam der gemeinsamen *mensa* ein besonderer Stellenwert zu. Die einzelnen Stiftspräbenden waren nicht den Kanonikern zugeordnet, sondern in der *mensa* zusammengefaßt, in die alle Einkünfte flossen und aus der jeder Bruder nach seinen Bedürfnissen unterhalten wurde.[173] Deshalb sollte außer dem Propst und dem Prokurator kein Bruder über Geldmittel verfügen. Nur wenn ein Bruder vom Propst auf Reisen oder zur Erledigung von Geschäften geschickt wurde, wurde ihm zeitweise Geld überlassen, über das er unmittelbar nach seiner Rückkehr dem Prokurator eine Abrechnung vorzulegen hatte.[174] Geldbeträge über zwanzig Gulden sollten in der *cista communis* verwahrt werden, die mit drei verschiedenen Schlössern gesichert war. Jeweils einen Schlüssel hatten der Propst, der Vizerektor und der Prokurator, so daß die Truhe nur im Beisein aller Schlüsselinhaber geöffnet werden konnte.[175]

Neben der Finanzverwaltung war der Prokurator auch für alle Fragen des wirtschaftlichen Unterhalts von der Bausubstanz bis zur Vorratshaltung zuständig.[176] Ihm oblag die Aufsicht über die Stiftsämter in weltlichen Dingen. Dabei hatte er die einzelnen Bereiche regelmäßig zu visitieren und die Versorgung zu koordinieren.[177] Bei der Besetzung der Stiftsämter, die der Propst vornahm, übte er ein Mitspracherecht aus.[178]

---

[168] STATUTA [GENERALKAPITEL], fol. 73ᵛ, 80ᵛ, 82ʳ.
[169] STATUTA [GENERALKAPITEL], fol. 80ᵛ.
[170] STATUTA [GENERALKAPITEL], fol. 82ʳ.
[171] STATUTA [GENERALKAPITEL], fol. 80ᵛ, 81ᵛ, 82ʳ.
[172] STATUTA [GENERALKAPITEL], fol. 80ᵛ/81ʳ.
[173] Vgl. STATUTA [GENERALKAPITEL], fol. 40ᵛ–43ʳ: *De proprietatis abdicacione*. Vgl. auch fol. 4ʳ, 80ᵛ.
[174] STATUTA [GENERALKAPITEL], fol. 40ᵛ/41ʳ, 60ʳ.
[175] STATUTA [GENERALKAPITEL], fol. 43ʳ.
[176] STATUTA [GENERALKAPITEL], fol. 81ʳ.
[177] STATUTA [GENERALKAPITEL], fol. 81ᵛ.
[178] STATUTA [GENERALKAPITEL], fol. 73ᵛ.

3.3.4 Die Ämter

Die Entwicklung der deutschen Bruderhäuser zeigt, daß sich aus der anfangs noch offenen „Verfassung" der kleinen Hausgemeinschaften im Laufe der Zeit festere Strukturen ausbildeten. Für die verschiedenen Arbeitsbereiche der größer werdenden Konvente entwickelte sich eine differenzierte Ämterordnung. Als Zäsur kann hier die Bestimmung im Gründungsstatut des Münsterschen Kolloquiums (1431) gelten, daß die *consuetudines* der einzelnen Häuser schriftlich fixiert werden sollten.[179] In diesem Zusammenhang wurden auch mehrere Ämter aufgeführt, die aus den beiden ursprünglichen Hausvorständen, dem *paterfamilias* und dem *procurator* hervorgegangen sind.[180] Bei den Amtsbezeichnungen – mit Ausnahme des „Rektors" – orientierten sich die Brüder an den für geistliche Gemeinschaften üblichen Termini.

Im Oberdeutschen Generalkapitel erfolgte eine gewisse Trennung zwischen weltlichen, zum Bereich der Ökonomie zu zählenden, und geistlichen Ämtern, die insbesondere für die Durchführung des *opus Dei* erforderlich waren. Für die Aufsicht über den liturgischen Ritus in den Häusern des Oberdeutschen Generalkapitels war der vom Propst eingesetzte Kantor zuständig.[181] Um einen korrekten Chordienst zu gewährleisten, hatte er die einzelnen Teile des Offiziums den Chormitgliedern zuzuweisen. Ebenso war er für die Einteilung der Gesänge und Lektionen bei den verschiedenen Festen und Prozessionen zuständig. Diese Disposition sollte entsprechend dem Ordinarius erfolgen, der in den Statuten erläutert wird.[182] Der Kantor sollte für sich ein übersichtliches Verzeichnis führen und den Brüdern ihren jeweiligen Dienst wöchentlich über eine Tafel bekanntgeben.[183] In seiner Obhut befanden sich auch die für den Chordienst erforderlichen Bücher, die er sorgfältig aufzubewahren und bei Bedarf zu verbessern hatte.[184] Da der Kantor den Brüdern nicht nur in liturgischer, sondern auch in musikalischer Hinsicht eine *viva regula* sein sollte, mußte er in diesem Bereich gleichfalls entsprechende Fähigkeiten haben. Er intonierte den Chorgesang und achtete dabei auf ein maßvolles Tempo und die richtige Tonhöhe.[185] Schließlich war er innerhalb des Hauses für den Gesangsunterricht der Brüder verantwortlich.[186] Da der Kantor diese Pflichten nicht immer selbst ausüben konnte, wurde ihm vom Propst ein Gehilfe, der sogenannte Succentor, zur Seite gestellt.[187]

---

179 Doebner, Annalen, S. 252.

180 Im Gründungsstatut (Doebner, Annalen, S. 252) werden folgende Hausämter genannt: *rector, procurator, vestiarius, cocus, hospitarius* und *infirmarius*.

181 Statuta [Generalkapitel], fol. 77^{r}–78^{v}.

182 Vgl. Statuta [Generalkapitel], fol. 24^{r}–32^{v}: *De divino officio*.

183 Statuta [Generalkapitel], fol. 77$^{r/v}$.

184 Statuta [Generalkapitel], fol. 77^{r}.

185 Statuta [Generalkapitel], fol. 77^{v}/78^{r}.

186 Statuta [Generalkapitel], fol. 77^{v}/78^{r}.

187 Statuta [Generalkapitel], fol. 78^{v}.

Wie in Kollegiatstiften oder Klöstern praktizierten die Kanoniker vom Gemeinsamen Leben die wochenweise Abwechslung des Gottesdienstes.[188] Zu diesem Dienst als Hebdomadar waren der Propst und alle Priester nach der Reihenfolge ihres Platzes im Kapitel verpflichtet.[189] Der Hebdomadar hatte die betreffende Woche hindurch die Messe zu halten und die übrigen liturgischen Verrichtungen der Pfarrei vorzunehmen, wie beispielsweise die Weihe von Salz und Wasser und die liturgische Besprengung der Kirche und des Friedhofes. Der Propst konnte bei einer entsprechenden Anzahl von Priestern zwar vom Wochendienst dispensiert werden; an hohen Festtagen sollte er jedoch unbedingt das Amt des Hebomadars ausüben.

Ebenfalls ein liturgisches Amt versah der Kustos oder Sakristan, der für das Kirchengebäude, die liturgischen Geräte und den Kirchenschatz verantwortlich war.[190] Dazu gehörte die Aufbewahrung und Reinigung der liturgischen Gewänder und Altartücher, die Ausschmückung der Altäre entsprechend den Kirchenfesten sowie die rechtzeitige Beschaffung von Kerzen, Weihrauch und Öl nach Absprache mit dem Prokurator. Alle Gegenstände sollten in einem Inventar verzeichnet sein, von dem ein Exemplar der Propst und ein weiteres Exemplar der Visitator zur Kontrolle haben sollten. Der Kustos war auch für die Unterweisung der Ministranten zuständig. Die Reinigung und die Schließung der Kirche, das Läuten der Glocken und das Wecken der Brüder konnte er an einen Subkustos delegieren. Der Kustos konnte, aber mußte nicht unbedingt Priester sein. Auf jeden Fall hatte er innerhalb der Seelsorge keine Sonderstellung, wie es am Kollegiatstift üblich üblich war.

Die anderen Ämter am Stift sollten die Ökonomie des Hauses und die Versorgung der Brüder sicherstellen. Die Statuten nennen den für die Textilien zuständigen Kleidermeister (*vestiarius*), den Kellermeister (*cellarius*), einen Aufseher für den Kornspeicher (*custos granarii*), der auch für das Bierbrauen und den Weinbau verantwortlich war, sowie Koch (*cocus*), Gärtner (*hortulanus*) und Bäcker (*pistor*). Für die Unterbringung der Gäste und die Versorgung kranker Brüder waren der Gastmeister (*hospitarius*) bzw. der Krankenmeister (*infirmarius*) zuständig. Alle diese Ämter wurden in Übereinkunft von Propst, Vizerektor und Prokurator bestzt. Die Oberaufsicht im ökonomischen Bereich führte der Prokurator, der die verschiedenen Bereiche zu koordinieren und regelmäßig zu visitieren hatte.

3.3.5 Das Hauskapitel

Da die einzelnen Stifte dem Generalkapitel inkorporiert waren, bildeten sie kein autonomes Kapitel, sondern ein *capitulum particulare,* das vom Propst als or-

---

[188] Vgl. SCHÄFER, Heinrich: Pfarrkirche und Stift im deutschen Mittelalter. Eine kirchenrechtsgeschichtliche Untersuchung. Stuttgart 1903. ND Amsterdam 1962. (Kirchenrechtliche Abhandlungen 3), hier S. 190–193.

[189] Vgl. STATUTA [GENERALKAPITEL], fol. $76^{r/v}$: *De ebdomadario.*

[190] Vgl. STATUTA [GENERALKAPITEL], fol. 78^{v}–80^{v}: *De sacrista.* – Zum *Custos* vgl. HINSCHIUS, Kirchenrecht 2, S. 103ff.

dentliches Kapitel (*capitulum mensile*) einmal monatlich oder als außerordentliches Kapitel (*capitulum casuale*) in besonderen Angelegenheiten einberufen wurde.[191] Aufgrund ihrer Stellung innerhalb des Gesamtverbandes war die Kompetenz dieser Partikularkapitel im Vergleich zu einem weltlichen Kollegiatstift eingeschränkt. Dieses verfügte als selbständige Korporation im allgemeinen über das Recht der Statutengebung, der Vermögensverwaltung, der Selbstergänzung durch kanonische Wahl, der Aufsicht verbunden mit einer gewissen Disziplinargewalt sowie das Recht, ein eigenes Siegel zu führen.[192] Bei den oberdeutschen Kanonikern hingegen lag das Recht einer verbindlichen Statutengebung ausschließlich beim Generalkapitel. Gleichwohl sollten auf den Kapitelsitzungen alle Dinge beraten werden, die das Haus betrafen, und die Brüder waren aufgefordert, für das Haus und den gemeinschaftlichen Lebenswandel nützliche Vorschläge einzubringen, aber auch Kritik bei nachlassender Observanz hinsichtlich der gemeinsamen Prinzipen.[193] Beschlüsse konnten dabei nur gefaßt werden, wenn sie mit den Statuten des Generalkapitels vereinbar waren.[194] Zum Hauskapitel waren nur Kleriker zugelassen, die mindestens die Diakonatsweihe erhalten hatten.[195]

Trotz dieser Einschränkung war das Kapitel innerhalb des Hauses das maßgebliche Gremium, das über alle wichtigen Fragen, die *causae maiores*[196], zu entscheiden hatte. Dazu gehörten die Aufnahme eines Novizen oder eines Kanonikers[197], die Entlassung oder Versetzung von Brüdern[198], die Erteilung kirchlicher Weihen, alle finanziellen Geschäfte, die zwanzig Gulden überschritten, der Gebrauch des großen Siegels und alle Bauvorhaben. Zusätzlich werden in den Statuten an verschiedenen Stellen weitere Angelegenheiten erwähnt, die dem Kapitel zur Entscheidung vorgelegt werden mußten. Hierzu gehörte die Bestellung des Prokurators[199] und des Vizerektors[200], deren Amtsführung vom Kapitel kontrolliert wurde. Ebenso mußte das Kapitel bei Reisen des Propstes[201] und bei schweren Disziplinarmaßnahmen wie z.B. der Einkerkerung eines Bruders[202] zustimmen. Ein besonderes Gewicht kam dem Kapitel bei der Wahl des Propstes zu. Zu diesem Anlaß wurde zwar formell ein *capitulum generale pro praeposito eligendo* gebildet, das sich jedoch außer den Visitatoren nur aus den Kapitularen des vakanten Hauses zusammensetzte.

Die Kapitelsitzungen selbst gliederten sich in drei Teile: Einem einleitenden Vortrag des Propstes und etwaigen Anträgen der Brüder folgte die Beratung und

---

[191] STATUTA [GENERALKAPITEL], fol. 12^{v}. Vgl. auch fol. 99$^{r/v}$: *De capitulo domestico seu particulari.*
[192] Vgl. HINSCHIUS, Kirchenrecht 2, S. 124–140. MARCHAL, Dom- und Kollegiatstifte, S. 55f.
[193] STATUTA [GENERALKAPITEL], fol. 99^{r}.
[194] STATUTA [GENERALKAPITEL], fol. 99^{r}.
[195] STATUTA [GENERALKAPITEL], fol. 20^{v}.
[196] STATUTA [GENERALKAPITEL], fol. 74^{r}.
[197] STATUTA [GENERALKAPITEL], fol. 16^{v}, 19^{r}, 21^{r}, 24^{r}.
[198] STATUTA [GENERALKAPITEL], fol. 73^{r}.
[199] STATUTA [GENERALKAPITEL], fol. 73^{v}, 80^{v}.
[200] STATUTA [GENERALKAPITEL], fol. 73^{v}, 75^{r}.
[201] STATUTA [GENERALKAPITEL], fol. 73^{r}.
[202] STATUTA [GENERALKAPITEL], fol. 98^{v}.

Diskussion, die der Propst leitete. Neben den Kapitularen sollten den Statuten entsprechend auch Laienbrüder gehört werden, wenn sie ein entsprechendes Anliegen hatten.[203] Der Prokurator sollte aber auf jeden Fall an den Sitzungen teilnehmen, auch wenn er nicht stimmberechtigtes Mitglied war.[204] Wie in den Sitzungen des Generalkapitels konnte auch hier der Vorsitzende gewisse Punkte als *secreta capituli* erklären, die der Schweigepflicht unterlagen.[205] Alle Beschlüsse, die in der abschließenden Abstimmung nach dem Mehrheitsprinzip gefaßt wurden, waren für das ganze Haus bindend.[206]

3.3.6 Die Brüder

In den Verband des Oberdeutschen Generalkapitels wurden sowohl Kanoniker (*canonicus)* als auch Laienbrüder (*frater simplex, laicus*) aufgenommen. In beiden Fällen sollten jedoch nur Personen aufgenommen werden, die sich nicht wegen drückender Armut, eines Schicksalsschlags oder Leichtsinns, sondern vielmehr aus Gottesfurcht und der Liebe Christi für die neue Lebensform entschieden hatten.[207] Voraussetzung für die Aufnahme als Kanoniker war ein Noviziat von mindestens einem, aber höchstens zwei Jahren, der Nachweis eines entsprechenden Lebenswandels und die Zugehörigkeit zum geistlichen Stand. Junge und ungelehrte Schüler, die für den Chordienst nicht geeignet waren, durften nicht als Kanoniker aufgenommen werden.[208] Außerdem bestanden verschiedene Hindernisse, die, falls sie verschwiegen wurden, auch nach schon erfolgter Aufnahme zum sofortigen Ausschluß führten. Der Aufzunehmende durfte nicht mit Schulden belastet, gültig verheiratet oder aufgrund einer Profeß an einen Orden gebunden sein. Dazu kamen auch folgende *irregularitates*: der Kandidat durfte nicht mit dem Makel der unehelichen Geburt (*ex defectu natalium*), der Unfreiheit (*ex defectu libertatis*) oder mit dem Verdacht der Ketzerei (*ex haeresi*) behaftet sein; er mußte in gutem Ruf stehen (*ex defectu famae*), und durfte nicht an schwerwiegenden körperlichen (*ex defectu corporis*) oder geistigen (*ex defectu animi*) Gebrechen leiden.[209]

Erfüllte ein Anwärter alle Voraussetzungen, mußte das Hauskapitel mit Mehrheitsbeschluß über die Aufnahme entscheiden.[210] Die Zeremonie der Aufnahme[211] erfolgte dann vor dem versammelten Kapitel und eines Notars in der Kirche, wo der aufzunehmende Bruder *auf Knien demütig um seine Aufnahme als Mitbruder und Kanoniker* bat. Der Propst wies in einer Ansprache anschließend noch einmal

---

[203] Statuta [Generalkapitel], fol. 99^{v}.
[204] Statuta [Generalkapitel], fol. 83^{r}.
[205] Statuta [Generalkapitel], fol. 19^{r}.
[206] Statuta [Generalkapitel], fol. 12^{v}, 99^{r}.
[207] Statuta [Generalkapitel], fol. 16^{r}.
[208] Statuta [Generalkapitel], fol. 16$^{r/v}$.
[209] Statuta [Generalkapitel], fol. 17$^{r/v}$. – Zu den Irregularitates vgl. auch Hinschius, Kirchenrecht 1, S. 11–54.
[210] Statuta [Generalkapitel], fol. 17^{r}.
[211] Vgl. Statuta [Generalkapitel], fol. 16^{v}–21^{r}.

darauf hin, daß die Gemeinschaft hauptsächlich für *Kanoniker, Priester und Kleriker* gegründet worden sei, die *unter Entsagung der Welt, keusch, einträchtig und in Gemeinschaft gemäß den apostolischen Bestimmungen und den Statuten des Generalkapitels leben* wollen, und fragte den Kandidaten, ob er an seinem Entschluß festhalten wolle. Nach dessen Bekräftigung erinnerte der Propst an die oben erwähnten Aufnahmehindernisse und forderte den Bruder zur wahrheitsgetreuen Angabe auf, ob etwa solche Gründe vorliegen. Nachdem dies der Kandidat verneint hatte und bei seinem Vorhaben geblieben war, stimmte der Propst der Bitte zu und nahm ihn *im Namen des Hauskapitels und des Generalkapitels als Mitbruder und Kanoniker* auf und erklärte ihn zum *Teilhaber aller geistlichen und weltlichen Güter der Gemeinschaft im Leben wie im Tode*, sofern er *einträchtig und demütig entsprechend den päpstlichen Bestimmungen und den Statuten des Generalkapitels* lebte.[212]

Danach hatte der neue Bruder vor dem Notar und den anwesenden Brüdern drei eidesstattliche Versprechen abzugeben. Nachdem der Propst auf die Gütergemeinschaft der Brüder hingewiesen hatte, mußte der Bruder zunächst in einem eigenhändig geschriebenen Besitzverzicht (*cedula resignationis*) versprechen, daß er alle Dinge und Güter, die er durch Erbschaft, durch Handarbeit oder sonst auf rechtmäßige Art erworben hat und künftig erwerben wird, dem gemeinsamen Vermögen des Hauses freiwillig übergibt und im Falle eines Austritts aus der Gemeinschaft keine Besitzansprüche stellen, sondern sich mit dem vom Propst zugewiesenen Anteil begnügen wird.[213] Anschließend mußte er schwören, sich für die Einheit der Häuser innerhalb des Oberdeutschen Generalkapitels[214] einzusetzen, den Statuten und Bestimmungen des Generalkapitels ohne Widerrede zu gehorchen, die vertraulichen Dinge (*secreta capituli*) des Generalkapitels wie auch des Hauskapitels zu wahren, sich in allen Streitigkeiten der Entscheidung des Generalkapitels zu unterwerfen und keine Dispens von diesen Punkten anzustreben.[215] Nun bestätigte der Propst die Aufnahme des Kandidaten als *ewigen Bruder und Kanoniker* sowohl des Generalkapitels als auch des Hauses und wies ihm einen Platz im Chorgestühl zu. Sitz und Stimme im Kapitel erhielt er unmittelbar nach der Weihe zum Diakon. Nachdem der Bruder das Kanonikat angenommen, seiner Aufnahme zugestimmt und seinen Platz im Chorgestühl eingenommen hatte, mußte er schließlich vor dem Propst kniend ein feierliches Gelübde der Beständigkeit (*votum sollemne stabilitatis*) ablegen. Dadurch verpflichtete er sich, den Verband des Oberdeutschen Generalkapitels nur dann zu verlassen, wenn er zu einem approbierten Orden mit Regelbeobachtung wechseln wollte.[216] Mit einem Chorgebet und einer Ansprache des Propstes wurde die Aufnahmezeremonie abgeschlossen.

---

212 STATUTA [GENERALKAPITEL], fol. $17^{r/v}$.

213 STATUTA [GENERALKAPITEL], fol. 18^{r}.

214 An dieser Stelle wird besonders auf das Kapitel *De mutua et caritativa domorum unione assistencia et subvencione* in den Statuten (fol. 46^{r}–48^{v}) verwiesen.

215 STATUTA [GENERALKAPITEL], fol. $18^{v}/19^{r}$.

216 STATUTA [GENERALKAPITEL], fol. $19^{v}/20^{r}$.

Neben den Kanonikern wurden im Oberdeutschen Generalkapitel auch Laienbrüder (*frater simplex aut laicus*) aufgenommen. Dieser Status war für Brüder vorgesehen, die erst später, beispielsweise nach entsprechendem Unterricht oder Studium zur Ordination zugelassen werden sollten, oder prinzipiell gar nicht für die Weihe vorgesehen waren und für immer in diesem Stand bleiben wollten (*laicus perpetuus*).[217] Nach einer Probezeit mit umfassender Prüfung und Unterweisung war die Zustimmung des Hauskapitels erforderlich, bevor der Kandidat vor den versammelten Brüdern demütig um Aufnahme als Bruder des Hauses wie auch des gesamten Generalkapitels bitten konnte. Die Aufnahmehindernisse und der Besitzverzicht stimmten mit dem Verfahren bei Kanonikern völlig überein. Lediglich die Formel der *cedula resignationis* war für lateinunkundige Brüder in deutscher Sprache abgefaßt und lautete: *Ich N., bruder sant N. huß zcu N., N. bystums, ubergib und zcu eugen unwidderruflich imm leben in der besten forme und wyß wie das in dem rechten gescheen und krefftig syn magk und sall alle myne gud und habe und iglichs in sunderheyt die myr itzunt auß erben fallen wenig ader veel zcu stand oder gefallen synt ader durch myne arbeyt ader sunst wye daß mag benempt werden myt Got und myt eren im leben zcustant werdent dem obgenante Sant N. hus und dem gemeynen tysch do selbst und gelob myt guter trewe an eyns eydes stat, daß ich soliche myne ubergebung, entusserung zcu eygen und vertzyung durch mych fry williglich bescheiden wil leben und nochkomen on widderforderung wenigs ader vil von allem dem das ich anwidderufflich ubergeben hain. Und ab es sich begeben wurdt uber kurtz ader lang, daß ich noch ordnung und satzung unsers gemeynen capitels und der bruderschafft der canoniken imm gemeyn leben oberthuchlands wurde ußgetreben, do Got vor sy, ader uß eygem willen ader bewegung uber wonden von ene gaen wurd, so wil ych myt frieden scheiden und nicht widder forden, und dar zcu nemant von der selben brudderschafft des gemeynen capitels auch nit das gemelt huß zcu eynigen rechten laden oder tzehen, noch uß dem rechtem durch mich selbs ader durch eynen andern umbtriben, und wil benung syn an dem, daß der probst zcu tzyten myt synen willen würdt zcu eygen und geben.*[218] Nach dem Besitzverzicht hatte der Bruder einen zweiten, abschließenden Eid zu leisten, mit dem er sich zum Gehorsam gegenüber dem Generalkapitel und zur *stabilitas* verpflichtete. Ein Austritt war formell ebenfalls nur über den Wechsel zu einem observanten Orden vorgesehen.[219]

Die Aufnahmeverfahren für Kanoniker und Laienbrüder unterschieden sich nur in wenigen, gleichwohl aber entscheidenden Punkten. Die Voraussetzung einer ehelichen Geburt war zwar bei den Laienbrüdern ebenso vorgeschrieben, aber nicht in gleicher Weise bindend, da der zuständige Visitator hier eine Dispens erteilen konnte. Der Wortlaut des Besitzverzichts stimmte mit der lateinischen Fassung für Kanoniker inhaltlich überein. Der zweite Eid wich etwas von dem Verfahren für Kanoniker ab, da die Laienbrüder als Nichtmitglieder des Kapitels natürlich nicht auf die Wahrung der Kapitelsgeheimnisse verpflichtet wurden. Außerdem wurde die Verpflichtung zur *stabilitas* bei den Laienbrüdern in den

---

217 STATUTA [GENERALKAPITEL], fol. 21r/21v.
218 STATUTA [GENERALKAPITEL], fol. 22r/v.
219 STATUTA [GENERALKAPITEL], fol. 22v/23r.

zweiten Eid aufgenommen, so daß sie nicht wie die Kanoniker ein gesondertes *votum sollemne stabilitatis* ablegen mußten. Der Unterschied besteht darin, daß das feierliche Gelübde der Kanoniker eine stärkere Bindung bewirkte. Die Laienbrüder konnten in diesem Punkt leichter von ihren Verpflichtungen entbunden werden. So war ausdrücklich die Möglichkeit vorgesehen, den Besitzverzicht eines Laienbruders bei einem Austritt für ungültig zu erklären.

Vergleicht man nun dieses Aufnahmeverfahren mit der Praxis an weltlichen Kollegiatkirchen einerseits und mit der Ablegung einer Ordensprofeß auf der anderen Seite, werden wichtige Unterschiede und Gemeinsamkeiten deutlich, die zu einer Standortbestimmung der oberdeutschen Kanoniker zwischen Weltklerus und Religiosentum herangezogen werden können. Obwohl das Aufnahmeverfahren an den Kollegiatstiften unterschiedlich geregelt war, lassen sich dennoch einige allgemeingültige Normen feststellen.[220] Dabei war in der Regel ein zweifaches Verfahren üblich, das in einem ersten Teil unter gewissen Voraussetzungen zur Aufnahme als Kanoniker führte, der in der Regel sein Einkommen aus einer Präbende, also durch Zahlungen aus dem Kapitelsvermögen oder aus gesonderten Einnahmequellen erhielt. Erst in einem zweiten Verfahren, das meist an ein entsprechendes Alter oder an einen bestimmten Weihegrad gebunden war, erfolgte die Zulassung zum Kapitel, wodurch der Kanoniker zum vollberechtigten Mitglied des Stiftes mit *votum in capitulo* und *stallum in choro* wurde. Die dabei üblichen Aufnahmevoraussetzungen sind mit dem Verfahren des Oberdeutschen Generalkapitels durchaus vergleichbar, obwohl diese in manchen Punkten, wie z.B. der Verschuldung als Hindernis, strenger waren. Deutliche Unterschiede ergeben sich dagegen in dem bei Kollegiatstiften praktizierten Verfahren der Exspektanz oder der Provision, das im Generalkapitel nicht angewandt wurde. Die alleinige Entscheidung über die Aufnahme eines Bruders lag hier beim Hauskapitel. Aufgrund der besitzrechtlichen Struktur fiel auch die Zahlung von Eintrittsgebühren oder die Praxis der Gnaden- und Karenzjahre weg.

Andere Elemente bei den Brüdern vom Gemeinsamen Leben zwingen dagegen geradezu zum Vergleich mit dem Ordenswesen. Gerade bei den Aufnahmebedingungen kann eine große Kongruenz festgestellt werden. Neben den übereinstimmenden Irregularitäten, die mit gleichartigen rechtlichen Konsequenzen verknüpft waren, wurden die Forderungen nach einem freien Entschluß des Kandidaten, der nicht *ex necessitate* erfolgen durfte, und das Noviziat, eine mindestens ein volles Jahr dauernde, ununterbrochene Probezeit, sowie die mehrheitliche Zustimmung des Konvents auch bei den Brüdern praktiziert. Weitere Übereinstimmungen ergeben sich im Vergleich der drei Eidesverpflichtungen der Brüder mit der *professio religiosa*, die in der Ablegung der drei feierlichen Gelübde der Armut, der Keuschheit und des Gehorsams und der damit verbundenen lebenslänglichen Verpflichtung zum gemeinschaftlichen Leben unter Einhaltung einer Ordensregel bestand. Freilich können die Verpflichtungen der Brüder de iure nicht als Profeß bezeichnet werden,

---

[220] Vgl. hierzu HINSCHIUS, Kirchenrecht 2, S. 66–73. MARCHAL, Dom- und Kollegiatstifte, S. 54f.

wenn sie auch faktisch gleiche Auswirkungen hatten. Der Besitzverzicht bei den Fraterherren hatte beispielsweise die gleichen Auswirkungen wie das Armutsgelübde eines Religiosen. Der Bruder übergab beim Eintritt sein gesamtes Vermögen dem Haus und verzichtete gleichzeitig auf alle Eigentumsrechte, d.h. er war damit unfähig, neue Güter für sich zu erwerben. Alle zeitlichen Güter, die ihm entweder durch eigene Arbeit, Schenkungen oder Erbschaften zufielen, wurden für das gemeinschaftliche Vermögen des Hauses erworben. Mit dem Besitzverzicht verlor der Bruder auch seine Testierfähigkeit und alle weiteren Ansprüche, falls er die Gemeinschaft der Brüder verlassen sollte. Auch in der Frage der Stabilitas ergeben sich nicht nur inhaltliche Übereinstimmungen, sondern auch terminologische, da sich die Brüder mit einem *votum sollemne stabilitatis* zur dauernden Mitgliedschaft im Generalkapitel verpflichteten. Der Ordenspraxis entsprechend war den Brüdern ein Verlassen des Generalkapitels nur durch einen Wechsel zu einem Orden, nicht aber durch eine Rückkehr in die Welt möglich.

Die dritte, mehrere Punkte umfassende Verpflichtung der Brüder entspricht noch am ehesten dem bei den Kollegiatstiften üblichen Kapitulareneid (*iuramentum capitulare*), der die Kanoniker zur Beobachtung der Statuten, zum Gehorsam gegen den Vorsitzenden des Kapitels und zur Wahrung des Amtsgeheimnisses verpflichtete. Dieser Eid war bei den Fraterherren jedoch weiter gefaßt, so daß insgesamt auch die spezifisch monastischen Forderungen nach Gehorsam, Keuschheit und gemeinsamem Leben innerhalb einer Klausur erfüllt wurden. Aus den angeführten Aspekten wird deutlich, daß bezüglich des Aufnahmeverfahrens innerhalb des Oberdeutschen Generalkapitels eine sehr viel größere Affinitität zum Ordenswesen als zum klassischen Kollegiatstift bestand.

3.3.7 Vorbilder der Verfassung

Vergleicht man nun die Verfassungsstruktur des Generalkapitels mit den entsprechenden Bestimmungen des Münsterschen Kolloquiums, wird deutlich, daß Gabriel Biel durchaus auf ältere Brüdertraditionen zurückgegriffen hat. Beide Verbände sollten mittels regelmäßiger Tagungen, auf denen alle Angelegenheiten verhandelt werden konnten, und mit dem Instrument der Visitation eine einheitliche Entwicklung der jeweils angeschlossenen Bruderhäuser gewährleisten. Übereinstimmungen sind festzustellen bei der „Geschäftsordnung" der Tagungen, die nach dem gleichen Muster durchgeführt wurden und nach der Eröffnungsliturgie gemeinsame Beratungen, Beschlußfassung nach dem Mehrheitsprinzip, schriftliche Fixierung der Beschlüsse, Wahl der Visitatoren und abschließendes Totengedächtnis vorsahen.[221] Während sich jedoch das Kolloquium jährlich in der Münsterschen Zentrale versammelte, tagte das Generalkapitel alle zwei Jahre nach einer bestimmten Reihenfolge in den verschiedenen Häusern. Die Bestimmungen über die jährlichen Visitationen zeigen ebenfalls deutliche, zum Teil wörtliche Kongruenzen. Nach einer Ansprache der Visitatoren vor dem versammelten Kon-

---

[221] DOEBNER, Annalen, S. 249f.

vent wurden alle Brüder einzeln über die Verhältnisse des Hauses befragt und anschließend zurechtgewiesen.[222] Grundlegende Unterschiede der beiden Verbände werden jedoch sehr schnell deutlich, wenn man nach der Umsetzung dieser gemeinsamen Grundformen fragt. Hier erweist sich das Generalkapitel als sehr viel straffere Organisation. Obwohl das Münstersche Kolloquium die Teilnahmepflicht an den Tagungen, eine bindende Wirkung der Beschlüsse und die Einflußnahme auf die einzelnen Häuser – etwa durch die Verpflichtung auf gemeinsame Grundstrukturen der Hausverfassungen oder bei der Rektorwahl – durchzusetzen versucht hat, stieß es sehr schnell an Grenzen, die vor allem in der Eigenständigkeit der Häuser lagen. Mit diesem Punkt ist auch der grundlegende Unterschied der Verbände markiert. Da sich das Generalkapitel von Anfang an nach den Privilegien Eugens IV. konstituierte, wurden die einzelnen Häuser bei ihrer Gründung dem Verband inkorporiert und zur strikten *oboedientia* gegenüber dem Generalkapitel verpflichtet. Auf dieser rechtlichen Grundlage konnten einheitliche, für alle Häuser verbindliche Statuten und ein in den Grundformen vergleichbares, in der Ausführung aber viel strengeres Visitationssystem durchgesetzt werden. Bezüglich der Ordnung für die einzelnen Häuser ergibt sich ein ähnliches Bild. Gabriel Biel orientierte sich ganz erheblich, oft sogar wortwörtlich an traditionellen Strukturen der Devotio moderna, wie sie etwa in den Statuten von Herford zum Ausdruck kommen. Sobald aber Unterschiede erkennbar werden, weisen die Statuten des Generalkapitels einen strengeren, zeitweilig fast monastischen Charakter auf.

Die Stellung und die grundsätzlichen Aufgaben des Herforder Rektors entsprechen in vielen Punkten den oberdeutschen Pröpsten. Er leitete das Haus in allen inneren und äußeren Angelegenheiten und sollte sich besonders um den häuslichen Frieden und die Aufrechterhaltung der Disziplin sorgen, indem er die Brüder zurechtwies.[223] Die Brüder sollten sich ihm *aus Liebe unterwerfen* und seinen Anweisungen gehorchen.[224] Wie bei den oberdeutschen Kanonikern sollte der Rektor bezüglich der Lebensweise keine Sonderstellung einnehmen.[225] Die Wahl des Rektors erfolgte durch die Priester und Kleriker des Hauses unter Beteiligung der Visitatoren.[226] Dieser Personenkreis entsprach dem Wahlgremium an den oberdeutschen Stiften. Der formelle Unterschied bestand darin, daß hier ein Generalkapitel gebildet wurde, das den neugewählten Propst einzusetzen hatte. Der Rektor in Herford sollte in seiner Regierung von zwei *consilia* unterstützt werden. Alle

---

[222] DOEBNER, Annalen, S. 250f. CONSUETUDINES [HERFORD]. Ed. STUPPERICH, S. 91f.: *De visitatione.*

[223] CONSUETUDINES [HERFORD]. Ed. STUPPERICH, S. 71–74 (*De rectore domus*), hier S. 71: *[...] qui loco patrisfamilias personarum et rerum ad domum nostram pertinentium principalem curam gerat. [...] Huic praecipue incumbit fratres de excessibus corripere [...] confessiones domesticorum audire et ad meliora quaeque verbo et exemplo eos provocare.*

[224] CONSUETUDINES [HERFORD]. Ed. STUPPERICH, S. 71: *Huic fratres [...] obedire et [...] ex caritate subiecti esse non gravabuntur.*

[225] CONSUETUDINES [HERFORD]. Ed. STUPPERICH, S. 73: *[...] aliis fratribus se conformare in cibo et potu et humilitate habitus et ceteris consuetudinibus [...]*

[226] CONSUETUDINES [HERFORD]. Ed. STUPPERICH, S. 71: *[...] de unanimi consensu et de consilio presbiterorum et clericorum receptorum [...].* S. 90: *[...] hoc fiat de consilio patrum visitatorum.*

größeren Angelegenheiten (*principalia negocia*), wie z.B. die Aufnahme von Brüdern, mußten zuvor von der Hausgemeinschaft beraten und entschieden werden. Weniger wichtige Angelegenheiten (*minora negocia*) sollte der Rektor zusammen mit dem Prokurator und zwei oder drei erfahrenen Brüder (*seniores*) erledigen.[227] Diese Funktionen übten innerhalb des Generalkapitels das Hauskapitel und der Rat bestehend aus Propst, Vizerektor und Prokurator aus. Das Amt des Vizerektors war innerhalb des Münsterschen Kolloquiums nicht vorgesehen.

Weitere Übereinstimmungen ergeben sich vor allem beim Amt des Prokurators, der als einziger neben dem Rektor von der Hausgemeinschaft gewählt wurde.[228] Beim Vergleich der Ämterstruktur fallen zwei wesentliche Unterschiede auf, die auf die stiftische Organisation der oberdeutschen Häuser zurückzuführen ist. Neu hinzugekommen sind die Ämter des Hebdomadars, des Kantors und des Succentors, die ausschließlich für die Liturgie verantwortlich waren. Diejenigen Ämter dagegen, die in Herford vornehmlich an die gewerbliche Herstellung von Handschriften geknüpft waren, nämlich *scriptuarius, rubricator und ligator,* fehlen in den oberdeutschen Statuten. Dies deutet darauf hin, daß die Kanoniker an den finanziell gut ausgestatteten Stiftskirchen nicht mehr auf das Herstellen von Handschriften für den Verkauf angewiesen waren.[229]

Bei der Aufnahme eines Bruders erwiesen sich die oberdeutschen Kanoniker ebenfalls als traditionsbewußt. Die Zeremonie, insbesondere die formelhaften Ansprachen des Propstes entsprechen sinngemäß, und teilweise sogar wörtlich, dem Herforder Aufnahmeverfahren.[230] Nach der demütigen Bitte des Kandidaten um Aufnahme erläuterte der Rektor die Lebensweise der Brüder und fragte ihn, ob er bereit sei, auf seinen Besitz zugunsten des Hauses zu verzichten. War dies der Fall, erläuterte der Rektor die *causae expulsionis*, d.h. Vergehen, die zum sofortigen Ausschluß aus der Gemeinschaft führten. Dazu zählten Häresie, Rebellion, Wollust, Eigenbesitz, heimliche Briefkorrespondenz, schwerer Diebstahl, unerlaubtes Übernachten außerhalb des Hauses und das Verschweigen von Irregularitäten bei der Aufnahme. Wenn der Kandidat bestätigt hatte, daß in seinem Fall kein Aufnahmehindernis vorlag, wurde er in die Gemeinschaft aufgenommen. Bei diesem Verfahren werden drei wichtige Unterschiede zum Oberdeutschen Generalkapitel deutlich: Zum einen wurde im Münsterschen Kolloquium bei der Aufnahme nicht zwischen Klerikern und Laien unterschieden. Zum anderen genügte der Vorsatz, *caste, concorditer et in communi vivere* sowie der notariell beglaubigte Besitzverzicht.[231] Die oberdeutschen Kanoniker mußten sich darüber hinaus zum Gehorsam gegenüber dem Generalkapitel verpflichten und ein *votum stabilitatis* ablegen. Schließlich wurden die Kanoniker nicht nur als Bruder eines Hauses, sondern vielmehr des gesamten Generalkapitels aufgenommen.

---

[227] Consuetudines [Herford]. Ed. Stupperich, S. 72, 73, 89.

[228] Consuetudines [Herford]. Ed. Stupperich, S. 74f. (*De procuratore*), hier S. 74: *[...] de consilio fratrum vel maioris et sanioris partis eorum [...]*.

[229] Vgl. Kapitel IV,3.5.9.

[230] Consuetudines [Herford]. Ed. Stupperich, S. 96f.: *De modo receptionis fratris.*

[231] Consuetudines [Herford]. Ed. Stupperich, S. 96.

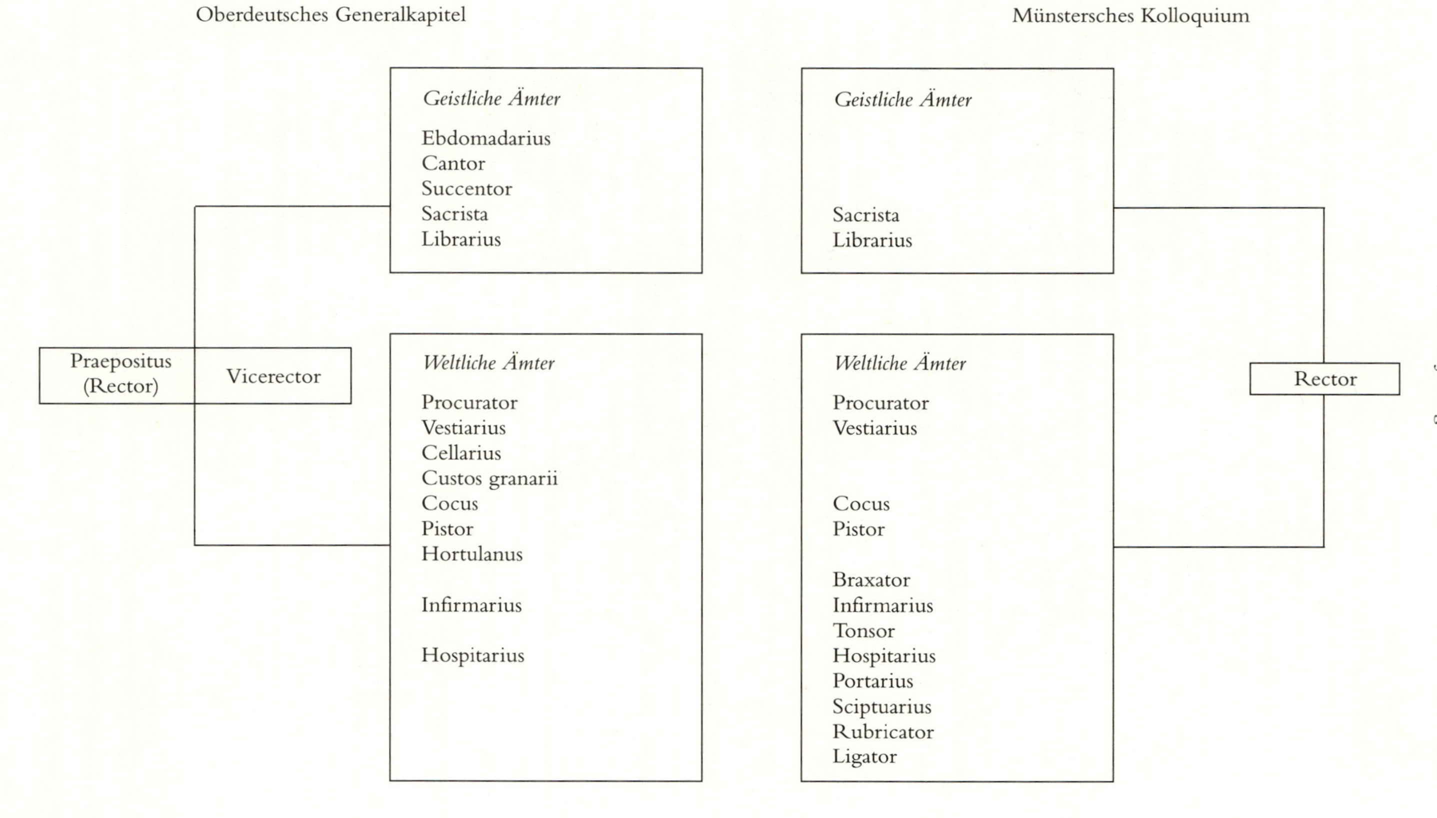
Vergleich der Ämterstruktur
Oberdeutsches Generalkapitel
Münstersches Kolloquium
Geistliche Ämter
Ebdomadarius
Cantor
Succentor
Sacrista
Librarius
Geistliche Ämter
Sacrista
Librarius
Praepositus (Rector)
Vicerector
Weltliche Ämter
Procurator
Vestiarius
Cellarius
Custos granarii
Cocus
Pistor
Hortulanus
Infirmarius
Hospitarius
Weltliche Ämter
Procurator
Vestiarius
Cocus
Pistor
Braxator
Infirmarius
Tonsor
Hospitarius
Portarius
Sciptuarius
Rubricator
Ligator
Rector

Insgesamt demonstrieren die oberdeutschen Statuten in der Verfassung der Häuser enge Bezüge zu den Herforder Consuetudines. Viele Einzelbestimmungen wurden sinngemäß oder sogar wörtlich in die oberdeutschen Statuten aufgenommen. Das gilt sowohl für die Verfassung des Hauses wie auch für den Alltag, wie unten noch zu zeigen sein wird.[232] Unterschiede und Modifikationen sind vor allem in der strengeren Verbandsorganisation begründet. Anstelle der Eigenständigkeit wird nun die Eingliederung der Häuser in das Generalkapitel stärker betont. Der alte Grundsatz *caste, concorditer et in communi vivere* wird zwar beibehalten, aber der grundlegende Unterschied kann nicht treffender zusammengefaßt werden als durch den unmittelbar folgenden Zusatz *et secundum statuta nostri generalis capituli.*[233] Diese strikte Ausrichtung auf die *oboedientia* gegenüber dem Generalkapitel und die bei der Aufnahme zu leistende Verpflichtung auf Verbandsstatuten haben ihr Vorbild im monastischen Bereich.[234]

Bei der organisatorischen Gestaltung des Verbandes stützten sich die oberdeutschen Kanoniker einerseits auf die Privilegien Eugens IV. und andererseits auf das Münstersche Kolloquium, dessen Strukturen im Sinne einer stärkeren Zentralisierung intensiviert wurden. Da es hauptsächlich darauf ankam, das Miteinander mehrerer Konvente zu regeln, lag es nahe, sich in diesem Bereich an dem monastischen Zweig der Devotio moderna, der Windesheimer Kongregation, zu orientieren, die eine effiziente Ordensorganisation ausgebildet hatte.[235] Die 1402 nach dem Vorbild der Kartäuser konzipierten Statuten dienten dem Ziel einer einheitlichen Observanz.[236] Die Kongregation wurde repräsentiert durch ein Generalkapitel, zu dem sich alle Prioren jährlich in Windesheim versammelten.[237] Hier wurden alle Angelegenheiten der Klöster beraten, bevor das Definitorium verbindliche Beschlüsse fassen konnte. Dieses Beschlußgremium wurde über ein kompliziertes Wahlverfahren gebildet. Vier Prioren benannten zunächst vier Elektoren, die ihrerseits insgesamt acht Diffinitoren wählten.[238] Die Änderung von Statuten wurde sehr sorgfältig durchgeführt. Die Angelegenheit wurde zunächst im Generalkapitel beraten, im folgenden Jahr auf Probe beschlossen und im dritten Jahr bestätigt oder verworfen.[239] Das Windesheimer Generalkapitel

---

232 Vgl. Kapitel IV,3.5.

233 Vgl. die Formel bei der Aufnahme der Brüder STATUTA [GENERALKAPITEL], fol. 17^{r}.

234 Vgl. beispielsweise die Profeßformel der STATUTA CAPITULI WINDESEMENSIS, fol. F_3^{v}: *Ego frater N. promitto Deo auxiliante perpetuam continentiam, carentiam proprii et obedientiam [...] secundum regulam beati Augustini et secundum constitutiones capituli nostri generalis.*

235 Vgl. HOFMEISTER, Verfassung der Windesheimer Augustinerchorherrenkongregation. KOHL, Windesheimer Kongregation.

236 RÜTHING, Heinrich: Zum Einfluß der Kartäuserstatuten auf die Windesheimer Konstitutionen. In: Ons geestelijk Erf 59, 1985, S. 197–210.

237 STATUTA CAPITULI WINDESEMENSIS, fol. A_2^{r}–A_3^{r}: *De congregando capitulo generali.* Fol. A_3^{r}–A_4^{r}: *De impositione capituli generalis.*

238 STATUTA CAPITULI WINDESEMENSIS, fol. A_4^{r}–A_4^{v}: *De electione diffinitorum.* – Vgl. RÜTHING, Einfluß, S. 201ff.

239 STATUTA CAPITULI WINDESEMENSIS, fol. A_4^{v}–A_6^{r}: *De auctoritate diffinitorum et forma statuendi.*

bildete für den Verband die oberste richterliche Instanz und wählte jeweils die Visitatoren, die alle zwei Jahre nach strengen, bis ins Detail ausgearbeiteten Vorschriften die Klöster zu untersuchen hatten.[240] Dabei wurde ein rigoroses Akkusationsverfahren praktiziert, nach dem jeder Konventuale – auch unaufgefordert – alle Mißstände und Vergehen anzeigen mußte, die von den Visitatoren mit entsprechenden Strafen geahndet wurden.

Vergleicht man die eben genannten Verbandsstrukturen der Windesheimer mit dem Oberdeutschen Generalkapitel, sind einige Übereinstimmungen feststellbar. Lediglich das für einen großen Verband konzipierte Diffinitorensystem wurde von den oberdeutschen Kanonikern nicht übernommen. Charakteristische Einzelbestimmungen, wie z.B. hinsichtlich der Änderung von Statuten, besonders aber die strengen Visitationsvorschriften gingen in die oberdeutschen Statuten ein. Kongruenzen ergeben sich aber auch im Bereich der einzelnen Ämter. Die Wahl des Priors *per viam compromissi*, dessen Bestätigung durch das Generalkapitel sowie der „kleine Rat" aus Prior, Supprior und Prokurator sind wichtige Elemente innerhalb des Oberdeutschen Generalkapitels. Auch die – im Vergleich zum Münsterschen Kolloquium – viel strenger gefaßten Aufnahmehindernisse der Windesheimer stimmten mit der oberdeutschen Praxis völlig überein.[241]

Als Fazit läßt sich festhalten, daß Gabriel Biel bei der Formierung des Oberdeutschen Generalkapitels hauptsächlich vier „Bausteine" verwendete, zum einen das päpstliche Privileg von 1439 für die Häuser Münster, Köln und Wesel, dann die älteren Traditionen der Brüder vom Gemeinsamen Leben, wie sie innerhalb des Münsterschen Kolloquiums praktiziert wurden, aus dem monastischen Bereich die Statuten der Windesheimer Kongregation und schließlich die stiftische Organisationsform.

3.4 Das Stift St. Peter auf dem Einsiedel

3.4.1 Die Quellen

Bevor nun die spezifische Verfassung des Einsiedel untersucht wird, sollen – nicht zuletzt im Hinblick auf die Edition – die wichtigsten Gründungsdokumente und ihre Überlieferung kurz aufgeführt werden.

Da der Einsiedel zur Pfarrei Weil im Schönbuch gehörte, die dem Zisterzienserkloster Bebenhausen inkorporiert war, mußte zunächst die pfarrechtliche Loslösung des Bezirks geklärt werden. Abt Bernhard Rockenbauch und der Bebenhäuser Konvent stimmten der Errichtung der Pfarrei und des Stifts Einsiedel am 20. Januar 1492 zu.[242] In dieser Urkunde wurden der Pfarrbezirk des Einsiedel

[240] Statuta capituli Windesemensis, fol. B_2^r–C_2^r: *De Visitatione.*

[241] Krankheit, Schulden, Ehe, Bindung durch Ordensgelübde, Leibeigenschaft, uneheliche Geburt. Vgl. Statuta capituli Windesemensis, fol. E_6^v–F_3^r: *De susceptione et institucione noviciorum.* Vgl. Statuta [Generalkapitel], fol. 17^v.

[242] Inseriert in HStA Stuttgart, A 522, U 6/7; Ausfertigung HStA Stuttgart, A 522, U 3.

und eine jährliche Zahlung von vier Goldgulden und drei Denaren festgelegt. Eberhard beabsichtigte, das neue Stift wegen der besonderen ständischen Ausrichtung unter den Schutz des Reiches zu stellen. Kaiser Friedrich III. entsprach in einer Urkunde vom 5. Mai 1492 der Bitte des Grafen, bestätigte die Gründung und stellte *dieselben personen und gúter mit sampt allen anndern gúttern so sy hinfúr úberkomen in unnser und des heiligen reichs sonnder gnád, verspruch, schútz und scherm.*[243] Die päpstliche Zustimmung folgte am 2. Juni 1492. Innozenz VIII. inkorporierte das Stift dem Oberdeutschen Generalkapitel und dehnte alle Privilegien dieses Verbandes auf den Einsiedel aus.[244] Eberhard selbst legte in einem ausführlichen Stiftungsbrief (1492, September 3) seine Motive, Zielsetzung, Dotation sowie die Statuten für das neue Stift fest.[245] Am folgenden Tag nahm Bischof Thomas von Konstanz persönlich die Grundsteinlegung für Kirche und Konventsgebäude vor und erhob St. Peter zur selbständigen Pfarrei.[246] Nach der Gründung des Einsiedel versprach Eberhard VI. von Württemberg am 11. September 1492, daß er die Stiftung *in allen puncten und artickeln zú ówiger bestendikait handthaben, schützen und schirmen* wolle.[247] Schließlich regelte Bischof Thomas von Konstanz in der Urkunde vom 29. November 1492 die Stellung des Einsiedel innerhalb der Diözese. Das Stift wurde von der Zahlung des subsidium caritativum befreit, hatte aber als Annaten jährlich zwei rheinische Gulden zu entrichten.[248]

Das anläßlich der Gründung am 4. September ausgestellte Notariatsinstrument beinhaltet alle wichtigen Gründungsdokumente ausgenommen die beiden letztgenannten Urkunden.[249] Eine ungewöhnliche Maßnahme ergriff Eberhard kurz nach der Gründung, als er Gabriel Biel mit der Veröffentlichung der Stiftungs- und Bestätigungsbriefe beauftragte.[250] Schon ein halbes Jahr später erschien die

---

243 Inseriert in HStA Stuttgart, A 522, U 6/7; Ausfertigung nicht erhalten.

244 Inseriert in HStA Stuttgart, A 522, U 6/7; Ausfertigung HStA Stuttgart, A 522, U 1 (Vgl. Kapitel VI,2.1).

245 Inseriert in HStA Stuttgart, A 522, U 6/7; Ausfertigung nicht erhalten.

246 HStA Stuttgart, A 522, U 6/7.

247 HStA Stuttgart, A 522, U 4.

248 HStA Stuttgart, A 522, U 5.

249 HStA Stuttgart, A 522, U 6/7 (1492, September 4); Pergamentlibell, 24 Bl., 376 x 276 mm, 34–38 Zeilen; Archivvermerk auf dem Einband (18. Jahrhundert): *Instrumentum Conversae Ecclesiae Parochialis in Schonbuch in Ecclesiam Collegiatam Canonicorum Saecularium in communi viventium actum die 4ta Septembris anni MCCCC92.* Abfolge der Dokumente: 1. Bischof Thomas von Konstanz bestätigt die Stiftung des Einsiedel; 2. Papst Innozenz VIII. bestätigt die Stiftung des Einsiedel (fol. 1^v–4^r); 3. Kaiser Friedrich III. bestätigt die Stiftung des Einsiedel und nimmt das Stift in kaiserlichen Schutz (fol. 4^r–4^v); 4. Statuten und Stiftungsurkunde Graf Eberhards V. von Württemberg (fol. 5^r–20^r); 5. Abt Bernhard Rockenbauch von Bebenhausen stimmt der Errichtung und pfarrlichen Exemtion des Einsiedel zu (fol. 21^v–22^v).

250 [Eberhard V. von Württemberg]: Stiftung des Stifts St. Peter zum Einsiedel im Schönbuch (1492). Statuten sowie Stiftungs- und Bestätigungsbriefe hrsg. von Gabriel Biel. Ulm [Johannes Reger 2. März 1493]. Druck, Papier, 38 Bl. 4°, H 6557 = 15083; GW 9181. *Ain Büchlin inhaltend die Stifftung des Stiffts Sannt Peters zum Ainsiedel im Schainbuch für priester Edeln und Bürger des landes zu Wirttemberg und Swaben geschehen von dem hochgebornen herren hern Eberharten Graven zu wirttemberg und zu Mümppelgart etc. dem Eltern. In dem Jar nach der geburt Cristi unsers herren Tausent vierhundert und im zway und Neuntzigsten.* Abfolge der Dokumente: 1. Statuten und Stif-

Schrift bei dem Ulmer Drucker Johannes Reger.[251] Eberhard machte damit einmal mehr deutlich, daß mit der Gründung des Einsiedel eine landespolitische, gleichsam „öffentliche“ Zielsetzung verbunden war. Dieser Zusammenhang war sicherlich auch Johann Jakob Moser (1701–1785) bewußt, als er den Text des Büchleins 1732 in seiner Sammlung wichtiger württembergischer Urkunden nochmals abdruckte.[252] Es dürften nicht nur antiquarische Motive gewesen sein, die den Landschaftskonsulenten und Staatsrechtler bewogen haben, die Gründungsdokumente des Einsiedel in unmittelbarer Folge mit dem Esslinger Vertrag zu publizieren, in dem das landständische Regiment vorgesehen war.[253]

3.4.2 Die Stellung innerhalb des Oberdeutschen Generalkapitels

Das Stift St. Peter auf dem Einsiedel nimmt im Vergleich zu den anderen Häusern der Brüder vom Gemeinsamen Leben aufgrund seiner neuartigen Zielsetzung und der daraus resultierenden ständischen Struktur des Konvents eine Sonderstellung ein. Die Übertragung von Grundprinzipien der Brüder auf eine geistliche Gemeinschaft, die sich aus Klerikern sowie aus adligen und bürgerlichen Laien zusammensetzte, und deren Integration in das Oberdeutsche Generalkapitel waren ohne Modifikationen der Verfassung nicht möglich. Gabriel Biel und Eberhard lösten dieses Problem, indem sie für den Einsiedel individuell abgestimmte Statuten erarbeiteten, die besonders auf die beiden Gruppen der Laien abzielten. Für den Bereich der Kanoniker hingegen und die Stellung des Stifts innerhalb des Verbandes wurden die Statuten des Generalkapitels unverändert übernommen.[254] Deshalb können die Statuten für den Einsiedel – für sich allein betrachtet – nur bedingt als vollständig bezeichnet werden, da bei den genannten Bereichen jeweils

tungsurkunde Graf Eberhards V. von Württemberg (A_1^r–D_5^r); 2. Papst Innozenz VIII. bestätigt die Stiftung des Einsiedel (D_5^v–E_1^r); 3. Bischof Thomas von Konstanz regelt die Beziehung des Einsiedel zur Diözese Konstanz (E_1^r–E_2^v); 4. Kaiser Friedrich III. bestätigt die Stiftung des Einsiedel und nimmt das Stift in kaiserlichen Schutz (E_3^r–E_4^r); 5. Graf Eberhard VI. von Württemberg bestätigt die Stiftung des Einsiedel (E_4^r–E_4^v). – Von diesem Druck existieren auch spätere Abschriften. Vgl. HStA Stuttgart, A 522, Bü 1. HStA Stuttgart, J 1, 12.

[251] Vgl. dazu: AMELUNG, Peter: Der Frühdruck im deutschen Südwesten 1473–1500. Bd. 1: Ulm. Stuttgart 1979, S. 347–348. WÜRTTEMBERG IM SPÄTMITTELALTER, Nr. 188, S. 185–187.

[252] MOSER, Johann Jakob: Sammlung allerley hin und wieder in dern Büchern oder auch einzeln gedruckter, das Hochfürstliche Haus und Hertzogthum Würtemberg betreffender Urkunden zum Dienst und Nutzen derer Würtembergischen Räthe, Beamten und Unterthanen zusammen heraußgegeben. Erster Theil. Tübingen 1732, hier Nr. 26, S. 103–182.

[253] Vgl. MOSER, Sammlung, Nr. 27, S. 182–185.

[254] Das wird in den Statuten für den Einsiedel nicht zuletzt durch die zahlreichen Verweise auf die Statuten des Oberdeutschen Generalkapitels deutlich. Diese werden häufig als *stattuten und ordnung des gemainen capitels* oder als *statuten der priester* bezeichnet. Vgl. beispielsweise STATUTEN [EINSIEDEL], fol. 7^v, 12^v, 17^v, 18^r, 19^v und häufiger. In der Einleitung zum Kapitel *Von dem gaistlichen stat der priester* (fol. 7^v) werden diese auf *ordnung, statuten und gesatzten [...] irs gemainen capitels* verwiesen. Vgl. auch HStA Stuttgart, A 522, U 1 (Vgl. Kapitel VI,2.1): *[...] quod predicti fratres [...] utantur atque ligentur et obligentur secundum dispositionem statutorum seu ordinationum per generale capitulum [...].*

das Komplement aus den Generalkapitelsstatuten herangezogen werden muß. Diese Zusammenschau ist erst jetzt möglich, nachdem letztere zur Verfügung stehen.

Papst Innozenz VIII. hatte entsprechend den Vorstellungen Eberhards und Gabriel Biels den Einsiedel vollständig in den Verband des Oberdeutschen Generalkapitels integriert. Dessen Beschlüsse und Statuten, aber auch alle früher gewährten Privilegien wurden dadurch für die Neugründung verbindlich.[255] Der Einsiedel nahm damit die gleiche Stellung innerhalb des Generalkapitels ein wie die anderen Stifte. Die wichtigste Auswirkung für den Einsiedel war die damit verbundene alljährliche Visitation des Stifts, die ganz nach dem Muster der oberdeutschen Statuten durchgeführt wurde.[256] Die beiden vom Generalkapitel ernannten Visitatoren sollten dabei *alle und yegkliche brúder und gelid des stifftz [...] verhören und erkonnen den stand, gebrechen und furgang des huß und der personen in gaistlicher zucht und ußwenndiger úbung, in haltung der obgeschriben gesetzt.*[257] Nach der detaillierten Untersuchung sollten die Visitatoren vor dem versammelten Konvent über ihre Ergebnisse berichten, um anschließend einzelnen Brüdern für ihre Vergehen die entsprechenden Bußen aufzuerlegen. In diesem Zusammenhang hatten sie unter Mitwirkung des Hauskapitels den Propst und den Meister in ihren Ämtern zu bestätigen oder zu entlassen.[258]

Im Zusammenhang mit der Visitation ist die folgende päpstliche Bestimmung, die sich ausdrücklich auf den Einsiedel bezieht, besonders bemerkenswert. Falls der Konvent gänzlich von der Ordnung des Generalkapitels abweichen sollte, und sogar alle Maßnahmen der Visitatoren vergeblich wären, war eine Reform nach dem Muster der württembergischen Klosterreformen[259] vorgesehen. Als Reformkommissare sollten die Bischöfe von Konstanz und Augsburg, sowie der Abt zu St. Jacob bei Mainz und der Propst des Stifts Tübingen die gebotene Observanz wiederherstellen, indem sie unbelehrbare Brüder entfernten und an ihrer Stelle reformwillige einsetzten. Diese Maßnahmen sollten, wenn nötig, auch mit Hilfe des Landesherrn (*auxilio brachii secularis*) durchgeführt werden.[260]

---

[255] HStA Stuttgart, A 522, U 1 (Vgl. Kapitel VI,2.1): *Et nihilominus ecclesiam et domum huiusmodi [...] aliis ecclesiis collegiatis et domibus canonicorum et clericorum secularium in communi viventium Alamanie superioris eadem auctoritate perpetuo unimus, adiungimus et applicamus [...] atque illarum generali capitulo subiicimus prout ille inter se unite et eidem generali capitulo subiecte censentur. Necnon omnia et singula privilegia, concessiones, indulta, ordinationes atque statuta predictis ecclesiis Alamanie superioris [...] ad ecclesiam et domum huiusmodi extendimus et ampliamus [...].* Vgl. außerdem STATUTEN [EINSIEDEL], fol. 5^{v}: *[...] unnderworffen und ingelypt sin sóllen dem gemainen capitel unnser und annder stiffte der priester und clericen in gemain lebend obertútscher lannd nach innhalt bápstlicher bullen darúber erlanngt und der stattuten und ordnung des gemelten gemainen capitels [...].*

[256] STATUTEN [EINSIEDEL], fol. 18r: *Von visitierung.* Vgl. auch STATUTA [GENERALKAPITEL], fol. 61^{r}–68^{r}: *De officio visitatorum.*

[257] STATUTEN [EINSIEDEL], fol. 18^{r}.

[258] STATUTEN [EINSIEDEL], fol. 18^{r}: *[...] mógen die visitierer mit rát der capitel brúder, die zú welen hand, vatter und maister erlaussen irs ampts [...] oder mógen sie in iren amptern lennger lássen und inen die wider befelhen.*

[259] Vgl. besonders STIEVERMANN, Landesherrschaft und Klosterwesen, S. 261–289.

[260] HStA Stuttgart, A 522, U 1 (Vgl. Kapitel VI,2.1).

3.4.3 Propst und Meister

Wie an den Stiften des Generalkapitels war auch auf dem Einsiedel für die Leitung des Hauses ein Propst *tamquam pater et caput*[261] eingesetzt. Seine Kompetenz erstreckte sich hier jedoch hauptsächlich auf die *regierung in der kirchen und in allen gaistlichen ámptern*[262], während die Leitung *in weltlichen geschéfften, handlungen und regierungen*[263] der Meister übernahm, der aus dem Kreis der adligen Laienbrüder gewählt wurde. In diesen leitenden Personen und ihrer personellen Zuständigkeit kommt ein Dualismus zum Ausdruck, der in den beiden Gruppen des Einsiedels, nämlich Klerikern und Laien begründet ist. Diese hatten aufgrund ihrer adligen oder ehrbaren bürgerlichen Herkunft eine stärkere Stellung als die Laienbrüder der anderen Stifte. Der Propst hatte die *regierung siner priester und cleric*[264], die Laienbrüder hingegen sollten dem Meister *gehorsam sin in allen dingen.*[265] Aus dem Amt des Prokurators, der an den Stiftskirchen der Brüder vor allem für die Ökonomie zuständig war, entwickelte sich nun im Petersstift das Amt des Meisters, der auch mit jurisdiktioneller Gewalt ausgestattet war; denn er sollte alle *laybrúder und das gesind regieren*, sie *uff haltung der gesetz und ordnung des huß weisen* sowie die *úbertretter und ungehorsamen stráffen.*[266] Diese Teilung der Ressorts sollte jedoch nicht zu einer stärkeren Abgrenzung der beiden Gruppen führen, sondern vielmehr die Gemeinschaft von klerikalen und – nun in stärkerem Maße – laikalen Strukturen der Gemeinschaft auch in den leitenden Ämtern abbilden. Diese Gemeinschaft sollten Propst und Meister beispielhaft allen Brüdern vorleben, indem sie *frúntlichen und aintrechtigklichen leben,* sich in ihrer *regierung nicht hindern* und *ainer des anndern hand und hilff* sein sollten.[267]

In ihrer gemeinschaftlichen Regierung wurden Propst und Meister unterstützt von den *Ratbrüdern*[268], zwei Kanonikern, *die die priester darzú erwelen*, und zwei Laien, *die die laybrúder darzú ordnen.*[269] Dieser sechsköpfige, paritätische „Rat" ist ebenfalls ein Charakteristikum des Einsiedels. Er wurde zu allen kleineren Entscheidungen einberufen, die nicht vor dem Hauskapitel verhandelt werden mußten.[270] So entschied der Rat beispielsweise über die Einsetzung von weltlichen Amtsträgern[271] und die Bestellung der Knechte[272], sowie über größere disziplina-

---

261 HStA Stuttgart, A 522, U 1 (Vgl. Kapitel VI,2.1). Vgl. auch Statuten [Einsiedel], fol. 5ᵛ.

262 Statuten [Einsiedel], fol. 8ʳ.

263 Statuten [Einsiedel], fol. 11ʳ.

264 Statuten [Einsiedel], fol. 8ʳ.

265 Statuten [Einsiedel], fol. 11ʳ.

266 Statuten [Einsiedel], fol. 11ʳ. Vgl. auch fol. 12ᵛ: *Es sóllen alle laybrúder, edel und unedel, knecht und gesind, dem maister beraitte und willige gehorsam bewysen in allen dingen, die er gebút und haist nach ordnung und gesatzten diser brúderschafft on mürmlung und widerrede.*

267 Statuten [Einsiedel], fol. 8ᵛ.

268 Vgl. Statuten [Einsiedel], fol. 9ᵛ, 16ᵛ, 17ʳ, 18ʳ, 18ᵛ.

269 Statuten [Einsiedel], fol. 11ʳ/ᵛ.

270 Statuten [Einsiedel], fol. 11ᵛ/12ʳ: *Item in mergklichen grossen sachen [...] sol das gantz capittel versamelt werden.*

271 Statuten [Einsiedel], fol. 16ᵛ/17ʳ.

272 Statuten [Einsiedel], fol. 11ʳ, 18ʳ/ᵛ.

rische Maßnahmen[273] mit. Die Ratbrüder übten auch eine gewisse Kontrolle über die Amtsführung des Propstes und des Meisters aus. Wollten diese das Stift längere Zeit verlassen, mußten sie vorher die Genehmigung des Rates einholen.[274] Dieses Gremium am Einsiedel ist – unter Berücksichtigung der veränderten personellen Struktur – aus dem „engeren Rat" der anderen Stifte hervorgegangen, wo die laufenden Geschäfte in enger Zusammenarbeit von Propst, Vizerektor und Prokurator erledigt wurden.

Die Pflichten und Kompetenzen des Propstes sind in den Statuten insgesamt recht knapp gehalten, da jeweils auf die Statuten des Generalkapitels verwiesen wird.[275] In der Regel werden nur die Punkte näher erläutert, die sich auf die spezifischen Verhältnisse am Einsiedel beziehen, und hier besonders die Zusammenarbeit der beiden leitenden Amtsträger. Es wird deutlich, daß sich der Propst noch mehr als an den anderen Stiften auf die geistlichen Angelegenheiten des Hauses konzentrieren sollte. Der Propst war in erster Linie verantwortlich für *seine geistlichen Brüder*, über die er auch die Disziplinargewalt ausübte.[276] Die Kanoniker hingegen sollten *in gehorsam des propsts Gott getrúwlich dienen, studieren, schriben und gaistlicher úbung anhanngen, wie das ir stattuten ußwisen.*[277] In der Ausübung der Seelsorge war der Propst freilich nicht nur für alle Brüder des Einsiedels, sondern auch für das Gesinde zuständig. Hierfür konnte er auch andere geeignete Priester aus dem Konvent heranziehen.[278]

Ein bemerkenswerter Unterschied ergibt sich auch bei der Wahl eines neuen Propstes. Auf dem Einsiedel war nicht das ganze Hauskapitel wahlberechtigt, sondern nur die Kanoniker, der Meister und zwei verordnete Laien.[279] In den Statuten wird dieses Verfahren nicht ex negativo, d.h. mit dem Ausschluß von fast zwei Dritteln des Konvents, beschrieben, sondern vielmehr positiv formuliert: *[...] der probst soll erwelt werden nach ordnung und statuten der priester, doch sóllen mit welen der maister und zwen laybrúder, von den laybrúdern darzů verordnet.*[280]

Der Meister bildet mit seinen Kompetenzen geradezu das Spiegelbild des Propstes, nur unter dem Vorzeichen seiner Zuständigkeit in weltlichen Dingen. Seine exponierte Stellung wird in den Statuten mit der Bestimmung verdeutlicht, daß ihm alle Personen des Stifts ehrwürdig begegnen und im Gespräch ihr Haupt entblößen sollten. Vor allem aber sollten sie *betrachten, das sie die ere Gott erbietten, an des stat er inen gegeben ist, ain regierer in ußwenndigen zyttlichen dingen.*[281] Er leitete die gesamte Ökonomie des Hauses und beaufsichtigte alle weltlichen Ämter innerhalb des Stifts.[282] Über die gesamte Finanzverwaltung hatte er jährlich vor dem

273 Statuten [Einsiedel], fol. 17v/18r.
274 Statuten [Einsiedel], fol. 17r.
275 Statuten [Einsiedel], fol. 8r/v.
276 Statuten [Einsiedel], fol. 8r, 8v, 12v.
277 Statuten [Einsiedel], fol. 8v.
278 Statuten [Einsiedel], fol. 7v.
279 Statuten [Einsiedel], fol. 8r.
280 Statuten [Einsiedel], fol. 8r.
281 Statuten [Einsiedel], fol. 12v.
282 Statuten [Einsiedel], fol. 11r.

Hauskapitel Rechenschaft abzulegen.[283] Er sollte auch nicht mehr als hundert Gulden in seiner Kasse aufbewahren. Einkünfte, die diesen Betrag überstiegen, wurden in der *gemain kisten* zusammen mit anderen Wertsachen und den Privilegien aufbewahrt. Die Truhe selbst wurde an einem sicheren Ort verwahrt und war mit vier verschiedenen Schlössern verriegelt. Jeweils ein Schlüssel hatte der Propst, der Meister, ein Kanoniker und ein Laie, die jeweils aus ihrem Kollegium dazu verordnet waren.[284]

Die herausgehobene Stellung des Meisters wird auch im Wahlverfahren deutlich. Im Falle einer Vakanz hatte der Propst innerhalb von dreißig Tagen einen Termin für die Neuwahl anzusetzen. Wahlberechtigt waren alle Laien des Hauses, der Propst, zwei beigeordnete Kanoniker und außerdem die beiden Visitatoren des Generalkapitels. In dieser Besetzung bildete das Wahlgremium sozusagen ein „Generalkapitel zur Wahl des Meisters", denn es waren damit fast alle Bedingungen einer Propstwahl an den oberdeutschen Stiften erfüllt. Die einzige Einschränkung besteht darin, daß nicht das gesamte Hauskapitel, sondern – diesmal unter umgekehrten Vorzeichen – nur die Laien und zwei Kanoniker wahlberechtigt waren.

Auch im Wahlverfahren werden Übereinstimmungen mit einer Propstwahl deutlich. Der Wahltag wurde mit einer Messe vom heiligen Geist, in der alle Wähler *das heilig sacrament empfachen*, feierlich eröffnet. Anschließend versammelte sich das Wahlgremium in der Sakristei, wo einer der Visitatoren alle Anwesenden ermahnte, nur denjenigen aus dem Kreis der adligen Brüder zu wählen, der ihnen *nach siner conscientz und vernúnfft [...] der best und der nútzest zu regierung deß huß in ußwenndigen zyttlichen dingen, zú der ere Gottes, vorgang der zucht und tugennden, hannthabung deß huß in siner ordnung und merung gaistlichs und zytttlichs gúts des huß* zu sein scheint.[285] Nachdem die Visitatoren in Gegenwart eines Notars die Stimmzettel eingesammelt und ausgezählt hatten, verkündeten sie den Gewählten und führten ihn vor den Altar in der Kirche, wo er den Amtseid zu leisten hatte. Anschließend führten die Visitatoren den neuen Meister *in sinen stůl* und übertrugen ihm sein Amt. Die Statuten weisen ausdrücklich darauf hin, daß dem Meister aufgrund seines Amtes keine Sonderregelungen zukommen. Er sollte *kain sonnder gúlt oder rénndt* beziehen und *glich sin den anndern brúderrn in claidung, essen, trincken, schlaffen, wachen und allen andern zúchten in kirchen und huß*.[286] Als einziges Vorrecht sollte dem Meister zur Unterstützung in seinen Geschäften ein Knecht zur Seite gestellt werden, der ausnahmsweise vom Stift besoldet wurde.[287]

Damit das Stift auch in Abwesenheit von Propst oder Meister *nymer [...] on hópter und regierung sey*, war jeweils ein Stellvertreter vorgesehen. Der Propst bestimmte mit Zustimmung der Kanoniker, des Meisters und zweier Laienbrüder einen Vizerektor, *der in gemainen sachen den vatter in sinem abwesen versehe und sinen*

283 STATUTEN [EINSIEDEL], fol. 12r.
284 STATUTEN [EINSIEDEL], fol. 11v, 13v.
285 STATUTEN [EINSIEDEL], fol. 11r.
286 STATUTEN [EINSIEDEL], fol. 11v.
287 STATUTEN [EINSIEDEL], fol. 11v.

gewalt haben sollte. Der Meister konnte aus den Adligen mit Zustimmung des Rates einen *statthalter* ernennen.[288]

Die gegenseitige Unterstützung, zu der Propst und Meister bei der Leitung des Hauses verpflichtet waren, bedeutete zugleich auch eine wechselseitige Kontrolle, ein Aspekt, der in den Statuten mehrfach Erwähnung findet. So sollte der Meister zusammen mit zwei Kanonikern den Propst ermahnen, wenn er seinen Pflichten nicht nachkam und – um nur einen Fall zu nennen – etwa bei seinem disziplinarischen Vorgehen gegenüber den Geistlichen nachlässig oder zu streng sein sollte.[289] Die gleiche Regelung, nur mit anderer Besetzung, war im umgekehrten Fall vorgesehen.[290] Waren etwaige Mißstände auf diese Art nicht zu ändern, konnten in höherer Instanz zunächst das Hauskapitel und dann die Visitatoren eingreifen, die bei einem schweren Konflikt, Propst und Meister *richten, und ob ir ainer oder sie baid nit volgen wölten, [...] absetzen* konnten.[291]

3.4.4 Das Hauskapitel

Das Hauskapitel bildete – wie an den oberdeutschen Stiften – lediglich ein dem Verband inkorporiertes und den Beschlüssen des Generalkapitels unterworfenes Partikularkapitel, das allein über hausinterne Angelegenheiten entscheiden konnte.[292] Es setzte sich aus dem Propst und seinen Kanonikern sowie dem Meister mit den adligen und bürgerlichen Laien zusammen.[293] Die entscheidende Bedingung für Sitz und Stimme war jedoch die Ablegung des Gehorsamsgelübdes.[294] Darin lag ein wesentlicher Unterschied zu den Kapiteln der anderen Stifte, wo Sitz und Stimme im Hauskapitel an die Diakonatsweihe geknüpft waren. In den ordentlichen Kapitelsitzungen, die vier Mal jährlich, und zwar jeweils am Freitag innerhalb der Quatemberfasten vor Ostern, Pfingsten, im September und Dezember abgehalten wurden, sollten die Brüder hausinterne Dinge beraten, vor allem aber über die *haltung der bott Gottes und stattuten und ordnung diser brůderschafft, von fúrgang und hindergang, gaistlichen und zyttlichen, des huß und der personen.*[295] Auf jeden Fall mußten dem Kapitel die *mergklichen grossen sachen, als grosser ówiger koúff oder verkouff*, und alle anderen Angelegenheiten, die der Rat nicht allein erledigen konnte, zur Beratung und Entscheidung vorgelegt werden.[296] Dazu gehörten auch der Rechenschaftsbericht des Meisters über die Finanzverwaltung, die Aufnahme ei-

---

[288] Statuten [Einsiedel], fol. 19^{r}: *Von stathaltern vatters und maisters.*

[289] Statuten [Einsiedel], fol. 8^{r}.

[290] Statuten [Einsiedel], fol. 12^{v}.

[291] Statuten [Einsiedel], fol. 8^{v}, 12^{v}.

[292] Vgl. Statuta [Generalkapitel], fol. 99^{r}: *De capitulo domestico seu particulari.*

[293] Statuten [Einsiedel], fol. 11^{v}. Vgl. auch fol. 7^{v}: *[...] propst, zwólff canonicen, maister und vier und zwaintzig conversen layenbrúder, alle gelider unnsers stifftzt und capitels [...].*

[294] Statuten [Einsiedel], fol. 10$^{r/v}$. Vgl. auch fol. 11^{v}: *[...] die gehorsam getón hond [...].*

[295] Statuten [Einsiedel], fol. 12^{r}.

[296] Statuten [Einsiedel], fol. 11^{v}, 12^{r}. Die sogenannten *causae maiores*. Vgl. Statuta [Generalkapitel], fol. 74^{r}.

nes neuen Bruders und die Genehmigung von längeren Abwesenheiten. In all diesen Fällen mußte ein außerordentliches Kapitel einberufen werden.[297] Eine gewisse personelle Einschränkung des Kapitels erfolgte bei der oben geschilderten Wahl eines neuen Propstes oder Meisters.

Die Verhandlungen wurden je nach Zuständigkeit wechselweise vom Propst in geistlichen und vom Meister in weltlichen Angelegenheiten geleitet. Die Beratung selbst erfolgte durch *umbfragen*, wo zunächst der Propst und der Meister, und anschließend nach einer festgelegten ständisch-hierarchischen Reihenfolge jeweils ein Kanoniker und zwei Laienbrüder ihre Stellungnahmen abgeben konnten.[298] Auf dem Einsiedel unterlagen die Beratungen ausnahmslos der Schweigepflicht, während in den anderen Stiften lediglich einzelne Punkte als *secreta capituli* festgelegt wurden.[299] Alle Beschlüsse, die in der Abstimmung mit der Mehrheit gefaßt wurden und nicht den Statuten des Generalkapitels widersprachen, sollten von *vatter, maister und brúdern volzogen und gehallten werden.*[300] Außerdem hatte das Kapitel die Möglichkeit, die eigenen Statuten zu *corrigiern, bessern, meren und myndern*, ohne allerdings die *houptstuck diser stifftung* zu verändern. Auch Eberhard im Bart hatte sich als Stifter das Recht vorbehalten, die Statuten – jedoch nur mit Zustimmung des Kapitels – zu ändern.[301]

3.4.5 Die Ämter

Die verschiedenen Ämter, die man im Einsiedel zur Aufrechterhaltung eines geordneten Betriebs eingerichtet hatte, waren in ihrer Struktur den oberdeutschen Stiften durchaus vergleichbar. Für die Oberaufsicht über diese *officia* sind Propst und Meister zuständig, wobei die Disposition in geistliche und weltliche Zuständigkeiten auch hier fortgesetzt wird.

Bezüglich der geistlichen Ämter ist in den Statuten des Einsiedels nur die Oberaufsicht des Propstes festgeschrieben. In der Frage der Einsetzung und Pflichten der Amsträger wird lediglich auf die oberdeutschen Statuten verwiesen.[302] Dort ist festgelegt, daß der Propst alle Amtsträger nach Absprache mit dem „engeren Rat", bestehend aus Vizerektor und Prokurator, einsetzen sollte.[303] Da das entsprechende Gremium im Petersstift der Rat war, darf wohl von dessen Mitwirkung bei der Besetzung der geistlichen Ämter ausgegangen werden. Im einzelnen waren wohl nach der Ordnung innerhalb des Generalkapitels am Einsiedel folgende, als geistlich bezeichnete Ämter dem Propst zugeordnet: die vornehmlich mit

---

[297] Statuten [Einsiedel], fol. 9^v, $12^{r/v}$, 17^r.

[298] Statuten [Einsiedel], fol. $12^{r/v}$.

[299] Statuten [Einsiedel], fol. $12^{r/v}$. Vgl. Statuta [Generalkapitel], fol. 19^r.

[300] Statuten [Einsiedel], fol. 11^v, 19^r.

[301] Vgl. dazu Statuten [Einsiedel], fol. 19^r: *Von statuten zú corrigiern und wesenlich houptstucken nit zú enndern.*

[302] Statuten [Einsiedel], fol. 8^r.

[303] Statuta [Generalkapitel], fol. 73^v.

liturgischen Aufgaben betrauten Ämter des Wöchners[304] und des Kantors[305], der für die liturgischen Geräte zuständige Küster[306] und vermutlich auch der Bibliothekar[307].

Ausführlicher werden in den Statuten des Einsiedels die weltlichen Ämter beschrieben, die unter der Oberaufsicht des Meisters standen.[308] Diese Ämter sollten Laienbrüder aus dem Kapitel übernehmen, damit sie *wissen mógen, wie das huß gút gehanndelt* werde.[309] Anzahl, Bezeichnung und Funktion der Ämter entsprechen weitgehend dem Brauch der anderen Stiftskirchen, mit dem Unterschied, daß die Befugnisse des Prokurators[310], nämlich die Aufsicht über die Ökonomie des Hauses, im Einsiedel auf den Meister übertragen wurden. Im einzelnen wurden am Petersstifts folgende weltliche Ämter aufgeführt: der für die Textilien zuständige Kleidermeister[311]; ein Siechenmeister[312], der die Kranken im *siech huß* pflegte; der für die Unterbringung und Versorgung von Besuchern zuständige Gastmeister[313]; ein Oberkeller[314], der den Meister in seinen Aufgaben zu unterstützen hatte; ein Küchenmeister[315], der die Aufsicht über das Küchenpersonal ausübte; abschließend der für die eingelagerten Feldfrüchte verantwortliche Speichermeister[316].

Trotz der vergleichbaren Struktur fällt am Einsiedel ein standesbedingter Unterschied auf, der freilich nicht in der Zuständigkeit, wohl aber in der eigentlichen Tätigkeit des Amtsinhabers deutlich wird, da die meisten *officia* mit entsprechenden Knechten und Dienern ausgestattet waren. So wird in den oberdeutschen Statuten beispielsweise vom Koch erwartet, daß er auch die Speisen zubereitet,[317] während sein Amtskollege auf dem Einsiedel lediglich weitere Küchenknechte zu beaufsichtigen hatte. In den Statuten des Einsiedels werden außerdem zwei Ämter erwähnt, die an den Stiftskirchen nicht nachgewiesen sind. Dabei handelt es sich um den *almúßner*[318], der die Armen aus den umliegenden Ortschaften auf Anwei-

---

[304] Vgl. STATUTA [GENERALKAPITEL], fol. 76r–76v: *De ebdomadario.*

[305] Vgl. STATUTA [GENERALKAPITEL], fol. 76v–78v: *De cantore et succentore.*

[306] Vgl. STATUTA [GENERALKAPITEL], fol. 78v–80v: *De sacrista.*

[307] Vgl. STATUTA [GENERALKAPITEL], fol. 82v–83r: *De librario.*

[308] STATUTEN [EINSIEDEL], fol. 17r: *Item es sol ain yegklicher brúder, dem ain ampt bevolhen wúrdt, das selb willengklich annemen und getruwlich nach befelch des maisters versehen und dem maister davon rechnung tún.*

[309] STATUTEN [EINSIEDEL], fol. 17r.

[310] Vgl. STATUTA [GENERALKAPITEL], fol. 80v–82v: *De procuratore.*

[311] STATUTEN [EINSIEDEL], fol. 17r. Vgl. STATUTA [GENERALKAPITEL], fol. 83r–84v: *De vestiario.*

[312] STATUTEN [EINSIEDEL], fol. 17r. STATUTA [GENERALKAPITEL], fol. 84v–91v: *De infirmario.*

[313] STATUTEN [EINSIEDEL], fol. 15v/16r, 17r. STATUTA [GENERALKAPITEL], fol. 91v–92v: *De hospitario.*

[314] STATUTEN [EINSIEDEL], fol. 17r. STATUTA [GENERALKAPITEL], fol. 92v–93r: *De cellario.*

[315] STATUTEN [EINSIEDEL], fol. 16v/17r. STATUTA [GENERALKAPITEL], fol. 93r–94r: *De coco et ortulano.*

[316] STATUTEN [EINSIEDEL], fol. 17r. STATUTA [GENERALKAPITEL], fol. 94r: *De custode granarii et pistore.*

[317] Vgl. STATUTA [GENERALKAPITEL], fol. 93r: *Ordinet rector pro coquina fratrem pacientem et benignum, providum ac coquendi arte industrium.*

[318] STATUTEN [EINSIEDEL], fol. 16r.

Vergleich der Ämterstruktur

Stifte (Oberdeutsches Generalkapitel)

Praepositus (Rector)
Vicerector

Geistliche Ämter
Ebdomadarius
Cantor
Succentor
Sacrista
Librarius

Weltliche Ämter
Procurator
Vestiarius
Cellarius
Custos granarii
Cocus
Pistor
Hortulanus
Infirmarius
Hospitarius

Stift St. Peter

Propst (Vater)
Vizerektor

Geistliche Ämter
Ebdomadarius
Cantor
Succentor
Sacrista
Librarius

Meister
Statthalter

Weltliche Ämter
(siehe Meister)
Kleidermeister
Oberkeller
Speichermeister
Küchenmeister

Gärtner
Siechenmeister
Gastmeister
Zuchtmeister

Knechte
Keller
Schaffner
Schneider
Scherer
Bäcker
Koch
Pförtner
Stubenhaitzer

sung des Propstes oder des Meisters mit dem täglichen Almosen versehen sollte, und den Zuchtmeister, der für die Erziehung von jungen Laienbrüdern verantwortlich war.[319]

3.4.6 Knechte und Gesinde

Der Meister sollte für die täglich anfallenden Arbeiten mit Zustimmung des Rates Knechte *dingen, die dem huß gemainlich dienen* und die Anweisungen des Meisters *getrúwlich und one widerrede* ausführen sollten.[320] Auf dem Einsiedel unterschied man drei verschiedene Gruppen von Knechten und Gesinde. An erster Stelle standen die „gemeinen Knechte", die aus dem Stiftsvermögen entlohnt wurden, und *ir wonung und zellen im convent* hatten. Aus dieser Gruppe, die vor allem zur Unterstützung der einzelnen Amtsträger diente, werden in den Statuten folgende Knechte konkret erwähnt: Ein Keller, *der brott, win, tranck und ops verwarn soll*;[321] ein Schaffner oder *berytter*, der unter Aufsicht des Meisters und des Oberkellers für die Einkünfte des Hauses zuständig war;[322] ein Schneider, ein Bäcker sowie zwei Köche und Küchenknaben;[323] ein *scherer* oder Barbier, der auch im Siechenhaus und in der Badstube beschäftigt war;[324] ein Pförtner und ein *stubenhaitzer*, der auch den Konvent und das Refektorium zu reinigen hatte.[325]

Eine zweite Gruppe von *knecht und gesind* war nicht innerhalb des Konvents tätig, sondern zum Unterhalt der Gebäude und der Landwirtschaft angestellt.[326] Zuletzt konnte auch jeder Laienbruder auf eigene Kosten einen persönlichen Knecht verdingen, *der im hantraichung und wartung tát, und der by im in siner zellen wer.* Adligen Brüdern waren bei Bedarf sogar – freilich auch *on schaden des hußs* – zwei Knechte erlaubt.[327] Alle Knechte sollten mindestens 25 Jahre alt, gesund und guten Leumunds sein. Außerdem mußten sie *dem maister geloben, dem huß getrúw zú sinde und nichtz zú tůn, davon das huß und och die brúder móchten zú sinden, schanden, laster oder bósem lumden kommen.*[328] Ergaben sich Streitigkeiten oder Unverträglichkeiten, konnte der Meister einen Knecht des Hauses verweisen.

---

[319] Statuten [Einsiedel], fol. 9ᵛ.
[320] Statuten [Einsiedel], fol. 18ʳ/ᵛ.
[321] Statuten [Einsiedel], fol. 18ᵛ.
[322] Statuten [Einsiedel], fol. 15ᵛ, 16ʳ, 18ᵛ.
[323] Statuten [Einsiedel], fol. 14ᵛ, 15ʳ, 15ᵛ, 16ʳ, 18ᵛ.
[324] Statuten [Einsiedel], fol. 17ᵛ, 18ᵛ.
[325] Statuten [Einsiedel], fol. 15ᵛ, 17ᵛ, 18ᵛ.
[326] Statuten [Einsiedel], fol. 18ᵛ: *Item ußwenndigs des convents soll der maister knecht und gesind mit rát als vor, wie das notturfft des buwes und des vechs zú jegklicher zyt haischen wúrt und herfordern, bestellen.*
[327] Statuten [Einsiedel], fol. 18ᵛ.
[328] Statuten [Einsiedel], fol. 19ʳ.

3.4.7 Die Brüder

Der Konvent des Einsiedels sollte sich laut Gründungsstatut zusammensetzen aus einem Propst, *als ainem houpt*, mit zwölf Kanonikern *nach der zall Cristi und siner zwolff apposteln*, und einem Meister mit vierundzwanzig Laienbrüdern, die sich aus zwölf Adligen und zwölf Bürgern zusammensetzten.[329] Diese 38 Petersbrüder bildeten zusammen das Stiftskapitel und sollten *alle in ainer gemaind und in ainer kirchen, behusung, túsch und annder versehung nach underschribner ordnung und brúderlicher lieb Gott dienen.*[330]

In den Gründungsstatuten des Einsiedels werden Voraussetzungen und Aufnahme sowie Rechte und Pflichten der Kanoniker nicht eigens aufgeführt, da sie *ingemain und in gehorsam génntzlich nach ordnung, statuten und gesatzten [...] irs gemainen capitels mit glúpten und úbergebung aller aigenschafft, gehorsam, kúschait und wanndlung, vasten, essen, schlaffen, wachen und aller annder ordnung [...] des gemainen capitels leben* sollten.[331] Bezüglich des Weihegrades wird indes festgehalten, daß der größere Teil der Kanoniker aus Priestern bestehen soll. Ganz im Einklang mit der Bestimmung des Generalkapitels, nach der Kanoniker innerhalb des Verbandes versetzt werden konnten,[332] war in den Gründungsstatuten des Einsiedels vorgesehen, daß die erste personelle Ausstattung mit Brüdern anderer Stifte gebildet wurde.[333]

Auf der anderen Seite werden die Aufnahmevoraussetzungen und Eigenschaften der Laienbrüder jedoch detailliert geregelt. Die erste Gruppe, der Adelsstand, war durch dreizehn Laienbrüder und Konversen repräsentiert, die mindestens Titel und Würde eines Freiherrn trugen, in der Herrschaft Württemberg seßhaft oder derselben aufgrund geleisteter Dienste und Lehenspflichten verbunden waren. Für den Fall, daß nicht genügend Adelige mit diesen Voraussetzungen gefunden wurden, konnte das zweite Kriterium, der räumliche und personelle Bezug zur Herrschaft Württemberg, auch auf das *lannd zú Schwaben* ausgedehnt werden. Eine weitere Modifikation dieser Regelung, auch bezüglich der Anzahl, hatte sich Eberhard selbst vorbehalten. Erst nach seinem Tode sollten in diesem Punkt *maister* und *capitel tún, wie sich das dann zu mal nach den lóffen notturfftigklich erhaischt.*[334] Die zweite Gruppe der Laienbrüder wurde aus zwölf ehrsamen Bürgern württembergischer Städte gebildet, die nicht aus Armut oder Krankheit, sondern *uß góttlicher lieb* um Aufnahme in die Bruderschaft baten.[335] Eberhard dachte hier an Vertreter

---

329 STATUTEN [EINSIEDEL], fol. 5v, 7v. Vgl. auch HStA Stuttgart, A 522, U 1 (Vgl. Kapitel VI,2.1): *[...] in qua prepositus tanquam pater et caput et duodecim canonici in communi viventes tanquam membra secundum numerum Christi et apostolorum eius ac tredecim fratres seu conversi laici ex nobili seu militari genere legitime procreati, quorum unus sit magister et administrator temporalium, et alii duodecim fratres sive conversi etiam laici ex plebeis esse debeant [...].*

330 STATUTEN [EINSIEDEL], fol. 7v.

331 STATUTEN [EINSIEDEL], fol. 7v.

332 Vgl. STATUTA [GENERALKAPITEL], fol. 46r–48v: *De mutua et caritativa domorum unione, assistencia et subvencione.*

333 STATUTEN [EINSIEDEL], fol. 7v.

334 STATUTEN [EINSIEDEL], fol. 9r.

335 STATUTEN [EINSIEDEL], fol. 9r.

der württembergischen „Ehrbarkeit", also Personen aus der bürgerlichen Oberschicht, die vermögend waren, in den Städten die ehrbaren Ämter innehatten und politischen Einfluß ausübten.[336]

Für alle Laienbrüder, ob adelig oder bürgerlich, galten diesselben Aufnahmevoraussetzungen.[337] Sie sollten einen guten Ruf und einen ehrenwerten Charakter haben und frei sein von jeglichen Verpflichtungen, seien es Ämter, Dienstverhältnisse oder Schulden, die bei einer Aufnahme das Stift hätten belasten können. Außerdem sollten sie *ledig sin von elichen bannden*. Für den Fall einer bestehenden Ehe war vorgesehen, daß die Frau entweder ebenfalls einem Orden beitrat oder mit Dispens des Bischofs in der Welt blieb, nachdem sie ein Gelübde der Keuschheit abgelegt hatte. Auch das relativ hohe Mindestalter von 34 Jahren zeigt, daß Eberhard unter dem Ideal des Laienbruders nicht den Typus eines jungen und ungebildeten, sondern vielmehr eines lebenserfahrenen Konversen im Sinn hatte. Eine Milderung dieser Vorschrift kam erst dann in Frage, wenn die vorgesehene Zahl der Laienbrüder unter den gegebenen Umständen nicht erreicht werden konnte. Dann konnte das Hauskapitel das vorgeschriebene Alter herabsetzen und im äußersten Fall auch junge, aber mindestens fünfzehnjährige Laien zur Probe aufnehmen, die allerdings nicht vor dem vollendeten siebzehnten Lebensjahr Profeß ablegen durften.

Die Laien wurden jeweils nach demselben Verfahren in das Stift aufgenommen. Dabei wurde besonders auf den wohlüberlegten und durchdachten Entschluß des Bewerbers geachtet. Schon die Zulassung zum Probejahr gestaltete sich als nicht ganz einfach. Der Bewerber mußte vor dem Rat des Stifts zunächst um Aufnahme bitten. Waren alle obengenannten Voraussetzungen erfüllt, erläuterte der Meister die Lebensweise der Brüder und fragte anschließend den Bewerber, ob es immer noch sein Wunsch sei, *nach sölicher ordnung Gott dem herrn zú dienen, die welt lassen und Gottes gefanngen sin in keuschait und gehorsam, sin súnd zú bússen, und sin leben zú besseren.*[338] Blieb dieser bei seinem Vorhaben, wurde er vom Meister aufgefordert, die Sache noch ein oder zwei Monate zu bedenken und dann erneut um Aufnahme zu bitten. Dieser Akt wurde noch einmal wiederholt, so daß der Kandidat erst beim dritten Mal zum Probejahr zugelassen wurde.[339]

Nach dem Probejahr war die Zustimmung des Kapitels erforderlich, bevor der Kandidat vor dem versammelten Konvent im Chor der Stiftskirche *umb* die *brúderschaft* bitten durfte. Der Meister fragte ihn noch einmal, ob er bis zum Tod zusammen mit den Brüdern leben und Gott dienen wolle. Wenn der Kandidat dies bekräftigte, mußte er vor dem Propst das folgende feierliche Gelübde ablegen: *Ich, N., brúder des hußs sant Peters glob mit herlicher gelúpt, und schwer Gott dem allmechtigen,*

---

[336] Daß Eberhard mit den bürgerlichen Brüdern die Ehrbarkeit im Blick hatte, wird nicht zuletzt in einer Textvariante deutlich. Während das Notariatsinstrument *ersamer* bietet, erscheint in dem von Eberhard und Biel redigierten Druck der Statuten der Begriff *erberer*. Vgl. STATUTEN [EINSIEDEL], fol. 9^{r}.

[337] STATUTEN [EINSIEDEL], fol. 9$^{r/v}$.

[338] STATUTEN [EINSIEDEL], fol. 9^{r}.

[339] STATUTEN [EINSIEDEL], fol. 10^{r}.

der rainen mútter Gotts, Marien, sant Petern, allen hailligen, und dir vatter an Gotts stát, bestenndikait, keuschait und gehorsam unserm gemainen capitel och propst maister, die ye zú zytten syen und capitel diß stiffts nach innhalt und mainung der stattuten des gemainen capitells sovil mich die berúrnd, das ich ouch die verainigung der stifft und huser der weltlichen canonicen, clericen und brúdern in gemain lebende in obertútsch lannden von bápstlicher gewalt gesatzt und veraint nach mim vermogen handthaben, behútten und beschirmen wil.[340]

Nachdem dieses Gelübde in einer notariell beglaubigten Urkunde festgehalten war, nahm der Propst den Kandidaten auf *zú ainem ówigen brúder und gelid diß stiffts* und machte ihn zum Teilhaber *alles gútten diß hußs und bruderschafft zyttlich und gaistlich im leben und im tod.* Zum Zeichen seiner Profeß erhielt der neue Bruder nun das Zeichen des Petersstifts, die gekreuzten Schlüssel, die er künftig auf dem Gewand tragen sollte. Danach wurde er in den letzten Stuhl seines Standes geführt und empfing in der abschließenden Messe das heilige Sakrament.[341]

Vergleicht man nun dieses Verfahren mit der Aufnahme eines Laienbruders am Oberdeutschen Generalkapitel, werden grundlegende Unterschiede deutlich. Die Laienbrüder am Petersstift hatten besitzrechtlich eine ausgesprochene Sonderstellung, da sie keinen Besitzverzicht zu leisten hatten. Dies bedeutete, daß sie zwar an der Gütergemeinschaft des Stifts partizipieren konnten, d.h. daß sie wie die Kanoniker mit dem Lebensnotwendigen versorgt wurden, und daß der Ertrag ihrer Arbeit in das gemeinsame Vermögen überging. Sie behielten aber alle privaten Eigentumsrechte und konnten frei über ihren Besitz verfügen.[342] Eine Übergabe des Privatbesitzes bei der Aufnahme, wie sie die Kanoniker zu leisten hatten, war in den Statuten ausdrücklich verboten, *uff das kain befleckung der symony in den knechten Gotts gefunden werde.*[343] Außerdem war die Verpflichtung zur *stabilitas* nicht gesondert zu leisten, sondern zusammen mit dem Gelübde. Die Verpflichtung zum Gehorsam *unserm gemainen capitel* war nur soweit gegeben, als dessen Statuten überhaupt für die Laien des Einsiedels Geltung hatten.[344]

3.4.8 Dotation der Stiftung

Eberhard im Bart und seine Frau Barbara statteten die Stiftung auf dem Einsiedel mit Grundbesitz, verschiedenen Privilegien und einer beträchtlichen Geld-

---

[340] Statuten [Einsiedel], fol. $10^{r/v}$. Vgl. die lateinische Formel in der päpstlichen Bestätigung HStA Stuttgart, A 522, U 1 (Vgl. Kapitel VI,2.1): *[...] in manibus prepositi voto solenni promittere teneantur perpetuam stabilitatem, castitatem et obedientiam tam generali predictarum ecclesiarum capitulo quam preposito, magistro et capitulo eiusdem ecclesie sancti Petri secundum tenorem et mentem statutorum eiusdem generalis capituli eos concernentium et, quod unionem collegiatarum ecclesiarum ac domorum canonicorum et clericorum secularium in communi viventium superioris Alamanie huiusmodi apostolica auctoritate factam pro viribus manutenebunt, protegent et tuebuntur [...].*

[341] Statuten [Einsiedel], fol. 10^{v}.

[342] Statuten [Einsiedel], fol. 13^{r}.

[343] Statuten [Einsiedel], fol. 10^{v}.

[344] Statuten [Einsiedel], fol. 10^{v}.

summe aus, damit die Brüder dem Stiftungszweck entsprechend ohne materielle Not oder Einengung ihrer Rechte *Gott in rúw und abgeschaidenhait dienen*[345] konnten.[346]

Zunächst überließ der Landesherr den Brüdern die auf dem Einsiedel schon vorhandenen Bauten, ein kleines, um 1460 angelegtes Gestüt[347] mit den entsprechenden Gebäuden samt *stútroß, alt und jung und annder unser vich*[348] und das 1482 erbaute Jagdschloß[349]. Alle Bauten hatte Eberhard selbst veranlaßt; sie lagen innerhalb Barbaras Witwengut, weshalb die Stiftung *mit verwilgung der hochgepornen fürstin, unnser hertzlieben gemacheln frow Barbara*[350] erfolgte. Die Nutzung und Verwendung dieser Gebäude war den Brüdern freigestellt, bezüglich des Jagdschlosses[351] behielt sich Eberhard jedoch vor, *das wir darinn sin mógen, wann wir wóllen, doch ón des stiffts schaden und so dick wir alda sin.*[352] Eberhard wollte also das Jagdschloß weiterhin als Quartier benutzen, wenn er den Brüdern einen Besuch abstattete. Nach seinem Tod jedoch sollten allein die Brüder das Schloß nach ihren Vorstellungen, etwa als Gästehaus nutzen. Eine Nutzung des Gebäudes durch einen seiner Nachfahren, schloß Eberhard dadurch grundsätzlich aus.[353]

Der Waldbezirk um den Einsiedel läßt sich aufgrund des in der Gründungsurkunde[354] detailliert beschriebenen Grenzverlaufs rekonstruieren.[355] *Und vachet solicher zirckel an under dem unndern wyer in Schlierbachs graben, den graben ab und ab biß unnden an das Hórnlin [...].*[356] Zur Orientierung der Grenzbeschreibung wird hier der *untere Weiher* unmittelbar beim Stift angegeben. Zum Zeitpunkt der Stiftung müssen also schon mindestens zwei der vier im Rammingerschen Seebuch abge-

---

345 STATUTEN [EINSIEDEL], fol. 5ʳ.

346 Zur Dotation Eberhards vgl. LANDEEN, Brüderhaus, S. 8f. SCHIEK, Einsiedel. Zum Bezirk des Einsiedels vgl. insbesondere SCHIEK, Siegwalt: Zur Grundausstattung des Klosters St. Peter im Schönbuch. In: Zeitschrift für württembergische Landesgeschichte 36, 1977, S. 331–334. SCHIEK, Siegwalt: Grenzsteine des Stifts St. Peter zum Einsiedel im Schönbuch. Stuttgart 1977.

347 SCHIEK, Einsiedel, S. 11.

348 STATUTEN [EINSIEDEL], fol. 7ʳ.

349 STATUTEN [EINSIEDEL], fol. 5ᵛ: *[...] unser núw húß im Schúnbúch der Ainsidel genant [...].* Fol. 5ᵛ: *[...] Erstmals geben wir inen unnser huß, das wir in unnserm wald, dem Schúnbúch, von núwem gebuwen und den Ainsidel genempt haben [...].* Fol. 7ʳ: *[...] by dem vorgenannten unnserm huß [...].* Fol. 16ʳ: *[...] das huß, das wir anfangs gebuwen und zú zytten darinn gewonet hand [...].*

350 STATUTEN [EINSIEDEL], fol. 5ᵛ.

351 Die um 1580 von Nikolaus Ochsenbach angefertigte, aquarellierte Federzeichnung des *Schlößlin* (SCHIEK, Einsiedel, Abb. 6) gibt nicht den originalen Bauzustand der Anlage wieder. Zur möglichen Rekonstruktion der ursprünglichen Verhältnisse vgl. SCHIEK, Einsiedel, Abb. 9 und 10. SCHIEK, Siegwalt: Zur Baugeschichte des Schlößchen Einsiedel. In: Schwäbische Heimat 31, 1980, S. 45–51.

352 STATUTEN [EINSIEDEL], fol. 16ʳ.

353 STATUTEN [EINSIEDEL], fol. 16ʳ: *[...] und so wir nit mer sint, sol es zú dem huß für ain gasthuß oder sunst, war zú probst, maister und convent das am besten beduncket, gebrucht werden. Dann wir wollen nit, das nach unnserm tod kainer unnser erb oder nachkomm wonung oder gerechtikait darzů haben sóllen.*

354 STATUTEN [EINSIEDEL], fol. 5ᵛ: *Von begabung des stiffts.*

355 Vgl. dazu die Topographische Karte 1 : 25 000, Blatt 7420 (Tübingen).

356 STATUTEN [EINSIEDEL], fol. 6ʳ.

bildeten Weiher bestanden haben.[357] Der Ausgangspunkt des Grenzverlaufs liegt östlich der Weiher, wo die heutige Altenburger Allee an den Schlierbach stößt. Dort beginnend verläuft die Grenze zunächst in südlicher Richtung bis zur heutigen Bundesstraße 297, wo sich auf der westlichen Anhöhe früher das *Hórnlin* befunden haben muß. In der Beschreibung heißt es weiter: *und von dem Hórnlin den marckstainen nach bis in Ploppellers loch, und den selben graben uff und uff bis oben in die Mayendickin an dem margkstain, von dem selben stain in den Dachsbúchel, und da dannen in den graben ob der Hochen Strút [...].*[358] Vom *Hörnlin* folgte nun die Grenze entlang des Waldrandes zunächst in südwestlicher, dann in westlicher Richtung bis zum von Norden her fließenden Tiefenbach, wo sich heute noch die Flurbezeichnung *Poppelesloch* findet. Jetzt wendete sich die Grenzlinie nach Norden entlang des Tiefenbachs bis zur *Mayendickin*[359]. Dieser Punkt ist durch einen heute noch existierenden Grenzstein (Nr. 1)[360] markiert. Zwei weitere Grenzsteine (Nr. 2 und 3) führen nordöstlich in die heutige Flur *Dachsbühl*, wo sich die Grenze nach Osten, entlang der heutigen *Büchelersklinge* (*ob der Hochen Strút*) wendet. Von dort verlief die Grenze laut Gründungsurkunde *den selben graben ab und ab bis in den marckstain, und da dannen úber den Honwang under der byburg hinúber bis unnden in des Mayers wyß, biß wider an den Schlierbach.*[361] Mit dem *graben* ist die in der Flur *Hohe Strut* nach Osten verlaufende *Büchelersklinge* gemeint. Der angegebene *marckstain*, an dem die Grenze die Büchelersklinge in südlicher Richtung verläßt, ist heute nicht mehr erhalten. Es ist aber davon auszugehen, daß die Grenze dem natürlichen Geländeverlauf folgend durch die Flur *Hahnbang* zuerst nach Süden, dann nach Südwesten verläuft, wo mit den Grenzsteinen (Nr. 4, 5 und 6) wieder der Ausgangspunkt erreicht ist.[362] Die gesamte Fläche dieses Bezirks umfaßte circa zehn Quadratkilometer, wovon jedoch fast die Hälfte aufgrund der zerklüfteten Steilhänge nicht landwirtschaftlich nutzbar war. Nur in der unmittelbaren Umgebung – wahrscheinlich nicht im heutigen Ausmaß – war eine Nutzung möglich.[363]

Innerhalb dieses Zirkels war den Brüdern *nach irem [...] willen unbeschwert aller stúr, zins und beschwárung* die uneingeschränkte Nutznießung übertragen.[364] Dar-

---

[357] RAMMINGER, Jakobus: Seehbuch. 1596. Vgl. die Abb. bei SCHIEK, Einsiedel, S. 47, Nr. 5. Alle vier Seen existierten mindestens bis 1838. Heute bestehen neben einem Weiher noch zwei kleine Tümpel.

[358] STATUTEN [EINSIEDEL], fol. 6^r^.

[359] SCHIEK, Grundaustattung, S. 333 erklärt die Bezeichnung mit „*Birken-Dickung*". In unmittelbarer Nähe befindet sich nördlich von Pfrondorf die Flur *Birke*.

[360] Vgl. SCHIEK, Grenzsteine, Abb. 3. SCHÖCK, Inge: „Schlüsselsteine" des Stifts St. Peter zum Einsiedel. In: Denkmalpflege in Baden-Württemberg 7, 1978, S. 9–10. Bis heute sind noch acht Grenzsteine des Einsiedels erhalten. Ihre Vorderseite zeigen jeweils zwei gekreuzte Schlüssel mit nach unten gerichteten, ovalen Griffringen. Dieses Attribut des heiligen Petrus trugen die Brüder auch auf ihrer Kleidung.

[361] STATUTEN [EINSIEDEL], fol. 6^r^.

[362] SCHIEK, Grundausstattung, S. 333 geht bei der erwähnten *byburg* von einer ehemaligen keltischen Viereckschanze oberhalb der Wolfsgartenklinge aus.

[363] SCHIEK, Grundausstattung, S. 333.

[364] STATUTEN [EINSIEDEL], fol. 6^r^. Vgl. LANDEEN, Brüderhaus, S. 8f.

Bezirk des Stifts St. Peter

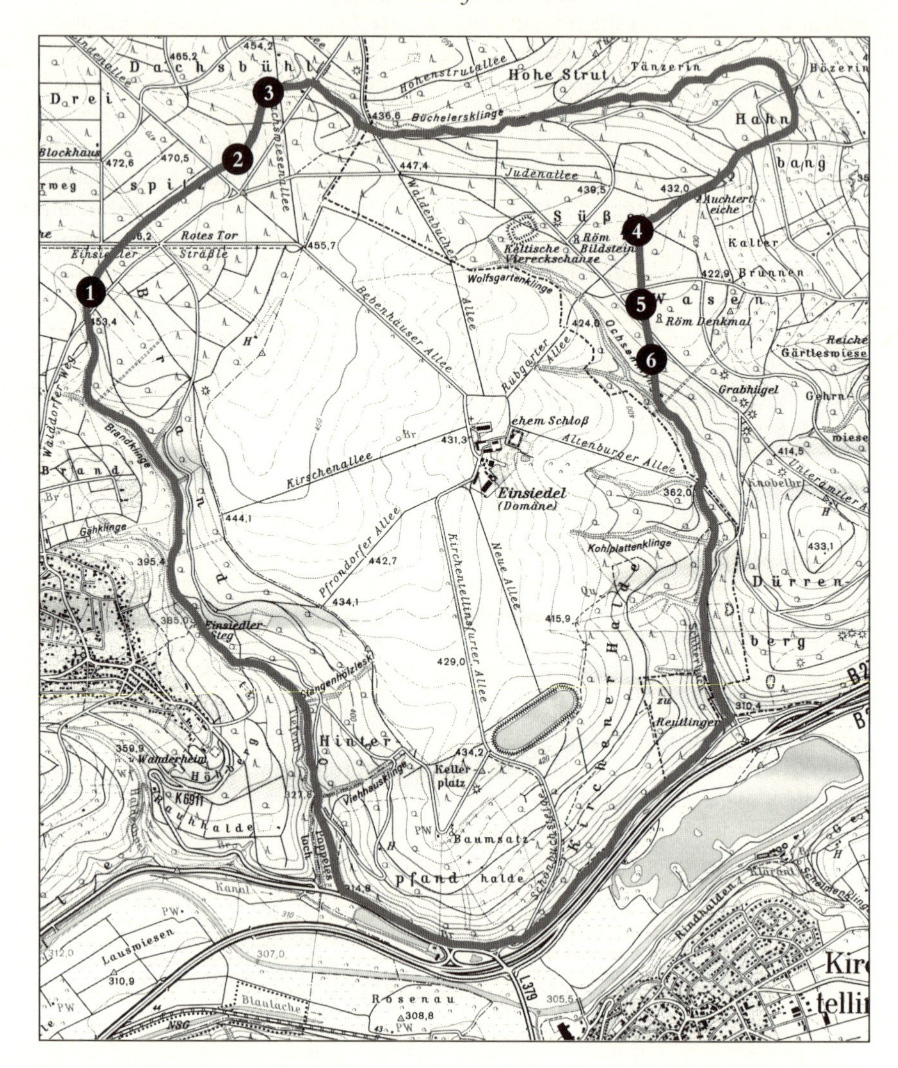

Kartengrundlage: Topographische Karte (1:25 000) 7420 Tübingen (Verkleinerung 1:1,7)

über hinaus gestattete Eberhard die abgabenfreie Nutzung des umliegenden Schönbuchs. Die Brüder konnten eine festgelegte Menge an Bauholz einschlagen, Brennholz sammeln und Schweine zur Mast in den Wald treiben. Auch die Jagd auf Vögel und Hühner war in dem relativ großen Bezirk zwischen Kirnbach, Schaich, Reichenbach und Neckar erlaubt.[365] Schließlich schenkte Eberhard dem Stift aus seinem Vermögen 18 000 Gulden zur Fertigstellung der im Bau befindlichen Konventsgebäude und zum Ankauf zinsbarer Güter, woraus sie ihren Lebensunterhalt sichern sollten.[366] Abschließend bestätigte Eberhard, daß alle dem Stift übertragenen Güter und Rechte gegenwärtig und auch unter seinen Nachfolgern *ganntz fry und unbeschwért sin und pliben sóllen*, und nahm die Gründung in seinen persönlichen Schutz.[367]

3.4.9 Die Sonderstellung des Einsiedels

Der Einsiedel war auf der einen Seite vollständig in das Oberdeutsche Generalkapitel integriert und hatte die gleichen Rechte und Pflichten wie die übrigen Stifte, etwa bei der Beschickung des Generalkapitels oder bei der Visitation. Auf der anderen Seite sind aufgrund der neuartigen Zielsetzung, die sich hauptsächlich auf die personelle Zusammensetzung des Konvents auswirkte, bezüglich der inneren Verfassung deutliche Unterschiede im Vergleich mit den anderen Brüderstiften feststellbar.[368] Die ständische Ausrichtung des Stifts erforderte – vor allem für den Bereich der Laien – ein separates Statutenwerk.

Die Unterschiede resultieren vor allem aus der Aufwertung der Laien und werden greifbar in der starken Position des Meisters, in der paritätischen Zusammensetzung des kleinen Rats und im Hauskapitel, zu dem nun auch die Laien zugelassen wurden. Insgesamt wird deutlich, daß in den Statuten des Einsiedels bezüglich der Laien im Vergleich zu den übrigen Stiften weitgehende Freiheiten gewährt wurden. Dies zeigt sich beispielsweise auch in der Frage des Gemeinbesitzes: Die Laien legten zwar ein *votum stabilitatis* ab, sie waren aber nicht zum vollständigen Besitzverzicht verpflichtet. Innerhalb des Konvents sollten sie – wie die Kanoniker – aus dem Gemeinschaftsvermögen mit dem Notwendigen versorgt werden. Außerhalb des Konvents konnten sie hingegen weiterhin über Privatvermögen verfügen. Weitere Sonderregelungen betrafen auch das Zusammenleben im Stift, wie im folgenden Kapitel noch gezeigt werden soll. Den Laien war dabei jeweils auf eigene Kosten erlaubt, sich bequemere Kleidung anfertigen zu lassen, einen persönlichen Knecht anzustellen oder den Mitbrüdern eine kleine Zusatzmahlzeit (*Pitantz*) zu spenden. Neben anderen Vergünstigungen konnten sie auch mit Knechten und Hunden im Schönbuch auf die Jagd gehen. Solche Freiheiten wären nach den

---

365 Statuten [Einsiedel], fol. 6$^{r/v}$.

366 Statuten [Einsiedel], fol. 7^{r}.

367 Statuten [Einsiedel], fol. 7^{r}: *[...] sie daby und by allen obgeschriben begabungen und fryhaitten zů hanthaben, zú schútzen und zú schirmen, getrúwlich und ungefarlich [...], sie daby zu schútzen und schirmen und inen in irem anligen uff ir begern getruwlich berátten und beholffen zú sind [...].*

368 Vgl. Kapitel IV,3.5.

oberdeutschen Statuten in den übrigen Stiften undenkbar gewesen, ja sie wären als schwerste Verstöße gegen das Gebot des Gemeinbesitzes bestraft worden. Die Statuten des Einsiedels stellen somit einen Kompromiß zwischen devoter und adliger Lebensweise dar, eine *via media* unter anderen Vorzeichen. Eberhard im Bart und Gabriel Biel waren offensichtlich davon überzeugt, daß der Einsiedel als geistig-religiöse Legitimation des ständischen Regiments nur dann zustande kommen würde, wenn der adligen und bürgerlichen Zielgruppe ein Entschluß zu dieser Lebensform mit entsprechenden Zugeständnissen erleichtert würde.

3.5 Der Alltag im Oberdeutschen Generalkapitel

Die Statuten des Oberdeutschen Generalkapitels stehen aufgrund ihrer Form und ihrer detaillerten, das gesamte Gemeinschaftsleben regelnden Bestimmungen zwischen den *consuetudines monasticae* und den Statuten des weltlichen Kollegiatstifts. Diese Quellengattung ist in den letzten Jahrzehnten in stärkerem Maße zur Erforschung mittelalterlicher Klöster und Stifte herangezogen worden. Für das Mönchtum ist dabei hauptsächlich auf das großangelegte Editionsunternehmen des *Corpus Consuetudinum Monasticarum* zu verweisen.[369] Der Hauptherausgeber Kassius Hallinger hat die Funktion der *consuetudo* im Verhältnis zur *regula* dahingehend bestimmt, daß die *consuetudo* begrifflich und faktisch neben der Regel steht, diese ergänzt, interpretiert, mitunter abändert und schließlich sichert.[370] Während die monastischen *consuetudines* mit ihrem Ziel, eine Regel in das praktische Leben umzusetzen, dementsprechend auch alle Lebensbereiche einer Gemeinschaft umfassen, tragen die Statuten weltlicher Kollegiatstifte, die ihrer unterschiedlichen Zielsetzung entsprechend eine breite Palette von Gewohnheiten und Einrichtungen hervorgebracht haben, vor allem einen juridischen und ökonomischen Charakter. Sie beschränken sich vielfach auf Bestimmungen über die Stiftsämter und die für die Stiftskirchen wichtigen Fragen der Kollaturformen, der Residenzpflicht oder der Kaplaneien.[371] Eine Ursache für diesen elementaren Unterschied zum

---

[369] Vgl. zum gegenwärtigen Stand ENGELBERT, Pius: Bericht über den Stand des Corpus Consuetudinum Monasticarum. In: Studien und Mitteilungen zur Geschichte des Benediktinerordens und seiner Zweige 102, 1991, S. 19–24.

[370] HALLINGER, Kassius: Consuetudo. Begriff, Formen, Forschungsgeschichte, Inhalt. In: Untersuchungen zu Kloster und Stift. Herausgegeben vom Max-Planck-Institut für Geschichte. Göttingen 1980. (Veröffentlichungen des Max-Planck-Instituts für Geschichte 68) (Studien zur Germania Sacra 14), S. 140–166, hier S. 143. Vgl. auch SEVERUS, Emmanuel: Consuetudo und monastisches Selbstverständnis. In: ANGERER, Joachim F. – LENZENWEGER, Josef (Hgg.): Consuetudines Monasticae. Eine Festgabe für Kassius Hallinger. Rom 1982. (Studia Anselmiana 85), S. 413–422.

[371] Vgl. beispielsweise die neueren Untersuchungen von SCHILLINGER, Jörg: Die Statuten der Braunschweiger Kollegiatstifte St. Blasius und St. Cyriacus im späten Mittelalter. Hannover 1994. (Quellen und Studien zur Geschichte des Bistums Hildesheim 1). TREMP-UTZ, Kathrin: Das Kollegiatstift St. Sankt Vinzenz in Bern von der Gründung 1484/85 bis zur Aufhebung 1528. Bern 1985. (Archiv des Historischen Vereins des Kantons Bern 69). HESSE, Christian: St.

Ordenswesen liegt darin, daß den *weltlichen Kanonikern jene spirituelle Kraftquelle einer grundlegenden Regel fehlte, nach der man sich zu allen Zeiten hätte ausrichten können.*[372] Genau in diesem Punkt liegt nun die charakteristische Eigenart der oberdeutschen Kanoniker, da sie die stiftische Organisationsform mit der Spiritualität ihrer Gemeinschaft verknüpften. Ihre Statuten unterscheiden sich aus diesem Grund erheblich von denen eines weltlichen Kollegiatstifts. Aufgrund ihrer ausführlichen Bestimmungen, die alle Bereiche der *vita communis* betrafen, sind sie eher mit den monastischen *consuetudines* vergleichbar. Von diesen unterscheiden sich die oberdeutschen Statuten allerdings dadurch, daß sie nicht an eine Ordensregel geknüpft waren. Dieser „Mangel" führt zu einer besonderen Eigenständigkeit der oberdeutschen Statuten, da der notwendige Rückbezug der Konstitutionen auf die entsprechenden spirituellen Grundlagen in den jeweiligen Abschnitten erfolgt.

Obwohl aus den Statuten eine Fülle von Erkenntnissen über die Struktur, die Spiritualität und den Alltag einer religiösen Gemeinschaft gewonnen werden können, muß gleichwohl darauf hingewiesen werden, daß es sich bei solchen Texten um normative Quellen handelt. Wie andere Ordensregeln oder monastische Konstitutionen sind auch die oberdeutschen Statuten ein Modell für ein planmäßig geordnetes Gemeinschaftsleben, dem als normsetzendes Muster das Ideal der Gemeinschaft Christi mit seinen Aposteln zugrundeliegt. In ihrem Streben nach Vollkommenheit sind solche Texte durchaus mit den Idealplänen von Klosteranlagen vergleichbar. Daß solche Vorstellungen aufgrund der *humana fragilitas* nicht immer realisierbar waren, zeigen die umfangreichen Strafbestimmungen. Da weitere Quellen, etwa Visitationsprotokolle nicht vorliegen, ist heute schwer feststellbar, inwiefern die Idealvorstellungen umgesetzt werden konnten. Daß die Statuten jedoch nicht völlig außerhalb der Realität anzusiedeln sind, dafür gibt es genügend Belegstellen. Für das Hauptanliegen dieser Arbeit, nämlich die Einordnung der oberdeutschen Kanoniker in die Gesamtbewegung der Devotio moderna und der Frage nach dem Selbstverständnis, ist es wichtig, daß mit den Statuten der norddeutschen Brüderbewegung die entsprechenden Vergleichsquellen herangezogen werden können.

Nachdem in den vorangegangen Abschnitten die Verfassung des Oberdeutschen Generalkapitels und der einzelnen Häuser dargestellt wurde, soll nun nach dem Alltag der Brüder vom Gemeinsamen Leben gefragt werden. War es bei der Verfassung noch geboten, den Einsiedel mit seiner ständischen Sonderstellung gesondert darzustellen, können nun die verschiedenen Alltagsbereiche für alle Stifte gemeinsam untersucht werden, da viele Themen in den Statuten des Einsiedels nur kurz behandelt oder mit dem Verweis auf die oberdeutschen Statuten nicht eigens ausgeführt werden. Diejenigen Punkte, die unterschiedlich geregelt waren, werden selbstverständlich deutlich gemacht. Dabei werden nun zunächst die Grundprinzipien der Brüder und danach die einzelnen Alltagsbereiche beleuchtet.

Mauritius in Zofingen. Verfassungs- und sozialgeschichtliche Aspekte eines mittelalterlichen Chorherrenstiftes. Aarau 1992. (Veröffentlichungen zur Zofinger Geschichte 2).

[372] MARCHAL, Dom- und Kollegiatstifte, S. 62.

3.5.1 Das gemeinsame Leben

Die Statuten des Oberdeutschen Generalkapitels und des Stifts Einsiedel sind mit all ihren detaillierten Bestimmungen auf ein Hauptziel, nämlich die *vita communis clericorum perfecta*, ausgerichtet und stellen letztlich den Versuch dar, ein Instrumentarium zur Strukturierung und Bewältigung des Alltags einer solchen Gemeinschaft bereitzustellen. Für den angestrebten Idealzustand wie auch für die Wege, die zu ihm führen sollen, werden dabei verschiedene Leitbilder und Autoritäten zugrunde gelegt, wobei vor allem deren Gewichtung und Interpretation analysiert werden müssen. Es stellt sich also die Frage nach dem Selbstverständnis und der daraus resultierenden statutarischen Umsetzung. Gabriel Biel und die Brüder vom Gemeinsamen Leben bezogen sich auf Vorbilder, die nicht unbedingt neu waren und auch von anderen geistlichen Kommunitäten in Anspruch genommen wurden. Der Unterschied liegt dabei oft nur in einer anderen Akzentuierung. In den oberdeutschen Statuten werden bei den einzelnen Bereichen auch die Autoritäten angegeben. Dies geschieht bei manchen Punkten häufiger und und mit Angabe der Quelle, bisweilen aber auch in indirekter Form. Die zentrale Frage der spezifischen Form einer *vita communis* und ihre Auswirkungen auf das Gemeinschaftsleben, etwa in der Frage der Besitzverhältnisse, ist ebenfalls im Hinblick auf das Selbstverständnis der Brüder zu erörtern, aber hierfür bieten die Schriften Gabriel Biels ein sehr viel differenzierteres und breiteres Argumentationsspektrum. Aus der Zusammenschau dieser Schriften mit den Statuten ist somit bei den zentralen Fragen ein dichteres Bild möglich.

Bei ihrem Grundsatz, *keusch, einträchtig und gemeinsam* zu leben, beriefen sich die Brüder in erster Linie auf das Vorbild des gemeinschaftlichen Lebens in der apostolischen Urgemeinde.[373] In den Statuten und den Schriften Biels steht dabei immer wieder die zentrale Stelle über die Gütergemeinschaft der Apostel im Mittelpunkt: *Die Gemeinde der Gläubigen war ein Herz und eine Seele. Keiner nannte etwas von dem, was er hatte, sein Eigentum, sondern sie hatten alles gemeinsam. [...] Es gab auch keinen unter ihnen, der Not litt. Denn alle, die Grundstücke oder Häuser besaßen, verkauften den Besitz, brachten den Erlös und legten ihn den Aposteln zu Füßen. Jedem wurde davon so viel zugeteilt, wie er nötig hatte.*[374] Diese Stelle wurde natürlich auch von anderen Orden als begründenden Leitsatz für den Gemeinbesitz herangezogen. Biel weist aber explizit darauf hin, daß die Brüder keinen neuen Orden begründet hätten, sondern vielmehr die von Christus gestiftete und mit seinen Jüngern vorgelebte Gemeinschaft zum Vorbild genommen hätten.[375] Es bedürfe nämlich nicht der Gründung neuer, von Menschen gestifteter Orden, sondern nur der Einhaltung der von Christus mit seinen Aposteln vorgelebten

---

[373] BIEL, Tractatus de communi vita, fol. 1^v, 2^v, $3^{r/v}$, 3^v, 5^v, $5^v/6^r$, 8^r. BIEL, Collatio de communi vita, fol. 231^r. STATUTA [GENERALKAPITEL], fol. 40^r.

[374] Act 4,32–38.

[375] BIEL, Tractatus de communi vita, fol. 2^v, $3^{r/v}$, 5^v, 8^r. BIEL, Collatio de communi vita, fol. 231^r.

Ordnung.[376] Die Brüder verstanden sich demzufolge als „Erneuerer" einer schon lange bestehenden Lebensform, indem sie *unter dem einen Abt Jesus Christus die Regel seiner Gebote* zu verwirklichen suchten.[377] Neben dem urchristlichen Beispiel nahmen die Brüder vor allem die *praecepta* der heiligen Väter, insbesondere Hieronymus und Augustin, zum Vorbild. Aber ganz im Einklang mit ihren Vorstellungen wurde Augustin nicht als Gründer eines Ordens, sondern lediglich als *renovator primitivae ecclesiae* in Anspruch genommen, dessen Regel in erster Linie an Kleriker und nicht an Mönche gerichtet sei.[378] Damit unterschied sich das brüderliche Selbstverständnis nur in Nuancen von dem der Regularkanoniker, die sich ebenfalls der augustinischen Deutung einer *vita apostolica* verpflichteten.[379]

Da die Brüder des Oberdeutschen Generalkapitels auch unter veränderten Rahmenbedingungen an dem normsetzenden Beispiel der apostolischen Gemeinschaft festhielten, mußte konsequenterweise die Organisationsform des weltlichen Kollegiatstifts erheblich modifiziert werden. Der Grundsatz, *ein Herz und eine Seele*[380] zu sein, und vor allem die Verpflichtung zum Gemeinbesitz wirkten sich folgerichtig auf die Bestimmungen der Statuten aus. Auch an den Stiftskirchen waren die Brüder ihrem Ideal entsprechend zum gemeinschaftlichen Vermögen verpflichtet; sie sollten gemeinsam essen, gemeinsam schlafen und die gleiche Kleidung tragen. Die Kanoniker unterlagen einer strengen Residenzpflicht, ja sie lebten de facto – auch wenn dieser Begriff in den Statuten vermieden wird – in Klausur.

Diese *vita communis* war auch im Petersstift angestrebt, wo alle Brüder *uß góttlicher und brúderlicher lieb mit ainannder frúntlich und fridlichen* leben und sich gleichzeitig bewußt sein sollten, daß sie ohne Unterschied *zwischen edeln und unedeln, zwischen pfaffen und layen, rich und armen* alle *kinder ains himelschen vatters* seien.[381] Trotz dieser gleichartigen Zielsetzung werden in der statutarischen Reglementierung der einzelnen Bereiche durchaus standesbedingte Unterschiede zum gemeinschaftlichen Leben der oberdeutschen Kanoniker sichtbar. Die Gemeinsamkeit der Petersbrüder wurde dabei ebenfalls durch ein Leben innerhalb der Konventsbauten, die nach außen abgeschlossen waren, zum Ausdruck gebracht. Innerhalb des Konvents waren der Gemeinschaft jedoch Grenzen gesetzt, da den einzelnen

---

[376] Biel, Tractatus de communi vita, fol. 2^{v}, 8^{r}: *Et accepimus formam primitive ecclesie in auctoritatem et exhortationem consilii trahimus in obligationem praecepti [...].* – Vgl. auch den Bezug Biels zu Gerson, Contra conclusiones Matthaei Graben. Ed. Glorieux X, S. 70: *sola religio christiana est proprie, vere et anthonomatice dicenda religio, quam Christus observavit supremo et perfectissimo modo. Ceterae autem religiones abusive et improprie.* Gerson, De religionis perfectione. Ed. Glorieux II, S. 233: *religio christiana sub uno summo abbate Christo sola est salutaris et perfecta.*

[377] Biel, Tractatus de communi vita, fol. 3$^{r/v}$.

[378] Biel, Tractatus de communi vita, fol. 8^{v}: *Est et per sanctum Augustinum iterum renovata et reservata [...].* Fol. 9^{r}: *regula [...] quam presumitur adversus clericos scripsisse et non ad monachos. [...] confirmavit pro clericis suis, qui secum vivebant et constitutioni huic voluntarie obediebant.*

[379] Vgl. Deutz, Helmut – Weinfurter, Stefan: Consuetudines canonicorum regularium Rodenses. 2 Bände. Freiburg im Breisgau 1993. (Fontes Christiani 11), hier Bd. 1, S. 95.

[380] Act 4,32.

[381] Statuten [Einsiedel], fol. 14^{r}. Vgl. auch fol. 7^{v}: *Géntzlich ist unnser will und wóllen, das [...] alle in ainer gemaind und in ainer kirchen, behusung, túsch und annder versehung nach underschribner ordnung und brúderlicher lieb Gott dienen [...].*

Ständen jeweils verschiedene und streng voneinander getrennte Bereiche zugewiesen waren, *darinn sie ain yeder von dem anndern ungehindert ir wonung und úbung hon* sollten. *Haimliche und sonnderliche gesellschaft* oder ein gegenseitiger Besuch von Laien und Klerikern war nur mit ausdrücklicher Zustimmung des Propstes oder des Meisters erlaubt. Eine *vita communis* war auf dem Einsiedel zunächst auf zwei gemeinsame Bereiche, nämlich Kirche und Refektorium, beschränkt.[382]

3.5.2 Gütergemeinschaft

Ein elementarer Bestandteil der brüderlichen Gemeinschaft war die Gütergemeinschaft nach dem apostolischen Vorbild.[383] Die wichtigste Voraussetzung hierfür war der völlige Besitzverzicht des einzelnen, denn – so Biel – nur auf diese Weise könne der evangelische Rat der *paupertas voluntaria* erfüllt werden.[384] Als Beispiel führte Biel die Mahnung Christi an: *Wer nicht auf alles verzichtet, was er besitzt, kann nicht mein Jünger sein.*[385] Auf der anderen Seite bedeute der freiwillige Besitzverzicht die Nachfolge Christi, der *für uns arm geworden ist, damit wir durch seine Armut reich werden.*[386] Neben dem Vorbild Christi wies Biel darauf hin, daß die Gütergemeinschaft von Klerikern auch im Kirchenrecht[387] und in der Regel Augustins[388] verankert sei. Außerdem könne man ruhiger leben und Gott leichter dienen, wenn jeder einzelne von einem Verwalter mit dem Lebensnotwendigen versorgt werde.[389] Bemerkenswert an der Argumentation Biels ist jedoch die Tatsache, daß er bei der Begründung der Gütergemeinschaft auch auf vorchristliche Beispiele zurückgreift. In seiner Ansprache vor dem Generalkapitel erklärt er, daß aufgrund des Naturrechts alle Dinge Gemeinbesitz seien, denn die Gestirne und die Elemente würden von allen Menschen gleichermaßen genutzt. Das Eigentum sei nicht von der Natur, sondern durch die Habgier des Menschen eingeführt

---

[382] STATUTEN [EINSIEDEL], fol. 8^{v}: *hand wir ir yegklichem den gaistlichen fúr sich, und den laybrúdern fur sich, geordnet sonnder gemach und húser, doch alle in ainem beschluß, darinn sie ain yeder von dem anndern ungehindert ir wonung und úbung hon sóllen, doch sóllen sie hon ain gemaine kirch zú dem gótlichen dienst, und ainen gemainen refentall, da sie all by ainannder essen sollen, sommer und winter, morgentz und aubentz.*

[383] BIEL, Tractatus de communi vita, fol. 1^{v}, 2^{v}, 3$^{r/v}$, 3^{v}, 5^{v}, 5^{v}/6^{r}, 8^{r}. BIEL, Collatio de communi vita, fol. 231^{r}. STATUTA [GENERALKAPITEL], fol. 40^{r}.

[384] BIEL, Tractatus de communi vita, fol. 3^{v}, 10^{r}: *communis vita et abdicatio proprietatis est maxime meritoria, quia per eam impletur consilium evangelice paupertatis.*

[385] BIEL, Tractatus de communi vita, fol. 7^{v}. – Vgl. Lc 14,33.

[386] BIEL, Tractatus de communi vita, fol. 6^{v}. BIEL, Collatio de communi vita, fol. 229^{v}. Vgl. II Cor 8,9.

[387] Vgl. D. 8, c. 1. CIC, ed. FRIEDBERG I, Sp. 12f. C. 12, q. 1, c. 2. CIC, ed. FRIEDBERG I, Sp. 676f.

[388] BIEL, Tractatus de communi vita, fol. 10^{v}. – Vgl. AUGUSTINUS, Regula I,3. Ed. VERHEIJEN, S. 418: *Et non dicatis aliquid proprium, sed sint vobis omnia communia, et distribuatur unicuique vestrum a praeposito vestro victus et tegumentum [...].*

[389] BIEL, Tractatus de communi vita, fol. 10^{v}.

worden.[390] Außerdem führt Biel in einem längeren Abschnitt als Beispiel einer vorchristlichen Gütergemeinschaft die Lebensform der Essener an.[391]

Der breit angelegten Argumentation Biels, die den hohen Stellenwert der Gütergemeinschaft für die Brüder zeigt, entsprechen die zahlreichen Bestimmungen in den Statuten. Grobe Verstöße gegen das Verbot des Eigenbesitzes wurden als *gravissima culpa* eingestuft und damit immerhin ähnlich bewertet wie ein Totschlag oder die Brandstiftung im eigenen Haus.[392] Alle Brüder sollten nach dem apostolischen Vorbild in absoluter Gütergemeinschaft leben und aus dem gemeinsamen Vermögen, der *mensa communis*, mit dem Notwendigen versorgt werden.[393] Das Gemeinschaftsvermögen durfte dabei nicht in einzelne Präbenden aufgeteilt werden. Diese Regelung erließ schon 1439 Papst Eugen IV. in seiner Bestätigung der Häuser in Münster, Köln und Wesel.[394] Auch bei den darauffolgenden Stiftsgründungen wurden zunächst alle schon vorhandenen Einkünfte und Pfründen der jeweiligen Kirchen zu einer *mensa communis* oder *mensa capitularis* zusammengefaßt und anschließend den Brüdern übertragen.[395] Die Brüder nahmen daher niemanden in ihre Gemeinschaft auf, der sich nicht eidlich verpflichtete, alle Güter, die er bereits erworben hatte oder noch erwerben würde, dem gemeinsamen Vermögen des Hauses zu übergeben und im Falle eines Austritts keine Besitzansprüche zu stellen.[396] Auch die Pröpste bildeten trotz ihrer hervorgehobenen Stellung in besitzrechtlicher Hinsicht keine Ausnahme; wie die anderen Kanoniker sollten auch sie aus dem gemeinschaftlichen Vermögen versorgt werden.[397]

---

[390] BIEL, Collatio de communi vita, fol. 229$^{r/v}$. – Vgl. auch D. 8, c. 1. CIC, ed. FRIEDBERG I, Sp. 12f.

[391] BIEL, Collatio de communi vita, fol. 230^{r}–231^{r}.

[392] STATUTA [GENERALKAPITEL], fol. 41^{v}, 97^{v}.

[393] STATUTA [GENERALKAPITEL], fol. 4^{r}, 40^{r}, 73^{v}.

[394] STATUTA [GENERALKAPITEL], fol. 4^{r}. Vgl. DiözesanA Münster, GV U 1729 (Papst Eugen IV. für Münster, 1439, April 18): *fructusque tam predictarum quam aliarum quarumlibet ecclesiarum erigendarum prefatarum rerum et bonorum presentium et futurorum non per speciales porciones, sed dumtaxat inter canonicos in illis pro tempore residentes communiter ac alias in eorum et dictarum suarum ecclesiarum usus et utilitatem distribuantur et exponantur.*

[395] Vgl. beispielsweise HStA Stuttgart, A 602, WR 9490 (Sixtus IV. für Herrenberg, 1481 März 23): *preposriture vero ac canonicatuum et prebendarum necnon capellaniarum, fructus, redditus et proventus huiusmodi cum omnibus iuribus et pertinentiis [...] mense capitulari predicte [...] perpetuo unimus, annectimus et incorporamus.* HStA Stuttgart, A 602, WR 14067 (Sixtus IV. für Urach, 1477, Mai 1): *dictaque beneficia et cappellanias cum omnibus iuribus et pertinenciis supradictis supprimentes eorum titulos eidem mense perpetuo unimus, annectimus et incorporamus.*

[396] STATUTA [GENERALKAPITEL], fol. 4^{r}, 40^{v}, 18$^{r/v}$. BIEL, Tractatus de communi vita, fol. 8^{r}. Vgl. auch DiözesanA Münster, GV U 1729 (Papst Eugen IV. für Münster, 1439, April 18): *quod nullus ex canonicis [...] aliquid proprii habere, tenere aut possidere seu sibi quomodolibet vendicare possit, sed omnia et singula res et bona canonicorum de collegio huiusmodi per ipsos seu eorum aliquem tam ex hereditate aut hereditatibus quam per labores manuum suarum vel alias quomodolibet licite tamen acquisita hactenus vel in posterum acquirenda illi vel illis ex erigendis ecclesiis prefatis, in qua seu quibus eos tempore acquisitionis huiusmodi residere contigerit extunc perpetuo applicata fuisse et esse censeantur.*

[397] STATUTA [GENERALKAPITEL], fol. 4^{v}, 72^{v}. Vgl. DiözesanA Münster, GV U 1729 (Papst Eugen IV. für Münster, 1439, April 18): *quod propterea aliquis prepositorum ipsorum proprium vel specialem portionem non habeat, sed ipsorum cuilibet in communi sicuti cuilibet ex aliis canonicis de canonicis huiusmodi collegii dumtaxat vite necessaria ministrentur.*

Mit dem Besitzverzicht wurden die Brüder zugleich unfähig, neue Güter für sich zu erwerben. Was ihnen durch Schenkung oder Erbschaft zufiel, floß in das gemeinschaftliche Vermögen des Hauses. Alle Geschenke, auch wenn sie noch so wertlos waren, mußten sie zunächst dem Propst übergeben, der dann über die weitere Nutzung entschied;[398] dies galt auch für den Fall, daß ein Bruder etwa Einkünfte aus einer Pfründe bezog. Im allgemeinen sollten jedoch Pfründeninhaber gar nicht in das Stift aufgenommen werden, wenn sie nicht bereit waren, die Pfründe einzutauschen oder auf sie zu verzichten.[399] Durch den Besitzverzicht verloren die Brüder auch ihre Testierfähigkeit, so daß etwaige Rechtsgeschäfte nur der Propst im Namen des Hauses vornehmen durfte;[400] die Brüder durften weder eine Vormundschaft oder Bürgschaft übernehmen noch als Rechtsbeistand und Bevollmächtigte auftreten.[401]

Innerhalb des Hauses durfte kein Bruder irgendeine Sache, seien es Geld, Kleider, Bücher oder auch Lebensmittel, ohne Einwilligung des Propstes haben.[402] Damit das *vicium proprietatis* gar nicht erst entstehen konnte, mußten die Zellen der Brüder in regelmäßigen Abständen vom Propst visitiert werden. Dabei mußten alle vorhandenen Gegenstände vorgezeigt werden.[403] Ebenso sollten die Brüder häufiger in eine andere Zelle umziehen, in die sie nur Dinge mitnehmen durften, die der Propst genehmigt hatte.[404] In den Statuten wird an mehreren Stellen deutlich, daß der Kontakt mit auswärtigen Personen vermieden werden sollte, da man fürchtete, daß die Brüder durch schlechte Vorbilder in ihrer Disziplin beeinträchtigt werden könnten. Das führte so weit, daß auch Personen mit einwandfreiem Leumund, etwa Priester oder Studenten, nicht für längere Zeit als Gäste innerhalb des Hauses aufgenommen werden durften, wenn sie nicht bereit waren, auf ihr Eigentum zu verzichten. Denn solche Personen könnten und wollten keine Disziplin halten und würden allzu leicht schwache Brüder auf ihre Seite ziehen.[405]

Der fundamentale Gegensatz in der Frage des Besitzrechtes zwischen Brüderstiften und weltlichen Kollegiatstiften wird am Beispiel des Herrenberger Stifts besonders augenfällig. Die Einführung der Brüder vom Gemeinsamen Leben war hier insofern ein Sonderfall, als Eberhard im Bart ein schon bestehendes Stift mit Fraterherren besetzen wollte, während die organisatorischen Rahmenbedingungen für die übrigen württembergischen Niederlassungen in der Regel durch die Erhebung einer Pfarrkirche zur Stiftskirche und der anschließenden Übergabe an die Brüder erst geschaffen wurden.[406] Papst Sixtus IV. vereinigte 1481 die am Herrenberger Stift bestehenden elf Kanonikate und Präbenden sowie drei Kapla-

---

398 Statuta [Generalkapitel], fol. 41r/v.
399 Statuta [Generalkapitel], fol. 42r.
400 Statuta [Generalkapitel], fol. 42r.
401 Statuta [Generalkapitel], fol. 42r.
402 Statuta [Generalkapitel], fol. 40v/41r.
403 Statuta [Generalkapitel], fol. 41v.
404 Statuta [Generalkapitel], fol. 41v/42r.
405 Statuta [Generalkapitel], fol. 42r/v.
406 Vgl. Schmidt, Pfarrkirche und Stift. Monasticon 2, S. 77–82.

neien zu einem gemeinsamen Kapitelsvermögen und übergab das Stift den Fraterherren.[407] Die bisherigen Pfründeninhaber sollten freiwillig resignieren und mit einer jährlichen Pension aus dem Stiftsvermögen abgefunden werden.[408] Diese Regelung gestaltete sich zunächst sehr problematisch, da die alten Chorherren nicht zur Resignation bereit waren. Fast zwei Jahre bestanden nun unterschiedliche Lebensformen nebeneinander: Auf der einen Seite der Herrenberger Stiftskirche versuchten die Fraterherren in dem großen ehemaligen Propsteigebäude mit Refektorium und Dormitorium das gemeinsame Leben zu praktizieren, während in unmittelbarer Nachbarschaft in den Stiftshäusern noch die ehemaligen Chorherren mit Pfründen, Privatbesitz, eigener Wohnung und persönlicher Handlungsfreiheit lebten.[409] Erst im September 1483 beauftragte Sixtus IV. den Abt des Klosters Blaubeuren und den Propst der Stiftskirche in Stuttgart, nun die weltlichen Chorherren zur Entscheidung zu zwingen, entweder die Lebensweise der Fraterherren zu übernehmen oder auf die Pfründen gegen eine angemessene Pension zu verzichten.[410] Zu einem Wechsel zu der strengeren Lebensform der Brüder konnte sich dabei nur ein Chorherr durchringen, alle anderen begnügten sich mit der jährlichen Pension.[411]

Auf dem Einsiedel sollten die drei Stände nach dem Vorbild der oberdeutschen Kanoniker ebenfalls eine Gütergemeinschaft bilden. Alle Einkünfte aus der Gründungsdotation oder aus der Arbeit der Brüder flossen in das gemeinsame Stiftsvermögen, aus dem der Meister alle Brüder mit dem Lebensnotwendigen versorgte.[412] Auch Propst und Meister durfte bei dieser Praxis keine Sonderstellung zuteil werden.[413] Ein wesentlicher Unterschied in besitzrechtlicher Hinsicht bestand aber zwischen den Kanonikern und Laienbrüdern. Während die Kanoniker bei ihrer Aufnahme auf jeglichen Besitz verzichten mußten,[414] konnten die Laienbrüder weiterhin frei über ihre Eigentumsrechte verfügen.[415] Dies hatte auch Aus-

---

[407] HStA Stuttgart, A 602, WR 9490 (Sixtus IV. für Herrenberg, 1481, März 23).

[408] HStA Stuttgart, A 602, WR 9511 (Sixtus IV. für Herrenberg, 1481, März 23): *ac eisdem canonicis et capellanis [...] pensione annua [...] quoad vixerint vel donec eis de aliquibus beneficiis [...] provisum fuerit [...] reservare, constituere et assignare procures.*

[409] SCHMIDT, Pfarrkirche und Stift, S. 205f., S. 208–211.

[410] HStA Stuttgart, A 602, WR 9501 (Sixtus IV. für Herrenberg, 1483, September 22): *committimus et mandamus, quatinus vos [...] canonicos ad alterum duorum eligendum videlicet, quod aut vitam communem [...] assumant aut, si id facere recusaverint, prebendas eorum dimittant reservatis tamen eis ad vitam eorum super fructibus dicte Mense pensionibus condecentibus [...] compellatis.*

[411] HStA Stuttgart, J 1, 256: Herrenberger Chronik I, 897: *wie dann alle Canonici biß auf einen eine Pension von 50 fl. angenommen und gantz mißvergnügt abgezogen seynd.*

[412] STATUTEN [EINSIEDEL], fol. 8ᵛ, 13ʳ: *Alle gúllt, rénnd und fáll, ouch korn, win, gelt und all annder nútzung des huß sóllen sin der gemaind [...] und sol ir kainer ettwas aigens oder tail davon haben, sonnder es sol alles in gemain gebrucht und ain yegklicher davon versehen werden nach siner notturfft durch den maister.*

[413] STATUTEN [EINSIEDEL], fol. 7ᵛ, 8ᵛ, 11ᵛ. Allerdings sollte der Meister in seiner Amtsführung von einem Knecht unterstützt werden.

[414] STATUTEN [EINSIEDEL], fol. 7ᵛ, 8ᵛ.

[415] Vgl. STATUTEN [EINSIEDEL], fol. 13ʳ: *Es mag aber wol ain yegklicher laybrúder, hat er ettwas von sinem erb, barschafft oder begabung der frund, solichs behalten, bruchen und nach sinem willen damit schaffen*

wirkungen auf das Stiftsleben, da sich die Laienbrüder in einem gewissen Rahmen „Bequemlichkeiten" verschaffen konnten, die bei der gemeinsamen Versorgung nicht vorgesehen waren. So konnten sie beispielsweise auf eigene Kosten bequemere Kleidung tragen oder einen Knecht verdingen, der sich sogar in der Zelle seines Herrn aufhalten durfte.[416] Solche Regelungen erscheinen im krassen Gegensatz zu den strengen Bestimmungen der Kanoniker und verdeutlichen, daß ein gemeinsames Leben mit Adeligen und Bürgern aus der Oberschicht nur mit gewissen Kompromissen möglich war.

In der besonderen Bewertung der Gütergemeinschaft folgten Gabriel Biel und die oberdeutschen Kanoniker dem alten Ideal der Devotio moderna und übernahmen – teilweise sogar wörtlich – eine ganze Reihe von Bestimmungen aus den Herforder Statuten, wie z.B. die regelmäßige Visitation der Zellen, die Verpflichtung zum Besitzverzicht bei der Aufnahme und das Verbot, Geschenke zu machen oder anzunehmen. Über Geld durften die Herforder Brüder ebenso nur während einer Reise verfügen.[417] Solche detaillierten Einzelbestimmungen waren in den Consuetudines von Zwolle noch nicht vorgesehen. In dem entsprechenden Kapitel wird lediglich mit Verweisen auf Thomas von Aquin und Augustin die Praxis der Gütergemeinschaft legitimiert.[418] Insgesamt zeigt sich im Vergleich dieser Statuten eine Entwicklung zur stärkeren Reglementierung.

3.5.3 Eintracht

Ein weiterer Grundsatz der Brüder[419] bestand in dem Ziel, ein Leben in gegenseitiger Eintracht (*mutua concordia*) zu verwirklichen. Ihr schreiben die Statuten unter Berufung auf Hieronymus eine besondere Bedeutung zu, indem sie nämlich kleine Sachen im gleichen Maß wachsen lasse, wie durch Zwietracht die größten Dinge zerfallen könnten.[420] Nach dem Bild des menschlichen Körpers, der nur existieren kann, wenn alle Glieder untereinander harmonieren, sollten deshalb auch die Brüder einträchtig miteinander verkehren.[421] Als Grundvoraussetzungen für eine vollkommene Eintracht, nämlich *ein Herz und eine Seele* zu sein,

---

zimlich zú der ere Gottes, trost der armen oder zu siner bequemlichait, ob er ettwas begert über die gemain versehung des huß, er mag ouch damit sin testament machen, jarzyt, gotzdienst, zierd der kirchen hie oder annderswa oder allmúsen stifften, oder sinen frúnden oder der gemaind des huß geben nach sinem willen, als er des belonung von Gott begert. Vgl. auch STATUTEN [EINSIEDEL], fol. 17v.

416 STATUTEN [EINSIEDEL], fol. 13v: *Wólt ouch ainer von den laybrúdern costlicher klayder han und von dem sinen bestellen von úberzog oder gefúll, das mag er tún.* Fol. 18v: *Item wólt ainer uß den laybrúdern ainen aygnen knecht fúr sich selbs hon, der im hantraichung und wartung tát, und der by im in siner zellen wer, das sol im zúgelássen werden [...].*

417 CONSUETUDINES [HERFORD]. Ed. STUPPERICH, S. 58f.: *De vita communi.*

418 CONSUETUDINES [ZWOLLE]. Ed. SCHOENGEN, S. 239f.: *Quod licitum et proficuum est bonas consuetudines observare.*

419 STATUTA [GENERALKAPITEL], fol. 17r: *caste, concorditer et in communi viventibus secundum apostolicas sanctiones et nostri generalis capituli statuta.*

420 STATUTA [GENERALKAPITEL], fol. 44r. – Vgl. Ps.-HIERONYMUS, Regula monachorum, 28. PL 30, Sp. 383: *Concordia enim parvae res crescunt, sic et discordia maximae dilabuntur.*

421 STATUTA [GENERALKAPITEL], fol. 44r.

erachteten die Brüder zum einen die Demut (*humilitas*), die Christus vorgelebt habe. In dessen Nachfolge sollten sie sich in der *voluntaria humiliatio* üben und im Bewußtsein der eigenen Unvollkommenheit danach streben, Zurechtweisungen der anderen demütig anzunehmen, geringe Dienste zu verrichten und immer den letzten Platz einzunehmen.[422] Das andere Fundament der Eintracht bestand im Gebot der *mutua caritas*, mit der alle Brüder ihren Dienst in gegenseitiger Achtung, bereitwillig und barmherzig verrichten sollten.[423]

Durch die Verinnerlichung dieser beiden Tugenden sollten alle individuellen Ansprüche des einzelnen zugunsten des gemeinschaftlichen Lebens aufgegeben werden. Deshalb untersagten die Statuten solche Gespräche, bei denen etwa die Rangordnung der Amtsträger, die Abstammung und Herkunft der Brüder oder das von ihnen eingebrachte Vermögen erörtert wurden.[424] Desgleichen sollten *flúchen oder schelten* und alle anderen verletzenden Worte vermieden werden.[425] Kam es dennoch unter den Brüdern zu Streitigkeiten, sollten diese nach der Aufforderung des Apostels bis zum Abend beigelegt werden.[426] Kam es zu größeren Differenzen oder gar zu Rechtsstreitigkeiten unter den Häusern, durften diese Angelegenheiten unter keinen Umständen vor Außenstehenden verhandelt werden. In solchen Fällen hatten zunächst die Pröpste, die Visitatoren oder zuletzt das Generalkapitel selbst zu entscheiden.[427] Die Anweisungen über *frid und aintrechtikait* in den Statuten des Einsiedels demonstrieren trotz der Kürze die gleiche Zielrichtung und bieten zum Teil wörtliche Übersetzungen der oberdeutschen Statuten. Im Petersstift wurde außerdem in einem längeren Abschnitt darauf hingewiesen, daß alle Brüder *kinder ains himelschen vatters* seien und *kainer sich úber den anndern erheben* solle.[428] Dadurch wird klar, daß sich Eberhard im Bart und Biel über die besondere Problematik dieses Stifts durchaus bewußt waren und sich deshalb bemühten, ständische Vorrechte – soweit möglich – zugunsten der *vita communis* zu nivellieren.

Die oberdeutschen Kanoniker folgten in der Interpretation der *concordia* den alten brüderlichen Traditionen, die ebenfalls den Grundsatz *cor unum et anima una* mit der Betonung von *humilitas* und *caritas* in den Mittelpunkt gestellt hatten.[429] Gleichzeitig wurde dieser Begriff hier erweitert, denn *concordia mutua* bedeutete im Verband des Generalkapitels, daß sich die Häuser gegenseitig in finanziellen oder personellen Notlagen mit Rat und Hilfe unterstützten.[430] Dieser Punkt wird in den

---

422 STATUTA [GENERALKAPITEL], fol. 44v/45r.

423 STATUTA [GENERALKAPITEL], fol. 45r/v.

424 STATUTA [GENERALKAPITEL], fol. 45r. STATUTEN [EINSIEDEL], fol. 14r.

425 STATUTA [GENERALKAPITEL], fol. 45r. STATUTEN [EINSIEDEL], fol. 14r.

426 STATUTA [GENERALKAPITEL], fol. 45v. STATUTEN [EINSIEDEL], fol. 14r: *[...] so sollen sie nit unversúnet schlaffen gon [...].* – Vgl. Eph 4,26.

427 STATUTA [GENERALKAPITEL], fol. 46r.

428 STATUTEN [EINSIEDEL], fol. 14r.

429 Vgl. CONSUETUDINES [ZWOLLE]. Ed. SCHOENGEN, S. 264f (*De caritate, pace et concordia; De humilitate*). CONSUETUDINES [HERFORD]. Ed. STUPPERICH, S. 59f. (*De concordia et caritate; De humilitate*).

430 Vgl. STATUTA [GENERALKAPITEL], fol. 46v–48v: *De mutua et caritativa domorum unione, assistencia et subvencione.*

Statuten in vier Artikeln geregelt, zu deren Einhaltung jeder Bruder bei seiner Aufnahme durch Eid verpflichtet war.[431] Im ersten Artikel wurde noch einmal festgehalten, daß jeder Kanoniker nach seiner Aufnahme in ein Haus auch jederzeit als Kanoniker der anderen Häuser anzusehen war.[432] Zum zweiten sollten, wenn ein Haus durch Brand oder Kriegseinwirkungen zerstört worden war, alle dortigen Brüder in den übrigen Häusern des Generalkapitels Aufnahme finden. Drittens sollten unterbesetzte Häuser, die etwa durch eine Seuche dezimiert waren, vom Generalkapitel durch Versetzungen personell unterstützt werden. Der letzte Artikel schließlich regelt, daß jedes in Not geratene Haus von den übrigen Häusern, falls nötig auch in finanzieller Hinsicht, unterstützt werden sollte. Die Entscheidung über alle derartigen Maßnahmen war jeweils vom Generalkapitel zu treffen.

3.5.4 Keuschheit

Bezüglich der Keuschheit, zu der bekanntermaßen grundsätzlich alle Kleriker verpflichtet waren, verwies Gabriel Biel in seinem Traktat vor allem auf die entsprechenden Bestimmungen des Kirchenrechts.[433] Da zu diesem Punkt so viele Regeln und Verordnungen der heiligen Väter existierten, sei es nicht nötig, die Belege einzeln aufzuführen. Er betonte aber, daß die Brüder dem apostolischen Gebot entsprechend nicht nur das Vergehen selbst, sondern auch jeden üblen Verdacht vermeiden sollten.[434] Diesem Zweck und der Vermeidung jeder *fleischlichen Versuchung* dienten auch die Bestimmungen in den Statuten, die vor allem den Kontakt mit Frauen untersagten. Diese hatten keinen Zutritt zu den Brüderhäusern, und falls dennoch etwas mit einer Frau verhandelt werden mußte, sollte dies in einem gesonderten Sprechzimmer, das nach außen mit einem eisernen Gitter versehen war, geschehen.[435] Die Brüder sollten sich vor jedem Umgang mit Frauen hüten, ihnen weder die nackten Hände reichen oder, wie es Augustin in seiner Regel formuliert, ihre Augen auf sie richten.[436] In den Statuten des Ein-

---

431 STATUTA [GENERALKAPITEL], fol. 18^v, 47^r–48^v.

432 STATUTA [GENERALKAPITEL], fol. 47^r. – Vgl. DiözesanA Münster, GV U 1729 (Papst Eugen IV. für Münster, 1439, April 18): *quod unius ecclesie canonicus eciam cuiuslibet aliarum erigendarum ecclesiarum huiusmodi canonicus censeatur.*

433 BIEL, Tractatus de communi vita, fol. 18^r–19^r. X 3. 1. 13. CIC, ed. FRIEDBERG II, Sp. 452. X 3. 1. 15. CIC, ed. FRIEDBERG II, Sp. 453. D. 32, c. 17. CIC, ed. FRIEDBERG I, Sp. 121.

434 BIEL, Tractatus de communi vita, fol. 18$^{r/v}$. Vgl. II Tim 4,18. I Th 5,22. Vgl. CONSUETUDINES [HERFORD]. Ed. STUPPERICH, S. 61: *ne sinistra de aliquo nostrum suspicio oriatur.*

435 STATUTA [GENERALKAPITEL], fol. 49^r. BIEL, Tractatus de communi vita, fol. 18^v: *neve mulieribus infra septa habitationum nostrarum aliquatenus pateat accessus.* – Vgl. auch den Hinweis auf Ps.-HIERONYMUS, Regula monachorum, 3. PL 30, Sp. 328: *Prima igitur tentamenta clericorum sunt mulierum accessus.* STATUTEN [EINSIEDEL], fol. 13^r: *soll nimermer ainich frowen person in den beschluß des huß inngan oder darinn gelassen werden.* Vgl. CONSUETUDINES [HERFORD]. Ed. STUPPERICH, S. 61: *semper omnes mulieres de domo nostra arceamus et eas intrare ad nos non sinamus.*

436 STATUTA [GENERALKAPITEL], fol. 49^r: *nec illis nudas manus prebeant aut ab eis porrectas salva honestate recipiant.* STATUTEN [EINSIEDEL], fol. 13^r: *sie sollen ouch verhütten alle haimliche gespréch, antasten und geselschafft wypplicher personen ußwenndig des huß und an allen enden.* CONSUETUDINES

siedels war diesbezüglich eine einzige Ausnahme vorgesehen. Der *frowen des lannds*, Barbara Gonzaga von Mantua, war es als Mitstifterin des Einsiedels erlaubt, einmal jährlich *mit iren jungkfrowen und personen, die sie ungeverlichen mit ir brecht,* den Konvent zu besuchen. Sie sollte aber dabei nur die gemeinsamen Bereiche, auf keinen Fall einzelne Zellen, betreten, und gegen Abend das Stift wieder verlassen.[437]

Über die allgemeine Erfordernis eines keuschen Lebenswandels hinaus bestehen auch in den Einzelbestimmungen deutliche Bezüge zu den Herforder Statuten. Gleichlautend wird hier den Brüdern der Besuch von Festlichkeiten und der Aufenthalt an verdächtigen Plätzen verboten.[438] Ebenso streng untersagten die oberdeutschen Statuten, daß irgendein Haus oder eine Gemeinschaft von Schwestern außerhalb des Pfarrsprengels in die Seelsorge der Brüder aufgenommen werde.[439] Diese Bestimmung bezog sich auf die engen Bindungen zwischen den Brüdern und Schwestern vom Gemeinsamen Leben innerhalb des Münsterschen Kolloquiums. Die Brüder wurden vielfach als Seelsorger in die Häuser der Schwestern vom Gemeinsamen Leben entsandt. Aus den Reihen der Brüder wurden dabei immer wieder Bedenken geäußert, da man sich um das Seelenheil und die Disziplin der Beichtväter sorgte.[440] Neben allen Bestimmungen bezüglich der Frauen sollten die Brüder auch in ihrem ganzen Lebenswandel größten Wert auf die *Schamhaftigkeit gleichsam als Wächterin der Keuschheit* legen.[441]

3.5.5 Gehorsam, Schuld und Strafe

Bei der Rechtfertigung der Gehorsamspflicht, der *Grundlage jedes christlichen Lebenswandels*[442], folgen die oberdeutschen Statuten der Argumentation des heiligen Hieronymus, der in der *oboedientia* überhaupt die Voraussetzung für das Zusammenleben der Menschen sieht. Ohne sie könne nämlich kein Königreich, kein Gemeinwesen und nicht einmal das kleinste Häuschen auf dem Lande bestehen. Auf der anderen Seite erachtete er die *oboedientia*, die Summe aller Tugenden, zugleich für die höchste Freiheit, da ein gehorsamer Mensch gar nicht sündigen könne.[443] Die Brüder waren daher ihrem Propst, *als Stellvertreter Gottes*, und dem Generalkapitel zu demütigem und entschlossenem Gehorsam verpflichtet, wie es in dem Aufnahmeeid formuliert war.[444] Gehorsam, im Sinne einer völligen Aufgabe des eigenen Willens für Christus, sollten die Brüder aber nicht nur den Anordnungen oder Zurechtweisungen des Propstes erweisen, sondern auch untereinander, indem sie

---

[Herford]. Ed. Stupperich, S. 61: *cavebimus ab aspectu earum nec dabimus eis manus.* – Vgl. Augustinus, Regula IV,4. Ed. Verheijen, S. 242.

437 Statuten [Einsiedel], fol. 13^{r}.

438 Consuetudines [Herford]. Ed. Stupperich, S. 61. Statuta [Generalkapitel], fol. 49^{r}.

439 Statuta [Generalkapitel], fol. 49^{v}.

440 Rehm, Schwestern, S. 118f.

441 Statuta [Generalkapitel], fol. 49^{v}.

442 Statuta [Generalkapitel], fol. 43^{r}.

443 Statuta [Generalkapitel], fol. 43$^{r/v}$.

444 Statuta [Generalkapitel], fol. 43^{v}, 74^{v}.

sich mit der gebotenen Achtung gegenseitig zurechtwiesen und ermahnten. Vor allem hatten die jüngeren Brüder den älteren Achtung zu erweisen.[445]

Zur Aufrechterhaltung der inneren Ordnung und Disziplin diente vor allem das *capitulum culparum*, das einmal wöchentlich, in der Regel freitags, abgehalten wurde. Der Propst hatte dabei die Brüder zurechtzuweisen und eine entsprechende Buße für die Vergehen aufzuerlegen, die entweder durch Selbstanklage oder durch die *mutua accusatio* vorgebracht wurden.[446] Nachdem sich die Brüder morgens nach der Prim versammelt hatten, begann das Kapitel zunächst mit einer Lesung aus den *Anweisungen der Väter* oder aus den Statuten, die innerhalb eines Jahres wenigstens vier Mal vorgetragen werden sollten.[447] Danach mußte jeder Bruder einzeln, beim jüngsten beginnend, seine Vergehen kniend vortragen und die vom Propst auferlegte Buße demütig annehmen. Nachdem er um Vergebung gebeten und das Kreuz auf dem Fußboden geküßt hatte, durfte er wieder seinen Platz einnehmen.[448] Die Selbstanklage der Brüder war Ausdruck des persönlichen Strebens nach Vollkommenheit und das Ergebnis der täglichen Gewissenserforschung, zu der alle verpflichtet waren. Falls ein Bruder keine Vergehen zu bekennen wußte oder sogar absichtlich etwas zu verschweigen suchte, sollte er von seinen Mitbrüdern angeklagt werden.[449] Diese Anklagen wurden im Sinne einer brüderlichen Hilfe gewertet, da sie vor allem der Besserung des beschuldigten Bruders dienen sollten. Zur Vermeidung von bloßen Verleumdungen sollten größere Vorwürfe nur mit stichhaltigen Beweisen vorgetragen und dem Beklagten die Möglichkeit eingeräumt werden, sich zu rechtfertigen. Das ganze Verfahren im Kapitel war streng hierarchisch organisiert, indem zunächst die Novizen, dann die Brüder und Kleriker, und zuletzt die Priester vortraten. Nachdem der Letzte einer Gruppe zurechtgewiesen war, sollte diese den Raum verlassen, damit nicht die Brüder in Gegenwart der Novizen oder die Priester vor den Kleriken getadelt würden.[450]

Damit sich der Propst hinsichtlich des Strafmaßes orientieren konnte, wurde in den Statuten eine umfangreiche, katalogartige Sammlung von Vergehen aufgenommen, die in vier Stufen, nämlich in *levis, gravis, gravior* und *gravissima culpa* eingeteilt waren.[451] Als leichte Schuld wurden beispielsweise das Zuspätkommen beim Gottesdienst oder beim Essen, das Fehlen bei einer kleinen Hore, das Schlafen im Chor, fehlerhaftes Vorlesen oder Singen, Nachlässigkeiten bei der Amtsführung, verbotenes Essen oder Verstöße gegen das Schweigegebot eingestuft. Beim

---

445 STATUTA [GENERALKAPITEL], fol. 44r. STATUTEN [EINSIEDEL], fol. 12v.

446 STATUTA [GENERALKAPITEL], fol. 94r–95v: *Culparum sive exercicii capitulum.*

447 STATUTA [GENERALKAPITEL], fol. 94v. Vgl. auch die Bestimmung des Generalkapitels auf fol. 1v von anderer Hand: *Generale capitulum in Butzbach celebratum ordinavit, quod statuta hec legantur sepe saltem in quatuor temporibus, sed capitula de moribus et disciplina fratrum sepius legantur videlicet capitulum de divino officio, de privatis fratrum exerciciis, de proprietatis abdicacione, de obediencia, de mutua concordia, de continencia, de leccione mense, de preparacione mense, de somno et quiete, de silencio, de manuum laboribus, de itinerantibus, de satisfaccione pro culpis.*

448 STATUTA [GENERALKAPITEL], fol. 94v/95r.

449 Vgl. auch AUGUSTINUS, Regula IV,8. Ed. VERHEIJEN, S. 426f.

450 STATUTA [GENERALKAPITEL], fol. 95r/95v.

451 STATUTA [GENERALKAPITEL], fol. 95v–99r: *De satisfactione pro culpis iniungendis.*

Strafmaß wurde unterschieden, ob sich der Bruder dieser Vergehen selbst bezichtigt hatte, oder ob er von Mitbrüdern angeklagt worden war. Im ersten Fall sollte er um Vergebung bitten und einen Psalm lesen oder ein demütiges Werk verrichten. Im zweiten Fall hatte er als Buße einen Tag zu schweigen oder im Refektorium vor den Brüdern um Vergebung zu bitten.[452]

Eines schweren Vergehens machte sich schuldig, wer trotz mehrfacher Ermahnung die Verfehlungen einer leichten Schuld wiederholte, das Fasten nicht einhielt, ohne Erlaubnis des Propstes ein längeres Gespräch mit einer Frau führte oder tagsüber das Haus verließ. Dazu zählte auch die Unruhestiftung unter den Brüdern, etwa durch Lügen, Verleumdungen und Beleidigungen. Diese Vergehen sollte der Propst mit dreitägigem Schweigen, dreimaligen Bitten um Vergebung, mit Essen auf dem Fußboden oder, je nach Schwere des Vergehens, mit Essensentzug bis hin zum Fasten bei Wasser und Brot bestrafen.[453] In die Kategorie der *gravior culpa* fielen die Verschwörung oder der Widerstand gegen den Propst, Diebstahl und Verstöße gegen den Besitzverzicht, wiederholter Umgang mit Frauen, schwere Verleumdungen, Morddrohungen und Vergehen, die das Haus erheblich belasteten. Die Schuldigen sollten bei einem solchen Vergehen ihrer Stimme im Kapitel verlustig gehen und ihres Amtes enthoben werden, vor den Brüdern auf dem Boden essen oder bei Wasser und Brot fasten. Außerdem war in diesen Fällen auch der Ausschluß vom Abendmahl vorgesehen.[454] Unter den schwersten Vergehen werden Totschlag, Brandstiftung, schwerer Diebstahl, Häresie und Wollust aufgeführt. Dazu zählten auch alle schweren Verstöße gegen die eidlichen Verpflichtungen, die beim Eintritt in das Haus eingegangen wurden. Wenn ein Bruder beim Eintritt schwere Defekte (*irregularitates*), wie z.B. eine eheliche Bindung oder große Schulden, verschwiegen hatte, wurde auch dies als *gravissima culpa* gewertet, die für eine gewisse Zeit oder auf Dauer mit Kerkerhaft geahndet wurde. Im allgemeinen mußten darüber die Visitatoren entscheiden. War aber Gefahr im Verzug, konnte auch der Propst mit Zustimmung des Hauskapitels einen Bruder einkerkern.[455] Bei allen Strafmaßnahmen sollte der Propst jedoch unnötige Härte, aber umgekehrt auch jede Nachlässigkeit vermeiden. Wenn in den Statuten darauf hingewiesen wird, daß Verbrechen zu bestrafen nicht Grausamkeit, sondern Liebe sei, wird darin auch die Intention deutlich, daß die auferlegten Bußen nicht nur als Sühne für die Vergehen dienen sollten, sondern auch der Besserung der Brüder.[456]

Das gleiche Verfahren wurde vermutlich auch auf dem Einsiedel angewendet. Allerdings war hier nicht nur der Propst, sondern gleichermaßen auch der Meister für die Aufrechterhaltung der Zucht verantwortlich. Letzterer sollte die Laienbrüder und das Gesinde bestrafen, während die Vergehen der Kanoniker vom Propst

---

452 STATUTA [GENERALKAPITEL], fol. $95^v/96^r$.

453 STATUTA [GENERALKAPITEL], fol. $96^{r/v}$.

454 STATUTA [GENERALKAPITEL], fol. $96^v/97^r$.

455 STATUTA [GENERALKAPITEL], fol. 97^r–98^v.

456 STATUTA [GENERALKAPITEL], fol. 98^v. – Vgl. Ps.-HIERONYMUS, Regula monachorum, 6 (De correctione et doctrina praesidentis). PL 30, Sp. 337: *Non est crudelitas pro Deo crimina punire, sed pietas.*

mit einer entsprechenden Buße geahndet wurden.[457] Obwohl ein *capitulum culparum* in den Statuten des Petersstifts nicht erwähnt wird, waren je nach *grósse der missetat* verschiedene Bußen und Strafen, wie *abrechen des wins oder der spys, vasten* oder *kercker* vorgesehen. Propst und Meister sollten sich dabei an dem entsprechenden Kapitel aus den oberdeutschen Statuten orientieren.[458]

Eine etwas andere Zielsetzung hinsichtlich der *oboedientia* und der *correptio fratrum* spricht aus den Statuten von Zwolle und Herford.[459] Dabei sind wesentliche Unterschiede im Selbstverständnis wie auch in der praktischen Durchführung der häuslichen Disziplin hervorzuheben. Die Brüder in Herford nahmen sich nämlich vor, zuallererst den Geboten Gottes und der Kirche wie auch den Ermahnungen und Ratschlägen des Rektors nach bestem Wissen und Können freiwillig und demütig zu gehorchen.[460] In Anfechtung, Verwirrung und Not sollten die Brüder beim Rektor Zuflucht finden und ihn um Zurechtweisung bitten, wie er es für das geistliche Fortkommen des einzelnen nützlich erachtete.[461] Einen wichtigen Stellenwert hatte auch die gegenseitige Zurechtweisung, die als Akt der brüderlichen Liebe zur Aufrechterhaltung der Hausdisziplin notwendig erachtet wurde. Dabei waren die Brüder auf drei Grundsätze, nämlich Mitleid, Besserung und Zurückhaltung, verpflichtet. Neben der gegenseitigen Zurechtweisung ist in den Statuten auch vorgesehen, daß die Brüder alle zwei Wochen einen Priester ihres Hauses um Tadel für etwaige Vergehen bitten sollten.[462]

In Herford wurden andere Wege zur Bewahrung der häuslichen Disziplin beschritten als im Oberdeutschen Generalkapitel. Bemerkenswert ist auch die unterschiedliche Wortwahl und Diktion in den Statuten. Während auf der einen Seite eher Vokabeln der Freiwilligkeit (*proponere, petere, pro posse, voluntarie*) verwendet werden, kommt in den oberdeutschen Statuten die Verpflichtung und Strafandro-

---

[457] STATUTEN [EINSIEDEL], fol. 12^{v}/13^{r}: *Es sóllen alle laybrúder, edel und unedel, knecht und gesind, dem maister beraitte und willige gehorsam bewysen in allen dingen, die er gebút und haist nach ordnung und gesatzten diser brúderschafft on mürmlung und widerrede. [...] deßglichen och dem probst der ir aller selen versorger ist.* STATUTEN [EINSIEDEL], fol. 8^{v}.

[458] STATUTEN [EINSIEDEL], fol. 18^{r}: *und mógen baid, vatter und maister, anwisung nemen uß den statutten der priester in dem capittel von underschaid der úbertrettung.* Vgl. STATUTA [GENERALKAPITEL], fol. 95^{v}–99^{r}: *De satisfactione pro culpis iniungendis.*

[459] Die Bestimmungen von Zwolle werden im folgenden nicht eigens angeführt, da die jeweiligen Kapitel insgesamt zwar etwas kürzer sind, aber in den wesentlichen Punkten mit den Herforder Statuten übereinstimmen. Vgl. CONSUETUDINES [ZWOLLE]. Ed. SCHOENGEN, S. 248: *De correptione.* S. 263f.: *Propter que videtur aliquis reici posse.* S. 265f.: *De obedientia.*

[460] CONSUETUDINES [HERFORD]. Ed. STUPPERICH, S. 60f.: *De obediencia.* Hier bes. S. 60: *[...] proponimus obediencie iura sollicite obersuare. In primis autem praeceptis dei et ecclesie [...] pro posse et nosse humiliter obedire. Insuper presbyteri nostri monitis et consiliis voluntarie acquiescere [...].*

[461] CONSUETUDINES [HERFORD]. Ed. STUPPERICH, S. 61: *Ad eum in temptationibus, perplexitatibus et adversitatibus nostris continuum debemus habere recursum. Quem eciam rogare congruit, ut liber sit ad corripiendum vel exercitandum nos, prout noverit, pro spirituali profectu unicuique expedire.*

[462] CONSUETUDINES [HERFORD]. Ed. STUPPERICH, S. 62f. (*De correptione*): *[...] correptio [...] est actus caritatis fraterne necessaria videtur pro conseruacione discipline. [...] In correptione debemus attendere illa tria [...] videlicet compassionis affectum, zelum rectitudinis et spiritum discretionis. [...] quilibet fratrum ibit [...] ad aliquem de presbyteris [...] petendo, ut non vereatur eum corripere, cum in aliquo excessu uel defectu ab eo fuerit deprehensus.*

hung stärker zum Ausdruck (*debere, tenere, promittere, sub pena*). Überdies ist in den Herforder Statuten ein *capitulum culparum* mit persönlicher und gegenseitiger Anklage und den Demutsformen einer *genuflectio* oder *prostratio* ebensowenig vorgesehen wie ein differenzierter Schuld- und Bußkatalog. Als Vergehen, für die sich die Brüder gegenseitig tadeln sollten, werden hier ledigliche Beispiele angeführt, die bei den oberdeutschen Kanonikern als *levis culpa* eingestuft sind, nämlich unnütze und ungebührliche Gespräche unter den Brüdern oder mit Auswärtigen, Verstöße gegen das Schweigen und Nachlässigkeiten in der Amtsführung.[463] Lediglich die schlimmsten Vergehen stimmen teilweise mit den oberdeutschen *gravissimae culpae* überein – aber unter ganz anderen Vorzeichen. Häresie, Rebellion, Wollust, Eigenbesitz und schwerwiegende Defekte, die bei der Aufnahme nicht angegeben wurden, führten nicht zur Einkerkerung, sondern zum Ausschluß aus der Gemeinschaft.[464] Sobald ein Bruder nämlich in schwerwiegender Form eines der drei Grundprinzipen, *caste, concorditer et in communi vivere*, verletzte, wurde er ausgestoßen, verlor alle Rechte und Privilegien, und mußte mit dem zufrieden sein, was ihm der Rektor außer der Kleidung sonst noch aus Güte mitgab. Denn es sei nicht barmherzig, einen sündigen Bruder zum Schaden der Gemeinschaft zu ertragen, sondern vielmehr die Aufgabe eines guten Hirten, ein krankes Schaf abzusondern, bevor es die ganze Herde infiziert.[465] Die Praxis der Kerkerhaft im Oberdeutschen Generalkapitel dagegen zeigt, daß sich die Kanoniker zunehmend an der klösterlichen *stabilitas* orientierten. Innozenz VIII. verfügte 1492 auf Bitten des Oberdeutschen Generalkapitels und Eberhards im Bart, daß ein Bruder aus der Gemeinschaft nur austreten konnte, wenn er in einen regulierten Orden überwechseln wollte.[466] Ein Verlassen des Generalkapitels aus anderen Gründen war nicht möglich. Damit hatte der Aufnahmeeid der Brüder de facto die gleichen Auswirkungen wie die klösterliche Profeß.[467]

Die oberdeutschen Kanoniker orientierten sich, wie zahlreiche Übereinstimmungen der Statuten deutlich machen, an der Bußpraxis der Windesheimer Kongregation, wo die Häufigkeit, der Zeitpunkt und die Formen des Bußkapitels wie auch die detaillierte und differenzierte Auflistung von Vergehen in gleicher Weise geregelt waren.[468] Das Bußkapitel fand hier ebenfalls wöchentlich am Freitag statt und wurde vom Prior geleitet. Nach einer einleitenden Ermahnung mußten sich die Konventualen nacheinander auf den Boden werfen, ihre Schuld bekennen und um Vergebung bitten. Auch die Anklage durch die Brüder und die Auferlegung

---

[463] Consuetudines [Herford]. Ed. Stupperich, S. 62f.

[464] Consuetudines [Herford]. Ed. Stupperich, S. 95: *De causis siue articulis expulsionis de nostra societate.*

[465] Consuetudines [Herford]. Ed. Stupperich, S. 95.

[466] StA Darmstadt, A 3, Nr. 61/228 (1492 Mai 11).

[467] Vgl. Meier, Dominicus M.: Die Rechtswirkungen der klösterlichen Profeß. Eine rechtsgeschichtliche Untersuchung der monastischen Profeß und ihrer Rechtswirkungen unter Berücksichtigung des Staatskirchenrechts. Frankfurt am Main 1993, vor allem S. 200–202.

[468] Statuta capituli Windesemensis, fol. G_1^v–G_3^r: *De capitulo culparum.* Fol. J_5^v: *De gravibus culpis.* Fol. J_5^v/J_6^r: *De graviori culpa.* Fol. J_6^v/H_1^r: *De gravissimis culpis.*

einer Buße bis hin zu der Formel *„Mea culpa. Ego me emendare volo*“[469], wurden in der gleichen Weise durchgeführt. Aber auch die Einstufung der Vergehen stimmt bei beiden überein, obwohl die *leves culpae* in den Windesheimer Statuten nicht in einem gesonderten Abschnitt aufgeführt, sondern bei der Erörterung des Schuldkapitels behandelt werden.[470] Die aufgeführten Vergehen bieten trotz einzelner Variationen zahlreiche Kongruenzen mit den oberdeutschen Statuten und reichen von Nachlässigkeiten beim Singen oder in der Amtsführung bis hin zu Totschlag, Brandstiftung und Rebellion.[471] Schließlich gleichen sich auch die Bußen und Strafen, deren Handhabung bisweilen eine größere Strenge erkennen läßt.[472]

3.5.6 Der Tagesablauf

Kennzeichnend für den Alltag an den Stiften war eine äußerst straffe Einteilung des Tagesablaufs, der in der Regel um drei Uhr morgens begann. Der *excitator* öffnete das Dormitorium, läutete mit der Glocke zum Aufstehen und klopfte an die einzelnen Zellentüren, bis sich die Brüder bemerkbar machten. Diese sollten sofort aufstehen, sich bekreuzigen und auf die Abhaltung der Matutin und der Laudes im Chor der Stiftskirche vorbereiten. An höheren Festtagen konnte das Aufstehen wegen der umfangreicheren Liturgie auch etwas früher erfolgen. Nach dem Chordienst kehrten die Brüder in ihre Zellen zurück, um sich geistlichen Betrachtungen und dem Studium zu widmen. Im Winter sollte dies in einem geheizten Gemeinschaftsraum stattfinden.[473]

Nach einer kurzen Ruhepause wurde die Liturgie um fünf Uhr mit der Prim und der sich anschließenden Frühmesse, an der alle Stiftsangehörigen, auch das Gesinde teilnehmen sollten, fortgesetzt. Alle, die nicht zum Chordienst verpflichtet waren, also hauptsächlich die Laienbrüder, widmeten sich nach der Frühmesse von etwa sieben bis neun Uhr ihrer Arbeit.[474] Die Kanoniker hatten weiterhin ihren liturgischen Verpflichtungen nachzukommen, die in bemerkenswerter Weise nicht über den ganzen Tag verteilt, sondern vor allem auf die Zeit bis zur ersten Mahlzeit (*prandium*) konzentriert waren. Nach der Frühmesse wurden zunächst die kleineren Horen, nämlich Terz und Sext, und daran anschließend die tägliche Konventmesse abgehalten.[475]

---

[469] Statuta capituli Windesemensis, fol. G_2^v. Vgl. Statuta [Generalkapitel], fol. 95^r.

[470] Statuta capituli Windesemensis, fol. G_2^r/G_2^v.

[471] Vgl. zu den Vergehen Statuta capituli Windesemensis, fol. G_2^r/G_2^v, J_5^v–H_1^r: *Si quis in divino officio cantare aut opus sibi iniunctum perficere noluerit; in emendatione negligens; contenderit; opprobrium dixerit; discordiam inter fratres seminaverit; ieiunia fregit; rebellio; conspiratio; proprium habere; lapsus carnis; furtum; homicida.*

[472] Vgl. zu den Bußen und Strafen Statuta capituli Windesemensis, fol. G_2^r/G_2^v, J_5^v–H_1^r: *Psalmi: humilia exercitia; silentium; ter petatur venia ante mensas; ad terram comedet; officium amittet; voce in capitulo carebit; carcerali custodiae mancipandus.*

[473] Statuta [Generalkapitel], fol. 25^v, 33^r, $56^{r/v}$. Vgl. auch Statuten [Einsiedel], fol. $16^{r/v}$.

[474] Statuta [Generalkapitel], fol. fol. 33^r.

[475] Statuta [Generalkapitel], fol. 27^v.

In den Stiften wurden in der Regel zwei Mahlzeiten gereicht, und zwar ein *prandium* als Mittagsmahl und die *cena* zur Abendzeit. Das *prandium* wurde nach der Konventmesse gemeinsam eingenommen, in der Sommerzeit, von Ostern bis Ende September, gegen neun Uhr, und im Winter, von Oktober bis zur Fastenzeit, gegen zehn Uhr. Unmittelbar auf das *prandium* folgte jeweils die Lesung der Non. An Fasttagen dagegen wurde die Non mit zusätzlichen Gebeten unmittelbar nach der Konventmesse gelesen, so daß die Mahlzeit erst gegen elf Uhr eingenommen werden konnte.[476] An allen Tagen sollten sich die Brüder nach der Mahlzeit und der Lesung der Non in ihre Zellen zurückziehen, um eine erbauliche Schrift über die Passion Christi zu lesen. Anschließend wurde ihnen eine Ruhestunde eingeräumt. Diejenigen, die keinen Schlaf benötigten, sollten dennoch in ihrer Zelle bleiben und lesen oder sich irgendeiner anderen ruhigen Arbeit widmen, damit die schlafenden Brüder nicht gestört würden. Mit einem Glockenschlag gegen 13 Uhr wurde der Nachmittag begonnen, der nun ganz und gar der gemeinsamen Arbeit gewidmet war.[477]

Die Vesper, die nicht unbedingt im Chor gefeiert werden mußte, markierte den Übergang zum Abend.[478] Unmittelbar darauf folgten die Abendmahlzeit (*cena*), die das ganze Jahr über um 17 Uhr eingenommen wurde, und die den Tag beschließende Komplet, die in ihren Gebetstexten schon auf die kommende Nacht ausgerichtet war.[479] Danach hatten die Brüder einen gewissen Freiraum. Sie konnten sich beispielsweise bei einem Spaziergang im Garten oder im Hof des Stifts erholen oder erbauliche Gespräche führen. Aber auch dabei sollten sie niemals *die Zügel zugunsten der Muse lockern*, sondern *den Versuchungen des Teufels widerstehen*. Spätestens um 19 Uhr suchten die Brüder wieder ihre Zellen, im Winter die gemeinsame *stuba* auf, wo sie sich wieder den Betrachtungen und dem Studium, ganz besonders aber der Erforschung ihrer Fehler für die nächste Beichte widmen sollten.[480] Mit dem Zeichen zur Nachttruhe und der Schließung des Dormitoriums gegen 20 Uhr gingen die Brüder zu Bett. Auch in der Zeit vor dem Einschlafen sollten die Brüder beten oder erbauliche und heilbringende Punkte *wiederkäuen*.[481]

Da der Tagesablauf auf dem Einsiedel ganz nach der Ordnung des Generalkapitels ausgerichtet war, fanden hier der Chordienst, die Messen und die Mahlzeiten zu den gleichen Zeiten statt. In einigen Punkten wurden die strengen Regelungen aber etwas lockerer gehandhabt. So war beispielsweise nach der Mittagsruhe um vierzehn Uhr und nach der Abendmahlzeit ein zusätzlicher Umtrunk vorge-

---

476 STATUTA [GENERALKAPITEL], fol. 27^{v}, 51^{r}, 56^{r}. Vgl. STATUTEN [EINSIEDEL], fol. 8^{r}, 15^{v}.

477 STATUTA [GENERALKAPITEL], fol. 33$^{r/v}$, 56^{v}.

478 STATUTA [GENERALKAPITEL], fol. 24^{v}, 27^{v}, 29$^{r/v}$, 33^{v}. STATUTEN [EINSIEDEL], fol. 8^{r}.

479 STATUTA [GENERALKAPITEL], fol. 29$^{r/v}$, 33^{v}, 51^{r}. STATUTEN [EINSIEDEL], fol. 8^{r}, 15^{v}.

480 STATUTA [GENERALKAPITEL], fol. 33^{v}.

481 STATUTA [GENERALKAPITEL], fol. 33^{v}, 56^{r}. STATUTEN [EINSIEDEL], fol. 16$^{r/v}$. – Zur Metapher des Wiederkäuens (*ruminare*) vgl. mit zahlreichen Augustinus-Zitaten RUPPERT, Fidelis: Meditatio – Ruminatio. Zu einem Grundbegriff christlicher Meditation. In: Erbe und Auftrag 53, 1977, S. 83–93. Vgl. auch STAUBACH, Pragmatische Schriftlichkeit, S. 437f.

Tagesordnung der Kanoniker vom gemeinsamen Leben

Nacht	
	Nachtruhe Öffnung des Dormitoriums
3 Uhr	Wecken/Aufstehen der Brüder MATUTIN LAUDES **Betrachtungen** (*meditatio*) und **Lesen** (*studium*) in der Zelle
Morgen	
5 Uhr	PRIM (FRÜH-) MESSE [ggf. Seelmesse (missa animarum)] TERZ SEXT KONVENTMESSE
7–9 Uhr	**Arbeit** (Brüder ohne Chordienst)
9/10 Uhr	**Mahlzeit** (*Prandium*) NON
Mittag	**Betrachtungen** (*meditatio*) **und Lesen** (*studium*) **in der Zelle** **Mittagsruhe in der Zelle**
Nachmittag	
	Arbeit
	[ggf. VIGIL]
Abend	
16 Uhr	VESPER **Arbeit**
17 Uhr	**Mahlzeit** (*cena*) KOMPLET **Erholung, Erbauung oder Studium** [**Collatio** *in festis fori*]
19 Uhr	**Betrachtungen** (*meditatio*) **und Lesen** (*studium*) **in der Zelle**
Nacht	
20 Uhr	**Schließung des Dormitoriums** **Nachtruhe**

sehen, an dem alle Brüder teilnehmen konnten.[482] Eine andere Regelung betraf vor allem den Tageslauf der Laienbrüder; sie waren nicht verpflichtet, zur Matutin aufzustehen, und konnten im Sommer bis fünf Uhr, im Winter bis sechs Uhr morgens schlafen, um dann den Tag mit der Frühmesse zu beginnen.[483]

3.5.7 Opus Dei

Die wichtigste Aufgabe und Pflicht der Kanoniker war das *opus Dei*, das zunächst in der gemeinsam durchzuführenden Liturgie der Messe und des Chorgebets bestand. Dazu zählten aber ebenso das stille, private Gebet und die verschiedenen geistlichen Übungen der Brüder. Als oberster Grundsatz wird in den Statuten mit dem Hinweis auf Bernhard von Clairvaux festgehalten: *Nihil operi Dei preponere licet.*[484]

Die liturgischen Bräuche von Stifts- und Klostergemeinschaften sind gewöhnlich in speziellen Büchern fixiert worden. So finden sich Meßgebete im Missale, die antiphonalen und responsorialen Gesänge des Offiziums im Antiphonar und Vorschriften für die Gottesdienstordnung und die Stundengebete für die verschiedenen Zeiten des Kirchenjahres im Liber ordinarius, in dem neben dem allgemeinen Ritus auch spezifische Gewohnheiten der jeweiligen Gemeinschaft enthalten waren. Die Kanoniker vom Gemeinsamen Leben waren ebenfalls dazu verpflichtet, einen korrekten und vollständigen Liber ordinarius zu führen.[485] Aber auch die Statuten des Generalkapitels, die nicht nach dem Kirchenjahr in liturgischer Hinsicht ausgerichtet, sondern nach systematischen Gesichtspunkten angeordnet waren, enthalten zahlreiche Bestimmungen, die durchaus an einen Ordinarius erinnern. In dieser Mischform sind sie mit den Statuten anderer regulierter Kanoniker vergleichbar.[486] Liturgische Bestimmungen finden sich nicht nur in dem einschlägigen Kapitel *De divino officio*[487], sondern auch in anderen Bereichen, wie z.B. bei der Aufnahme eines Kanonikers, bei der Wahl eines Propstes oder bei der Betreuung von Sterbenden. Orationen, Meßgesänge, Psalmen und Lesungen sind dabei meist in kurzer Form mit dem Initium angegeben.

Zum gemeinsamen Chorgebet waren alle Kanoniker verpflichtet. Schüler oder Studenten konnten von der täglichen Verpflichtung durch den Propst entbunden werden. An Duplexfesten sollten sie jedoch am gemeinsamen Chorgebet teilnehmen.[488] Die Laienbrüder waren von der Teilnahme befreit und sprachen für die

---

[482] STATUTEN [EINSIEDEL], fol. 15^r.

[483] STATUTEN [EINSIEDEL], fol. 13^v, 16^v.

[484] STATUTA [GENERALKAPITEL], fol. 30^r. Vgl. REGULA BENEDICTI 43. Ed. STEIDLE, S. 136.

[485] STATUTA [GENERALKAPITEL], fol. 25^r.

[486] Vgl. etwa die Consuetudines Springirsbacenses-Rodenses. Hrsg. von Stephan WEINFURTER. Turnhout 1978. (Corpus Christianorum 68) oder Die Consuetudines des Augustiner-Chorherrenstiftes Marbach im Elsaß. Hrsg. von Josef SIEGWART. Fribourg 1965. (Spicilegium Friburgense 10).

[487] STATUTA [GENERALKAPITEL], fol. 24^r–32^v.

[488] STATUTA [GENERALKAPITEL], fol. 24^v.

jeweiligen Horen eine entsprechende Anzahl von Gebeten. Dies sollte für die Matutin und die Prim an einem geeigneten Ort gemeinschaftlich erfolgen. Die Terz und die Sext sollten sie für sich allein beim Gang zur Messe und bei der Rückkehr lesen. Die Gebete für die Non und die Komplet waren jeweils mit einem Bruder zusammen beim Abräumen des Tisches zu sprechen.[489] Dabei waren für die Matutin und die Vesper jeweils fünfzehn „Vater unser" und „Ave Maria", für die Komplet und die kleineren Horen jeweils sieben „Vater unser" mit dem Glaubensbekenntnis vorgeschrieben.[490] In ähnlicher Weise war das *opus dei* der Laienbrüder auf dem Einsiedel geregelt. An Feiertagen sollten sie mit Ausnahme von Matutin und Prim an allen Horen teilnehmen, an normalen Tagen dagegen waren sie lediglich zur Teilnahme an Frühmesse und der Vesper verpflichtet. Anstelle der übrigen Horen war jeweils eine bestimmte Anzahl von Gebeten zu leisten.[491]

Zusätzlich zu den täglichen Horen hatten die Kanoniker wöchentlich eine Totenvigil für die verstorbenen Brüder und Wohltäter zu lesen.[492] An Duplexfesten wurde die Vesper mit Festpsalmen und zusätzlichen Antiphonen besonders feierlich begangen.[493] Bezüglich der Meßfeier war vorgeschrieben, daß alle Brüder täglich eine Messe hören oder lesen sollten. Die Laienbrüder und das Gesinde nahmen in der Regel an der Frühmesse teil.[494] Diese wurde Sonntags und an Feiertagen in Form einer Seelenmesse für die Verstorbenen gefeiert.[495] Alle Brüder sollten an bestimmten Festen und darüber hinaus an jedem dritten Sonntag die Kommunion empfangen.[496]

Ohne die einzelnen Bestimmungen bezüglich der Stundengebete in Herford detailliert aufzuführen, kann festgehalten werden, daß die Brüder hier nicht im gleichen Maß zum gemeinsamen Chorgebet verpflichtet waren. So wurden beispielsweise die kleineren Horen auch von den Klerikern privat gelesen.[497] Die oberdeutschen Kanoniker hingegen waren nicht nur zum gemeinsamen Chorgebet, sondern dabei auch auf eine einheitliche Chorhaltung verpflichtet, wie sie

---

489 STATUTA [GENERALKAPITEL], fol. 25ʳ.

490 STATUTA [GENERALKAPITEL], fol. 36ᵛ.

491 STATUTEN [EINSIEDEL], fol. 13ᵛ/14ʳ: *Item es sollen alle laybrúder alltag die siben zyt betten, fúr die mettin fúnffzechen Pater noster, und sovil Ave Maria, fúr die laudes fúnff Pater noster und sovil Ave Maria, fúr die vesper zechen Pater noster und sovil Ave Maria, deßglich zú der meß zechen Pater noster und sovil Ave Maria, fúr ain jegklich clain gezyt némlich prim, tertz, sext, non und complet fúnff Pater noster und sovil Ave Maria, und darzú zú der prim und der complet den glouben.*

492 STATUTA [GENERALKAPITEL], fol. 25ʳ.

493 STATUTA [GENERALKAPITEL], fol. 29ᵛ.

494 STATUTA [GENERALKAPITEL], fol. 33ʳ. STATUTEN [EINSIEDEL], fol. 13ᵛ.

495 STATUTA [GENERALKAPITEL], fol. 25ᵛ. Vgl. auch STATUTEN [EINSIEDEL], fol. 7ᵛ/8ʳ.

496 STATUTA [GENERALKAPITEL], fol. 36ʳ/ᵛ. STATUTEN [EINSIEDEL], fol. 14ʳ: *Item es sollen alle laibrúder [...] zú den vier hochzyttlichen festen uff das fest corporis Christi und uff sannt Peter und sant Pauls, ouch uff aller haillgen tag, das hailig sacrament empfachen, und ob ainer das offter begert zú empfachen, sol im nach rat des bichtigers nit versagt werden.*

497 Vgl. CONSUETUDINES [HERFORD]. Ed. STUPPERICH, S. 64–66: *De hora surgendi et horis dicendis et de missa.*

auch in den Windesheimer Statuten vorgesehen war.[498] So sollten beispielsweise die Psalmen und Responsorien der Matutin mit bedecktem Haupt gesungen werden.[499] Wenn der Name Jesu oder Mariae gesungen wurde, mußten sich die Brüder zum Altar hin verneigen.[500] Ähnlich detailliert waren die Vorschriften für den Chorgesang. Dieser sollte in gleichmäßigem Tempo, in einer angemessenen Tonhöhe und mit den entsprechenden Atempausen einheitlich vorgetragen werden.[501]

Neben der gemeinschaftlichen Liturgie wurde aber auch der privaten Andacht ein hoher Stellenwert beigemessen. Gleichsam im Wechsel zum Psallieren der Horen sollten sich die Brüder mehrfach am Tag in ihrer Zelle der Sammlung, der Betrachtung und dem Studium widmen. Hierfür waren die Stunden nach der Matutin und den Laudes am frühen Morgen, am Mittag nach der Mahlzeit und der Non sowie abends nach der Komplet und vor der Nachtruhe vorgesehen.[502] Und *damit unbestimmte Überlegungen das Fortkommen nicht behinderten*, sollten sich die Brüder an den einzelnen Wochentagen mit verschiedenen Themen beschäftigen: Am Sonntag meditieren über alle Dinge, die zur Seligkeit beitragen; am Montag über die Erschaffung der Welt; am Dienstag über den Sündenfall, über die Sünde überhaupt und die Versuchung; am Mittwoch über die Kürze des Lebens, den Tod und das jüngste Gericht; am Donnerstag über die Strafe und die Höllenqualen; am Freitag über die Passion Christi und am Samstag über die Sakramente und den Gottesdienst.[503] Mit diesem Prinzip folgten die Kanoniker einer alten Tradition der Devotio moderna, wie sie auch in den Statuten von Zwolle und Herford vorgesehen war.[504] Bei all diesen Betrachtungen sollten sich die Brüder immer von *pietas*, nie aber von *curiositas* leiten lassen. Zur Lektüre empfehlen die Statuten[505] vor allem patristische Texte, und hier besonders die Sermones des heiligen Bernhard, die Moralia und Homiliae Gregors des Großen, die Confessiones und Sermones Augustins sowie die Regel des Hieronymus. Die Brüder sollten auch Schriften aus dem Umfeld der Devotio moderna heranziehen, etwa den Libellus *Omnes inquit artes* von Florens Radewijns[506] und die Traktate Gerhard Zerbolt von Zutphens *De reformatione* und *De spiritualibus ascensionibus.*[507]

---

498 Vgl. STATUTA CAPITULI WINDESEMENSIS, fol. F_4^r–F_6^v: *Qualiter fratres se habeant in horis regularibus.* Fol. F_6^v–G_1^v: *Qualiter se fratres habeant in missa conventuali.*

499 STATUTA [GENERALKAPITEL], fol. 26^v.

500 STATUTA [GENERALKAPITEL], fol. 27^r.

501 STATUTA [GENERALKAPITEL], fol. $30^v/31^r$. Vgl. auch fol. 76^v–78^v: *De cantore et succentore.*

502 STATUTA [GENERALKAPITEL], fol. $33^{r/v}$.

503 STATUTA [GENERALKAPITEL], fol. $34^{r/v}$.

504 CONSUETUDINES [ZWOLLE]. Ed. SCHOENGEN, S. 241f. CONSUETUDINES [HERFORD]. Ed. STUPPERICH, S. 66f. – Vgl. zum Lektürestoff innerhalb der Devotio Moderna STAUBACH, Nikolaus: Memores pristinae perfectionis. The importance of the church fathers for devotio moderna. In: BACKUS, Iréna (Hg.): The reception of the church fathers in the West from the Carolingians to the Maurists. Band 1. Leiden 1997, S. 405–469.

505 STATUTA [GENERALKAPITEL], fol. $34^v/35^r$.

506 FLORENS RADEWIJNS, Omnes, inquit, artes. Ed. VAN WOERKUM.

507 GERHARD ZERBOLT VON ZUTPHEN, De reformatione interiori seu virium animae. Ed. BIGNE. GERHARD ZERBOLT VON ZUTPHEN, De spiritualibus ascensionibus. Ed. BIGNE.

Der Ertrag dieser privaten Lektüre und Andacht sollte jedoch auch der Gemeinschaft zu Gute kommen und in Gesprächen vertieft werden. Neben dem Lesen von wissenschaftlichen und devoten Texten nahm die daraus resultierende wechselseitige Beratung und Ermahnung bei den Brüdern einen hohen Stellenwert ein.[508] Deshalb pflegten die Brüder an besonderen Tagen den alten monastischen Brauch der *collationes*.[509] Nach der Abendmahlzeit versammelten sie sich unter der Leitung des Propstes, um einen Abschnitt aus den Kirchenvätern zu hören und anschließend gemeinsam zu erörtern. Zu diesem Anlaß konnte der Propst ausnahmsweise einen kleinen Umtrunk genehmigen. Die Brüder sollten sich jedoch davor hüten, weltliche, lächerliche oder nicht zum Thema gehörige Beiträge einzubringen.[510] *Collationes* in der Form von geistlichen Gesprächen sind auch in den niederländischen und norddeutschen Brüderhäusern abgehalten worden. Dort stand jeweils eine Lesung aus der Heiligen Schrift im Mittelpunkt, die in Herford sogar in deutscher Sprache vorgetragen wurde.[511] Dieser ausschließlich erbauliche Charakter scheint sich bei den oberdeutschen Kanonikern eher in Richtung einer wissenschaftlichen Erörterung gewandelt zu haben, da sich die Brüder bei ihren Ausführungen ausdrücklich auf die empfohlene Lektüre stützen sollten. Gerade im Hinblick auf eine qualitätvolle Seelsorge legten die Kanoniker großen Wert auf das theologische Studium und bezogen auch die Universität in die Ausbildung ein.[512] Um geeignete Brüder darauf vorzubereiten, wurden in den oberdeutschen Stiften auch Übungen zur Grammatik und Logik abgehalten.[513]

3.5.8 Seelsorge

Im Unterschied zu den Brüdern des Münsterschen Kolloquiums wurde den oberdeutschen Kanonikern jeweils bei der Gründung auch die Pfarrseelsorge übertragen, die nun einen wichtigen Stellenwert einnahm.[514] In seiner Predigt vor

---

[508] Vgl. zur Praxis der Produktion und Rezeption von Texten innerhalb der Devotio Moderna: STAUBACH, Nikolaus: Von der persönlichen Erfahrung zur Gemeinschaftsliteratur. Entstehungs- und Rezeptionsbedingungen geistlicher Reformtexte im Spätmittelalter. In: Ons geestelijk erf 68, 1994, S. 200–228. STAUBACH, Memores pristinae perfectionis.

[509] Zur Praxis der *collationes* vgl. MERTENS, Thom: Collatio und Codex im Bereich der Devotio moderna. In: MEIER, Christel – HÜPPER, Dagmar – KELLER, Hagen (Hgg.): Der Codex im Gebrauch. München 1996. (Münstersche Mittelalter-Schriften 70), S. 163–182.

[510] STATUTA [GENERALKAPITEL], fol. 36^{v}/37^{r}, 74^{r}. – Vgl. auch PASCHER, Joseph: Das Stundengebet der römischen Kirche. München 1954, hier S. 243f.

[511] CONSUETUDINES [HERFORD]. Ed. STUPPERICH, S. 63: *[...] legetur aliquis passus sacre scripture in teutonico [...]*. CONSUETUDINES [ZWOLLE]. Ed. SCHOENGEN, S. 246f.

[512] BIEL, Collatio de communi vita, fol. 233^{v}: *Et licet semper, maxime tamen hiis diebus novissimis theologicum necessarium est studium [...]*.

[513] STATUTA [GENERALKAPITEL], fol. 35^{r}.

[514] MONASTICON 2, S. 14. – Vgl. beispielsweise HStA Stuttgart, A 602, WR 14067 (Sixtus IV. für Urach; 1477, Mai 1): *quodque prepositus et cappitulum ipsius ecclesie sancti Amandi illius cura animarum per unum ex illius canonicis vel alium sacerdotem secularem ydoneum ad eorum nutum ammovibilem perpetuis futuris temporibus gerant et exerceant*. StA Darmstadt, A 3, Nr. 61/132 (Paul II. für Butzbach; 1469, Januar 30): *quod cura animarum dicte ecclesie sancti Marci committatur preposito et*

dem Generalkapitel wies Gabriel Biel nachdrücklich darauf hin, daß eine gute Seelsorge nur auf der Basis einer fundierten Ausbildung ausgeübt werden kann. Er forderte deshalb, daß geeignete Brüder zum Theologiestudium an die Universität geschickt wurden, damit sie später aufgrund ihrer Gelehrsamkeit *wie Sterne leuchten und andere durch ihr Beispiel anstecken* konnten.[515] Die Notwendigkeit und den Nutzen des Studiums sah Biel aber nicht nur im Hinblick auf die Seelsorge, mit der die Priester nach außen wirken sollten, sondern auch auf eine bessere Ausbildung und Unterrichtung der Brüder innerhalb der Stifte. Denn wer die Schrift nicht kenne, sei auch nicht in der Lage, eine ihm anvertraute Herde auf die Weide der rechten Wahrheit zu führen.[516] Gleichzeitig beklagte Biel, daß das gemeinsame Leben im Laufe der Zeit immer mehr in Vergessenheit geraten sei. Es regiere die Nachkommenschaft der Habgier, der verfluchte Besitz, und die Menschen wollten nicht auf die heilbringende Lehre vertrauen.[517] Deshalb forderte Biel seine Mitbrüder auf, die Herde zu weiden und zu unterrichten, und stellte ihnen außerdem den Reformeifer des Landesherrn vor Augen: *Möge euch die Leidenschaft der weltlichen Fürsten entzünden, die – welche Schande – den Eifer der Kirchendiener zu übertreffen scheint.*[518] Damit werden neue Ziele und Aufgaben formuliert, die nun in der Reform des Weltklerus, in der Seelsorge und in einer wissenschaftlichen Bildung liegen.

In den Statuten werden die Anforderungen, die an einen Seelsorger und *guten Hirten* gestellt werden, mit mehreren Zitaten aus Gregors Regula Pastoralis umrissen. Im Mittelpunkt stehen dabei – wie in der Predigt Gabriel Biels – eine fundierte Ausbildung und ein breites Wissen,[519] damit nicht der Blinde, der von einem Blinden geführt wird, in die Grube falle.[520] Außerdem solle der Priester die Gottlosigkeiten mit dem *Schwert des Geistes*, das heißt mit *Gottes Wort* schlagen.[521] Zu diesem Zweck mußte sich der Seelsorger hauptsächlich mit der Summenliteratur vertraut machen, und ganz besonders die einschlägigen Werke von Jean Gerson[522] und Johannes von Freiburg[523] eingehend studieren. Außerdem sollte der Priester ein guter Prediger sein, der dem Volk die Worte des Herrn verkündete und dabei

---

capitulo ipsius ecclesie sancti Marci, qui illam exercere possint per unum ex canonicis dicte ecclesie sancti Marci vel alium sacerdotem ad nutum amicabilem secundum quod magis videbit capitulo huiusmodi expedire. LHA Koblenz, Best. 701, Nr. 92 (Sixtus IV. für Wolf; 1477, Mai 1): *quodque prepositus et capitulum dicti ecclesie in Wolffe illius cura animarum per unum ex illius canonicis vel alium sacerdotem secularem idoneum ad eorum nutum amovibilem perpetuis futuris temporibus gerant et exerceant.*

515 Biel, Collatio de communi vita, fol. 233ʳ.

516 Biel, Collatio de communi vita, fol. 233ʳ.

517 Biel, Collatio de communi vita, fol. 231ᵛ, 233ᵛ.

518 Biel, Collatio de communi vita, fol. 234ᵛ, 233ʳ: *Accendat vos secularium fervor principum, qui – proch pudor – vincere cernitur zelum ecclesie paranimphorum.*

519 Statuta [Generalkapitel], fol. 38ᵛ:

520 Statuta [Generalkapitel], fol. 37ʳ. – Vgl. Mt 15,14.

521 Statuta [Generalkapitel], fol. 39ʳ.

522 Gerson, De arte audiendi confessiones. Ed. Du Pin II, 446–453. Gerson, Sermo de officio pastoris. Ed. Du Pin II, 542–558. Zur Gerson-Rezeption der Brüder vom gemeinsamen Leben vgl. Kraume, Gerson-Übersetzungen, bes. S. 49–55.

523 Johannes Friburgensis, Summa Confessorum. Augsburg 1476.

auch der Herde als Beispiel voranging.[524] Schließlich wurde – besonders im Hinblick auf das Beichthören und das Auferlegen einer Buße – auch auf ein entsprechendes Unterscheidungsvermögen Wert gelegt, denn was dem einen helfe, schade dem anderen.[525]

Damit sich der Seelsorger seinen Aufgaben und vor allem dem Studium möglichst uneingeschränkt widmen konnte, sollte er weitgehend von der gemeinsamen Arbeit der Brüder befreit werden.[526] Prinzipiell war die Seelsorge zunächst den Pröpsten übertragen, die jedoch nach sorgfältiger Prüfung und Zustimmung des Hauskapitels weitere geeignete Brüder zu diesem Amt berufen konnten. Bei nachlässigem Verhalten eines Seelsorgers konnte er vom Propst oder von den Visitatoren seines Amtes enthoben werden.[527]

3.5.9 Arbeit

Die tägliche Handarbeit (*opus manuum, labor manualis*) bildete ein wichtiges Element innerhalb der Prinzipien der Brüder vom Gemeinsamen Leben. Gabriel Biel führt dazu in seinem Traktat drei Argumente an: Zum ersten sei die Arbeit zur Sicherung des Lebensunterhaltes notwendig, damit die Brüder nicht dem Volk zur Last fallen; zweitens diene sie zur Vermeidung des Müßigganges, und schließlich sei sie vielfach von den heiligen Vätern empfohlen worden.[528] Hier stützte sich Biel zunächst auf den Apostel Paulus, der im zweiten Brief an die Thessalonicher die Müßiggänger zurechtweist: *Ihr selbst wißt, wie man uns nachahmen soll. Wir haben [...] bei niemand unser Brot umsonst gegessen; wir haben uns gemüht und geplagt, Tag und Nacht haben wir gearbeitet, um keinem von euch zur Last zu fallen. [...] Wer nicht arbeiten will, soll auch nicht essen.*[529] Dieses *praeceptum Apostoli* wurde auch von anderen klösterlichen Gemeinschaften zur Rechtfertigung der Arbeit herangezogen, aber für Biel und die Brüder, die sich als „Orden der Apostel Christi" und als „wahre Nachahmer der apostolischen Urgemeinschaft" verstanden, hatte die Anweisung des Paulus geradezu den Charakter einer Regel.[530]

Die Brüder sollten jedoch nicht für sich selbst arbeiten, sondern der Regel Augustins entsprechend für die Gemeinschaft. Alle Erträge waren für das gemein-

---

524 STATUTA [GENERALKAPITEL], fol. 37v, 39v/40r.

525 STATUTA [GENERALKAPITEL], fol. 38v/39r.

526 STATUTA [GENERALKAPITEL], fol. 40r/v.

527 STATUTA [GENERALKAPITEL], fol. 37v/38r.

528 BIEL, Tractatus de communi vita, fol. 13v. Vgl. STATUTA [GENERALKAPITEL], fol. 57v. STATUTEN [EINSIEDEL], fol. 16v (*Zú vermidung mússigends*): *Item die wil mússig gan ain mútter ist des lasters, so sol kain brúder mússig gon, sonnder allzyt ettwas gútts schaffen.*

529 II Th 3,6–12. – Vgl. BIEL, Tractatus de communi vita, fol. 14v. STATUTA [GENERALKAPITEL], fol. 57v.

530 BIEL, Tractatus de communi vita, fol. 1v: *dicimus nos habere vel gerere ordinem apostolorum vel discipulorum Christi vel sancte primitive matris ecclesie [...].* Fol. 6v: *qui Deo irreprehensibiliter militare cupiunt et vitam apostolorum eorumque discipulorum volunt imitari.* Fol. 7v: *exemplis apostolorum obedire precipimus [...].* Fol. 11v: *vivere secundum regulam sub sanctis apostolis constitutam [...].* Fol. 14r: *iuxta apostolicam doctrinam [...].* Vgl. auch BIEL, Collatio de communi vita, fol. 229v und weitere Stellen.

schaftliche Vermögen bestimmt.[531] Nur im gemeinsamen Besitz wurde die geistliche Bedeutung der Arbeit deutlich. Bettel und Almosen lehnten die Brüder ab, denn – so Biel – eine Vergünstigung anzunehmen, hieße die Freiheit zu verkaufen.[532] Biel verwendete in seiner Argumentation auch mehrfach die grundlegende Schrift Augustins *De opere monachorum*, in der die oben erwähnten Zitate aus dem Paulusbrief im Mittelpunkt stehen und unter Berücksichtigung zahlreicher Parallelbezüge eingeordnet werden. Er erläuterte im Anschluß an Augustin, daß die Handarbeit der gemeinschaftlichen Liturgie, dem Psallieren und Beten, nicht übergeordnet werden dürften. Eine *vita communis perfecta* werde erst durch ein abgestimmtes Verhältnis von *opus Dei* und *opus manuum* möglich. Deshalb seien bei der Tageseinteilung gewisse Stunden für das Gebet, Lesung und Studium und andere für die Arbeit vorgesehen.[533] Die Arbeit selbst sollte, sofern es möglich war, von Psalmengesang und Gebeten begleitet werden, denn *geistliche Lieder lassen sich leicht bei der Arbeit singen, ja die Arbeit selbst kann man sozusagen mit einem himmlischen Ruderlied erleichtern. Was also hindert den Diener Gottes, mit seinen Händen zu arbeiten und doch Tag und Nacht über das Gesetz Gottes nachzudenken und den Namen des allerhöchsten Herrn zu loben?*[534]

Als wichtigste Form der Arbeit bewertete Biel die Tätigkeit des Schreibers, die von den heiligen Vätern und vielen Gelehrten nicht nur empfohlen, sondern auch selbst ausgeübt worden sei und zu den geistlichen Studien der Brüder am besten passe. Diese enge Verbindung von Lesen und Schreiben faßte er in folgendem Motto zusammen: *Vel scribere, quod legatur, vel legere, quod scribatur.*[535] Biel sah in der Herstellung von fehlerfreien Handschriften nicht nur einen Nutzen für die Brüder, sondern für die gesamte Kirche, wobei er sich ganz auf die Argumentation Jean Gersons und dessen Schrift *De laude scriptorum* stützte. Der Schreiber versorge die Nachwelt sozusagen mit dem Salz, der Quelle und dem Licht und schaffe so die Grundlage für diejenigen, die in der Kirche zur Predigt und zur Seelsorge berufen sind.[536] *Wie nämlich wird gepredigt werden, wenn nicht gelesen wird, und wie wird gelesen werden, wenn nicht geschrieben wird.*[537] Diesselbe Begründung wurde auch in den Statuten des Generalkapitels aufgegriffen, wo der Wert des Schreibens gerade deshalb gewürdigt wird, weil dadurch die Hände des Schreibers mit Arbeit,

---

[531] BIEL, Tractatus de communi vita, fol. 13^{v}. – Vgl. AUGUSTINUS, Regula, V,2. Ed. VERHEIJEN, S. 429: *[...] ut nullus sibi aliquid operetur, sed omnia opera vestra in commune fiant [...].* Vgl. auch BIEL, Collatio de communi vita, fol. 230^{v}.

[532] BIEL, Tractatus de communi vita, fol. 14^{r}.

[533] BIEL, Tractatus de communi vita, fol. 16$^{r/v}$. Vgl. AUGUSTINUS, De opere monachorum XVIII, 21. Rec. ZYCHA (CSEL 41), S. 567.

[534] BIEL, Tractatus de communi vita, fol. 17$^{r/v}$. Vgl. AUGUSTINUS, De opere monachorum XVII, 20. Rec. ZYCHA (CSEL 41), S. 564f.

[535] BIEL, Tractatus de communi vita, fol. 15^{r}. Vgl. WILHELM VON SAINT-THIERRY, Epistola ad fratres de Monte Dei 85. Ed. DÉCHANET, 210: *sicut ad aedificationem spiritualem meditari quod scribatur, vel scribere quod legatur.*

[536] BIEL, Tractatus de communi vita, fol. 15$^{r/v}$. Vgl. GERSON, De laude scriptorum. Ed. GLORIEUX IX, S. 424.

[537] BIEL, Tractatus de communi vita, fol. 15^{v}.

der Verstand aber mit dem Futter der göttlichen Weisheit, die Umwelt mit einer Vorratskammer an Gebeten und Lehren und die Kirche schließlich mit einem unvergleichlichen Schatz an heiligen Büchern versorgt würden.[538] Schreiben, Studium und Meditation waren innerhalb der Devotio moderna eng aufeinander bezogen. Die Schreibarbeit diente nicht nur der Produktion von Handschriften, sondern auch zur geistigen Vervollkommnung der Brüder. Das Anlegen von Exzerpten und Rapiarien bewirkte eine intensive Rezeption des Lektürestoffs und kam der persönlichen Meditation zugute.[539] Die daraus gezogenen Schlußfolgerungen und Vorsätze wurden ebenfalls schriftlich fixiert und konnten als Mittel der Gewissensprüfung und Selbstkontrolle immer wieder herangezogen werden. Aufgrund dieser vielfältigen Aspekte wurde das Schreiben als ideale Form des *labor manuum* eingestuft.[540]

Der Wechsel von Gottesdienst und Handarbeit, wie ihn Biel in seinen Schriften forderte, wurde auch in den Statuten umgesetzt. Nach den liturgischen Verpflichtungen, die sich besonders auf den Vormittag konzentrierten, war der Nachmittag bis zur Vesper, und danach die kurze Zeit bis zur Abendmahlzeit für die gemeinsame Arbeit vorgesehen. Die Laien und die vom Chordienst befreiten Brüder arbeiteten zusätzlich morgens in der Zeit von sieben bis neun Uhr.[541] Eine besondere Einteilung der zu erledigenden Arbeiten in der Weise, daß etwa die Laienbrüder eher im wirtschaftlichen Bereich des Hauses und die Kanoniker mit geistlichen Tätigkeiten beschäftigt waren, ist aus den Statuten nicht ersichtlich. Es wird auch nicht ausdrücklich festgelegt, daß die „weltlichen Ämter" innerhalb des Stifts ausschließlich mit Laienbrüdern besetzt werden sollten. Da jedoch die Ämter mit vornehmlich liturgisch-geistlichen Aufgaben allein aus Gründen der Qualifikation mit Kanonikern zu besetzen waren, darf man wohl davon ausgehen, daß die übrigen Ämter, die ihre Aufgaben vor allem im wirtschaftlichen Bereich des Stifts hatten, überwiegend mit Laienbrüdern besetzt wurden. Eine solche Trennung in „geistliche" und „weltliche" Ämter wird auf dem Einsiedel greifbarer, da durch die Stellung der beiden Oberhäupter, nämlich Propst und Meister, auch die Kompetenzbereiche strikter abgegrenzt wurden. Der Meister war hier für alle Laien und die wirtschaftlichen Aufgaben zuständig, während der Propst *ganntz regierung*

---

538 STATUTA [GENERALKAPITEL], fol. 58r: *Nullum tamen opus fratribus ita accomodum iudicamus, quemadmodum priscorum nostrorum more scribendis sacris codicibus operam impendere diligentem. Sic enim fiet et, ut manus scribentis laboris et mens divine sapientie pabulo et proximus orationum ac doctrinarum promptuario et ecclesia sacrorum voluminum thezauro incomparabili repleatur.*

539 Vgl. SCHUPPISSER, Fritz Oskar: Schauen mit den Augen des Herzens. Zur Methodik der spätmittelalterlichen Passionsmeditation, besonders in der Devotio Moderna und bei den Augustinern. In: HAUG, Walter – FACHINGER, Burkhard (Hgg.): Die Passion Christi in Literatur und Kunst des Spätmittelalters. Tübingen 1993. (Fortuna vitrea 12), S. 169–210.

540 Vgl. zu den vielfältigen Funktionsbereichen devoter Schriftlichkeit STAUBACH, Nikolaus: Pragmatische Schriftlichkeit im Bereich der Devotio Moderna. In: Frühmittelalterliche Studien 25, 1991, S. 418–461. MERTENS, Thom: Texte der modernen Devoten als Mittler zwischen kirchlicher und persönlicher Reform. In: Niederdeutsches Wort 34, 1994, S. 63–74.

541 STATUTA [GENERALKAPITEL], fol. 33v.

haben sollte *in der kirchen und in allen gaistlichen ámptern.*[542] Und hierzu zählten der Vizerektor, der Kantor, der Küster und der Bibliothekar. Alle Brüder sollten bei der Arbeit dem jeweiligen Aufsichtsführenden oder Amtsträger demütig gehorchen und zumindest einmal wöchentlich Rechenschaft über den Stand der Dinge geben.[543] Die Koordination und Beaufsichtigung der einzelnen Ämter oblag dem Prokurator.[544] Er konnte auch zu größeren Aufgaben alle Brüder heranziehen.[545] Eine Befreiung von der Arbeit war nur für die Seelsorger möglich.[546] Für den Einsiedel sind außer den Ämtern auch verschiedene Arbeiten aufgeführt, mit denen sich die Brüder beschäftigen sollten. Neben Beten, Lesen, Schreiben und dem Binden von Büchern sollten sie sich auch handwerklich betätigen und, je nach Geschick, an der Drehbank arbeiten, schnitzen, stricken oder im Garten arbeiten. Außerdem konnten sie Schnaps brennen und im Schönbuch auf die Jagd gehen, was in den oberdeutschen Statuten nicht erwähnt wird.[547] Auch darin zeigt sich, daß den Bedürfnissen der adligen und bürgerlichen Laienbrüder Rechnung getragen wurde. Bezeichnend ist auch, daß in den Statuten des Einsiedels das Kapitel über die Arbeit *Zú vermidung mússigends* überschrieben wird.[548] Damit fällt – zumindest für die Laienbrüder auf dem Einsiedel – das zweite Argument Biels für die Arbeit, nämlich die Sicherung des Lebensunterhalts, weg.

An dieser Stelle muß jedoch auf einen Bedeutungswandel im Bereich der Handarbeit hingewiesen werden. Aufgrund der wirtschaftlich ausreichenden Ausstattung der Stifte im Oberdeutschen Generalkapitel war nun die Handarbeit zumindest im Hinblick auf die Sicherung des Lebensunterhalts nicht mehr notwendig. Diesen Aspekt betonten dagegen noch die Herforder Statuten.[549] Die oberdeutschen Kanoniker übernahmen statt dessen neue Aufgaben im Bereich der Seelsorge, der Betreuung von Wallfahrten oder im Bildungswesen. Eine systematische Handschriftenproduktion, vor allem zum Zweck des Verkaufs, wurde innerhalb des Oberdeutschen Generalkapitel wohl nicht mehr betrieben. Dies wird auch in der unterschiedlichen Gewichtung in dem Traktat Gabriel Biels und in den Statuten deutlich. Während Gabriel Biel noch betonte, daß die Arbeit auch zur Sicherung des Lebensunterhalts notwendig sei, fehlen in den Statuten des Generalkapitels zwei Kapitel, und zwar *de scriptuario* und *de rubricatore.*[550] Beide Ämter hatten in den norddeutschen Brüderhäusern eine wichtige Bedeutung. Das Amt des *Scriptuarius* verdeutlicht besonders die gewerbliche Seite der Handschrif-

---

542 Statuten [Einsiedel], fol. 8^r^, 11^r^.

543 Statuta [Generalkapitel], fol. 58^r^.

544 Statuta [Generalkapitel], fol. 80^v^, 81^v^.

545 Statuta [Generalkapitel], fol. 81^r/v^.

546 Statuta [Generalkapitel], fol. 40^r^.

547 Statuten [Einsiedel], fol. 16^v^.

548 Statuten [Einsiedel], fol. 16^v^.

549 Consuetudines [Herford]. Ed. Stupperich, S. 67 (*De labore manuum*): *Opus eciam manuum reddit nos liberiores, ne sit nobis necesse inhiare pro donationibus aliorum.* Vgl. auch diesselbe Argumentation in den Consuetudines [Zwolle]. Ed. Schoengen, S. 244 (*De labore*).

550 Biel, Tractatus de communi vita, fol. 13^v^. – Consuetudines [Herford]. Ed. Stupperich, S. 75f.: *De scriptuario.* S. 86: *De rubricatore.* S. 86: *De ligatore.*

tenproduktion. Er wies die Brüder an, wie und was sie zu schreiben hatten, verteilte die Schreibwerkzeuge und führte die Kaufverhandlungen mit auswärtigen Auftraggebern. Dabei war festgelegt, daß beim Auftrag zunächst eine Anzahlung geleistet werden mußte, und daß die fertige Handschrift erst nach vollständiger Bezahlung ausgeliefert werden durfte.[551]

Wenn diese beiden Kapitel in der Hamburger Handschrift der oberdeutschen Statuten nicht zufällig fehlen, kann man daraus schließen, daß das gewerbliche Herstellen von Handschriften nicht mehr denselben Stellenwert einnahm. Daß aber die Kanoniker das Abschreiben von Büchern – nicht zum Verkauf (*pro pretio*), sondern für die eigene wissenschaftliche Arbeit (*pro domo*) – pflegten, wird nicht nur durch die zahlreichen Autographe Biels in der Butzbacher Bibliothek belegt.[552] In den oberdeutschen Statuten findet sich die Bestimmung, daß ein Bruder beim Umzug in eine andere Zelle nur die Vorlage und das Pergament, an dem er gerade beschäftigt ist, mitnehmen durfte.[553] In dem Kapitel über die Handarbeit wird nach wie vor darauf hingewiesen, daß die Schreibarbeit die geeignetste Tätigkeit für die Brüder sei[554]. Wenn Biel den Aspekt der Unterhaltssicherung noch unterstrich, ist das auch als Argument für eine frühe Abfassungszeit des Traktats um 1470 zu werten, als er die weitere Entwicklung der Devotio moderna, insbesondere in Württemberg, noch nicht absehen konnte. Es wäre aber falsch, einen Verfall der alten Ideale allein damit zu begründen, daß die Kanoniker ihren materiellen Unterhalt nicht mehr selbst erwirtschaften mußten, sondern die *vita communis* in wirtschaftlich gut dotierten Stiften zu verwirklichen suchten. Es ist nämlich offensichtlich, daß dabei die Stiftsverfassung dem Brüderideal angepaßt wurde, und nicht umgekehrt. Die Handarbeit, als Bestandteil einer *vita communis perfecta*, hat dabei ihren Stellenwert nicht eingebüßt.[555] Ein weiterer Schritt wird dagegen auf

---

551 Vgl. Statuta [Münstersche Union]. Ed. Doebner, S. 228f. Consuetudines [Herford]. Ed. Stupperich, S. 76: *Cum aliquis petierit sibi librum scribi, pro quo habet scriptorem, ostendat ei manum scriptoris et conveniat cum eo de quaternis ad certum precium [...]. Et quando vult concordare cum aliquo, advocet procuratorem vel discretum fratrem alium [...] et scribat cedulam concordancie [...].* – Vgl. auch Oeser, Wolfgang: Die Brüder des gemeinsamen Lebens in Münster als Bücherschreiber. In: Börsenblatt für den deutschen Buchhandel, Frankfurter Ausgabe 18 (Nr. 42a), 1962, S. 979–1079, hier S. 985f.

552 Vgl. zur Handschriftenproduktion und zur Buchwirtschaft innerhalb der Devotio Moderna: Staubach, Nikolaus: Der Codex als Ware. Wirtschaftliche Aspekte der Handschriftenproduktion im Bereich der Devotio Moderna. In: Meier, Christel – Hüpper, Dagmar – Keller, Hagen (Hgg.): Der Codex im Gebrauch. München 1996. (Münstersche Mittelalter-Schriften 70), S. 143–162. Kock, Thomas: Theorie und Praxis der Laienlektüre in der Devotio moderna. In: Kock, Thomas – Schlusemann, Rita (Hgg.): Laienlektüre und Buchmarkt im späten Mittelalter. Frankfurt am Main 1997. (Gesellschaft, Kultur und Schrift 5), S. 199–220.

553 Statuta [Generalkapitel], fol. 41^{v}/42^{r}.

554 Statuta [Generalkapitel], fol. 58^{r}: *Nullum tamen opus fratribus ita accomodum iudicamus, quemadmodum priscorum nostrorum more scribendis sacris codicibus operam impendere diligentem.*

555 Windeck, Anfänge, S. 64 sieht diesen Strukturwandel sehr kritisch: *Man könnte auch hier wieder auf die Tragik ihrer „Tarnung" hinweisen und als neues tragisches Moment hinzufügen, daß ihre Gönner, die sie um ihres vorbildlichen Lebens willen so schätzten, mit Schuld daran trugen, daß das echte Bruderleben verfälscht wurde und sich an das gewöhnliche Stiftsleben anglich.* Zuletzt hat Crusius,

dem Einsiedel vollzogen, der bei der Gründung in finanzieller Hinsicht bestens ausgestattet worden war. Hier wurden im Bereich der Ökonomie in größerem Umfang als bei den anderen oberdeutschen Stiften Knechte eingesetzt, so daß die Laienbrüder in erheblichem Maß entlastet wurden, und sich *zú vermidung mússigends* mit Dienern und Hunden der Jagd im Schönbuch widmen konnten.[556]

3.5.10 Die Bibliothek

Für die Aufsicht über die Bibliothek wurde vom Propst ein *librarius* eingesetzt, der dafür sorgen sollte, daß alle Bücher angemessen, sauber und in der richtigen Reihenfolge aufbewahrt und nicht entfremdet wurden.[557] Zur Bibliothek gehörten alle im Haus befindlichen Bücher, mit Ausnahme der liturgischen Handschriften, die unter der Aufsicht des Küsters standen.[558] Der Bibliothekar hatte über den Bücherbestand zwei Kataloge zu führen: ein Standortkatalog, aus dem der Wert und die Anzahl der in der Bibliothek vorhandenen Bücher ersichtlich war, und einen alphabetischen Katalog, in dem Titel und Autoren verzeichnet waren. Jedes Buch sollte mit einem Besitzvermerk *Liber capituli ecclesie sancte N. in N.* versehen sein.[559]

In den Statuten wird besonders auf eine sorgfältige Praxis bei der Ausleihe hingewiesen.[560] Innerhalb des Hauses konnten die Brüder zum Studium und zur Erbauung Bücher ausleihen, nachdem ihr Name und der Rückgabetermin im Ausleihverzeichnis eingetragen worden ist. Deutsche Bücher sollte der Bibliothekar nur dann zu Studien zur Verfügung stellen, wenn sie verständlich und fehlerfrei waren. Auch Besucher, die im Gästehaus untergebracht waren, konnten die Hausbibliothek benutzen.[561] Bücher auszuleihen, ohne den Bibliothekar in Kenntnis zu setzen, galt als schweres Vergehen.[562] Wenn Bücher außerhalb des Hauses verliehen wurden, sollte von weniger bekannten und unzuverlässigen Personen ein gleichwertiges Pfand eingefordert werden; bei bekannten Personen genügte die Unterschrift. Außer Haus durften die Bücher höchstens drei Monate verliehen werden.[563] Eine Sonderregelung war für die Ausleihe innerhalb des Generalkapi-

---

Gabriel Biel (1995), S. 321f. die kanonikale Lebensform im Sinne einer durchaus positiven Weiterentwicklung gewürdigt.

[556] STATUTEN [EINSIEDEL], fol. 6^{v}: *die fryhait geben, das die laybrůder mit erlóubung des maisters in dem vorgenannten zirckel mégen schwin, wolff, fúchs und hasen schiessen oder fachen, doch sóllen sie zú sölichem waidwerck nit úber zwen hund halten.* Vgl. auch fol. 16^{v}.

[557] STATUTA [GENERALKAPITEL], fol. 82^{v}.

[558] STATUTA [GENERALKAPITEL], fol. 78^{v}, 82^{v}.

[559] STATUTA [GENERALKAPITEL], fol. 82^{v}. Ähnliche Bestimmungen bei CONSUETUDINES [HERFORD]. Ed. STUPPERICH, S. 77f.: *De librario.* CONSUETUDINES [ZWOLLE]. Ed. SCHOENGEN, S. 252f.: *De liberario.*

[560] Zur Ausleihpraxis innerhalb der Devotio Moderna vgl.: STAUBACH, Der Codex als Ware, S. 154f.

[561] STATUTA [GENERALKAPITEL], fol. 92^{r}.

[562] STATUTA [GENERALKAPITEL], fol. 83^{r}.

[563] STATUTA [GENERALKAPITEL], fol. 83^{r}.

tels vorgesehen. Wenn ein Haus dringend Bücher benötigte, die in einem anderem entbehrlich waren, konnte auch eine längere Ausleihfrist vereinbart werden.[564]

Da die Brüder unter allen Formen der täglichen Handarbeit im Abschreiben von Handschriften die ihrer Lebensform angemessenste Tätigkeit sahen und diese Bücher nicht aus repräsentativen Gründen, sondern zum täglichen Gebrauch in Studium und Wissenschaft hergestellt wurden, darf man zumindest in den größeren Stiften von gut ausgestatteten Bibliotheken ausgehen.[565] Die heute noch nachweisbaren Bestände können diesen Sachverhalt jedoch nur noch rudimentär widerspiegeln, da die Bibliotheken im Zusammenhang mit den Stiftsaufhebungen und spätestens in der Reformationszeit zum großen Teil verstreut oder ganz vernichtet wurden. An dieser Stelle kann keine detaillierte Untersuchung der heute noch vorhandenen Bestände aus den ehemaligen Fraterhäusern erfolgen. Dennoch sollen einige wichtige Fakten zum Verbleib der einzelnen Bibliotheken angeführt werden.

Absolut unergiebig ist die Situation bei den meisten württembergischen Stiften, die außer dem Einsiedel 1517 aufgehoben wurden. Obwohl zu diesem Zeitpunkt vermutlich die meisten Bibliotheken noch am Ort geblieben sind, muß man spätestens seit der im Jahre 1534 eingeführten Reformation im Herzogtum Württemberg und der damit einhergehenden Säkularisation der Stiftsaustattungen auch von dem Verlust der Buchbestände ausgehen. Einige Restbestände aufgehobener Kloster- und Stiftsbibliotheken, die nicht in die Papiermühlen kamen oder makuliert wurden, gelangten im 16. Jahrhundert in die Bibliothek des Konsistoriums nach Stuttgart.[566] Diese für eine Bestandsübersicht unzureichende Situation wird außerdem noch durch die Tatsache verschärft, daß sich in den Archivbeständen der württembergischen Fraterhäuser keine Bibliothekskataloge erhalten haben. So liegen aus den Stiften Herrenberg[567], Dettingen[568], Tachenhausen[569] und Tübingen[570] weder Nachrichten über einzelne Handschriften noch Angaben über den Umfang der ehemaligen Bibliotheken vor. Der gleiche Befund ist für das erst 1560 aufgehobene Haus in Wolf[571] festzustellen. Bei der Auflösung des Hauses in Trier wurde 1569 ein Inventar erstellt, dem immerhin zu entnehmen ist, daß sich die Bibliothek aus 284 *großen und kleinen Büchern* zusammensetzte.[572]

Vom Einsiedel wissen wir nur, daß eine Bibliothek existierte und daß auch Bücher außerhalb des Hauses verliehen wurden. Aus einem Brief an Bürgermeister und Rat der Reichsstadt Esslingen vom 23. April 1498 geht hervor, daß der

---

564 STATUTA [GENERALKAPITEL], fol. $46^{v}/47^{r}$.

565 Vgl. STATUTA [GENERALKAPITEL], fol. 58^{r}: *Nullum tamen opus fratribus ita accomodum iudicamus, quemadmodum priscorum nostrorum more scribendis sacris codicibus operam impendere diligentem.*

566 Vgl. SCHREINER, Klaus: Württembergische Bibliotheksverluste im Dreißigjährigen Krieg. In: Archiv für Geschichte des Buchwesens 14, 1974, Sp. 655–1027, hier Sp. 664–669.

567 MONASTICON 2, S. 79.

568 MONASTICON 2, S. 52.

569 MONASTICON 2, S. 219.

570 MONASTICON 2, S. 228.

571 MONASTICON 2, S. 254.

572 MONASTICON 2, S. 224.

außereheliche Sohn Eberhards im Bart, Ludwig Wirtemberger[573] (seit 1494 von Greiffenstein) dem Stift Einsiedel testamentarisch einige Bücher verschrieben hatte, von denen einige der Berater Eberhards des Jüngeren, Dr. Konrad Holzinger[574] ausgeliehen und bei Esslinger Bürgern in Verwahrung gegeben hat.[575]

Die Bibliothek des Uracher Stiftes, soweit sie überhaupt noch vollständig war, wurde zusammen mit den Beständen der ehemaligen Kartause Güterstein 1564 auf Veranlassung Herzog Christophs dem herzoglichen Stipendium in Tübingen einverleibt. Die Bibliothek der Uracher Brüder ist wahrscheinlich schon nach der Stiftsauflösung im Jahre 1517 stark dezimiert und dann, in der Zeit nach 1534, vor allem mit reformatorischen Werken ausgestattet worden, die nicht im Zusammenhang mit den Brüdern standen. Aus dem alten Bestand sind heute in der Tübinger Stiftsbibliothek nur noch neun Bände mit dem ehemaligen Besitzvermerk *St. Amandus* nachzuweisen. Darunter befinden sich Werke von Hugo v. Sankt Viktor, Antoninus Florentinus, Bonaventura und Jean Gerson. Außerdem ist noch ein Sammelband über die Logik und das *Collectorium* Gabriel Biels erhalten.[576] Reste der Bibliothek in Marienthal wurden bei der Aufhebung des Hauses 1554 in die Kartause bei Mainz verbracht.[577]

Aus dem Stift in Königstein konnte bis vor kurzem nur eine Sammelhandschrift in der Nassauischen Landesbibliothek Wiesbaden ermittelt werden.[578] Weitere Teilbestände sind aber auch in der Stiftsbibliothek Aschaffenburg nachgewiesen: eine Sammelhandschrift mit aszetischen Traktaten, die den Besitzvermerk *Liber capituli S. Marie in konicksteyn* tragen. Darin befindet sich auch der von Biel mehrfach zitierte Traktat Johannes Gersons *De laude scriptorum ad Carthusienses,*[579] außerdem ein Sammelband über das geistliche Leben mit dem Traktat *De gradibus humilitatis et superbiae* von Bernhard von Clairvaux,[580] eine theologische Sammelhandschrift[581], eine Sammelhandschrift mit aszetischen Texten, darunter Johannes Gersons *Tractatus pro devotis simplicibus,*[582] und zwei weitere Handschriften mit pastoraltheologischen Traktaten.[583]

---

[573] Vgl. FISCHER, Joachim: Das Testament der Erzherzogin Mechthild von Österreich vom 1. Oktober 1481. In: MAURER, Eberhard und Mechthild, S. 111–163, hier S. 156–158.

[574] Vgl. STIEVERMANN, Dieter: Der Augustinermönch Dr. Conrad Holzinger. Kaplan, Rat und Kanzler des Grafen bzw. Herzogs Eberhard d. J. von Württemberg am Ende des 15. Jahrhunderts. In: ENGEL, Josef (Hg.): Mittel und Wege früher Verfassungspolitik. Stuttgart 1979. (Spätmittelalter und Frühe Neuzeit 9), S. 356–405.

[575] OHR, Wilhelm – KOBER, Erich: Württembergische Landtagsakten 1498–1515. Stuttgart 1913. (Württembergische Landtagsakten I/1), S. 64f., Anm. 1.

[576] Vgl. BRECHT, Martin: Die Entwicklung der Alten Bibliothek des Tübinger Stifts in ihrem theologie- und geistesgeschichtlichen Zusammenhang. Diss. Tübingen 1961. Auflistung der einzelnen Bücher S. 15, Anm. 44. Vgl. außerdem BRECHT, Martin: Die Entwicklung der Alten Bibliothek des Tübinger Stifts in ihrem theologie- und geistesgeschichtlichen Zusammenhang. In: Blätter für württembergische Kirchengeschichte 63, 1963, S. 3–103, bes. S. 10, 13f.

[577] MONASTICON 2, S. 172.

[578] MONASTICON 2, S. 123.

[579] Aschaffenburg, Stiftsbibliothek, Ms. Pap. 29.

[580] Aschaffenburg, Stiftsbibliothek, Ms. Pap. 34.

[581] Aschaffenburg, Stiftsbibliothek, Ms. Pap. 35.

Eine Vorstellung von Größe und Zusammensetzung einer Fraterherrenbibliothek erlaubt nun aber der fast vollständig erhaltene Bestand des Markusstifts in Butzbach. Die Bibliothek blieb auch nach der Reformation unter Verwaltung der evangelischen Kirchengemeinde und wurde 1771 auf Anordnung Landgraf Ludwigs IX. von Hessen der Universitätsbibliothek in Gießen einverleibt. Schon im Jahre 1601 war jedoch ein Inventar angefertigt worden, in dem insgesamt etwa 680 Bände (Handschriften und Drucke) aufgeführt sind.[584] Nach Abzug der in der Reformationszeit erworbenen Bände bilden heute 205 mittelalterliche Handschriften und 308 Inkunabeln einen geschlossenen, nur durch wenige Verluste dezimierten Bestand. Er besteht zum größten Teil aus Abschriften patristischer Texte, aus Sammelhandschriften zur Philosophie und Theologie des 10. bis 15. Jahrhunderts und daneben aus Predigten und Traktaten verschiedenster Bereiche. Wolfgang Bayerer charakterisiert den Bestand als *Studienbibliothek, mit der und an der sie* [die Brüder] *Tag für Tag arbeiteten.*[585] Besonders hervorzuheben ist die Tatsache, daß Gabriel Biel seine Bibliothek in diesen Bestand eingebracht und auch später zahlreiche Handschriften intensiv durchgearbeitet und mit Randbemerkungen versehen hat.[586]

Aus den einzelnen Bereichen sollen hier nur einige wichtige Vertreter hervorgehoben werden. Bei der Patristik ist im besonderen Maße Augustin hervorzuheben, der in zahlreichen Handschriften und Exzerptsammlungen überliefert wurde.[587] Dieser Befund unterstreicht einmal mehr die Hochachtung, die dem Kirchenvater von den Fraterherren erwiesen wurde. Sie sahen in ihm vor allem den Wiederbegründer der *primitiva ecclesia*, der vollkommenen Gemeinschaft Christi mit seinen Aposteln, und nahmen seine Grundsätze als Richtschnur ihrer eigenen Gemeinschaft.[588] Weitere Schwerpunkte der Butzbacher Bibliothek liegen im Bereich der Bibelkommentare und der Summenliteratur, die neben anderen auch durch eine Abschrift der *Summa theologica* des Thomas von Aquin vertreten ist.[589] Eine wichtige Gruppe bilden die Sentenzenkommentare und Sentenzensammlungen, u.a. von Petrus Lombardus und Wilhelm von Ockham, die Gabriel Biel auch für seine Arbeiten benutzt hat.[590] Juristische Textsammlungen und zahlreiche Legendentexte ergänzen den Bestand. Hervorzuheben ist abschließend eine umfangreiche Sammlung von Predigthandschriften, darunter auch die Predigten Biels als Autographen. Dies entspricht dem hohen Stellenwert der Predigt bei den Fraterherren, der auch in den oberdeutschen Statuten in mehreren Verweisen auf die *Regula*

---

582 Aschaffenburg, Stiftsbibliothek, Ms. Pap. 36.

583 Aschaffenburg, Stiftsbibliothek, Ms. Pap. 37 und Q 226.

584 StA Darmstadt, E 5, B 3, Nr. 184/4: *Inventarium der Bibliothek zu Butzbach im Kugelhaus iuxta seriem Alphabeti in gewisse Classes disponiret a Justo Camerario Ministro Ecclesie ibidem, Anno Domini 1601.*

585 Vgl. BAYERER, Libri Capituli, S. 59.

586 BAYERER, Libri Capituli, S. 65f.

587 BAYERER, Libri Capituli, S. 68.

588 BIEL, Tractatus de communi vita, fol. 9^r.

589 BAYERER, Libri Capituli, S. 76.

590 BAYERER, Libri Capituli, S. 77.

pastoralis Gregors des Großen deutlich wird. Eine Handschrift dieses Textes ist ebenfalls im Bestand enthalten.[591]

3.5.11 Schweigen und Reden

Die Brüder begründeten das immerwährende Schweigen mit einem zweifachen Nutzen. Auf der einen Seite bewahrte die Verpflichtung zum Schweigen vor der Sünde und zwang zur Unterscheidung zwischen überflüssigen und nützlichen Gesprächen. In diesem Zusammenhang werden mehrere Bibelzitate angeführt, die hauptsächlich vor langen und unnützen Gesprächen warnen, da sie meistens mit Sünde verbunden seien.[592] Auf der anderen Seite wird das Schweigen unter Bezugnahme auf die „Väter", und hier besonders auf Hieronymus, als *höchste Quelle der heiligen Betrachtung* gewürdigt.[593] Dies ist vor allem in der Hinsicht zu verstehen, daß den Kanonikern dadurch auch außerhalb liturgischer Verpflichtungen eine innere Konzentration auf das *opus Dei* und das persönliche geistliche Studium ermöglicht wurde.

In den Statuten werden Orte und Zeiten des Schweigens ausführlich geregelt. Ein generelles und strenges Sprechverbot galt in der Kirche, wo neben der Liturgie nur dann eine leises und kurzes Murmeln erlaubt war, wenn sich die Brüder über eine Sache, die das Offizium betraf, verständigen mußten. Schändlich sei es nämlich im Haus des Gebetes etwas anderes zu tun als das, wozu es eingerichtet ist, und woher es seinen Namen hat.[594] Innerhalb des Konvents herrschte während dreier Zeitabschnitte absolutes Schweigen: von sieben Uhr abends bis zum nächsten Morgen nach der Frühmesse, vom Essenszeichen bis zum Beginn der Arbeit und vom Beginn des Abendessens bis zum Ende der Komplet.[595] Zu den anderen Zeiten war den Brüdern das Sprechen zwar erlaubt, aber sie sollten dabei alle unnützen, verleumderischen und unzüchtigen Gespräche vermeiden. Vielmehr sollten sie in demütiger Einfachheit über erbauliche und geistliche Themen sprechen und dabei nach dem Gebot Christi jeden Überfluß und das Schwören vermeiden.[596] Mit Fremden oder Gästen zu sprechen, war nur dem Propst, dem

---

[591] BAYERER, Libri Capituli, S. 84.

[592] Prv 10,19; Mt 5,7; Mt 12,36; Iac 1,26.

[593] STATUTA [GENERALKAPITEL], fol. 56^{v}.

[594] STATUTA [GENERALKAPITEL], fol. 56^{v}. STATUTEN [EINSIEDEL], fol. 14^{v}: *man soll ouch zú allen zytten schwigen in der kirchen, es wár dann ettwas, das nottúrfftig wér zú dem dienst Gottes.* – Vgl. AUGUSTINUS, Regula II,2. Ed. VERHEIJEN, S. 420: *In oratorio nemo aliquid agat, nisi ad quod factum est, unde et nomen accepit.*

[595] STATUTA [GENERALKAPITEL], fol. 56^{v}. STATUTEN [EINSIEDEL], fol. 14^{v}: *Item von der complet und salve biß morgens die frúmeß geschehen ist, ouch von dem zaichen zú tisch, biß das gratias gelesen wurdet, morgens und aubentz sol niemands reden, es wer dann not. Zú anndern zytten und stetten ist erloubt, nutzlich zú reden.*

[596] STATUTA [GENERALKAPITEL], fol. 57^{r}: *Vitetur superfluitas et ante omnia proverbia secularia, ludicra et capiosa et exasperancia vel irritencia aut quomodolibet offendencia caveantur. Sit sermo noster „Est, est; non, non", quoniam quod amplius est a malo est neque peccatum in multiloquio deesse potest.* STATUTEN [EINSIEDEL], fol. 14^{v}: *Item es sollen sich alle brúder vlysglichen hútten vor unnútzen worten, und allem schwern. Ir reden soll sin schlecht „Ja, ja; nain, nain".* – Vgl. Mt 5,37.

Gastmeister und dem Prokurator erlaubt.[597] Auch den Amtsträgern, in besonderem Maße dem Prokurator, waren Gespräche erlaubt, soweit sie zur Erledigung der Geschäfte notwendig waren.[598]

Ähnliche und zum Teil gleichlautende Bestimmungen, wie beispielsweise das Schweigegebot zu bestimmten Zeiten und das Vermeiden von unnützen, verletzenden oder belustigenden Gesprächen, werden auch in dem kürzer gefaßten Kapitel der Herforder Statuten genannt.[599] Auch hier fällt im Gegensatz zu den oberdeutschen Statuten auf, daß es sich vielmehr um Gebote handelte, deren Befolgung sich die Brüder „vorgenommen" hatten. Die Zeiten des Schweigens sind eher als Mäßigung der Gespräche und nicht als ein striktes Sprechverbot charakterisiert.[600] Eine Aufzählung etwaiger Verstöße und entsprechender Strafbestimmungen unterblieb in den Herforder Consuetudines völlig.[601] In der Striktheit der Bestimmungen orientierten sich die oberdeutschen Kanoniker vielmehr an dem Vorbild der Windesheimer.[602] Das Schweigen hatte hier nämlich nicht nur eine zeitliche Dimension, sondern auch eine räumliche, indem es den Brüdern verboten war, mit auswärtigen Personen zu sprechen.[603]

3.5.12 Essen und Fasten

Bei allen Mahlzeiten der Brüder sollte nach den Statuten jeglicher Überfluß vermieden werden, damit nicht durch die Freßsucht die Sünde gefördert, die Keuschheit und damit auch der geistliche Scharfsinn bedroht werde.[604]

Außerhalb der Fastenzeit nahmen die Brüder täglich zwei Mahlzeiten zu sich, das *prandium* am späten Vormittag und die *cena* am Abend. Beide Gerichte sollten zwar Fleisch enthalten, aber dabei so einfach zubereitet werden, daß sie nicht zu ungezügeltem Appetit führten, jede Zurückhaltung beseitigten und damit zur Sünde verführten.[605] Beim Fasten orientierten sich die Brüder an den üblichen kirch-

---

[597] Statuta [Generalkapitel], fol. 56^{v}.

[598] Statuta [Generalkapitel], fol. 57^{r}, 82^{r}.

[599] Consuetudines [Herford]. Ed. Stupperich, S. 62 (*De silencio et locutione*): *[...] ab inutilibus et ociosis sermonibus et maxime a rumoribus saeculi [...] semper nos servare. [...] cavebit a duris verbis, scurrilibus et iocosis [...].*

[600] Consuetudines [Herford]. Ed. Stupperich, S. 62: *Ceterum aliquibus temporibus et locis eciam ab utilibus sermonibus temperare nos proposuimus.* Vgl. dagegen Statuta [Generalkapitel], fol. 56^{v}: *[...] silencium cautissime observetur [...].*

[601] Vgl. Statuta [Generalkapitel], fol. 57^{v}: *Quod si rector quempiam ex fratribus ea in fratrem culpabilem viderit aut scierit, iniungere debet fratri illi abstinenciam vini unius prandii.*

[602] Vgl. beispielsweise Statuta capituli Windesemensis, fol. G_3^{v}: *si qui in his temporibus locutiones multiplicaverint aut protraxerint vel otiose et inquiete circuierint, culpam dicant in capitulo aut accusentur. Prior etiam, sie viderit, corripiat eos.*

[603] Statuta [Generalkapitel], fol. 56^{v}: *extraneis tamen personis et hospitibus sine licencia patris nemo [...] loqui presumat.* Vgl. Statuta capituli Windesemensis, fol. G_4^{r}: *Non conceditur alicui extraneo vel hospiti communis facultas loquendi cum fratribus, nec etiam alicui fratri communis potestas loquendi cum hospitibus, nisi per capitulum generale.*

[604] Statuta [Generalkapitel], fol. 50^{r}.

[605] Statuta [Generalkapitel], fol. 50^{r}.

lichen Bestimmungen. Gefastet werden mußte wöchentlich am Mittwoch, Freitag und Samstag, in der vierzigtägigen Zeit vor Ostern und in der Adventszeit. Die Brüder übten dabei ein Enthaltungsfasten (*ieiunium semiplenum*), das in der Meidung von Fleisch bestand. Darüber hinaus differenzierten die Brüder in Tage mit einer oder zwei Mahlzeiten. So waren mittwochs und samstags zwei Mahlzeiten, freitags nur eine erlaubt. Das Freitagsfasten konnte aus zwingenden Gründen, z.B. bei schwerer körperlicher Arbeit, dadurch etwas gelockert werden, daß den Betreffenden abends ein kleiner Imbiß (*collatio*) mit Brot, Käse oder Gemüse erlaubt war, der jedoch nicht sättigend sein durfte.[606] In der Adventszeit und der Fastenzeit wurde generell auf Fleisch verzichtet, wobei im Advent montags, mittwochs und freitags nur eine Mahlzeit gestattet war. In der Fastenzeit gab es sonntags zwei Mahlzeiten. Am Karfreitag war nur eine warme Brühe mit einem Brot aus Feigen und Nüssen vorgesehen.[607] Das Fasten mußte von allen Brüdern streng eingehalten werden, lediglich für gebrechliche Alte, Kranke und die Seelsorger, die zu predigen hatten, konnten die Bestimmungen etwas gelockert werden.[608] Außerhalb dieser Mahlzeiten durfte kein Bruder essen oder trinken, weder innerhalb noch außerhalb des Hauses. Deshalb war auch jedem Bruder mit Ausnahme von Küchenmeister, Prokurator und Propst der Zutritt zur Vorratskammer strengstens verboten.[609]

Auch die Tischordnung und der Ablauf der Mahlzeiten sind in den Statuten detailliert festgelegt. Zwei Kleriker mußten den Tisch decken, der Kellermeister war für das Auftragen von Brot, Wein oder Bier zuständig.[610] Für das Servieren während der Mahlzeit war jeweils wöchentlich abwechselnd ein Kleriker als Tischdiener eingeteilt. Er hatte darauf zu achten, daß keinem Bruder etwas fehlte, aber auch darauf, daß das Schweigen während des Essens eingehalten wurde.[611] Die Brüder selbst sollten weder zu schnell noch zu viel essen, so daß der Bauch trotz Lockerung des Gürtels nicht zum Platzen voll sei.[612]

Während der Mahlzeit fand eine Tischlesung statt, damit nicht nur der Körper, sondern auch die Seele genährt werde. Die Statuten zeigen in der Begründung Bezüge zu Augustin, nicht mit einem Zitat aus der Regel, sondern aus dem Regelkommentar Hugos von St. Viktor. Da nämlich die Seele vornehmer sei als der Körper, müsse auch sie entsprechend gesättigt werden.[613] Die Lesung bestand aus

---

606 STATUTA [GENERALKAPITEL], fol. 50r. STATUTEN [EINSIEDEL], fol. 15r: *Des aubentz zú collation ain klains stucklin von lepkúchen, ain nuß oder gebratten búren oder óppfel.*

607 STATUTA [GENERALKAPITEL], fol. 50r/50v. Vgl. auch die entsprechenden Bestimmungen bei STATUTEN [EINSIEDEL], fol. 14v/15r.

608 STATUTA [GENERALKAPITEL], fol. 51r.

609 STATUTA [GENERALKAPITEL], fol. 51v, 93r.

610 STATUTA [GENERALKAPITEL], fol. 54r, 93r.

611 STATUTA [GENERALKAPITEL], fol. 54r.

612 STATUTA [GENERALKAPITEL], fol. 52r/v.

613 STATUTA [GENERALKAPITEL], fol. 53r. STATUTEN [EINSIEDEL], fol. 15r: *und dann sol der leser anheben zú lesen bis zú dem end des essens.* STATUTEN [EINSIEDEL], fol. 15v: *Man sol och mit stillhait und danckbarkait die spiß nemen und flyßlich uff die letzen* [Lesung] *mercken, uff das so der lib gespiset wurdet, das die sele nit láre und hungerig plibe.* – Vgl. HUGO DE S. VICTORE, Expositio in regulam beati Augustini 4. PL 176, Sp. 894

einem Abschnitt aus der Bibel, aus theologischen Werken oder aus Heiligenlegenden, wie es der Bibliothekar eingeteilt hatte.[614] Auf dem Einsiedel erfolgte die Lesung in deutscher Sprache.[615] Zum Dienst des Lektors waren alle Kleriker mit Ausnahme des Propstes in wöchentlicher Reihenfolge verpflichtet. Sie sollten sich mit dem entsprechenden Text vorher vertraut machen, um ihn fehlerfrei und gut verständlich vorlesen zu können.[616] Die Lesung unterblieb nur in besonderen Fällen, beispielsweise wenn ein Gast als Zeichen einer besonderen Ehre zur gemeinsamen Mahlzeit im Refektorium geladen wurde. In diesem Fall durften sich die Brüder auch unterhalten, allerdings nicht über weltliche Dinge, sondern vielmehr über Fragen, die sich aus der geistlichen Lektüre ergaben.[617]

In den Statuten des Einsiedels ist auch die ständisch gegliederte Sitzordnung im Refektorium näher beschrieben. Insgesamt waren drei Tische in Form eines offenen Rechtecks aufgestellt, wobei der lange Tisch am Fenster für die Kanoniker, der gegenüberliegende für die Bürger und der dritte an der Stirnseite für die Adligen vorgesehen war. Dabei hatte der Propst seinen Platz am oberen Ende der „geistlichen Mensa" und der Meister an der Fensterseite des Adelstisches, so daß beide übereck nebeneinander zu sitzen kamen.[618] Das Essen wurde von Keller und Bäkker aufgetragen und anschließend von Knechten serviert.[619] Bezüglich der Menge oder der Gerichte sollte ausdrücklich kein Unterschied zwischen Kanonikern und Laien gemacht werden. Mit Erlaubnis des Meisters konnte jedoch ein Bruder auf eigene Kosten den Konvent zu einem Zusatzgericht (*pitantz*) einladen.[620]

Ein Vergleich mit den Statuten der Brüderhäuser in Zwolle und Herford zeigt gleiche Regelungen bezüglich des Essens und Fastens.[621] Während der Mahlzeiten und der Tischlesung wurde auch hier das Schweigegebot eingehalten. Die Anzahl und die Zeiten der Mahlzeiten, wie auch das Fasten stimmen weitgehend mit der Praxis innerhalb der Devotio moderna überein. Obwohl insgesamt die oberdeutschen Statuten sehr viel ausführlicher gestaltet sind, fehlen nähere Angaben zur Art der Speisen. Nicht so in den Herforder Statuten, aus denen man beispielsweise erfährt, daß außerhalb der Fastenzeit gesottenes Fleisch, Speck, Gemüse und Käse gegessen wurden. Für die Zeit des Fastens, in den Statuten als *dies lacticiniorum* bezeichnet, werden Gemüße, Fische, Eier und Käse aufgeführt.[622]

---

[614] Statuta [Generalkapitel], fol. 53^{r}.

[615] Statuten [Einsiedel], fol. 15$^{r/v}$: *und soll lesen lut und verstentlich tutsche bůcher dartzů geordnet, uß der bibel die hailigen ewangelien, von dem leben der hailigen [...].*

[616] Statuta [Generalkapitel], fol. 53$^{r/v}$.

[617] Statuta [Generalkapitel], fol. 53^{v}/54^{r}.

[618] Statuten [Einsiedel], fol. 14^{v}.

[619] Statuten [Einsiedel], fol. 15^{v}.

[620] Statuten [Einsiedel], fol. 13^{v}. – Zur *pitantia* vgl. Zimmermann, Gerd: Ordensleben und Lebensstandard. Die Cura Corporis in den Ordensvorschriften des abendländischen Hochmittelalters. Münster 1973. (Beiträge zur Geschichte des alten Mönchtums und des Benediktinerordens 32), hier S. 45ff.

[621] Vgl. Consuetudines [Herford]. Ed. Stupperich, S. 68f. Consuetudines [Zwolle]. Ed. Schoengen, S. 245.

[622] Vgl. Consuetudines [Herford]. Ed. Stupperich, S. 68f.

Auch im Stift Einsiedel werden ähnliche Speisen genannt. Zum *prandium* wurden gewöhnlich Gemüse, gesottenes Fleisch und Käse, zur abendlichen *cena* Gemüse, kaltes oder warmes Fleisch in einer Brühe sowie Käse und Früchte aufgetragen. In der Fastenzeit bestanden die Mahlzeiten aus Suppe, Gemüse, Eiern und Fischen.[623] Ähnliche Gerichte wurden wohl auch in den Stiften des Generalkapitels gereicht. Die eben geschilderte Praxis entsprach durchaus den üblichen Gepflogenheiten monastischer Gemeinschaften. In der Regel waren täglich zwei Mahlzeiten (*prandium* und *cena*) mit jeweils zwei oder drei Gerichten üblich; jede Mahlzeit bestand höchstens aus zwei gekochten Speisen und einem dritten Gang mit Obst oder Gemüse. Unterschiede ergeben sich beim Fleischverzehr, der von strengeren Orden ganz abgelehnt wurde.[624]

3.5.13 Schlaf und Ruhe

Innerhalb des Konvents boten die einzelnen Zellen, die sich im Bereich des Dormitoriums befanden, eine gewisse Privatsphäre für die Brüder. Hierhin zogen sich die Brüder nach dem Offizium, der Arbeit und den Mahlzeiten immer wieder zur persönlichen Sammlung, zur Meditation und zum Studium zurück.[625] Es waren sogar Schlösser für die Zellen zugelassen.[626] Dennoch wird in den Statuten deutlich, daß die Zellen mehr ein Refugium als ein Aufbewahrungsort für persönliche Dinge sein sollten. Der Propst hatte nämlich mit einem Schlüssel jederzeit Zugang und sollte auch in regelmäßigen Abständen die Zellen visitieren, damit sich nicht das Laster der *proprietas* einschlich. Er hatte zu entscheiden, welche Gegenstände überhaupt in der Zelle aufbewahrt werden durften, und konnte jederzeit einen Umzug in eine andere Zelle anordnen. Dabei durften die Brüder Gegenstände nur nach Einwilligung des Propstes mitnehmen.[627] Auf dem Einsiedel lagen die Zellen in verschiedenen, nach Ständen abgeteilten Dormitorien.[628]

Für die Nachtruhe der Brüder waren sieben Stunden vorgesehen, in der Regel von acht Uhr abends bis zur Matutin um drei Uhr früh. In diesem Zeitraum war das Dormitorium verschlossen. Außerdem konnten die Brüder bei Bedarf nach dem Mittagessen eine Stunde schlafen.[629] Nach dem Zeichen zur Nachtruhe sollten sich alle in die Zellen begeben und, mit Hemd und Hose bekleidet, zu Bett gehen. Diese Bestimmung war aus Gründen der *castitas* wichtig, da nackte Körperteile nicht berührt werden durften.[630] Sogar die Schlafhaltung war genau vorgeschrieben, denn die Brüder sollten ihre Arme vor der Brust verschränken und

623 STATUTEN [EINSIEDEL], fol. 14r/15r.
624 ZIMMERMANN, Ordensleben und Lebensstandard, S. 38ff., 45ff.
625 STATUTA [GENERALKAPITEL], fol. 33r, 33v, 37r, 41r, 56r, 75r.
626 STATUTA [GENERALKAPITEL], fol. 41r.
627 STATUTA [GENERALKAPITEL], fol. 41r, 41v, 42r, 73v.
628 STATUTEN [EINSIEDEL], fol. 8v, 13r, 14r, 16v.
629 Vgl. ZIMMERMANN, Ordensleben und Lebensstandard, S. 134–139.
630 Vgl. ZIMMERMANN, Ordensleben und Lebensstandard, S. 141.

mit ausgestreckten Beinen auf der Seite liegen.[631] Die Laienbrüder auf dem Einsiedel konnten im Sommer bis fünf Uhr und im Winter bis sechs Uhr schlafen.[632]

Wenn die Brüder in ihren Zellen etwas arbeiten wollten, sollte dies in absoluter Stille geschehen, damit die anderen nicht gestört wurden.[633] Da sowohl der Prokurator als auch der Priester für die Ortsgemeinde außerhalb der Schließungszeiten erreichbar sein sollten, lagen ihre Zellen außerhalb des Dormitoriums.[634]

3.5.14 Kleidung

Aufgrund der einheitlichen Kleidung, die von vielen Außenstehenden als Ordenshabit wahrgenommen wurde, mußten sich die Brüder oft des Vorwurfs erwehren, verbotenerweise einen neuen Orden gegründet zu haben. Diese Anschuldigung griff auch Gabriel Biel in seinem Traktat über das gemeinsame Leben auf, um sie in einem längeren Abschnitt auszuräumen.[635] Er stellte dabei klar, daß die Brüder weder aufgrund ihrer Kleidung noch aufgrund ihrer Titulatur einen Orden gründen, sondern lediglich die *Reinheit des geistlichen Lebens durch einen ehrenwerten Lebenswandel bewahren* wollten.[636] Die Brüder würden deshalb den Begriff „Habit" nicht im Sinne einer Ordenstracht oder gar in übertragener Bedeutung als Orden verstehen und verwenden, sondern schlicht als Bezeichnung für ihre Kleidung. Außerdem würden auch monastische Besonderheiten hinsichtlich der Kleidung durchaus vermieden, da die Novizen nicht mit einem geweihten Habit eingekleidet und darüber hinaus auch gewisse Merkmale eines Ordensgewandes, wie z.B. die Kukulle und das Skapulier, in der Tracht der Brüder nicht verwendet würden.[637]

Das Hauptanliegen der Brüder bestand für Biel vor allem darin, in Form, Farbe und Wert auf einfache, unbedeutende und schmucklose Kleidung Wert zu legen und damit gleichsam als *Nachahmer väterlicher Traditionen* der Würde des geistlichen Standes Rechnung zu tragen.[638] Als Autorität führte Biel auch in dieser Frage den heiligen Augustin an.[639] Beide Standpunkte Gabriel Biels, daß dieser Habit keinen

---

[631] STATUTA [GENERALKAPITEL], fol. 56^{r}. – Vgl. dieselben Bestimmungen in den CONSUETUDINES [HERFORD]. Ed. STUPPERICH, S. 70: *Hora autem octava solemus omnes ire dormitum facto ad hoc signo, induti tunica vel camisia et femorali, honeste et caste manibus et brachiis per modum crucis ante pectus plicatis cruribusque extensis, orando vel ruminando aliquid boni donec obdormiamus.*

[632] STATUTEN [EINSIEDEL], fol. 16^{v}.

[633] STATUTA [GENERALKAPITEL], fol. 56^{r}.

[634] STATUTA [GENERALKAPITEL], fol. 56^{v}.

[635] BIEL, Tractatus de communi vita, fol. 19^{r}–20^{v}.

[636] BIEL, Tractatus de communi vita, fol. 20^{r}.

[637] BIEL, Tractatus de communi vita, fol. 20^{r}.

[638] BIEL, Tractatus de communi vita, fol. 19^{r}. STATUTA [GENERALKAPITEL], fol. 83^{v}. Vgl. CONSUETUDINES [HERFORD]. Ed. STUPPERICH, S. 78: *ne vestitus noster sit notabilis in longitudine, brevitate, colore, precio, strictitudine et latitudine.*

[639] BIEL, Tractatus de communi vita, fol. 20^{r}. Vgl. AUGUSTINUS, Regula IV,1. Ed. VERHEIJEN, S. 423: *Habitus vester non sit notabilis.*

Orden bezeichnete, sondern vielmehr dem Weltklerus angemessen war, wurden auch von bischöflicher und päpstlicher Seite urkundlich bestätigt.[640]

Der Habit der Brüder bestand aus einem Ober- und Unterkleid (*tunica superior et inferior*), das von den Priestern bis zu den Knöcheln und von den übrigen Klerikern etwas kürzer getragen wurde. Bei den Laienbrüdern sollte sie über die Mitte des Schienbeins nicht hinausgehen.[641] In der Breite durften die Tuniken insgesamt sieben Ellen, also ca. 2,50 m nicht überschreiten. Darüber wurde ein Mantel (*mantellum, toga*) getragen, der mit Öffnungen für die Arme versehen war und in der Länge mindestens eine Handfläche kürzer war, so daß die Tuniken nicht vollständig bedeckt waren. Graduierte Brüder konnten die Toga jedoch entsprechend dem universitären Brauch auch etwas länger tragen. Toga und Tunika wurden aus schwarzem und grauem Leinen hergestellt, wobei streng darauf geachtet werden sollte, daß der Habit nicht zu luxuriös oder auffallend erschien. Da die Demut der Brüder auch in der Kleidung zum Ausdruck gebracht werden sollte, durfte der Preis einer Elle Tuch für die Toga einen halben rheinischen Gulden, für die Tunika ein Drittel der gleichen Währung nicht überschreiten.[642] Die Toga war mit einer doppelten Kapuze für den Winter und einer einfachen für den Sommer versehen.[643] Darin sah Gabriel Biel *nichts Gefährliches und Sündiges, sondern viel Nützliches.* Damit werde lediglich der Kälte vorgebeugt, und außerdem werde der Demut und einer altbewährten Gewohnheit Rechnung getragen.[644] Die Farbe der Tunika und der Toga sollte zwischen schwarz und grau differieren.[645] Diesen Grundsatz pflegten auch schon die Brüder in Holland und innerhalb des Münsterschen Kolloquiums, um nicht den Eindruck eines einheitlichen Ordenshabits zu erwecken.[646] Als Kopfbedeckung diente eine schwarze Mütze für Kleriker und ein schwarzes *Almutium*, eine kragenartig nach unten verlängerte Kopfbedeckung der Kanoniker beim Chorgebet, die aus Schafspelz bestand. Dazu wurde ein Birett getragen, eine weiche halbkugelförmige Mütze.[647] Für liturgische

---

[640] StA Darmstadt, A 3, Nr. 61/129: Bischof Philipp von Konstanz für das Stift Butzbach (2.11.1468). StA Darmstadt, A 3, Nr. 61/164: Papst Sixtus IV. für das Stift Butzbach (29.11. 1474): *[...] quod huiusmodi modus vivendi et ipsius habitus delatio clericis secularibus [...] conveniat auctoritate predicta declarantes tibi fili preposite et canonicis dicte ecclesie, quod etiam habitu huiusmodi libere et licite uti possitis eadem auctoritate tenore presentium indulgemus [...].*

[641] STATUTA [GENERALKAPITEL], fol. 83^{v}. Vgl. CONSUETUDINES [HERFORD]. Ed. STUPPERICH, S. 78: *Tunica eciam sacerdotum erit longa usque ad talos, tunica clericorum erit brevior una bona palma, tunica vero familiarium et laicorum adhuc brevior.* CONSUETUDINES [ZWOLLE]. Ed. SCHOENGEN, S. 256.

[642] STATUTA [GENERALKAPITEL], fol. 83^{v}, 84^{r}.

[643] STATUTA [GENERALKAPITEL], fol. 84^{r}. Vgl. CONSUETUDINES [HERFORD]. Ed. STUPPERICH, S. 79: *In hieme fratres utantur duplicibus capuciis et longis caligis, in estate vero simplicibus et brevibus [...].*

[644] BIEL, Tractatus de communi vita, fol. 20^{v}.

[645] STATUTA [GENERALKAPITEL], fol. 83^{v}.

[646] CONSUETUDINES [ZWOLLE]. Ed. SCHOENGEN, S. 256: *vitamus omnes deferre uniformem colorem, ne aliquis possit nobis de uniformitate habitus calumniari.* Vgl. auch CONSUETUDINES [HERFORD]. Ed. STUPPERICH, S. 78f.

[647] STATUTA [GENERALKAPITEL], fol. 83^{v}. – Die Hauptbestandteile der Kleidung wurden ebenfalls urkundlich bestätigt. StA Darmstadt, A 3, Nr. 61/129: Bischof Philipp von Konstanz für das Stift Butzbach (2.11.1468): *[...] habitu simplici incedentes, tunica talari scilicet et mantello*

Anlässe waren als Untergewand die Albe (*camisia, alba*) und das Superpelliceum, eine bis etwa zu den Knien reichende Tunika aus weißem Leinen vorgesehen.[648] Das Schuhwerk bestand je nach Jahreszeit aus Sandalen, einfachen Schuhen und höheren Stiefeln. Aus den Angaben in den Herforder Statuten wird deutlich, daß die oberdeutschen Kanoniker die alte Tracht der Brüder beibehalten haben. Sowohl die Farbe als auch die Länge von Tunika und Toga stimmten völlig überein. Ein Unterschied ergab sich nur in kanonikerspezifischen Kleidungsstücken, wie beispielsweise im *Almutium*, das in Herford nicht erwähnt ist.[649]

Während die Kanoniker im Petersstift mit der eben geschilderten Kleidung ausgestattet waren, bestand die Tracht der Laienbrüder aus einer Hose, einer Tunika, die bis zu den Füßen reichte, einer Mütze und einem Mantel, wobei alle Kleidungsstücke in blauer Farbe gehalten waren. Auf der linken Brustseite des Mantels trugen sie als besonderes Zeichen des heiligen Petrus zwei gekreuzte Schlüssel und eine darüber liegende Papstkrone.[650] Die Laienbrüder konnten sich auf eigene Kosten bequemere Kleidung herstellen lassen, wobei jedoch Form und Farbe übereinstimmen mußten, und jede *hoffart* oder *úppikait* vermieden werden sollte.[651] Der Mantel mußte auf jeden Fall in der Kirche und außerhalb des Stifts getragen werden. Auch die blaue Tunika sollten die Brüder nur ablegen, wenn sie etwa bei der Arbeit hinderlich war.[652]

Für die ordentliche Aufbewahrung und rechtzeitige Instandsetzung aller Textilien war der Kleidermeister (*vestiarius*)[653] verantwortlich, der bei Bedarf auch von einem Flickschneider unterstützt werden sollte. Der *Vestiarius* hatte den Brüdern entsprechend den Anweisungen des Propstes neue Kleider auszugeben und die abgetragenen wieder zurücknehmen.[654] Die Brüder aber sollten die Kleidung *dankbar annehmen*, entsprechend pflegen und nichts Überflüssiges oder Ausgesuchtes verlangen. Nur wenn die Kleidung nicht passen sollte, und damit für den Bruder eine *offensichtliche Plage* verbunden war, sollte das entsprechende Stück ausgetauscht werden.[655] Einmal monatlich, an einem sonnigen Tag, war in den Häusern

---

desuper eiusdem vel paulo brevioris longitudinis, grisei aut nigri coloris, ac caputio similis coloris ad collum tracto et quandoque pilleos deferentes. StA Darmstadt, A 3, Nr. 61/164: Papst Sixtus IV. für das Stift Butzbach (29.11.1474): *[...] tunica talari nigri aut grisei coloris mediocris precii et mantello equalis vel paulo brevioris longitudinis coloris et precii similium cum capucio in collo [...] et aliquando pileis prout tempori et loco congruit [...].*

648 STATUTA [GENERALKAPITEL], fol. 84ʳ.

649 Vgl. CONSUETUDINES [HERFORD]. Ed. STUPPERICH, S. 78f.: *De vestiario.*

650 STATUTEN [EINSIEDEL], fol. 16ᵛ. Vgl. auch fol. 5ᵛ, 10ʳ, 10ᵛ. Vgl. auch die päpstliche Bestimmung fol. 3ʳ: *quod tales fratres seu conversi laici in signum devotionis [...] deferant in sinistro supremi eorum habitus seu vestimenti latere insignia sancte Romane ecclesie videlicet claves transversales cum corona sive infula papali supraposita.* Die bei SCHIEK, Einsiedel, S. 75 abgebildete Zeichnung aus dem späten 16. Jahrhundert von Nikolaus Ochsenbach ist falsch. Das Zeichen ist zu groß, und der Laienbruder ist mit Gürtel und Tonsur wiedergegeben.

651 STATUTEN [EINSIEDEL], fol. 13ᵛ, 16ᵛ.

652 STATUTEN [EINSIEDEL], fol. 16ᵛ.

653 STATUTEN [EINSIEDEL], fol. 18ᵛ: *schnider.*

654 STATUTA [GENERALKAPITEL], fol. 84ʳ.

655 STATUTA [GENERALKAPITEL], fol. 84ᵛ.

gemeinsamer Waschtag, an dem die Brüder ihre Kleidung, sofern sie es nötig hatte, waschen sollten. Kein Kleidungsstück durfte außerhalb des Hauses zum Waschen gegeben werden.[656]

3.5.15 Gäste und Almosen

Für die Unterbringung von *ehrenwerten Gästen* waren in den Häusern Gasträume oder ein ganzes Gästehaus vorgesehen, für die ein vom Propst eingesetzter Gästemeister (*hospitarius*) verantwortlich war. Aus den Bestimmungen in den Statuten wird deutlich, daß der Umgang mit Gästen gleichsam als gefährlicher Kontakt mit der Welt eingeschätzt wurde, weshalb der Gästebereich auch von der Klausur streng separiert wurde. Außer den Brüdern, die von Amts wegen mit der Versorgung der Gäste zu tun hatten, d.h. Propst, Prokurator und Gästemeister, sollte kein Bruder mit den Besuchern sprechen oder gar deren Unterkunft aufsuchen.[657] In besonderen Ausnahmefällen dagegen war es Gästen erlaubt, zusammen mit den Brüdern im Refektorium zu speisen. Bei diesen Anlässen konnte auch die sonst übliche Tischlesung modifiziert und das Schweigegebot während des Essens gelockert werden, so daß maßvolle Unterhaltungen möglich waren, jedoch nicht über *weltliche und unnütze Dinge*, sondern vielmehr über erbauliche Themen.[658]

Wenn sich Besuch angesagt hatte, hatte der Gästemeister das Zimmer und alle notwendigen Dinge vorzubereiten, um dann den Gast wohlwollend mit dem Gruß *Benevenistis Deo et nobis* zu empfangen und ihm, bevor er sich zur Ruhe begab, in einem Akt der Ehrerweisung die Füße zu waschen.[659] Auch während des Aufenthalts war er für das Wohlbefinden des Gastes zuständig, indem er ihn mit den Räumlichkeiten vertraut machte und ihn nach Absprache mit dem Propst mit Essen, Getränken und anderen Dingen, etwa Büchern aus der Bibliothek, versorgte. In den Bestimmungen wird jedoch Wert darauf gelegt, daß der Gästemeister diesen Umgang nicht zu längeren Gesprächen ausnutzte und den Gast etwa nach weltlichen Neuigkeiten fragte.[660]

In den Statuten des Einsiedels werden zwei Kategorien von Gästen unterschieden. Wenn Priester, Gelehrte, Adlige, ehrbare Bürger oder Bekannte der Petersbrüder kamen, die sich ein Bild von dieser neuartigen Stiftung machen wollten, wurden sie einen Tag im Gästehaus verköstigt. Andere, die etwas im Stift zu erledigen hatten, wurden auch für längere Zeit nach den Regelungen der ober-

---

656 STATUTA [GENERALKAPITEL], fol. 84^v, 55^v.

657 STATUTA [GENERALKAPITEL], fol. 92^r, 57^r. STATUTEN [EINSIEDEL], fol. 16^r. Vgl. CONSUETUDINES [HERFORD]. Ed. STUPPERICH, S. 84: *nemo loquatur cum hospitibus nisi breve verbum [...].*

658 STATUTA [GENERALKAPITEL], fol. 53^v. STATUTEN [EINSIEDEL], fol. 16^r.

659 STATUTA [GENERALKAPITEL], fol. 92^r. Vgl. CONSUETUDINES [HERFORD]. Ed. STUPPERICH, S. 83: *hospitem venientem benigne eum recipiat pro Christo dicens: Bene veniatis deo et nobis. Tunc ostendat ei locum, ubi sua reponat et locum secretum. [...] Et si hospites pedestres venerunt, lavet vespere pedes eorum [...].*

660 STATUTA [GENERALKAPITEL], fol. 92^r.

deutschen Statuten aufgenommen.[661] Innerhalb des Konvents durften Gäste nicht übernachten. Nahe Verwandte wurden nicht im Gästehaus, sondern *in des Hoffmanns huß* untergebracht, wo sie von den Brüdern besucht werden konnten. Eberhard im Bart behielt sich selbst vor, als Stifter den Konvent öfter zu besuchen und mit den Brüdern gemeinsam im Refektorium zu essen.[662]

Alle diese Regelungen bezogen sich auf *ehrenhafte* Gäste, die in irgendeiner Beziehung zum Stift standen. *Vagierende oder unbekannte Personen*, deren Aufnahme üble Nachrede oder gar eine Gefährdung des Stifts zur Folge hätte haben können, sollten abgewiesen und in öffentliche Gasthäuser geschickt werden.[663] Diese personenbezogene Differenzierung bezog sich jedoch ausschließlich auf die Beherbergung. Die Stifte waren darüber hinaus auch zur Armenfürsorge verpflichtet, die der Propst den finanziellen Möglichkeiten des Hauses entsprechend regeln sollte.[664] Mit der Durchführung war am Stift Einsiedel ein *almúßner* beauftragt, der den Armen aus den umliegenden Dörfern täglich ein Almosen geben sollte.[665] Man kann wohl davon ausgehen, daß diese Praxis auch an den anderen Stiften ähnlich gehandhabt wurde, wenn sie auch in den Statuten keine Berücksichtigung fand. Auch die Köche und Prokuratoren waren angewiesen, übriggebliebene Speisen oder entbehrliche Vorräte auszugeben.[666]

3.5.16 Reisen

Wenn die Brüder eine Reise machten, war damit ein Sonderfall des gemeinsamen Lebens gegeben, das normalerweise innerhalb des Stiftes praktiziert wurde. Damit sich die Brüder bei dieser Gelegenheit nicht *der Freiheit und der Zügellosigkeit* hingaben und auch nicht, sooft sie konnten, Gelegenheiten zum Reisen suchten, wurde dieser Bereich in den Statuten mit detaillierten Bestimmungen geregelt.[667] Gleichwohl bestritt man keineswegs, daß das Reisen von großem Nutzen sein konnte, um sich besser kennenzulernen und die gegenseitige Achtung zu vertiefen. Auch die Belehrung und Unterrichtung der Brüder würde verbessert, wenn sie *wie Bienen hier und da die Säfte einer Unterhaltung aussaugen*.[668]

Reisen durften deshalb nur aus wichtigen Anlässen und nach vorheriger Genehmigung des Propstes unternommen werden. Die Brüder sollten dabei in der Regel zu zweit gehen, *damit nicht das Verlangen zu sündigen geweckt* wird. Nur bei als

---

[661] STATUTEN [EINSIEDEL], fol. 15v/16r.
[662] STATUTEN [EINSIEDEL], fol. 16r.
[663] STATUTA [GENERALKAPITEL], fol. 92v.
[664] STATUTA [GENERALKAPITEL], fol. 73v.
[665] STATUTEN [EINSIEDEL], fol. 16r.
[666] STATUTA [GENERALKAPITEL], fol. 93v.
[667] STATUTA [GENERALKAPITEL], fol. 58v–61r: *De itinerantibus*. Vgl. auch CONSUETUDINES [HERFORD]. Ed. STUPPERICH, S. 88: *Fons et origo multorum malorum sunt inutiles discursus*. Ebenso in CONSUETUDINES [ZWOLLE]. Ed. SCHOENGEN, S. 272.
[668] STATUTA [GENERALKAPITEL], fol. 58v.

zuverlässig und umsichtig bekannten Brüdern war eine Ausnahme möglich.[669] Die Reise selbst sollte ohne Umwege auf den üblichen Straßen erfolgen. Der Aufenthalt an verdächtigen Orten, unnötige Schmausereien und der Besuch von Schwesternhäusern oder Frauenkonventen waren bei strenger Strafe verboten.[670] Die Brüder sollten vielmehr, wenn es die Reiseroute zuließ, in einem Haus des Generalkapitels übernachten, wo sie während des Aufenthalts dem dortigen Propst unterstanden. Diese Regelung ging so weit, daß sie auch dieses Haus nur mit Erlaubnis des Propstes wieder verlassen durften. Die Statuten betonen, daß das gemeinsame Leben innerhalb der Klausur nicht durch den Besuch eines ortsfremden Mitbruders beeinträchtigt werden durfte. Deshalb waren bei einem solchen Anlaß Gastgeschenke oder Zutrinken streng verboten.[671] Insgesamt waren alle reisenden Brüder angewiesen, jedes öffentliche Ärgernis zu vermeiden, indem sie sich *in Wort und Tat, in Sitten, Kleidung* und überhaupt *im äußeren Erscheinungsbild* entsprechend verhielten und dabei nicht etwa *ein Abbild des Leichtsinns* oder *eines vagierenden Possenreißers* abgaben.[672]

Auch der Umgang mit dem Reisegeld war streng geregelt. Die Brüder mußten das Restgeld sofort nach der Rückkehr zurückgeben und dem Propst oder Prokurator eine exakte Abrechnung über die Ausgaben vorlegen.[673] Von diesen Bestimmungen waren auch die Pröpste nicht ausgenommen. Wollten sie außer Haus übernachten oder eine Reise von mehr als fünf Meilen unternehmen, mußten die jeweiligen Hauskapitel vorher zustimmen. Diese Genehmigung war auch im nachhinein notwendig, wenn ein Propst zwar am gleichen Tag zurückkehren wollte, aber dennoch aufgrund unvorhergesehener Ereignisse auswärts übernachten mußte. Grundsätzlich mußten die Pröpste ihre Abwesenheiten jeweils den Vizerektoren bekanntgeben.[674] In gleicher Weise waren die Abwesenheiten von Propst und Meister im Einsiedel geregelt. Kurze Reisen mußten vom Rat, längere Abwesenheiten vom Hauskapitel genehmigt werden.[675] Insgesamt gleichen die wichtigsten Regelungen der oberdeutschen Statuten über das Reisen den älteren Consuetudines von Zwolle und Herford. Die Abwesenheit von der Gemeinschaft wurde

---

669 STATUTA [GENERALKAPITEL], fol. 59ʳ. Vgl. CONSUETUDINES [HERFORD]. Ed. STUPPERICH, S. 88: *ordinet ipse ei socium unum de fratribus nostris, qui transeat secum. [...] Item nullus fratrum mittatur solus per longam viam.* CONSUETUDINES [ZWOLLE]. Ed. SCHOENGEN, S. 272.

670 STATUTA [GENERALKAPITEL], fol. 58ᵛ/59ʳ.

671 STATUTA [GENERALKAPITEL], fol. 59ᵛ.

672 STATUTA [GENERALKAPITEL], fol. 60ʳ. STATUTEN [EINSIEDEL], fol. 17ʳ: *Item alle, die da ußwanndelnt, söllent sich zichtengklich und erberlich by den lúten halten in worten und wercken, das davon nyemands billich geergert werde.* – Vgl. AUGUSTINUS, Regula IV,3. Ed. VERHEIJEN, S. 423: *In incessu, statu, habitu, in omnibus motibus vestris, nihil fiat quod cuiusquam offendat aspectum, sed quod vestram deceat sanctitatem.*

673 STATUTA [GENERALKAPITEL], fol. 41ʳ, 60ʳ. STATUTEN [EINSIEDEL], fol. 17ʳ: *Item wer in den sachen des huß ußwanndelt, der sol von dem huß verzert werden, und so er widerkompt, dem maister darumb rechnung tún und im wider geben, ob im ettwas úberbliben wár.* Vgl. CONSUETUDINES [HERFORD]. Ed. STUPPERICH, S. 88: *Item fratres de via accedant primum rectorem et exponant ei de factis reisae suae.* CONSUETUDINES [ZWOLLE]. Ed. SCHOENGEN, S. 273.

674 STATUTA [GENERALKAPITEL], fol. 73ʳ.

675 STATUTEN [EINSIEDEL], fol. 17ʳ.

gleichermaßen als besondere Gefahr für die Disziplin und das Seelenheil der Brüder gesehen, die entsprechende Regelungen über Anlaß und Durchführung von Reisen nötig machten. Unterschiede ergeben sich bei den oberdeutschen Statuten in den Punkten, die den Aufenthalt in anderen Häusern des Generalkapitels regeln.

3.5.17 *Baden und Aderlassen*

Einmal monatlich an einem Sonnentag sollten die Brüder ihre Häupter und Füße waschen, und falls Badestuben in den Häusern vorhanden waren, sollte auch gebadet werden, jedoch *schamhafftigklich bedeckt mit umgegúrten túchlin.*[676] Das Baden aus hygienischen und gesundheitlichen Gründen war unumstritten. Da es auch als körperliche Wohltat empfunden wurde, bestand aber umgekehrt die Befürchtung, das Baden könne der körperlichen und geistigen Askese abträglich sein.[677] Aus diesem Grund schrieben die oberdeutschen Statuten den Kanonikern vor, bei diesem Anlaß unnütze Geschwätzigkeiten zu vermeiden und vielmehr erbauliche Gespräche zu führen, die hin und wieder mit Gebeten und dem Psalm *Aus der Tiefe rufe ich zu Dir*[678] unterbrochen werden sollten. Am gleichen Tag wurde, falls nötig, auch gemeinsam die Kleidung gewaschen.[679] Im Stift Einsiedel war die Häufigkeit des Badens unterschiedlich geregelt, indem Laienbrüder alle zwei Wochen, die Kleriker nur einmal monatlich baden durften.[680] Das tägliche Waschen der Hände und des Gesichts, das selbst in strengen Klöstern morgens und vor den Mahlzeiten durchgeführt wurde, findet in den Statuten zwar keine Erwähnung, darf aber wohl vorausgesetzt werden.[681]

Dienten die angeführten Waschungen der Körperhygiene, hatten die regelmäßigen gegenseitigen Fußwaschungen eher liturgischen Charakter und wurden nach dem Vorbild Christi als ein Akt der Demut und der Nächstenliebe gemeinhin in den Klöstern praktiziert. In der Regel hatten die Wochendiener jeweils samstags ihren Brüdern die Füße zu waschen.[682] Dieser Brauch wird in den Statuten des Generalkapitels zwar erwähnt, aber nicht näher beschrieben. Fußwaschungen sind hier mindestens einmal monatlich im Zusammenhang mit den Kapitelsitzungen durchgeführt worden.[683] Am Gründonnerstag verrichtete der Propst persönlich dieses Amt.[684]

---

676 Statuta [Generalkapitel], fol. 55^{v}. Statuten [Einsiedel], fol. 17^{v}. Vgl. Consuetudines [Herford]. Ed. Stupperich, S. 80f.: *Nam in principio cuiuslibet mensis vel fine secundum exigenciam festorum aut negociorum domus laventur capita et pedes [...].*

677 Zimmermann, Ordensleben und Lebensstandard, S. 124f.

678 Ps 129,1.

679 Statuta [Generalkapitel], fol. 55^{v}.

680 Statuten [Einsiedel], fol. 17^{v}.

681 Zimmermann, Ordensleben und Lebensstandard, S. 118ff.

682 Zimmermann, Ordensleben und Lebensstandard, S. 122f.

683 Statuta [Generalkapitel], fol. 90^{r}: *[...] quod singulis mensibus [...] post locionem pedum [...].*

684 Statuta [Generalkapitel], fol. 76^{r}, 80^{r}.

Als hygienische Notwendigkeit und als Allheilmittel galt auch der Aderlaß, der in zahlreichen Klöstern zur Vermeidung von Krankheiten, aber auch zur Unterstützung der sexuellen Enthaltsamkeit regelmäßig praktiziert wurde.[685] Auch die oberdeutschen Kanoniker sollten viermal jährlich gemeinsam zur Ader gelassen werden. Wegen der damit verbundenen Schwächung wurden dafür jeweils Tage ausgewählt, an denen nicht gefastet werden mußte. Diese sollten in der Zeit um Martini (11.11.), Blasii (3.2.), Philippi (1.5.) und Bartholomäi (24.8.) liegen.[686] Der Aderlaß selbst wurde nach der Lesung der Non am späten Vormittag durchgeführt, wobei im Herbst und Winter der linke Arm, im Frühling und Sommer der rechte Arm geöffnet wurden. Mit Erlaubnis des Propstes konnten einzelne Brüder auch außerhalb dieser gemeinschaftlichen Tage zur Ader gelassen werden. Zur Absonderung der üblen Säfte von dem guten Blut wurden vorher Medikamente verabreicht, und zur Wiederbelebung der Brüder wurden wohlriechende Gewürze bereit gehalten.[687]

An den Aderlaßtagen waren besondere Vergünstigungen zur Stärkung der geschwächten Brüder vorgesehen. Zum einen waren die Mahlzeiten am Tag des Aderlaßes und an den folgenden beiden Tagen sehr viel üppiger als gewöhnlich. Zum anderen waren alle Brüder von der gemeinsamen Arbeit befreit und konnten sich bei Spaziergängen im Garten den ganzen Nachmittag bis zur Vesper erholen. Dabei sollten sie jedoch den Bereich des Stifts nicht verlassen und die Zeit auch nicht mit schädlichen Spielen oder Leibesübungen zubringen. In den Statuten werden beispielsweise Wettrennen, das Werfen von Steinen oder Ringkämpfe ausdrücklich verboten, weil dabei nicht nur Verletzungen, sondern auch Streitigkeiten unter den Brüdern entstehen könnten.[688]

Bezüglich der Körperwaschung und des Aderlasses weisen die oberdeutschen Statuten eine andere Struktur auf als die Herforder Statuten, die in einem eigenen Kapitel das Amt und die Zuständigkeiten des Barbiers (*tonsor, rasor*) erläutern.[689] Er war für die Durchführung der monatlichen Waschungen und des Aderlasses, der hier ebenfalls viermal jährlich vorgenommen wurde, zuständig. Außerdem werden in diesem Zusammenhang Regelungen über das Rasieren des Bartes und der Tonsur sowie über das Haareschneiden aufgeführt. Danach sollte einmal wöchentlich der Bart und alle vierzehn Tage die Tonsur rasiert werden. Die Haare wurden

---

685 ZIMMERMANN, Ordensleben und Lebensstandard, S. 180ff.

686 STATUTA [GENERALKAPITEL], fol. 54^{v}. STATUTEN [EINSIEDEL], fol. 17^{v}. Vgl. CONSUETUDINES [HERFORD]. Ed. STUPPERICH, S. 81: *ad minutionem, que quater in anno fieri consuevit, videlicet circa festum Philippi et Iacobi et circa Bartholomei et circa Martini et circa Blasii martyris.*

687 STATUTA [GENERALKAPITEL], fol. 54^{v}, 55^{r}.

688 STATUTA [GENERALKAPITEL], fol. 55^{r}. STATUTEN [EINSIEDEL], fol. 17^{v}: *[...] mógen die bruder by ainannder gemain erbar ergetzung haben, wie das in den statuten der priester geschrieben ist.* Vgl. CONSUETUDINES [HERFORD]. Ed. STUPPERICH, S. 81: *dabit eis tociens gratiam specialem et cibum ac potum indulgentius [...]. Et licet post minutionem secundum medicos debeamus esse solito letiores. Non tamen debemus esse dissoluti vel vagi praesumentes nova et inconsueta tempusque per levitates et inania facta et verba [...] expendentes.*

689 CONSUETUDINES [HERFORD]. Ed. STUPPERICH, S. 80ff.: *De tonsore.*

im Winter alle zehn Wochen, im Sommer alle acht Wochen geschnitten.[690] Derartige Bestimmungen und die Erwähnung eines Barbiers im Zusammenhang mit den Ämtern fehlen in den oberdeutschen Statuten völlig, obwohl in dem Kapitel über das Waschen und Aderlassen an einer Stelle der *rasor* erwähnt wird, auf dessen Empfehlung das monatliche Waschen angesetzt werden sollte.[691] Da die Handschrift der oberdeutschen Statuten keine Fehlstellen aufweist, kann nur vermutet werden, daß nähere Bestimmungen über das Haareschneiden entweder gar nicht vorgesehen waren oder bei der Abfassung der Statuten vergessen wurden.

3.5.18 Krankheit und Tod

Kranke Brüder wurden in einem abgesonderten Bereich, dem *infirmarium*[692], von einem Krankenmeister (*infirmarius*) betreut.[693] Er hatte die Aufgabe, sich der Kranken mit besonderer Fürsorge und Pflege anzunehmen, sie nach ihren Wünschen zu fragen und alles zu besorgen, was einer raschen Genesung diente.[694] Zusammen mit dem Prokurator, dem Zellerar und dem Küchenmeister sollte er alles Notwendige veranlassen.[695] Ihm selbst standen dabei auch Diener zur Seite.[696] Aus den Bestimmungen geht hervor, daß es sich dabei mehr um eine intensive Pflege als um eine richtiggehende medizinische Therapie handelte. Es wird zwar erwähnt, daß dem Kranken *artzat und artzny*[697] verabreicht werden sollten, um was es sich dabei handelte, wird jedoch nicht näher beschrieben. Auf dem Einsiedel war auch die Möglichkeit einer Badekur vorgesehen, die nach Anweisung des Arztes entweder im Wildbad oder auch an einem anderen Ort durchgeführt wurde.[698] Inwieweit der Krankenmeister medizinische Kenntnisse haben sollte, ist den Statuten nicht zu entnehmen. In besonderen Fällen sollte jedenfalls ein *medicus* gerufen werden, sofern dies möglich war.[699] Man kann jedoch aufgrund der ansonsten üblichen monastischen Praxis davon ausgehen, daß der Krankenmeister nicht nur für die Pflege, sondern auch in gewissem Maß für die

---

690 CONSUETUDINES [HERFORD]. Ed. STUPPERICH, S. 81: *In hieme crines solent abradi post decem ebdomadas, in etstate vero post octo. Item barba [...] radetur post octo dies et corona post quindenam [...].* Vgl. STATUTA CAPITULI WINDESEMENSIS, fol. $H_1^{r/v}$ (*De tonsura*): *Radimur autem de consuetudine singulis quindenis diebus, sed presbyterorum barbae possunt ad octo dies vel circa radi, propter reverentiam sacramenti.*

691 STATUTA [GENERALKAPITEL], fol. 55v: *Ordinamus quoque, quod in principio cuiuslibet mensis solaris die per rectorem ad rasoris ammonicionem deputanda fratres lavent capita et pedes [...].*

692 STATUTA [GENERALKAPITEL], fol. 91v, 93v. Vgl. STATUTEN [EINSIEDEL], fol. 17r: *siech huß, darinn die krancken [...] ir wartung haben.*

693 STATUTA [GENERALKAPITEL], fol. 84v–92r: *De infirmario.* Vgl. STATUTEN [EINSIEDEL], fol. 17r: *siechmaister.* Vgl. CONSUETUDINES [HERFORD]. Ed. STUPPERICH, S. 84f.: *De infirmis et infirmario.*

694 STATUTA [GENERALKAPITEL], fol. 85r. STATUTEN [EINSIEDEL], fol. 17r.

695 STATUTA [GENERALKAPITEL], fol. 92v, 93v.

696 STATUTA [GENERALKAPITEL], fol. 85v.

697 STATUTEN [EINSIEDEL], fol. 8v, 17r.

698 STATUTEN [EINSIEDEL], fol. 17v.

699 STATUTA [GENERALKAPITEL], fol. 85v.

medizinische Betreuung zuständig war, indem er etwa Heiltränke zubereitete oder einen Aderlaß durchführte.[700]

Die intensive Pflege der Kranken sollte vor allem zu deren Kräftigung und Schonung beitragen. Deshalb wurden besondere Vergünstigungen, hauptsächlich im Bereich der Mahlzeiten, gewährt. Der *infirmus* war weder an die festgelegten Essenszeiten noch an die Fastenregelungen gebunden und erhielt auch reichlichere Speisen.[701] Außerdem war er vom Chordienst und von der Teilnahme am Kapitel befreit. Je nach Bedarf wurde er auch mit besonderer Kleidung versorgt.[702] Auf der anderen Seite war aber die Besuchsmöglichkeit streng reglementiert. Die Mitbrüder sollten den Kranken zwar besuchen, aber nur nach vorheriger Erlaubnis des Propstes. In diesem Punkt wird die Befürchtung deutlich, daß die Brüder den Krankenbesuch zu ausgedehnten und nichtigen Gesprächen ausnutzen könnten, die nicht in erster Linie dem Trost des Patienten dienten. Nur Propst, Prokurator, der Krankenmeister und seine Diener hatten jederzeit Zugang zum Infirmarium.[703] Einzelne Krankheiten und entsprechende Behandlungsmethoden werden in den Statuten nicht aufgeführt. Nur in Pestzeiten sollten besondere Maßnahmen ergriffen werden, da man aufgrund der Ansteckungsgefahr eine Dezimierung des Konvents befürchtete. In diesem Fall sollten nämlich mit der Krankenpflege auswärtige Personen betraut werden.[704]

Insgesamt nehmen die Bestimmungen über die seelsorgerliche Betreuung des Kranken den größten Raum ein. Wenn sich die Krankheit derart verschlimmerte, daß mit dem Tod gerechnet werden mußte, wurden Nachtwachen durchgeführt. Dabei begleiteten jeweils zwei Brüder den Kranken mit ständigen Lesungen und Gebeten. Wenn die Todesstunde näher rückte, kam der ganze Konvent zur Begleitung des Sterbenden zusammen. Nachdem der Propst das Sakrament erteilt hatte, standen die Brüder dem Sterbenden mit gemeinsamen Gebeten, Psalmen und Lesungen, die in den Statuten ausführlich angegeben werden, zur Seite.[705] Wenn im Stift Einsiedel ein Laienbruder ernstlich krank war, sollte er rechtzeitig ein Testament machen.[706]

Unmittelbar nach dem Tod eines Bruders trat der Konvent im Kapitelsaal zusammen, um die Totenvigil zu lesen. Der Leichnam wurde seinem Stand entsprechend entweder mit dem Priestergewand, dem Chorrock oder mit der Laientracht eingekleidet. Anschließend wurde der verschlossene Sarg in einer Prozession zum

---

[700] Vgl. ZIMMERMANN, Ordensleben und Lebensstandard, S. 186f.

[701] STATUTA [GENERALKAPITEL], fol. 51^v, 79^v, 84^v. STATUTEN [EINSIEDEL], fol. 13^v, 15^r.

[702] STATUTA [GENERALKAPITEL], fol. 79^v, 85^v.

[703] STATUTA [GENERALKAPITEL], fol. 85^v. Auf dem Einsiedel erteilen *vatter oder maister* die Erlaubnis. Zugang hatten auch der *siechenmaister und der scherer.* Vgl. STATUTEN [EINSIEDEL], fol. 17^r.

[704] STATUTA [GENERALKAPITEL], fol. $85^v/86^r$.

[705] STATUTA [GENERALKAPITEL], fol. 86^r–89^v. STATUTEN [EINSIEDEL], fol. 17^v: *Es soll ouch der vatter grossen vlyß han, das die krancken zytlich bewart werden mit den hailigen sacramenten und was zů der seel hail dient, wie das in den stattuten der gaistlichen aigentlich geschriben ist, und also soll es mit allen brůdern gehallten werden, in kranckhait, sterben, begrǒbnůs, begengknus und jarzyt.*

[706] STATUTEN [EINSIEDEL], fol. 17^v.

Chor gebracht, wo die Totenmesse gehalten wurde. Je nach der Todesstunde erfolgte die Bestattung entweder nach der Totenmesse oder am nächsten Morgen.[707] Der Name des Toten sollte anschließend in das Gedächtnisbuch eingetragen und den anderen Häusern innerhalb des Generalkapitels bekanntgegeben werden, damit er auch dort in das gemeinsame Totengedenken einbezogen werden konnte.[708]

3.6 Das Oberdeutsche Generalkapitel und die Münstersche Union von 1499

Bei der Untersuchung der Verbandsstruktur und des Alltags wurde deutlich, daß die Statuten des Oberdeutschen Generalkapitels hauptsächlich von den älteren Hausordnungen, repräsentiert durch die Herforder Consuetudines, und von Formen der monastischen Kongregationsbildung nach Windesheimer Muster abhängig sind. Berücksichtigt man nun die weitere Entwicklung des Münsterschen Kolloquiums, wie sie in den Unionsstatuten von 1499 dokumentiert ist, zeigt sich in eindrucksvoller Weise, daß Gabriel Biel und seine oberdeutschen Kanoniker ein Modell entwickelt und praktiziert hatten, das seinerseits einen enormen Einfluß auf die norddeutsche Brüderbewegung ausübte, ja sogar als direktes Vorbild für die zentralisierenden Bestrebungen des Münsterschen Kolloquiums angewendet wurde.

Nach zahlreichen gescheiterten Unionsversuchen führten die norddeutschen Brüderhäuser 1499 eine Umstrukturierung ihres Verbandes in ein *capitulum generale* auf der rechtlichen Grundlage der schon 1439 durch Papst Eugen IV. erteilten Privilegien durch. Den Aufwand, neue und umfassende Statuten zu erarbeiten, haben die Rektoren erheblich verringert, indem sie sich in beträchtlichem Maß an den oberdeutschen Statuten orientierten. Nach deren Vorbild sollte nun ein Verband entstehen, dem die einzelnen Häuser inkorporiert waren. Alle Kanoniker eines Hauses wurden zugleich als Mitglieder der anderen Häuser betrachtet, so daß sie innerhalb der Union versetzt werden konnten.[709] Die Hauptaufgabe des neu gebildeten Generalkapitels bestand nun in der Festlegung von einheitlichen, für alle Häuser verbindlichen Statuten. Deren Einhaltung sollte, falls nötig, mit entsprechenden Strafen durchgesetzt werden.[710]

Die Tagungen des Generalkapitels wurden ganz nach oberdeutschem Vorbild – sogar mit derselben Eröffnungs- und Schlußliturgie – abgehalten. Die Dominanz des Münsterschen Hauses sollte allerdings weiterhin festgeschrieben werden. Im Gegensatz zum Oberdeutschen Generalkapitel sollten die Tagungen in Münster stattfinden, wobei das dortige Haus durch den Rektor und vier beigeordnete Brü-

---

[707] STATUTA [GENERALKAPITEL], fol. 90r.

[708] STATUTA [GENERALKAPITEL], fol. 14r, 91r.

[709] STATUTA [MÜNSTERSCHE UNION]. Ed. DOEBNER, S. 210f.: *[...] ecclesiae [...] in simul sint adiunctae, applicatae, unitae, incorporatae perpetue et annexae, ita quod unius ecclesiae canonicus cuiuslibet aliarum ecclesiarum dictarum canonicus censeatur [...].*

[710] STATUTA [MÜNSTERSCHE UNION]. Ed. DOEBNER, S. 211f.: *[...] statuta in genere edita [...] sub poenis condecentibus per ipsos pro tempore canonicos oberservari [...].*

der, die anderen Häuser hingegen jeweils durch den Rektor und nur einen beigeordneten Bruder repräsentiert waren.[711] Bei der jährlichen Visitation wurde nun – in vielen Bestimmungen sogar wörtlich – das strengere oberdeutsche Verfahren übernommen, das jeweils mit der Abstrafung der einzelnen Brüder *per ordinem* und *pro qualitate culparum* abgeschlossen wurde.[712] In den Häusern des Münsterschen Kolloquiums war dies nicht so rigide praktiziert worden. In den Herforder Consuetudines wird nur eine allgemeine *admonitio et correptio* erwähnt.[713]

Auch die Rektorwahl wird in Übereinstimmung zum Oberdeutschen Generalkapitel dadurch zur Verbandsangelegenheit, daß als Wahlgremium ein *capitulum generale pro electione novi rectoris* bestehend aus den Visitatoren und dem Kapitel des vakanten Hauses gebildet wird.[714] Bei der Aufnahme der Brüder waren nun auch unterschiedliche Verfahren für Kanoniker und Laienbrüder vorgesehen. Die Kanoniker mußten sich – wie die oberdeutschen Kanoniker – neben dem Besitzverzicht in einem zweiten Eid verpflichten, die Einheit der Union aufrechtzuerhalten, den Statuten und Bestimmungen des Generalkapitels zu gehorchen und die vertraulichen Dinge (*secreta capituli*) des Generalkapitels wie auch des Hauskapitels zu wahren.[715] Dieser Eid entspricht – mit vielen wörtlichen Übereinstimmungen – dem oberdeutschen Verfahren. Ein *votum stabilitatis*[716] allerdings, wie es die oberdeutschen Kanoniker ablegten, wurde weiterhin vermieden. Daraus resultierten auch unterschiedliche Konsequenzen bei den schwersten Vergehen (*gravissimae culpae*). Die Brüder innerhalb der Münsterschen Union wurden mit dem Ausschluß aus dem Verband bestraft, während die oberdeutschen Kanoniker in den entsprechenden Fällen eingekerkert wurden.[717]

Die Gliederung der oberdeutschen Statuten wurde, wie die nachfolgende Übersicht zeigt, nicht übernommen. Die Unionsstatuten sind zwar ebenfalls in drei Teile geteilt, die Grundprinzipien des gemeinsamen Lebens werden aber nicht wie bei den oberdeutschen Statuten im ersten Teil,[718] sondern im dritten Teil behandelt.[719] Der zweite Teil mit den Bestimmungen über die Ämter stimmt dabei in

---

711 STATUTA [MÜNSTERSCHE UNION]. Ed. DOEBNER, S. 212f.: *De capitulo generali.*

712 STATUTA [MÜNSTERSCHE UNION]. Ed. DOEBNER, S. 214f.: *De visitationibus domorum.*

713 CONSUETUDINES [HERFORD]. Ed. STUPPERICH, S. 92.

714 STATUTA [MÜNSTERSCHE UNION]. Ed. DOEBNER, S. 216: *De electione rectoris.*

715 STATUTA [MÜNSTERSCHE UNION]. Ed. DOEBNER, S. 221: *Ego frater N. canonicus [...] iuro et promitto, quod fideliter niti et laborare volo pro perpetua conservatione et foelici profectu unionis domorum nostrarum factae auctoritate apostolica quodque generali nostro capitulo in suis ordinationibus, diffinitionibus et statutis [...] obediam, quamdiu membrum eius fuero.*

716 STATUTA [GENERALKAPITEL], fol. $19^v/20^r$.

717 INSTITUTA PRIMAEVA, S. 108: *In aliquo istorum excessuum reus de societate nostra quantocius est expellendus.* Vgl. auch S. 30–33: *De casibus expulsionis.* Vgl. die entsprechenden Bestimmungen in den CONSUETUDINES [HERFORD]. Ed. STUPPERICH, S. 95: *De causis siue articulis expulsionis de nostra societate.* – Vgl. STATUTA [GENERALKAPITEL], fol. 98^v: *Pro his et similibus gravissimis culpis incarcerandus est frater perpetue vel ad tempus [...].*

718 STATUTA [GENERALKAPITEL], fol. 9^v–58^v: *Prima pars: De institutis capitularibus canonicorum, presbiterorum et clericorum communis vite Alemannie superioris.*

719 STATUTA [MÜNSTERSCHE UNION]. Ed. DOEBNER, S. 235–243: *Tertia pars: De generalibus observantiis.*

beiden Statuten weitgehend überein.[720] Der erste Teil ist vor allem organisatorischen Fragen gewidmet, die den ganzen Verband betreffen.[721] Bei den Hausämtern ist eine große Übereinstimmung festzustellen. In den oberdeutschen Statuten fehlen allerdings die Kapitel *De scriptuario*[722], *de rubricatore*[723], *de ligatore librorum*[724], *de tonsore*[725] und *de magistro novitiorum*[726]. Die erstgenannten Ämter, die mit der gewerblichen Buchproduktion zusammenhängen, wurden in Anlehnung an die Herforder Consuetudines auch in die Unionsstatuten übernommen. Das Fehlen der beiden anderen Ämter in den oberdeutschen Statuten fällt nicht so sehr ins Gewicht, da auch dort ein *rasor* erwähnt, jedoch nicht in einem eigenen Kapitel behandelt wird.[727] Auch bei den anderen Kapiteln, die sich auf die Grundprinzipien des Zusammenlebens beziehen, wird eine große Kongruenz deutlich. Wenn auch teilweise die Kapitelüberschriften nicht genau übereinstimmen, werden die entsprechenden Bestimmungen dennoch in einem anderen Kapitel aufgeführt. Die Bestimmungen aus den oberdeutschen Statuten über den Gehorsam[728] erscheinen in den Unionsstatuten zum größten Teil in dem Abschnitt *De concordia mutua servanda.*[729] Einzelne Regelungen über das Reisen[730] wurden in das Kapitel über die Keuschheit[731] aufgenommen. Deutliche Unterschiede ergeben sich bezüglich der Pfarrseelsorge, die bei der Münsterschen Union keine Rolle spielte. Dementsprechend fehlt auch das umfangreiche Kapitel aus den oberdeutschen Statuten *De cura animarum committenda et exercenda.*[732] Auffallend ist, daß innerhalb der Münsterschen Union nun die strenge Buß- und Strafpraxis der oberdeutschen Kanoniker übernommen wird. Während in den Herforder Consuetudines noch ganz stark die *correptio fraterna ex caritate* im Vordergrund steht, ist nun ein monatlich abzuhaltendes Schuldkapitel mit der Selbstanklage der Brüder und ein streng abgestufter Bußkatalog mit der Einteilung in *leves, graves, graviores* und *gravissimae culpae* vorgesehen.[733] Bei der Einstufung der Vergehen und der entsprechenden Strafen dienten offenbar ebenfalls die oberdeutschen Statuten als Vorbild.

Die wörtlichen Übereinstimmungen sind im ganzen sehr zahlreich und fallen bei den insgesamt viel kürzer gefaßten Unionsstatuten stärker ins Gewicht. Da die

---

720 STATUTA [GENERALKAPITEL], fol. 61r–94r: *Secunda pars: De officiis.* STATUTA [MÜNSTERSCHE UNION]. Ed. DOEBNER, S. 224–235: *Secunda pars: De officiis.*

721 STATUTA [MÜNSTERSCHE UNION]. Ed. DOEBNER, S. 212–222: *De capitulo generali, de vistitationibus domorum, de electione rectoris, de forma receptionis fratrum* und *de casibus expulsionis.*

722 STATUTA [MÜNSTERSCHE UNION]. Ed. DOEBNER, S. 228f.

723 STATUTA [MÜNSTERSCHE UNION]. Ed. DOEBNER, S. 229.

724 STATUTA [MÜNSTERSCHE UNION]. Ed. DOEBNER, S. 234.

725 STATUTA [MÜNSTERSCHE UNION]. Ed. DOEBNER, S. 234.

726 STATUTA [MÜNSTERSCHE UNION]. Ed. DOEBNER, S. 229f.

727 STATUTA [GENERALKAPITEL], fol. 55v.

728 STATUTA [GENERALKAPITEL], fol. 43r–44r: *De obediencia.*

729 STATUTA [MÜNSTERSCHE UNION]. Ed. DOEBNER, S. 236–238.

730 STATUTA [GENERALKAPITEL], fol. 58v–61r: *De itinerantibus.*

731 STATUTA [MÜNSTERSCHE UNION]. Ed. DOEBNER, S. 235f.: *De servanda perpetua castitate.*

732 STATUTA [GENERALKAPITEL], fol. 37r–40v.

733 INSTITUTA PRIMAEVA, S. 100–103: *De capitulo culparum.* S. 104–109: *De differentiis culparum.*

sinngemäßen und wörtlichen Entsprechungen hier im einzelnen nicht alle aufgeführt werden können, sind in der nachfolgenden Übersicht einige Passagen wiedergegeben, um das Verfahren zu illustrieren. Generell ist bei dem Vergleich festzustellen, daß bei den einzelnen Kapiteln hauptsächlich die grundlegenden Bestimmungen übernommen wurden. Weitere, ins Detail gehende Erläuterungen, Beispiele oder Ausnahmeregelungen hingegen, wie sie für die oberdeutschen Statuten charakteristisch sind, wurden in den Unionsstatuten weniger berücksichtigt. Diese Vorgehensweise wird beispielsweise im Zusammenhang mit der Propstwahl deutlich.[734] Die wichtigsten Regelungen über die Qualifikation des Rektors und das Wahlverfahren wurden in die Unionsstatuten übernommen, nicht dagegen die detaillierten Bestimmungen für den Fall, daß ein Visitator verhindert wäre, oder für das anzuwendende Verfahren bei einem zweiten oder dritten Wahlgang. Auffallend ist auch, daß solche Bestimmungen, die auch die oberdeutschen Kanoniker etwa aus den Herforder Consuetudines sinngemäß übernommen hatten, nun in den Unionsstatuten in der Diktion der oberdeutschen Statuten übernommen wurden. Dies läßt sich ebenso bei den Regelungen bezüglich der Hausordnung beobachten. Hier wäre durchaus eine Übernahme aus den älteren Hausordnungen denkbar gewesen. Dennoch orientierte sich die Münstersche Union in vielen Fällen an der oberdeutschen Praxis.

Festzuhalten ist, daß die Unionsstatuten entstanden sind aus der alten Ordnung innerhalb des Münsterschen Kolloquiums, unter Berufung auf das Privileg Eugens IV. von 1439 und in starker Anlehnung an die Statuten des Oberdeutschen Generalkapitels. Daß die Unionsstatuten unabhängig von den oberdeutschen Statuten – sozusagen zufällig – die gleiche Entwicklung genommen hätten, ist in Anbetracht der wörtlichen Übereinstimmungen ausgeschlossen. Das heißt, daß das Münstersche Kolloquium den gleichen Weg eingeschlagen hat wie das Oberdeutsche Generalkapitel. Bemerkenswert ist dabei, daß die Statuten des oberdeutschen Generalkapitels als direktes Vorbild für die neue organisatorische, stärker zentralisierende Ausrichtung des Münsterschen Kolloquiums herangezogen wurden. Die Münsteraner sahen in dem von Biel geschaffenen Modell, das auf den alten Traditionen der Brüder einerseits und auf dem organisatorischen Verfahren einer monastischen Verbandsbildung im Stil der Windesheimer beruhte, offenbar einen brauchbaren, nachahmenswerten Weg zu einem engeren Zusammenschluß der Brüderhäuser. Dem letzten Schritt, den Biel gegangen war, sind die Münsteraner nicht gefolgt – und darin liegt ein entscheidender Unterschied: das *votum stabilitatis*, das einen Austritt oder einen Ausschluß eines Bruders unmöglich machte, wurde innerhalb der Münsterschen Union abgelehnt. Genau in diesem Punkt sahen auch die Brüder selbst den Unterschied zur oberdeutschen Ausrichtung.

---

[734] STATUTA [GENERALKAPITEL], fol. 68^r–72^r: *De prepositi electione.* Vgl. STATUTA [MÜNSTERSCHE UNION]. Ed. DOEBNER, S. 216: *De electione rectoris.*

Vergleich der Statuten des Oberdeutschen Generalkapitels und der Münsterschen Union von 1499

Die Folioangaben beziehen sich auf die Edition in diesem Band Kapitel VI,1.	Die Seitengaben beziehen sich auf die Edition bei Doebner, Annalen, S. 209–245.
Prologus	**Prologus**
Bases et fundamenta totius status vitae communis, que summi pontifices ediderunt, statuerunt, ordinaverunt et servari preceperunt [fol. 9^{v}]	Statuta et ordinaciones ex bulla Eugeniana [210]
Prima pars	
De generali capitulo [9^{v}]	De capitulo generali [212]
De modo condendi statuta [15^{r}]	*Vgl. De capitulo generali* [212]
De modo receptionis fratrum [16^{r}]	De forma receptionis fratrum [218]
De divino officio et ceremoniis [24^{r}]	De divinis officiis [242]
De privatis fratrum exerciciis [32^{v}]	De priuatis fratrum exerciciis [242]
De cura animarum committenda et exercenda [37^{r}]	[*entspr. Kapitel fehlt*]
De proprietatis abdicacione [40^{v}]	De proprietatis abdicacione [238]
De obediencia [43^{r}]	*Vgl. De concordia mutua servanda* [236]
De mutua concordia [44^{r}]	De concordia mutua servanda [236]
De mutua et caritativa domorum unione assistencia et subvencione [46^{r}]	[*entspr. Kapitel fehlt*]
De continencia [48^{v}]	De servanda perpetua castitate [235]
De refectione et abstinencia [50^{r}]	De refectione fratrum [239]
De lectione mense et lectore [53^{r}]	*Vgl. De lectione mensae [239]*
De preparacione mense et servitoribus [54^{r}]	*Vgl. De refectione fratrum [239]*
De minucione et lotura [54^{v}]	[*entspr. Kapitel fehlt*]
De somno et quiete [55^{v}]	De labore et requie fratrum [241]
De silencio et locucione [56^{v}]	De silentio servando [240]
De manuum laboribus [57^{v}]	De labore et requie fratrum [241]
De itinerantibus [58^{v}]	*Vgl. De servanda perpetua castitate* [235]
Secunda pars	
De officio visitatorum [61^{r}]	De visitationibus domorum [214]
De prepositi electione [68^{r}]	De electione rectoris [216]
De officio prepositi [72^{r}]	De officio rectoris [224]
De vicerectore [75^{r}]	De vicerectore [225]
De ebdomadario [76^{r}]	[*entspr. Kapitel fehlt*]
De cantore et succentore [76^{v}]	De cantore [230]
De sacrista [78^{v}]	De sacrista [230]
De procuratore [80^{v}]	De procuratore [226]
De librario [82^{v}]	De librario [231]
De vestiario [83^{r}]	De vestiario [232]
De infirmario [84^{v}]	De infirmario [232]
De hospitario [91^{v}]	De hospitario [233]
De cellario [92^{v}]	De cellerario [227]
De coco et ortulano [93^{r}]	De coquo [234]
	De hortulano [235]
De custode granarii et pistore [94^{r}]	*Vgl. De cellerario* [227]

Tertia pars

Culparum sive exercicii capitulum [94r]	*Vgl. De capitulo domestico* [243]
De satisfactione pro culpis iniungendis [95v]	De casibus expulsionis [222]
De capitulo domestico seu particulari [99r]	De capitulo domestico [243]
[*entspr. Kapitel fehlt*]	De casibus expulsionis [222]
[*entspr. Kapitel fehlt*]	De scriptuario [228]
[*entspr. Kapitel fehlt*]	De rubricatore [229]
[*entspr. Kapitel fehlt*]	De magistro novitiorum [229]
[*entspr. Kapitel fehlt*]	De ligatore librorum [234]
[*entspr. Kapitel fehlt*]	De tonsore [234]

Übereinstimmungen in den Statuten des Oberdeutschen Generalkapitels und der Münsterschen Union von 1499

De capitulo domestico seu particulari.	De capitulo domestico et colloquio mensili.
[...] In quo **moveat unusquisque** fratrum **libere, sed** tamen **humiliter** cum submissione, **si quid consideraverit utile communi domus statui** aut fratrum conversacioni, presertim si harum nostrarum constitucio ac discipline observacio **in aliqua parte** periret vel tepesceret aut **si** ali**quid novum, inusitatum** et **nocivum profectui in spiritualibus vel temporalibus** sugeret.	[...] In quos semper aliquot capitula horum statutorum legantur et **moveat unusquisque libere, sed humiliter, si quid consideraverit utile** pro **communi statu domus** et congregationis nostrae, praesertim si statuta et consuetudines domus diligenter observentur aut si **in aliqua** sui **parte** depereant, **si quid novum, inusitatum** sive **nocivum** communi **profectui in spiritualibus vel temporalibus** emergat.
Ad que rector respondebit, cum fratribus, quid **facto opus sit, deliberabit. Et quicquid per maiorem partem vel capitulum conclusum** vel diffinitum **fuerit,** tam per rectorem quam per fratres, quorum intererit, **diligenter exequatur** non minus quam si concorditer per omnes fuisset approbatum. Neque rector vel frater idcirco minus diligenter exequatur, quod per maiorem partem capituli diffinitum est, quia forsitan votum suum accessit aut contrarium suasit, nisi forte, quod omnimodis prohibemus, aliquid **statutis,** ordinacionibus vel diffinicionibus **capituli generalis contrarium vel dissonum** per maiorem partem diffiniri presumeret.	**Ad quae rector respondebit** vel cum aliis, quod **facto opus sit, deliberabit. Et quicquid per capitulum vel maiorem partem conclusum fuerit, dilegenter exequatur,** ita tamen quod nihil ordinetur, quod **generalis capituli** decretis sive **statutis** aliquatenus **contrarium vel dissonum** comprobetur.
Capitulum culparum	
Quibus sic lectis **surgat iunior et flexis genibus culpam suam dic**at et se ipsum proclamat, **si** aliquid **contra** constituciones	[...] **surgat** primo **iunior** et sic eodem ordine caeteri fratres omnes **et flexis genibus culpam suam dic**ant, **si contra**

commiserit puta, **si silencium** fregerit, **in choro vel** in **mensa confusionem** aliquam **vel negligenciam commiserit**, horas canonicas dormiendo vel alias neglexerit, instrumenta operis vel alia prodiderit aut fregerit et similia, que manifesta sunt, pro quibus veniam non pecierit. Occulta confessori reservaturus et non habens, quid plus dicat certum, sedentes fratres suos, ut, si quid correctione dignum notaverint, in eo ammoneant. **Humiliter supplicab**it admonitus quoque non aliud respondebit, nisi: „Culpa mea. Volo me libenter emendare."

statuta vel consuetudines domus aliquid fecerint, **si silencium** non servaverint, **in choro vel mensa confusionem vel negligenciam commiserint,** si damnum aliquod frangendo vel perdendo rem aliquam domo intulerint, talibus et similibus in medium productis, etiam ut ab aliis admoneantur, **humiliter supplicab**unt. Responsio ver accusati non nisi humilis sit et verecunda culpam agnoscens veniam petat, promittens emendam.

Caveant tamen fratres, ne **accus**ent **in scandalosis aut enormibus culpis, nisi** id possint **testimonio** compotencius **probare.**

Nemo alium **accuset in scandalosis** et **enormibus culpis, nisi id possit testimonio sufficienti** com**probare**.

[...]
In omnibus hiis sicut prohibetur prelato exercere crudelitatem, ita quoque indicitur, ne resoluta segnicie transgressoribus penas debitas infligere dissimulet. Non enim est crudelitas punire crimina, sed pietas. Caveat igitur, ne noxia benignitate subditorum excessus foveat et extirpari iam nequeant, cum longe consuetudinis passim radice succreverint.

[...]
In omnibus his sicut prohibetur praelato exercere crudelitatem, ita quoque indicitur, ne resoluta segnitiae transgressoribus poenas debitas infligere dissimulet. Non enim est crudelitas crimina punire, sed pietas. Caueat igitur, ne noxia benignitate subditorum excessus foueat et extirpari iam nequeant, cum longe consuetudinis passim radice succreverint.

De officio praepositi

Quia preposito sive **rectori canonice instituto** tanquam capiti domus et regiminis collegii eiusdem sarcina **tam in spiritualibus quam** in **temporalibus** et perrochianorum in spiritualibus tantum, ubi cura est annexa, **incumbit**, ideo **ut prudens paterfamilias super commissis grege et domo omni diligencia vigilabit rationem altissimo de hiis omnibus redditurus** prout in capitulo cura animarum patuit.

De officio rectoris

Quia rectori canonice instituto universalis cura atque respectus totius conventus **tam in spiritualibus quam temporalibus incumbit**, **ut prudens paterfamilias super grege et domo** sibi commissis **omni diligentia vigilabit**, ne quid salubre de primaria institutionis disciplina sub eo depereat aut nocivum emergat, tanquam **de his omnibus rationem altissimo redditurus**.

[...]
Vicerectorem et procuratorem consenciente suo **capitulo aut maiori parte instituet et, quociens expedire iudicaverit, destituet** ac **cetera officia fratribus** idoneis **committet consilio** vicerectoris aut procuratoris **preaudito. Et licet in partem sollicitudinis eos, quibus** huiusmodi **officia committit**, advocet et **assumat** non tamen ita eum abiecisse putet quin et ipsum **provectui, directioni et emendacioni** eorum **insistere oportebit, propter quod**

[...]
Vicerectorem et procuratorem consentiente capitulo aut maiori parte ipse **instituet et** destituet, **quotiens expedire iudicaverit**, **caetera officia** ipse **fratribus committet** horum tamen duorum **consilio praeaudito**. **Et licet in partem sollicitudinis eos, quibus officia committit, assumat** singulorum tamen **directioni, profectui et emendationi** eum **insistere oportebit, propter quod et officiales saepe ad eum recurrentes** cum ipso

et officiales sepe ad eum recurrentes super hiis **conferant, eius instructionem humiliter acceptando**.	**conferant, eius instructionem humiliter acceptando.**
[...] **Collaciones, colloquia** mensilia sive particularia seu eciam capitula culparum **debitis temporibus** et horis **teneat** eisque presideat aut tenenda **in eius absencia** seu carencia alteri ydoneo sacerdoti **committat**.	[...] **Collationes** et **colloquia** domestica **debitis temporibus teneat** et **in eius absentia** vicerectori tenenda **committat**.
[...] **Causas** maiores, que in grave periculum domus vel personarum cedere possunt, **utpote receptionis fratris ad probam vel ad perpetuum domicilium** vel **in canonicum**, emissionis aut **translacionis personarum** de domo in domum ultra duos menses, **promotionis ad sacros ordines**, scripcionis aut **vendicionis** rerum immobilium vel eciam **debitorum** ultra viginti florenos se extendencium, **appensionis sigilli** maioris, imposicionis alicuius novi oneris perpetui vel longi temporis in divinis vel humanis communitati vel personis, **edificaciones novarum et preciosarum structurarum et cetera omnia, que supra vel infra specifice de consensu tocius** vel **maioris partis capituli actitanda esse designant**ur, **ad ipsum capitulum referre et secundum diffinicionem tractare teneatur. In aliis vero minus arduis secundum datam sibi a Domino sapientiam singula paterna sollicitudine gubernet usurus frequenter vicerectoris et procuratoris consilio** memor dicti sapientis: Cogitaciones consiliis roborantur. Et iterum: Prudencie tue pone modum. Nam qui sapiens est, audit consilium.	[...] **Causas** graves et arduas, **utpote receptionis fratr**um **ad probam vel ad perpetuum domicilium** seu **in canonicum**, **promotionis ad sacros ordines**, **translacion**is **personarum** ad alia loca, emptionis et **venditionis** pensionum et bonorum vel etiam **debitorum**, **appensionis sigilli** conventualis, **aedificationis novarum et praeciosarum structurarum et cetera omnia, quae supra vel infra specifice de consensu totius** aut **maioris partis capituli actitanda esse designant**ur, **ad ipsum capitulum referre et secundum** eius **diffinitionem tractare teneatur. In aliis vero minus arduis secundum datam sibi a Domino sapientiam singula paterna sollicitudine gubernet vsurus frequenter vicerectoris et procuratoris consilio.**
Debita tamen ultra sex **florenos** superiores **et structuras mediocres non faciat** vicerectoris et procuratoris **consilio non audito**, nisi in casu absencie alterutrius aliquid accideret, in cuius comparacione utilitas domus manifeste poterit procurari.	**Debita tamen ultra** decem **florenos et structuras mediocres non faciat** horum **consilio non audito**.

V Zusammenfassung

Die Ausgangssituation der vorliegenden Arbeit war dadurch gekennzeichnet, daß eine Gesamtdarstellung des Oberdeutschen Generalkapitels besonders im Hinblick auf seine spirituelle und organisatorische Entwicklung fehlte. Die Hauptursache dafür lag in der schlechten Quellenlage, die eine solche Untersuchung bislang nicht ermöglichte. In dieser Arbeit konnten mit den Statuten des Oberdeutschen Generalkapitels und der *Collatio de communi vita* Gabriel Biels erstmals Quellen vorgelegt werden, die nun eine fundierte Untersuchung und eine ausgewogene Einordnung des Verbandes ermöglichten. Auf dieser Basis konnte die Perspektive weiterverfolgt werden, die zuletzt Irene Crusius in ihren Arbeiten eröffnet hat.[1] Eine Gesamtperspektive des Oberdeutschen Generalkapitels kann sich nämlich nur dann ergeben, wenn Gabriel Biel, der nicht nur bei allen Gründungen beteiligt war, sondern auch den ganzen Verband entscheidend formte, stärker in den Mittelpunkt gerückt wird. Seine Schriften über das gemeinsame Leben und die Statuten des Oberdeutschen Generalkapitels sind zentrale Texte für das Selbstverständnis und die Verfassung der oberdeutschen Devotio moderna. Aus dem Vergleich mit entsprechenden Quellen der norddeutschen Brüderbewegung ergab sich schließlich eine völlig neue Bewertung des Oberdeutschen Generalkapitels im Hinblick auf dessen Bedeutung und Ausstrahlung im Rahmen der deutschen Devotio moderna.

Bevor nun die wichtigsten Ergebnisse für die Oberdeutsche Brüderbewegung mit ihrer spirituellen Ausrichtung, Zielsetzung und organisatorischer Umsetzung aufgeführt werden, soll noch einmal ganz kurz an die Anfänge der Devotio moderna unter Geert Grote und Heinrich von Ahaus erinnert werden. Die Fraterherren verstanden ihre Lebensform als Alternative zum strengen Ordensleben, als *via media* zwischen Kloster und Welt. Die älteren Häuser sowohl in den Niederlanden als auch in Norddeutschland sind in der Regel auf private Initiative devoter Personen entstanden, die ihr Vermögen mit einer vertraglichen Schenkung in die Gemeinschaft einbrachten. Genossenschaftlichen Prinzipen folgend, konstituierten sich die Brüder unter dem Rechtstitel einer *societas*. Heinrich von Ahaus spielte eine maßgebliche Rolle bei der Ausbreitung der Brüderbewegung in Norddeutschland, erreichte schließlich deren kirchenrechtliche Anerkennung und schuf mit dem Münsterschen Kolloquium einen Verband, der nicht nur den gegenseitigen Beistand, sondern auch eine einheitliche Entwicklung der Brüderhäuser gewährleisten sollte. Dabei konnte aufgrund verschiedener Beschlüsse die Tendenz zu einer stärkeren Zentralisierung festgestellt werden, die jedoch auf-

[1] Crusius, Gabriel Biel (1989). Crusius, Gabriel Biel (1995).

grund der Eigenständigkeit der Häuser nur bedingt umgesetzt werden konnte. Schließlich wurde das 1439 von Papst Eugen IV. gewährte Privileg, das den Brüdern die Organisationsform der Stiftskirche und den Zusammenschluß zu einem straffen Generalkapitel eröffnete, zur zentralen Schnittstelle in der Entwicklung der deutschen Brüderbewegung: Es markiert zugleich den Abschluß der von Ahaus eingeleiteten Entwicklung sowie den Ausgangspunkt, ja die rechtliche Basis der weiteren Entwicklung, insbesondere der oberdeutschen Brüderhäuser unter Gabriel Biel.

Bei den oberdeutschen Gründungen kamen neue Strukturmerkmale zum Tragen. Adlige wurden auf die Devotio moderna aufmerksam, beriefen die Fraterherren an finanziell gut ausgestattete Kollegiatstifte und versprachen sich davon in verschiedener Hinsicht einen Nutzen, denn die Stiftungen waren nun mit Aufgaben in den Bereichen Pfarrseelsorge, Wallfahrt, Schulaufsicht und der Stiftermemoria verknüpft. Die Berufung der Fraterherren ging zumeist mit einem Reformauftrag einher. Dabei sind zwischen den mittelrheinischen und württembergischen Gründungen zwei graduelle Unterschiede festzustellen: Zunächst trat Gabriel Biel als „externer" Förderer und Gründer der mittelrheinischen Häuser auf, der seine engen Kontakte zu den Familien der Nassauer, Eppsteiner und Königsteiner im Hinblick auf die Gründungen in Marienthal, Königstein und Butzbach nutzte, bevor er selbst als Fraterherr in das Butzbacher Stift eintrat. In Württemberg schließlich wurden die schon bei den mittelrheinischen Häusern angelegten Strukturen noch einmal intensiviert, d.h. die Fraterherren wurden nicht nur punktuell eingesetzt, sondern sie spielten im politischen Gesamtkonzept Eberhards im Bart eine tragende Rolle. Die Verbindungen der Fraterherren, insbesondere Gabriel Biels und Wendelin Steinbachs, zum Landesherrn wurden dabei derart intensiviert, daß sie als als Ratgeber einen enormen Einfluß auf die landesherrliche Politik ausübten.

Das gemeinsame Vorgehen von Eberhard und Biel bei der Ansiedlung der Brüder in Württemberg zielte in ganz besonderem Maße auf die Einbindung der Fraterherren in territoriale Strukturen, die Instrumentalisierung der Brüderbewegung für das Land. Dabei kam es zu völlig neuen, für die Devotio moderna bislang untypischen Formen, indem die Brüder beispielsweise im Zusammenhang mit der Universitätsgründung eine wichtige Funktion ausübten. Eberhard und Biel sahen in der Verbindung von spirituellem Gemeinschaftsleben, theologischer Wissenschaft und deren praxisorientierter Umsetzung ein probates Mittel zur Verbesserung der Seelsorge und ein Modell zur Reform des Weltklerus. Gemeinsame Vorstellungen von Kirchen- und Bildungspolitik wurden auch entsprechend institutionell umgesetzt: In Tübingen durch die Universität (1477) und das Studienhaus der Brüder auf dem Schloß (1482); in der Residenz Urach durch die Ansiedlung der Fraterherren (1477), die Leitung der Uracher Lateinschule durch die Brüder (1477), die Einrichtung einer Papiermühle (1477) und die Berufung des Esslinger Druckers Konrad Fyner (1479). Eberhard schuf innerhalb kurzer Zeit die Voraussetzungen für ein höheres Bildungswesen und integrierte die Brüder in dieses Konzept. Eine weitere Komponente kam schließlich mit der Gründung des

Einsiedel als geistig-religiöse Legitimation eines ständischen Regiments hinzu. Eberhard verknüpfte hier landespolitische Zielsetzungen mit dem spirituellen Umfeld der Devotio moderna.

Bei der Frage nach der organisatorischen Umsetzung dieser insgesamt neuen Aufgabenstellungen ist deutlich geworden, daß Biel mit der Gestaltung des Oberdeutschen Generalkapitels sich keineswegs von der Devotio moderna abwandte und eine völlige Neuschöpfung vornahm. Er griff dabei auf drei grundlegende Elemente zurück, die alle einen engen Zusammenhang zur Devotio moderna aufwiesen, und formte sie zu einem straffen Verband. Auch in dieser Vorgehensweise erwies sich Biel – wie in seinen Schriften – als „Eklektiker“:

An erster Stelle wurden die Grundlagen und Traditionen der Brüder vom Gemeinsamen Leben beibehalten. Dies zeigt sich in den programmatischen Schriften Gabriel Biels über das gemeinsame Leben. Mit seiner Argumentationsweise und seinen Hauptthesen, allen voran der Legitimation des *medius modus vivendi* und der Orientierung an der vollkommenen Güter- und Lebensgemeinschaft der Apostel, steht er in der Tradition zahlreicher Verteidigungsschriften aus dem Umfeld der Devotio moderna und hier besonders der Schrift Gerhard Zerbolt von Zutphens *Super modo vivendi devotorum hominum*. Auf der anderen Seite weisen die Statuten des Oberdeutschen Generalkapitels zahlreiche Bestimmungen auf, die sich – zum Teil sogar wörtlich – auf die Herforder und sogar auf die Zwollenser Hausordnungen zurückführen lassen. Auch bei der Verbandsbildung orientierte sich Biel stark an Strukturen, die schon im Münsterschen Kolloquium ausgebildet waren.

An zweiter Stelle stand das Privileg Papst Eugens IV. von 1439, das die rechtliche Grundlage für das Oberdeutsche Generalkapitel bildete. Die oberdeutschen Kanoniker beriefen sich von Anfang an auf dieses Privileg und ließen es sich bei allen Gründungen von päpstlicher Seite bestätigen. Gabriel Biel schöpfte diese Möglichkeiten voll aus, indem er die flexible Institution des Kollegiatstifts nun für die Devotio moderna umsetzte. Dabei ist deutlich geworden, daß er nicht die Grundprinzipen des gemeinsamen Lebens zugunsten eines bepfründeten Kanonikertums opferte, sondern – gerade umgekehrt – die Stiftskirche für die Zielsetzung der Devotio moderna adaptierte. Dabei wurden traditionelle Strukturen des Stifts zum größten Teil umgewandelt, was besonders an der Beibehaltung der Gütergemeinschaft zum Ausdruck kam. In diesem Zusammenhang kann auch von einer Klerikalisierung der Devotio moderna nicht die Rede sein, denn das Institut des Laienbruders wurde beibehalten. Diese Modifizierung der Stiftskirchenverfassung wie auch die Ausbildung eines straffen Generalkapitels mit dem Recht, einheitliche und verbindliche Statuten zu erlassen, waren schon im Privileg Eugens IV. ausdrücklich vorgesehen. Aufgrund der Inkorporation der einzelnen Häuser in das Generalkapitel und der strikten Gehorsamspflicht der Kanoniker waren viel strengere Voraussetzungen gegeben als beim Münsterschen Kolloquium.

Bei der detaillierten Ausgestaltung dieses vorgegebenen Rahmens orientierte sich Biel schließlich auch an monastischen Formen der Verbandsbildung. Zahlreiche Übereinstimmungen bei der strengen Reglementierung des Tagesablaufs verweisen hier auf die Windesheimer Kongregation, den klösterlichen Zweig der Devotio moderna. Eine strenge Verbandsorganisation in Form eines Generalkapitels, verbindliche Statuten und eine stark eingeschränkte Autarkie der einzelnen Konvente sind Elemente aus der Ordensreform, die nun auf die Stiftskirchen der oberdeutschen Kanoniker übertragen wurden.

Das oberdeutsche Modell der Devotio moderna erweist sich somit als Synthese – oder etwas schwächer formuliert – als Koalition von brüderlicher Spiritualität, monastischer Disziplin und stiftischer Flexibilität. Der Verband war auf der einen Seite so streng organisiert, daß eine einheitliche Observanz gewährleistet war, auf der anderen Seite aber war er so flexibel – und dies war offenbar dem Landesherrn wichtig –, daß auch eine so eigenwillige Gründung wie der Einsiedel integriert werden konnte. In organisatorischer Hinsicht haben sich die oberdeutschen Kanoniker in der Tat von der ursprünglichen, charakteristischen Form des *status medius* und der *societas* entfernt. Sie haben die strikte *via media* zwischen Weltklerus und Ordenswesen verlassen und dabei eine *via quasi monastica* eingeschlagen. In ihrer spirituellen Ausrichtung hingegen bewahrten die Kanoniker die alten Ideale der Devotio moderna. Insgesamt kam dabei in Zusammenarbeit mit dem Landesherrn ein Modell zustande, das besonders geeignet war, das Potential einer Reformbewegung für das Land nutzbar zu machen. Deshalb sollte dieser Weg nicht als Verfall, sondern vielmehr als Weiterentwicklung der ursprünglichen Lebensform bezeichnet werden.

Gerade die enge Zusammenarbeit von Gabriel Biel und Eberhard im Bart zeigt, daß beide Partner aufgrund eines tiefen Vertrauens zu gegenseitigen Konzessionen bereit waren. Die Instrumentalisierung der Brüderbewegung für die landesherrliche Kirchenreform Graf Eberhards, auf die Biel sich einließ, hinderte die Bewahrung des Brüderideals der *vita communis* nicht, sondern beließ ihr den notwendigen Freiraum, denn der Landesherr verzichtete im Gegenzug auf grundlegende Rechte an den Stiftskirchen. Beide Hauptakteure, Eberhard im Bart und Gabriel Biel, sahen ihre Ziele erfüllt. Insgesamt war das Modell aber wohl zu sehr auf die beiden Persönlichkeiten zugeschnitten und mußte deshalb ein „temporäres“ bleiben. Noch vor der Reformation sicherte sich Herzog Ulrich die Verfügungsgewalt über die Stifte – indem er die brüderliche Lebensform aufhob.

Wurde bisher der oberdeutsche Weg als von der Devotio moderna wegführende Sonderentwicklung eingestuft, konnte nun in dieser Arbeit nachgewiesen werden, daß Gabriel Biel mit dem Generalkapitel eine Organisationsform geschaffen hatte, die bei den norddeutschen Brüdern offenbar nicht nur Anerkennung fand, sondern schließlich bei der Umgestaltung des Münsterschen Kolloquiums 1499 in wesentlichen Teilen als Modell übernommen wurde.

VI Edition

Zur Einrichtung der Edition

Als Editionsgrundsätze wurden die von der Arbeitsgemeinschaft außeruniversitärer Forschungseinrichtungen herausgegebenen *Empfehlungen zur Edition frühneuzeitlicher Texte* zugrunde gelegt.[1] Die Wiedergabe der Texte erfolgt dementsprechend buchstabengetreu mit Ausnahme von *u* und *v*, die dem Lautwert entsprechend wiedergegeben werden. In dem deutschen Text der Einsiedel-Statuten (VI,2.2) werden außerdem *i* und *j* nach Lautwert verwendet, während in den übrigen lateinischen Texten *j* generell mit *i* wiedergegeben wird. Der Bestand an Konsonanten wurde gewahrt (*capittulum, stifft*), lediglich *unnd* (*unndt*) wurde durchgehend zu *und* reduziert. In den lateinischen Texten wurde e-caudata durchgängig mit *ae* wiedergegeben. Diakritische Zeichen und übergeschriebene Vokale im Text der Einsiedel-Statuten (VI,2.2) wurden folgendermaßen behandelt: Übergeschriebenes *e*, mehr oder weniger ausgeschrieben oder in Form von zwei mehr oder weniger schräggestellten Punkten wird mit zwei Punkten (*ü*) wiedergegeben. Übergeschriebenes *o* erscheint nur dort, wo es im Text eindeutig ausgeführt wurde. Andere Zeichen, wie kleine Striche oder kleine Bögen, die in der Handschrift insgesamt sehr uneinheitlich vorkommen, wurden durchgängig mit Akut (*ú*) wiedergegeben.

Es erfolgt durchgängig Kleinschreibung mit Ausnahme von Eigennamen, Satzanfängen und der Nomina Sacra (*Deus, Salvator, Christus*). Alle Eigennamen sind entsprechend der Vorlage wiedergegeben. Abbreviaturen wurden entsprechend der jeweiligen Schreibweise in den Texten aufgelöst. Um die Lektüre nicht unnötig zu erschweren, wurde die Interpunktion so gehandhabt, daß sie das Textverständnis erleichtert. Der Text wird durch Absätze unterteilt, wobei Hinweise aus den Handschriften (Absatzzeichen oder Initialien) berücksichtigt worden sind. Als Hervorhebungen sind folgende Zeichen und Auszeichnungen verwendet worden: Spitze Klammern 〈 〉 wurden für Konjekturen des Editors verwendet. Wörtliche Zitate und gegebenenfalls Zitatanklänge wurden soweit wie möglich nachgewiesen und sind durch *Kursivdruck* hervorgehoben. Der Seitenwechsel der Vorlage wird in eckigen Klammern [fol. 13^{r}] angegeben.

Die Texte sind mit zwei Apparaten ausgestattet: Im Quellenapparat, der durch hochgestellte Zahlen (Fußnoten) erschlossen ist, werden Sacherläuterungen, Ver-

---

[1] EMPFEHLUNGEN ZUR EDITION FRÜHNEUZEITLICHER TEXTE. [Hrsg. von dem Arbeitskreis „Editionsprobleme der frühen Neuzeit"]. In: Jahrbuch der historischen Forschung in der Bundesrepublik Deutschland 1980, S. 85–96.

weise und Zitate nachgewiesen. Der Quellenhinweis besteht aus Autor, Titel und Angabe der benutzten Ausgabe (Ausnahme: Bibelstellen). Zitate aus kritischen Ausgaben befolgen die dort gültigen Richtlinien und sind im Quellenapparat *kursiv* gesetzt. Der textkritische Apparat wird durch hochgestellte Buchstaben erschlossen. Hier sind Varianten, Korrekturen und auch Marginalien angegeben. Orthographische Varianten (*c/t, y/i, np/mp, nq/mq; nm/mm*) blieben unberücksichtigt. Alle Bemerkungen des Editors sind *kursiv* gesetzt. Die Siglen stehen immer am Ende einer Variante. Bei der Edition des *Tractatus de communi vita clericorum* (Kapitel VI,3) blieben die Abweichungen zur Edition von William M. Landeen unberücksichtigt, da es sich hierbei um keine echte Varianten, sondern vielmehr um Druck- bzw. Flüchtigkeitsfehler handelt (vgl. z.B. 3^{v}: *non* statt *nos*; 4^{r}: *dicator* statt *dicatur*; 11^{r}: *anti* statt *ante*; 11^{v}: *numerous* statt *numerus*).

Im Apparat wurden folgende Siglen verwendet:

Da	Darmstadt, Hessisches Staatsarchiv, A 3, Nr. 61/228: Papst Innozenz VIII. für die Brüder vom gemeinsamen Leben in Oberdeutschland. (1492, Mai 11).
De	Den Haag, Königliche Bibliothek, Hs 75 G 58: Tractatus Magistri Gabrielis Byell De communi vita clericorum.
Doebner	Doebner, Richard: Annalen und Akten der Brüder des gemeinsamen Lebens im Lüchtenhofe zu Hildesheim. Hannover, Leipzig 1903. (Quellen und Darstellungen zur Geschichte Niedersachsens 9). S. 209–245: Statuta domus seu congregationis Fratrum Hildesiae [Statuten der Münsterischen Union].
E	[Eberhard V. von Württemberg]: Stiftung des Stifts St. Peter zum Einsiedel im Schönbuch (1492). Statuten sowie Stiftungs- und Bestätigungsbriefe hrsg. von Gabriel Biel. Ulm: Johannes Reger 2. März 1493.
H	Hamburg, Staats- und Universitätsbibliothek, Cod. Theol. 1567: [Statuten des oberdeutschen Generalkapitels] Statuta, ordinationes, exhortationes, salubriaque monita pariter et consuetudines laudabiles canonicorum, presbiterorum et clericorum secularium in communi vivencium Alemanie superioris.
M	Münster, Diözesanarchiv, GV U 1729: Papst Eugen IV. gibt den Fraterherren in Münster, Köln und Wesel die apostolische Bestätigung (1439, April 18).
Mansi	Mansi, Joannes Dominicus: Sacrorum conciliorum nova et amplissima collectio. Vol. 29, Sp. 105f.
Moser	[Moser, Johann Jakob]: Sammlung allerley hin und wieder in dern Büchern oder auch einzeln gedruckter, das Hochfürstliche Haus und Hertzogthum Würtemberg betreffender Urkunden zum Dienst und Nutzen derer Würtembergischen Räthe, Beamten und Unterthanen zusammen heraußgegeben. Erster Theil. Tübingen 1732, S. 103–182.
S1	Stuttgart, Hauptstaatsarchiv, A 522, U 6/7: Bischof Thomas von Konstanz bestätigt die Stiftung des Einsiedel und nimmt die Grundsteinlegung vor (1492, September 4).
S2	Stuttgart, Hauptstaatsarchiv, A 522, U 1: Papst Innozenz VIII. bestätigt die Stiftung des Einsiedel (1492, Juni 2).
Tr	Trier, Stadtbibliothek, Hs 796: Collatio patris reverendi Gabrihelis ⟨Biel⟩ ⟨De vita communi⟩

1 *Statuten des Oberdeutschen Generalkapitels*[1]

Inhaltsübersicht

[1] Dem Text liegt folgende Handschrift zugrunde: SUB Hamburg, Cod. Theol. 1567. Papierhandschrift in 4°; 102 Bll.; 20 x 14,3 cm; um 1500; 25–28 Zeilen; Kursive; üblich rubriziert. Lagen: Pergamentspiegel, dessen Gegenblatt als Falz sichtbar zwischen fol. 2 und 3; (1–2)II in der Lagenmitte Peramentfalz + (3–66) 8 IV + (67–72) III + (73–96) 3 IV + (97–100) II + (101–102) 1 Doppelblatt, zwischen fol. 100 und 101 Pergamentfalz (Rest des Gegenblatts, das zum hinteren Spiegel gehört). Lagensignaturen a–n (in a–d Buchstaben und Ziffer mit roter Tinte geschrieben). Beide Einbandspiegel beschriebenes Pergament (Fragment aus einer Musikhandschrift mit Noten). Vorderer Spiegel: Uffenbachs Exlibris und 16 x 11 cm Papier mit Inhaltsangabe von einer Hand aus der Zeit des Schreibers. Darüber befindet sich eine geschabte Eintragung aus der Zeit des Schreibers, die jedoch auch mit UV-Lupe nicht entziffert werden konnte. Gepreßter, brauner Halbledereinband über Holzdeckeln, Lederrücken mit Einzelstempeln verziert (im Rombus eine Lilie, im Kreis ein Lamm). Fol. 2^{r} Uffenbach-Signatur *534 n. 56*. Fol. 3^{r} Namenseintrag

⟨Statuta, ordinationes, exhortationes, salubriaque monita pariter et consuetudines laudabiles canonicorum, presbiterorum et clericorum secularium in communi vivencium Alemanie superioris⟩[2]

[fol. 1v] Generale capitulum in Butzbach[a] [3] celebratum ordinavit, quod statuta hec legantur sepe saltem in quatuor temporibus[4], sed capitula de moribus et disciplina fratrum sepius legantur videlicet capitulum[b] de divino officio[c], de privatis fratrum exerciciis, de proprietatis abdicacione, de obediencia 8, de mutua concordia, de continencia, de leccione mense, de preparacione mense, de somno et quiete xvi, de silencio, de manuum laboribus, de itinerantibus, de satisfaccione pro culpis.

[fol. 3r] Incipiunt statuta, ordinationes, exhortationes, salubriaque monita pariter et consuetudines laudabiles canonicorum, presbiterorum et clericorum secularium in communi ⟨vi⟩vencium[d] Alemanie superioris.

Et primum ordine recto ponentur veluti bases et fundamenta totius status vitae communis ea, que summi pontifices ediderunt, statuerunt, ordinaverunt et servari preceperunt, prout ex eorundem summorum pontificum bullis apostolicis Martini quinti[5], Eugeni quarti[6], Pauli secundi[7], Sixti quarti[8], Innocencii octavi[9] per nostrum generale capitulum ad hoc tunc legittime congregatum fideliter sunt extracta pariter et elaborata. Dehinc diffusiori contextu annectuntur ea, que nostrum generale capitulum auctoritate apostolica fultum statuit, decrevit, ordinavit ac servari precepit nolens tamen per hoc virtute capitularis talis modi, constitutionis, decreti et ordinationis transgressores ad culpam, sed dumtaxat ad penam moderatam temporalem obligare, prout inferius suis in locis clarius exponetur.[10]

Circa primam statutorum partem hoc premittendum esse duximus pro legencium eruditione, quod statuta, ordinationes, concessiones, privilegia et indulta

a in Butzbach] *nur teilweise lesbar H* **b** capitulum] *folgt durchgestrichen* de *H* **c** officio] *folgt durchgestrichen* de itinerantibus *H* **d** vi] *verderbte Stelle H*

J. H. Majus F. – Vgl. Die theologischen Handschriften der Staats- und Universitätsbibliothek Hamburg. Band 2: Quarthandschriften. Cod. theol. 1252–1750. Beschrieben von Nilüfer Krüger. Stuttgart 1985. (Katalog der Handschriften der Staats- und Universitätsbibliothek Hamburg 2). – Zur Datierung der Handschrift vgl. oben Kapitel IV,3.1.

[2] Vgl. Statuta [Generalkapitel], fol. 3r. – Mit der Zusatzbezeichnung „in Oberdeutschland“ kommt die räumliche Erweiterung des Generalkapitels und der große Anteil der württembergischen Brüderhäuser zum Ausdruck. Vgl. auch Schöntag, Anfänge, S. 476; Monasticon 2, S. 245.

[3] Stift St. Markus in Butzbach (Hessen).

[4] Vgl. Statuta [Münstersche Union]. Ed. Doebner, S. 212: *Librum istum constitutionum saepius in conventu fratrum legendum decernimus.*

[5] Papst Martin V. (1417–1431).

[6] Papst Eugen IV. (1431–1447).

[7] Papst Paul II. (1464–1471).

[8] Papst Sixtus IV. (1471–1484).

[9] Papst Innozenz VIII. (1484–1492).

[10] Vgl. Statuta [Generalkapitel], fol. 15v u. fol. 95v–98v: *De satisfactione pro culpis iniungendis capitulum secundum.*

apostolica subnotata saltem pro maiori parte pr⟨i⟩mitus[a] concessa et data fuere ab Eugenio quarto[11] executore apostolico Antonio Ostiensi episcopo[12] domibus et ecclesiis collegiatis ad fontem salientem in Monasterio[13], ad latum rivum in Colonia[14], ad sanctum Martinum in inferiori Wesalia[15], Monasteriensis[16] et Coloniensis[17] dyocesium. Et quia domus et ecclesiae nostri generalis capituli Alemanie superioris ad instar prefatarum ecclesiarum collegiatarum erecte sunt et unite pariter et in- **[fol. 3v]** corporate collegiatibus quoque titulis et ornamentis insignite singularum tamen ecclesiarum titulis firmis remanentibus, ideo pleraque et fere omnia privilegia, concessiones, ordinationes et indulta per prefatum Eugenium quartum[18] et Antonium Ostiensem episcopum[19] prefatis ecclesiis et domibus Alemanie basse data et concessa ad nostri generalis capituli ecclesias per romanos pontifices desuper confectarum litterarum vigore sunt extensa ac de novo pro eisdem data, concessa, statuta et ordinata. Eapropter stilum temperando quasi omnia et singula pro nostris ecclesiis dumtaxat romanis pontificibus facta sint, habita, gesta, ordinata pariter et statuta acta pontificum placuit recitare huiusmodi sub tenore.

Capitulum primum[20]
⟨Bases et fundamenta totius status vitae communis, que summi pontifices ediderunt, statuerunt, ordinaverunt et servari preceperunt⟩[21]

Imprimis itaque statuunt ac ordinant summi pontifices, quod ecclesie collegiate canonicorum presbiterorum in communi vivencium Alemanie superioris N. et N. *collegiatibus*[b] *titulis et insigniis ornate et decorate in simul* sint *unite*, *incorporate* perpetue *et annexe ita, quod unius* ecclesie *canonicus cuiuslibet aliarum ecclesiarum* dictarum *cano-*

a primitus] premitus *H* **b** collegiatibus] collegiatibus *H*; collegialibus *M*

[11] Papst Eugen IV. (1431–1447) bestätigte in der Bulle vom 18. April 1439 (DiözesanA Münster, GV U 1729; Druck der Urkunde bei Miraeus, Regulae et constitutiones, S. 11f.) die Brüderhäuser in Münster, Köln und Wesel. Außerdem gestattete er, daß die bestehenden Kapellen zu Stiftskirchen erhoben und zugleich zu einem Generalkapitel mit umfassenden Kompetenzen vereinigt werden sollten. Vgl. dazu oben Kapitel II,2.2.

[12] Antonius Correr, Kardinalbischof von Ostia (1431–1445), war mit der Durchführung des Privilegs beauftragt. (Die Exekutionsschreiben vom 29.04.1439 und vom 04.05.1439 sind gedruckt bei Miraeus, Regulae et constitutiones, S. 12f.).

[13] Fraterhaus „Zum Springborn" in Münster (Nordrhein-Westfalen).

[14] Fraterhaus St. Michael „Zum Weidenbach" in Köln (Nordrhein-Westfalen).

[15] Fraterhaus St. Martin in Wesel (Nordrhein-Westfalen)

[16] Diözese Münster.

[17] Diözese Köln.

[18] Papst Eugen IV. (1431–1447).

[19] Antonius Correr, Kardinalbischof von Ostia (1431–1445).

[20] Vgl. Statuta [Münstersche Union]. Ed. Doebner, S. 210–212: *Statuta et ordinaciones ex bulla Eugeniana.*

[21] Vgl. Statuta [Generalkapitel], fol. 3r, fol. 9v: *Bases et fundamenta totius nostri status ac conversationis vitae communis.*

nicus censeatur firmis tamen remanentibus singularum ecclesiarum titulis ipseque *ecclesie* erecte *per presentes canonicos et futuros habitentur perpetuis futuris temporibus.*[22]

Item, quod dictarum ecclesiarum canonici in aliqua ipsarum ecclesiarum *continuo residere missasque et alia divina diurna* et *nocturna officia celebrare, dicere et recitare teneantur.*[23]

Item, quod dicti canonici presentes **[fol. 4r]** et futuri *in communi absque tamen mendicitate viv*ant ita, *quod nullus ex canonicis huiusmodi collegi*orum *aliquid proprii habere, tenere aut possidere seu sibi quomodolibet vendicare possit, sed omnia et singula res et bona canonicorum collegii huiusmodi per ipsos seu* ipsorum *aliquem tam ex hereditate* quam *hereditatibus* aut *per labores manuum suarum vel alias quomodolibet licite tamen acquisita hactenus vel in posterum acquirenda illi vel illis ecclesiis prefatis, in qua* vel *quibus eos tempore acquisitionis huiusmodi residere contigerit, ex tunc perpetu*e *applicata fuisse et esse censeantur et ad eam vel eas*, eciam[a] *si canonicus* vel *canonici huiusmodi, ex cuius seu quorum persona* vel *personis res et bona predicta, ut premittitur, illi vel illis tunc* pro*venerint, a consorcio canonicorum nec non* ab *huiusmodi collegio recesserit vel recesserint, perpetu*e *pertinere debeant et spectare.*[24]

Item, quod *fructus*, redditus et proventus *quarumlibet ecclesiarum* nostri generalis capituli *rerum et bonorum* omnium *presencium et futurorum non per speciales porciones, sed dumtaxat inter canonicos in illis pro tempore residentes communiter* et *alias in eorum et ecclesiarum usum et utilitatem distribuantur et exponantur.*[25]

Item *singule ecclesie per singulos prepositos, qui de numero canonicorum huiusmodi collegii exist*unt, tamquam capita *perpetuis futuris temporibus gubernentur pariter et regantur.*[26]

Item, quod prepositus huiusmodi et caput *per generale capitulum* dicti *collegii ad tempus seu tempora, de quo* vel de *quibus ipsi generali capitulo videbitur, eligi v⟨a⟩*leat[b] *absque* tamen *alicuius desuper faciende apostolice* sedis *seu ordinarie confirmationis seu provisionis am-* **[fol. 4v]** *miniculo, alias iuxta statuta et ordinationes per generale capitulum faciend*as.[27]

Item *quilibet prepositorum sic electus per generale capitulum etiam, quociens eis videbitur, ⟨a regimine⟩*[c] *et gubernatione ecclesie, ⟨ad quam⟩*[d] *sic electus extiterit, amoveri et loco ipsius*[e] *amoti seu illius ex dictis pro tempore prepositis, cuius tunc sue electionis tempus lapsum extiterit, alius denuo alias, ut premittitur, ad regimen ⟨seu⟩*[f] *gubernationem huiusmodi eligi valeat seu deputari.*[28]

a eciam] ecciá *H*; etiam *M* DOEBNER **b** valeat] veleat *H*; valeat *M* **c** a regimine] a regimine *M* DOEBNER; *fehlt H* **d** ad quam] a qua *H*; ad quam *M* DOEBNER **e** amoveri ... ipsius] *folgt wohl versehentlich* amoveri et loco ipsius *H* **f** seu] seu *M* DOEBNER; *fehlt H*

[22] Vgl. DiözesanA Münster, GV U 1729.
[23] Vgl. DiözesanA Münster, GV U 1729.
[24] Vgl. DiözesanA Münster, GV U 1729.
[25] Vgl. DiözesanA Münster, GV U 1729.
[26] Vgl. DiözesanA Münster, GV U 1729.
[27] Vgl. DiözesanA Münster, GV U 1729.
[28] Vgl. DiözesanA Münster, GV U 1729.

Item prepositus sic electus per generale capitulum *propterea propriam porcionem vel specialem non habeat* in bonis, proventibus, fructibus, redditibus, emolimentis aut obventionibus ecclesiae suae aut collegii, *sed* ei *in communi sicut cuilibet de canonicis huiusmodi collegii dumtaxat vitae necessaria ministrentur.*[29]

Preterea conceditur facultas et libertas *generali capitulo collegii canonicorum*[a] *huiusmodi, quod pro tempore fieri ⟨contigerit⟩*[b], *quecumque,* quomodocumque et *qualicumque pro statu et directione felici eorum ac dictarum ecclesiarum* et *divini cultus in eis conservatione et augmento salubria, decencia, honesta et utilia statuta, ordinationes, constitutiones et decreta faciendi et condendi* eaque *sic confecta mutandi, corrigendi et minuendi prout ipsis expediens videbitur et sub penis condecentibus per ipsos pro tempore canonicos servari mandandi et decernendi necnon ab eis pro* **[fol. 5r]** *tempore deputandis officialibus omnes et singulos prepositos, canonicos et personas ecclesiarum predictarum et cuiuslibet earundem pro suis excessibus et delictis alias iuxta statuta et ordinationes faciendas* huiusmodi *castigandi, corrigendi, puniendi, carcerandi et eorum officiis necnon rebelles ex eis de collegio predicto privandi et ab illis realiter amovendi et alia circa hoc pro tempore necessaria et oportuna faciendi et exequendi, ita quod privatus alias extra illud contra statuta et ordinationes predictas permanens privilegiis predictis vel eorum aliquo gaudere non debeat.*[30]

Insuper conceditur facultas, quod sacerdotes *per* nostrum *generale capitulum deputati pro tempore quorumcumque officialium, prepositorum, canonicorum, familiarium serviencium et personarum predictarum* possint *confessiones audire et pro commissis* non tamen sedi apostolicae reservatis *penitenciam salutarem iniungere eisque eucaristie et alia ecclesiastica sacramenta ministrare* ac cum canonicis predictis, qui *ex negligencia seu alias minus accurate in presencia excommunicatorum illis* non *exclusis celebrassent*, *super irregularitate dispensare* propterea[c] contracta *dispensare*.[31]

Item, *quod ipsi canonici aliquem in canonicum alicuius* dictarum ecclesiarum *vigore quarumcumque* litterarum apostolicarum *recipere vel admittere* **[fol. 5v]** *minime teneantur nec ad id inviti compelli possint*[32], quod ipsi canonici pro tempore *interdicti clausis ianuis ⟨ac⟩*[d] *excommunicatis et interdictis* prorsus *exclusis* et *non pulsatis campanis*, sed *submissa voce in* sua *ac dictorum familiarium serviencium et personarum presencia missas celebrare* libere et licite possint.[33]

Item, quod *liceat canonicis in sacerdocio pro tempore constitutis et eorum cuilibet missam, antequam lucescat dies, prope tamen diurnam lucem celebrare.*[34]

Item conceditur eisdem canonicis et eorum cuilibet, *quod nullum quavis excommunicationis sentencia pro tempore irretitum, nisi publice excommunicatus denunctiatus extiterit, in ecclesiis* suis et temporibus celebracionum divinorum officiorum vel

a canonicorum] *verbessert aus* canicorum *H* **b** contigerit] contigerit *M* DOEBNER; *fehlt H*
c propterea] *verbessert aus* proptere *H* **d** ac] ac *M*; *fehlt H*

[29] Vgl. DiözesanA Münster, GV U 1729.
[30] Vgl. DiözesanA Münster, GV U 1729.
[31] Vgl. DiözesanA Münster, GV U 1729.
[32] Vgl. DiözesanA Münster, GV U 1729.
[33] Vgl. DiözesanA Münster, GV U 1729.
[34] Vgl. DiözesanA Münster, GV U 1729.

alias quomodolibet *evitare tenea*ntur nec id eis vel eorum alicui ad culpam valeat imputari.[35]

Item, quod singularum ecclesiarum nostrarum transmarina ac beatorum Petri et Pauli apostolorum ac alia peregrinationis et abstinenciae vota per ipsos canonicos emissa in alia pietatis opera commutare possint.

Insuper, quod omnes et singuli canonici predicti *penitentes et confessi singulas per sedem apostolicam* Cristi *fidelibus ecclesias tam intra quam extra urbem consistentes diebus stationum visitantibus concessas indulgencias* huiusmodi stationum diebus consequantur *per inde ac si* **[fol. 6r]** *dictas ecclesias* urbis personaliter *visita*rent, *conced*itur pariter *et indulg*etur.[36]

Demum conceditur *singulis canonicis pro tempore existentibus eorumque familiaribus servientibus et personis huiusmodi, quod* sacerdos *ydoneus* per eos eligendus *omnium peccatorum suorum, de quibus corde contriti et ore confessi fuerint*, plenariam *remissionem semel dumtaxat in mortis articulo* indulgere et *concedere* possit, dummodo tamen occasione talis indulti non peccaverint salvo, quod unius anni ieiunium in feria sexta *legittimo cessante impedimento* perficiant; quod si in sexta feria ex *iniuncta penitencia, vota vel alias ieiunare teneantur*, poterint ieiunium suum in diem aliam transferre; quod si ante finem anni *legittime impediti* ieiunium non expleverint, *anno sequenti* studeant implere, quod neglectum est; quod si *commode ieiunium* explere non poterunt *in toto vel in parte*, licitum sit confessoribus eorundem *ieiunium* tale *in alia pietatis opera commutare*, ad quorum executionem debent esse astricti,[37] prout hec et quedam alia in Eugenii ac Antonii predictorum nec non super eiusdem Eugenii pape[38] litteris factis et habitis processibus ac instrumentibus publicis eiusdem Antonii[39] sigillo munitis plenius continetur. Hec omnia et singula, tametsi temporis sucessu **[fol. 6v]** ad singulas nostras ecclesias per romanos pontifices singulatim sint extensa, attamen pro pociori tutela, ut firmius perdurarent.

Sixtus papa quartus[40] ad requisicionem precelsi et magnifici Eberhardi[41] incliti ducis in Wirttenberg et Deck tunc comitis ipsorumque prepositorum et canonicorum in communi ut prefertur vivencium auctoritate apostolica approbavit, confirmavit ac scripto, ut moris est, connmunivit illaque omnia et singula, quecumque per dominum Antonium episcopum eciam vigore mandati vive vocis oraculo sibi facti facta sunt, gesta sunt et habita, robor apostolice et perpetue firmitatis obtinere volens omnes et singulos defectus, si qui forsitan intervenissent in eisdem, supplevit necnon omnia et singula premissa concessiones, ordinationes, statuta, privilegia, immunitates et indulta, quecumque ad sancti Marci[42] et alias

---

[35] Vgl. Bischof Antonius für Münster (04.05.1439). Gedruckt bei MIRAEUS, Regulae et constitutiones, S. 13.

[36] Vgl. Bischof Antonius für Münster (04.05.1439). Gedruckt bei MIRAEUS, Regulae et constitutiones, S. 13.

[37] Vgl. DiözesanA Münster, GV U 1729.

[38] Papst Eugen IV. (1431–1447).

[39] Antonius Correr, Kardinalbischof von Ostia (1431–1445).

[40] Papst Sixtus IV. (1471–1484).

[41] Eberhard V./I. (der Ältere), Gf./Hg. v. Württemberg.

[42] Stift St. Markus in Butzbach (Hessen).

collegiatas canonicorum, presbiterorum et clericorum in communi vivencium Alemanie superioris eadem auctoritate de novo statuit, fecit et ordinavit et decrevit[43] idem Sixtus, *quod omnes et singuli canonici* et *presbiteri et clerici dictarum ecclesiarum in* earum *receptionibus in dictis ecclesiis* earu⟨n⟩dem[a] *generalis capituli obediencia non recedant*, *nisi ad aliquam ex religionibus* **[fol. 7r]** *approbatis, in qua regularis vigeat observancia, transire* voluerint.[44] Hec ex Sixtiniana diligenter sumpta sunt.

Circa illud ipsum pro canonicorum, presbiterorum et clericorum stabilitate sic statuit, ordinavit et decrevit Innocencius papa octavus[45] sub hoc verborum tenore inquiens:[46] *Auctoritate apostolica tenore*[b] *presencium statuimus, ordinamus ac decrevimus, quod non liceat ipsis prepositis, rectoribus, canonicis, presbiteris et clericis dictarum ecclesiarum, cuiuscumque dignitatis, status, gradus, nobilitatis, preeminencie seu excellen⟨cie⟩*[c] fuerint, *ab eisdem ecclesiis eciam ad religionem approbatam transire, nisi per eos, qui recedere voluerint, licencia, si canonici, presbiteri vel clerici fuerint, a preposito et capitulo ecclesie, a qua recedent, si autem prepositi vel rectores a visitatoribus a generali capitulo constitutis et capitulo ecclesie suae petita, quam ipsi prepositus et capitulum ac visitatores huiusmodi petentibus concedere teneantur ac monasterio vel alio loco huiusmodi religioso, in quo ⟨observantia vigeat regularis quidem seu quem ingredi voluerint, designato et specificato, ad quod⟩*[d] *vel ⟨quem⟩*[e] *infra terminum competentem eis per eosdem prepositum et capitulum ac visitatores iuxta loci distanciam prefigendum absque mora transire et inibi stare et infra unum annum dictum terminum elapsum immediate sequentem dictam religionem intrantibus ad se probandum et, si in tali religione permanere et eandem profiteri* **[fol. 7v]** *voluerint, deliberandum concessum iuxta morem huiusmodi religionis regularem professionem per illius religiosos emitti solitam emittere teneantur, alioquin ad ecclesiam, a qua sic recesserint, dicto*

a earundem] earudem *H* **b** tenore] tenore *Da*; tenorem *H* **c** excellencie] excellencie *Da*; excellen *H* **d** observantia ... ad quod] *Da*; *fehlt H* **e** quem] quem *Da*; *fehlt H*

[43] Vgl. u.a. HStA Stuttgart, A 602, WR 14067 (01.05.1477; Sixtus IV. für Urach): *Ac prepositus, cappitulum, canonici, sacerdotes et clerici ipsius ecclesie sancti Amandi omnibus et singulis privilegys, gracys, indultis, ordinacionibus et statutis per pie memorie Eugenium quartum et Calixtum tercium romani pontifices eciam predecessores nostros ecclesys sive collegys seu domibus fontis salientis et sancti Martini huiusmodi ac in Widenbach Coloniensis in genere concessis et in futurum per romani pontifices seu alias quomodolibet concedendis perpetuo gaudeant et utantur illaque ad ipsam ecclesiam sancti Amandi ac capitulum canonicos sacerdotes et clericos huiusmodi [...] extendimus.* HStA Stuttgart, A 602 WR 9490 (23.03.1481; Sixtus IV. für Herrenberg): *[...] Et insuper omnia et singula privilegia, immunitates, exemptiones, concessiones, ordinationes, statuta, consuetudines et indulta, alys collegiatis ecclesys predictis per nos aut predecessores nostros quomodolibet concessa et in posterum concedenda et quibus ecclesie predicte et illarum prepositi et capitula, ac canonici, presbyteri et clerici in genere, quomodolibet utuntur, potiuntur et gaudent seu uti, potiri et gaudere poterunt, quomodolibet, in futurum ad ipsam ecclesiam beate Marie sic erectam et illius personas auctoritate predicta extendimus et illa eisdem ecclesie beate Marie et personis concessa et concessas esse decernimus.* Die wichtigsten Bestimmungen Sixtus' IV. sind auch enthalten in der Bulle Innozenz' VIII. vom 14.12.1489 für das oberdeutsche Generalkapitel (StA Darmstadt, A 3, Nr. 61/223).

[44] Vgl. StA Darmstadt, A 3, 61/223.

[45] Papst Innozenz VIII. (1484–1492).

[46] StA Darmstadt, A 3, Nr. 61/228 (11.05.1492; Innozenz VIII. für das oberdeutsche Generalkapitel).

probationis anno elapso illico reverti teneantur sub excommunicacionis late sentencie pena quam tam contra facientes quam illi, qui monasterium vel locum religionis huiusmodi infra terminum eis assignatum ingredientes et anno probationis elapso vel adhuc pendente monasterium vel locum huiusmodi ingredientes non illico ad ecclesiam, unde exierant, revertentur.

Et generaliter singuli prepositi, rectores, canonici, presbiteri et clerici prefati premissis in aliquo seorsum vel in omnibus simul quoquomodo contra venientes eo ipso incurrant, a qua ⟨non⟩[a] *nisi per nos vel romanum pontificem pro tempore existentem seu prepositum aut rectorem ecclesie, a qua recesserint, vel eius vicem gerentem preterquam in articulo mortis absolvi nec eciam super voto stabilitatis emisso per eos publice cum eisdem dispensari possi⟨n⟩t*[b] *per litteras dicte sedis vel legatorum eius aut eciam pretextu confessionalium seu quarumque facultatum aut indulgenciarum eciam cruciate et ob tuicionem fidei quibusvis ecclesiis, capittulis, collegiis, conventibus, ordinibus eciam mendicancium* **[fol. 8r]** *et miliciarum hospitalibus confratriis vel universitatibus a nobis vel sede predicta sub quacumque eciam plenissima facultate* aut[c] *sub quibusvis verborum formis et insolitis eciam derogatoriarum derogatoriis clausulis hactenus concessarum et quas quomodolibet in futur⟨um⟩*[d] *concedi continget non facientes plenam et expressam ac de verbo ad verbum non autem per clausulas generales de presentibus nostris litteris mentionem decernentes eciam ⟨ex⟩*[e] *nunc irritum et inane, si secus super hiis a quoquam* quacumque[f] *auctoritate scienter vel ignoranter contigerit attemptari.*

Et si contingat aliquos ex predictis post licenciam huiusmodi religionem probatam[g] *intrandi binis vicibus obtentam tociens ad monasterium vel* religionem[h] *transire et inde reverti, cum ex hoc religionis propositum in ipsis firmum non appareat, prepositus, capittulum et visitatores prefati eisdem licenciam huiusmodi amplius concedere non teneantur. Possintque et debeant singuli prepositi et rectores ecclesiarum, a quibus recedent vel illarum, in quibus primo recepti sunt, vel eorum vicem gerentes eosdem recedentes ⟨ad ecclesias⟩*[i]*, a quibus recesserint vel in quibus* **[fol. 8v]** *primo recepti fuerint, iuxta eorum arbitrium revocare et recedentes ⟨vel⟩*[j] *fugitivos huiusmodi semel in persona*[k]*, si personaliter reperiri possint, sin autem in ecclesiis et locis publicis, de quibus verisimiliter presumatur, quod monicio vel citacio huiusmodi ad eorum noticiam devenire possit, que perinde valeat ac si in persona*[l] *contra eosdem executa fuisset ut moris est monitos, ut redeant, vel citatos dictam sentenciam*[m] *incidisse declarare et successive ipsis deinceps non nisi per affixionem cedule citacionis in valuis ⟨a⟩lterius*[n] *earundem ecclesiarum, a quibus* sic[o] *recesserint vel in quibus primo recepti fuerint citatis eandem excommunicacionis sentenciam aggravare et reaggravare ac loca quecumque, ad que eosdem huiusmodi censuris sic ligatos declinare aut ubi commorari contigerit ecclesiastico interdicto supponere auxilium quoque brachi secularis invocare et eosdem per bonorum et personarum earundem arestacionem, captionem et detencionem ad redeundum ad dictas ecclesias compellere dantes nihilominus et auctoritate* et[p] *tenore predictis concedentes* et[q] *vicem*

a non] non *Da*; *fehlt H* **b** possint] possint *Da*; possit *H* **c** aut] aut *H*; ac *Da* **d** futurum] futurum *Da*; futuro *H* **e** ex] ex *Da*; *fehlt H* **f** quacumque] quacumque *H*; quavis *Da* **g** probatam] probatam *H*; approbatam *Da* **h** religionem] religionem *H*; locum religionis *Da* **i** ad ecclesias] ad ecclesias *Da*; *fehlt H* **j** vel] vel *Da*; *fehlt H* **k** in persona] in persona *H*; in personam *Da* **l** in persona] in persona *H*; in personam *Da* **m** sentenciam] sentenciam *H*; excommunicationis sentenciam *Da* **n** alterius] alterius *Da*; elterius *H* **o** sic] sic *H*; scilicet *Da* **p** et] et *H*; ac *Da* **q** et] et *H*; eydem *Da*

gerentibus eandem prorsus et omnimodam quam prepo- **[fol. 9r]** *situs et rectores predicti in omnibus et singulis etiam presencium vigore habent potestatem, facultatem et auctoritatem et illas ad eosdem extendentes districtius* quoque *inhibentes universis et singulis ecclesiasticis personis et secularibus cuiuscumque dignitatis, status, gradus, ordinis vel condicionis fuerint et quacumque auctoritate fungentibus et functuris sub simili excommunicationis late sentencie quam minores episcopi et sub interdicti ingressus ecclesie penis quam episcopi contrafacientes* incurrant[a] *ipso facto ne dictos recedentes et fugitivos foveant in aliquo* et[b] *defendant aut prepositis et rectoribus collegiis capittulis canonicis presbiteris et clericis predictis in premissis aut premissorum aliquo impediment⟨o⟩*[c] *sint aut ipsis impedientibus auxilium, consilium vel favorem prestent per se vel alium* vel[d] *alios publice vel occulte, directe vel indirecte quovis quesito ingenio vel colore non obstantibus constitucionibus et ordinationibus apostolicis ac omnibus illis, que in aliis litteris nostris predictis volumus non obstare ceterisque contrariis quibuscumque.*[47] Hec Innocentius papa octavus.

Hec decreta, ordinationes et statuta, indulta quoque concessiones, privilegia sedis apostolicae pro nostri genera- **[fol. 9v]** lis capittuli ecclesiis in genere edita[48] et sanxita premisimus veluti bases et fundamenta totius nostri status ac conversationis vitae communis, que omnia et singula pro nobis et succesoribus nostris, prout possumus et debemus, humiliter et obtemperanter in Dei nomine acceptamus; ad ea ipsa quoque colla nostra divina opitulante gratia cum timore submittimus promittentes bona fide loco iuramenti, quod neminem futuris temporibus in canonicum et concapittularem recipiemus, nisi ad eorundem et consimilis promissionis observanciam firmam simili sacramento sese voluerit efficaciter obligare dolo et fraude semotis.

Premissis itaque acceptatis iamiam sedis apostolice privilegiis, indultis, ordinacionibus ac decretis ad statutorum et constitucionum edicionem auctoritate sedis eiusdem, ut supra patuit, suffulti in Dei nomine procedere placuit ordine subnotato. Et tripartita erit: Prima pars de institutis capittularibus canonicorum, presbiterorum et clericorum communis vitae Alemanie superioris. Secunda pars de officiis et officialium electione, confirmatione, auctoritate et constitutione. Tercia pars de culpis et transgressoribus ac penis iniungendis.[49]

a incurrant] incurrant *H*; incurrentes *Da* **b** et] et *H*; aut *Da* **c** impedimento] impedimenti *H*; impedimento *Da* **d** vel] vel *H*; seu *Da*

[47] StA Darmstadt, A 3, Nr. 61/228 (11.05.1492; Innozenz VIII. für das oberdeutsche Generalkapitel).

[48] Vgl. Statuta [Münstersche Union]. Ed. Doebner, S. 211: *Statuta et ordinaciones ex bulla Eugeniana.*

[49] Vgl. Statuta [Münstersche Union]. Ed. Doebner, S. 212: *In tres autem partes dividitur, quarum prima generalis capituli formam, domorum visitationem, electionem rectorum, fratrum receptionem et expulsionis articulos continet. In secunda de officiis et in tertia de generalibus observantiis per ordinem singula tractabuntur.*

⟨Prima pars: De institutis capittularibus canonicorum, presbiterorum et clericorum communis vitae Alemanie superioris⟩[50]

Partis prime capittulum primum de generali capittulo[51]

[fol. 10ʳ] Auctoritate itaque apostolica nobis concessa ad condendum pro nostris statuta, ordinationes ac decreta salubria eaque sic confecta mutandi, corrigendi[a], prout expediens videbitur, ac sub penis condecentibus servandi, mandandi et decernendi statuimus, ordinamus et declaramus, quod capittulum generale ordinarium de biennio in biennium celebretur vice una in aliqua domorum nostrarum dyocesis Maguntinensis[52] vel Treverensis[53] vice altera in Suevia[54] in aliqua domorum nostrarum dyocesis Constanciensis[55] et nihilominus quelibet domus annis singulis imponet unum florenum cum medio fisco communi temporibus visitacionum. Celebrari autem[b] debet capittulum generale per vices secundum ordinem institutionis sive erectionis earundem. Qui ordo permutari non debet, nisi ex causa racionabili et communi consensu.

Ad quod quidem capittulum pro tempore celebrandum convenire teneantur sub non contradicendi pena: Rector cuiuslibet domus personaliter cum uno fratre canonico[c] domus suae, quem fratres capittulares eiusdem domus elegerint et sibi condeputaverint; quibus adiungimus rectorem fratrum studencium in Tubinga[d] [56], ut et ipse cum aliarum domorum rectoribus vocem et locum habeat in capittulo generali. Quod si rector per se ob manifestam ac necessariam causam venire aut domus fratrem mittere non posset, liberum sit tam rectori quam domui huiuscemodi eligere **[fol. 10ᵛ]** personam generali capittulo incorporatam, que loco sui cum plena compareat facultate. Quod si unus fratrum a pluribus rectoribus vel domibus eligeretur, attamen plura quam duo vota habere non debebit, quod si casu aut eo nesciente a pluribus eligeretur, nihilominus non habebit nisi duo vota et liberum esse debet in hoc casu hiis, qui capitulo intersunt, ista alia vota, que excedunt dualitatem, dare vel assignare aliis capittularibus tunc presentibus aut absentibus vel aliter, prout tunc visum fuerit, in ea re pro hac vice disponere adiicientes. Nihilominus, si aliqua domorum in mittendis modo dicto personis negligens foret

a corrigendi] *folgt durchgestrichen* etc. *H* **b** autem] *darüber verdeutlicht H* **c** canonico] *verbessert aus* canico *H* **d** Tubinga] *verbessert aus* Tuwingen *H*

---

50 Vgl. Statuta [Generalkapitel], fol. 9ᵛ.

51 Vgl. Statuta [Münstersche Union]. Ed. Doebner, S. 212–214: *De capitulo generali*. Vgl. oben Kapitel IV,3.2.1.

52 Diözese Mainz. Hierzu gehörten die Brüderhäuser in Marienthal, Königstein und Butzbach.

53 Diözese Trier. Hierzu gehörten die Brüderhäuser in Wolf und Trier.

54 Schwaben.

55 Diözese Konstanz. Hierzu gehörten die Brüderhäuser in Urach, Herrenberg, Dettingen/Erms, Tachenhausen, Einsiedel und Tübingen.

56 Die Fraterherren versahen die Pfarrei St. Johannes und Paulus auf Schloß Tübingen und unterhielten dort ein Haus für die an der Universität studierenden Brüder.

in toto vel in parte, reliqui ad celebrandum generale capitulum congregati ipsum generale capitulum representabunt cum plena potestate agendi, faciendi, ordinandi, exequendi omnia et singula generali capitulo commissa et concessa absencium contradictione in nullo penitus obsistente.

Debent ergo fratres capittulares ad capitulum generale venientes mitti et comparere cum plena potestate, non cum quadam limitata, restricta et conditionata commissione, ut sic vel sic iuxta sui condictionis modum et tenorem et non alias votare, dicere, deliberare aut ad[a] concludendum, deliberandum et agendum consensum prestare debeant. Decernimus enim et volumus huiusmodi conditionatam commissionem ipso facto fore nullam prorsus et inanem. Quod si aliquis contra nostram prohibitionem sic comparuerit in capitulo, privatus **[fol. 11r]** esse debet ipso facto loco et voce in hoc capitulo una cum ceteris suis domesticis fratribus, qui eum miserunt pro hac saltem vice et tempore tocius capittuli. Et nihilominus ceteri tunc presentes et capitulum representantes libere tractare et agere debent omnia et singula pro tunc expedienda sine cuiuscumque contradictione, ut de non venientibus dispositum est. Quibus sic ad locum capitulo deputatum convenientibus addendus erit frater unus capitularis eiusdem ex eadem domo preter eum, qui suo rectori condeputatus fuerat, quem fratres ad capitulum venientes sine rectoribus duxeri⟨n⟩t[b] eligendum.

Quod si in domo illa, in qua generale capitulum celebrandum est, non reperirentur nisi solus pater cum uno fratre canonico ad capitulum ydoneo, extunc idem rector significabit alteri domui, que in personis numerosior, per mensis spacium ante capitulum celebrandum, quatenus domus eadem duos fratres capitulares cum patre mittat, quos fratres domus eiusdem sine rectore deputabunt, ut[c] sic fratrum numerus non sit imminutus et, si in aliqua domo fratres electuri fratrem mittendum capitulo non concordarent, in personam mittendam servetur statutum premissum sive mittant sive non; nihilominus contribuent medium florenum pro relevacione[d] expensarum domus, in qua capitulum celebrabitur.

Per hos rectores aut vices eorum tenentes aut fratres sic, ut premittitur, electos **[fol. 11v]** representabitur[e] capitulum generale. Presidebit autem capitulo rector domus, in qua capitulum pro tempore contigerit celebrari, qui singula diriget et velut dux verbi proponat prior, que voluerit proponenda, et alios[f] ad proponendum evocet, proposita per alios diffuse confuse in articulos breves et succinctos redigat, contendentibus silencium imponat, secreta capituli indicat, vota capitularium[g] colligat, conclusa conscribat aut scribi faciat ex deliberacione maioris partis et secundum pluralitatem votorum singulorum, que ad generale capitulum secundum premissa admissa sunt, diffiniat et concludat nulla facta questione de parte saniori; quo circa attendant[h] domus singule[i], ut personas maturas, tractabiles, providas, divini honoris ac communis boni zelatores mittendas capitulo deputent.

a ad] *unnötige Doppelung* ad ad *H* **b** duxerint] duxerit *H* **c** ut] *am Rand von späterer Hand* ut fratrum numerus non sit imminutus *H* **d** relevacione] *darüber verbessert aus* revelatione *H* **e** representabitur] reprensentabitur *H* **f** alios] *verbessert aus* alias *H* **g** capitularium] *verbessert aus* capitularum *H* **h** attendant] ad attendant *H* **i** singule] *am Rand von späterer Hand* personae maturae mittendae *H*

Congregatis autem predictis ad celebrandum capitulum generale celebranda est missa de spiritu sancto per presidentem vel quem ipse ad hoc ordinaverit, cui persone omnes saltem capitulum generale pro ista vice representantes interesse debebunt. Qua finita ad locum pro capitulo celebrando deputatum convenientibus, qui capitulum representabunt, presidens flexis genibus antiphonam *Veni sancte spiritus*[57] inchoabit ceteris eam in finem persequen- **[fol. 12r]** tibus. Sequitur versus *Emitte spiritum tuum et creabuntur et renovabis*[58] etc., collecta *Deus, qui corda fidelium*[a] [59] etc., quam leget presidens residentibus itaque singulis ex ordine primo rectoribus secundum ordinem domorum[b] sue receptionis, fratribus secundum ordinem[c] sibi assignatum in receptione ad capitulum domesticum.

Tractabunt diligenter et cum tranquillitate statum, habitudinem, profectum et defectum in spiritualibus precipue et temporalibus singularum domorum et personarum omnibus in timore Domini et fraterna caritate secundum datam desuper sapienciam et facultatem occurrendo. Propositis itaque a presidente, que conceperat, per ordinem singulos ad proponendum suis domibus, personis vel communitati necessaria evocet et ea, que non statim facta proposicione poterunt diffiniri, signentur in carta, ut post omnium proposiciones deliberacione maturiore de eisdem disponatur.

Singuli vero rectores et fratres libere sed tamen humiliter proponant et requisiti a presidente vota sua, quicquid melius Dominus inspirare dignabitur, omni humano timore aut favore semotis sola Dei et proximi caritate acti plane, simpliciter, clare, affirmative et negative et intelligibiliter et cum submissione proferant caventes proprie[d], inniti prudencie, alterutrum consilia et vota diligenter auscultantes, ad informacionem parati, **[fol. 12v]** semper animo versantes, quod Dominus *parvulis revela*t, que *sapientibus* in suis oculis *abscondit*[60].

Si vero alicui capittularium non occurreret, quid in proposito melius foret, humiliter is votum suum maiori parti capituli committat et eorum diffinicioni plene consenciat. Si quis autem requisitus votum suum subtraheret tacendo aut tanta obscuritate loquendo, quod intelligi facile non posset, nullum per hoc ceteris impedimentum prestare debebit, quominus possint casum propositum diffinire et plene exequi diffinitum cuiuscumque semota contradictione, quod eciam in omni capitulo particulari tam mensili quam casuali observari debet.

Volumus[e], quod, si quis frater sive canonicus sive non canonicus pro tunc non existens de circulo generalis capituli audiri petat, audiencia sibi concedatur ita tamen, quod mentem suam eidem capitulo scripto per patrem vel fratrem alias mit-

a fidelium] *folgt durchgestrichen* residentibus *H* **b** domorum] *folgt durchgestrichen* sed *H* **c** fratribus secundum ordinem] *am Rand von späterer Hand eingefügt H* **d** proprie] *folgt durchgestrichen* initi *H* **e** Volumus] *am Rand von späterer Hand* audiatur non capitularis *H*

[57] Corpus Antiphonalium Officii 3,5327.

[58] Corpus Antiphonalium Officii 3,2643. Ps 103,30: *emittes spiritum tuum et creabuntur et renovabis faciem terrae.*

[59] Bruylants, Oraisons 2,349.

[60] Lc 10,21: *quod abscondisti haec a sapientibus et prudentibus et revelasti ea parvulis.* Mt 11,25: *quia abscondisti haec a sapientibus et prudentibus et revelasti ea parvulis.*

tendum significet et non in persona propria, nisi visitator in parte illa aliud circa hoc disponeret, aut nisi capitulum in domo eadem pariter celebraretur, nolumus huiusmodi indultum eis sic audiri volentibus ullatenus fomentum rebellionis aut inobediencie, sed per omnia non obstante talismodi ad capitulum futurum relatione ceteris sese conformabunt secundum ordinem vel tenorem statutorum, nisi visitatores singulis in parte sua aliud pro hac vice faciendum decernerent.

[fol. 13r] Postquam vero occurencia singula pro qualitate causarum et facultatum diffinita fuerint et ordinata, deputabuntur visitatores pro singulis domibus et tempora visitacionis. Statuatur eciam terminus futuri capituli generalis. Quibus sic peractis presidens petere debet et recipere racionem a visitatoribus de singulis, que fiscum respiciunt. Vocatoque procuratore domus, in qua capitulum celebratur, recipiat a quolibet ceterarum domorum medium florenum renensem in sublevamen expensarum.

Expeditis itaque omnibus que in capitulo fuerint exposita, quicquid ex hiis decisum, declaratum, diffinitum, statutumve fuerit vel ordinatum in audiencia omnium capitulum generale representancium per notarium capitulo proferendum est et exponendum. Que in vigore simili sicut alie constituciones serventur ab omnibus, donec per succedencia capitula communiter[a] instituantur et destituantur.

Exemplar autem eorum, que diffinita fuerint, sumat secum unusquisque rectorum fratribus domesticae sue congregationis deferendum, quibus fideliter denunciabit, quicquid pro edificatione morum ac conversationis patrum vel fratrum in capitulo celebrato ordinatum fuerit et institutum ita tamen, quod capituli secreta prorsus celentur, prout ad hoc quilibet canonicus sese iuramento **[fol. 13v]** astrinxit.

Dicimus autem secretum capituli, quod in quolibet capitulo presidens indixerit tanquam secretum fore celandum. Non enim prohibetur presidens capituli, quin indicere possit sub prestiti iuramenti debito aliqua tunc capittulariter tractata tanquam secreta capituli fore celanda, que sunt vel odiosa aut ad fratrum non pertinent edificationem et vitae conversationem aut que aliquis capitularium protunc in capitulo vellet, ut secretum celari alias nullatenus sit ipsum dicturus pro utilitate rei publice aut ceterorum sive totius capituli avisione, informatione sive directione aut que ipsum capitulum vel maior pars vellet celari ex causa predicta vel consimili.

Et que sic veluti capituli secreta indicta fuerint a presidente, carte communi non sunt inscribenda, sed in fisco vel alibi, ut placuerit capitulo, diligenter custodienda. Et ne quis ignorancie velamen pro sui excusatione pretendere possit, hanc[b] adiicimus pro fratrum simplicium informatione declarationem, quod dum a presidente in quocumque generali vel particulari capitulo aliquid indicitur per presidentem ut secretum capituli fore celandum, virtute huiusmodi capitularis prohibitionis omnes et singule persone tunc capitulariter congregate ita prohibite esse debent et sunt sub iuramenti prestiti debito, ne cuiquam hominum eciam concapitularibus[d] et fratribus suis quibuscumque pro tunc in hoc capitulo per presidentem pro tem-

a communiter] *darüber von späterer Hand* consequentia *H* **b** hanc] *am Rand von späterer Hand* simplices fratres *H* **d** concapitularibus] *verbessert aus* capitularibus *H*

pore consimili prohibicione non ligatis possint **[fol. 14ʳ]** huiusmodi secretum indictum dicere aut alias revelare.

Et recitatis nominibus defunctorum, si qui a[a] tempore precedentis capituli ordinarii usque tunc ex fratribus aut benefactoribus defuncti sunt, cum psalmo *De profundis*[61] et collectis consuetis concludatur capitulum generale per presidentem brevi exhortacione ad servandum et exequendum ea, que in capitulo ordinata sunt adiungendo flexis genibus psalmum *Ecce quam bonum*[62], *Kyrie eleison, Christe eleison, Kyrie eleison, Pater noster, Et ne nos, Salvos fac*[63], *Esto nobis Domine*[64], *Nihil proficiat*[65], *Domine exaudi, Dominus vobiscum*, collecta *Miserere quaesumus Domine famulis*[66] etc., ut in receptione fratris[67], *Dominus vobiscum, Benedicamus Domino* et *Benedictio Dei patris*[b]. Hec de capitulo ordinario.

Capitulum generale pro preposito sive rectore domus eligendo representabitur per omnes fratres canonicos capitulares non inabiles domus, cui rector preficiendus est, et dumtaxat per aliarum domorum nostrarum visitatores salva tamen limitacione ut infra capitulo *de electione* rectoris et *prepositi*[68], quod convocari debet per fratres capitulares domus, cui providendum est in eadem domo celebrandum. Sed si ex speciali causa unam domum vel duas tantum contingentem congregandum fuerit generale capitulum, id per patres aliarum domorum et fratres, quos ipsi patres secundum qualitatem cause duxerint assumendos, representabitur. Isto salvo, quod dum causa concer- **[fol. 14ᵛ]** nit domos Suevie[69], capitulum celebretur per patres[c] Suevie, dum vero causa alias domos extra Sueviam sitas, celebrari debet per patres earundem domorum dumtaxat et fratres, quos et quot assumere placuerit patribus secundum qualitatem cause, nisi facti pondus aliud exigeret, cuius iudicium discrecioni visitatoris in parte illa vel illa secundum forum cause committimus. Si vero causa contingeret omnes domos generaliter, propter quam causam capitulum congregandum erit, congregabitur ex fratribus et rectoribus per omnia sicut in capitulo annuali ordinario.

Congregabitur autem capitulum generale in ultimis duobus casibus per visitatores. Qui si negligentes forent, postquam fuerint requisiti, domus ea, quam causa contingit, convocare poterit. Celebrabuntur autem capitula generalia extraordinaria expensis domus illius, propter quam ipsum congregatur, expensis in loco capituli habitis non autem expensis vie, quas ex caritate ad capitulum venientes pro

a a] *folgt durchgestrichen* perte *H* **b** patris] *folgt durchgestrichen* etc. *H* **c** patres] *folgt durchgestrichen* earundem *H*

[61] Corpus Antiphonalium Officii 3,2116. Ps 129,1: *de profundis clamavi ad te Domine.*

[62] Corpus Antiphonalium Officii 3,2537. Ps 132,1: *ecce quam bonum et quam iucundum habitare fratres in unum.*

[63] Ps 85,2: *salvum fac servum tuum Deus meus sperantem in te.*

[64] Ps 60,4: *turris fortitudinis a facie inimici.*

[65] Ps 88,23: *nihil proficiet inimicus in eo.*

[66] Deshusses, Sacramentaire 1,1305. Bruylants, Oraisons 2,683.

[67] Vgl. Statuta [Generalkapitel], fol. 15ᵛ–24ʳ: *De modo receptionis fratrum*, hier fol. 20ʳ.

[68] Vgl. Statuta [Generalkapitel], fol. 68ʳ–72ʳ: *De prepositi electione.*

[69] Die in Schwaben gelegenen bzw. zur Diözese Konstanz gehörigen Häuser: Urach, Herrenberg, Dettingen/Erms, Tachenhausen, Einsiedel und Tübingen.

seipsis singuli supportabunt. Et generaliter in omnibus capitulis generalibus diffiniendum et concludendum est ex votis singularum personarum ad capitulum vocatarum ipsum representancium pro maiori parte, ut dictum est supra. Auctoritas vero generalium capitulorum nostrorum quoniam per apostolicam sedem declarata est, ut ex superioribus patet, ideo circa hanc nihil decernimus immutare. Jhesus Maria Anna etc. **[fol. 15ʳ]**

De modo condendi statuta capitulum secundum[70]

Circa statuta nunc et in posterum auctoritate apostolica condenda, corrigenda, mutanda, abolenda hunc modum, qui subscribitur, observari debere decernimus, diffinimus et declaramus. Imprimis cavenda sunt statuta obscura[a], perplexa, multiplicata, per que fratres presentes et futuri gravari possent, urgeri scrupulis et in conscienciis suis quomodolibet. Sed pauca, rationabilia, clara et necessaria matura deliberacione prehabita statuantur. Si ergo aliqua per modum statutorum sancienda fuerint, per tria generalia capitula examinentur.

In primo capitulo generali id, quod statuendum est et nunc conceptum, proponatur et deliberacio capituli generalis circa hoc in scriptis concepta domibus singulis transmittatur. In secundo capitulo statim sequente, quicquid domus singule circa concepta eis missa deliberaverint, referatur. Et que in isto secundo capitulo ex deliberacionibus domorum conclusa fuerint, per sequentem annum in domibus singulis observentur et observacione, si conveniant, probentur. Deinde in tercio capitulo generali ea, que in primo per deliberacionem singularum domorum, deinde per experimentalem probacionem comperta sunt spirituali aut temporali domorum profectui conferre, statuantur ab omnibus firmiter futuris temporibus, donec et quousque per generale capitulum modo infra scripto oblita, revocata vel mutata fuerint observanda.

[fol. 15ᵛ] Similiter, si statutum fuerit mutandum, revocandum vel abolendum, fiat per tria generalia capitula. In quorum primo eius deliberacio circa statuti mutacionem in scriptis concipiatur et domibus singulis examinanda mittatur, que per annum sequentem servato tamen statuto mutando examinentur. In secundo capitulo, si ex allegacionibus domorum dicti statuti mutacio vel revocacio expedire videbitur, per sequentem annum ab illius statuti observacione fratres absolvantur. Et in tercio capitulo, si abrogacio huiusmodi statuti utilis et expediens iudicata fuerit, mutetur aut revocetur huiusmodi statutum de cetero nullum obligaturum. Sin autem eius abrogacio inutilis videbitur, redeat statutum huiusmodi ad primum vigorem.

Per hoc tamen nolumus aliquo modo ipso capitulo generali preiudicari, quin non obstantibus predictis possit libere pro qualitate temporis, loci vel facti aut causarum occurrencium[a] aliter circa statutorum edicionem vel abolicionem dis-

a obscura] *verbessert H*

[70] Vgl. STATUTA [MÜNSTERSCHE UNION]. Ed. DOEBNER, S. 212–214: *De capitulo generali.*

ponere ita, quod sine cuiuscumque contradictione possit, dum voluerit, prefatum, prout visum fuerit expedire, tempus vel abbreviare prorsus prorogare vel non attendere. Volumus eciam et statuimus et expresse declaramus, quod nullum statutorum nunc vel posterius sanciendum vigore capitularis institucionis unquam ad culpam sed dumtaxat ad penam[b] moderatam liget temporalem.

De modo receptionis fratrum [fol. 16r] capittulum tercium[71]

Quia domus ac congregaciones nostre collegiares ab apostolica sede ad hoc institute sunt, ut per seculi renuncciacionem in communi sine proprietate, in puritate cordis, castimonia corporis, voluntaria[c] expropriacione, humili subiectione, concordi ac caritativa conversacione, mundi[d] et carnis morientes concupiscenciis, soli Cristo vivamus, tales in fratres nostros perpetuos recipiendi sunt, de quibus post diligentem probacionem ad minus anni unius et vite testimonia presumi possit, quod ad sic inter fratres vivendum non rei familiaris paupertas, non seculi adversitas, non animi levitas, sed Dei timor, salus[e] et spes proficiendi ac per[f] spiritum sanctum infusa Christi caritas induxerit et promoverit.

Volumus tamen, quod[g] nullus novicius ultra duos annos probari debet sine speciali consensu generalis capituli, sed nec facile recipi debent novicii in fratres perpetuos ante finem anni probacionis presertim sine consensu et licencia visitatorum. Quia vero domus et ecclesie nostre principaliter institute sunt et ordinate apostolica vel ordinaria auctoritate pro canonicis, presbiteris et clericis seculo renunciantibus et in communi viventibus secundum apostolicas sanciones et nostri generalis capituli statuta et constituciones, ideo statuimus et ordinamus, quod demptis laycis et pure familiaribus, de quibus infra **[fol. 16v]** capitulo tercio[72], nullus recipi debet in cuiuscumque domus nostre fratrem perpetuum, qui previa sufficienti probacione non potest in sua recepcione primeva vel mox post suam receptionem primevam, quam propter dyocesanos, qui non sunt clerici seu tonsurati, premittere oportet clericali recepcione, ecclesie isti vel illi nostre congregacionis ut canonicus incorporari, ita quod nullus dyocesanus recipi debet in perpetuum fratrem, nisi recipiatur cum hoc et in canonicum, secus si non habet tonsuram et clericatum, tunc enim is, qui non est dyocesanus, prius venit recipiendus more laycali receptione ante suam ordinacionem et clericalem receptionem. Eapropter minorennes et indocti scolares inabiles ad canonicatum et horarum canonicarum

a occurrencium] *am Rand von anderer Hand* auctoritas generalis capituli *H* **b** penam] *am Rand von anderer Hand H* **c** voluntaria] *verbessert aus* voluntate *H* **d** mundi] mundi DOEBNER; mundo *H* **e** salus] *verbessert aus* salutis *H*; salutis desiderium DOEBNER **f** per] *eingefügt H* **g** quod] *eingefügt H*

[71] STATUTA [MÜNSTERSCHE UNION]. Ed. DOEBNER, S. 218–222: *De forma receptionis fratrum*. – Vgl. oben Kapitel IV,3.3.6.

[72] Vgl. STATUTA [GENERALKAPITEL], fol. 21r–23v.

lectionem nullatenus recipi debent sine licencia visitatorum, qui tamen non facile ea in re contra hanc dispensabunt constitucionem, nisi clara et indubitata oportunitas id expostulet. Non enim possunt tales recepti ecclesie membra dici aut ecclesiasticarum personarum adesse debitatum numerum facere vel implere, nisi fuerint[a] canonici.

Dum ergo frater recipiendus in fratrem perpetuum et canonicum de nostris statu, vita, statutis, constitucionibus, consuetudinibus et casibus expulsionis infra specificatis pariter et ceteris quantum sufficere videbitur, instructus fuerit et probatus **[fol. 17r]** consencientibus in eum preposito seu rectore cum capitularibus suis domesticis vel maiori parte in die communionis statuto et loco in ecclesia ad hoc aptato congregatis fratribus et presertim preposito una cum capitularibus veniat recipiendus et flexis genibus petat humiliter se recipi in confratrem et canonicum nostri collegii secundum apostolicas sanctiones et nostri generalis capituli statuta. Cui respondeat rector sive prepositus presente notario publico et testibus: „Frater, domus ista et congregacio instituta est principaliter ordinaria vel apostolica auctoritate pro canonicis, presbiteris et clericis seculo renunciantibus caste, concorditer et in communi viventibus secundum apostolicas sanctiones et nostri generalis capituli statuta iam dudum tibi exposita et cognita. Si placet tibi nobiscum taliter vivere ac nostro collegio incorporari et ita nobiscum in finem vite usque perseverare, libere edicas."

Si respondet frater recipiendus, „Ita placet sicque perseverare vobiscum in vestra collegiari societate et fraternitate firmiter propono et me recipi in confratrem et canonicum vestrum ad sic vivendum vobiscum in communi propter Deum humiliter peto et instanter desidero", dicat rector sive prepositus aut eius vices gerens, si presens non fuerit: „Frater N., reducimus tibi in mentem et memoriam statuti inde casibus expulsionis et penis iniungendis, quo sic cavetur, si aliquis fratrum iugo servitutis vel gravibus debitis aut vinculo matrimonii seu aliqua **[fol. 17v]** notabili infirmitate corporis aut sensuum, per quam intollerabilis communitati redderetur gravatus, si de heresi suspectus, si infamis, irregularis aut corpore viciatus seu membro aliquo privatus, si raciociniis aut placitis innodatus, si alicuius religionis professus, si thoro illegittimo natus et istud vel ista in sua receptione non expressisset, sed clam celasset, hic a nostra societate expelli debet cognito huiusmodi defectu, quoniam eius recepcio ipso facto nulla est et inanis, ideo nunc ante tuam recepcionem, si aliquo predicto gravaris seu detineris, libere in patulo vel ad partem in privato dicas, alioquin protestamur, quod tua recepcio nulla sit."

Si dederit responsionem negativam vel omnimodam exhibuerit a privatis emunitatem manens in priori proposito, voluntate, peticione recipi in confratrem et canonicum, dicat rector sive prepositus sic: „Ego, N., huius ecclesie et domus rector seu prepositus meo ac capituli particularis huius ecclesie nomine ymmo totius collegii generalis canonicorum et presbiterorum et clericorum secularium in communi vivencium Alemanie superioris annuo peticioni tue et suscipio[b] te propter Deum in confratrem et canonicum particularis huius pariter et tocius

a fuerint] *folgt* ca *H* **b** suscipio] *verbessert aus* suspio *H* nostri generalis collegii facioque te participem omnium bonorum nostrorum spiritualium et temporalium in vita pariter et in morte, dummodo nobiscum concorditer et humiliter conversatus fueris secundum constituciones et sancciones apostolicas et nostri generalis capituli statuta, ordinaciones et decreta edita **[fol. 18ʳ]** et edenda fraude et dolo penitus semotis in nomine patris et filii et spiritus sancti et proficiat tibi."

Deinde dicat rector sive prepositus et pater domus: „Ecce, frater, tibi nunc in communi vivere debenti secundum apostolicas sanctiones et nostri generalis capituli statuta nullatenus licet[a] habere propria, ideo coram isto ⟨notario⟩[b] et testibus facies resignacionem sive expropriacionem et donacionem irrevocabilem inter vivos omnium bonorum tuorum acquisitorum aut quomodocumque iuste tamen acquirendorum huic domui et ecclesie sancti N. in N., dyocesis N., promittes quoque bona fide loco iuramenti ac resignacionem propria manu scriptam dabis huiusmodi sub tenore:"

„Ego N. frater domus sancti N. in N., dyocesis N., omnibus melioribus via, modo et forma, quibus id fieri potest ac in iure viribus subsistit, donacione inter vivos do, confero et irrevocabiliter assigno omnia et singula res et bona mihi tam ex hereditate vel ex hereditatibus, quam per labores manuum vel alias quomodolibet licite tamen acquisita hactenus vel in posterum acquirenda dict⟨ae⟩[c] domui sancti N. eiusque mense communi promitto quoque bona fide loco iuramenti, quod huiusmodi donacioni, expropriacioni et resignacioni libere et sponte per me factis stare et vivere volo sine receptione cuiusque rei per me irrevocabiliter resignate. Quod si me ullo tempore de fraternitate et societate canonicorum in communi vivencium Alemanie superioris ac eorundem generalis capituli obediencia, quod Deus avertat, **[fol. 18ᵛ]** motu proprio vel passione victum recedere contingat, ex tunc cum pace recedam, nihil repetam neque domum istam, congregacionem, rectorem aut quemlibet ex huiusmodi generalis capituli collegii fratribus trahendo ad quodcumque iudicium vel alias extra iudicium per me vel alium molestabo eroque contentus in eo, quod mihi rector pro tempore sua sponte voluerit assignare."

Qua littera per notarium publice et viva voce lecta auscultante novello fratre dicat notarius ad eum: „Ita, ut nunc lectum est et manu tua scriptum, irrevocabiliter, libere et sponte resignas et bona fide loco iuramenti promittis." Dicat frater: „Ita resigno et promitto. In cuius rei testimonium hanc cartam manu mea scriptam tibi patri meo huius ecclesie preposito trado."

Accepta itaque a fratre novello resignacionis cedula subiungat prepositus: „Frater dilecte, quia in nostri collegii fratrem canonicum es susceptus secundum statuta nostri generalis capituli, iurabis, quod pro conservacione unionis sive annexonis domorum et collegiorum clericorum in communi vivencium Alemanie alte auctoritate apostolica facte pro posse niti velis et laborare secundum tenorem quatuor

a licet] *am Rand von anderer Hand* nota *H* **b** isto notario] isto notario DOEBNER; isto *H*
c dictae] dicti *H*

articulorum in capitulo decimo[73] expressorum quodque generali capitulo nostro in suis ordinacionibus et statutis rite secundum apostolicas concessiones factis et faciendis obedies simpliciter absque temeraria contradictione. **[fol. 19r]** Item, quod secreta capituli tam particularis huius ecclesie quam generalis omnium domorum unitarum celabis ad quemcumque statum deveneris. Secretum dicimus, ut supra[74], quod in quolibet capitulo particulari vel generali presidens indixerit tanquam secretum fore celandum. Item, quod in causis et differenciis inter te et domus nostras, personam vel personas eciam inter domus vel personas inter se coniunctim vel divisim tempore tui canonicatus vel ante quacumque occasione exortis stabis diffinicioni et decisioni nostri generalis capituli omni postposita appellacione neque pro hiis domus, personam vel personas nostre congregacionis et unionis ad quodcumque iudicium trahere velis quodque non velis dispensare contra predicta seu aliquid eorum neque dispensacione uti impetrata quomodolibet et concessa."

Que postquam sic lecta sunt per notarium vel prepositum aut alium, dicat frater canonicus animo iurandi, quod lectum est, tactis sacrosanctis evangeliis. „Ita iuro, sic me Deus adiuvet et sanctorum evangeliorum conditores." Quo facto dicat prepositus ad fratrem novellum genua flectentem: „Recepcionem tuam in fratrem perpetuum et canonicum tocius generalis collegii ac personarum huius ecclesie sancti N. approbo, ratifico et confirmo. In huius rei testimonium do tibi nunc stallum in choro et, cum in dyaconum ordinatus fueris, accedente ad hoc consensu prepositi pro tempore et capituli particularis huius **[fol. 19v]** ecclesie vel maioris partis vocem et locum in capitulo. In nomine patris et filii et spiritus sancti."

Respondeat receptus canonicus: „Et ego secundum formam expressam accepto canonicatum hunc et huic mee receptioni per omnia consencio." Deinde ducatur frater receptus ad chorum et in stallo novissimo canonicorum introductum prepositus seu rector eum sedere faciat dicens: „*Hec requies mea in seculum seculi.*" Respondeat frater: „*Hic habitabo quoniam elegi eam.*"[75] Qui versiculus tertio repetatur, quibus sic peractis dicat prepositus sedendo in stallo suo ad novellum receptum canonicum: „Ecce frater nosti constitucionem, ordinacionem et decretum Sixti pape[76], quod tibi dudum expositum fuit, de prestando votum solemne stabilitatis, cuius tenor id est." Legatur hic ordinacio apostolica, que habetur supra capitulo primo.[77] „Et insuper accede ergo et huic ordinacioni apostolice per nostrum generale capitulum acceptate te conformare velis." Dicat frater: „Presto sum." Itaque preposito aut rectore in stallo suo sedente et fratre canonico novello ante eum genibus procumbente complicatis manibus fratris inter manus prepositi seu recto-

---

[73] Vgl. STATUTA [GENERALKAPITEL], fol. 46r–48v: *De mutua et caritativa domorum unione assistencia et subvencione capitulum decimum.*

[74] Vgl. STATUTA [GENERALKAPITEL], fol. 13v.

[75] CORPUS ANTIPHONALIUM OFFICII 3,3012. Vgl. Ps 131,14: *haec requies mea in saeculum saeculi, hic habitabo quoniam elegi eam.*

[76] Papst Sixtus IV. (1471–1484).

[77] Vgl. STATUTA [GENERALKAPITEL], fol. 3v–9v: *Capitulum primum. ⟨Bases et fundamenta totius vite communis, que summi pontifices ediderunt, statuerunt, ordinaverunt et servari preceperunt⟩.* Hier fol. 6v/7r. Vgl. auch StA Darmstadt, A 3, Nr. 61/228.

ris cedulam votum solemne stabilitatis continentem expressa voce legendo voveat dicens: „Ego, N., canonicus ecclesie sancti N. in manus tuas, pater, solemniter voveo et promitto Deo et sanctis eius, quod ab **[fol. 20r]** ecclesiis nostris vite communis et obediencia generalis capituli domorum nostrarum Alemanie alte non recedam, nisi ad aliquam de religionibus approbatis, in qua vigeat observancia regularis, transire velim.“

Dehinc omnibus et singulis actui illi presentibus pro felici novelli fratris profectu legatur in genibus psalmus *Ecce quam bonum*[78] cum antiphona *Veni sancte spiritus*[79], *Kyrie eleison, Christe eleison, Kyrie eleison, Pater noster, Et ne nos, Salvos fac servos tuos*[80], *Esto nobis Domine turris fortitudinis*[81], *Nihil proficiat*[82], *Domine exaudi, Dominus vobiscum, Oremus. Omnipotens sempiterne Deus, qui facis mirabilia magna solus, pretende super famulos spiritum gratie salutaris et, ut in veritate tibi complaceant, perpetuum eis rorem tue benedictionis infunde.*[83] *Deus, qui caritatis dona per gratiam sancti spiritus tuorum cordibus* fidelium infundis, *da famulis tuis, pro quibus tuam deprecamur, clemenciam, salutem mentis et corporis, ut te tota virtute diligant et que tibi placita sunt tota dilectione perficiant.*[84] Miserere, quaesumus Domine, famulis tuis, et qui congregationem ad glorificandum nomen sanctum tuum in hoc loco adunari permisisti, da nobis adiutorium tuum sanctum de celis, ne unquam paciar detrimentum animarum nostrarum et ne des hanc congregationem in dispersionem propter sanctum nomen tuum, custodi, Domine, locum istum ab omni scandalo **[fol. 20v]** et ab omni perturbacione et ab omnibus insidiis et laqueis diaboli per Christum Dominum. Et benedictio Dei patris omnipotentis et filii et spiritus sancti descendit super te et maneat semper tecum.

Quibus sic perfectis ammoneat eum rector de proposito suo[a] presenti et profectu in futurum, ne unquam respiciat retro, sed perseverans usque ad mortem extendat se semper in anteriora eundo *de virtute in virtutem*, donec *vid*ere mereatur *Deum deorum in Syon*[85] prout gratia et unctio spiritus sancti docuerit. Post hoc receptus in summa communicabit aut, si sacerdos, celebrabit pro uberiori gracie impetracione. Quod si recipiendus iam est dyaconus aut sacerdos, dabitur sibi una cum stallo in choro eciam pro tunc locus et vox in capitulo. Super hiis omnibus in hoc actu celebratis notarius requiratur a preposito et capitulo, ut unum vel plura super huiusmodi actitatis conficiat instrumentum vel instrumenta in meliori forma. Quod si notarius commode haberi non possit, faciat frater resignacionem per cedulam

a suo] *ursprünglich nach* presenti *stehend, durch Verweiszeichen davor eingeordnet H*

---

[78] Corpus Antiphonalium Officii 3,2538. Vgl. Ps 132,1: *ecce quam bonum et quam iucundum habitare fratres in unum.*

[79] Corpus Antiphonalium Officii 3,5327.

[80] Vgl. Ps 85,2: *salvum fac servum tuum Deus meus sperantem in te.*

[81] Vgl. Ps 60,4: *turris fortitudinis a facie inimici.*

[82] Vgl. Ps 88,23: *nihil proficiet inimicus in eo.*

[83] Bruylants, Oraisons 2,779.

[84] Bruylants, Oraisons 2,312.

[85] Vgl. Ps 83,8: *ibunt de virtute in virtutem videbitur Deus deorum in Sion […].*

manu propria scriptam ut supra[86] et promissionem in manus patris coram capitularibus fratribus et testibus ad hoc vocatis; que tamen omnia et singula una cum iuramento canonicorum habito notario per eundem ratificari debent seu de novo fieri, quatinus notarius super hiis omnibus instrumentum vel instrumenta **[fol. 21r]** conficere possit unum vel plura.

Si vero aliquis recipiendus est in fratrem simplicem aut laycum ut puta, quia non est dyocesanus nec ordinari potest sine domicilio diocesis talis vel alia ex causa racionabili vel quia assumendus est in familiarem et laycum perpetuum pro necessitate et utilitate domus alicuius previa ut supra, sufficienti probatione et recipiendi plena instructione ac eiusdem iugi et studiosa peticione consencientibus in eum rectore pariter et capitulo domestico pro maiori parte in die communionis statuto et loco et domo ad hoc aptato congregatis fratribus, ut supra[87], veniat frater recipiendus et flexis genibus humiliter petat propter Deum se recipi in confratrem domesticum nostre vite communis pariter et societatis fraterne secundum ordinaciones et consuetudines laudabiles nostri generalis capituli.

Cui respondeat prepositus sive rector: „Licet domus ista una cum ceteris domibus et congregacionibus clericorum communis vite nostro generali capitulo unitis principaliter instituta sit et ordinata pro canonicis, presbiteris et clericis seculo renunciantibus secundum apostolicas sanctiones et nostri generalis capituli statuta iamdudum tibi exposita et cognita, nihilominus placuit nostro generali capitulo aliquos familiares, laycos sive scholares et fratres simplices lit- **[fol. 21v]** teris imbutos vel imbuendos et, dum domestico capitulo una cum rectore vel preposito domus visum fuerit, pro loco et tempore ad canonicatum et sacros ordines promovendos assumere seu eciam perpetuo ita dimittere in statu tali. Si ergo placet modo tali nunc tibi palam[a] expresso nobiscum in communi vivere et nostre fraternitati incorporari ac taliter in finem vitae usque in obediencia generalis capituli perseverare, libere edicas."

Si respondeat recipiendus „Ita placet" etc. ut supra[88] omissis hiis, que respiciunt canonicatum, dicat sive rector sive prepositus aut eius vicarius[b], si presens non fuerit: „Reducimus tibi in memoriam" etc. per totum ut supra[89] in receptione clericali. Si dederit ⟨responsionem⟩[c] negativam et in priori persistit proposito, dicat rector sive prepositus aut vicem eius tenens: „Frater N., ego una cum ceteris fratribus domus huius annuimus peticioni tuae et suscipimus te propter Deum in domum et societatem nostram facimusque te participem omnium bonorum nostrorum spiritualium et temporalium in vita pariter et in morte, dum modo nobiscum concorditer et humiliter in obediencia generalis capituli conversatus fueris

a palam] *am Rand, durch Verweiszeichen nach* tibi *eingefügt H* **b** vicarius] *verbessert aus* vicaricus *H* **c** responsionem] *fehlt H*

[86] Vgl. Statuta [Generalkapitel], fol. 18v.
[87] Vgl. Statuta [Generalkapitel], fol. 16v/17r.
[88] Vgl. Statuta [Generalkapitel], fol. 17r.
[89] Vgl. Statuta [Generalkapitel], fol. 17r/v.

secundum statuta nostra et constituciones patrum editas et edendas. In nomine patris et filii et spiritus sancti."

Deinde subiungit: „Ecce frater, tibi nunc in communi vivere debenti secundum nostri generalis capituli **[fol. 22r]** statuta dudum tibi cognita proprium habere non licet. Ideo coram notario isto et testibus" etc. ut supra in recepcione clericali.[90] In littera vero resignacionis sic dicat: „Quod si me ullo tempore de fraternitate et societate canonicorum in communi vivencium Alemanie superioris, quod Deus avertat, secundum statuta et ordinaciones generalis capituli aut motu proprio vel passione victum recedere contingat, ex tunc cum pace recedam" etc. ut supra[91] habetur de clericis usque ibi „accepta itaque a fratre novello cedula resignacionis".

Tenor vero resignacionis fiende per laycum is est: „Ich N., bruder sant N. huß zcu N., N. bystumß, ubergib und zcu eugen unwidderruflich imm leben in der besten forme und wyß wie das in dem rechten gescheen und krefftig syn magk und sall alle myne gud und habe und iglichs in sunderheyt die myr itzunt auß erben fallen wenig ader veel zcu stand oder gefallen synt ader durch myne arbeyt ader sunst wye daß mag benempt werden myt got und myt eren im leben zcustant werdent dem obgenante Sant N. huß und[a] dem gemeynen tysch do selbst und gelob myt guter trewe an eyns eydes stat, daß ich soliche myne ubergebung, entusserung zcu eygen und vertzyung durch mych fry williglich bescheiden wil leben und nochkomen on widderforderung wenigs ader vil von allem dem das ich anwidderufflich **[fol. 22v]** ubergeben hain. Und ab es sich begeben wurdt uber kurtz ader lang, daß ich noch ordnung und satzung unßers gemeynen capitels und der bruderschafft der canoniken imm gemeyn leben Oberthuchlands wurde ußgetreben, do Got vor sy, ader uß eygem willen ader bewegung uber wonden von ene gaen wurd, so wil ych myt frieden scheiden und nicht widder forden, und dar zcu nemant von der selben brudderschafft des gemeynen capitels auch nit das gemelt huß zcu eynigen rechten laden oder tzehen noch uß dem rechtem dur⟨c⟩h[b] mich selbs ader durch eynen andern umbtriben, und wil benung syn an dem, daß der probst zcu tzyten myt synen willen würdt zcueygen und geben."

Qua littera per notarium publice lecta auscultante laico fratre dicat notarius ad eum: „Wie ittzung gelesen und myt dyner eygener hant ader myt myner hant in dynem namen geschriben ist, also ubergibstu und gelobst den dyngen also noch zcu komen." Dicat laycus: „Wie ittzunde gelesen ist, alsoe ubergib friwilliglyck und unwidderufflich und gelob dem selben also zcu leben und noch zcu komen." Accepta itaque a fratre recepto resignacionis cedula in latino, si doctus est, vel in sermone vulgari, si purus laycus est, subiungit rector ad utrosque pari modo et singulatim ad sin- **[fol. 23r]** gulos: „Ecce frater, quia nunc receptus es in fratrem domus huius et in societatem nostram secundum ordinacionem generalis capituli bona fide loco iuramenti promittes obedienciam nostro generali capitulo in suis

a und] *mit übergeschriebenem* d *verbessert aus* un *H* **b** durch] durh *H*

[90] Vgl. Statuta [Generalkapitel], fol. 18r.
[91] Vgl. Statuta [Generalkapitel], fol. 18r/v.

ordinacionibus et statutis rite secundum apostolicas constituciones factis et faciendis quodque ab obediencia eiusdem generalis capituli non recedes, nisi per ingressum religionis approbate in loco, ubi viget observancia regularis, petita tamen ad hoc prius licencia a visitatore partis illius et a preposito domus tue receptionis cum tali limitacione et condicione, quod generale capitulum plenam habeat[a] facultatem relaxandi, cassandi vel limitandi huiusmodi tuas resignaciones et promissiones, prout sibi visum fuerit, pro loco et tempore et casuum oportunitate in Domino expedire."

Verum hanc facultatis reservacionem nullatenus volumus extendi ad canonicos seu canonicum quemcumque, sed dumtaxat ad laycos et[b] familiares, fratres simplices non canonicos, quamdiu tales permanserint precise et non alias. Item prommissionibus per rectorem vel notarium publice lectis auscultante fratre novello dicat frater promittendo bona fide loco iuramenti id, quod lectum est, salva reservacione facultatis ipsi generali capituli, ut supra[92]. „Ita, ut nunc lectum est, promitto bona fide loco iuramenti Deo et sanctis eius." „Wie ittzunde gelesen ist, also gelob ich myt gutter truwe an eyns eydes staid Got und synen heilgen."

De hinc legatur psalmus *Ecce* **[fol. 23ᵛ]** *quam bonum*[93] cum collecta usque in finem. Quibus perfectis ammoneat rector huiusmodi fratrem receptum de proposito suo presenti et profectum in futurum, ne unquam respiciat retro, sed perseverans usque ad mortem extendendo se ad anteriora eundo de virtute in virtutem, presertim ut semper eligat inter fratres suos novissimum locum, donec audire a Deo mereatur *amice ascende superius*[94], prout gracia et unctio spiritus sancti docuerit.

Super hiis omnibus requiratur notarius, ut supra de clericis habitum est per omnia.[95] Post hec frater novellus in summa missa communicabit pro uberiori gracia perseverancie impetranda. Et exhinc exhibeant se fratres huiusmodi novello confratri magis benivolos et familiares. Hic modus recipiendi respicit omnes perpetuos non canonicos sive dicantur layci sive scholares sive familiares, qui et fratres simplices non obstante, quod forte posterius aliqui ex sic receptis veniunt eciam in canonicos assumendi et cetera.

Quod si aliquis post istam laycalem recepcionem venit assumendus in canonicum, sic procedendum est. Congregatis fratribus et presertim preposito una cum capitularibus, ut supra in receptione canonicali per omnia usque ibi et proficiat tibi.[96] Ea, que sequuntur de resignacione[c], hic obmittantur[d], quod prius facta est resignacio in laycali[e] recepcione. Dehinc subiungat prepositus: „Frater dilecte,

a habeat] *am Rand, durch Verweiszeichen nach durchgestrichenem* habet *eingefügt H* **b** et] *eingefügt H* **c** resignacione] *folgt durchgestrichen* canonicali per omnia *H* **d** obmittantur] *folgt* ea *H* **e** laycali] *folgt durchgestrichen* in *H*

---

[92] Vgl. STATUTA [GENERALKAPITEL], 19ʳ/ᵛ.
[93] Ps 132,1: *ecce quam bonum et quam iucundum habitare fratres in unum.*
[94] Vgl. Lc 14,10: *amice ascende superius.*
[95] Vgl. STATUTA [GENERALKAPITEL], fol. 20ᵛ–21ʳ.
[96] Vgl. STATUTA [GENERALKAPITEL], fol. 17ʳ–18ʳ.

quia in nostri collegii fratrem canonicum **[fol. 24r]** receptus es" etc. usque in finem omnia continuando, ut in canonicali recepcione habetur usque ad paragraphum tercium, qui est de recepcione laycali.[97] Item, si laycus nescit scribere, faciat cedulam suae resignacionis scribi per notarium publicum. Item, cum illegittime nato potest visitator quilibet in sua parte dispensare, ut possit in fratrem perpetuum recipi. Caute tamen attendat, ne sit paterne incontinenciae imitator. Item hereditas cuiuslibet fratris debet manere in ea domo, in qua primum receptus est. Et cui in receptione sua res suas assignant secundum tenorem cedule resignacionis.

Plurimum eciam conducere videtur, ut in qualibet domo fiat libellus seu matricula quedam, in quam singuli recepti et recipiendi manu propria suas annotent receptiones, resignaciones, incorporaciones seu eciam iuramenta et promissiones pro perpetua rei memoria et fideli actorum testimonio cum annotacione anni, diei et temporis, quando hec vel illa facta sunt.

De divino officio et ceremoniis capitulum quartum[98]

Circa divinum officium statuimus et ordinamus, quod ad persolvendas canonicas horas temporibus infra specificandis conveniant omnes fratres canonici et omnes constituti in choro ecclesie superpelliciis induti vel capis **[fol. 24v]** pro loco et tempore secundum morem patrie. Stabit autem in disposicione rectoris ordinare secundum disposicionem domus suae et scolarium, an diebus omnibus an tantum in festis duplicibus et fori celebritatibus[a] scholares sue horas canonicas cum ceteris canonicis legant in choro vel non, sed pro eis de domina et de sancta cruce cum septem psalmis in loco ad hoc congruo. Sunt autem festa duplicia, que sequuntur: Octave nativitatis Domini, corporis Christi, visitacionis, assumpcionis et nativitatis virginis Marie, dedicacionis templi, cena Domini, parasceve, vigilia pasce et vigilia penthecostes quantum ad missam, omnia festa transitus apostolorum, evangelistarum, quattuor doctorum, invencionis sanctae crucis, nativitatis Ioannis Baptiste, commemoracio sancti Pauli, divisionis apostolorum, Marie Magdalene, Laurencii, Michaelis, Katherine, Nicolai salva addicione dyocesana.

In hiis festivitatibus et similibus secundum morem dyocesis assumendis propter patrocinium vel aliam causam piam in primis vesperis sumi debet una vel plures antiphone super psalmos de festo ipso cum responsorio, nisi aliud festum maius concurrens aliter fieri cogeretur. Legantur autem hore vel cantentur secundum registrum ordinarium ecclesie metropolitane vel dyocesane, nisi propter speciales festorum instituciones aliquid dicto ordi- **[fol. 25r]** nario superaddere oporteret. Ideoque mandamus, ut quelibet domus eiusdem ordinarii registrum perfectum et

a celebritatibus] *verbessert aus* celebratibus *H*

---

[97] Vgl. Statuta [Generalkapitel], fol. 18v–21r.
[98] Vgl. oben Kapitel IV,3.5.7.

correctum habeat, ne in divino officio, cui prima et precipua inserviendum est diligencia, error culpabilis faciat vel admittat[a] inordinatum aliquid aut confusum.

Horas de sancta cruce et de domina sacerdotes et in sacris constituti ad partem legant quilibet solus vel cum socio. Ceteri vero fratres recepti et novicii, qui non sunt canonici, dum canonicis interfuerint horis, a lectione horarum de domina supportantur, horas de sancta cruce et septenam quilibet solus vel cum socio dicat. Dum vero horis canonicis non interfuerit secundum disposicionem rectoris domus sue, simul legant matutinas et primas, septem psalmos et letaniam in domo et loco ad hoc deputato, quo tempore aliquid facere poterunt, quod sola consuetudine sine notabili mentis distractione perfici potest. Terciam et sextam legant separatim eundo ad missam et redeundo, nonas et completorium levando mensam simul dicant, vesperas vero quilibet cum socio.

Quilibet eciam fratrum demptis sacerdotibus semel in ebdomada ordinate secundum ferias dicet vigilias mortuorum minores[b] cum novem lectionibus in ⟨feria⟩[c] sibi d⟨e⟩putata[d] pro fratribus nostris defunctis, parentibus ac ceteris benefactoribus universis. Laicus loco vigiliarum legat triginta oraciones dominicas cum totidem salutacionibus **[fol. 25v]** angelicis. Sacerdotum vero quilibet, dum convenienter poterit, semel in ebdomada offerat[e] sacrificium pro eisdem saltem per collectam specialem. Et quoniam per apostolum *omnia honeste et secundum ordinem fieri*[99] precipiuntur, volumus et ordinamus, quod ceremonie, que subnotate sunt, in omnibus domibus et ecclesiis nostris conformiter observentur, nisi visitatores aliud decernerent aut ecclesie particularis vel diocesanus mos aliud peteret, accedente ad hoc visitatorum licencia et consensu.

Ad matutinas surgendum est hora tercia post noctis medium fiatque pulsus ad easdem ita, ut sub matutinarum pulsu matutine de domina legi possent. Matutinarum de tempore inceptio ultra mediam horam post terciam non differatur, quandoque tamen manius erit surgendum, prout maiorum festivitatum solennitas aut in divinis in singulis ecclesiis exigunt aut requirunt. Pulsu finito fratres stalla sua intrantes facies vertant ad altare, donec ⟨rector⟩[f] vel in eius absencia senior signum dabit. Quo facto reductis vultibus ad chorum altrinsicus legitur psalmus preparatorius usque ad *Gloria*. Quod dum legitur, vertent se ad altare sicque silenter legetur *Pater noster*. Quo lecto et signo per rectorem vel seniorem ut facto prius ebdomadarius sic ad altare cum ceteris conversus incipit *Domine, labia mea aperies*[100], chorus *Et os meum anunciabit laudem tuam*[101], *Deus in adiutorium meum intende*[102], chorus prosequitur **[fol. 26r]** *Domine, ad adiuvandum me festina, Gloria patri*. Et

a admittat] *verbessert aus* admittatur *H* **b** minores] *folgt durchgestrichen* lectionibus *H* **c** feria] *fehlt H* **d** deputata] duputata *H* **e** offerat] *folgt durchgestrichen* officium *H* **f** rector] *fehlt H*

---

[99] I Cor 14,40: *omnia autem honeste et secundum ordinem fiant.*

[100] Ps 50,17: *Domine labia mea aperies et os meum adnuntiabit laudem tuam.*

[101] Ps 50,17.

[102] Ps 69,2: *Deus in adiutorium meum intende.*

reductis faciebus ad chorum sequitur *Sicut erat* etc. Si vero *Pater noster* genu flexo dicitur, quod quando fieri debet, ordinarius docet, tunc ad *Pater noster* preces et collecte sequentes facies convertent ad choros, quod in genu flectionibus semper observandum est. Et tunc surgendo ad *Domine labia*[103] stabunt, ut *nunc* dictum est. Si[a] officium ferialiter dicitur, psalmum *Venite*[104] et versus in responsoriis unus solus leget. Si festum novem lectionum fuerit, duo hec legent, in maioribus autem festis cantor ad legendum seniores ydoneos ordinabit. In tercio versu psalmi *Venite*[105], dum legitur vel canitur *venite adoremus et procidamus ante Deum ploremus coram Domino, qui fecit nos quia ipse est* Dominus *Deus noster*[106], fiat inclinacio capitum ad altare, similiter ad *Gloria.*

Et universaliter, quociens inclinandum est, inclinacio fiet versus altare capite nudato excepto, dum sedetur, tunc sufficit cooperto capite versus oppositum chorum parum inclinare. Eciam quicumque ad medium chori procedit ibi aliquid lecturus vel cantaturus, prius inclinet ad altare statim, cum venerit ante pulpitum, similiter faciet finito actu suo regressurus. Quod si per duos agendum est, similiter inclinent. Similiter, qui per chorum transit, cum ad medium venerit, reverenter inclinet ad altare. Sic, qui preterit promptuarium, in quo venerabilis eukaristia reservatur, reverencius et profundius **[fol. 26v]** se inclinet. Qui chorum ingreditur intraturus stallum suum, prius inclinet ad altare, similiter faciet exiturus.

Nulli tamen liceat exire oratorium vel chorum, nisi signo vel verbo obtineat licenciam a rectore vel seniore, nisi sacramentorum administracio aut actus publicus concedat licenciam exeundi. Nullus eciam coopertus caput intret vel exeat aut actum aliquem singularis persone legendo vel cantando, thurificando et cetera faciat neque in calopedibus quicquam horum fiet maxime in medio chori. Psalmi et responsoria in nocturnis et psalmi in laudibus[b] coopertis capitibus legantur. Sed *Gloria* ultimi psalmi in quolibet nocturno similiter in laudibus atque in responsoriis legetur vel cantetur stando cum inclinacione ad altare. Versiculos et responsoria in horis, dum canitur festive, duo iuniores clerici legent ante altare, qui et cantabunt *Benedicamus* ibidem in matutinis et in vesperis. *Pater noster* dicitur versis vultibus ad altare usque ad finem benedictionis, sed benedicens faciem vertat ad benedictionem petentem. Post benedictionem sedendum est coopertis capitibus. Lector vero sileat, donec silencium tumultus conquiescat. *Te Deum* dicitur stando capitibus nudatis, quod paulo tractius et attencius dicendum est, ad verba *sanctus, sanctus, sanctus* fiat inclinacio devota ad altare. Cum vero dicitur *quos precioso sanguine redemisti* genuflectitur **[fol. 27r]** et inpressum formis crucis signum osculatur, que eciam verba in cantu plus ceteris protrahuntur. Finito ymno *Te Deum* fit conversio ad altare usque *Sicut erat* etc. Et ita generaliter fit in omnibus, cum personat *Deus*

a Si] *folgt durchgestrichen* festum non *H* **b** laudibus] *folgt durchgestrichen* atque in responsoriis *H*

---

[103] Ps 50,17: *Domine labia mea aperies et os meum adnuntiabit laudem tuam.*
[104] Ps 94,1: *Venite exultemus Domino iubilemus Deo salutari nostro.*
[105] Ps 94,1: *Venite exultemus Domino iubilemus Deo salutari nostro.*
[106] Ps 94,6f.

in adiutorium[107] ut supra. In matutinis psalmi sedendo leguntur usque ad *Gloria* ultimi psalmi, quod stando et nudatis capitibus usque in finem matutinarum laudum perficitur.

Ad collectas, quandocumque legantur, fit conversio ad altare, et ad *Per Dominum nostrum* inclinacio. Et generaliter, quociens sonuerit gloriosum nomen Jhesus aut Maria, inclinandum est ad altare, si statur, ad chorum oppositum, si sedetur; similiter ad *Gloria* et ad ultimos versus ymnorum. Post secundum *Benedicamus* ebdomadarius dicit *Fidelium anime, Sit nomen, Adiutorium nostrum*[108] non plura.

Ante primas sicut ante singulas horas premittitur *Pater noster* sub silencio versis vultibus ad altare, ebdomadarius *Deus in adiutorium*[109], *Gloria patri* et reductis vultibus versus choros sequitur *Sicut erat*, que una cum ymno stando legantur, psalmi leguntur sedendo usque ad *Gloria* ultimi psalmi. Quod cum antiphona capitulo responsorio et versiculo stando et nudatis capitibus legitur, *Kyrie eleison* cum sequentibus precibus usque in finem dicuntur stando conversis faciebus ad altare, nisi cum hec genuflectendo dicuntur, de quo in ordinario. Ad finem **[fol. 27ᵛ]** primarum ebdomadarius dicit *Fidelium anime, Sit nomen Domini, Custodiat nos Iesus Christus Dominus noster*, Chorus *Amen*. Sic concluduntur omnes hore preter matutinas et completorium, dum in eis finitur divinum officium. Si vero aliud continuo legendum vel cantando continuatur, obmittatur *Sit nomen Domini* cum eo, quod sequitur. Deinde dicto *Pater noster* et signo facto per rectorem vel seniorem redeunt fratres cum silencio ad recollectiones, meditaciones et alia pia exercicia persolvenda.

Celebraturi vero in armario vel choro confessionem faciant rectori vel cui, ipse commiserit, et ita ad pia et devota exercicia properabunt. Habebunt eciam sacerdotes integram horam post confessionem et mediam vel ad minus horam bonam, si aliter fieri non potest, pro horis de domina ac preparamentis studio et recollectione. Deinde, si tempus superfuerit, laborabunt pro communi. Tercie et sexte et none legantur secundum locum et tempus congrua secundum visitatorum ordinacionem. In diebus ieiuniorum tercia et sexta precedunt missam, nona statim sequitur. Sed a die cinerum usque ad festum pasche post tercias sequuntur quindecim gradus, deinde sexte. Post sextas potest pausa medie hore, deinde none, post nonas processio cum letania secundis, quartis et sextis feriis, nisi mos diocesanus aliud habeat. Aliis diebus statim sequitur missa et post missam vespere.

In missa, cum canitur *Introitus, Kyrie eleison, Et in terra*, stet chorus contra chorum, ad *Gloria patri* et *Gloria in excelsis* fit inclinacio **[fol. 28ʳ]** ad altare. Similiter, cum canitur *Adoramus te, Suscipe deprecacionem nostram* et *Jesu Christe*, quod bis in eodem ymno canitur, facta inclinacione et clausula finita, ad quam inclinatur, reducunt vultus chorus versus chorum. Ad collectam, cum dicitur *Dominus vobiscum*, vertent se altare usque ad finem collectarum. Et capita nudata sunt a *Gloria in excelsis* usque ad finem collectarum, nisi aeris inclemencia aut fratris teneritudo id

---

[107] Ps 69,2: *Deus in adiutorium meum intende.*
[108] Vgl. Ps 123,8.
[109] Ps 69,2: *Deus in adiutorium meum intende.*

ferre non potest. Ad epistulam, graduale etc. usque ad evangelium sedendum est et coopertis capitibus cantandum est[a]. Sunt tamen aliqui cantus, qui ubicumque occurrunt, ex devocione cum genuflectione tam celebrantis quam chori dicuntur ut *Salve sancta parens* usque *enixa*, *Audi nos* cum versu sequenti, *Supplicamus nos emenda* usque ad finem, *Alleluya*, *Veni sancte spiritus* usque ad *Accende*, *Adiuva nos* usque ad finem in tractu quadragesimali, et si qua sunt similia, que communis consuetudo ecclesiarum et mos patrie habet. Dum evangelium legitur, stabunt fratres nudatis capitibus versi et attenti ad legentem evangelium, secus est, dum passiones leguntur. Et ad titulum evangelii signent se unico signo sancte crucis. Ad *Gloria tibi Domine* inclinent se ad altare. Dum *Credo* incipitur, vertant se ad altare usque ad *Patrem*, quod cantandum erit per clausulas choris sibi invicem respondentibus, dum habetur copia personarum, stando capitibus discoopertis saltem tempore **[fol. 28v]** estivo et, nisi fratris debilitas obstet. Cum canitur *Et incarnatus est* fiat genuflectio usque *Crucifixus eciam pro nobis* cum maiore et devocione vocum protractione et osculacione signi crucis formis impressi. Ad offertorium, quod paulo tractius cantandum est, stetur, sed poterunt operiri. Finito offertorio vertant se ad altare usque ad sanctus. Sed, dum canitur prefatio, nudant capita vel operiunt pro loco et tempore. *Sanctus* canendum est versis vultibus ad choros, quo finito genu flectant conversi ad parietes stallorum usque ad primum *Per omnia secula seculorum*. Quo tempore diligenciori intendendum est devocioni, ubi precipue adhortamur fratres magna cordis intencione redemptoris nostri beneficia recolere, quibus ad eius amorem sua corda vehemencius accendantur. Ad elevacionem tamen corporis dominici atque calicis erecti super genua cum tota reverencia latrie adoracionis Dominum Jesum veritate utriusque nature in sacramento contentum adorabunt. Intra utrasque elevaciones capita ad altare devocius inclinent. Dum primum *Per omnia* canitur, surgant stantes conversi ad altare usque ad *agnus Dei*, quod dum incipitur, vertant se huic inde ad choros oppositos. Quo finito reducunt facies ad altare usque ad communionem, que canitur stando sicut agnus. Capita vero nudanda sunt ab oracione dominica usque ad eukaristie su⟨m⟩pcionem[b] inclusive salva semper debita **[fol. 29r]** discrecione pro loco et tempore et fratrum disposicione.

Ad collectas nudatis capitibus stent conversi ad altare usque in finem misse, ad benedictionem devocius capita vel genua secundum morem huius ecclesie inclinantes. Et quia turpis pars est, que suo toto non congruit, reprehensibilisque est devocio, verius singularitas cavenda est semper, qua neglectis officiis a sancta matre ecclesia per spiritum sanctum institutis peculiaribus oratoribus insistitur. Districtius prohibemus, ne aliquis fratrum in choro presens, dum canitur aut canonica officia persolvuntur, tamquam ecclesie membrum ceteris coniunctis aliis orationibus quam ipsis officiis intendant, sed omnes concordi atque communi voce et mente psallant, canant, legant aut legentem attencius advertant cum ecclesia sursum corda ferentes id a Deo devocius exorantes, quod ecclesia impetrare intendit. Dum vero silencium fuerit ut inter *offertorium* et *prefacionem*, inter *sanctus* et *agnus*

a et coopertis capitibus cantandum est] *am Rand, durch Verweiszeichen eingefügt H*
b sumpcionem] supcionem *H*

Dei, phas est unicuique pro voto suo meditando vel orando ad Dominum suspirare. Qui vero celebraturus est aut horas supplere aut legendas prevenire opus habet, non inter fratres in choro, sed in armario aut alio loco id[a] faciat vel alio tempore apciori. Dum vero missa, que legitur, quasi in privato audienda est, flexis genibus a principio confessionis usque ad finem excepto quod evangelium erecti et stantes audiant et simbolum, si legitur, usque ad *incarnatus*.

Vespertinum officium et **[fol. 29v]** completorium legantur secundum tempus et locum congrua, prout visitatores in singulis domibus omnibus ponderatis ordinaverint. Inprimis vesperis festorum novem lectionum et in utrisque festorum maiorum standum est ad primum psalmum et quintum, ad secundum, tercium, quartum sedendum est usque ad *Gloria* quarti psalmi. Ceteris diebus legentur sedendo omnes quinque psalmi usque ad *Gloria* quinti, ante cuius inceptionem surgendum est et usque ad finem officii standum. Sed sub *Gloria*, *Magnificat* et collecta capita nudabuntur. In completorio legetur psalmodia sedendo usque ad *Gloria* ultimi psalmi. A quo usque ad finem standum est nudatis capitibus. Sub *Gloria, Nunc dimittis,* precibus et collectis convertant se ad altare, nisi preces flexis genibus dicerentur. Ad finem dicit ebdomadarius *Fidelium anime*, *Sit nomen Domini*, *Adiutorium nostrum*[110], *Oremus*, *Celesti benedictione* etc. et signat se unico signo crucis[b] ante pectus. Et nota, quod imponens antiphonam stare debet erectus et capite nudatus, donec psalmus perfecte fuerit intonatus. Intonans vero psalmum se ceteris in choro sedendo[c] vel stando conformabit. Item inprimis vesperis festorum celebrium atque duplicibus, dum canitur, thurificandum est sub[d] *Magnificat*, in maioribus eciam sub *Benedictus* et secundis vesperis.

Hec ceremonie in omnibus domibus pariformiter observentur nec sine causa vigente mutentur. Ceterum in aliis, que hic signata non sunt et que ecclesiarum, populi ac consuetudinis **[fol. 30r]** diversitate communiter in omnibus domibus observari non congruit, domus quelibet in suo sensu habundans ea ordinet, que curiositatem excludant, populum edificent et fratrum simul et fidelium devocioni conferant. Talibus itaque fratres instituti ceremoniis debita gravitate maturi corporis sui membris honeste compositis sedendo, stando, geniculando quieti strepitus ac eciam deformes excreacionum sonos, quantum poterunt, maxime dum unius legentis vox sonat, vitantes sollicicius curant tranquillo animo expedite ad vocacionis signum *nihil Dei operi prepon*entes[111] divinis se officiis presentare previa meditacione recollecti, a quo, quid, pro quibus, cur orandum quis tu, qui oras aut psallis et qua forma toto animi conatu versantes circa ea, que dicuntur, ut secundum apostolum orent et psallant spiritu pariter et mente[112] memores illius Jeronimi:

a id] *folgt durchgestrichen* fiat *H* **b** crucis] *am Rand, durch Verweiszeichen nach* signo *eingefügt H* **c** sedendo] *folgt durchgestrichen* vel *H* **d** thurificandum est sub] *am Rand, durch Verweiszeichen nach* canitur *eingefügt H*

[110] Vgl. Ps 123,8.
[111] Vgl. Regula Benedicti 43. Ed. Steidle, S. 136.
[112] I Cor 14,15: *psallam spiritu, psallam et mente.*

Nullius est meriti divina officia ore *verbositate et misera mente, que extrinsecus imminent, vagando circumire.* Propter quod *nulla unquam verba quantumcumque utilia proferantur inter psallentes, sed illud in mentis archano summa cum diligencia ruminetur intrinsecus, quod tractatur extrinsecus.*[113]

Attendant nihilominus exhortacionem beati Bernardi super cantica, quam pro qualicumque ammonicione placuit hic inserere.[114] Ait enim: *Nihil operi Dei preponere licet.*[115] *Unde vos* ammoneo, *dilectissimi, pure* et *strenue*[a] *divinis interesse laudibus. Strenue quidem, ut sicut re-* **[fol. 30ᵛ]** *verenter, ita et alacriter Domino assistatis: non pigri, non sompnolenti, non ossitantes, non parcentes vocibus, non prescindentes verba dimidia, non integra transilientes, non fractis* aut *remissis vocibus muliebre* quodam *balba de naribus sonantes, sed virili, ut dignum est, sonitu et affectu voces sancti spiritus depromentes. Pure vero, ut nihil aliud dum psallitis, quam quod psallitis cogitetis. Nec solas dico vitandas cogitaciones vanas et ociosas, vitande sunt et ille, illa dumtaxat hora et illo loco, quas officiales fratres pro communi necessitate, quasi necessario, frequenter admittere compelluntur. Sed, ne illa quidem profecto recipere consulerem, que forte paulo ante, in claustro sedentes, in codicibus*[b] *legeratis, qualia et nunc me viva voce disserente ex hoc auditorio spiritus sancti recencia*[c] *reportatis. Salubria sunt, sed minime illa salubriter inter psallendum revolvitis. Spiritus enim sanctus illa hora gratum non recipit, quicquid aliud quam debes, neglecto eo quod debes, obtuleris.*[116] Hec Bernardus.

Sit ergo moderatus, attentus et suavis sonus in vocibus, nulla pompa, nulla carnalis delectus in divinis preconiis locum habeat. Sic velocitas, sic morositas teneatur in modo, quod nec fastidium nec impedicio lingue possit oriri. Que ut caucius observari possint, volumus et ordinamus, quod in cantu o⟨m⟩nes[d] voces vel note equa mensura temporis proferantur nec ulla plus **[fol. 31ʳ]** alia corripiatur aut longius protrahatur nec frequenter pausandum, nisi in cantibus prolixioribus, in quorum clausulis principalibus uniformiter ab omnibus pausari potest, et uniformiter post pausam brevem incipiendum et continuandum. In aliis vero moderata mensura, differenter tamen secundum festum et non festum, rotunde et uniformiter procedendum. Dulciter sine aspiracionibus ha he ho sine eciam vocalium[e] mutacionibus dum pluribus notis subiciuntur, sine ascensione vel descensione me⟨tr⟩i[f]. Ad perfectionem quippe cantus pertinet, quod eo tono melodie, quo inceptus est, continuetur sine ascensu vel descensu. In psalmodia vero ac ceteris legendis prima sillaba versus[g] post medium protrahenda est paululum, ut in se-

a strenue] strennue *H* **b** codicibus] *verbessert aus* condicibus, *zusätzlich am Rand* codicibus *H* **c** recencia] *folgt durchgestrichen* reprobatis *H* **d** omnes] ones *H* **e** vocalium] *verbessert aus* vocalibus *H* **f** metri] merti *H* **g** versus] *am Rand, durch Verweiszeichen eingefügt nach* sillaba *H*

[113] Ps.-Hieronymus, Regula monacharum, 33 (De matutino et modo dicendi divinum officium). PL 30, Sp. 419.

[114] Bernardus Claraevallensis, Sermones super Cantica Canticorum. Sermo 47,8. Ed. Leclercq II, S. 66.

[115] Vgl. Regula Benedicti 43. Ed. Steidle, S. 136.

[116] Bernardus Claraevallensis, Sermones super Cantica Canticorum. Sermo 47,8. Ed. Leclercq II, S. 66.

quentem sillabam omnes pariter incidant, equa mensura omnes ceteras dictionum sillabas proferentes.

In medio quoque versus tanta fiat pausa, ut respirare quivis possit et non prolixius habeat quoque respectum chorus ad chorum, ne uno maturius legente alius festinet vel e converso, sed in utroque mensura prolacionis eadem conservetur. Sed nec chorus unus versum suum incipiat, donec alter versum precedentem perfecte finierit. Et ideo nota ultima nequaquam longius protrahatur quam aliarum aliqua precedencium. Ipse quoque sillabe dictionum distincte, vivaciter et lingua ac dentibus articulate proferantur, ne confusa et vix perceptibilis vocum **[fol. 31ᵛ]** differencia intelligenciam adimat. Quod attendat quisquis omnino, si solus legerit collectas, preces, lectiones, versiculos, quatenus et ipse se choro conformet, alioquin si lector vel ebdomadarius sillabas collidat, unam trahendo aliam vix sensibiliter proferendo quomodo chorus respondendo debitam mensuram servare poterit. Ad vitandam itaque confusionem et deformitates illam mensuram teneat quilibet, dum solus legit, quam chorus sibi tenet responsurus, ut sic in omnibus tam psallencium quam astancium vitetur confusio, consulatur fastidio, pascatur devocio ac tentio adiuvetur etc. Jesus Maria.

Pro confirmacione omnium premissorum placuit hic inserere constitucionem concilii Basiliensis factam in sessione vicesima prima ex originali blumbato fideliter sumpta ait enim sic: *Si quis principem seculi rogaturus, habitu honesto, gestu decenti, prolacione non precipiti, sed distincta attenta quoque mente, seipsum ac verba studet componere, quanto diligencius in sacro loco omnipotentem oraturus Deum, hec omnino facere curabit*[a]. *Statuit igitur sancta* **[fol. 32ʳ]** *sinodus, ut in cunctis cathedralibus ac collegiatis ecclesiis, horis debitis, signis congrua pulsacione premissis, laudes divine per singulas horas non cursim ac festinanter, sed asiatim ac tractim, et cum pausa decenti, presertim in medio cuiuslibet versiculi psalmorum, debitam faciendo inter solemne* et[b] *feriale officium differenciam, reverenter ab omnibus persolvantur. Horas canonicas dicturi, cum tunica talari ac suppelliciis mundis ultra medias tibias longis vel cappis, iuxta temporum ac regionum diversitatem, ecclesias ingrediantur, non capucia, sed almucias vel bireta tenentes in capite. Qui cum in choro fuerint, gravitatem servent, quam et locus et officium exigunt; non insimul aut cum aliis confabulantes seu loquentes*[c], *aut litteras seu scripturas alias legentes. Et cum psallendi gratia ibidem conven*erint[d] muta[e] *ac clausa labya tenere non debent, sed omnes, presertim qui maiori funguntur honore, in psalmis, hymnis et canticis Deo alacriter modulentur. Cum dicitur, Gloria patri*[f], *omnes consurgant. Cum nominatur illud gloriosum nomen Jesus, in quo omne genu flectitur, celestium, terrestrium et infernorum*[117], *omnes capita*[g] *inclinent. Nemo ibidem, dum hore in communi publice cantantur, legat vel dicat privatim officium, nam non solum obsequium, quo obnoxius est, choro subtrahit,* **[fol. 32ᵛ]** *sed alios psallentes*

a curabit] curabit *H* curare debet *MANSI* **b** et] et *H*; ac *MANSI* **c** loquentes] loquentes *H*; colloquentes *MANSI* **d** convenerint] convenerint *H*; conveniant *MANSI* **e** muta] muta *H*; iuncta *MANSI* **f** Gloria patri] Gloria patri *H*; Gloria Patri et Filio et Spiritui sancto *MANSI* **g** capita] capita *H*; caput *MANSI*

---

[117] Vgl. Phil 2,10: *ut in nomine Iesu omne genu flectat caelestium et terrestrium et infernorum.*

perturbat[a]. *Super hiis debite observandis, aliisque ad divini officii prosecucionem ac chori disciplinam spectantibus, decanus, vel cui onus incumbit, diligenter invigilet, hinc inde, ne quid inordinate fiat circumspiciens. Horum autem transgressores, illius hore in qua circa predicta excesserint, vel alia maiori, prout transgressionis gravitas exigit, plectentur pena.*[118]

Quoscumque etiam alibi beneficiatos, seu in sacris constitutos, cum ad horas canonicas teneantur, admonet hec sancta synodus, si orationes suas Deo acceptas fore cupiunt, ut in gutture[b], *vel inter dentes, seu degluciendo aut sincopando dictiones nec colloquia vel risus intermiscendo, sed sive soli, sive associati*[c], *diurnum nocturnumque officium reverenter* et *verbis*[d] *distinctis peragant, ac tali in loco, unde a devocione non trahantur*[e], *ad quam se disponere et preparare debent, iuxta id quod scriptum est:*[119] *Ante oracionem prepara animam tuam, ne sis quasi qui temptat Deum.*[120]

De privatis fratrum exerciciis, studio, confessione, communione, collacione, meditacione, contemplacione, recollectione, misse audicione capitulum quintum

Ut tempus et dies singuli secundum Deum transigantur, exhortando statuimus, quatinus subscripte ordinacioni ac temporis **[fol. 33r]** distribucioni fratres, quantum poterunt, se studeant in suis exerciciis et laboribus conformare.

Mane excitatis fratribus statim surgant et signantes se crucis signo pio exercicio consuetorum suffragiorum se preparent ad matutinas et horas alias modis supradictis persolvendas. Quibus solutis redeant ad cellas recollectioni, meditacioni ac studio ad minus unius hore spacio vacaturi. Dum vero stuba calefit tempore hyemali, recollectiones mane et sero fieri debent in stuba fratribus omnibus et singulis inibi congregatis.

Volumus autem, quod quilibet fratrum singulis diebus missam integram audire vel legere cessante impedimento legittimo nullatenus pretermittat loco et tempore secundum disposicionem visitatorum domus cuiuslibet. Proponant eciam fratres mane, quemadmodum tota die se habere velint et singula sibi occurrencia ad Dei honorem ordinare et ad profectum gemine caritatis.

Ab hora septima usque ad horam prandii, qui a choro absoluti sunt, communi[121] labore aut iniuncto operi diligenter intendant. Prandio facto et nonis lectis fratres ad cellas redeant et ex laudabili consuetudine unam particulam de centum articulis in memoriam dominice passionis legant. Ex hinc[f] conceditur hora pro quiete fratribus, qua qui uti volunt aut non indigent, maneant nihilominus **[fol. 33v]** in

a perturbat] *eingefügt H* **b** ut in gutture] ut in gutture *H*; ut non in gutture *Mansi*
c associati] ossociati *H*; associati *Mansi* **d** et verbis] et verbis *H*; verbisque *Mansi*
e trahantur] trahantur *H*; retrahantur *Mansi* **f** hinc] *folgt durchgestrichen* sequitur *H*

118 Mansi, Sacrorum conciliorum nova et amplissima collectio, vol. 29, Sp. 105f.

119 Sir 18,23: *ante orationem praepara animam tuam et noli esse quasi homo, qui temptat Deum.*

120 Mansi, Sacrorum conciliorum nova et amplissima collectio, vol. 29, Sp. 106f.

121 Vgl. Statuta [Münstersche Union]. Ed. Doebner, S. 241: *De labore et requie fratrum.*

cellis aliquo utili exercicio silenter intenti diligenter caventes, ne ceteros quiescentes strepitibus qualibuscumque molestent.

Postea facto signo ad laborem laborabunt pro communi usque ad vesperam, similiter post vesperas usque ad cenam ita tamen, ut, dum per horam frater laboraverit, surgens oracionem legat illi hore congruentem. Cena facta et completoriis de domina a scolaribus in refectorio mensam simul levantibus, a sacerdotibus vero in cellis lectis possunt fratres[a] spaciamento modico in curia vel orto domus intra septa recreari aut punctum aliquem edificativum scribere aut consolacionem aliquam spiritualem apud alterutrum querere vel simile aliquid operari. Numquam ocio frena laxare, sed semper in bonis occupacionibus diaboli temptacionibus[b] se curent obicere confidenter.

Septima hora completorio peracto cum quiete animi et corporis in cellis suis tempore estivo vel in stuba tempore hyemali sese recipiant vacaturi meditacioni, lectioni, studio ac defectuum suorum ipsa die admissorum recollectioni, quos et diligenter signent, ut de eis statuto tempore confessionem possint facere puram. Octava hora facto signo ad quietem omnibus sepositis strato suo se mancipent, donec obdormiunt, spiritualia ac salubria ruminantes, nisi de consensu et voluntate visitatorum **[fol. 34^r]** aliud fieri in hac vel in illa congrueret domo. Et quoniam cogitaciones vage eciam de rebus spiritualibus profectum impediunt, singulis diebus circa materias speciales versabitur meditacio et directio cordis, nisi forte festa et sancte matris ecclesie exercicia alia ministrarent. Jhesus Maria.

Dominica die circa ea, que beatitudinem perficiunt, que sunt clara Dei visio, eius deliciosissima fruicio, securissima tencio, iocunda societas, gaudiorum eternitas, anime et corporis gloria, omnium desideriorum societas perfectissima. Secunda feria circa mundi productionem, angelorum lapsum et confirmacionem, hominis formacionem et mirabilem spiritus et carnis unionem, ordinem ad finem ad superiora, ad inferiora, ad equalia, innocencie statum, beneficia communia et specialia multipliciter in naturalibus et gratuitis inpensa. Tercia feria circa primi hominis lapsum miserabilem, lapsi statum, pronitatem ad peccandum, tarditatem ad bonum, seculi pericula, diabolica temptamenta, resistendi infirmitatem, commissorum peccatorum mulitiplicitatem, penitendi difficultatem, facilitatem recidivandi, ingratitudinem de beneficiis Domini. Quarta feria circa presentis vite brevitatem, mortis inevitabilitatem, temporis et modi incertitudinem, particularis iudicii metum terribilem, novissime tube **[fol. 34^v]** clangorem, hedorum et agnorum a dextris et a sinistris statuendorum discrecionem, irrevocabilis sentencie verba: Ite, venite, finalem ac tristissimam malorum separacionem. Quinta feria circa penas, purgatorii modicitatem subsequentis auxilii, penarum infernalium perpetuitatem, earum miserabilem vicissitudinem, dampnatorum odia et blasphemiam, tenebrositatem et fetentis loci artitudinem[c], miserorum perpetuam oblivionem. Sexta feria circa dominicam passionem ad compaciendum, ad admirandum, ad imitandum, ad exultandum, ad resolvendum, ad participandum. Die sabbati circa

a fratres] *folgt durchgestrichen* simul *H* **b** temptacionibus] *folgt durchgestrichen* diaboli *H*
c tenebrositatem ... artitudinem] *am Rand, durch Verweiszeichen eingefügt nach* blasphemiam *H*

medicinalia sacramenta, ex dominica cruce efficaciam sortita maxime penitenciam et eukaristiam, beatissime virginis compassionem, acquirendas virtutes, vicia extirpanda, sui ipsius profectum vel defectum ad preparacionem ad instantem dominicam festivitatem fructuose et digne peragendam.

Ad horas has materias dilatandas serviunt libelli devoti *Omnes, inquit, artes*[122], *Beatus vir*[123], *Homo quidam*[124] et ceteri tractatus multi perutiles. De fratrum vero studiis hoc ordinamus, ut vitantes aniles fabulas, questiones curiosas, verborum pugnas, magis doctrinis simplicioribus intendant inflamantibus affectum, quam exercitantibus intellectum omne studium vanum reputantes, quo non tenditur ad caritatem **[fol. 35ʳ]** acquirendam vel habitam augmentandam. Sit pietas in causa semper, curiositas numquam. Legant itaque instituta, collaciones, vitas, sermones sanctorum patrum, libellum de profectibus religiosorum, sermones beati Bernardi[125], eiusdem ad fratres de heremo de monte dei[126], moralia[127] et omelias[128] beati Gregorii, confessiones, omelias et sermones beati Augustini, obitum beati Jeronimi eiusque regulam ad virgines[129] et similia.[130] De alcioribus materiis se non intromittant, sed semper humilia et devota exercicia amplectentes. Caveant quoque disputaciones sophisticas, altercaciones et contenciones, que nonnumquam mentis superbiam et per consequens errores nutrientes. Alciora se maioribus committant et in casibus iuris consiliis iuris peritorum virorum, expertorum et Deum timencium acquiescant salva semper ordinacione pro studentibus, legentibus et cathedrantibus per generale capitulum aut visitatores facta vel fienda. Expediret eciam plurimum, quatinus in singulis domibus fierent aliqua exercicia grammaticalia vel loycalia pro abilitacione et informatione simplicium ad studium uberius aut ordines suscipiendos habitis personis ad hoc aptis, cuius rei disposicionem visitatoribus commitimus.

Statuimus quoque et ordinamus, ut clerici et laici in qualibet ebdomada semel confiteantur; quod ut cercius et dis- **[fol. 35ᵛ]** tinctius facere possint, defectus suos signent in tabula, quam ad confessionem ituri inspiciunt et commissa ad memoriam reducant. Sacerdotes vero pluries et presertim quando celebraturi sunt, dum copiam confessorum habere possunt, confessionem premittant, disti⟨n⟩ctius[a] pro-

a distinctius] distictius *H*

[122] Florens Radewijns, Omnes, inquit, artes. Ed. van Woerkum.

[123] Gerhard Zerbolt von Zutphen, De spiritualibus ascensionibus. Ed. Bigne.

[124] Gerhard Zerbolt von Zutphen, De reformatione interiori seu virium animae. Ed. Bigne.

[125] Bernardus Claraevallensis, Sermones. Ed. Leclercq IV–VI.

[126] Wilhelm von Saint-Thierry, Epistola ad fratres de Monte Dei. Ed. Déchanet.

[127] Gregor, Moralium libri sive expositio in librum Iob. PL 75, Sp. 509–1162, PL 76, Sp. 9–782.

[128] Gregor, Homilarum in Ezechielem prophetam libri duo. PL 76, Sp. 785–1314.

[129] Ps.-Hieronymus, Regula monacharum. PL 30, Sp. 391–426.

[130] Vgl. Consuetudines [Herford]. Ed. Stupperich, S. 66: *De studio sacre scripture: [...] De studiis vero et lectionibus fratrum videtur expediens, quod magis immorentur libris, qui edificent mores, scilicet institutis collationibus vitas patrum, profectibus religiosorum ad fratres de monte dei, horologio eterne sapientie, moralibus Gregorii, sermonibus Bernardi et huiusmodi.* – Vgl. oben Kapitel IV,3.5.7.

hibentes, ne aliquis canonicorum, sacerdotum, clericorum, scolarium aut laycorum fratrum alicui extra domum vel in domo alteri quam rectori vel rector commiserit confiteri presumat, nisi ex certa causa ad confitendum alteri a rectore licencia concedatur.

Volumus eciam ac constituendo declaramus et ordinamus, quod omnis et singuli prepositi et rectores eciam studencium in Tuwingen[131] plenam habeant et habeat facultatem quorumcumque officialium, hoc est visitatorum et prepositorum sive rectorum cuiuscumque domus canonicorum vero dumtaxat domus suae pro tempore inibi existencium eorumque familiarium et serviencium, confessiones audire et pro commissis, dummodo talia non sint, propter que merito sedes apostolica consulenda foret, debitam absolutionem impendendi et salutarem penitenciam iniungendi eisque eukaristie et olei sacri sacramenta ministrandi tociens, quociens opus fuerit, secundum tenorem et concessionem bulle **[fol. 36ʳ]** Eugeniane.[132] Eandem per omnia facultatem et libertatem damus et dat nostrum generale capitulum illi vel illis ex canonicis sacerdotibus, quem vel quos pater aut rector domus pro tempore confessorem vel confessores in domo sua ordinaverit vel elegerit, tam quoad seipsum quam quoad alias personas prefatas sive officiales sive rectores aut prepositi aut servientes sint et dicantur aut itinerantes fratres cum limitacione et restrictione vel sine restrictione, quod eosdem possint et quemlibet seorsum absolvere a quibuscumque commissis sedi apostolice non reservatis sibi vel alteri penitencionario, que ad episcopum pertinent, prout rectori domus pro tempore visum fuerit, quoad suos expedire et conducere in quo suam oneramus conscienciam.

Hiis autem prescriptis diebus fratres canonici non sacerdotes[a], scolares et layci communicabunt, nisi abstinendum duxerint de consilio confessoris. Dominica prima adventus, concepcionis Marie vel dominica tercia, in festo nativitatis Christi, epiphanie, purificacionis, dominica prima in quadragesima, dominica tercia, dominica quinta eiusdem, in festo pasche, dominica iubilate, ascensionis, penthe- **[fol. 36ᵛ]** costes, corporis Christi. Deinde de dominica tercia in terciam communicabunt ita tamen, ut propter festa beatae virginis presertim assumpcionis et nativitatis, in quibus communicandum est, dies communionis precedens vel sequens anticipetur vel differatur, prout rector iudicaverit expedire.

Volumus eciam, si quis ex devocione in cena Domini communicare voluerit, nichilominus in die pasce communicabit. Tempore communionis tota devocione et maturitate utriusque hominis composicioni intendant, ne ex Dei offensione per cordis pravitatem et scandalo proximi per morum levitatem fructus tollatur divinissimi sacramenti. Quod ut rectius fiat, ante diem communionis parumper abstinendum est, ut infra capitulo ⟨xii⟩[b] [133] notatur. Iuniores quoque cellas seniorum

a sacerdotes] *folgt durchgestrichen* seculares *H* **b** xii] xiii *H*

[131] Fraterhaus im Schloß Tübingen (Baden-Württemberg).

[132] DiözesanA Münster, GV U 1729 (Papst Eugen IV. für Münster, Köln und Wesel; 1439 April 18). Vgl. auch Statuta [Generalkapitel], fol. 5ʳ.

[133] Vgl. Statuta [Generalkapitel], fol. 50ʳ–53ʳ: *⟨De refectione et abstinencia capitulum duodecimum⟩*

fratrum visitent remissionem offensarum et oracionum suffragia flexis genibus humiliter implorantes.

Inherentes eciam patrum nostrorum vestigiis ordinamus, ut in festis fori facta cena, dummodo pociora non impediant, convocatis per signum fratribus collacio fiat de patrum sanctorum sentenciis, materia festi et ceteris spiritualibus. Ad presidentis evocationem fratres in medium proferant puncta brevia, que vel ex illius diei studio vel lectionibus vel sermonibus memorie commendarunt caventes omnimodis, **[fol. 37^r]** ne huic sancte collacioni de spirituali fratrum profectu secularia quedam, ridiculosa, vana vel ad rem non pertinencia immisceant, sed dictis punctis presidens exhortacione subiecta concludat: *Benedictio Dei patris et filii et spiritus sancti* etc. Sicque surgentes ad cellas suas properabunt ruminantes ea, que ad sui edificacionem prolata sunt, nisi de speciali gracia, quod tamen rarius fieri debebit, presidens potum fratribus largiretur.

Item de oracionibus fratrum laicorum hoc ordinamus, quod horis canonicis legant oracionem dominicam et symbolum, pro matutinis dicant quindecies dominicam oracionem cum angelica salutacione, pro vesperis totidem, pro qualibet ceterarum horarum septies addito inprimis symbolo similiter in completoriis, pro vigiliis mortuorum novem lectionum triginta oraciones dominicas cum totidem salutacionibus angelicis, pro vigiliis trium lectionum quindecim, pro psalterio centum quinquaginta. Si tamen noverint legere septem psalmos aut horas de domina, poterunt, qui hec noverint, se conformare clericis in legendo septenam et horas de domina vice predictarum oracionum.

De cura animarum committenda et[a] exercenda capitulum sextum[134]

[fol. 37^v] Quia apostolica vel ordinaria auctoritate cura nostris collegiis est annexa, ideo, ne inordinate aliquid aut culpabile contingat circa ovium Christi curam et pascionem, qui pro redempcione sanguinem fudit proprium, ut oves ipse suum non ignorent pastorem vigilantissimum, qui eos verbo precedet et exemplo, volumus et ordinamus, statuimus et[b] inviolabiliter observari precipimus, quod post novi rectoris aut prepositi electionem ac eiusdem per visitatores vice et nomine generalis capituli confirmacionem mox visitatorum unus, qui electioni interfuit et confirmacionem execucioni demandavit, ipsi novello preposito aut rectori animarum curam et regimen loci illius imponat, demandet et committet de voluntate et consensu capituli domestici tunc presentis et adesse debentis cum exhortacione, quatinus *boni pastoris* condiciones in Christo pastore optimo exemplatas assumat, *mercennarii* vero respuat ⟨et⟩[c] proiiciat.[135]

a et] *folgt durchgestrichen* excerda *H* **b** et] *folgt durchgestrichen* immobiliter *H* **c** et] *hier muß wohl* et *ergänzt werden; fehlt H*

---

[134] Vgl. oben Kapitel IV,3.5.8.

[135] Vgl. Io 10,11f.: *ego sum pastor bonus; bonus pastor animam suam dat pro ovibus, mercennarius et qui non est pastor, cuius non sunt oves propriae, videt lupum venientem et dimittit oves et fugit.*

Qua commissione facta et per eum humiliter et obtemperanter ex charitate accepta ipsius erit deinceps boni pastoris officium gerere ac ad se de gremio capituli domestici evocare et assumere, quotquot habet pro loco et tempore necessarios ad sacramentorum administracionem, ad audienci⟨a⟩m[a] confessionum et ad cetera, que cura et regimen **[fol. 38r]** respiciunt animarum, si saltem ad hoc ydonei reperiuntur, qui eciam ipsius curatoris monitis pariter et requisicioni verius generalis capituli humiliter sine recalcitracione obtemperare debent, nisi forte aliquis requisitorum ex causa racionabili iustam posset cum humilitate pretendere defensionis[b] excusacionem, quam visitatori exponere debet eiusque per omnia stare diffinitioni et decreto, si inpositam sibi sarcinam et iniunctum onus exequi debeat aut possit vel non. Et hoc dum mora non est in periculo et huiusmodi deliberacionem, facti pondus et temporis mora citra animarum preiudicium et populi scandalum commode patitur et sufferre potest alias sine contradictione quilibet evocatus rectoris parere debet requisicioni pro hac saltem vice.

Videat insuper rector et pastor, ut tales ad se in partem Marthe[136] evocet, qui inpositam sibi sarcinam ferre possent et iniunctum exequi officium diligenter. Expedit eciam, ut ante quadragesimam, si assumendi sunt ad audienciam confessionum, prius pro maturo avisentur a preposito, ut sese diligenter[c] informent in hiis, que huiusmodi concernunt officium, ne *cecus ceco ducatum* prebens *ambo* labantur *in foveam.*[137] Et si temporis suc- **[fol. 38v]** cessu ple⟨ba⟩nus[d] a preposito ordinatus et assumptus ad curae exercicium negligens foret aut alias culpabiliter et scandolose se haberet, dum id pluribus aut paucis e capittularibus innotuerit, significare debent id ipsum quantocius rectori et pastori, qui ipsum pleba⟨n⟩um[e] negligentem admoneat et corrigat prout visum fuerit expedire secundum tenorem statutorum. Quod si rector aut prepositus in ea re negligens foret, capitulares idipsum significent visitatori, cuius mandato et ordinacioni rector domus negligens et similiter plebanus culpabilis audito prius capitulo domestico per omnia sine contradictione obtemperabit. Et quia Gregorio teste in suo pastorali[138] ⟨regula⟩[f] *ars arcium est regimen animarum*[139], videat et attendat curator vigilans, ut ea, que suum concernant officium[g], non fugiant noticiam pariter et scienciam. Legat itaque et relegat summas doctorum et tractatulos diversos de arte audiendi confessiones cancellarii Parisiensis[140] et Iohannis in summa confessorum[141] et ceterorum.

a audienciam] audiencium *H* **b** defensionis] denfensionis *H* **c** diligenter] *folgt durchgestrichen* informet *H* **d** plebanus] plenus *H* **e** plebanum] plebabum *H* **f** regula] *hier kann* regula *ergänzt werden; fehlt H* **g** officium] *folgt wohl versehentlich* officium eius *H*

[136] Vgl. Lc 10,40ff.

[137] Mt 15,14: *caecus autem si caeco ducatum praestet ambo in foveam cadunt.*

[138] Gregor, Regula pastoralis. PL 77, Sp. 13–126.

[139] Gregor, Regula pastoralis I,1. PL 77, Sp. 14: *Ab imperitis ergo pastorale magisterium qua temeritate suscipitur, quando ars est artium regimen animarum.*

[140] Gerson, Opusculum tripartitum de praeceptis decalogi, de confessione et de arte moriendi. (Ed. Du Pin I, 425–450); De arte audiendi confessiones (Ed. Du Pin II, 446–453); Sermo de officio pastoris (Ed. Du Pin II, 542–558).

[141] Johannes Friburgensis, Summa Confessorum. Augsburg 1476.

Sciat, quia eadem non omnibus conveniunt, *sepe namque aliis officiunt, que aliis* **[fol. 39ʳ]** *prosunt. Et medicamentum, quod hunc morbum imminuit, alteri vires*[a] *iungit*; *et qui panis*[b] *fortium* corroborat, *parvulorum vitam necat. Pro qualitate igitur* confitencium *formari debet* medicamen et disciplina confessorum, *ut sua singulis congruant et tamen a communis edificationis arte numquam recedant.*[142]

Sciat inprimis eligibilius esse paucos complete quam multos imperfecte cum conscientiarum scrupulis non tam expedire, quam impeditos et inexpeditos plerumque relinquere. Non itaque precipitantur aut perfunctorie transvolando, sed pervigil cura et sollerti industria suum circa peccatorem exerceat officium, omnia tamen diiudicet atque in rationis st⟨a⟩tera[c] trutinet, ne spiritus malignus in angelum lucis se transformet, nedum proximi profectu[d] se tractum estimet versipellis spiritus in muscipulis insideat.

Caveat confessor aspectu vel blando vel furibundo faciem intueri confitentis et, dum interrogatoria dare statuit, non precipitanter non sine ratione id fiat, nisi dum accedente consensu et voluntate confitentis ex prefatis confessatis veluti expremissis ea, que interrogare vult, inferre posset; ne ignarum doceat et malorum inscium curiositate allectum ad opus occasionabiliter trahat. Quod si cautela uti nesciat et discre- **[fol. 39ᵛ]** cione careat, dimittat interrogatoria. Necesse est presertim in carnalibus quoad adolescentes, mares et puellas, ne sibi ipsi detrimentum faciat et peccatorem masculum vel feminam, si semel negaverit neque deprehensus fuerit, scandaliset.

Caveat denique iniungendo penitenciam satisfactoriam, ne *arundinem quassatam confringat et linum fumigans extinguat.*[143] Melius est enim peccatorem cum parva penitencia mittere ad purgatorium, quam cum magna in infernum. Que omnia diutina experiencia et spiritus unctio edocebit. Hoc tamen adiicimus, quod nullus ad curam animarum non admissus admitti debeat vel ordinari per prepositum ad audienciam confessionum. Insuper volumus, quod nullus extraneus sacerdos, et qui non est de statu nostro, assumi debet in plebanum et adiutorem sine capitulo domestico.

Item diligenter attendat et animadvertat ipse curatus et *speculator domus Israhel*, ut dum per semetipsum predicacioni et verbi Dei evangelisacioni insistere non valet, tales ad speculacionis collocet arcem, qui non sua sed Domini annunctient verba Ezechiele teste capitulo iii[144]. Qui vite viam populo annuncient et eius impietates *gladio spiritus, quod est verbum Dei,*[145] feriant **[fol. 40ʳ]** et increpent. Qui denique

a vires] *am Rand, durch Verweiszeichen eingefügt H* **b** panis] *am Rand, durch Verweiszeichen eingefügt H* **c** statera] stetera *H* **d** profectu] *verbessert aus* profectum *H*

---

[142] Gregor, Regula pastoralis III. PL 77, Sp. 49: *Saepe namque aliis officiunt, quae aliis prosunt. [...] Et medicamentum quod hunc morbum imminuit, alteri vires iungit; et panis qui vitam fortium roborat, parvulorum necat. Pro qualitate igitur audientium formari debet sermo doctorum, ut et ad sua singulis congruat, et tamen a communis aedificationis arte nunquam recedat.*

[143] Mt 12, 20: *harundinem quassatam non confringet et linum fumigans non extinguet.*

[144] Vgl. Ez 3,17: *fili hominis speculatorem dedi te domui Israhel et audies de ore meo verbum et adnuntiabis eis ex me.*

[145] Vgl. Eph 6,17.

nover⟨i⟩nt[a], *quid, cui*quam, *qualiter et quantum loq*uendum est. *Si enim* aliquod *horum defuerit*, inepta est *locucio*[146], ut vigilantissimo Gregorio omelia undecima super Ezechielem[147], que quemlibet erudit, informat et dirigit verbi Dei predicatorem. Sciat predicator, quia de doctore et predicatore: *Super montem excelsum ascende tu, qui evangelisas Syon.*[148] Non superbie et iactancie, sed eminentis actionis sancte, ut subiectam gregem preeat et transcendat vite actione *ut*que *more narium fetores discernat viciorum odoresque virtutum*, ut *maligni incursus* eminus *prospiciat et commiss*um gregem a luporum faucibus *caut*um *reddat.*[149] Sciat, quod cepit Ihesus facere et docere. Et dum vox vitam non remordet, dulcis est symphonia ac psalterii cum cithara concors armonia. Prius ad fidem, deinde ad morum viam sermones ducat. Et quod utilis et fructifera predicatio hominem exigit quietum et tranquillum et a curis forensibus ac ab omni amore terrenarum rerum liberum, ideo stabit in diffinicione et ordinacione prepositi et rectoris domus cuiuslibet, ut ponderatis condicionibus et qualitatibus predicancium secundum hoc eos a labore communi et ex toto vel ex parte absolvat ita tamen, ut non ocio, sed contemplacione iugi vacent studio. Et nihil- **[fol. 40v]** ominus sese ceteris in choro conforment, nisi aliud fieri pro loco et tempore cum aliquo predicatore ordinario sermones notabiles elaborante equitas suaderet; discrecione enim opus est et spiritualis et prudens omnia diiudicat.

De proprietatis abdicacione capitulum septimum[150]

Quia secundum apostolicam tradicionem proprietati quorumcumque temporalium renunciavimus ac communi nos dedimus vite eorum imitantes exemplum, quibus *cor unum et anima una omnia*que *communia*[151] fuisse describuntur, caveant fratres singuli, ne quisquam renunciacioni ac sponsioni per eum in sua receptione coram notario et testibus factis quocumque modo contraveniat quovis quesito ingenio vel colore nec rei eciam minime proprietatem desideret, nec quippiam ut tale possideat vel suum esse dicat, contentus, quod sibi de communibus domus

a noverint] novernt *H*

---

[146] Gregor, Homilia in Ezechielem I, XI, Vers. 19. PL 76, Sp.: 910: *Pensare etenim doctor debet, quid loquatur, cui loquatur, quando loquatur, qualiter loquatur et quando loquatur. Si enim unum horum defuerit, locutio apta non erit.*

[147] Gregor, Homiliae XL in Ezechielem. PL 76, Sp. 781–1312.

[148] Is 40,9: *super montem excelsum ascende tu quae evangelizas Sion.*

[149] Gregor, Homilia in Ezechielem I, XI, Vers. 17. PL 76, Sp.: 909: *[...] sic praedicatoris vita semper in alto debet fixa permanere, ut more narium discernat fetores vitiorum odoresque virtutum. Incursus malignorum spirituum longe prospiciat, et commissas sibi animas per suam providentiam cautas reddat.*

[150] Vgl. Statuta [Münstersche Union]. Ed. Doebner, S. 238f.: *De proprietatis abdicatione.* – Vgl. oben Kapitel IV,3.5.2.

[151] Vgl. Act 2,44: *et habebant omnia communia.* Act 4,32: *multitudinis autem credentium erat cor (unum) et anima una, nec quisquam eorum quae possidebant aliquid suum esse dicebat, sed erant illis omnia communia.*

bonis ministretur, prout opus hoc et facultas communium rerum valet. Que apostolica paupertas ut in nostra congregacione prius observata nullo proprietatis vicio maculetur, statuimus et ordinamus ac[a] inviolabiliter observari volumus, ne quisquam rem aliquam, non pecuniam, non vestem, **[fol. 41r]** non librum, sed nec victualia sine consensu expresso vel presumpto rectoris, a quo immediate vel mediate omnia sunt recipienda, habeat, teneat, recipiat vel dispenset; si saltem vicium evitare placet, eterna pena mulctandum. Nullus eciam marsupia vel peram habeat nec cistam vel aliam clausuram. Seras tamen et clausuras cellarum admittimus semotis fraude et dolo ita tamen, quod rector ad singulorum cellas claves habeat, quibus possit, cum voluerit, ingredi et inhabitantis mores et opera caucius experiri. Sed nec pecuniam cuiuscumque nisi de licencia et commissione rectoris sui domestici possideat, teneat, custodiat aut ut depositum habeat.

Si quidem in domo et congregacione nostra nemo pecuniam habere et tractare debet preter rectorem et procuratorem, nisi ex speciali causa et commissione pecuniam ad tempus contractandam sibi rector domesticus commendaret, qua[b] causa[c] cessante statim, si quid superest, procuratori vel rectori presentabit. Similiter faciat frater reversus de via vel foro, quo missus fuerat saltem per duas noctes, pecuniam super effluentem non teneat secum et de expositis per eum racionem claram procuratori vel patri faciat. Rem quoque a parentibus, amicis vel alias **[fol. 41v]** undecumque oblatam[d] fratri preciosam vel vilem statim rectori vel vicerectori presentabit equo animo ferens, si eius usus concedatur an alteri applicetur[e], eciam, si vestes forent, esculenta vel poculenta, iocalia vel picture. Quod si non fecerit, per presidentem sine dilacione, postquam innotuerit, ab eo res huiuscemodi auferatur et nullo modo usus eiusdem tali fratri concedatur et nich⟨i⟩lominus[f] frater ille secundum statuta puniatur.

Visitante quoque rectore cellulas fratrum quilibet eorum omnia, que habet, presentabit libros, psalterium, orale, rapiarium etc. Nichil prorsus tunc occultando vel transmittendo quovis quesito ingenio vel colore rectoris arbitrio relinques, si aliqua velit recipere, tradere alteri vel mutare, quod et fieri quandoque expedit, ne aliquis fratrum sibi quicquam appropriet tanquam suum. Quod si quis aliquid absconderit tunc vel transmiserit aut alteri in custodiam, ne videatur a patre, commiserit vel tradiderit, cum id posterius rectori innotuerit, corrigere debet huiusmodi fratrem ut proprietarium et proprietatis vicio maculatum secundum tenorem statutorum de gravissima culpa[152]. Possunt quoque officiales fratres communicanda fratribus quandoque[g] alterare tamen cum consilio rectoris.

Item si frater iussus fuerit de una cella ad aliam[h] transire, nihil de prima secum accipiat sine licencia patris nisi quaternum, **[fol. 42r]** quem scribit cum suo exem-

a ac] *folgt durchgestrichen* immobiliter *H* **b** qua] *folgt durchgestrichen* concessa *H* **c** causa] *am Rand, durch Verweiszeichen eingefügt H* **d** oblatam] *folgt durchgestrichen* a parentibus amicis *H* **e** si eius ... applicetur] *am Rand, durch Verweiszeichen nach* ferens *eingefügt H* **f** nichilominus] nicholominus *H* **g** quandoque] *folgt durchgestrichen* altare *H* **h** aliam] *eingefügt H*

---

[152] Vgl. STATUTA [GENERALKAPITEL], fol. 97v.

plari. Nullus quoque fratrum patrimonium suum aut debita emonebit vel exiget, nisi rector domus hoc sibi nomine specialiter[a] domus committeret. Et si aliqui quitandi forent, non frater ille suo nomine, sed rector nomine domus quitabit sicut non nisi nomine domus in iudicio est agendum. Non tamen facile mittat rector fratres ad sua patrimonia eciam nomine domus exigenda, ne hac occasione, sicut quandoque contigit, ad seculum revertantur.

Item volumus et ordinamus, quod nullus beneficiatus in fratrem recipiatur neque frater receptus aliquod beneficium acceptet, nisi paratus sit ipsum permutare vel resignare, quandocumque placuerit rectori et fratribus. De quo cercior ut sit[b] domus, constituat huiuscemodi[c], qui beneficium habet vel acceptat, rectorem in procuratorem irrevocabilem ad beneficium tale permutandum vel resignandum habens tamen beneficium vel officium nihil de eius proventibus sibi appropriet, sed sicut cetera omnia ex laboribus manuum vel alias quomodocumque proveniencia mense capitulari applicata sunt. Ita eciam ista manibus procuratoris tradantur communi usui dispensanda. Et ne quacumque occasione hanc sanctam paupertatem evangelicam labefactari contingat, statuimus, ne persone, senes vel iuvenes, sacerdotes, clerici vel scolares in congregacione nostra ad cohabitandum, nisi per breve tempus vel probacionis gracia, acceptentur, qui propria sua **[fol. 42^{v}]** vellent tenere et apud ⟨nos⟩[d] sibi expensas procurare aut infra septa domus pro sua habitacione domus construere, eciam si multa bona ex eis[e] domui provenirent. Disciplinam namque in se ferre non possunt nec volunt et in partem suam velut sequaces facile infirmos fratres trahunt, nisi forte in casu aliud expedire maturo prehabito consilio visitatorum vel generalis capituli videretur. Si tamen aliquis prebendarius frater vel soror extra conventum habitaturus in curia familie se recipi peteret, committimus preposito et capitulo domestico[f], ut singulis pensatis et ponderatis hoc agant, quo utilitati fame et scand⟨a⟩lo[g] vitando consulatur. Sed de personis habitare volentibus in conventu et intra septa domus licencia habeatur a visitatoribus aut generali capitulo.

Prohibemus eciam, ne aliquis fratrum testamentarius, tutor vel procurator nisi fratrum domus fiat, quod eciam rector declinabit et, ubicumque cum pace poterit, eciam amicis[h] negabit. Sed nec rector nec frater cuiuscumque fideiussor esse debebit sub pena arbitraria per generale capitulum et visitatores[i] infligenda.

Sit cista communis in loco tuto constituta tribus seris et totidem differentibus clavibus se- **[fol. 43^{r}]** rata, quarum unam rector, secundam vicerector et procurator terciam habeant. In qua conserventur sigillum commune, privilegia domus ac litterae reddituum, pecunie vel preciosa quelibet, que ad procuratoris curam non pertinent. Deposita in pecuniis vel aliis, que inibi conservari possunt, quibus annotata sit cedula mentem deponentis circa depositum continens, de quo eciam sine

a specialiter] *am Rand, durch Verweiszeichen vor* domus *eingefügt H* **b** sit] *eingefügt H* **c** huiuscemodi] *verbessert aus* huiusmodi *H* **d** apud nos] apud nos DOEBNER; apud *H* **e** eis] *folgt durchgestrichen* domibus *H* **f** domestico] *am Rand, durch Verweiszeichen nach* capitulo *eingefügt H* **g** scandalo] scandulo *H* **h** amicis] *eingefügt H* **i** visitatores] *folgt durchgestrichen* a *H* depositarii consensu nil accomodari aut expendi debet. Volumus tamen, quod, dum domus aliquod vult in custodiam recipere depositum ab aliquo, singula prius diligenter ponderet, ne intollerabile damnum aut periculum ex depositi amissione vel neglectu incurrat. *Felix* enim dicitur, *quem faciunt aliena pericula cautum.*[153] Ideo tucius est sese prorsus a depositi custodia eximere quam laborintum sibi ipsi inferre et se et alios periculo exponere. Caute denique agatur in dando recognicionem pro deposito, ne per hoc quecumque domus alia in capite vel in membris impignoretur vel quomodocumque obligetur. Quod si secus attemptatum fuerit a quoquam, volumus huiusmodi recognicionem esse cassam et inanem.

De obediencia capitulum octavum[154]

Quia tocius religionis et cristianae conversacionis iniciale fundamentum, cursus et finis obediencia est, sine **[fol. 43v]** qua nulla omnino hominum congregacio, *non regnum, non civitas, non minima domuncula in rure diu* subsistere potest[155], in ipsa *summa virtutum clausa est*[156], ipsa liberat hominem *a reddenda Deo racione de* se ipso, ipsa[a] *summa libertas* est, *qua obtenta vix potest homo peccare.*[157] Ad hanc summopere hortamur, statuimus et ordinamus, quatenus omnes et singuli fratres ei, quem in sua congregacione a generali capitulo loco Dei vicarium, rectorem, patrem et prepositum receperunt, obedienciam exhibeant promptam sine dilacione, devotam sine dissolucione, voluntariam sine contradictione.[158] Et quia singuli patres et fratres, canonici et non canonici, dum primum in fratres perpetuos recipiuntur, nostro generali capitulo in suis ordinacionibus et statutis rite secundum apostolicas concessiones factis et faciendis obedienciam promiserint, ideo omnis et singuli fratres domestici suo rectori et preposito pro tempore a generali capitulo electo, dato et confirmato vice et nomine eiusdem generalis capituli, cuius auctoritate institutus est, obedienciam tenentur exhibere et debent secundum tenorem statutorum ac, si preposito obedienciam in manus promisissent[b], sub pena in statutis contenta secundum qualitatem cause.

a summa virtutum ... de se ipso ipsa] *am Rand, durch Verweiszeichen nach* in ipsa *eingefügt H*
b promisissent] promisisissent *H*

---

[153] Walther, Nr. 8952.

[154] Vgl. Statuta [Münstersche Union]. Ed. Doebner, S. 236–238: *De concordia mutua servanda.* – Vgl. oben Kapitel IV,3.5.5.

[155] Ps.-Hieronymus, Regula monacharum, 6 (De oboedientia exhibenda praelatis). PL 30, Sp. 398: *Non civitas, non regnum, nec minima domuncula diu maneret in rure, si cuius voluntati pareretur, deesset.*

[156] Ps.-Hieronymus, Regula monacharum, 6 (De oboedientia exhibenda praelatis). PL 30, Sp. 398: *In obedientia summa virtutum clausa est.*

[157] Ps.-Hieronymus, Regula monacharum, 6 (De oboedientia exhibenda praelatis). PL 30, Sp. 399: *O summa libertas, qua obtenta vix possit homo peccare.*

[158] Vgl. Augustinus, Regula VII,1. Ed. Verheijen, S. 435: *Praeposito tamquam patri oboediatur, honore servato, ne in illo offendatur Deus.*

Meminerint itaque fratres singuli, quod *vere obediens et, qui pro Christo caret omni arbitrio, nihil novit difficile, nihil iniustum* nec aliud velle aut nolle liceat, nisi que rector domus mandaverit facienda.[159] Nichil **[fol. 44r]** a quoquam presumatur fieri, quod rectori domus celare vellet vel eum latere. Ammoniciones eius sive correpciones benivole et reverenter suscipiant sine excusacione, nisi rector causam quereret petendo veniam, promittendo emendam sub pena in statutis contenta. Nec dumtaxat rectori et preposito, sed alterutrum preferentes invicem contendant subici et honorem et reverenciam exhibere alterque alterius maxime autem iuniores seniorum monitis humiliter et hilariter obedire. Ideoque, quociens vocabitur ad obedienciam, respondeat „Assum". Et cum sibi iniungitur, paratus semper animo ad opus respondeat: „Libenter". Correpti vero similiter, ut premissum est, veniam petant emendam promitentes.

De mutua concordia capitulum nonum[a] [160]

Concordia nutrit amorem, qua eciam *parve res crescunt* sicut e regione *discordia maxime dilabuntur.*[161] Corpus quoque destructioni expositum est, dum membra discordant a capite, nec consistere sanum poterit, si contra se membra pugnaverint, ut itaque concorditer conversemur sitque nobis *cor unum et anima una*[162] in Domino.

Statuimus et ordinamus ac paterna sollicitudine avisamus, hortamur et monemus, ut fratres singuli cordiales et aperti sint rectori domus neminemque audiant, qui eidem **[fol. 44v]** detrahere eiusve famam denigrare aut fratres contra eum presumpserit informare. Quod si contigerit, respondeant detrahenti: „Non dicatis nobis talia! Speramus illa non ita se habere; idcirco talia audire abhorremus." Si tamen rector gravis culpe aut scandalose accusaretur, audiens accusantem roget, ut advocatis duobus ex senioribus fratribus dictam repetat, qui informati de facto rectorem per se vel vicerectorem admoneant, quod se emendet. Quod si negligeret nec evidentibus racionibus satisfaceret, fratres ipsi secundum qualitatem cause apud visitatores vel capitulum generale eciam propterea convocandum, si visitatores negligentes forent et facti pondus exegerit, querant remedium salutare.

a nonum] decimum nonum *H*; *am Rand von anderer Hand* de mutua concordia capitulum nonum *H*

---

[159] Ps.-Hieronymus, Regula monacharum, 8 (De reverentia et subiectione erga abbatissam). PL 30, Sp. 400: *Vere obediens, et qui pro Christo caret omni arbitrio voluntatis, nihil novit difficile, nihil injustum.*

[160] Vgl. Statuta [Münstersche Union]. Ed. Doebner, S. 236–238: *De concordia mutua servanda.* – Vgl. oben Kapitel IV,3.5.3.

[161] Ps.-Hieronymus, Regula monachorum, 28 (De charitate et pace). PL 30, Sp. 383: *Concordia enim parvae res crescunt, sic et discordia maximae dilabuntur.*

[162] Act 4,32: *multitudinis autem credentium erat cor (unum) et anima una.*

Fratres vero simul benigne, humiliter et dulciter conversentur, non sint presumptuosi, audaces, nimis liberi caventes verba dura, aspera et clamorosa. Quod si frater aliquid per fratrem fieri desiderat, non imperando, sed propter Deum rogando idipsum obtineat. Si vero frater a fratre corripitur, pie suscipiat, correptus non replicet, non sui excusacionem pretendat, sed recognita sua culpa veniam petat, emendam spondeat memor, quod *melius est a sapiente corrigi, quam stultorum adulacion*ibus *decipi*[163] et quod *fraudulent*is *oscul*is *odientis* preferuntur *vulnera* **[fol. 45r]** *diligentis.*[164]

Non diversorum opiniones in conventu fratrum sectas ponant, non diversos ritus, ut quod vituperat[a] alter, alter consulat, et sic divise domus, pax, quies et caritas ipsa discedat. Singularit⟨at⟩es[b] noxias velut venenum fugiant, communibus vestitu, cibo, sompno, exerciciis, moribus, salva honestate ac personarum qualitate, singuli sint contenti. Non disputetur de m⟨a⟩ioritate[c] officiorum, nullus de nobilitate, de prosapia, de seculi pompis, de allatis diviciis sermo habeatur, sed de devocione et affectu implendorum. Numquam murmur, numquam turpium verborum, numquam litium sonitus inter mortuos seculo sonent. Sepulta cadavera numquam inter iurgia peragunt in sepulchris, numquam blasphemant, numquam contendunt, que omnia sola humilitas docet et caritas.

Humilitas, per quam frater proficere cupiens omnibus se imperfectiorem senciat, proprios defectus non alienos videat semper, ab omnibus admoneri et corripi affectet, viliora queque ministeria exhibere omniumque[d] ultimus esse velit exemplo eius, qui dixit: *Discite a me, quia mitis sum et humilis corde.*[165]

Caritas, per quam omnibus benefacere[e] in fraterno servicio iocundus, semper spontaneus et paratus, austerus suis, compassivus et miserico⟨r⟩s[f] defectibus alienis. Sic tamen omnes diligat, ut vicia nullius amet. **[fol. 45v]** Nullus denique fratrum de alterius factis aut negociis se propria intromittat auctoritate, nisi quantum commissum sibi concernit officium. Nullus eciam alterius cameram eo absente nisi a patre aut eius inhabit⟨at⟩ore[g] iussus ingrediatur. Presentis vero cameram ingressurus prius ad ianuam pulset, eciam si aperta foret, dicens: „Dominus Iesus", respondente, qui intus est, „Marie filius", subiungat „Sit nobis pius ac propicius" addens „Licet num intrare propter Deum". Respondeat inhabitans „Licet". Et sic ingrediatur nihil eorum, que in cella sunt, contrectando vel inde portando seclusis fraude et dolo nisi de consensu inhabitantis.

Si eciam ex humana fragilitate frater cum fratre disceptaret aut commocionis verbum contra fratrem emitteret, nequaquam *super* hac *iracundia sol occidat*[166] se-

a vituperat] vituperat *H*; vituperet *Doebner* **b** singularitates] singularites *H* **c** maioritate] moioritate *H* **d** omniumque] omnique *H*; omniumque *Doebner* **e** benefacere] benefacere *H*; benefacere studeat *Doebner* **f** misericors] misericos *H* **g** inhabitatore] inhabitore *H*

---

163 Ecl 7,6: *melius est a sapiente corripi quam stultorum adulatione decipi.*

164 Prv 27,6: *meliora sunt vulnera diligentis quam fraudulenta odientis oscula.*

165 Mt 11,29.

166 Eph 4,26: *sol non occidat super iracundiam vestram.*

cundum preceptum Salvatoris, sed priusquam dormiturus cubet, se fratri offenso reconciliet petendo veniam promittendo emendam. Quod si temere negligeret, m⟨a⟩ioris[a] culpe pena temeritas huiuscemodi arceatur. Si vero dissensio gravior inter fratres hoc modo non placaretur, quolibet existimante ab alio se pati iniuriam, rectoris consiliis acquiescere debebunt eiusque discussion⟨e⟩[b] et iudicio contradictione postposita contentari; alioquin ad condignam correctionem eius, qui inflexibilis perdurat, visitatorum sentencia procedatur.

Nec tantum **[fol. 46ʳ]** fratres simul in eadem domo comorantes concorditer vivant, sed pro unione domorum nostrarum conservanda secundum promissionem iuramento in sua ad canonicatum recepcione firmatum[167] fideliter laborabunt. Item ordinamus et statuimus atque mandato declaramus, quod cause inter fratres quoscumque aut eciam inter patres inter se aut inter patrem et fratrem unum vel plures eiusdem vel diversarum domorum exorte tractari debent non inter extraneos, sed apud visitatores nostros, ne contingat extraneos scandalisari, fratres passionari aut eorum defectus apud extraneos cum ludibrio manifestari in confusionem perpetuam omnium domorum nostrarum secundum tenorem iuramenti per singulos canonicos in sua receptione prestiti, quo quilibet sese ad hoc astrinxit et obligavit declarantes cum hoc, quod si quis pater aut frater quicumque temere contravenerit culpam gravissimam et penam pro hac debitam secundum tenorem statutorum se sciat commisisse pariter et demeruisse.

De mutua et caritativa domorum unione, assistencia et subvencione[c] capitulum decimum[168]

[fol. 46ᵛ] Ut autem patres et fratres vere et non ficte in concordia iugiter perseverent, quam fovet et nutrit caritas, que non lingua tantum diligit sed opere et veritate, volumus et ordinamus, quatinus domus nostre unionis sibi mutuo in suis necessitatibus subveniant sibique assistant consiliis et auxiliis in personis, rebus, libris ac ceteris.

Unde si domorum nostrarum aliqua pecunie summam, qua sine iactura carere ad tempus habuerit, domui in necessitati consistenti ad certum terminum mutabit, recepta ab ea recognicione sigillata eundem restitucionis terminum continente quo adveniente integra fide pecuniam sic mutuatam restituat sine ulteriori dilacione. Terminum autem huiusmodi, si inter se concordare non possent, visitatores attentis hinc et hinc utriusque domus disposicione et causis discrecione freti assignabunt. Verum ne huiusmodi occasione domus aliqua remissius aut minus provide agere presumat, volumus, quod nulla notabilia debita vel structuras preciosas faciat

a maioris] moioris *H* **b** discussione] discussioni *H* **c** subvencione] subiectione *H*; *am Rand* de mutua et caritativa domorum unione, assistencia et subvencione capitulum decimum *H*

[167] Vgl. Statuta [Generalkapitel], fol. 18ʳ/ᵛ.
[168] Vgl. oben Kapitel IV,3.5.3.

vel incipiat sine visitatorum licencia et consensu, saltem in quibus subvencionem requirere voluerit ceterarum domorum.

De libris ita ordinamus: domus habens librum vel libros, quibus comode carere potest, alteri domui, si petit et indiget, ad certum terminum statuendum inter se accepta recog- **[fol. 47r]** nicione accomodabit, ultra quem librum tenere non presumat, nisi dilacionem ulteriorem a concedentibus huiusmodi librum poterit impetrare.

Ut autem huiusmodi assistencia mutua firmius subsistat, statuimus et ordinamus ac districte auctoritate, qua fungimur, apostolica precipiendo mandamus, quatinus omnes et singule domus seu ecclesie nostro generali capitulo unite, annexe et incorporate nunc vel in posterum incorporande et quelibet seorsum singuli quoque et fratres singularum domorum nostrarum quatuor subnotatis sese conformare studeant punctis et articulis, prout ad id quilibet canonicorum iuramento se astrinxit et obligavit publico.

Primo itaque statuimus, ordinamus, declaramus ac inviolabiliter observari volumus et mandamus, quod frater receptus in domo una eo ipso receptus sit et censeatur in qualibet aliarum domorum nostri generalis capituli, quamdiu in eiusdem generalis capituli vivit obediencia.

Secundo, si domus una incendio hostili vel casuali tyrannica persecucione aut alia qualibet ex causa dissolveretur ac in perceptione fructuum et proventuum ad tempus vel perpetuo hostiliter aut tyrannice prohiberetur, extunc persone eiusdem domus caritative suscipi debent in ceteris domibus tamquam inibi recepte fuissent secundum disposicionem et ordinacionem generalis capituli, quod tamen caute attendere debet, si hu- **[fol. 47v]** iusmodi pater et fratres domus desolate vel angustiate dederunt operam rei illicite vel non, quatinus sic sua culpa venirent expellendi et repellendi aut incendio concremandi vel non. Insuper attendat, si prius steterint perseveranter in obediencia generalis capituli circa casus sibi occurentes vel non, secundum etenim hoc disponere debet et concludere circa talium fratrum collectionem vel omnimodam dimissionem.

Tercio, si domus una propter pestilenciam aut aliam quamlibet causam preter eius demerita et negligencias culpabiles in personis necessariis notabiliter deflueret et quasi prorsus deficeret ac destitueretur, relique domus debent illi succurrere et subvenire in personis tam in capite quam in membris citra tamen suam intollerabilem iacturam et periclitacionem. Ista vero subvencio et personarum translacio fieri debet in hoc casu ordinacione generalis capituli, quod diligenter attendat, ne caritas fratrum hinc inde indebite ledatur aut iuste[a] necessitati aliquid subtrahatur. Que si tanta occureret, ut dilacionem usque ad generale capitulum ordinarium non pateretur, debet modo quo supra inde capitulo generali per visitatorem ad requisicionem domus necessitatem habentis capitulum generale extraordinarium institui. Quod si **[fol. 48r]** periculum est in mora et neutrum commode[b] fieri potest, extunc visitatores precipua discrecione freti, si alias subveniendi media invenire non poterint conducendo scilicet plebanum, aut personas mittant et trans-

a iuste] *verbessert aus* iniuste *H* **b** commode] commede *H* ferant prout necessitas expostulat usque ad capitulum generale ordinarium proximum sequens aut aliam visitatorum ordinacionem in domo necessitatem paciente mansuras caventes semper, quantum poterunt, fratrum indebite ledere caritatem et ante omnia domorum seu personarum intollerabilem iacturam. Persone vero sic translate visitatorum ordinacioni sine remurmuracione parere debent, quas nullius rector domus sive capitulum domesticum contra visitatorum ordinacionem revocare presumat, quod sic attemptatum fuerit, ipsa revocacio fiat irrita et inanis ipso facto.

Quarto[a], si tribulacio, persecucio hostilis vel tyrannica aut iniuracio quevis insurgerit contra domum unam nostro generali capitulo subiectam, cetere omnes debent illi assistere fideliter consilio et auxilio tanquam cause proprie secundum determinacionem generalis capituli, quod tamen caute attendere debet prout in puncto secundo per omnia, si domus illa operam rei illicite dando huiusmodi in iniuriacionis causa fuerit vel non, isto denique per omnia salvo, quod domus huiusmodi vexata nihilominus omnem impendat operam pro **[fol. 48ᵛ]** sui defensione semotis dolo et fraude non parcendo pecunie et labori. Determinabit autem generale capitulum, quantum cetere domus[b] debeant illi domui in sua tribulacione contribuere quidve auxilii et consilii impertiri. Et quicquid decretum fuerit, debent cetere domus sine contradictione mox exponere et effectualiter tradere. Per hoc tamen nullatenus preiudicare volumus fratribus, qui rei illicite operam non dederunt, sed in obediencia nostri generalis capituli perstiterunt et obtemperanter permanserunt, si qui reperti in domo tali fuerint quoad omnes illos articulos prefatos. Volumus eciam et ordinamus, quod ex ordinacione capituli generalis vel visitatorum frater aliquis mittitur de domo sua in domum aliam, discernere debent et possunt, singulus in parte sua, de vestibus illi fratri dimittendis similiter et de expensis vie prout equitas suadet et racio dicat sine contradictione cuiuscumque.

De continencia capitulum undecimum[169]

Quia ad continenciam castitatemque servandam non humano tantum, sed et divino constringimur precepto, siquidem omnis venerea impuritas extra matrimonii limites quesita vel accepta dampnabilis est **[fol. 49ʳ]** et perpetuis igne et sulphure punienda neque divine et summe puritati placere poterunt quantumlibet bona opera incontinencie maculis fedata ideoque, ut corporis mentisque castimonia purius et inviolabilius observatur, quo carnali temptacioni aditus et occasio caucius excludatur, statuimus et ordinamus, ut omni semota exceptione nullus domus nostre habitacionis feminis pateat ingressus, sed, si aliqua necessaria cum

a quarto] *verbessert durch überschriebenes* quarto *H* **b** domus] *folgt durchgestrichen* sine contradictione *H*

[169] Vgl. Statuta [Münstersche Union]. Ed. Doebner, S. 235f.: *De servanda perpetua castitate.* – Vgl. oben Kapitel IV,3.5.4.

sexu muliebri tractanda occurrunt, in locutorio per cratem ferream debita cautela adhibita fiat.

Caveant nihilominus rectores et fratres omnem familiaritatem feminarum nec suspecta munera ab eis recipiant nec illis nudas manus prebeant aut ab eis porrectas salva honestate recipiant nec in eas oculos figant memores, quod *impudicus oculus impudici cordis est nuncius.*[170] Prohibemus presenti statuto, ne aliquis fratrum puerum de fonte levet vel ad confirmacionem teneat. Sed nec rectori id liceat, nisi consenciente suo capitulo domestico sine maiorum offensa petitus comode negare non posset. Neque nupciis aut mulierum conventibus in puerperio aut conviviis se immisceant invitati, quantumcumque propinque fuerint et cognate. Nec per inhonestas suspectasque plateas transeant, nisi **[fol. 49v]** magna necessitas aut evidens utilitas aliud suaderet aut nisi pro sacramentis ministrandis in superpelliceo infirmum accedere oporteret.

Simili quoque districtione prohibemus, ne domus aliqua vel congregacio sororum extra parochiarum nostrarum terminos consistens sub cura nostra sive alicuius domus nostre suscipiatur, nisi aliud circa hoc provideretur de communi consensu domorum per capitulum generale ordinarium. Et quoniam domesticus hostis, quem non abicere sed circumferre oportet, secrecius castitati insidiatur, eo sollici⟨ti⟩us[a] caveantur in cogitacionibus, verbis, iocis, gestibus, quiete, motu, incessu, visu, tactu nedum alieni sed proprii corporis, quecumque huic impuritati occasionem excitare aut fomitem poterunt comprestare. Verecundiam tamquam quoque castitatis custodem amplexentur in omnibus actibus interioribus et exterioribus cunctisque verbis et moribus in secreto et publico constituti. Nec unquam soli inverecunde actitent, que ab aliis sciri nollent semper animo volventes, quod, que latent homines, oculis divine maiestatis patent et aspectibus angelorum.[171]

⟨De refectione et abstinencia capitulum duodecimum⟩[b] [172]

[fol. 50r] Quia in castrimargia nutritur carnalitas, periclitatur castitas et spiritalis mentis acies ebetatur, statuimus et ordinamus, ut fratres nostri singuli frugali refectione cibentur, sustentetur natura, vitetur superfluitas, quatinus horrendum scelus, genitrix luxurie et castitatis carnifex cum Dei famulis nullam habeat sortem. Sicque nutriatur in corpore, ut non armetur hostis in carne. Que ut discrecius

a sollicitius] sollicius *H* **b** De refectione ... duodecim] *am Rand H*

[170] Augustinus, Regula IV,4. Ed. Verheijen, S. 242: *Oculi vestri, et si iaciuntur in aliquam feminarum, figantur in nemine. [...] Nec dicatis, vos animos habere pudicos, si habetis oculos impudicos, quia impudicus oculus impudici cordis est nuncius.*

[171] Vgl. Hugo de S. Victore, Expositio in regulam S. Augustini, 6. PL 176, Sp. 898: *In cunctis ergo quae vel agendo vel loquendo vel cogitando delinquimus, aspectum superni judicis vehementer formidare debemus, quia, si aliquando non apparent hominibus vitia nostra, illius tamen oculis nuda sunt omnia et aperta.* Vgl. Hbr 4,13: *omnia autem nuda et aperta sunt oculis eius.*

[172] Vgl. oben Kapitel IV,3.5.12.

custodiant, volumus, ut in ieiuniis et refectionibus modus, qui sequitur, in domibus singulis observetur.

Dominicis diebus, feriis secundis, terciis et quintis tam in prandio quam in cena, dummodo ieiunium non obstiterit, carnibus vescendum non tamen duplex earum coctio excedatur. Vitande tamen sunt dilicate ciborum preparaciones, que appetitum alliciunt sumendi, discrecionem tollunt et incentivum viciorum ministrant. Quartis feriis et sabbatis extra quadragesimam et adventum lacticiniis absque ieiunio, sextis feriis lacticiniis cum ieiunio[a] utendum erit. Sextis feriis in pascali ebdomada, infra octavas nativitatis Christi et assumpcionis virginis gloriose et dum in ea festum ceciderit, cuius vigilia ieiunatur, bis reficientur fratres. **[fol. 50^v]** Ceteris sextis feriis per totum annum semel reficientur. Si tamen occurrunt graves labores aut ieiunium sequente vel precedenti die vel simile quid, poterit rector graciam facere, ut collacionis tempore panis et caseus vel fructus aut aliquid simile fratres recipiant non tamen plenam refectionem.

Ieiunia ecclesie et dyocesana indispensabiliter, quantum ad sanos, servanda sunt secundum morem diocesanum. Similiter et ieiunia statutorum nostrorum secundum morem diocesanum servari possunt. Per totum adventum abstinendum est carnibus, lacticinia et ova conceduntur. Secundis, quartis et sextis feriis ieiunabitur, ceteris diebus bina refectio. In omnibus profestis beatae virginis et presertim assumpcionis, nativitatis, annunciacionis, purificacionis et concepcionis similiter et in profesto visitacionis, ubi celebratur in choro et in foro, item corporis Christi erit ieiunium. Dominica in quinquagesima utentur fratres carnibus et solito laucius reficientur. In secunda et tercia feriis sequentibus[b] lacticiniis, a capite ieiunii usque ad pascha semel reficiendum erit, sed dominicis diebus bis. In parasceve dabitur fratribus tantum una sorbiciuncula calida **[fol. 51^r]** cum pane duplici conventuali et simil⟨a⟩[c] a ficubus, nucibus et cetera. Potest tamen rector facere graciam senioribus debilibus et ei, qui passionem Domini ad populum predicavit. In letania maiore et rogacionibus lacticiniis utendum est et bina refectione, sed una tantum in vigilia[d] ascensionis, ante festa communionis per diem unum immediate precedentem, si dominica non fuerit abstinendum a carnibus, salvis tamen ieiuniis prefatis.

Consuetudinem eciam disciplinam accipiendi generaliter in parasceve, in vigiliis nativitatis dominicae, penthecostes et assumpcionis Marie approbamus cum commemoracione fratrum isto anno defunctorum et benefactorum presertim in valore decem florenorum ex nomine ceterum in genere.

De noviciis vero, quantum vini eis dandum sit in mensa, committimus discrecioni capituli domestici domus cuiuslibet attenta qualitate personarum. Si enim non sunt minorennes, sed persone graves, mature et notabiles, ita refici et potari debent sine differentia quemadmodum fratres recepti in mensa communi, secus si adhuc minorennes sunt et iuvenes calidi.

a sextis feriis lacticiniis cum ieiunio] *am Rand, durch Verweiszeichen vor* utendum *eingefügt H*
b sequentibus] *am Rand, durch Verweiszeichen vor* lacticiniis *eingefügt H* **c** simila] simil *H*
d in vigilia] *am Rand, durch Verweiszeichen vor* ascensionis *eingefügt H*

Per totum annum, dum ieiunium non fuerit, prandium fiet hora nona vel decima secundum patrie consuetudinem, undecima autem, dum fuerit ieiunium, in quadragesima vero paululum post undecimam. Cena vel collacio, **[fol. 51ᵛ]** dum fuerit ieiunium, per totum annum fiet hora quinta, nisi hanc horam vel anticipare vel prorogare compulerint laudes beatae Marie virginis, *Salve regina* decantande aut aliqua[a] secundum rectoris determinacionem. Extra horam debite refectionis in domo et omnino[b] extra domum in civitate nemo fratrum sine rectoris licencia vel cui hoc commiserit comedat vel bibat exceptis dumtaxat ambulantibus vel infirmis vel nisi causa honoris potus offerretur, quem propter honestatem sumere possit. Sed et[c] rector comessaciones tam in domo quam extra domum diligenciori studio caveat, quantum valet humanitatem, tamen hospitibus exhibeat cum debita honestate.

Nemini quoque fratrum invitare aliquem vel ad mensam fratrum adducere sine rectoris licencia conceditur expressa vel presumpta. Caveant quoque fratres in mensa curiose circumspicere. Nequaquam avidi et vagabundi oculi per discumbentes huc illucque discurrendo hunc vel istum magis denotent comedentem. Sed cum graciarum ⟨actione⟩[d] sobrie et disciplinate de hiis, que apponuntur, refici studeant caventes excessum in quantitate cibi et qualitate et sumendi modo, ut non egeat digestivis medicinis stoma- **[fol. 52ʳ]** chus nec cinguli laxacione venter cibo distentus. Non sit in sumendo talis velocitas faucium et ta⟨m⟩[e] velox masticatio boli, quod merito de ingluvie aliqua possit oriri suspicio, quoniam non tam in commestione cibi quam turpis modus reprehendendus. Et quanto cibus ordinacius ingeritur, tanto salubrius digeritur. Caveant quoque fratres nimis maculare mensalia et mappulas sternutacionibus, excreacionibus aut ceteris immundiciis, inquietare alterutrum aut nauseam procreare.

Dum signum ad mensam factum fuerit, legat quilibet apud se cum silencio psalmum *De profundis*[173] cum collecta pro defunctis, donec fiat alterum signum per presidentem. Quo facto singulis stantibus ex ordine rector dicit: „Benedicite", respondentibus fratribus „Dominus prosequitur, *Gustate*"[174]. Rector mense dicit: „*Iube Domine benedicere.*" Et accepta benedictione lector subiungat: „Deus caritas"[175] etc. Per octavas pasce loco versiculi *Gustate*[176] dicitur *Hec dies, quam fecit dominus exultemus et letemur in ea*[177], *Gloria patri* etc., *Kyrie eleison* etc. solito more. Per octavas penthecostes dicitur *Spiritus Domini replevit orbem terrarum et hoc quod continet omnia scienciam* **[fol. 52ᵛ]** *habet vocis*[178], *Gloria patri* etc. Per octavas nativi-

a aliqua] *eingefügt H* **b** omnino] *eingefügt H* **c** et] *eingefügt H* **d** gratiarum actione] gratiarum actione DOEBNER; gratiarum *H* **e** tam] tan *H*

[173] Ps 129.
[174] Ps 33,9: *gustate et videte quoniam suavis est Dominus.*
[175] Vgl. I Io 4,16: *Deus caritas est.*
[176] Ps 33,9: *gustate et videte quoniam suavis est Dominus.*
[177] Ps 117,24: *haec est dies quam fecit Dominus exultemus et laetemur in ea.*
[178] Sap 1,7: *quoniam spiritus Domini replevit orbem terrarum et hoc quod continet omnia scientiam habet vocis.*

tatis Domini dicitur: *Verbum caro factum est, et habitabit in nobis; et vidimus gloriam eius, gloriam quasi unigeniti a patre plenum gracia et veritate.*[179] In parasceve dicitur: *Dederunt in escam meam fel et in siti mea potaverunt me aceto*[180] sine *Gloria, Kyrie eleison, Pater noster.* Eodem die pro gratias legitur: *Gratias agimus*, psalmus *Miserere mei Deus*[181] sine *Gloria, Kyrie eleison, Christe eleison, Kyrie eleison, Et ne nos inducas, Proprio filio suo non pepercit Deus, sed pro omnibus nobis tradidit illum,*[182] *Respice Domine quesumus super hanc familiam tuam* usque *tormentum* sine conclusione, *Pater noster, Benedicite.*

Gracias per totum annum legit servitor mense. Quando est ieiunium, legitur psalmus *Miserere*[183]. Quando non est[a] ieiunium, legitur psalmus *Laudate Dominum omnes gentes.*[184] Item dum fratribus fit gracia in refectione ob memoriam alicuius defuncti, ante clausulam *Fidelium anime* interseritur psalmus *De profundis,*[185] *Requiem eternam,*[186] *Kyrie eleison, Pater noster, Et ne nos, A porta inferi,*[187] *Requiem eternam, Domine exaudi*[188], *Dominus vobiscum*, collecta pro defunctis, deinde *Requiescant in pace* statim sequitur *Benedicite.* Et nota, quod non[b] debet dici *Oremus* ante collectam, retributor dum legitur *Gracias.* Dum ieiunium[c] fuerit, in serotina collacione non **[fol. 53r]** dicitur *Benedicite.* Sed fratribus constitutis in loco refectionis dicit lector mensae: *Iube Domine benedicere*, respondet rector *Potum servorum suorum benedicat rex angelorum* et non plura. Similiter post *Tu autem Gratias* non legetur. Si tamen gracia fratribus fit appositis pane et caseo et similibus, dicat rector *Cibum et potum servorum suorum* etc. Sequitur *Pater noster.* Similiter post *Tu autem* dicatur *Pater noster.* Deinde dicat rector *Benedicite, Dominus det nobis suam pacem et vitam eternam, Amen.*

De lectione mense et lectore capitulum decimum tertium[189]

Indignum est valde, ut proviso vilior⟨i⟩[d] servo nobilior dominus negligatur et refecto corpore anima famescat.[190] Ut itaque, *dum corpus* saciatur *cibo*, saginetur

a est] *folgt durchgestrichen* leg *H* **b** non] *eingefügt H* **c** ieiunium] *am Rand, durch Verweiszeichen vor* fuerit *eingefügt H* **d** viliori] viliori DOEBNER; viliore *H*

---

[179] Io 1,14: *et Verbum caro factum est et habitavit in nobis et vidimus gloriam eius gloriam quasi unigeniti a Patre plenum gratiae et veritatis.*

[180] Ps 68,22: *et dederunt in escam meam fel et in siti mea potaverunt me aceto.*

[181] Ps 50,3: *Miserere mei Deus secundum misericordiam tuam.*

[182] Rm 8,32: *qui etiam proprio filio suo non pepercit, sed pro nobis omnibus tradidit illum.*

[183] Ps 50,3: *Miserere mei Deus secundum misericordiam tuam.*

[184] Ps 116,1: *laudate Dominum omnes gentes laudate eum omnes populi.*

[185] Ps 129,1: *de profundis clamavi ad te Domine.*

[186] CORPUS ANTIPHONALIUM OFFICII 8183.

[187] CORPUS ANTIPHONALIUM OFFICII 7923.

[188] Ps 101,2.

[189] STATUTA [MÜNSTERSCHE UNION]. Ed. DOEBNER, S. 239f.: *De lectione mensae et refectione fratrum.*

[190] Vgl. HUGO DE S. VICTORE, Expositio in regulam beati Augustini 4. PL 176, Sp. 894: *Et quanto melior est anima quam corpus, tanto amplius nos delectare debent alimenta animae quam corporis.*

lectione anima,[191] statuimus et ordinamus, quod a principio mensae usque ad finem, donec presidens lectori signum dederit, lectio de sacra scriptura, doctrinis patrum aut legendis sanctorum, prout librarius ordinaverit, proferatur. Quam omnes et singuli sine tumultu strictissime servato silencio diligencius auscultabunt nec aliquis interrumpere presumat, nisi declarando, exhortando vel intimando vel si interserere aliqua breviter placuerit presidenti. Legant autem per vices suas ebdomadales omnes presbiteri et clerici rectore excepto a senioribus **[fol. 53v]** usque ad iuniores descendendo, nisi ex certa causa rationabili aliquis ad tempus vel perpetuo supportaretur.

Quod si lector ex ordine presens non fuerit, librarius vices eius supplebit vel alium pro eo ordinabit hac vice lecturum. Sit quoque lector de legenda materia ante provisus, quatenus correcte, distincte et intelligibiliter sentencias et verba pronunciet tanta vocis elevacione, ut ab omnibus valeat percipi et audiri, inter legendum aurem correctori humiliter accomodaturus, ut, si quando emendare eum necesse fuerit, intelligere possit clausulam, in qua defecerat emendatus resumendo. Quod si ter correctus fuerit, finita lectione statim veniam petat genuflectione et[a] crucis signo solo impresso exosculacione. Novicii tamen eciam crebrius, cum semel correcti fuerint, veniam petant.

Legende, historie et passiones sanctorum legentur expedicius, omelie vero et sermones patrum cetereque sanctorum doctrine graviores maturius. Nonnumquam eciam, dum compendioris ac utilioris doctrine sentencia occurrit, ut diligencius auditores incorporent, iteretur. Quod si aliquando ob reverenciam hospitum, minuciones vel causam aliam et lectori gracia et fratribus loquendi licencia concederetur, quod tamen rarius fi- **[fol. 54r]** eri debebit, exhortamur in Domino fratres, ne secularia, inania nihil ad se pertinencia contractent, sed magis occasione lectionis de scripturis questiones moveant aut aliis edificativis sermonibus se consolentur. Neque enim *fas est secularibus cibum terere et inania verba* tractare[192] quanto magis ecclesiasticis seculo valefacto.

De preparacione mense et servitoribus capitulum decimum quartum

Mensam tegant duo clerici secundum vices suas apponentes sal, discos ac vasa potandi diligenter mundata. Iidem dicto *Gracias* cum aliis clericis, que dicta sunt, levabunt et locis suis singula caute restituent legentes simul nonas de domina aut completorium. Panum vero distributio et potus ad cellerarium spectat. Preterea

a et] *am Rand von anderer Hand* osculare terram *H*

Vgl. auch AUGUSTINUS, Regula III,2. Ed. VERHEIJEN, S. 421: *nec solae vobis fauces sumant cibum, sed et aures esuriant dei verbum.*

[191] Vgl. Ps.-HIERONYMUS, Regula monacharum, 37 (De lectionibus ad mensam). PL 30, Sp. 422: *ut dum corpus saginatur cibo, saturetur anima lectione.*

[192] Vgl. Ps.-HIERONYMUS, Regula monacharum, 37 (De lectionibus ad mensam). PL 30, Sp. 422: *Non est fas etiam saecularibus simul cibum terere et inania verba ructare.*

quilibet fratrum, sacerdotum et clericorum, dum ebdomadam suam legendo compleverit, faciat eciam ebdomadam fratribus serviendo ad mensam. A die autem cinerum usque ad pascha exceptis diebus dominicis in legendo et ministrando ad prandium dumtaxat cotidie sibi succedendo vices mutant.

Inter commedendum frequencius minister circumspiciat, ne forte alicui desit, quod ipse supplere possit, quod eciam, dum non viderit, ab aliis hoc considerantibus sibi indicetur. Si fratrum aliquis de appositis parum vel nihil contingeret, rectori significabit, ad quem sepe respiciat, ut, si[a] quid faciendum innuere voluerit, presto **[fol. 54v]** assit ad fenestram stans, que necessitas exigit, paucis submissis verbis exprimat. Cavens sollicite, ne lectionis tempore tumultus aut strepitus fiat, siquidem solius lectoris vox in tempore hoc audiatur. Quod si quis ministrancium notabilem strepitum fecerit, amphoram aut vitrum fregerit, cibum vel potum effuderit aut similem negligenciam admiserit, ante rectorem veniam petat genuflectens in terra, donec osculato prius crucis signo surgendi licenciam mereatur. Si vero quis discumbencium simile commiserit, post *gratias* in loco, quo steterit, petat veniam pari forma.

De minucione et lotura capitulum decimum quintum[193]

Volumus insuper et ordinamus, ut quaterni anno in Februario, Mayo, Septembre et Novembre certa dies a rectore determinetur pro communi minucione, in qua fratres, qui[b] voluerint, venas aperiant, nisi ex certa causa ad breve tempus rectori differendum videretur. Versus: Martini[194], Blasii[195], Philippi[196], Bartholomei[197], estas ver dextram, autumpnus hyemsque sinistram.

Ipsa hora minucionis infirmarius minuentibus galganum ministret pro separacione sanguinis boni a malo, habeat eciam species aromaticas pro refocillacione fratrum, si qui debilitarentur. Ipsa die minucionum et sequentibus duobus diebus procurator preavisatus delicacius ac indulgencius in cibo et potu fratribus pro- **[fol. 55r]** videat et presertim die prima. Et ideo tale triduum pro minucione eligatur, in quo non occurrunt ieiunia ecclesiastica, si fieri poterit. Hiis diebus post prandium dictis nonis ad nutum rectoris signo facto fratres tam minuti quam ceteri, qui omnes hiis diebus eiisdem solaciis et indulgenciis participant, conveniant ituri simul et simul ac turmatim pro spaciamento ad pomerium aut alium locum aptum, in quo sine concursu ceterorum de populo poterunt temperatis et honestis solaciis recreari inpulsu vesperarum, nisi rector prius decreverit reversuri. Prohibemus tamen ludos noxios, qui fratres dedecent, quales sunt cursus more secularium,

a si] *eingefügt H* **b** qui] *unnötige Doppelung* qui qui *H*

193 Vgl. oben Kapitel IV,3.5.17.
194 11. November.
195 3. Februar.
196 1. Mai.
197 24. August.

que vulgo barren dicuntur, et proiectiones lapidum ad ostensionem virium. Neque simul luctentur aut ad metam salient aut alia quevis corporalia officia actitent, ex quibus lesiones aut contenciones oriri possent. Permittitur eciam, ut eodem loco, si aptus fuerit, aut in domo post reditum aliquid cibi aut potus sumant cum sobrietate modesta. Prohibemus tamen sub pena gravioris culpe districtius mandantes, ne ceteris fratribus simul indulto solacio congaudentibus alii se in partem contra hanc pro suo libito loco extranea vel diverticula querant, sed vel cum rectoris licencia in cellis suis maneant aut in communi solacio ceteris se coniungant. Quod si quis loca extranea vel diverticula quesierit et captaverit sine rectoris licencia, sciat se **[fol. 55v]** penam gravioris culpe aut maioris ipso facto incurrisse per rectorem domus sibi infallibiliter infligendum. Si vero extra ipsa communis minucionis frater aliquis fleubotomia indigeat, de consilio medici[a] et rectoris licencia[b] fiat. Et ipsa die minucionis tantum utatur gracia minutoris cum uno dumtaxat per rectorem sibi socio coadiuncto.

Ordinamus quoque, quod in principio cuiuslibet mensis solaris die[c] per rectorem ad rasoris ammonicionem deputanda fratres lavent capita et pedes et soccos et caligas, femoralia et panniculos, si indigent. Permittimus tamen, ut in domibus, in quibus balneares stube habentur, fratres ea die balneis cum omni verecundia utantur, pro quibus necessaria preparabit aut, cui id officium est commissum a rectore. Caveant tamen fratres simul balneantes ociosas et inutiles verbositates, sed vel silencium teneant vel legant aliquid vel edificativis vel necessariis conferant; ipsam tamen edificativam confabulacionem per psalmum *De profundis*[198], rosarium vel eius partem aut alias orationes breves frequencius interrumpant.

De somno et quiete capitulum decimum sextum[199]

Statuimus et ordinamus, quod nocturnis quieti et somno regulariter septem hore concedantur, addatur et una hora **[fol. 56r]** facto prandio, qua qui indiget, supplere possit, quod minus in nocturna quiete habuit. Volumus itaque, ut octava hora regulariter signum fiat ad requiem. Quo personante fratres iam in cellis tempore estivo aut in stuba tempore hyemali se recolligentes omnibus dimissis induti camisia et femorali ad lectum festinent, honeste et caste manibus et brachiis per modum crucis ante pectus cancellatis cruribusque extensis se componant caventes iacere super dorsum aut ventrem, sed super latus. Orent aut spirituale quiddam ruminent, donec incipiant obdormire.

Mane vero hora tercia vel paulo post[d] simili signo excitati fratres surgant ad divinas laudes et orationes in choro vel in domo persolvendas. Si autem propter

a medici] medicii *H* **b** licencia] licenciat *H* **c** die] *folgt* ad *H* **d** post] *am Rand, durch Verweiszeichen nach* paulo *eingefügt H*

198 Ps 129,1: *de profundis clamavi ad te Domine.*

199 Vgl. Statuta [Münstersche Union]. Ed. Doebner, S. 241: *De labore et requie fratrum.* – Vgl. oben Kapitel IV,3.5.13.

festi magnitudinem cicius surgendum erit, anticipetur signum quietis in sero precedenti ita, ut, si fieri possit, pro quiete salve maneant fratribus septem hore. Similiter prandio facto lectis nonis festinent fratres ad cellas, ubi, qui voluerint, dormiant, qui noluerint, legant, studeant vel aliud operis in cella ita silenter actitent, ut nullatenus quietem impediant ceterorum post laborem solito excitandi. Excitator vero, cum excitandum fuerit, primo signum faciat cum campanella, postea ad singularum cellarum fores pulsabit, donec qui intus est se audisse pulsu temui respondebit. Hic ordinandum erit de disposicione dormitorii, eius clausura et apericione, extra quod nemo fratrum, sacerdotum et clericorum sine licencia visitatorum dor- **[fol. 56ᵛ]** mire presumat. Expedit tamen, quod cella procuratoris et plebani propter inquietudines fratrum tollendas sint a dormitorio seperate, dum id commode fieri potest accedente ad hoc visitatorum licencia[a].

De silencio et locucione capitulum decimum septimum[200]

Quia *vana est religio* secundum apostolum[201] lingua resoluta et vaga, sancti quoque patres *sancta silencia tanquam sancte contemplacionis causa* summa observare studuerunt,[202] statuimus et ordinamus, ut omni tempore in choro et ecclesia silencium cautissime observetur, nisi aliquid ad divinum pertinens cultum seu officium brevi aut levi sub murmure explanetur. Quod si alicui forensi loquendum erit, id extra ecclesiam fiat salva semper debita honestate. Turpe enim est *in oratorio aliquid* aliud fieri quam id, *ad quod* institutum *est, unde et nomen accepit.*[203]

In omni vero loco a septima hora noctis usque ad septimam mane, similiter a tempore signi prandii usque signum post quietem ad labores, item a tempore signi cene usque ad completorium lectum de domina silencium observetur exceptis patre, procuratore, hospitulario ceterisque oficialibus aut laboratoribus, dum necessitas sui officii aut laboris et non alias solvi silencium exigit et requirit.

Aliis horis et locis, etsi licencia conceditur loquendi fratribus, si mutuo extraneis tamen personis et hospitibus sine licencia patris nemo preter patrem, **[fol. 57ʳ]** procuratorem et hospitarium loqui presumat, nisi verbum brevissimum, quod dirigi possit extraneus ac intelligere huiusmodi fratrem sibi colloquendi licenciam non habere. Officiales tamen fratres licencia loquendi pociantur cum his, cum quibus tractare habent secundum necessitatem suorum officiorum et non alias. A verbis ociosis, scurrilibus et detractoriis, clamorosis aut quomodolibet indecentibus

a licencia] *folgt durchgestrichen* sequitur *H*

---

200 Vgl. Statuta [Münstersche Union]. Ed. Doebner, S. 240f.: *De silentio servando.* – Vgl. oben Kapitel IV,3.5.11.

201 Vgl. Iac 1,26.

202 Ps.-Hieronymus, Regula monacharum, 22 (De silentio et diebus et horis debitis observandis). PL 30, Sp. 410.

203 Vgl. Augustinus, Regula II,2. Ed. Verheijen, S. 420: *In oratorio nemo aliquid agat, nisi ad quod factum est, unde et nomen accepit.*

silencium perpetuum indicimus ingerentes memorie patrum et fratrum illud salvatoris: *De omni verbo ocioso, quod locuti fuerint homines, reddent racionem in die iudicii.*[204] Et illud: *Corrumpunt bonos mores colloquia* prava.[205] Que cum semper caveri debebunt maxime tamen presentibus extraneis, quibus cum licencia datur loquendi, prohibemus districtius, ne pater et fratres de novitatibus ac causis et actis secularibus ad rem nostram non spectantibus, sed magis de edificativis et spiritalibus humiliter fabulentur semper ad audiendum quam ad loquendum prompciores. Et sicut in omni conversatione ita et in verbis reluceat humilis simplicitas, vitetur superfluitas et ante omnia proverbia secularia, ludicra et capiosa et exasperancia vel irritencia aut quomodolibet offendencia caveantur. *Sit sermo* noster „*Est, est; non, non*", quoniam *quod* amplius *est, a malo est*[206] neque *peccatum in multi⟨lo⟩quio*[a] *deesse*[b] potest.[207]

Volumus eciam et districtius prohibemus, ne aliquis fratrum lectori mense aut coco seu cuique alteri **[fol. 57v]** in suis refectionibus habendis mane et sero post refectionem fratrum ordinariam assideat sine patris licencia ad confabulandum et loquacitati indulgendum, sed singuli fratres aliorsum se recipiendo suis intendant, quatenus comesturi sua possunt tenere silencia. Quod si rector quempiam ex fratribus ea in fratrem culpabilem viderit aut scierit, iniungere debet fratri illi abstinenciam vini unius prandii. Quod si correctus fraudulenter et dolose a quocumque sine patris licenci⟨a⟩[c] vinum extorserit quocumque quesito ingenio vel colore, duplam aut triplam penam irremissibiliter luet secundum rectoris dispo⟨si⟩tionem[d]. Per hoc tamen non[e] prohibemus honestatem hospitibus ab eis, quorum interest, rite exhibendum.

Capitulum decimum octavum de manuum laboribus[208]

Quia *in desideriis est omnis ociosus*[209] *manus*que *remisse egestatem opera*ntur[210], statuimus et ordinamus, ut unusquisque fratrum operi sibi iniuncto ac concesso diligenter ac strenue pro loco et tempore insudet, nullam temporis morulam iners *ocium* tocius *mali* seminarium[211] absumat, cuius racionem districtus iudex est exac-

a multiloquio] multiquio *H* **b** deesse] *vor* esse *eingefügt* de *H* **c** licencia] licencio *H*
d dispositionem] dispotionem *H* **e** non] *am Rand, durch Verweiszeichen eingefügt nach* tamen *H*

[204] Mt 12,36: *quoniam omne verbum otiosum quod locuti fuerint homines, reddent rationem de eo in die iudicii.*

[205] I Cor 15,33: *nolite seduci corrumpunt mores bonos conloquia mala.*

[206] Mt 5,37: *sit autem sermo vester est est non non quod autem his abundantius est a malo est.*

[207] Prv 10,19: *in multiloquio peccatum non deerit.*

[208] Vgl. Statuta [Münstersche Union]. Ed. Doebner, S. 241: *De labore et requie fratrum.* – Vgl. oben Kapitel IV,3.5.9.

[209] Hieronymus, Epistula 125,11 (Ad Rusticum monachum). Rec. Hilberg (CSEL 56), S. 131: *In desideriis est omnis otiosus.* Vgl. auch Prv 13,4.

[210] Prv 10,4: *egestatem operata est manus remissa.*

[211] Vgl. Thomas Aquinas, Summa Theologiae II.II.187.3. Editiones Paulinae, S. 1834: *Dicendum quod labor manualis ad quattuor ordinatur. Primo quidem et principaliter ad victum quaerendum*

turus in novissimis. Meminerint frequencius, quod sicut apostolicus sanctior questus est de iustis manuum laboribus victitare[212], ita acceptissimum est Deo sacrificium de eisdem pauperes sustan- **[fol. 58r]** tare[a].

Nullum tamen opus fratribus ita accomodum iudicamus, que⟨m⟩admodum[b] priscorum nostrorum more scribendis sacris codicibus operam impendere diligentem. Sic enim fiet et, ut manus scribentis laboris et mens divine sapientie pabulo et proximus orationum ac doctrinarum promptuario et ecclesia sacrorum voluminum thezauro incomparabili repleatur. Prohibemus tamen distinctius, ne operis quippiam praeter ea, que ex officio vel commissione facienda acceperat, frater sua sponte sine rectoris licencia et permissione incipere aut perficere presumat, quatenus laboris diligencia sic ocium eliminet, ut et corporis fatigacio et obediencialis subiectio multiplicata premia mereatur.

Instrumenta vero operis ab eo, qui operi preest, recipiat et eidem restituenda restituat. Cuius eciam directioni in operando humiliter pareat eius magis informacioni quam prudencie proprie innitendo. Et ne quis fratrum sese supra, quam potest, fatiget aut torpenti ocio indulgeat, semel in septimana die et hora ad hoc deputatis eidem vel cui ipse commiserit operas suas videndas presentet et directionis eius iudicio obtemperet in operis qualitate simul et quantitate.

Volumus eciam et ordinamus, quod, dum ad aliqua operanda plures ex fratribus conveniunt, collacionis eorum eciam tempore concesso licet de edificativis oratio psalmorum, rosarii vel similium **[fol. 58v]** et quandoque silencium ad senioris[c] eorum monita interrumpant.

De itinerantibus capitulum decimum nonum[213]

Licet bonum sit et expediens, ut nonnunquam confratres et commilitones sese coram videant et faciem ad faciem oculariter cernant pro mutue cognicionis antitodo, pro caritatis gemine fomento et augmento, pro mutua erudicione et institucione exemplari, quatenus velud apes argumentose hinc et hinc diversos florigere conversacionis succos carpant, dum hunc caritatis fervore, illum paciencie nitori, alium modestie et benignitatis dulcori, reliquum temperancie odori deditum esse aspexerint. Attamen quidam postposito profectus uberioris ardore libertati[d] et effrenitati studentes vagandi occasionem, prout possunt, querere videntur.

a sustantare] *so H* **b** quemadmodum] queadmodum *H* **c** senioris] *verbessert aus* seniores *H* **d** libertati] *verbessert aus* liberati *H*

[…] secundo ordinatur ad tollendum otium, ex quo multa mala oriuntur […] tertio ordinatur ad concupiscentiae refrenationem, inquantum per hoc maceratur corpus […] quarto autem ordinatur ad eleemosynas faciendas. Walther, Nr. 39358: *Otium est mali operis initium.* Vgl. Sir 33,28f.: *servo malivolo tortura et conpedes; mitte illum in operatione, ne vacet: multam enim malitiam docuit otiositas.*

212 Vgl. II Th 3,8: *neque gratis panem manducavimus ab aliquo […].* II Th 3,10: *quoniam si quis non vult operari nec manducet.*

213 Vgl. Statuta [Münstersche Union]. Ed. Doebner, S. 235: *De servanda perpetua castitate.* – Vgl. oben Kapitel IV,3.5.16.

Eapropter volumus, ordinamus et statuimus, quod nullus rector seu prepositus cuiuscumque domus et potissimi eius vicarius fratres quoscumque sue vel alterius domus sine racionabili causa et oportunitate iusta licenciare possit aut debeat ad ambulandum et vagandum hinc inde de domo ad[a] domum sive ad unum tantum vel ad plures, cuius iudicium rectoris cuiuslibet committimus discrecioni aut prudencie. Caveant quoque tam rectores **[fol. 59r]** quam fratres intinerare volentes aut habentes, quatenus recta, solita et debita gradiantur via. Sed nec commessacionem[b] in itinere praeter necessitatem aut refectionem debitam teneant. Et presertim in locis suspectis aut in domibus, conventibus aut conventiculis sororum vel feminarum sub pena gravioris culpe secundum qualitatem delicti per rectorem aut visitatorem infligende.

Insuper statuimus et ordinamus, quod nec pater nec aliquis fratrum, nisi sit valde probatus et circumspectus, per longam viam solus vadat aut mittatur, ne illecebrosa insidiatoris occasio, ubi prius non fuerat, peccandi excitet voluntatem. Volumus eciam, quod si pater aut frater in via existens pernoctare habeat in loco, in quo est congregacio nostre unionis, non pernoctabit extra domum talis congregacionis, nisi ex causa necessaria aliud fieri congrueret, quam insinuare debet presidenti in congregacione illa, nisi tarditas hore aliud suaderet venientem excusando[c]. Attamen sequenti die quantocius sese ad talem congregacionem recipere debet sub pena arbitraria, si rector aut prepositus, aut gravioris culpe, si frater fuerit, nisi causa necessitatis aut inibi presidentis licentia suaderet.

Simili districtione statuimus atque decernimus, quod, quicumque fratrum ad aliquam domum nostri generalis capituli **[fol. 59v]** casu venerit itineris tramite hoc exigente aut alias pro expedicione illuc missus fuerit a suo presidente, stabit et stare debet pro hoc tempore in omnimoda obediencia presidentis domus illius sicut domus proprie, unde venit, hoc salvoque expedito negocio, propter quod missus fuerat, redeat cum presidentis illius licencia in domum suam, ⟨u⟩nde[d] exivit. Itaque nullatenus exire debet domum illam, ad quam more hospitis sese recipit, sine licencia presidentis. Sed nec licebit eidem alios vel alium fratres aut fratrem ad forum vel alias evocare, prout libuerit, sine presidentis licencia et consensu, quod eciam de patribus quibuscumque intelligi volumus. Expedit enim ad tollendas plures suspiciones, ut et ipsi cum presidentis aut senioris fratris scitu vadant pro rerum suarum expedicione nec quempiam de fratribus sine patris licencia secum recipiant. Caveant denique fratres sic sese visitantes aut alias quacumque ex causa ad domos venientes alterutrum aliqua donare, propinare aut per se vel per alium sibi mutuo, vicissim aut reciproce rem quamcumque comparare aut quicquam, quocumque vocetur nomine, sine patris aut presidentis licencia recipere sub pena privacionis eiusdem rei undecumque oblate vel habite et correctionis arbitrarie pro qualitate cause.

Debent ergo itenerantes de via reversi vel foro, **[fol. 60r]** quo missi fuerant, claram et legalem rectori vel procuratori domus facere racionem de omnibus et

a ad] *eingefügt H* **b** commessacionem] *verbessert aus* commessionem *H* **c** excusando] *verbessert H* **d** unde] inde *H* singulis levatis et expositis per eos in itinere vel alias, ut supra *de abdicacione proprietatis*[214] patuit, ita, quod saltem per duas noctes pecuniam superfluentem secum non teneant nec racionem suspendant. Item fugiant et sumopere curent et patres et fratres itinerantes pusillorum, ad quos divertent, scandala vitare. *Expedit* enim *ei, qui scandalisaverit unum de pusillis istis, qui in me credunt*, ait Dominus, *ut suspendatur mola asinaria in collo eius et dimergatur in profundum maris.*[215] Vitent ergo scandala in verbis et factis, in incessu et egressu, in moribus et vestitu et totius hominis exterioris apparatu.[216] Sciant, quod discrecion⟨e⟩[a] in omnibus opus est. Luceat in senibus morum gravitas, effulgeat in adolescentibus semper amata verecundia taciturnitas. Absit, absit, ne in quibusdam incautis et incaveatis personis nostre congregacionis cernatur et clareat ymago levitatis et species quedam percursancium scurrarum veluti *vitula Effraym docta diligere trituram*[217] aut *sicut equus et mulus, quibus non est intellectus,*[218] procul hec a generacione, ista procul valde.

Prohibeant eciam linguam suam, ne loquantur malum detractionis et susurracionis. *Susurrones* enim et *detractores Deo odibiles*[219] **[fol. 60ᵛ]** et *digni sunt morte non solum*, qui talia agunt et *faciunt, sed* eciam qui *consentiunt facientibus.*[220] Convenientibus itaque patribus et fratribus in unum iam non est detrahere, obliqui, amiciciam scindere, alterutrum iudicare, iugia suscitare[b], hunc flocipendere, illum confusioni et dedecori donare, execrare istum, blasphemare illum, sed alterutrum illuminare, purgare et perficere, sed paterna et fraterna pietate in tristibus compati, in persecutionibus adhortari, in profectu congratulari, in temptacionibus remedium prestolari, ne, que spiritu cepta sunt, carne consumantur. Dedecent enim illa omnem hominem nedum christianum quanto plus fraternitate iunctos et caritatis vinculo colligatos. **[fol. 61ʳ]**

a discrecione] discrecioni *H* **b** suscitare] suscitatere *H*

---

214 Vgl. STATUTA [GENERALKAPITEL], fol. 40ᵛ–43ʳ: *De proprietatis abdicacione capitulum septimum.* Hier: fol. 41ʳ.

215 Mt 18,6: *Qui autem scandalizaverit unum de pusillis istis, qui in me credunt expedit ei ut suspendatur mola asinaria in collo eius et demergatur in profundum maris.* Mc 9,41: *Et quisquis scandalizaverit unum ex his pusillis credentibus in me bonum est ei magis si circumdaretur mola asinaria collo eius et in mare mitteretur.*

216 Vgl. AUGUSTINUS, Regula IV,3. Ed. VERHEIJEN, S. 423: *In incessu, statu, habitu, in omnibus motibus vestris, nihil fiat quod cujusquam offendat aspectum, sed quod vestram deceat sanctitatem.*

217 Os 10,11: *Ephraim vitula docta diligere trituram.*

218 Ps 31,9: *nolite fieri sicut equus et mulus quibus non est intellectus.* Tb 6,17: *sicut equus et mulus in quibus non est intellectus.*

219 Rm 1,29f.: *susurrones detractores Deo odibiles.*

220 Rm 1,32: *[...] quoniam qui talia agunt digni sunt morte non solum ea faciunt sed et consentiunt facientibus.*

Secunda pars de officiis[221]
Et primo de officio visitatorum.[222] Jhesus Maria.

Vanum est iura condere, nisi sint, qui eadem tueantur et execucioni debite demandari faciant. Eapropter volumus, statuimus et sanctione perpetuo valitura decernimus et ordinamus, quod in quolibet capitulo generali ordinario duo patres constituantur et eligantur officiales de gremio capituli generalis, quorum unus sit ex aliqua domorum Suevie[223], alius ex una domorum Maguntinensis[224] aut Treverensis[225] diocesium. Quorum iurisdictio et facultas a summis pontificibus eis data patet ex prefatis in parte de constitucionibus papalibus *Nec non ab eis pro tempore* etc.[226] Et quia officiales agere debent et suum exequi officium iuxta statuta[a] et ordinaciones nostras, ideo volumus et statuimus, quod officialium officium esse debet singulis annis singulas domus nostras et congregaciones nostras visitare modo inferius specificando. Eis itaque sic electis et pro tempore ad visitandum deputatis mandat capitulum generale per obedienciam, quam tenentur, quatenus officium suum diligenter, mature et sine festinacione exequantur[b] secundum formam privilegiorum Eugenii[227] et Sixti[228] pariter et constitutionum nostrarum.

Non tamen vacare debent ocio aut voluptati indulgere, dum sunt in officio **[fol. 61v]** visitacionis constituti, sed rem ipsam diligenter sedule execucioni demandare. Facturi igitur officium suum, cum ad aliquam domum nostro generali capitulo subiectam sese receperint, cum humilitate[c], dignitate et reverencia a rectore pariter et fratribus omnibus recipiantur et signo solito in loco capitulari suam exhibeant presenciam ac sui adventus denuncient causam cum exhortacione brevi ad[d] christiane legis et nostrarum constitucionum observanciam[e], ad scandala fugienda, ad reverenciam pariter et obedienciam maioribus et senioribus exhibendam,

a statuta] *am Rand* Exequantur officium suum visitatores iuxta statuta *H* **b** exequantur] *verbessert aus* exquantur *H* **c** humilitate] *verbessert aus* humiltate *H* **d** ad] et, *darüber von anderer Hand* ad *H* **e** observanciam] *verbessert H*

---

221 Vgl. STATUTA [GENERALKAPITEL], fol. 9v: *De officiis et officialium electione, confirmatione auctoritate et constitutione.*

222 Vgl. STATUTA [MÜNSTERSCHE UNION]. Ed. DOEBNER, S. 214f.: *De visitationibus domorum.* – Vgl. oben Kapitel IV,3.2.2.

223 Schwaben, d.h. die zur Diözese Konstanz gehörigen Häuser.

224 Diözese Mainz.

225 Diözese Trier.

226 Vgl. STATUTA [GENERALKAPITEL], fol. 3v–9v: *Capitulum primum. ⟨Bases et fundamenta totius vite communis, que summi pontifices ediderunt, statuerunt, ordinaverunt et servari preceperunt⟩*, hier fol. 4v/5r: *[...] necnon ab eis pro tempore deputandis officialibus omnes et singulos prepositos canonicos et personas ecclesiarum predictarum et cuiuslibet earundem pro suis excessibus et delictis alias iuxta statuta et ordinationes faciendas huiusmodi castigandi, corrigendi, puniendi, carcerandi et eorum officiis necnon rebelles ex eis de collegio predicto privandi et ab illis realiter amovendi et alia circa hoc pro tempore necessaria et oportuna faciendi et exequendi, ita quod privatus alias extra illud contra statuta et ordinationes predictas permanens privilegiis predictis vel eorum aliquo gaudere non debeat.*

227 Papst Eugen IV. (1431–1447).

228 Papst Sixtus IV. (1471–1484).

ad *caritatem* mutuam semper acquirendam, que *vinculum est perfectionis*[229] et *finis precepti*[230] ac cuiuscumque constitucionis humane etc., prout Dominus inspiraverit et *meditacio* studiosa in cubiculo *cordis*[231] premissa docuerit.

Qua finita sermonem dirigendo ad rectorem et ad fratres omnes et singulos domus illius et receptos dicant presertim: „Quia quilibet vestrum in sua receptione[232] iuravit tactis sacrosanctis evangeliis, quod nostro generali capitulo et suis ordinacionibus et statutis rite secundum apostolicas concessiones factis et faciendis obedire velit simpliciter sine temeraria contradictione, ideo nos generalis capituli eiusdem officiales licet immeriti mandamus precipiendo vobis omnibus et singulis et cuilibet vestrum insolidum sub obediencie debito, quatenus ad nostram inquisicionem, quam unicuique vestrum faciemus, super excessibus et negligentiis scandalosis sive **[fol. 62ʳ]** in capite sive in membris, in preposito vestro et rectore, in fratribus quibuscumque, ymmo in domus huius familiaribus et ministris veritatem vobis cognitam palam dicetis seclusis amore, odio, rancore, passione, vindicta, pactione, collusione, conspiracione seu promissione de non dicendo seu non[a] revelando alterutrum defectus et negligencias scandalosas, ut sic ad nostram correctionem vicia et transgressiones vitentur ac caveantur et animarum salus promoveatur." Idipsum rector suis fratribus domesticis demandare curabit cum approbacione, ratificatione ac confirmatione singulorum actorum et dictorum per[b] patres visitatores.

Videant tamen ipsi visitatores, ne eos capiat ignorancia et inscicia culpabilis inquisicionis faciende. Sciant, que ac qualiter inquirere debeant et[c] habeant, ne officii sui limites transgrediantur et, quantum in se est, violent iurisdictionem Dei. Insuper caveant, ne sint leves corde ad cedendum omni spiritui et *omni vento doctrine*[233] nec aliquem ad unius dumtaxat deposicionem vel denunciacionem saltem in criminalibus et scandalosis publice condempnent, dum nec convictus est nec convinci potest aut valet. Discernere sciant et animadvertere, si frater denuncians aliquem seu[d] quippiam[e] contra[f] alium ad visitatorum scrutationem proponens ex odio, rancore, invidia seu vindicta et ira vicii seu zeli loquatur et sic de aliis vel non discrecione enim opus est.

Intimacione ergo facta et exhor- **[fol. 62ᵛ]** tacione premissa exeuntibus fratribus de loco capitulari singulos vicissim revocent a minore fratre recepto incipiendo usque ad rectorem inclusive dimissis noviciis, si placet, quod non eis facile danda

a non] *am Rand von anderer Hand, durch Verweiszeichen eingefügt vor* revelando *H* **b** per] *am Rand eingefügt vor* patres *H* **c** et] *eingefügt H* **d** seu] *verbessert aus* se *H* **e** quippiam] quippiam *H; am Rand zusätzlich von anderer Hand* quidpiam *H* **f** contra] *folgt durchgestrichen* ad *H*

[229] Col 3,14: *super omnia autem haec caritatem tenete, quod est vinculum perfectionis.*

[230] I Tim 1,5: *finis autem praecepti est caritas de corde puro.*

[231] Ps 18,15: *et meditatio cordis mei in conspectu tuo.* Mt 6,6: *tu autem cum orabis intra in cubiculum tuum et cluso ostio tuo.*

[232] Vgl. STATUTA [GENERALKAPITEL], fol. 19ᵛ.

[233] Eph 4,14: *et circumferamur omni vento doctrinae.*

est fides in dicendis, cum non sint ut ceteri obediencie debito obligati. In querendo diligenter non perfunctorie de observancia mandatorum Dei et legis Christi, dehinc de statu domus in genere et specie quantum ad ea primum, que divinum concernunt cultum et officium, post hoc de observancia constitucionum nostrarum et licet ex infra dicendis in capitulo *de satisfactione pro culpis iniungendo*[234] sumere possint ipsi visitatores informacionem et directionem super interogatoriis conficiendis et dandis ipsis visitandis.

Placuit tamen et hic pro exemplari erudicione et fantasiarum excitacione aliqua annotare: Inquirant[a] ergo et diligenter scrutentur, si prepositus aut fratres sint divine legis manifesti et temerarii transgressores in hoc vel in illo; si divinus cultus integre sine omissione et negligencia[b] culpabili suis tempore et loco secundum conscriptam ac visitatorum ordinacionem rite et legittime perficiatur; si animarum cura per eos, ad quos spectat, sine querela cum populi profectu et sine negligencia[c] exerceatur; si ceremonie ut supra capitulo quarto[235] notate decenter observentur; si risus ioci cachynnaciones insolencie pariter et levitates in ecclesia et divinis caveantur; si registrum **[fol. 63r]** ordinarium correctum et integrum pro choro habeatur; si fratrum et aliorum fidelium anniversaria et commemoraciones serventur; si fratres devoti, confessi, recollecti et in devocione actuati ad sacra misteria celebranda accedant; si confessiones alicui extra domum vel alteri, quam pater commiserit, fiant et cetera similia; preterea si patrum ac visitatorum constituciones, ordinaciones et decreta habeantur in observancia vel non; si patrum et maiorum dicta, facta, statuta et decreta habeantur contemptui et ludibrio; si fratribus publicentur aut ad mensa⟨m⟩[d] legantur; si statuta habeantur integra et correcta; si rector sit pervigil et sollicitus in officii sui execucione; si inter[e] fratres in choro; si rarus in domo; si fratrum et discipline zelator; si corrector excessuum et emendator; si correctiones dissimilat; si non curet, non attendat; si hospitibus humanitatem et reverenciam debitam impendat; si pauperum et infirmorum pater et nutricius; si personarum acceptor; si morigere, laudate, honeste, decentis et exemplaris conversacionis; si fratres eum revereantur et timeant exhibendo[f] honorem debitum capitis nudacione et quandoque sibi assurgendo aut moderata inclinacione; si fratres sint eidem obsequiosi, benivoli, parati, obedientes, aperti; si sint inter se rixosi, brigosi, capitosi; **[fol. 63v]** si pacifici, si scandalosi, si protervi, audaces, nimis liberi, insolentes, effrenes, indomiti, incompositi, spiritualia nauseantes, carnalia amplexantes, detractores, susurrones, temerarii iudices, novitatum allatores; si verbis ludicris, iocosis, irritantibus et mutuo exasperantibus, obprobriosis et contumeliosis indulgeant et ex animo studeant; si proprietatis vicium surrepat inter

a Inquirant] *am Rand* Interrogatoria *H* **b** negligencia] *verbessert aus* neggligencia *H* **c** negligencia] *folgt durchgestrichen* culpabi *H* **d** mensam] mensa *H* **e** inter] *am Rand von anderer Hand, durch Verweiszeichen eingefügt vor* fratres *H* **f** exhibendo] *folgt* si *H*

[234] Vgl. STATUTA [GENERALKAPITEL], fol. 95v–99r: *De satisfactione pro culpis iniungendis capitulum secundum.*

[235] Vgl. STATUTA [GENERALKAPITEL], fol. 24r–32v: *De divino officio et ceremoniis capitulum quartum.*

fratres; si oblata vel undecumque accepta cum licencia aut sine[a] recipiant; si clam et quasi furtive[b] vestes, esculenta et poculenta, iocalia, picturas sibi procurent et similia; si fratres aliqui tenent aliquid vel in secreto in domo vel extra; si clamdestine ingurgitaciones, repletiones, crapulositates, refectiones, potaciones, cibariorum vel esculentorum procuraciones fiant in domo seu cameris sive latibulis et abditis quibuscumque; si pater et fratres habeant crebra vel suspecta et privata cum mulieribus colloquia; si recipiant et dant eis munera et iocalia; si sint latini in divina collacione; si habeantur in domibus exercicia tam morum quam litterarum pro noviciis et simplicioribus.

Expedit eciam, ut inquiratur de statu domus in temporalibus, si proficiat vel deficiat in redditibus et proventibus; si gravata sit debitis et unde et ob quam causam, radicitus inquirant; si in **[fol. 64ʳ]** mensa crapulose et prodige vivant; si domus utensilia et supellectilia curentur et reficiantur vel negligantur, singillatim a singulis officialibus inqueri potest. Sic de vestiaria et singulis officinis, si singula domui neccesaria in tempore procurentur, si fratres studeant communi rei publice utilitate et cetera.

Possunt quoque visitatores, si ipsis visum fuerit, advocare clericos et familiares pariter et novicios aut aliquos ex illis et pro cognoscenda certius veritate de[c] singulis rerum qualitate audire testimonia plurimorum eciam exteriorum, qui non sunt domestici. Animadvertere tamen debent et providere ut viri sapientes, ne mali creduli[d] cito moveantur suspicionibus et figmentis infirmorum et passionatorum. Nec tamen ignaviter dissimulent impunitati[e] favendo, quod relacione fide digna didicerint emendandum a fratribus aut rectore commissum culpabiliter vel omissum negligenter, ita, quod habito scrutinio sufficienti et cognitis cognoscendis ac in scriptis redactis capitulum imponatur.

Congregatisque omnibus et singulis signo solito ubi supra[236] primum expediantur familiares et scholares et pro excessibus suis correptione debita emendati[f] exire iubeantur. Deinde procedentem unumquemque de canonicis per ordinem, prout culpabilem cognoverunt, proclament et eo humiliter ad genua provoluto pro qualita- **[fol. 64ᵛ]** te culparum vel excessuum secundum constituciones nostras satisfactionem debitam imponant. Similiter et prepositum sive rectorem potius exhortando et monendo quam super excessibus suis proclamando corripiant. Si etenim aliquid sibi dicendum fuerit vel si in aliquo redarguendus venit, non facile et sine causa id in publico, sed in privato fieri debet, ne veniat in ludibrium et vilipendium communitati. Cum enim sit persona publica, maiori reverencia venerandus est pro salute et profectu totius rei publice, nisi facti qualitas et excessuum notorietas aliud peteret. Debet eciam rector et prepositus post culpe sue recogni-

a sine] *eingefügt H* **b** furtive] *verbessert H* **c** de] *eingefügt H* **d** creduli] *verbessert aus* crudeli *H; am Rand zusätzlich* creduli *H* **e** impunitati] *am Rand von anderer Hand* Non est favendum impunitati *H* **f** emendati] *verbessert aus* emendant *H*

[236] Vgl. Statuta [Generalkapitel], fol. 61ᵛ.

tionem absolucionem ab officio suo petere sub pena privacionis eiusdem sui officii ipso facto, prout infra de rectoris officio[237] disponitur.

Itaque proclamacione et emendacione singulorum facta, si aliqua ab omnibus generaliter observanda sunt sive cavenda, que in statutis non sunt scripta, carthe visitatorum signeto munite inscribantur, quam retenta sibi copia, ut videre possint futuro tempore, si constituciones sue observate sint vel non. Hanc cartam omni mense semel ad minus[a] legendam esse volumus vel in refectorio vel in exercicio culparum. Et sicut prelatus non est passim pro qualibet culpa in patulo corripiendus, ita similiter agendum erit in ceteris personis notabilibus in officiis publicis constitutis **[fol. 65ʳ]** ymmo in genere, si quicumque fratrum venit pro aliqua culpa, pro qua non est sufficienter forte contritus nec confessus, corrigendus vel ammonendus, vel, si confessus est aut convictus sufficienter, non tamen decet nec expedit ipsum in publico proclamare propter causam aliquam rationabilem et iustam, seorsum id fiat advocatis a visitatoribus, si quos duxerint advocandos.

Summa enim caucione et providencia attendere debent, ne levitatis spiritu ducti incondite et indiscrete in medium proferant aliquid, quod non tam emendacionis quam turbacionis aut dissensionis seminarium sit, et nedum inconsulte agitur, ut recedant vetera suscitentur nova veteribus peiora. Tunc denique commissionis sue officium se legittime existiment executos, si visitacione[b] sua excessus castigaverint et correxerint citra caritatis iustam turbacionem et sublatis de medio scandalis pacem ecclesie redditam post se relinquant.

Debent quoque visitatores ipsi diligenter necessitates domorum singularum cognoscere ipsasque cognitas possetenus relevare, ut supra capitulo primo tactum fuerit[238]. Eciam in personis transferendis seu transmittendis, dum id necessarium esse iudicaverint, in quo precipua freti discrecionis prudencia caveant semper quantum poterunt, ne caritas ledatur aut aliqua negligatur. Unde si domum aliquam per[c] notabilem cladem pestilencie vel hostilis aut tyrannice persecucionis invasionis, de supra capitulo decimo[239], notabiliter **[fol. 65ᵛ]** defluere et deficere reperint, acceptis undecumque personis de aliis domibus nostris usque ad generale capitulum illic mansuras transferant in domum necessitatem pacientem. Persone vero sic translate sine remurmuracione parebunt visitatorum ordinacioni, nisi iustam et merito attendendam possint cum humilitate pretendere excusacionem. Nemo enim ad impossibile ad salutis dispendium compelli potest. Quas personas nullius domus rector, sed nequaquam capitulum domesticum presumat revocare

a ad minus] *ursprünglich nach* volumus *stehend durch Verweiszeichen nach* semel *eingeordnet H*
b visitacione] *verbessert aus* visitacionis *H* **c** per] *durch Überschreibung verbessert aus* extra *H*

[237] Vgl. STATUTA [GENERALKAPITEL], fol. 72ʳ–75ʳ: *De officio prepositi capitulum quartum.*

[238] Vgl. STATUTA [GENERALKAPITEL], fol. 3ᵛ–9ᵛ: *Capitulum primum. ⟨Bases et fundamenta totius vite communis, que summi pontifices ediderunt, statuerunt, ordinaverunt et servari preceperunt⟩*, hier fol. 4ᵛ/5ʳ.

[239] Vgl. STATUTA [GENERALKAPITEL], fol. 46ʳ–48ᵛ: *De mutua et caritativa domorum unione assistencia et subvencione capitulum decimum.*

sine visitatorum licencia et consensu. Quod si quisquam attemptaverit huiusmodi revocacionem preter visitatores, ipsa revocacio sit irrita et inanis.

Si tamen officiales in scrutinio visitacionis accusaciones notabiles in prelatum seu rectorem redundare cognoverint[a], pro quibus merito a regimine ecclesie[b] fuerit amovendus, vocatum eum in capitulum fratrum receptis ab eo clavibus a regimine ecclesie exonerabunt[c] et relata sibi graciarum actione pro administracione hactenus exhibita dicant ei nomine et vice generalis capituli, quod ipsum de cetero in officio regiminis velint habere supportatum. Depositus vero deinceps stabit in domo, in qua in canonicum receptus est, locum inter fratres secundum ⟨ordinem⟩[d] sue receptionis recepturus, nisi per visitatores sibi ob causam racionabilem alibi provideretur. Quemadmodum ecclesie sic viduate[e] providendum erit de rectore rite **[fol. 66^{r}]** auctoritate eligendo, claret in capitulo *de* rectoris *electione*[240].

Et si aliqua domus in toto vel in parte officiales nostros non admitteret aut preceptis eorum obtemperare recusaret, stare debet aut subyci correctioni et diffinicioni futuri generalis capituli aut eciam secundum merita causae, propter hoc quantocius congregandi secundum decreta visitatorum in hac vel in illa parte, quod omnibus et singulis ponderatis ita agere studeat, ut per illius condignam correctionem a ceteris adimat ausum delinquendi.

Ut autem visitatores singularum domuum status, penuriam et habundanciam scire valeant et discernere, quemadmodum una domus alteri subveniat, statuimus, ordinamus et mandamus, quod in qualibet domo, dum eam visitari contigerit ordinarie, rector domus per se vel per procuratorem suum fidelem et claram faciat racionem de omnibus et singulis domus proventibus et redditibus, expensis et impensis annuis et diutinis nec aliquid visitatoribus quocumque quesito ingenio vel colore occultetur. Et quicquid in hac computacione cognoverint, velut cetera capituli secreta summa celare tenentur fide.

Et ne in distancia locorum generalium visitatorum periculum aut dispendium afferat propter conveniendi, dum id oportunitas exigit, moram et tarditatem, volumus et ordinamus, quod semper in capitulo generali ordinario ipsis ge- **[fol. 66^{v}]** neralibus et ordinariis visitatoribus condeputentur duo alii singulo singulus in parte sua, cum quo ordinarius visitator in secunda visitacione ordinaria et in causis minoribus extraordinarie dum fuerit domum aliquam in parte sua visitabit.

Quod si visitanda est extraordinarie domus, ordinari⟨i⟩[f] visitatoris cum socio, quem sibi coassumpserit in visitacione domus illius. Si[g] alter eorum moreretur aut valitudinis lecto decumberet vel alyas in evitabili necessitate a visitacione[h] prohiberetur vel impediretur, succedere debet in locum vel ordinarii visitatoris aut condeputati pater senioris domus in parte illa et eius vices in officio visitationis gerere pro loco et tempore.

a cognoverint] *verbessert H* **b** ecclesie] *folgt durchgestrichen* exonerabunt *H* **c** exonerabunt] *verbessert aus* exonebunt *H* **d** ordinem] ordinem DOEBNER; *fehlt H* **e** viduatae] devote *H*; *am Rand von anderer Hand verbessert* viduatae *H* **f** ordinarii] ordinarie *H* **g** si] *wohl versehentlich* sic sic *H* **h** visitacione] *folgt durchgestrichen* domus illius *H*

[240] Vgl. STATUTA [GENERALKAPITEL], fol. 68^{r}–72^{r}: *De prepositi electione.*

Visitacionem vero ordinariam ipsi generales et ordinarii visitatores facere debent in persona propria et tempore determinato, nisi inevitabilis necessitas oppositum suaderet. Et dum continget domum unius ex ipsis ordinariis visitatoribus ordinarie visitari, assumat sibi alter condeputatum in hac parte ipsi ordinario et generali visitatori et eciam visitacionis perficient officium. Verum quia nemo suis militat stipendiis unquam, volumus, quod expense visitatorum extra domos nostras et in itinere habende solvantur de fisco communi, ita tamen, quod superfluitas vitetur, prodigalitas ca- **[fol. 67r]** veatur[a] et moderamen debitum observetur. Debent tamen ex huiusmodi levatis et expositis claram nostro generali capitulo racionem facere, ut supra capitulo primo[241]. Quod si cognoverit eos crapulose, superflue et prodigaliter vixisse, exigere debet et effectualiter recipere in penam refusionem omnis superfluitatis ab eisdem seclusis fraude et dolo.

Item visitatorum est statuta obscura et nodosa declarare dubia, quorum ad statutorum intellectum talem vel talem discindere, super concertantibus silencium imponere et ad sui declaracionis vel decisionis observanciam patres et fratres compellere usque ad capitulum generale proxime futurum. Item nullus profugus restituendus est aut[b] ad capitulum admittendus sine licencia expressa visitatorum.

Item nullus incarceratus emancipari debet sine licencia visitatorum, nisi infirmitas incarcerati vel aliquid huiusmodi iustum et honestum non paciens ullam calumniam obstaret et mora esset in periculo gravi et recte formidaretur. Item habent et debent mandare singulis domibus, quatenus novicios colligant eosque bene instituant et educent nec statim capucio vestiant, sed prius eorundem et cuiuslibet insolidum mores diligenter attendant. Item ordinare debent in visitacione, quatenus ipsis noviciis colligendis casus expulsionis ante eorundem in novicios receptionem clare et intelligibiliter proponantur et legantur, ut secundum **[fol. 67v]** eosdem vel mox propellantur non suscipiendi aut ulterius probandi aut sese expurgent et expurgari vel qualificari faciant.

Debent eciam visitatores interdum domibus mandare sub pena quinque florenorum irremissibiliter communi fisco solvendorum, quatenus debitam et magnam faciant diligenciam[c] ad habendum scholares et novicios. In quo si domus aliqua segniter egerit, irremissibiliter prefatam luet penam. Et nihilominus liberum esse debet eisdem visitatoribus assignare cuicumque domui aliquot scholares vel novicios secundum facultates illius. Quos domus in hoc debet educare et colligere sub pena prefata usque ad ulteriorem generalis capituli ordinacionem. Item damus eisdem et cuilibet eorum in solidum facultatem assumendi ad se personas alias tempore visitacionis sive patres sive fratres quotquot habent necessarios, dum facti qualitas id expostulat. Possunt quoque visitatores in statutis iure capitularibus pro loco et tempore solum non viriliter dispensare, dum subesse causam racionabilem cognoverint. Item, si in receptione scholarium sive clericorum vel laicorum ad

a caveatur] caveabtur *H* **b** aut] *am Rand, durch Verweiszeichen eingefügt vor* ad *H* **c** diligenciam] *am Rand* colligendi scolastici et novitii *H*

[241] Vgl. Statuta [Generalkapitel], fol. 9v–15r: *De generali capitulo.* Hier fol. 13r.

probam aut transmissione ad ordines sacros aut in modo receptionis per generale capitulum tradito et similibus aliqui capitulares in hac vel in ulla domo constituti niterentur sua abuti potestate eis a generali capitulo tradita et concessa, debent et possunt ipsi visitatores generales et singulus in parte sua **[fol. 68ʳ]** suas interponere vices, dum id eis innotuerit. Et postquam de meritis cause sufficienter instructus vel instructi fuerint vel fuerit, liberum esse debet cuilibet eorum una cum condeputato[a] visitatore in parte illa in hoc facto disponere, ordinare et agere prout sibi visum fuerit secundum datam a Domino sapienciam pro loco et tempore expedire sine contradictione cuiuscumque. Item in visitacione secunda sufficit, quod singuli visitatores ordinarii suis in locis una cum condeputato visitent secundum formam statutorum. Volumus eciam, quod ipse condeputatus vel condeputati pari gaudeant facultati in actu visitacionis cum ordinariis visitatoribus, qui condeputati simili quoque debent esse asstricti precepto ad fidelem sui officii excucionem[b] sicut ordinarii. Et si alter eorum racionabiliter impeditus vel morte preventus visitare non posset, succedere debet in locum pater senior domus ex ordine simili sub mandato ut supra[242].

De prepositi electione[243]

Quia secundum constituciones et ordinaciones apostolicas singule ecclesie nostre per singulos prepositos ad nutum generalis capituli amovibiles, qui de numero huiusmodi collegii generalis canonicorum et presbiterorum communis vitae existunt, perpetuis futuris temporibus gubernari et regi debent prout supra in ⟨capitulo⟩[c] de constitutionibus et previlegiis papalibus lacius continetur,[244] ideo statuimus, ordinamus **[fol. 68ᵛ]** et inviolabiliter[d] observari volumus, quod, dum aliqua nostrarum ecclesiarum viduata fuerit preposito et rectore ex predecessoris obitu, resignacione voluntaria, absolutione, depositione aut alias quomodolibet vacaverit[e], debet idipsum quantocius per vicerectorem aut seniorem fratrem capitularem domus viduate tunc presentem notificari et significari visitatori ordinario in parte illa, in qua domus viduata existit, aut eius condeputato, si domus visitatoris ordinarii eius morte vel cessione aut depositione vel absolutione facienda est provisio, qui electionis diem novelli rectoris et prepositi statuere debet infra iuris terminum, quem tamen quantum comode poterit prevenire curabit, ita tamen, ut alius visita-

a condeputato] *verbessert aus* deputato *H* **b** excucionem] *so H* **c** capitulo] *fehlt H*
d inviolabiliter] *verbessert aus* inviolabiter *H* **e** vacaverit] *verbessert aus* vacuerit *H*

242 Vgl. STATUTA [GENERALKAPITEL], fol. 66ᵛ.

243 Vgl. STATUTA [MÜNSTERSCHE UNION]. Ed. DOEBNER, S. 216: *De electione rectoris.* S. 216–218: *Modus eligendi rectorem huius domus.*

244 Vgl. STATUTA [GENERALKAPITEL], fol. 3ᵛ–9ᵛ: *Capitulum primum. ⟨Bases et fundamenta totius vite communis, que summi pontifices ediderunt, statuerunt, ordinaverunt et servari preceperunt⟩.* Hier fol. 4ʳ–5ʳ.

tor ordinarius in parte alia existens venire possit et electionis actui interesse. Eapropter, cum domum aliquam viduari contigerit, debet idipsum quantocius sibi significari per convisitatorem aut eius condeputatum. Volumus etenim, quod et ipse extra casum inevitabilis necessitatis aut periculi intollerabilis verisimiliter future electioni intersit.

Vocandi[a] sunt interim omnes fratres capitulares domus, cui providendum est, qui pro tempore residenciam habent in illa, si qui absentes infra diocesim fuerint, per capitulum domesticum domus eiusdem. Attamen ne oporteat nonnumquam sine causa et cum magna iactura et periculo verisimiliter futuro electionis diem et terminum prolongare et differre et domum achephalam **[fol. 69r]** relinquere, volumus et ordinamus, quod quandocumque periculum est in mora et ipsa prorogacio seu dilacio electionis periculosa est seu damnosa ita, ut sine iactura notabili differri commode non possit, ita hoc casu damus liberam et plenam facultatem cuilibet ordinario visitatori in parte sua et singulatim singulos recipiendi ad se patrem senioris in parte sua vel condeputatum visitatorem partis sue ad agendum omnia et singula una cum fratribus capitularibus non inabilibus domus viduate, que ad electionem novi rectoris et prepositi fuerint necessaria et oportuna et similiter ad electi comfirmacionem secundum tenorem statutorum nostrorum et non alias. Hii etenim in hoc casu capitulum generale representabunt pro novi rectoris et prepositi electione et electi confirmacione.

Quod si ordinarius visitator venire non posset, quia forte decessit vel valitudinis lecto decumbit aut alias ad manum haberi non potest, quod absens et distancia a loco remotus nec eius scitur adventus, aut si forte temere ac proterve, subdole vel fraudulenter electioni interesse recusaret vel alias non causam pro causa fungeret et hiis et similibus casibus damus et concedimus plenam facultatem condeputato visitatori, ut assumpto ad se patre senioris domus singula agat, ut immediate disponitur. Si vero ipse condeputatus mores induit et condiciones ordinarii **[fol. 69v]** visitatoris venire nolentis aut non valentis, damus in hoc casu facultatem plenam patri senioris domus pro loco et tempore, quatenus dimissis et visitatore[b] ordinario et eius condeputato assumere possit ad se patrem alium senioris domus[c] post domum suam ad agendum omnia et singula secundum tenorem nostrorum statutorum, que pro novi rectoris electione et electi confirmacione fuerint necessaria et oportuna seclusis in omnibus et per omnia dolo et fraude.

Si vero aliquis visitator ordinarius aut condeputatus iniuncto sibi officio a generali capitulo, quatenus huiusmodi intersit electioni, satisfacere[d] pro posse recusaret temere et proterve, subdole et fraudulenter quovis quesito ingenio vel colore, privatus esse debet ipso facto voce et loco in capitulo generali ordinario sive extraordinario pariter et domestico et cum hoc carceris expectare debet secundum qualitatem[e] delicti et damni sua temeritate domui viduatae illati pariter et officiis[f]

a Vocandi] *am Rand von anderer Hand* Sunt vocandi fratres ad eleccionem patris *H* **b** visitatore] *verbessert aus* visitatorie *H* **c** domus] *folgt durchgestrichen* pro loco et tempore *H* **d** satisfacere] *am Rand von anderer Hand* privatus visitator loco et voce *H* **e** qualitatem] *am Rand von anderer Hand* penitentias *H* **f** officiis] *folgt durchgestrichen* ordinario *H* omnibus absolutionem in proximo generali capitulo ordinario etiam pro huiusmodi temeritatis correctione convocando.

Per hos itaque visitatores ordinarios vel per visitatorem et condeputatum aut patrem senioris domus ex ordine secundum disposicionem prefatam pro loco et tempore et qualitate cause se contingente per omnes fratres capitulares, fratres[a] domus providende inibi pro tempore **[fol. 70r]** residentes non inabiles representabitur generale capitulum pro rectoris electione. Neque[b] alios preter visitatores aut eorum vices gerentes secundum disposicionem et ordinacionem prefatam et canonicos capitulares domus viduate pro tempore inibi residentes non inabiles ad rectoris electionem admitti decernentes irritum esse et inane, si a quoquam contrarium fuerit attemptatum.

Die autem precedenti omnes electuri ieiunio purificentur premoniti per visitatorem aut seniorem studiosa exhortacione ad celebrandam missam, si sacerdos fuerit, vel percipiendum eukaristiam, si non sacerdos fuerit, ipso die electionis statuto. In qua eciam missa solenniter cantanda est de spiritu sancto per vicerectorem, si habetur, aut alium ex electoribus pro eiusdem spiritus sancti gratia impetranda. Qua finita ad locum capitularem procedent omnes supradicti ac imposito capitulo pro novi rectoris electione visitatorum unus exhortando diligenter moneat[c] unumquemque per districtum Dei iudicium, quatenus semotis omnibus favore, odio, privato commodo et qualibet alia intencione sinistra, solo divino timore et domus utilitate actus eligat vel eligi consenciat canonicum capitularem domus viduate vel alterius domus nostre unionis, qui non est actu rector in alia domo constitutus, nisi forte talis rector primo in domo viduata fuisset receptus in canonicum. Tunc enim eligi posset in huius **[fol. 70v]** rectorem non obstante, quod alterius domus regimini presideret.

Debent autem omnes et singuli nominaturi et electuri prius iurare, quod velint nominare et eligere[d] ex hiis eum, quem vitae testimonio, etate, moribus, sciencia iudicaverint ydoneum discipline personarum et profectu⟨i⟩[e] ecclesie tam in spiritualibus quam in temporalibus magis[f] profuturum ita tamen, quod spiritualia temporalibus preferantur semotis favore, odio, privato comodo aut qualibet pactione, conspiratione, collusione, promissione aut voti vendicione seu alia quacumque intencione sinistra. Istis sic lectis per[g] presidentem in hoc capitulo accedant omnes et singuli electuri seu nominaturi ad librum aliquem in loco electionis presente notario et testibus expansum et dicant alter[h] post alterum[i] tactis sacrosanctis evangeliis: „Ita iuro. Sic me Deus adiuvet et sanctorum evangeliorum conditores."

Volumus autem electionem via compromissi cum limitacione[j] et restrictione, quod ipsi compromissarii vel compromissarius eligant vel eligat eum, in quem maior pars capituli consenserit servatis votis et nominacionibus omni de capitulo

a fratres] *eingefügt H* **b** Neque] *am Rand von anderer Hand* Non debent admitti alterius domus fratres *H* **c** moneat] moneat DOEBNER; moveat *H* **d** eligere] elegire *H* **e** profectui] profectu *H* **f** magis] *folgt durchgestrichen* froturu *H* **g** per] *am Rand ergänzt H* **h** alter] *darunter* unus *H* **i** alterum] *darunter* unum *H* **j** limitacione] *am Rand von anderer Hand* Via compromissi *H*

singillatim et secrete presente notario et testibus, si placet. Necesse ergo erit, quatenus omnes et singuli nominaturi et compromissarii prius conveniant in loco apto et compromittant in unum aut duos sive sint de collegio et capitulo sive non, dummodo sunt clerici.

Et expedit compromissionem fieri in visitatorem **[fol. 71r]** seniorem, si adest, aut in eius condeputatum cum tali limitacione, quod eum et non alium eligere teneatur et debeat, in quem maior pars consenserit. Qua compromissione scrutentur compromissarii vota singulorum capitularium secrete et singillatim. Scrutacione facta et cognito, in quem maior pars capituli consensit, prodeat ipse compromissarius vel compromissarii ante altaris gradus dicende non pluraliter, sed singulariter animo eligendi: „Ego N., compromissarius de consensu et voluntate compromissariorum meorum (si habet alios) virtute compromissi in nos facti eligo in huius ecclesie Sancti N. prepositum venerandum virum N., in quem maior pars tocius capituli consensit."

Electo itaque preposito et in capitulo pronunctiato ante altaris gradus ducatur per visitatores sequente capitulo et flexis genibus devote legatur: *Te Deum laudamus* sine pulsu campanarum[245], *Kyrie eleison, Christe eleison, Kyrie eleison, Pater noster, Ave Maria.* Senior dicat *Et ne nos, Sed libera, Salvum fac servum tuum Domine Deus meus sperantem in te*[246], *Esto*[a] *ei*[b] *turris fortitudinis a facie inimici*[247], *Nichil proficiat inimicus in eo*[248], *Domine exaudi orationem meam, Dominus vobiscum*, collecta *Omnipotens sempiterne Deus, qui facis mirabilia*[249], *Deus qui caritatis dona*[250], ut supra capitulo tertio.[251] Deinde surgentes ducant electum ad stallum rectoris seu prepositi dantes ei realiter possessionem per versiculum *Hec requies mea in seculum*[252] et cetera.

[fol. 71v] Statuant nihilominus officiales tres terminos peremptorios eodem die, si visum fuerit expedire, primum ad horam primam post prandium, secundum ad secundam, tercium ad terciam vel quartam ad opponendum, dicendum vel excipiendum contra electionem vel electi personam, si qui opponere vel excipere voluerint. Si nulli comparent, consenciente electo confirmetur ab eisdem auctoritate generalis capituli. Si autem aliquid excipitur et officiales seu visitatores impedimentum legittimum obstare cognoverint, propter quod merito talis electio irrita censeri debeat, electores ipsam reprobare et cassare habeant facultatem. In quo casu

a Esto] *folgt durchgestrichen* nobis *H* **b** ei] *eingefügt H*

245 Vgl. die Amtseinsetzung Benedikt von Helmstadts in Urach am 16. August 1477. HStA Stuttgart A 602, WR 14069, fol. 8v: *[...] Ymnum Te Deum laudamus cum solemni campanarum compulsacione [...]*.

246 Ps 85,2.

247 Ps 60,4: *turris fortitudinis a facie inimici.*

248 Ps 88,23: *nihil proficiet inimicus in eo.*

249 Bruylants, Oraisons 2,779.

250 Bruylants, Oraisons 2,312.

251 Vgl. Statuta [Generalkapitel], fol. 16r–24r: *De modo receptionis fratrum capitulum tercium*, hier fol. 20r.

252 Ps 131,14: *haec requies mea in saeculum saeculi.*

damus eis plenam facultatem ad providendum domui illi de capite eo[a] modo, quo eis visum fuerit in Domino expedire, ita tamen, ut in electione rite et legittime procedatur.

Item, si in scrutacione prima non potest haberi maior pars capituli consencientis in hunc vel illum, iterum attemptetur secundo et tercio. Et si in tercia scrutacione non habetur consensus maioris partis capituli in hunc vel illum determinante, damus in hoc casu plenam facultatem ipsis officialibus tunc presentibus sive sint visitatores ordinarii sive sint ordinariis condeputati aut pater senioris domus sive sint ambo patres seniorum domorum in parte illa secundum collecta talem vel talem contigerit et pro loco et tempore ac qualitate causarum occurencium congregari, quatenus sine contradictione cuiuscumque unum aut duos aut tres capitulares, quos et quot voluerint, qui sunt[b] de societate et collegio nostri **[fol. 72^r]** generalis capituli, ad se recipiant et cum eis generale capitulum instituant et representent pro rectoris electione via compromissi limitate vel illimitate, ut scilicet compromissarius eligat, quem voluerit, cum promissione de ratihabitione electionis eiusdem vel modo alio procedant, ut visum fuerit in Domino expedire non obstante quocumque statuto in contrarium fraude et dolo semper semotis.

Postquam vero electus in electionem consensit et eam acceptavit, post ipsius confirmationem committi debet eidem animarum cura prout capitulo sexto[253] clare habetur. Qua promissione facta iurare debet ante altare expanso evangelio libro presentibus visitatoribus et capitularibus, quod velit officium suum pro posse et nosse fideliter et diligenter exequi. Nullus[c] canonicus, qui non est actu capitularis aut qui pro tunc caret voce et loco in capitulo, debet ad electionem rectoris admitti.

De officio prepositi capitulum quartum[254]

Quia preposito sive rector⟨i⟩[d] canonice instituto tanquam capiti domus et regiminis collegii eiusdem sarcina tam in spiritualibus quam in temporalibus et perrochianorum in spiritualibus tantum, ubi cura est annexa, incumbit, ideo ut prudens paterfamilias super commissis grege et domo omni diligencia[e] vigilabit rationem altissimo de hiis omnibus redditurus prout in capitulo *cura animarum* patuit[255].

Ante omnia igitur caveat, ne transgrediens terminos, quos posuerunt patres, sui glorietur aut accepta abutatur potestate, sed se ipsum secundum regulas nostrarum

a eo] eodem, -dem *durchgestrichen H* **b** sunt] desunt, de- *durchgestrichen H* **c** Nullus] *am Rand von anderer Hand* Nota *H* **d** rectori] rectore *H* **e** diligencia] *verbessert aus* dilencia *H*

---

[253] Vgl. Statuta [Generalkapitel], fol. 37^r–40^v: *De cura animarum committenda et exercenda capitulum sextum.*

[254] Vgl. Statuta [Münstersche Union]. Ed. Doebner, S. 224f.: *De officio rectoris.* – Vgl. oben Kapitel IV,3.3.1.

[255] Vgl. Statuta [Generalkapitel], fol. 37^r–40^v: *De cura animarum committenda et exercenda capitulum sextum.*

constitucionum dirigens, sicut prelacione ita digne conversacionis **[fol. 72ᵛ]** humilitate ceteros precedens, vite humilis et tocius discipline exemplar forma gregis factus ex animo studeat ministrare cavens omnia, que non decent devotum et humilem servum Christi. Nitatur pro disciplina domus matura benignitate et dulci serio, quatenus sine personarum acceptione erectos dura cervice virga correctionis ad normam discipline revocet et deiectos animo⟨s⟩[a] baculo consolacionis[256] sublevet et sustentet sciens quicquid bonorum morum[b] deperierit vel contrarium emerserit sue negligencie imputandum.

Secundum apostolicum decretum propriam vel specialem porcionem non habeat, sed ei in communi sicut cuilibet ex aliis canonicis dumtaxat vite necessaria ministrentur ideoque sit conformis fratribus suis in victu, vestitu, lectisterniis, in celebracionibus missarum, in chori officio et manuum labore, dum ad id vacare poterit, honestate semper salva et equitate semper iusta. Commessationes[c] tam extra domum quam intra, quantum cum honestate poterit, vitabit. Religiosis vero et devotis personis adventantibus honestam hospitalitatem exhibebit, mensam fratrum ipse benedicat et primum ferculum apponat. In capite mense locum habeat, nisi notabili hospiti locum cederet. Lectoris mense et alias ubilibet legencium errores corrigat vel alteri corrigendos committat. Et ideo[d] mense fratrum non deerit, nisi propter hospitum honestatem aut aliam **[fol. 73ʳ]** legittimam causam.

Extra claustra domus in civitate manens nullatenus pernoctabit neque ultra quinque miliaria proficiscatur absque sui capituli aut maioris partis consensu. Infra hos terminos, si proficisci opus habuerit, per noctem abfuturus vicerectori[e] aut fratri seniori idipsum indicet. Si vero spe die eadem redeundi exiret et casu aliquo foris[f] eum pernoctare[g] contingeret, cum redierit, dictis duobus fratribus causam aperiat sue more. Ceterum, si causam exeundi domum habuerit ad loca viciniora, exitum suum et locum, quo iturus est, vicerectori et in eius absencia fratri seniori per se vel per alium significabit. Nec licebit rectori fratrem quemcumque ad aliam domum seu ad loca remota sine consensu capituli sui vel maioris partis ultra duos menses transmittere. Si tamen emissurus est fratrem ultra sex vel septem dies, idipsum vicerectori significabit.

Ut quoque fratribus suis liberius servire valeat, causas forenses, que domum et fratres non contingunt, non assumat et, quantum caritatis necessitas permittit et honestas, ab hiis se enodare curabit ea quoque, que ad se non pertinent, aliis tractanda relinquat[h]. Eapropter eciam vitabit placita neque[i] cuiuscumque testamentarius, tutor, procurator, advocatus, compater nec omnino fideiussor esse debebit salvo moderamine superius capitulo *de proprietatis abdicacione*[257] habito. Sed neque

a animos] animos DOEBNER; animo *H* **b** morum] *am Rand* Attendat rector *H* **c** commessationes] *durch* -at- *am Rand verbessert aus* commessiones *H* **d** ideo] *eingefügt H* **e** vicerectori] *nach* vice- *durchgestrichenes* -m- *H* **f** foris] *verbessert aus* foras *H* **g** pernoctare] *verbessert aus* pernoctarem *H* **h** relinquat] *verbessert aus* relinquant *H* **i** neque] *folgt durchgestrichen* cuiusque *H*

256 Vgl. Ps 22,4: *virga tua et baculus tuus ipsa me consolata sunt.*

257 Vgl. STATUTA [GENERALKAPITEL], fol. 40ᵛ–43ʳ: *De proprietatis abdicacione capitulum septimum.*

monialium sive sororum cure nostre non subiectarum commissionem vel regimen suscipiat sine expresso consensu sui capituli vel maioris partis.

[fol. 73v] Pauperum tamen curam diligentem habeat eisque, quantum domus sufferre poterit, providebit. Confessiones fratrum ipse vel alius discretus et maturus frater, cui ipse commiserit, audiet; nactus in hoc vicem et auctoritatem capituli generalis, cuius auctoritate eciam habet facultatem absolvendi fratres in casibus reservatis secundum dispo⟨s⟩icionem[a] superius capitulo quinto habitam *de privatis fratrum exerciciis*[258].

Vicerectorem[b] et procuratorem consenciente suo capitulo aut maiori parte instituet et, quociens expedire iudicaverit, destituet ac cetera officia[c] fratribus idoneis committet consilio vicerectoris aut procuratoris preaudito. Et licet in partem sollicitudinis eos, quibus huiusmodi officia committit, advocet et assumat non tamen ita eum abiecisse putet quin et ipsum provectui, directioni et emendacioni eorum insistere oportebit, propter quod et officiales sepe ad eum[d] recurrentes super hiis conferant, eius instructionem humiliter acceptando.

Clavem ad communem cistam, ad omnes officinas, fratrum cellas et generaliter ad omnes et singulas clausuras ipse habebit. Circa quadragesime principium[e] cum sacerdote, quem assumpserit, visitabit totam domum et singulorum cellas fratrum ut in capitulo *de proprietatis abdicacione*[259] disponitur cavens, ne in quocumque proprietatis vicium pullulare incipiat, ne eciam fratres in necessariis defectum paciantur et ne hac occasione attemptent ea quibus sibi occulcius procurare. Provideat caute, ut sine personarum acceptione unicuique dispensetur, **[fol. 74r]** prout opus habet et facultas domus permittit, mutet habita, concedat habenda, prout fratribus iudicaverit expedire.

Collaciones, colloquia mensilia sive particularia seu eciam capitula culparum debitis temporibus et horis teneat eisque presideat aut tenenda in eius absencia seu carencia alteri ydoneo sacerdoti committat.

Causas maiores, que in grave[f] periculum domus vel personarum cedere possunt, utpote receptionis fratris ad probam vel ad perpetuum domicilium vel in canonicum, emissionis aut translacionis personarum de domo in domum ultra duos menses, promocionis ad sacros ordines, scripcionis aut vendicionis rerum immobilium vel eciam debitorum ultra viginti florenos se extendencium, appensionis sigilli maioris, imposicionis alicuius novi oneris perpetui vel longi temporis in divinis vel humanis communitati vel personis, edificaciones novarum et preciosarum structurarum et cetera omnia, que supra vel infra specifice de consensu tocius vel

a disposicionem] dispoticionem *H* **b** Vicerectorem] *am Rand* Institutio vicerectoris et procuratoris *H* **c** cetera officia] cetera officia DOEBNER; *fehlt H* **d** eum] *am Rand von anderer Hand, durch Verweiszeichen eingefügt nach* ad *H* **e** principium] *am Rand von anderer Hand* Visitatio cellarum *H* **f** grave] *verbessert durch übergeschriebenes* -ra- *H*

[258] Vgl. STATUTA [GENERALKAPITEL], fol. 32v–37r: *De privatis fratrum exerciciis, studio, confessione, communione, collacione, meditacione, contemplacione, recollectione, misse audicione capitulum quintum.*

[259] Vgl. STATUTA [GENERALKAPITEL], fol. 40v–43r: *De proprietatis abdicacione capitulum septimum.*

maioris partis capituli actitanda esse designantur, ad ipsum capitulum referre et secundum diffinicionem tractare teneatur. In aliis vero minus arduis secundum datam sibi a Domino sapientiam singula paterna sollicitudine gubernet usurus frequenter vicerectoris et procuratoris consilio memor dicti sapientis: *Cogitaciones consiliis roborantur.* Et iterum: *Prudencie tue pone modum*[a].[260] Nam *qui sapiens est, audit consilium.*[261]

Debita[b] tamen ultra sex **[fol. 74ᵛ]** florenos superiores et structuras mediocres non faciat vicerectoris et procuratoris consilio non audito, nisi in casu absencie alterutrius aliquid accideret, in cuius comparacione utilitas domus manifeste poterit procurari. Elimosinas et beneficia amicorum cum diligenti eorundem comendacione fratribus insinuet et orationes pro eisdem iniungat. Denique clausure domus presertim noctis tempore, fratrum moribus, officiis racionabilibus, consuetudinibus, statutis nostris et ordinacionibus diligencius superintendat cavens sine racionabili causa disimulare transgressiones impunitas. Siquidem frustra constituuntur ordinaciones et statuta, si dormitante executoris disciplina sevit nequicia impunita[262]. Et precipuum cuiuslibet policie regimen ex racionabili suarum stabilitate resultat. Sciat tamen magna discrecione, dum et ubi oportet dispensacionis[c] beneficio rigorem tendere et laxare, quatenus a fine et mente nostrarum ordinacionum recedere[d] non presumat.

Et quoniam rector caput est congregacionis, nutr⟨i⟩cius[e] et pater, statuimus et ordinamus, quod fratres omnes et singuli obedienciam et reverenciam debitam ei ymmo in eo Christo exhibeant eius se directionibus et corectionibus humiliter submittentes. Intus de eo tamquam de Christi vicario sublimiter sencientes, foris capitis nudacione et moderata inclinacione, dum ei loquendum aut aliquod porrigendum fuerit, honorantes. Coram eo in habitu, gestu et moribus verecunde ac disci- **[fol. 75ʳ]** plinate se habeant[f] nec unquam verbum contra modestiam et disciplinam proferre presumant. Non tamen eum dominum, prepositum vel rectorem nec nomine proprio, cum[g] ei loquendum fuerit, nominent, sed patrem, quod nomen est intime pietatis.[263] Debet eciam rector in visitacione, dum a visitatoribus de hiis, in quibus delatus est, arguitur, presente conventu fratrum per tradicionem clavium absolutionem ab officio petere sub debito prevacationis eiusdem ipso facto. Quam si a visitatoribus consequitur, cum gratitudine acceptare gaudens, quod ab onere liberatus, quieti celle et proprie recollection⟨i⟩[h] poterit

a modum] modum *Prv 23,4*; medium *H* **b** Debita] *verbessert aus* debitam *H* **c** dispensacionis] *verbessert aus* dispencionis *H* **d** recedere] *verbessert aus* reddere *H* **e** nutricius] nutrcius *H* **f** habeant] hebeant *H*; *verbessert durch übergeschriebenes* -a- *H* **g** cum] *am Rand, durch Verweiszeichen eingefügt vor* ei *H* **h** recollectioni] recollectione *H*

260 Prv 20,18: *cogitationes consiliis roborantur.* Prv 23,4: *noli laborare ut diteris sed prudentiae tuae pone modum.*

261 Prv 12,15: *qui autem sapiens est audit consilia.*

262 AUGUSTINUS, Sermo 83 (De verbis evangelii Matthaei), 7. PL 38, Sp. 518: *[...] repressa disciplina saevit impunita nequitia [...].*

263 Vgl. BIEL, Tractatus de communi vita, fol. 18ʳ.

liberius inservire contentus, quod locum pristinum, quem ante regiminis imposicionem inter fratres suos habuit, sortitus sub su⟨e⟩[a] obediencie iugo Domino famulari possit. Plura alia, que rectoris concernunt officium, in aliis reperiuntur capitulis de quo supra capitulo de visitatione et visitatoribus.[264]

⟨De vicerectore⟩[b]

Statuimus et ordinamus, quod rector in domo, in qua pro tempore habentur sacerdotes tres aut quatuor, fratrem sacerdotem boni testimonii de gremio capituli, in quem capitulum vel maior pars consenserit, vicerectorem instituat. Qui absente rectore vices eius agat et, ne quid discipline pereat, tota diligencia invigilet et interim capitulo ipse presideat. Fratres officiales ad ipsum referent, si quid cause emerserit. Cuius preceptis in absencia patris obedienciam et reverenciam **[fol. 75ᵛ]** sicut patri exhibebunt.

Providebit tamen vicerector[c], quod, si quid alcioris vel gravioris negocii tractandum fuerit, cuius dilacio periculo c⟨a⟩reat[d], patris determinacioni reservet. Officiales fratres non instituet aut destituet neque actus suorum officiorum ipse faciet, nisi negligentes forent. Diriget autem singulos in officiis sibi commissos. Neque fratres recipiet ad probam vel perpetuo multo minus aut locum alicui in capitulo concedat. A lectione mense similiter a ministerio refectorii, si eum ordo tetigerit, dum patris vices gesserit, supportabitur, que tamen per alium fieri providebit. In sinistro choro locum primum, in conventu autem fratrum et refectorio patris locum absente patre et proximum patri eo presente obtinebit, nisi alicui deferre placeret secundum disposicionem visitatorum aut capituli domestici domus eiusdem.

Dum inter septa domus pater inveniri poterit, ipsius non erit[e] dare licenciam fratribus egrediendi quoquam aut aliquid notabile faciendi. Si pater in domo existens ad manum haberi aut inveniri non poterit, in modicis ut laxando silencium, potando et similibus licenciam dare potest. Ad cistam communem unam clavem habeat. Deinceps presencie patris omnem tanquam unus ex fratribus ceteris deferre curabit honorem. Ipse tamen patrem, dum corrigendus fuerit, correptione privata cum omni modestia et humilitate sicut apostolus docet non *increpa*ndo, *sed obsecra*ndo[265] debet cum reve- **[fol. 76ʳ]** rencia dulciter emendare.

De ebdomadario capitulum sextum

Statuimus et ordinamus, quod a rectore usque ad novissimum sacerdotem quilibet in ordine vicis sue et loci, quem tenet in capitulo, ebdomadam suam in choro

a sue] suam *H* **b** De vicerectore | *fehlt H* **c** vicerector] *verbessert aus* vicerctor *H*
d careat] creat *H* **e** erit] *folgt wohl versehentlich* non *H*

[264] Vgl. STATUTA [GENERALKAPITEL], fol. 61ʳ–68ʳ: *De officio visitatorum.*
[265] I Tim 5,1: *seniorem ne increpaveris sed obsecra ut patrem iuvenes ut fratres.*

faciat modo, quo sequitur, nisi, ubi pluralitas est sacerdotum, rector veniret supportandus. Ad ebdomadarium pertinet summam missam cantare vel legere, aquam et sal die dominico benedicere, in choro et ecclesia seu per cimiterium aspergere secundum loci consuetudinem, omnes horas de tempore et pro defunctis inchoare, capitula, preces, collectas ac benedictiones in matutinis pronunciare, sub *magnificat* et *benedictus*, dum festa et loci consuetudo id exigerint, thurificare similiter et in commendacionibus mortuorum. Eo absente in choro, qui precessit, in officio supplebit vices eius. Si tamen per totam ebdomadam eum abesse contigerit, sequens vicem suam propriam perficiet. Et absens pro hac vice tantum simpliciter absolvatur.

In principalibus tamen festis Christi puto nativitatis, epiphanie, resurrectionis, penthecostes, corporis Christi, in vigilia pasche et penthecostes quantum ad missam solum a fontis benedictionem, assumpcionis, nativitatis, annunctiacionis, purificacionis beatae virginis, in cena Domini, parasceve, dedicationis et patroni, omnium sanctorum animarum rector officium ebdomadarii faciet, similiter in die palmarum benedictionem ramorum et in cena Domini officium locionis pedum, **[fol. 76v]** similiter eciam quantum ad vigilias missam et comendacionem defunctorum in obsequiis fratrum domus sue et patrum capituli.

Poterit tamen rector ex racionabili causa alium loco sui subrogare. In hiis diebus, si rector aliam missam celebraturus erat, hanc celebrabit ebdomadarius, cuius vicem rector supplet. Secunda feria pasce, penthecostes et in die sancti Stephani prothomartiris, Michaelis, Trinitatis, Ioannis baptiste, Petri et Pauli, visitacionis et conceptionis Marie, circumcisionis, ascensionis Domini officium faciet vicerector. Attamen, ubi visitacionis et concepcionis Marie celebre festivantur, possunt inter festa rectoris computari; tercia feria pasche, penthecostes et in die sancti Ioannis evangeliste frater senior aliis diebus ebdomadarius.

Ebdomadarius quoque nec lectiones leget nec versus cantabit nec antiphonam imponet, psalmos vero, si opus fuerit, poterit intonare, nisi aliud exigeret paucitas personarum. Attamen in domibus, in quibus rector supportatur ab officio ebdomadarii, quid fieri expedit et docet, nisi paucitas personarum obsistat, rector faciet officium in festis supranotatis absque hoc, quod ebdomadarius ullam pro eo reciproce missam legat. Debent eciam rectori ultra prefatas missas sui officii assignari aliquot certe misse per eum ebdomadatim legende in fratrum relevamen.

De cantore et succentore capitulum septimum[266]

[fol. 77r] Rector unum ordinabit ex canonicis in cantorem, quem ceteris in cantandi arte usu et vocis organo noverit preeminere. Cantoris officium est, omnia cantanda et legenda in divino officio secundum ordinarium et ceremonias parte prima capitulo quarto[267] descriptas ordinare, quatenus devote, humiliter et sine

---

[266] Vgl. STATUTA [MÜNSTERSCHE UNION]. Ed. DOEBNER, S. 230f.: *De cantore.*

[267] Vgl. STATUTA [GENERALKAPITEL], fol. 24r–32v: *De divino officio et ceremoniis capitulum quartum.*

errore Dei officia persolvantur. Ideo omnia caute prius provideat et velut registrum unum in promptu habeat, unde singulos dirigat, confusiones preveniat et errores, si contigerint, sive in forma cantus sive in materia sive in prolacionis mensura attentis personarum numero, officio et temporis ceterorumque accedencium qualitate ad normam debitam revocet et reformet. Quod non clamore dissono, sed nutu vel signo fiat eius[a] directioni voces singulorum acquiescant. Nec quisquam sibi in cantu faciliter preiudicet, eius enim correctio soli rectori reservatur. Quod si ipse incipiendo erraverit[b], ceteri taceant, donec errorem suum, quem cito intellexerit, ipse emendando distortum cantum ad propriam qualitatem erudite vocis discretione reducat.

Ad eius eciam officium pertinet libros ad chori officium requisitos conservare et custodire et, ut reparentur corrupti, sollicitum esse, ea quoque, que in eisdem quantum ad verba, notas vel ordinarium depravata, dissona vel erronea fuerint, ad probatae artis regulas emendare; cantanda et legenda per singulos tam in festis quam **[fol. 77ᵛ]** per ebdomadam fratribus distribuere et tabule competenti tempore annotare, quatenus intitulati, que per eos cantanda vel legenda sunt, valeant previdere; psalmos in choro rectoris, in quo et stallum habeat, intonandos et cantanda in eodem ac per totum chorum generaliter inchoare; absencium fratrum, qui ad aliquid cantandum vel legendum intitulati sunt, vices per se vel alium, quem ad hoc deputaverit, supplere; staciones et processiones ac legenda et cantanda in eisdem quoque procedendi modum ordinare et quicquid subito per aliquem legendum vel cantandum occurrit, que specialiter nulli iniuncta fuerant, ipsius erit, cui voluerit agenda, innuere; errantes et negligentes, dum proprie culpe prius confessionem emendati non fuerint, in capitulo proclamare. Et quoniam cantor quasi viva ceterorum regula in divino esse debebit officio, ne et ipse erret et suo errore ceteros turbet et errare faciat, capitulum *de divino officio et ceremoniis*[268] suprascriptum memorie commendet ac regulas subiectas studeat diligencius observare.

Prima. Cantum aliquem incepturus prius consideret eiusdem notas summam et infimam sicque incipiat, quod bassior vox seu nota perfecte possit audiri et summa sine labore ac lesione gutturis resonare, ut non sit opus vocem descendendo mutare in acutam nec ascen- **[fol. 78ʳ]** dendo in burdanam sciens, quod non clamor, sed devocio humilitatis, gravitas et amor Domino in canticis placuere.

Secunda. In ea prolacionis mensura, qua cantus inceptus est, omnes note vel voces sequentes proferantur nec una plus altera protrahatur nec versus finem plus quam in principio vel medio festinetur. Eapropter inchoans precipua discrecione munitus sciat secundum cantuum festorum ac feriarum differencias, quando protractius, quando festinacius cantandum sit. Et secundum hoc certam mensuram singulis cantibus in eorum incepcione prefigat, prefixam per chorum usque in finem cantus inchoati faciat observari.

a eius] eius *H*; eiusque DOEBNER **b** eraverit] erraverit DOEBNER; eraverint *H*

[268] Vgl. STATUTA [GENERALKAPITEL], fol. 24ʳ–32ᵛ: *De divino officio et ceremoniis capitulum quartum.*

Tercia. Precentor incipiens unam cantus dictionem vel clausulam solus dicat, qua prolacionis mensura ab omnibus capi possit. Et facta modice pause morula chorus quasi una voce prosequatur ab eo loco, quo cantor pausavit, et servata mensura precentoris in finem usque continuet. Fiatque distinctio in libris per virgulas, ut cantor sciat usquequo precinere et chorus, ubi conveniat inchoare. Cantoris interest officio eos, qui de cantandi arte et usu minus habent, humiliter benivole ad partem erudire ipsosque ad providendum cantanda in domo convocare, dum aliquid minus usitatum cantandum occurrit. Convenit quoque magis ineruditos aut **[fol. 78v]** voce dissonos vocibus fictis[a], donec plenius didecerint, submurmurare quam cantare volendo, quod nesciunt, aliorum voces ad dissonanciam compellere et turbare.

Deputet eciam rector succentorem, qui in choro sinistro in cantandis in eodem tantum et in toto choro in absencia cantoris cantoris officium exercebit. In cantandis autem in choro rectoris tantum officium cantoris[b] implebit, in eius absencia[c] in eodem choro senior ad hoc aptus.

De sacrista capitulum octavum[269]

Ecclesie et eius ornamentis custodiendis unum de fratribus preficiet rector, quem custodem vel sacristam dicimus, sub cuius respectu erunt omnia, que ad explenda divina officia fuerint necessaria. Quem, postquam de manu rectoris claves acceperit, tota sollicitudine vigilare oportebit, ut creditas sibi sacras res, clinodia et vestes custodiat, ne quid negligencius ex hiis recludatur et reclusum corrumpatur, et, si quid corruptum fuerit, curet, ut reficiatur. Omnia, que in custodiam recepit, in scripto habeat annotata, ut eius frequenti inspectione sciat, si quid desit, et pro quibus debeat, cum exigitur, reddere racionem. Cuius scripti exemplar eciam rector pariter et visitator principalis teneat, ut de hiis inquire⟨re⟩[d] **[fol. 79r]** pariter et racionem possit exigere, dum oportet. Libri[e] ad altaris ministerium pertinentes sub eius custodia erunt. In quibus, si quid corrigendum fuerit vel reparandum, ut corrigantur[f], reparentur atque ut mundi conserventur, curam debebit sollicitam adhibere.

Ad sacristam pertinet omnia munda custodire, immunda quoque, ut citius abluantur, procurare, quatenus manutergia, amictus, albe, altarium palle, lintheola pro calicibus decenti semper nitescant mundicia. Corporalia vero non nisi mundissima celebrantibus ministrabit, que quociens abluenda fuerint similiter et lintheola, quibus calices et sacerdotum post communionem terguntur, et calices annuatim semel in quadragesima in vase ad hoc deputato separatim per se ipsum vel alium sacerdotem, si ipse sacerdos non fuerit, abluat primam eorum loturam in piscinam,

a fictis] fictis DOEBNER; fractis *H* **b** cantoris] *folgt* officium *H* **c** absencia] *verbessert aus* absensia *H* **d** inquirere] inquire *H* **e** Libri] *verbessert aus* liberi *H* **f** corrigantur] *verbessert aus* corrigandum *H*

[269] Vgl. STATUTA [MÜNSTERSCHE UNION]. Ed. DOEBNER, S. 230: *De sacrista.*

ceteras vero alias in locum mundum effundendo. Altaria chori et ecclesie et ecclesiam ipsam secundum festorum et temporis exigenciam decenti ordinabit apparatu. Altare quodlibet non minus duabus pallis consecratis nec ultra quattuor tegat excepto die parasceves, quod tempore officii unica tantum palla operiendum est. Mappulas, lineas ad cornu altaris et missale pro celebrantis necessitate appendat vel tradat. Corporalia de niti- **[fol. 79v]** diori panno lineo parata in[a] capsulis aut mundis sacculis conservet. Cortinas aspectum hominum prohibentes anseolis assutas versatiles ad latera altaris dextrum et sinistrum suspendat[b]. Panes triticeos, vinum et aquam celebrantibus in ampullis provideat mundis.

Ministrantes sollicite informet, ut caute vinum et aquam maxime in calicis preparacione sacerdoti porrigant et pregustato paululum ex utroque in manum fuso dicant: „Vinum est, aqua est.“ Sintque solliciti circa omnia, que ad hoc divinissimum pertinent ministerium, ut nulla fiat negligencia nec celebranti impedimentum prestetur per muscas, araneas, strepitus hominum aut canum maxime consecracionis et tempore communionis. Paramenta sacrarum vestium secundum qualitatem festorum et personarum celebrantibus, ministrantibus et in choro cantantibus[c] et legentibus sicut oportet ministrabit. Cura quoque vigili considerabit, ut nulla missarum cantandarum vel legendarum omittatur per absenciam, infirmitatem aut aliud impedimentum eorum, qui eas ex ordine celebraturi erant; quod impedimentum[d] ipsi sacriste intimare tenebuntur, ut in altaribus omnibus debitum persolvatur. Quod si fratrum aliquis negligens fuerit, rectori indicabit, ut, que neglecta fuerint, cicius suppleantur, ne ecclesia debitis fraudetur obsequiis et fratrum anime illaqueentur.

[fol. 80r] Prunas quoque ad altare hyemis tempore et ad incensum, quociens thurificandum fuerit, thura et ecclesie luminaria, oleum et cetera necessaria tempore oportuno a procuratore vel provisoribus ecclesie requiret, habita conservet, lampades et cerei secundum cuiuslibet ecclesie consuetudinem ut suis loco et tempore ardeant[e], providebit. In festo purificacionis benedicendos cereos pro fratribus familia procurabit. Unum quoque ex hiis infirmario tradet pro morituris per circulum anni reservandum. Cineres in die cinerum, frondes in die palmarum, aquam pro ablucione pedum in cena Domini et lintheos, rogum pro igne in vigilia pasche et cetera omnia, que pertinent ad divinum officium, procurabit.

Ad sacriste quoque pertinet[f] officium mundacionem chori, ecclesie et utensilium eius, dum necessarium fuerit, maxime aut⟨em⟩[g] circa summa festa procurare. Ipse mane fratres suscitabit et per substitutum edituum, ubi consuetum est, vel per ipsum curabit ecclesie ianuas claudere et aperire et signa pro divino officio secundum cuiuslibet ecclesie consuetudinem, quam in cedula conscriptam habebit, pulsare. Hic enim edituus sacriste directione omnia faciet[h] eique in omnibus obtem-

a in] *folgt durchgestrichen* capsulas *H* **b** suspendat] suspenderat *H* **c** cantantibus] *verbessert aus* cantibus *H* **d** impedimentum] *folgt durchgestrichen* eorum *H* **e** ardeant] *verbessert aus* ardebant *H* **f** pertinet] *unnötige Doppelung* pertinet pertinet *H* **g** autem] aut *H* **h** faciet] *folgt durchgestrichen* eum *H*

perabit exceptis hiis, que ad populi curam et sacramentorum administracionem exiguntur; in quibus plebano ecclesie serviet studiose.

Demum **[fol. 80ᵛ]** ad sacristam spectat diem communionis, quociens occurrerit, secundum prescripta clericis et familiaribus precedenti triduo intimare, similiter et procuratori domus, ut isti consciencias suas iste coquinam et secundum hoc abstinencias valeant ordinare.

⟨De procuratore⟩[a] [270]

Rector de consensu sui capituli vel maioris partis inst⟨it⟩uat[b] procuratorem domus, virum prudentem, fidelem et timentem Deum, qui in negociis domus neminem circumveniat nec circumveniatur ab aliquo. Hic in manus patri iurare debet, quod velit officium suum pro posse et nosse diligenter exequi. Procuratori incumbit quotidiana sollicitudo provisionis necessariorum tocius domus et omnium officiorum tempore aptiori. Proventus reddituum, pensionum et obvencionum quarumcumque domus ex iustis fratrum laboribus sive ex testamentis sive ex donacione liberali sive ex cotidianis ecclesie accidentibus ipse diligenter emonebit ac recipiet, recepta et exposita, debita, credita eorumque solucionis diem et locum caute et fideliter conscribat, commissa diligenter conservet, promissa fideliter impleat.

Debita tamen ultra sex florenos superiores sine rectoris vel eius absencia vicerectoris scitu non faciat, nisi in casu occurente evidens domus utilitas **[fol. 81ʳ]** aliud peteret. Sed nec debitis notabilibus scilicet ultra quinquaginta florenos sine rectoris et capituli consensu aut maioris partis domum gravare presumat sub pena gravioris culpe aut forte gravissime. Pecunie eciam summam ultra viginti florenos, si quam habet ad necessariorum provisionem vel debitorum solutionem non necessariam, rectori offerat et vicerectori ciste communi imponendam. Ipsius erit officii cum rectore et aliis, quibus ab eo commissum fuerit, mense providere, cum coco tractare, que et qualiter sint[c] coquenda, ut quoque singula suis temporibus procurentur, procurata decenter custodiantur, munde et diligenter preparentur, ne inepta eorum exhibicio murmuris sit occasio. Cocum vel alium fratrem circumspectum ad hoc per rectorem deputatum pro comparandis necessariis et negociis ad officium suum pertinentibus expediendis poterit emittere[d] ad forum vel alia loca in civitate vel opido non autem extra et ab eo emptorum vel actorum exigere racionem. Alias neminem emittendi potestatem habeat, sed[e] nec ipse domum exeat sine rectoris licencia et consensu. Ipse quoque diligenter respectum adhibeat, ne depereant domus edificia et structure, circa que, si aliquid fuerit reparandum, de

a De procuratore] *fehlt H* **b** instituat] instuat *H* **c** et qualiter sint] *unnötige Doppelung* et qualiter sint et qualiter sint *H* **d** emittere] emitmittere *H* **e** sed] *am Rand von anderer Hand* Non exeat procurator domum sine rectoris licencia *H*

[270] Vgl. STATUTA [MÜNSTERSCHE UNION]. Ed. DOEBNER, S. 226f.: *De procuratore.* – Vgl. oben Kapitel IV,3.3.3.

consilio rectoris fiat. Pro operibus eciam domus, **[fol. 81v]** in quibus multorum manibus opus est, fratres omnes vel quotquot habet necessarios poterit convocare.

Ceteris officialibus in temporalibus preerit necessaria pro suis officiis exercendis ministrare procurabit. Et ut in officiis singulorum assit diligencia, honestas et mundicia, sumopere providebit ipsisque sollicitudinem indicat, ut omnia et singula ad officia eorum spectancia respectu sollicito conservare contendant, disponenda et preparanda sine negligencia procurent tempore oportuno. Et quia fratres presertim officiales in necessariis suis ad ipsum recurrere habent, ita singulis benigna satisfactione pro posse curet respondere, ne iustas super se querelas excitet et ut dematur unicuique occasio sibi ipsi necessaria procurandi et nichilominus supprimatur presumptio curiosa et superflua expetendi. Omnibus sextis feriis per anni circulum aut alia die, nisi in ea festum celebre ceciderit, diligenter conspiciat coquinam, ne aliquid per incuriam aut negligenciam depereat.

Paratus sit quolibet mense de receptis, expositis[a], mutuatis solutis debitis et ceteris officium suum concernentibus facere racionem rectori, dum ab eo requisitus fuit, **[fol. 82r]** sine cuius scitu nihil auctoritate propria ultra contenta in officii sui cedula presumat.

Et si magnum aliquid preter consuetudinem agendum est, semper ad rectoris consilium recurrat nec grande aliquid preter eius licenciam agere vel dare presumat. In cuius absencia cum vicerectore se deliberare in omnibus non omittat. Semel[b] vero in anno ante festum omnium sanctorum die a rectore prefixa rectori et capitulo de omnibus suum officium cernentibus computacionem faciat integram et legalem. Qua facta absolucionem ab officio petat. Circa quam rector se habeat, secundum quod sibi de consilio sui capituli visum fuerit expedire.

Quia vero cura et necessitas domestica certi temporis determinacioni non subiacet, in districtione servandi silencii licencia pociatur largiori, declinet tamen, si congrue poterit, loca et communitates fratrum, si que ordinanda sunt tempore silencii vel dicenda. Debet eciam procuratori, si capitularis non fuerit, hora particularis capituli intimari, quatenus, si aliqua ratione sui officii proponere habeat, audiatur. Porro quamvis procurator offici⟨o⟩[c] Marthe fungens circa multa sollicitari et turbari necesse habeat, mentis tamen quietem abicere non debet, sed potius, quantum domus negocia paciuntur, ad vacandum sibi quociens oportune **[fol. 82v]** poterit se retrahere studeat et legendo, meditando, orando turbulentos animi sui motus ex rerum exteriorum cura surgentes satagat mitigare.

De librario capitulum decimum[271]

Deputabit rector unum ex fratribus, qui presit armario sive bibliotece, cuius custodie committantur omnes libri domus exceptis hiis, qui[d] ecclesie pro divino

a expositis] *folgt durchgestrichen* reddere racionem *H* **b** semel] *am Rand von anderer Hand* Computationem faciat procurator legalem *H* **c** officio] officii *H* **d** qui] qui DOEBNER; que *H*

[271] Vgl. STATUTA [MÜNSTERSCHE UNION]. Ed. DOEBNER, S. 231f.: *De librario.*

officio assignantur. Pro quibus sollicitus sit, ut debite et munde conserventur ac recto ordine in bancis et pulpitis locentur et distinguantur, non correcti emendentur et super omnia, ne per suam negligenciam distrahantur.

In principio et fine signet tali titulo: „Liber capituli ecclesie sancte N. in N." Registrum de qualitate et numero librorum apud se habeat et aliud simile rector reservabit, ut sciat, unde exigat racionem. Aliud quoque registrum, in quo materie librorum secundum ordinem alphabeti aut doctorum signatas conspiciat, quatenus de omnibus contentis poterit unicuique prompcius respondere.

Ad librarium pertinet cum patris[a] consilio fratribus de libris studio eorundem providere unicuique secundum officii sui statum et ingenii qualitatem. Si libri aliqui extra **[fol. 83^r]** domum concedendi sint, per eum diligenter conscribantur simul et terminus prefixus, infra quem restituentur. Nullos tamen codices ultra quartale anni nec libros notabiles extra domum concedat sine licencia presidentis. A personis minus cognitis aut incertis pignus equivalens aut fideiussorem, a cognitis cyrographum recipiat. Nullus autem ceterorum fratrum codicem quemcumque extra domum concedere presumat, sed nec pro suo studio de armario recipere, nisi librario id innotescat, sub pena gravis culpe.

Poterit tamen ipse librarius scholaribus doctis et in grammatica eruditis codices parvos ad timorem excitandum[b], mores instruendum et devocionem excitandum servientes concedere ammonendo[c] eos, ut studiose legant, bene conservent et in prefixo eis termino reportent prius tamen in suo registro eorundem nominibus et termino assignatis. Caveat diligenter de teutunicalibus libris, ne tales pro studio in domo vel extra ministret, nisi de materia plana fuerint, intelligibiles, correcti et sufficienter examinati. Librarius quoque faciet signum ad collacionem, exercicia sive capitula culparum.

De vestiario capitulum undecimum[272]

Vestiarium ordinabit rector, sub cuius respectu erunt omnia, que ad vestitum et stratum perti- **[fol. 83^v]** nent fratrum, mensalia quoque, antipendia, mappe seu manutergia. Hic de panno nigro, griseo, albo et lineo sibi per procuratorem procurato vestimenta et cetera supradicta fieri ordinabit cum scitu rectoris cave⟨n⟩s[d] diligenter, ne vestes fratrum sint curiose et notabiles[273] in longitudine, brevitate, latitudine, strictitudine, colore, precio et figura. In omnibus utilitati consulat et humilitati, nihil tribuat vane novitati. Sit tamen in colore aliqua diversitas nunc niger nunc griseus tam in tunicis quam in togis; ceteri colores vitentur. Longitudo tunicarum sacerdotum usque ad talos protendetur, clericorum paulo brevior sit,

a patris] *folgt durchgestrichen* patris *H* **b** excitandum] *folgt durchgestrichen* servientes *H*
c ammonendo] ammoniendo *H* **d** cavens] caves *H*

[272] Vgl. Statuta [Münstersche Union]. Ed. Doebner, S. 232: *De vestiario.*

[273] Vgl. Biel, Tractatus de communi vita, fol. 20^r. Augustinus, Regula IV,1. Ed. Verheijen, S. 423: *Habitus vester non sit notabilis.*

laycorum autem medietatem tibiarum non excedat. Latitudo tunicarum sex aut septem ulnas habeat. Toge vero una palma ad minus breviores sint tunicis presertim sacerdotum et rotundentur tamen ita stricte, quin vestes ceteras valeant operire exceptis graduatis in universitatibus consistentibus, qui mantella talaria longiora ceteras vestes operiencia iuxta graduum suorum qualitatem et loci consuetudinem portabunt. Disposicio vero mantellorum quantum ad aperturam in latere dextro aut clausuram cum foraminibus brachialibus patri domus cuiuslibet **[fol. 84^{r}]** cum suo capitulo domestico committitur ordinanda. Precium unius ulne panni pro togis et capuciis medium florenum renensem superiorem, pro tunicis terciam partem floreni monete similis non excedat. Humilitas in habitu precio, colore et forma multum confert ad contemptum mundi et humiliacionem sui.

Vestes fratrum et que ad stratum pertinent et mensam in uno vestibulo diligenter conservet sollicitus, ne a tineis aut alia incuria consumantur vel sordibus polluantur. Rupta et attrita reparari, sordida et maculata, dum opus fuerit, lavari procuret ministraturus unicuique, prout utile fuerit et opus habet et facultas domus prevalet. Provideat itaque et ministret congruo tempore unicuique fratrum tunicam superiorem et inferiorem, camisiam, femorale[a], mitram lineam pellicium et togam, capucium duplicatum cum caligis longis hyemis tempore et capucium simplex cum caligis brevibus estatis tempore, superpellicium, cappam nigram, si clericus fuerit, et malmucium nigrum de pellibus agnorum cum birreto humilis forme, si canonicus fuerit, calceos calopedes et soccos. Sandalia aut sotolaria et tunicas vel togas novas non ministret sine rectoris licencia et consensu. Ordinabitque pro fratribus culcitras vel lectos cum requisitis. Dum vero fratri nova aut alia tribuit, vetera et priora resumat, nisi **[fol. 84^{v}]** sibi et rectori aliud videbitur pro[b] fratris necessitate vel infirmitate expedire. Potest eciam aliquando de rectoris consilio quedam pro fratris utilitate et exercicio alterare.

Fratres autem, quibus ministratur, caveant, ne curiosa aut superflua querant, ministrata grate recipiant, diligenter a corruptela custodiant, nichil pro sua vilitate respuentes nec aliud petentes, nisi manifesta incommoditas aliud petere cogat. Nam pro sua vilitate abicere damna⟨nda⟩ su⟨per⟩bia[c] est, sed pro comoditate mutare infirmitas tolleranda. Neque fratres sine vestiarii noticia et consensu vestes suscipere aut susceptas aliquatenus commutare sub pena privacionis earunde⟨m⟩[d] per vestiarum aut patrem. Nullus eciam fratrum lavanda extra domum committat nec in domo extra tempus communis locionis, nisi modicum sit, quod lavet, dilacionem non sustinens aut licenciam ad hoc habeat vel commissionem. Si sartor in domo fuerit, poterit adiungi vestiario, ut ad eius ordinacionem custodiat, resarciat et ministret in hiis nihil preter vestiarii commissionem actitando.

a femorale] *verbessert aus* foemorale *H*
b pro] *folgt durchgestrichen* fratribus *H*
c damnanda superbia] damna subia *H*
d earundem] earunde *H*

De infirmario capitulum duodecimum[274]

Infirmarium fratrem misericordem, benignum et pacientem ordinabit rector, qui sollicitus sit de omnibus infirmis fratribus necessariis, ut secundum domus possibilitatem tempestive comparentur, cavens omnino, ne infirmus negligatur neque **[fol. 85r]** ulla temporalis res saluti fratris preferatur. Sicque procuretur, ut, si fieri possit, frater a sua infirmitate cicius relevetur.

Ad infirmarium spectat ingravescente egritudine infirmum ad confessionem et ad ecclesie sacramenta percipiendum inducere et, que tam ad communionem quam ad sacram unctionem necessaria sunt, disponere et ordinare videlicet pro confessione sedem, pro communione mensam mundo tecto lintheo accensum desuper cereum et aliud lumen, ampullas cum vino et aqua pro ablucione remotis prius omnibus, que possunt advenientibus[a] procurare nauseam, pro inunctione mensam tectam cum cereo benedicto et accenso crucifixo et stuppam pro abstercione sacri olei a singulis locis inunctis, scutellam cum sale et aqua ad locionem pollicis inungentis, que postea igne concrementur. Ad unctionem fratris omnes assunt sacerdotes domus legentes cum inungente, que legenda sunt. Quod si inungendus presbiter fuerit, manus in parte exteriori non interiori sunt inungende. Inuncto fratre recepto quivis sacerdotum et clericorum domus ad quamlibet horarum de beata virgine legat unum psalmum de septem psalmis cum versiculo *Salvum fac servum tuum*[275] etc., collecta *Deus infirmitatis*[276].

Quod si post octo dies supervixerit, omisso psalmo sola collecta cum versiculo et letania post **[fol. 85v]** completorium continuetur, donec de lecto egritudinis surgat aut aliter ordinabitur per rectorem. Infirmo autem munito eukaristie sacramento medicus consulatur, si haberi poterit et si ita videbitur fieri oportunum. Sint quoque omnes fratres, maxime aut⟨em⟩[b] procurator et cocus, benivoli et voluntarii ad ministrandum infirmo, que sibi conveniunt secundum statum sue infirmitatis et consilium medicorum. Nulli eciam fratrum, rectore, procuratore, infirmario et infirmorum ministris exceptis licebit ad infirmos sine licencia intrare.

Intrantes autem cum licencia caveant, ne post officia caritatis exhibita notabilem moram contrahentes confabulacionibus vacent inanibus, ut non tam infirmi solacium quam discipline subterfugium quesisse videantur. Quamdiu infirmus frater, a choro et communi mensa fratrum supportatur eciam a frequentacione capituli et exercicii[c] culparum supportandus. Si opus fuerit, infirmitate protelata excubie circa infirmum noctis tempore exhibende vicissim fratribus distribuantur ita, ut bini simul vigilent insistentes lectioni aut oracioni, secundum quod eis videbitur expedire.

a advenientibus] *verbessert aus* adinvenientibus *H* **b** autem] aut *H* **c** exercicii] *verbessert aus* exercii *H*

[274] Vgl. Statuta [Münstersche Union]. Ed. Doebner, S. 232f.: *De infirmario.*
[275] Ps 85,2: *salvum fac servum tuum Deus meus sperantem in te.*
[276] Bruylants, Oraisons 2,234.

Attamen pestilenciali tempore aliter fieri expedit secundum rectoris disposicionem. Melius est enim aliquos extraneos ad excubias aptos **[fol. 86r]** et exhortacionem infirmi gnaros inducere quam iuniores fratres inexpertos, incautos et inexercitatos ea in[a] periculo magno committere. Agat hec rector domus cuiuslibet, ne infirmus negligatur et ne fratres eius in periculo maximo ponantur. Eius tamen directioni fratres obtemperare debent humiliter.

Quando autem morbi vehemencia[b] ingruentem mortem denunctiat, quantocius percucienda est tabula et, quocumque tempore hoc evenerit, convocandi sunt fratres, ut laboranti in extreme necessitatis agone oracionum suarum occurant presidiis et egredientem spiritum continuata sedulitate pietatis obsequio prosequantur. Primo omnium a rectore legatur super infirmo tenor absolucionis, quam omnibus nobis et familiaribus nostris in mortis articulo plenariam indulsit benignitas apostolica, dummodo quis tamen fecerit facienda utpute premittendo ieiunium anni unius ut supra tactum fuit in privilegio Eugenii pape[277]. Deinde cum ceperit eger ad exitum propinquare, legantur in ordinario moriencium expressa et superest non cessent fratres orationibus et suspiriis proficiscentem animam misericordie altissimi commendare. Si dilacionem tempus dederit, ab aliquo presbiterorum passio devocius est legenda. Aspergatur eciam agonisans frequencius aqua benedicta **[fol. 86v]** datoque accenso cereo benedicto in manus eius sepe per fratrem aliquem exercitatum admoneatur ad fidei constanciam, ad voluntariam Deo vite corporalis resignacionem in satisfactionem peccatorum suorum quodque tota spei fiducia se in piissimam Christi misericordiam proiciat. Et de passionis eius merito, matris misericordiae, angelorum, sanctorum, apostolorum[c] et ceterorum electorum suffragiis, non de propriis meritis presumat nec diabolicis temptamentis cedat et sic de similibus, secundum quod in tractatulis diversis de arte moriendi egregie et utiliter editis continetur, quos eciam persuasum habemus, ut coram infirmo, priusquam ad extrema pervenerit, infirmarii legant vel per eum, si prevalet, legendos tradant. Caveant omnimode fratres vel alii assistentes agonisanti, ne quecumque in mentem sibi reducant vel venire faciant, que in desperacionis baratrum eum proicere possent, sed omnimode ad hoc conentur, ut egrum in fide, spe et caritate roborent et confirment. Reducant sibi in mentem versiculos ex psalmis ad hoc valentes aut eius nomine dicant:

Beati omnes, qui confidunt in Domino.[278] *Tu es susceptor meus Domine, non timebo mala*, pone me circa te.[279] *Exurge Domine*, Deus meus *salvum me fac ex omnibus persequentibus me et libera me, ne quando* **[fol. 87r]** *rapiat ut leo animam, dum non est,*

a in] *folgt wohl versehentlich* per re *H* **b** vehemencia] *folgt durchgestrichen* ingravantem *H*
c apostolorum] *am Rand, durch Verweiszeichen eingefügt nach* sanctorum *H*

[277] Vgl. STATUTA [GENERALKAPITEL], fol. 6r. – Vgl. auch DiözesanA Münster, GV U 1729 (18.04.1439; Eugen IV. für Münster, Köln und Wesel).

[278] Ps 2,13: *cum exarserit in brevi ira eius beati omnes qui confidunt in eo.*

[279] Vgl. Ps 3,4: *tu autem Domine susceptor meus es.* Ps 41,10: *dicam Deo susceptor meus es quare oblitus es mei.* Ps 22,4: *non timebo mala quoniam tu mecum es.*

qui redimat neque qui salvum faciat preter te, Deum, creatorem meum.[280] *Exurge* nunc *Domine, Deus* meus, *exaltetur manus tua, ne obliviscaris pauperis* in finem.[281] Ego creatura, ego factura, ego opus manuum tuarum. *Desiderium pauperis exaudi Domine, preparationem*[a] *cordis* mei *audiat aures tua* benignitate plena.[282] Et *qui tribulant me exultabunt* cum *motus fuero, ego autem in misericordia tua* spero, *speravi* et sperabo.[283] *Conserva me Domine, quoniam speravi in te, dixi Domino Deus meus es tu, quoniam bonorum non eges.*[284] *In te proiectus sum ex utero de ventre*[b] *matris mee, Deus meus es tu, ne discesseris a me, quoniam tribulacio proxima est et non est, qui adiuvet.*[285] *Tu autem Domine ne elongaveris*[c] *auxilium tuum ad defensionem conspice meam.*[286] *Salva me ex ore leonis et a cornibus unicornium humilitatem meam*[287]. *Misericordia tua subsequatur me, ut inhabitem in domo Domini in longitudine dierum* ad laudandum te et glorificandum te.[288] *Ad te Domine levavi animam meam, in te confido non erubescam neque irrideant me inimici mei etenim universi, qui te sustinent, non confundentur.*[289] *Secundum misericordiam tuam memento mei tu propter bonitatem tuam Domine dulcis, rectus* et iustus et misericors pater.[290] *Oculi mei semper ad Dominum, quoniam ipse evellet* **[fol. 87ᵛ]** *de laqueo pedes meos.*[291] *Respice in me et miserere mei, quia unicus et pauper sum ego. Custodi animam meam et erue me non erubescam, quoniam speravi in te* Domine.[292] Deus in nomine tuo, *salvum me fac* per totum.[293] *Non confundar, quoniam ego invocavi te.*[294] *Ecce occuli Domini super metuentes eum et in eis, qui sperant super misericordia eius, ut eruat a morte*

a preparationem] preparationem *Ps 9,38* propter oracionem *H* **b** ventre] *verbessert H*
c elongaveris] elongaveris *Ps 21,20*; longe facias *H*

---

[280] Ps 7,2f.: *salvum me fac ex omnibus persequentibus me et libera me, nequando rapiat ut leo animam meam, dum non est, qui redimat neque qui salvum faciat.* Vgl. Ps 43,26.

[281] Ps 9,33: *exsurge Domine Deus exaltetur manus tua, ne obliviscaris pauperum.*

[282] Ps 9,38: *desiderium pauperum exaudivit Dominus, praeparationem cordis eorum audivit auris tua.*

[283] Ps 12,5f.: *qui tribulant me exultabunt si motus fuero ego autem in misericordia tua speravi.*

[284] Ps 15,1f.: *conserva me Domine quoniam in te speravi, dixi Domino Dominus meus es tu quoniam bonorum meorum non eges.*

[285] Ps 21,11f.: *in te proiectus sum ex utero de ventre matris meae, Deus meus es tu, ne discesseris a me, quoniam tribulatio proxima est, quoniam non est qui adiuvet.*

[286] Ps 21,20: *tu autem Domine ne elongaveris auxilium tuum ad defensionem meam conspice.*

[287] Ps 21,22: *salva me ex ore leonis et a cornibus unicornium humilitatem meam.*

[288] Ps 22,6: *et misericordia tua subsequitur me omnibus diebus vitae meae et ut inhabitem in domo Domini in longitudinem dierum.*

[289] Ps 24,1ff.: *ad te Domine levavi animam meam, Deus meus in te confido non erubescam neque inrideant me inimici mei etenim universi, qui sustinent te, non confundentur.*

[290] Ps 24,7f.: *secundum misericordiam tuam memento mei tu propter bonitatem tuam Domine dulcis et rectus Dominus.*

[291] Ps 24,15f.: *oculi mei semper ad Dominum, quoniam ipse evellet de laqueo pedes meos. Respice in me et miserere mei quia unicus et pauper sum ego.*

[292] Ps 24,20: *custodi animam meam et erue me non erubescam quoniam speravi in te.*

[293] Vgl. Ps 3,7: *exsurge Domine salvum me fac Deus meus.* Ps 6,5: *salvum me fac propter misericordiam tuam.* Ps 7,2: *salvum me fac ex omnibus persequentibus me et libera me.* Ps 11,2: *salvum me fac Domine quoniam defecit sanctus.*

[294] Ps 30,18: *Domine ne (non) confundar, quoniam invocavi te.*

animas eorum.[295] *Protector meus et cornu salutis mee et susceptor meus.*[296] *Perfecisti eis, qui sperant in te, abscondes eos in abscondito faciei tue, proteges eos in tabernaculo tuo* etc.[297] *Fiat misericordia tua Domine super nos, quemadmodum speravimus in te.*[298] *Domine exaudi orationem meam.*[299]

Isti versiculi sic in persona egrotantis lecti vel alias, ut in psalterio reperiuntur, in memoriam eius reducti valet plurimum ad spei exercitacionem, que est *anchora anime* nostre *tuta* atque *firma.*[300] Valet ad idem plurimum dictum beati Augustini capitulo xxiiii manualis sui. Vide ad propositum, quemadmodum dicit totam anime fiduciam collocatam *in caritate adopcionis, in veritate promissionis, in potestate reddicionis.* Omnes enim nos *adoptavit* morte sua *in filios. Verax* denique *est in promissione, potens in exhibicione.* Desperans *negat quantum in* eo *est Deum habere caritatem et potestatem, in quibus omnis spes mea consistit,* ait Augustinus.[301]

Vide similiter capitulo xxii eiusdem libri[302], quod eciam **[fol. 88ʳ]** valet ad spei corroboracionem, ad exercitandum caritatem et divine voluntatis confirmacionem habendam. Vide eiusdem manualis capitulo. Item: *Diligam te Domine* virtus *mea Dominus firmamentum*[a] *meum et refugium et liberator meus.*[303] Ad excitandum agonisantis desiderium valent meditaciones Augustini capitulo xxxvi[304]. Item soliloquiorum capitulo xxiii et ii[305], que duo capitula eciam plurimum vale⟨n⟩t[b] ad spei elevacionem in Deum, item meditaciones capitula xix, xxi et xxxii[306], item soliloquiorum capitulo xxv multum pulchre pro spei animacione, item in meditacionibus Augustini capitulo xxxix in fine habetur brevis et multum sentenciosa oratio agonisantis.[307] Et valet illud capitulum ad invocationem beate virginis Ma-

a firmamentum] *verbessert aus* firmatum *H* **b** valent] valet *H*

---

[295] Ps 32,18f.: *ecce oculi Domini super metuentes eum (et in eis) qui sperant super misericordia eius, ut eruat a morte animas eorum.*

[296] Ps 17,3: *protector meus et cornu salutis meae et susceptor meus.*

[297] Ps 30,20f.: *perfecisti eis qui sperant in te in conspectu filiorum hominum abscondes eos in abdito (abscondito) faciei tuae, proteges eos in tabernaculo a contradictione linguarum.*

[298] Ps 32,22: *fiat misericordia tua Domine super nos, quemadmodum speravimus in te.*

[299] Ps 101,2: *Domine exaudi orationem meam et clamor meus ad te veniat.*

[300] Hbr 6,18f.: *[...] confugimus ad tenendam propositam spem, quam sicut anchoram habemus animae tutam ac firmam.*

[301] Ps.-Augustinus, Manuale, 23. PL 40, Sp. 961: *Qui de venia peccatorum suorum desperat, negat Deum esse misericordem. Magnam iniuriam Deo facit, qui de eius misericordia diffidit: quantum in se est, negat Deum habere charitatem, veritatem et potestatem, in quibus tota spes mea consistit, scilicet in charitate adoptionis, in veritate promissionis et in potestate redditionis. [...] Scio cui credidi, quia in charitate nimia adoptavit me in filium, quia verax est in promissione, potens in exhibitione, et licet ei facere quod vult.*

[302] Ps.-Augustinus, Manuale, 22 (Quam utilis recordatio in tentationibus et adversis). PL 40, Sp. 960f.

[303] Ps 17,2f.: *Diligam te Domine fortitudo mea Dominus firmamentum meum et refugium meum et liberator meus.*

[304] Ps.-Augustinus, Meditationes, 36. PL 40, Sp. 930–932.

[305] Augustinus, Soliloquiorum libri duo. Rec. Hörmann (CSEL 89), S. 1–98.

[306] Ps.-Augustinus, Meditationes, 19, 21, 32. PL 40 Sp. 915–917, 925–927.

[307] Ps.-Augustinus, Meditationes, 39. PL 40, Sp. 936–938: *[Precatio ad Deum mixta timore et fiducia. Confessio iniquitatem. Conversio ad Patrem unde indulgeat. Humilis a Filio veniae postulatio. Judicii horror. Ad misericordiam Dei confugit. Jesu nomen fiduciam praebet.]*

rie et omnium sanctorum. Item orationes ad sanctos in meditacionibus capitula xix, xxi, xxiii, xxx, xxxix[308] post principium cum dicitur *peto a te Domine*[309] et est iuxta medium capituli, item in manuali capitulo xxv[310] post medium, item pro remissione et indulgencia peccatorum etc. psalmum *Domine ne in furore*[311] primum per totum attento, quod per inimicos et operatores iniquitatis intelliguntur demones morituros callidioribus temptacionibus aggredientes. *Delicta quis intelligit, ab occultis meis munda* Domine *et ab alienis parce servo tuo.*[312] *Reminiscere miseracionum tuarum* **[fol. 88v]** *Domine et misericordiarum tuarum, que a seculo sunt. Delicta iuventutis mee et ignorancias meas ne memineris.*[313] *Propter nomen tuum Domine propiciaberis peccato multum est enim.*[314]

Valent ad hoc multa ex prefatis Augustini libris. Item pro fidei constancia: *Illumina oculos meos, ne unquam obdormiam in morte nequando dicat inimicus meus prevalui adversus eum.*[315] *Tu illuminas lucernam meam Domine, Deus meus illumina tenebras meas, in te eripiar a temptacione et in Deo meo transgrediar murum.*[316] *Deus misereatur nostri et benedicat nobis, ut cognoscamus in terra viam tuam in omnibus gentibus salutare tuum.*[317] *Dirige me in veritate tua et doce me,* quod *tu es Deus, Salvator meus*[318] etc. *Credo videre bona Domini in terra vivencium*[319] et similia.

Hec enim orationes iaculares plus videntur inducere egro in infirmita⟨te⟩[a] dolore et anxietate presso, quoniam orationes multum diffuse. Iste autem orationes fieri debent m⟨a⟩turo[b] tempore statim post unctionem extremam, cum adhuc compos est racionis, nec sunt semper continuande, sed interrumpende. Et si eger per se loqui non potest, aliquis circumstans devotus frater eius nomine faciat istas ad Deum exclamaciones clamaturo egro mente, que circumstans ore loquitur. Itaque, cum adhuc racionis compos est, ammoneatur agonisans, ut voluntarie se Deo **[fol. 89r]** resignet et pacienter submittat mortis penam sustinendo in satisfactionem suorum peccatorum. Item non ponat spem suam in bonis suis, sed in meritum domi⟨ni⟩ce[c] passionis et virginis gloriose ac omnium sanctorum et presertim in merito sancti

a infirmitate] infirmita *H* **b** maturo] muturo *H* **c** dominice] domice *H*

---

308 Ps.-Augustinus, Meditationes, 19, 21, 23, 30, 39. PL 40, Sp. 915f., 917f.,924f., 936f.

309 Ps.-Augustinus, Meditationes, 40. PL 40, Sp. 939.

310 Ps.-Augustinus, Manuale, 25. PL 40, Sp. 962.

311 Ps 6,2: *Domine ne in furore tuo arguas me neque in ira tua corripias me.*

312 Ps 18,13f.: *delicta quis intellegit ab occultis meis munda me et ab alienis parce servo tuo.*

313 Ps 24,6f.: *reminiscere miserationum tuarum Domine et misericordiarum tuarum, quia (quae) a saeculo sunt delicta iuventutis meae et ignorantias meas ne memineris.*

314 Ps 24,11: *propter nomen tuum Domine et propitiaberis peccato meo multum est enim.*

315 Ps 12,4f.: *inlumina oculos meos ne umquam obdormiam in mortem nequando dicat inimicus meus praevalui adversus eum.*

316 Ps 17,29f.: *quoniam tu inluminas lucernam meam Domine Deus meus inluminas tenebras meas quoniam in te eripiar a temptatione et in Deo meo transgrediar murum.*

317 Ps 66,2f.: *Deus misereatur nostri et benedicat nobis ut cognoscamus in terra viam tuam in omnibus gentibus salutare tuum.*

318 Ps 24,5: *dirige me in veritatem tuam et doce me quoniam tu es Deus salvator meus.*

319 Ps 26,13: *credo videre bona Domini in terra viventium.*

N. apostoli sui electi et possunt reduci in mentem sancti, quos pre ceteris in patronos elegit. Item proponat firmiter deinceps, si Deus vitam prorogaverit, vivere in obediencia mandatorum Dei et proximi dilectione item, quod diligenter omnia peccata sua confiteri et de eis satisfactionem adimplere sit paratus dolendo de eis principaliter, quia offensio Dei, velitque ex intimo cordis affectu a Deo illuminari ad rememorandum nondum confessa, ut de eis confiteri et satisfactionem implere possit. Item tota fiducia oret Dominum, ut sibi conferat salutem eternam, quatenus in seculum seculi ipsum Deum laudare possit. Petat itaque pro sua beatitudine quam pro divina laude, ut mereatur Deo in eternum benefice coniungi. Hec enim oratio vestita est condicionibus, que adesse debent orationi impetratorie. Item sepe moneatur ad fidei constanciam, quatenus iactet[a] cogitatum suum in Dominum et ipse enutriet eum. Prope enim est *Dominus, qui tribulato sunt corde, et humiles spiritu salvabit.*[320] Item, quod velit in se et omni creatura divinam implere voluntatem semper iustam et rectam. Item fortiter ammoneatur, quod terreatur, nec cedat nec decipiatur fantasiis et disputacionibus de- **[fol. 89v]** monum, sed se prorsus, quantum potest, cum Dei adiutorio avertat ab eis dicens: „Credo sicut ecclesia credit.“ Captivet itaque ingenium suum in obsequium Christi et, si diabolus quascumque apparentes raciones vel demonstraciones ad cassandam catholicam veritatem in hoc vel in hoc articulo adducere nititur, non committat se tanto discrimini concertacionis dicat: „Credo sicut ecclesia credit. Fides ecclesie, fides mea.“

Quod in ecclesia didicit credendum, firmissime teneat et nullatenus diffidat, dicat semper: „Credo, quod ecclesia credit.“ Vir quidam magnus et sanctimonia preditus, demonum temptaciones acutissimas tempore multo expertus et fere superatus huiuscemodi exhortacionis antidoto[b] a quodam superveniente fratre divina opitulante gratia liberatus evasit. Qui magnam harum exhortacionum partem postea iuxta se fieri, quamdiu cubuit, voluit et decrevit. Sola enim quarundam veritatum catholicorum et psalmis ut supra et ex apostolo in mentem reductarum rememoracio divina opitulante gracia eum prorsus liberavit et pacatissimum redidit usque ad mortem. Ubi vero spiritum emiserit, dicat sacerdos *Proficiscere* ex agenda cum ceteris, que sequuntur, ac deinde debitum fraternitatis modo, quo sequitur, exolvatur.

Defuncto fratre statim omnes clerici et fami- **[fol. 90r]** liares conveniant in domo capitulari accepturi satis acrem ab eo, cui rector imposuerit, legentes psalmum *Miserere mei Deus*[321] per totum, *Requiem* et collecta pro defuncto. Et si tempus patitur, statim signo ad hoc facto legantur vigilie maiores cum novem lectionibus in choro. Postea funus sacerdotalibus indutum, si sacerdos fuerit, aut superpellicio, si clericus, aut una veste linea, si laycus fuerit, et in sarcophago clausum ac feretro inpositum a fratribus eiusdem status, hoc est sacerdos[c] a sacerdotibus, clericus a

a iactet] *unnötige Doppelung* iactet iactet *H* **b** antidoto] *verbessert H* **c** sacerdos] *verbessert aus* sacerdotibus *H*

[320] Ps 33,19: *iuxta est Dominus his qui tribulato sunt corde et humiles spiritu salvabit.*

[321] Ps 50: *Miserere mei Deus secundum magnam misericordiam tuam.*

clericis, laycus a laycis inferatur in chorum ceteris cum cruce et candelis processionaliter precedentibus, donec missa pro defuncto celebrata fuerit. Qua finita ad sepulchri modo iam prescripto deferatur sepeliendum modo et forma et orationibus in agenda mortuorum descriptis. Si vero facto prandio moritur frater, legentur vigilie supra funus choro illatum ut supra. Reservatur funus in choro usque, dum mane sequentis diei cantata missa pro defu⟨n⟩cto[a] sepulture tradatur, nisi ob fetorem cadaveris aut pestilencie periculum aut populi obloquium aliter fieri oporteret. Quamdiu vero funus inhumatum fuerit, cereus circa feretrum ardebit. Nec desint fratres per vices vigilias, psalterium vel eciam ma- **[fol. 90ᵛ]** tutinas legentes.

In die exequiarum sacrista disponat cereos quatuor vel plures secundum exigenciam persone ad dictamen rectoris. Septimus deposicionis dies ac tricesimus cum vigiliis, missa, commendacionibus ac visitacione[b] sepulchri sicut dies exequiarum peragetur. Singulis eciam diebus inter diem deposicionis primum et septimum legantur vigilie minores cum novem lectionibus, *Ne des alienis*[322] a fratribus in choro post merediem hora convenienti. Reliquis diebus singulis usque ad tricesimum quilibet sacerdos quam cleric⟨u⟩s[c] legat vigilias trium lectionum per se vel cum socio ad partem. Quilibet eciam sacerdos vel clericus legat, quantocius poterit, semel psalterium, cuilibet psalmo addendo *Requiem*. In fine autem[d] tocius antiphonam *Animas de corpore*, *Kyrie eleison*, *Christe eleison*, *Kyrie eleison*, *Pater noster* cum collecta *Pie recordacionis*[323]. Sacerdotes tamen pro qualibet vigilia similiter pro qualibet psalterii quinquagena missam unam defuncto specialiter applicandam, si magis libebit, poterit celebrare. Layci vero nescientes legere vigilias pro singulis vigiliis ix lectionum triginta vel pro vigiliis trium lectionum xv et pro psalterio cl *Pater noster* et *Ave Maria* totidem legere teneantur. Sacerdotes vero singuli tricenarium missarum **[fol. 91ʳ]** pro defuncto faciant, hoc est, in singulis triginta missarum officiis collectam pro defuncto legant.

Volumus autem, ut singulis tricesimi diebus saltem una missa specialiter pro defuncto per unum ex fratribus vel alium sacerdotem ad[e] conducendum, si adeo minor fratrum numerus non sufficeret, celebretur. Si plurium moriencium tricesimi simul occurrant, tunc una vigilia singulis diebus sufficit pro pluribus similiter de commissis ita tamen, quod tricesimus ultimo defuncti compleatur. Similiter, si contigerit legere vigilias racione anniversariorum in ecclesia, addatur in eisdem specialis collecta pro fratre defuncto.

Dum vero frater mortuus in alia domo nostre unionis, postquam obitus eius innotuerit, recipietur semel ab omnibus disciplina. Agetur quoque dies primus, septimus et tricesimus cum vigiliis ix lectionum, *Parce mihi* et missa defunctorum. Inscribatur eciam nomen defuncti kalendario perpetuis temporibus annue com-

a defuncto] defucto *H* **b** visitacione] visitacionem *H* **c** clericus] clericis *H* **d** autem] *eingefügt H*; *folgt durchgestrichen* istius antiphone *H* **e** ad] *folgt durchgestrichen* condeputatum *H*

322 Vgl. Prv 5,9: *ne des alienis honorem tuum et annos tuos crudeli.*

323 Deshusses, Sacramentaire 1,1398.

memorande cum vigiliis trium lectionum et missa defunctorum, ita tamen, quod, si infra unam eandemque ebdomadam plurium anniversarie commemoraciones concurrunt, pro hiis simul iunctis vigilie ut supra celebrentur. Insuper quatuor in anno fiant solempnes exequie cum vigiliis novem lectionum et missa defunctorum omnium fratrum et benefactorum nostrorum diebus convenientibus, in Ianuario scilicet, Iunio, Septembre, Decembre. Ideo quantocius curabit infir- **[fol. 91ᵛ]** marius obitum fratris defuncti[a] significare domibus, ne defunctus[b] debitis fratrum obsequiis defraudetur. Unde mandat capitulum generale omnibus domorum presidentibus pro tempore, ut moriente fratre domus sue statim infra octo dies proxime sequentes nuncium mittat, qui domibus singulis obitum fratris defuncti insinuet, quatenus sine mora defuncto fraternitatis debitum exolvatur. Pro noviciis vero non receptis et in anno probacionis defunctis fiant exequie, primus, septimus et tricesimus sicut fratrum receptorum. Porro determinacioni rectoris et fratrum seniorum subiacet, si pro qualitate persone aliquid specialis suffragii fuerit superaddendum, pro aliis autem specialis amicis prout rector cum fratribus senioribus decreverit faciendum.

Volumus eciam, quod in qualibet domo ordinetur locus a conventu fratrum segregatus pro infirmario, quantocius fieri poterit, in quo recipiantur fratres infirmi. Nec promittantur in cellis suis aut in communitate fratrum maxime pestilenciali tempore. Ad infirmarium eciam pertinet[c] rectorem de statuendis minucionis temporibus, ut supra in capitulo *de minucione*[324] signata sunt, admonere et ordinare, que[d] sibi in eodem capitulo imponuntur.

De hospitario capitulum decimum tertium[325]

Rector unum ex fratribus ceteris magis disciplinatum pro suscipiendis et tractandis hospitibus ordinabit. Hic hospites honestos **[fol. 92ʳ]** benigne suscipiat pro Christo dicens „Benevenistis Deo et nobis" eorumque adventum et presenciam patri domus quantocius significare conabit aut eius vicem tenenti. Ad cameram hospitum ducet, ubi sua itineralia reponant, loca necessaria ostendat et secundum temporis et persone qualitate⟨m⟩[e] de refectione, potu aliisque necessariis cum patris scitu provideat diligenter. Si pedester venerit, priusquam cubatum ierit, pedes eius lavet, ad requiem dirigat et, ut candele caute extinguantur, admoneat. ⟨Sub⟩[f] ipsius respectu est hospitum camera, lecti, lintheamina et cetera utensilia pro hospitibus deputata, que ornata et munda conservet maxime et a vermibus et fetore, solliciteque cavebit, ne adventantes verbo, exemplo aut ministerio scandaliset et de rumoribus et secularibus inquirat negociis nec alias effusus sit super novitatibus

a defuncti] *folgt durchgestrichen* debitis *H* **b** defunctus] *unnötige Doppelung* defunctus defunctus *H* **c** pertinet] *verbessert aus* pertinent *H* **d** que] *folgt durchgestrichen* sunt *H* **e** qualitatem] qualitate *H* **f** Sub] si *H*

[324] Vgl. Statuta [Generalkapitel], fol. 54ᵛ–55ᵛ: *De minucione et lectura capitulum decimum quintum.*

audiendis. Si offerat eis librum pro oratione et studio dicens, quod caute reponant domum exituri, secernereque in suo ministerio inter hospites magis vero honestos. Religiosis aut specialioribus[a] amicis obsequencius ministrabit cum licencia patris. Exceptis rectore, procuratore, hospitario nulli fratrum liceat se ingerere ad cameram hospitum nec eis loqui ut in capitulo *de silencio*[326] est notatum. Vagos autem et **[fol. 92v]** ignotos, de quibus possit esse notabilis suspicio seu timor periculi de partibus remotis, non suscipiat hospicio, nisi de consensu rectoris vel procuratoris. Potest tamen eos benigne dirigere ad alia loca hospicia communia cum consilio et auxilio procuratoris.

De cellario ⟨capitulum⟩[b] decimum quartum[327]

Committat eciam rector fratri maturo cellarium cum suis attinentiis. Sub cuius respectu erunt panes, vinum et cerevisia et cetera, que in cellario sunt reservanda, eciam cantari, vitra, urceoli et cetera potandi vasa. Huius est procuratorem avisare tempore maturo ad providendum domui de potu vini vel cerevisie, similiter et pistorem, ut tempore congruo braxat, et sollicite et munde custodiat vasorum cura⟨m⟩[c] gerat, ne dissolutis ligaminibus vel alias per vasorum rivulas potus effluat. Caveat omnes fetores ex corruptione potus vel aliorum inibi conservatorum genitos sciatque, quando cellarium claudendum est obstruende fenestre et quando aperiende, quatenus semper in debito frigiditatis temperamento[d] conservetur. Exceptis rectore, procuratore, infirmario, quando propter infirmos opus habet, et cellerario et hospitario, quando actu hospites habet, nulli fratrum cellarium intrare licebit sine rectoris aut cellerarii licen- **[fol. 93r]** cia. In hoc tamen intrantes neque comedant[e] neque bibant sine rectoris vel cui ipse[f] commiserit licencia speciali.

Ad cellerarium pertinet panem potumque mense afferre et post refectionem ad locum deputatum referre cuncta caute custodiens, ne quicquam pereat, quod fratrum vel pauperum usui posset deservire. Vasa quoque exhausto vino vel cerevisia de cellario extrahat, adiuncto sibi adiutorio mundet et in loco deputato, ne putrescant per pluviam, transponat. Sit eciam benivolus fratribus ad porrigendum potum et panem, dum ad potandum vel comedendum[g] extra hora prandii licenciam obtinuerit a rectore.

a specialioribus] speciali arioribus *H* **b** capitulum] *fehlt H* **c** curam] curat *H*
d temperamento] *verbessert aus* temperamentem *H* **e** comedant] *verbessert aus* commedant *H*
f ipse] *am Rand, durch Verweiszeichen eingefügt nach* cui *H* **g** comedendum] *verbessert H*

---

[325] Vgl. Statuta [Münstersche Union]. Ed. Doebner, S. 233f.: *De hospitario.*

[326] Vgl. Statuta [Generalkapitel], fol. 56v–57v: *De silencio et locucione capitulum decimum septimum.*

[327] Vgl. Statuta [Münstersche Union]. Ed. Doebner, S. 227f.: *De cellerario.*

De coco et ortulano[328]

Ordinet rector pro coquina fratrem pacientem et benignum, providum ac coquendi arte industrium. Sub cuius respectu erunt carnes, pisces, butirum, casei, oleum, sal, legumina, utensilia coquine et cetera, quecumque ad coquendos cibos sunt necessaria. Ipse sollicitus sit, ut coquenda debito tempore munde et, quemadmodum hominibus quietis et incaveatis convenit, preparentur. Caveat, ne aliquid crudum, minus coctum vel intemperatum aut insipidum fratribus offeratur. Non sit acceptor personarum, sed equa mensura, pro unicuique opus est, cibos dist⟨r⟩ibuat[a], quam sibi rector vel procurator prestituet. Omnia secundum procuratoris directionem faciet, quem et maturo tempore aviset, quatenus ordinet necessaria **[fol. 93v]** ad coquinam. Hospitario quoque et infirmario benignum et alacrem se exhibeat sciens Christo prestari quicquid propter Christum infirmis et hospitibus exhibetur.[329] Sit cautus et moderatus in igne et caveat in omnibus superfluitatem. Sit liberalis ad necessitatem ea, que supersunt, ad pauperum refocillacionem proficere possunt, caute reservet et secundum rectoris vel procuratoris ⟨ordinationem⟩[b] pronus dispenset. Exceptis rectore, procuratore, infirmario et hospitario, dum actu reficiendos habent infirmos vel hospites, nemini licebit coquina intrare sine licencia sub pena levis culpe preter eos, qui ex ordine vel commissione post cenam intendere habent mundacioni scutellarum, ollarum et cetera. Qui eciam illo tempore silencium servent completorium de domina legentes.

Ad cocum eciam pertinet gerere curam orti olerum, quatenus suis temporibus omnia serantur, plantentur, purgentur et conserventur. Providebit igitur de diversis seminibus omnium plantularum ad usum fratrum congruencium, que secundum regionis consuetudinem et qualitatem serat et plantet. In quadragesima quoque debent fimari et fodi. Poterit tamen pomerii cura maxime, si a domo distat, alteri iniungi, qui diversis generibus fructuum inserendis et plantandis et omnibus, **[fol. 94r]** que ad ortum ordinandis, sollicite agat. Si tamen fimandum aut fodiendum fuerit per alios aut sepes vel muri reperandi, id procuratori significet, cuius directione hec et cetera similia agat.

De custode granarii et pistore capitulum decimum quartum[330]

Deputabit rector unum de fratribus, qui pinsendi presit officio. Sub cuius respectu sint omnia blada domus et bracium, omnia quoque instrumenta braxandi et

a distribuat] distibuat *H* **b** ordinationem] *fehlt H*

328 Vgl. STATUTA [MÜNSTERSCHE UNION]. Ed. DOEBNER, S. 234f.: *De coquo.* S. 234f.: *De hortulano.*

329 Vgl. Mt 25,40: *quamdiu fecistis uni de his fratribus meis minimis mihi fecistis.*

330 Vgl. STATUTA [MÜNSTERSCHE UNION]. Ed. DOEBNER, S. 227: *De cellerario.* – Die Kapitelzählung ist hier offensichtlich falsch. Vgl. STATUTA [GENERALKAPITEL], fol. 92v: *De cellario capitulum decimum quartum.*

pinsendi. Diligentem ergo curam adhibebit, quatenus granaria in rimis sint argillo linita et obstructa, ne defluant grana, similiter et fenestre cancellis vel retibus, ne ingressus pateat avibus. Grana frequenter vertat, ne muscida fiant, tempestive pro brasio provideat et, ne farina deficiat, blada tempestive molat presertim ante hyemem, que sufficiat, ne propter glacies molari non possint et ita fratres in panibus deficiant. Paratus denique sit ad braxandum et pinsendum, dum cellerarius sibi significaverit eius namque ordinacione dirigetur. Sit procurator intendens super utrumque et rector super omnes.

Pars tertia[a] ⟨De culpis et transgressoribus ac penis iniungendis⟩[331] Sequitur culparum sive exercicii capitulum[332]

Statuimus et ordinamus, ut semel ad minus in qualibet ebdomada celebretur capitulum culparum sexta feria vel alia, in quam non incidit festum fori aut duplex festum **[fol. 94ᵛ]** chori exceptis octavis pasche, penthecostes, corporis Christi, assumpcionis Marie, nativitatis Christi. Infra illos capitulum culparum propter festorum solempnia non servatur. Regulariter igitur lectis primis signo ad hoc facto per librarium conveniant fratres, presbyteri et clerici similiter et familiares layci, si vocabuntur. Et sedentibus singulis ex ordine recitetur perbrevis lectio per lectorem mense de institutis patrum vel ex presentibus statutis vel ex alia materia convenienti. Deinde presidens dicat psalmum *Usquequo Domine oblivisceris*[333], ebdomadarius versiculum *Fiat misericordia tua*[334], *Domine exaudi orationem meam*, collecta *Deus in te sperantium*[335].

Quibus sic lectis surgat iunior et flexis genibus culpam suam dicat et se ipsum proclamat, si aliquid contra constituciones commiserit puta, si silencium fregerit, in choro vel in mensa confusionem aliquam vel negligenciam commiserit, horas canonicas do⟨r⟩miendo[b] vel alias neglexerit, instrumenta operis vel alia prodiderit aut fregerit et similia, que manifesta sunt, pro quibus veniam non pecierit. Occulta confessori reservaturus et non habens, quid plus dicat certum, sedentes fratres suos, ut, si quid correctione dignum notaverint, in eo ammoneant. Humiliter[c] **[fol. 95ʳ]** supplicabit admonitus quoque non aliud respondebit, nisi: „Culpa mea. Volo me libenter emendare."

a Pars tertia] *am Rand von anderer Hand H* **b** dormiendo] domiendo *H* **c** humiliter] *folgt durchgestrichen* sup *H*

[331] Vgl. Statuta [Generalkapitel], fol. 9ᵛ.

[332] Vgl. Statuta [Münstersche Union]. Ed. Doebner, S. 243ff.: *De capitulo domestico et colloquio mensili.* Vgl. zu diesem Kapitel Münster, Staatsarchiv, Bibl. WG 67: Instituta primaeva fratrum canonicorum seu clericorum collegii sanctissimae Trinitatis ad Fontem Salientem Monasterii, S. 100: *De capitulo culparum.* – Vgl. oben Kapitel IV,3.5.5.

[333] Ps 12,1: *usquequo Domine oblivisceris me in finem.*

[334] Ps 32,22: *fiat misericordia tua Domine super nos.*

[335] Bruylants, Oraisons 2,230; 1,556; 2,231.

Caveant tamen fratres, ne accusent in scandalosis aut enormibus culpis, nisi id possint testimonio compotencius probare. Quod si innocenter tamen huiusmodi accusatus frater fuerit, licebit sibi concessa presidentis licencia pacato animo humiliter rei qualitatem exponere. Quicquid autem illic in correptione fratris profertur, ita sit zelo discipline conditum, ut caritatis sit dulcedine[a] temperatum, ne non[b] tam videatur proclamans intendere fratris emendacionem quam rancoris explere[c] vindictam. Ultra eciam duas culpas nemo super unum exaggerare presumat. Itaque pro imputatis culpis presidens satisfactionem iniungat, prout inferius specificatum est, qua humiliter acceptata correptus frater veniam petens, satisfactionem[d] promittens exosculato signo crucis terre impresso surgat et in loco suo resideat. Post hunc procedat sequens et ita communiter, donec presidens dicat versiculum *Nostris malis* cum sequentibus, ebdomadarius versiculum *Peccavimus cum patribus nostris*[336] etc. Sequitur oratio *Deus qui non mortem sed penitenciam*[337] etc. Sequitur *Salvator mundi* etc., versiculum *Omnes sancti Dei*, oratio *Concede, quaesumus, omnipotens Deus.*[338] Presidens dicat *Adiutorium nostrum*[339] vel et **[fol. 95ᵛ]** *Benedictio Dei patris.*

Si vero capitulum hoc[e] sero post collacionem ex causa servari contingat, loco psalmi *Usquequo*[340] legitur psalmus *Domine exaudi*[341] ultimum, *Gloria patri, responsorium, Benedic Domine* cum versu et *Gloria patri*. Cetera dicuntur ut supra. Presidens autem, dum presidencie gerit officium, culpam suam dicit. Cum novicii affuerint, postquam ad presidentis preceptum culpam suam dixerint, de capitulo egrediantur, similiter et clerici. Non enim corripiendi sunt in capitulo recepti fratres in presencia noviciorum nec presbiteri in presencia clericorum.

De satisfactione pro culpis iniungendis capitulum secundum[342]

Ut autem presidens certis limitibus[f] in iniungendis penis satisfactoriis, quas preterire aut transgredi non liceat, arceatur, placuit aliquas culparum differencias similiter penarum annotare, ut sciat presidens ex similibus similiter iudicare. Assignamus igitur hos quatuor culpe gradus: Culpa levis, gravis, gravio⟨r⟩[g], gravissima.

a dulcedine] *folgt durchgestrichen* temperamentum *H* **b** ne non] ne non DOEBNER; ne *H* **c** explere] explere DOEBNER; expellere *H* **d** correptus frater veniam petens satisfactione] *am Rand, durch Verweiszeichen eingefügt nach* acceptata *H* **e** hoc] *folgt durchgestrichen* post *H* **f** limitibus] *verbessert aus* limibus *H* **g** gravior] gravio *H*

336 Ps 105,6: *peccavimus cum patribus nostris.*

337 DESHUSSES, Sacramentaire 1,1007. BRUYLANTS, Oraisons 1,395.

338 BRUYLANTS, Oraisons 1,127–141.

339 Vgl. Ps 123,8.

340 Ps 12,1: *usquequo Domine oblivisceris me in finem.*

341 Vgl. Ps 101,2.

342 Vgl. STATUTA [MÜNSTERSCHE UNION]. Ed. DOEBNER, S. 222f.: *De casibus expulsionis.* S. 243–245: *De capitulo domestico et colloquio mensili.* Vgl. zu diesem Kapitel Münster, Staatsarchiv, Bibl. WG 67: Instituta primaeva fratrum canonicorum seu clericorum collegii sanctissimae Trinitatis ad Fontem Salientem Monasterii, S. 104: *De differentiis culparum.*

Levis culpa est, si quis ad divina, exercicium culparum, capittulum, refectorium, communes labores vocatus tarde venerit aut aliquam ex minoribus horis neglexerit vel in choro dormierit; si ad cantanda vel legenda inprovisus erraverit **[fol. 96r]** vel confusionem fecerit; si in suo officio vel labore negligens aut alias per incuriam domui in vestibus, utensilibus vel rebus aliis damnum modicum intulerit; si extra horam refectionis aut in loco prohibito sine licencia commederit vel biberit; si silencium fregerit; si verbum aliquod iniuriosum, clamorosum aut indignanter contra fratrem vel[a] lascivum aut mendacium non perniciosum protulerit. Pro hiis et similibus, si non proclamatus veniam pecierit, psalmus aliquis vel oratio aut opus humile iniungatur. Si in capitulo proclamatus, ultra predicta unius diei silencium aut venie coram mensa petende inponatur.

Gravis culpa est, si ea, que inter leves culpas sunt numerata, sepe ammonitus non emendaverit, sed in consuetudinem duxerit; si fratri detraxerit obprobrium vel contumeliam irrogaverit aut culpam, pro qua satisfecit, improperaverit vel mentiri dixerit; si contencionis et discidii verba protulerit; si inter fratres discordiam seminaverit; si mendaciosum mendacium dixerit; si culpam suam vel alterius proterve defenderit; si ieiunium ecclesie solverit; si damnum mediocre domui per suam negligenciam **[fol. 96v]** intulerit. Damnum mediocre dicimus, quod plus tribus albis estimatur; si absque licentia septa domus die clara egressus fuerit; si cum muliere in locutorio vel extra sine licencia longum privatum sermonem fecerit; si sciens loca suspecta vel personas suspectas non vitaverit. Pro hiis et similibus inponitur silencium trium dierum vel totidem venie coram mensa fraterni discipline, commestio in terra aut subtractio unius ferculi aut potus, vini vel cerevisie, vel eciam ieiunia in pane et aqua, si ita prelatus iudicaverit secundum excessus qualitatem.

Gravior culpa est, si per contumaciam vel manifestam rebellionem prelato inobediens proterve contenderit aut per conspiracionem vel coniurationem maliciosam concordiam se contra eum erexerit aut scisma suscitaverit; si furtum leve commiserit aut rem aliquam, cum ab eo generaliter requisita fuerit per rectorem, scienter quasi proprium habiturus celaverit; si dona suspecta occulte susceperit vel dederit; si a mulierum familiaritate suspecta monitus a prelato penitus et totaliter non destiterit; si femineam personam intra septa introduxerit; si crimen alicui, quod probare non possit, imposuerit aut falsum testimonium dixerit[b]; **[fol. 97r]** si prelatum suum, domum aut fratres evidenter apud extraneos diffamaverit; si grave dampnum fame vel rerum temporalium domui maliciose intulerit; si manus violentas iniecerit aut minas incendii, diffidaciones mortis domui vel persone intentaverit aut aliquid talium machinatus. Pro hiis ecessibus voce in capitulo et loco inter fratres officio quoque, si quid habuerit, privabitur per rectorem, non sine capituli sue domus consensu, post condignam satisfactionem in statum pristinum restituendus, interim solus commedat in terra vel scabello coram fratribus aut in loco omnino sequestrato. Ieiunia plura in pane et aqua, silencia longa discipline, suspen-

a vel] *folgt durchgestrichen* lascivium *H* **b** dixerit] *verbessert aus* direxerit *H*; *zusätzlich am Rand* dixerit *H*

cio a communione et divinorum celebracione et humilima officia, ut prostraciones coram fratribus, pedum osculaciones ac venie crebriores tam a prelato iniuncta, quam sponte assumpta secundum prelati iudicium culpam huiuscemodi expiabunt.

Gravissima culpa est, si quis in premissorum excessuum aliquo reus emendare et penitere contempserit; si ex malicia personam aliquam mutilaverit, intoxicaverit, occiderit vel domum maliciose[a] incenderit; **[fol. 97ᵛ]** si ydolatriam aut maleficia exercuerit et artibus dyabolicis intenderit; si quis receptus frater caderet in aliquem errorem vel heresim contra catholicam fidem aut articulum vel punctum contra unitatem, obedienciam vel communionem sancte matris ecclesie pertinaciter obduraturus; si contra rectorem et fratres rebellis existeret ac[b] pluries ammonitus se non emendaret et velut induratus nec rectoris nec fratrum vel eciam visitatorum consiliis se submitteret acquiescens; si lapsum carnis incideret vel occasionem ad perpetrandum quereret aut talia manifesta et scandalosa perpetraret, unde in totam congregacionem sive collegio confusio et infamia redundaret; si collegium nostrum vicio proprietatis macularet ita, quod pecuniam propriam habere vellet et ea vel re aliqua pro libit⟨u⟩[c] uti et eam rem vel pecuniam contra rectoris requisicionem sibi specialiter insinuatam teneret publice vel occulte; si litteras furtive emitteret vel sibi missas secrete aperiret et legeret, unde domui vel fratribus aut fratri emittenti et recipienti scandalum seu notabile periculum oriretur; si furtum commiserit vel clausuras aliquas in domo vel extra domum **[fol. 98ʳ]** furtive aperiret aut nocturno tempore post horam requiei deputatam domum silenter exiret et suspecte; si in civitate aut loco existens sine licencia extra domum pernoctaret, nisi quantum advenientes de via impedimentum evidens et legittimum excusaret; si lites vel placita sine scitu et licencia rectoris et fratrum attemptaret et requisitus a rectore non statim liti et placitis renunciaret; similiter et rector requisitus a fratribus suis et simul a visitatoribus huiusmodi causis et litibus non cederet nec se a placitis temperaret; si iugo servitutis vel gravibus debitis aut vinculo matrimonii seu aliqua notabili infirmitate corporis aut sensuum, per quam intollerabilis communitati redderetur[d], gravatus foret et in sua recepcione non expresisset; si aliquibus specialibus exerciciis contra rectoris vel fratrum voluntatem insisteret et in victu et in vestitu, in labore et requie aliisque bonis moribus et consuetudinibus domus nostre contentus non foret aut pluries a rectore ammonitus non acquiesceret nec ab huiusmodi specialibus exerciciis, fantasiis vel observanciis cessaret; si receptione facta in fratrem simplicem resignacionem vel promissionem **[fol. 98ᵛ]** vel, si in canonicum receptus, iuramentum vel promissionem quinque articulorum secundum formam supra descriptam coram notario tunc presente a rectore vel fratribus requisitus facere recusaret; si a bonorum suorum resignacione recederet aut si iuramento vel promissioni in sua receptione instrumentate vel conscripte contraveniret in toto vel parte temere violando. Pro hiis et similibus gravissimis culpis incarcerandus[e] est frater perpetue vel ad tempus per visitatorem, si periculum non est in

a maliciose] *verbessert aus* maliociose *H* **b** ac] ac DOEBNER; a *H* **c** libitu] libito *H*
d redderetur] *verbessert aus* redederetur *H* **e** incarcerandus] *verbessert aus* incarcerando *H*

mora; si autem, per patrem et capitulum domesticum. Si autem capitulum domesticum negligens foret et consentire non vellet in fratris incarceracionem et fore factam esset manifeste contra statuta, tunc incarceratur per patrem solum, donec satisfactione perfecta gratiam liberacionis meruerit obtinere.

In omnibus hiis sicut prohibetur prelato exercere crudelitatem, ita quoque indicitur, ne resoluta segnicie transgressoribus penas debitas infligere dissimulet. *Non enim est crudelitas punire crimina, sed pietas.*[343] Caveat igitur, ne noxia benignitate subditorum excessus foveat et extirpari iam nequeant, cum longe consuetudinis passim radice succreverint. Nam *impunitas*, mater negligenciarum, *ausum parit, ⟨ausus⟩*[a] *excessum.*[344]

⟨De capitulo domestico seu particulari⟩[b] [345]

[fol. 99r] Statuimus et ordinamus, quod singulis mensibus[c] rector cum capitularibus suis fratribus post locionem pedum die, qua convenienter poterit, quam per triduum prius fratribus capitularibus significabit, teneat capitulum. In quo moveat unusquisque fratrum libere, sed tamen humiliter cum submissione, si quid consideraverit utile communi domus statui aut fratrum conversacioni, presertim si harum nostrarum[d] constitucio ac discipline observacio in aliqua parte periret vel tepesceret aut si aliquid novum, inusitatum et nocivum profectui in spiritualibus vel temporalibus sugeret.

Ad que rector respondebit, cum fratribus, quid facto opus sit, deliberabit. Et quicquid per maiorem partem vel capitulum conclusum vel diffinitum fuerit, tam per rectorem quam per fratres, quorum intererit, diligenter exequatur non minus quam si concorditer per omnes fuisset approbatum. Neque rector vel frater idcirco minus diligenter exequatur, quod per maiorem partem capituli diffinitum est, quia forsitan votum suum accessit aut contrarium suasit, nisi forte, quod omnimodis prohibemus, aliquid statutis, ordinacionibus vel diffinicionibus capituli generalis contrarium vel dissonum per maiorem partem diffiniri presumeret. In quo casu liceat tam rectori quam cuilibet fratri contradicere, quoniam generali magis capitulo quam particulari obedire oportebit.

Quod si frater contentiosus et inquietus aliorum verba **[fol. 99v]** turbaret nec postquam in suo ordine requisitus ea, que de proposita materia senserat, plene et modeste expresserat contentus et quietus, rectorem aut fratres alios turbaret nec

a ausus] *hier muß wohl* ausus *ergänzt werden; fehlt H* **b** De capitulo domestico seu particulari] *fehlt H* **c** mensibus] mensisibus *H* **d** nostrarum] *folgt durchgestrichenes Wort H*

[343] Ps.-Hieronymus, Regula monachorum, 6 (De correctione et doctrina praesidentis). PL 30, Sp. 337: *Non est crudelitas pro Deo crimina punire, sed pietas.*

[344] Bernardus Claraevallensis, De consideratione ad Eugenium Papam VI,6,21. Ed. Leclercq III, S. 464: *Impunitas ausum parit, ausus excessum.*

[345] Vgl. Statuta [Münstersche Union]. Ed. Doebner, S. 243–245: *De capitulo domestico et colloquio mensili.* – Vgl. oben Kapitel IV,3.3.5.

ammonitus quiesceret, silencium eidem per presidentem imponatur. Quod si proterve erumperet, a capitulo exc⟨lu⟩datur[a], donec satisfactione premissa discat in suo ordine humiliter et submissione, que inspiraverit Dominus, dicere et proferre.

Volumus eciam et ordinamus, quod, si frater, clericus aut laycus, aliqua habet proponere, dum rectori vel vicerectori significaverit, audiri debet et pro qualitate negocii caritative expediri. Si tamen causarum occurrencium pondus capitulum mensile[b] expectare non posset, debet rector vel vicerector, quociens necessarium fuerit, ad huiusmodi causarum expedicionem capitulum domesticum congregare.

a excludatur] exculdatur *H* **b** mensile] *folgt durchgestrichen* non *H*

2 Gründungsdokumente zum Stift St. Peter auf dem Einsiedel

2.1 Papst Innozenz VIII. bestätigt die Stiftung des Einsiedel (1492, Juni 2)[1]

[*E* D_5^v] [fol. 1^v] Innnocentius episcopus servus servorum Dei ad perpetuam rei memoriam. In supremo sacri apostolatus culmine meritis quanquam[a] imparibus divina dispositione constituti circa ea nostre meditationis aciem libenter convertimus, per que nostre provisionis auxilio ecclesiarum et aliorum piorum locorum numerus ubilibet multiplicetur, in quibus ministri ecclesiastici vitam communem ac Deo acceptam ducentes divinas laudes altissimo continue devoteque persolvant divinisque beneplacitis[b] sinceris[c] animis se adaptent[d]. Illos[e] specialibus favoribus et graciis apostolicis prosequendo, precipue dum catholicorum principum id exposcit devotio, ac pro divini cultus incremento et animarum salute[f] conspicimus in Domino salubriter expedire.

Sane pro parte dilecti filii nobilis viri Eberhardi[2] senioris comitis et dilecte in Christo filie **[fol. 2^r]** nobilis mulieris Barbare de Gonzaga[3] eius conthoralis comitisse Wirtembergensis[g] et Montispeligardi nobis nuper exhibita petitio continebat, quod ipse comes, qui alias fervore devotionis accensus superioribus temporibus parrochialem ecclesiam sancti Amandi in opido Urach[4], Constantiensis diocesis[5], ac plures alias ecclesias et capellas in terris eius temporali dominio subiectis consis-

a quanquam] quamquam *E*; quanquam *S2 S1* **b** beneplacitis] beneplacitis *E S1 S2*; bene placidis *Moser* **c** sinceris] sinceris *E S1 S2*; sincerisque *Moser* **d** adaptent] adaptent *E S1 S2*; adoptent *Moser* **e** illos] illos *E S1 S2*; illas *Moser* **f** salute] salute *S1 S2 Moser*; saluti *E* **g** Wirtembergensis] Wirtembergensis *S1 S2*; Wirtenbergensis *E*; Wirttembergensis *Moser*

[1] Dem Text liegen zugrunde: HStA Stuttgart, A 522, U 1 und U 6/7, fol. 1^v–4^r. – Außerdem wurde der Druck herangezogen: [Eberhard V. von Württemberg]: Stiftung des Stifts St. Peter zum Einsiedel im Schönbuch (1492). Statuten sowie Stiftungs- und Bestätigungsbriefe hrsg. von Gabriel Biel. Ulm [Johannes Reger 2. März 1493]. Druck, Papier, 38 Bl. 4°, H 6557 = 15083; GW 9181. – Die Blattangaben in der Edition beziehen sich auf HStA Stuttgart, A 522, U 6/7. – Vgl. oben Kapitel IV,3.4.1.

[2] Eberhard V./I. (der Ältere; im Bart), Graf/Herzog von Württemberg, (1445–1496).

[3] Barbara, Gräfin, (seit 1495) Herzogin von Württemberg (1455–1503), Tochter von Ludovico II. Gonzaga, Markgraf von Mantua und Barbara, geb. Markgräfin von Brandenburg. 1474 vermählt mit Graf Eberhard V. (im Bart) von Württemberg.

[4] Pfarrkirche St. Amandus in Urach (Lkr. Reutlingen).

[5] Diözese Konstanz.

tentes apostolica auctoritate in[a] collegiatas ecclesias cum domibus canonicorum et clericorum secularium in communi viventium erigi illasque cum aliis ecclesiis et domibus canonicorum et clericorum secularium in communi viventium[b] Alamanie superioris uniri ac generali earum capitulo subiici procuravit, ac dicta Barbara animadvertentes[c] canonicos et clericos huiusmodi in eorum statu veluti sub facili quodam[d] et suavi iugo devote et laudabiliter divina et alia eis[e] incumbentia officia peragere adeo, ut ex eorum honesta et exemplari vita fidelibus aliis bene et religiose vivendi prebeant incitamenta, quodque, si aliqua alia[f] ecclesia cum domibus et habitationibus ac officinis necessariis in aliquo **[*E* D$_6$^{r}]** suorum dominiorum loco ad hoc[g] apto et congruo fundaretur[h] et erigeretur, in qua[i] cum canonicis et clericis secularibus in communi viventibus etiam laici tam nobiles quam plebei virtutum Domino famulari cupientes rigorem tamen approbatarum religionum ferre nequeuntes sub suavi divinorum preceptorum observatione humanis postpositis vanitatibus quiete vivere et divine maiestati absque impedimento servire possent, profecto id ad divini nominis laudem et exaltationem[j] ac divini cultus augmentum et animarum salutem non parum cederet.

Qua propter comes et comitissa prefati summopere desiderant ad laudem et gloriam omnipotentis Dei eiusque gloriosissime genitricis virginis Marie totiusque celestis curie circa et prope domum silvestrem[6] eiusdem comitis apud heremitam nuncupatam[k] sitam infra metas parrochie[l] parrochialis ecclesie ville Wyl in Schonbuch[m] [7], Constantiensis diocesis provincie Maguntinensis[8], monasterio Bebenhusen[9] Cisterciensis ordinis eiusdem diocesis unite, annexe et incorporate unam ecclesiam sub titulo beati Petri apostolorum principis, quem idem comes in speciali veneratione habet[10], cum domibus, habitationibus et officinis necessariis ex bonis a Deo sibi[n] collatis de novo fundare, construere et dotare ac in collegiatam ecclesiam ad instar aliarum ecclesiarum et domorum predictarum erigi, in qua sint prepositus ut caput et duodecim canonici seculares in communi[o] viventes tamquam membra secundum numerum Christi et apostolorum eius et tredecim fratres seu conversi laici de nobili sive militari genere legitime procreati, quorum unus sit magister et administrator temporalium, et duodecim alii fratres sive con-

a in] in *E S1 S2*; *fehlt* MOSER **b** erigi ... communi viventium] *S2 S1 E*; *fehlt* MOSER **c** animadvertentes] animadvertentes *E S2*; animadvertens *S1* **d** quodam] quodam *S1 S2* MOSER; quadam *E* **e** eis] eis *E S1 S2*; eius MOSER **f** alia] alia *E S2 S1*; *fehlt* MOSER **g** hoc] hoc *S2 E*; hec *S1* **h** fundaretur] fundaretur *S1 S2* MOSER; fundadaretur *E* **i** qua] qua *E S2*; quo *S1* **j** exaltationem] exaltationem *S1 S2* MOSER; exultationem *E* **k** nuncupatam] nuncupatam *E S1 S2*; nuncupatum MOSER **l** parrochie] parrochie *S1 S2*; parrochii *E* **m** Wyl in Schonbuch] Wyl in Schonbuch *S2 S1*; Wil in Schonbuch *E*; Weil in Schonbuoch MOSER **n** a deo sibi] a deo sibi *E S2*; sibi a deo *S1* **o** communi] communi *E S1 S2*; unum MOSER

[6] Das 1482 erbaute Jagdschloß Graf Eberhards auf dem Einsiedel.

[7] Weil im Schönbuch (Lkr. Böblingen).

[8] Kirchenprovinz Mainz.

[9] Zisterzienserabtei Bebenhausen (Lkr. Tübingen).

[10] Eberhard verehrte besonders den heiligen Petrus; den Apostelfürsten bezeichnete er im Stiftungsbrief für den Einsiedel als seinen *Patron* (STATUTEN [EINSIEDEL], fol. 5^v).

versi etiam laici plebei, qui omnes etiam sint membra ecclesie ac domus huiusmodi[a], ac simul[b] cum **[fol. 2v]** preposito et canonicis illius capitulum constituant et representent.

Nos igitur, qui dudum inter[c] alia voluimus, quod petentes beneficia ecclesiastica aliis uniri tenerentur[d] exprimere verum annuum valorem secundum communem extimationem tam beneficii uniendi[e], quam illius cui uniri peteretur, alioquin unio non valeret et semper in unionibus fieret commissio ad partes vocatis, **[*E* D_6v]** quorum interesset pium et laudabile propositum comitis et comitisse predictorum plurimum in Domino commendantes, eosque a quibuscumque excomunicationis, suspensionis et interdicti ac aliis ecclesiasticis sententiis, censuris et penis a iure vel ab homine quavis occasione vel causa latis, si quibus quomodolibet innodati existunt ad effectum presentium dumtaxat consequendum, harum serie absolventes et absolutos fore censentes. Necnon tam erectarum quam erigende collegiatarum huiusmodi fructuum, reddituum et proventuum veros annuos[f] valores presentibus pro expressis habentes ipsorum comitis et comitisse in hac parte supplicationibus inclinati in eventum, quo in loco prefato structura dicte ecclesie sive domus cepta et de bonis dicti comitis sufficienter dotata fuerit, ex nunc prout ex tunc, et ex tunc prout ex nunc in collegiatam ecclesiam canonicorum et clericorum secularium in communi viventium sub invocatione beati Petri apostolorum principis cum collegialibus insigniis adinstar aliarum ecclesiarum predictarum, in qua prepositus tanquam pater et caput et duodecim canonici in communi viventes tanquam membra secundum numerum Christi et apostolorum eius ac tredecim fratres seu conversi laici ex nobili seu militari genere legitime procreati, quorum unus sit magister et administrator temporalium, et alii duodecim fratres sive conversi etiam[g] laici ex plebeis esse debeant, qui omnes et singuli etiam[h] sint membra eiusdem ecclesie una cum preposito et canonicis predictis unum et idem capitulum ecclesie et[i] domus huiusmodi constituentes et representantes, auctoritate apostolica tenore presentium ad laudem et gloriam omnipotentis Dei eiusque gloriosissime genitricis virginis Marie totiusque celestis curie absque tamen[j] monasterii et parrochialis ecclesie predictorum et cuiuscumque alterius preiudicio erigimus et instituimus ac ecclesiam et domum necnon prepositum, canonicos[k] et fratres seu **[*E* D_7r]** conversos predictos ac singulas personas ecclesie sive domus huiusmodi, qui pro tempore fuerint, sub eiusdem beati Petri et nostra ac sedis apostolice perpetua protectione citra tamen exemptionem aliquam suscipimus. Et nihilominus ecclesiam et domum huiusmodi in eventum premissum similiter ex nunc prout ex tunc et e converso aliis ecclesiis collegiatis et domibus canonicorum et clericorum secularium in communi viventium Alamanie superioris eadem auctoritate perpetuo unimus, adiungimus et applicamus titulo ipsius permanente **[fol. 3r]** atque

a huiusmodi] huiusmodi *E S1 S2*; huius *Moser* **b** simul] simul *E S1 S2*; si *Moser* **c** inter] inter *E S1 S2*; id *Moser* **d** tenerentur] tenerentur *S1 S2*; tenentur *E* **e** uniendi] uniendi *S1 S2 Moser*; vivendi *E* **f** annuos] annuos *S1 S2*; annos *E* **g** etiam] etiam *E S2*; et *Moser*; *fehlt S1* **h** etiam] etiam *S1 S2 E*; *fehlt Moser* **i** et] et *S2 S1*; ac *E* **j** tamen] tamen *S1 S2 E*; *fehlt Moser* **k** canonicos] canonicos *E S1 S2*; canonicorum *Moser*

illarum generali capitulo subiicimus prout ille inter se unite et eidem generali capitulo subiecte censentur. Necnon omnia et singula privilegia, concessiones, indulta, ordinationes atque statuta predictis ecclesiis Alamanie superioris apostolica vel alia quavis auctoritate concessa et facta ac iurisdictionem, quam quilibet prepositus dictarum ecclesiarum auctoritate apostolica predicta habet in canonicos, presbiteros et clericos fugitivos ab eisdem recedentes, eadem auctoritate ad ecclesiam et domum huiusmodi extendimus et ampliamus, ita quod prepositus erigende ecclesie sancti Petri huiusmodi eandem iurisdictionem exercere valeat etiam in fratres et conversos laicos predictos, si eos recedere contingat[a].

Et insuper eadem auctoritate statuimus et ordinamus, quod predicti fratres seu conversi laici nominentur fratres sancti Petri et in tales fratres recipiendi sint qualificati et sic recepti vestitu utantur atque ligentur et obligentur secundum dispositionem statutorum seu ordinationum per generale capitulum predictum faciendorum a mente tamen dictorum fundatorum non deviantium ita etiam, quod tales fratres seu conversi laici in signum devotionis, quam dicti fundatores ad sacram dicti sancti Petri sedem apostolicam gerunt, **[*E* D_7^v]** deferant in sinistro supremi eorum habitus seu vestimenti latere insignia sancte Romane[b] ecclesie videlicet claves[c] transversales cum corona sive infula papali supraposita et post tempus eorum probationis in manibus prepositi voto solenni promittere teneantur perpetuam stabilitatem, castitatem et obedientiam tam generali predictarum ecclesiarum capitulo quam preposito, magistro et capitulo eiusdem ecclesie sancti Petri secundum tenorem et mentem statutorum eiusdem generalis capituli eos concernentium et, quod unionem collegiatarum ecclesiarum ac domorum canonicorum et clericorum secularium in communi viventium superioris[d] Alamanie huiusmodi apostolica auctoritate factam pro viribus manutenebunt, protegent et tuebuntur, et, ut prepositus et canonici dicte ecclesie sancti Petri, qui pro tempore fuerint, divinis obsequiis ac spiritualibus exercitiis eo quietius devotiusque insistere possint, quo externis[e] et temporalibus negociis minus[f] occupati fuerint, quod ex fratribus seu conversis laicis nobilibus sive militaribus predictis eligatur unus, qui nominetur magister, cuius officium sit, ut cum consilio prepositi recipiat ac[g] dispenset omnes et singulos fructus, redditus et proventus aliaque bona ecclesie ac[h] domus sancti Petri huiusmodi provideatque[i] eidem ecclesie sive domui ac illius preposito, canonicis et personis ac servitoribus de victu vestitu et aliis necessariis necnon corrigat de consilio[j] et commissione dicti prepositi fratres sive conversos laicos et famulos transgredientes aliaque faciat ad externorum[k] et temporalium huiusmodi ecclesie administrationem et fratrum sive conversorum laicorum atque famulorum bonum regimen pertinentia **[fol. 3^v]** non tamen contra formam statutorum et ordinationum per generale capitulum huiusmodi faciendorum, **[*E***

a contingat] contingat *E S2*; contingit *S1* **b** Romane] Romane *S1 S2 Moser*; Romani *E* **c** claves] claves *S2 S1 E*; *fehlt Moser* **d** superioris] superioris *S1 S2 Moser*; superior *E* **e** externis] externis *E S1 S2*; exterius *Moser* **f** minus] minus *E S2*; nimis *S1* **g** ac] ac *E S2*; et *S1* **h** ac] ac *E S2*; et *S1* **i** provideatque] provideat *S1*; provideatque *E S2* **j** consilio] consilio *S1 S2*; concilio *E* **k** externorum] externorum *S1 S2*; exteriorum *E*

D$_8$^{r}] quodque[a] numerus canonicorum et fratrum sive laicorum conversorum huiusmodi pro qualitate temporum et reddituum[b] ipsius ecclesie sive domus augeri non autem minui possit, nisi vel tot persone que se eidem ecclesie dedicare vellent non invenirentur[c] vel, quod absit, successu temporis ipsa ecclesia in bonis temporalibus adeo deficeret, quod ex ipsius redditibus tot persone sustentari non possent, hanc vero fundationem et dotationem eidem comiti in remissionem peccatorum suorum et satisfactionem ac[d] restitutionem, si ad aliquam teneretur faciendam, ubi certus non esset de his personis, quibus talis satisfactio seu restitutio facienda foret, rursus canonicis eiusdem ecclesie sive domus sancti Petri, qui pro tempore fuerint, ut[e] horas canonicas et alia divina officia secundum ritum et usum ecclesie Maguntinensis[f], que[g] loci metropolis est, dicere et decantare valeant et ad alium usum vel ritum super hoc observandum minime teneantur nec ad id a quoquam inviti compelli possint auctoritate predicta indulgemus.

Statuimus praeterea et etiam ordinamus, quod deinceps perpetuis futuris temporibus ecclesia sancti Petri predicta teneatur et inhabitetur ac regatur et gubernetur per prepositum, canonicos et fratres sive conversos laicos, qui secundum institutionem, statuta et ordinationem[h] generalis capituli, prout unumquemque eorum concernunt, vivant devoteque Deo serviant, nec ecclesia seu domus huiusmodi quavis auctoritate unquam in alium statum mutetur, districtius inhibentes sub excomunicationis late sententie[i] pena, ne quisquam publice vel occulte, directe vel indirecte quovis quesito colore vel ingenio laboret in destructionem status ecclesie seu domus sancti Petri huiusmodi aut bonorum eius aut in eius mutationem in aliquam religionem vel statum alium nec id procuranti prebeat auxilium, consilium vel favorem. Et si prepositus, canonici et fratres sive conversi laici ecclesie ac domus sancti **[*E* D$_8$^{v}]** Petri huiusmodi ab observantia eorum status et statutorum caderent aut declinarent nec ad monitionem visitatorum generalis capituli pro tempore se[j] emendarent et corrigerent, in huiusmodi eventum venerabilibus fratribus nostris Constantiensis et Augustensis episcopis[11] ac dilectis filiis[k] abbati monasterii sancti Jacobi[12] extra muros Maguntinensis[l] nec non preposito ecclesie sanctorum Georgii[m] et Martini opidi Tuwingensis[13], Constantiensis diocesis, per apostolica scripta mandamus, ut ipsi vel duo aut unus eorum per se vel alium seu alios ecclesiam sancti Petri predictam illiusque prepositum, magistrum, canonicos, clericos et[n] fratres seu conversos laicos visitent et reforment ipsosque ad debitam

a quodque] quodque *E S1 S2*; quoque *Moser* **b** reddituum] reddituum *S1 S2*; redituum *E* **c** invenirentur] invenirentur *E S1 S2*; numerarentur *Moser* **d** ac] ac *S1 S2*; et *E* **e** ut] ut *S1 S2*; in *E* **f** Maguntinensis] Maguntinensis *S1 S2*; Maguntinensi *E* **g** que] que *E S1 S2*; qui *Moser* **h** ordinationem] ordinationem *S1 S2*; ordinationes *E* **i** sententie] sententie *S1 S2*; summe *E*; summa *Moser* **j** se] se *S2 E*; *fehlt S1* **k** dilectis filiis] dilectis filiis *S1 S2*; dilecto filio *E* **l** Maguntinensis] Maguntinensis *S1 S2*; Maguntinensi *E* **m** Georgii] Georgii *E S2*; Gregorii *S1* **n** et] et *S1 S2*; ac *E*

---

[11] Die Bischöfe von Konstanz und Augsburg.

[12] Der Abt der Benediktinerabtei St. Jakob bei Mainz (Rheinland-Pfalz).

[13] Der Propst der Stiftskirche St. Georg und Martin in Tübingen (Lkr. Tübingen).

observantiam eorum status et statutorum per censuram ecclesiasticam et alia iuris remedia appellatione postposita reducant, induratos vero rebelles et incorrigibiles expellant et alios secundum ordinationes et statuta generalis **[fol. 4r]** capituli ac intentionem fundatorum[a] vivere volentes ibidem inducant et inductos defendant invocato ad hoc, si opus fuerit, auxilio brachii secularis.

Volumus preterea atque concedimus, quod in aliquo apto[b] et honesto loco illius loci, ubi ecclesia et domus prefate construende sunt, postquam structura alicuius eorum cepta et dotatio facta fuerit, misse et alia divina officia super altari portatili celebrari ac[c] per prepositum et canonicos divina officia persolvi possint, donec ecclesia fuerit in suis structuris et edificiis necessariis perfecta, non obstantibus constitutionibus et ordinationibus apostolicis ac[d] statutis et consuetudinibus ecclesiarum et capituli generalis predictorum iuramento confirmatione apostolica vel quavis firmitate alia[e] roboratis contrariis quibuscunque aut, si aliquibus communiter vel divisim a sede prefata indultum existat, quod interdici, suspendi vel excommunicari non possint per litteras **[*E* E$_1$r]** apostolicas non facientes plenam et expressam ac de verbo ad verbum de indulto huiusmodi mentionem.

Nulli ergo omnino hominum liceat hanc paginam nostre absolutionis, erectionis, institutionis[f], susceptionis, unionis, adiunctionis, applicationis, subiectionis, extentionis[g], ampliationis[h], statuti, ordinationis, indulti, inhibitionis, mandati voluntatis et concessionis[i] infringere vel ei ausu temerario contraire. Si quis autem hoc attemptare presumpserit, indignationem omnipotentis Dei ac beatorum Petri et Pauli apostolorum eius se noverit incursurum. Datum Rome apud sanctum Petrum anno incarnationis Dominice millesimo quadringentesimo nonagesimo secundo, quarto nonas Junii, pontificatus nostri anno octavo.

a fundatorum] fundatorum *S1 S2*; fundatoris *E* **b** apto] apto *E S1 S2*; aperto MOSER **c** ac] ac *E S2*; et *S1* **d** ac] ac *E S2*; et *S1* **e** quavis firmitate alia] quavis firmitate alia *S1 S2*; quavis alia firmitate *E* **f** institutionis] institutionis *S1 S2 E*; instructionis MOSER **g** extensionis] extensionis *S1 S2*; extentionis *E*; intentionis MOSER **h** ampliationis] ampliationis *S1 S2 E*; amplificationis MOSER **i** indulti … concessiones] *S2 S1 E*; *fehlt* MOSER

2.2 Statuten und Stiftungsurkunde Graf Eberhards V. von Württemberg (1492, September 3)[1]

Inhaltsübersicht

[1] Dem Text liegt folgende Handschrift zugrunde: HStA Stuttgart, A 522, U 6/7 (1492, September 4), fol. 5^{r}–20^{r}. Pergamentlibell, 24 Bl., 376 x 276 mm, 34–38 Zeilen. – Außerdem wurde der Druck herangezogen: [EBERHARD V. VON WÜRTTEMBERG]: Stiftung des Stifts St. Peter zum Einsiedel im Schönbuch (1492). Statuten sowie Stiftungs- und Bestätigungsbriefe hrsg. von Gabriel Biel. Ulm [Johannes Reger 2. März 1493]. Druck, Papier, 38 Bl. 4°, H 6557 = 15083; GW 9181. – Spätere Abschriften, die auf dem Druck basieren, blieben im Apparat unberücksichtigt (Vgl. etwa HStA Stuttgart, A 522, Bü 1 und HStA Stuttgart, J 1, 12). Als rezeptionsgeschichtlich bedeutendes Zeugnis berücksichtigt wurde hingegen der Nachdruck von 1732 bei MOSER, Sammlung, S. 103–182. – Die Blattangaben in der Edition beziehen sich auf HStA Stuttgart, A 522, U 6/7 und den Druck (= *E*).

Vorred diß bůchlins[a]

[fol. 5ʳ] [*E* A_2ʳ] In dem namen der allerheiligsten und ungeteilten driveltikeit amen. Allen und yeglichen die disen stifftbrieff lesen oder hóren lesen, si kundt und offembar, das wir Eberhart[2], grave zú Wirtemberg und zú Mimpelgart etc. der elter als ain recht cristglóbig mensch erkennen, das wir unnser sele, lib, ere, alle gaistliche und zyttliche gútter und herschaft von Gott dem almáchtigen haben und besitzend. Wann alle besten gaben und volkömen gifften ist von oben herab stigende von dem vatter der liechter, in dem da ist der abgrúndig bronn alles gútten óch von im erwarten und hoffen der ewigen selikait, die unns sin aingeborner son, unnser herr Cristus Jhesus, durch vergiessung sins hailigen plůts erworben und verdient hát, haben wir mit lanngem bedencken in unnserm gemiet betrachtet, was wir mit schuldiger und billicher danckbarkait móchten uffzerichten[b] und stifften zú siner ere, merung gottlichs diensts und sálikait unnser, unnser vorfarn[c] und nachkomen óch der unnsern selen.

Und als wir glóben durch inwendig erlúchtung des hailigen gaists ist unns fúrgefallen, nach dem wir in unnser herschafft, schirm und regierung dryerlay sténd habind, gaistlichen, adel und ritterschafft, stett und gemain volck, wann wir dann mit erloübung und bestáttigung[d] **[*E* A_2ᵛ]** unnsers hailigen[e] vatters des bápsts[f] uffrichten ainen stifft und convent, in denen von den dryen obgenanten stánden Gott dem hern trúwlich[g] gedient werd[h] und sin lob tag und nacht mit den góttlichen ámpten, singen, lesen, betten und vlyssiger haltung der gebott Gottes und der hailigen kirchen, óch erberm cristenlichem leben, nach der nachvolgenden ordnung volbrácht wurden, in hoffnung, das vil uß den dryen stánnden, die da gern Gott in rúw und abgeschaidenhait dienen wólten, und doch inen die strengkait annder gestiffter órden zů schwár wére[3], in diser hailigen versamlung unnder dem sússen und senfften joch der hailigen gebott on witter beschwerung sonnderlich der layen wúrden mit besserung irs lebens Gott getrúwlichen denen[i], und ir selen salikait lichtlich mit grosser sicherhait erlanngen, áchten wir, das durch solich stifftung góttlich ere und **[fol. 5ᵛ]** dienst gemert, hail[j] der selen gefúrdert wúrd, ouch wir damit widerlegung tátten, ob wir yemands schuldig wérn, widerkerung zú tun, da wir nit aigentlich wißten den rechten erben.

a Vorred diß bůchlins] Vorred diß bůchlins *E*; *fehlt S1* **b** uffzerichten] uffzerichten *E*; uffgerichten *S1* **c** vorfarn] vorfarn *S1*; vordern *E* **d** bestáttigung] bestáttigung *S1*; bestettung *E* **e** hailigen] hailigen *S1*; hailigisten *E* **f** und bestettung … des Bapsts] *S1 E*; *fehlt* MOSER **g** trúwlich] trúwlich *S1*; getrůwlich *E* **h** werd] werd *S1*; wurd *E* **i** denen] denen *S1*; dienen *E* **j** hail] hail *S1*; haile *E*

---

[2] Eberhard V./I. (der Ältere; im Bart), Graf/Herzog von Württemberg, (1445–1496).

[3] Vgl. auch die Argumentation bei BIEL, Tractatus de communi vita, fol. 4ᵛ: *Porro quam plurimos esse certissimum est, quibus religionis ingressus fortasse nec convenit nec expedit et nihilominus in seculari statu remanere eque periculosum est et perniciosum.*

Von der stifftung
Das i Capittel[a]

Und dem nach mit verwilgung[b] der hochgepornen fúrstin, unnser hertzlieben gemacheln frow[c] Barbara[4], gepornn marggráffin zú Mantow[5], gráfin zú Wirtemberg und zú Mimpelgart[6], mit stiffterin, in der widem, unser núw húß im Schúnbúch[7] der Ainsidel[8] genant, mit zwayen wisen und dem garten, als die am ersten **[*E* A$_3$^{r}]** gewesen sind, gehórt hond zú lob und ere der hailigsten dryfaltikait, ouch der góttlichen magt und mútter unnsers herrn und erlósers Jhesu Cristi Marien und des ganntzen hymelschen hóres und sonnderlich des hailigen sant Peters, des fúrsten der zwolffbotten, unnsers patrons[9], zú gaistlichem trost und nútz unnser baider, unnser vorfaren und nachkomen, unnser herschafft von[d] Wirtemberg selen, ouch aller der, von den wir gútz empfangen hond oder in kúnfftigen zytten empfahen werden, und zú gnúgtúung fúr unnser sünde und widerkerung, ob wir ettwas schuldig wáren zú bekernn, da wir die rechten erben nit wústen, in gegenwirtigkait nwner gloubwúrdigen notarien und zúgen[e], die vor datum diß brieffs geschriben stennd sonnderlich herzú berúfft[f], gebetten und erfordert.

Stifften wir vorgenannter Eberhart gráff zú Wirtemberg und zú Mimpelgart etc.[g], der elter, den stifft sant Peters, des fúrsten der hailigen apposteln, mit ainem probst als ainem houpt und zwólff canonicen, priester und clericen nach der zall Cristi und siner zwolff apposteln, ainen maister vom adel und zwólff edeln oder rittermessig in der herschafft Wirtemberg sitzende und wonend[h] oder die mit lanngen diensten oder alten lechenspflichten unnser herschafft verwanndt sind, so verr man die haben mag oder ob man die in der herschafft Wirtemberg nit funde, sunst[i] die im lannd in[j] Swaben[k] [10] sitzend und wonend und sunst[l] nit von dehai-

a Von der Stifftung Das i capittel] *E; fehlt S1* **b** verwilgung] verwilgung *S1*; verwilligung *E* **c** frow] frow *S1*; fraw *E* **d** von] von von *S1*; von *E* **e** zúgen] zúgen *S1*; getzwgen *E*; gezeugen MOSER **f** geschriben ... berúfft] *S1 E; fehlt* MOSER **g** etc.] etc. *E; fehlt S1* MOSER **h** wonend] wonend *S1*; wonende *E* **i** sunst] sunst *S1*; sust *E* **j** in] in *S1*; zů *E* **k** Swaben] Swaben *S1*; Schwaben *E* **l** sunst] sunst *S1*; sust *E*

[4] Barbara, Gräfin, (seit 1495) Herzogin von Württemberg (1455–1503), Tochter von Ludovico II. Gonzaga, Markgraf von Mantua und Barbara, geb. Markgräfin von Brandenburg. 1474 vermählt mit Graf Eberhard V. (im Bart) von Württemberg.

[5] Mantua (Italien).

[6] Grafschaft Mömpelgard (frz. Montbéliard).

[7] Schönbuch, Waldgebiet bei Tübingen.

[8] Auf einer Hochfläche des Schönbuchs bei Tübingen erbaute Graf Eberhard V. von Württemberg 1482 in unmittelbarer Nachbarschaft zu einem seit 1460 bestehenden Gestüt ein Jagdschloß, das hier als *núw húß* angesprochen wird. Das heutige Hofgut gehört zur Markung Kirchentellinsfurt (Lkr. Tübingen). Vgl. SCHIEK, Einsiedel.

[9] Eberhard verehrte besonders den heiligen Petrus; den Apostelfürsten bezeichnete er hier als seinen *Patron*. Vgl. auch die Bestätigung des Einsiedels durch Innozenz VIII. (HStA Stuttgart, A 522, U 1) (Vgl. Kapitel VI,2.1): *[...] sub titulo beati Petri apostolorum principis, quem idem comes in speciali veneratione habet [...].*

[10] Hier wird über die Grafschaft Württemberg hinaus der schwäbische Niederadel angesprochen. Vgl. dazu GRAF, Eberhard im Bart, S. 24.

nem[a] anndern land, ouch mit zwölfen erbern burgern von unnser lanndschafft, layen brúder und conversen, die alle in gemain leben und ain **[*E* A$_3$^{v}]** capitel machen und unnderworffen und[b] ingelypt sin sóllen dem gemainen capitel unnser und annder stiffte[c] der priester und clericen in gemain lebend obertútscher lannd[11] nach innhalt bápstlicher bullen[12] darúber erlanngt und der stattuten und ordnung des gemelten[d] gemainen capitels, glichformig unnser maynung, wie hernach im ennd davon geschriben stat. Und wir dotieren[e] und begáben den jetzgenannten stifft und huß, sine gelider und personen in krafft dis brieffs, wie hernach folget.

Von begabung des stiffts
Capittel ii[f]

Erstmals geben wir inen unnser huß, das wir in unnserm wald, dem Schúnbúch[g] [13], von núwem gebuwen und den Ainsidel[14] genempt haben, mit dem platz und gezirck **[fol. 6^r]** umb dasselb huß, wie der hernach bestimpt wurdet, und wir des mit dem abbt von Bebenhusen[15] geaint sind und das unnderstaint ist mit allem buw[h], hůsern, schuren[i], hútten, stellen, gärten, wisen, ackern, wálden, holtz, wyern, wassern, waiden und allem annderm, das in sólichem zirckel lyt, waran oder wie das genempt ist, nichtzit[j] ußgenomen, alles fúr frey und ledig, also, das sy solichen zirckel infassen, darinn búwen, wingarten, ácker, wisen oder annders machen, und das alles nútzen und niessen mógen nach irem willen und nutz, unbeschwért aller stúr, zins und beschwárung[k], wie die genanndt sint, ungeverlich.

Und vachet[l] solicher zirckel[16] an under dem unndern wyer in Schlierbachs graben[17], den graben ab und ab biß unnden an das Hórnlin[18], **[*E* A$_4$^{r}]** und von dem Hórnlin den marckstainen nach bis in Ploppellers[m] loch[19], und den selben

a dehainem] dehainem *S1*; dhainem *E* **b** und] und *S1*; *fehlt E* **c** stiffte] stiffte *S1*; stifft *E* **d** gemelten] gemelten *S1*; obgemelten *E* **e** dotieren] dotieren *S1*; dotarien *E* **f** Capittel ii] Capittel ii *E*; *fehlt S1* **g** Schúnbúch] Schúnbúch *S1*; Schonbuch *E* **h** buw] buw *S1*; büwen *E* **i** schuren] schuren *S1*; schürn *E* **j** nichtzit] nichtzit *S1*; nichtz *E* **k** beschwárung] beschwárung *S1*; beswerunge *E* **l** vachet] vachet *S1*; vahet *E* **m** ploppellers] ploppellers *S1*; pleppellers *E*

[11] Oberdeutsches Generalkapitel der Brüder vom gemeinsamen Leben.
[12] Vgl. HStA Stuttgart, A 522, U 1 (Vgl. Kapitel VI,2.1).
[13] Schönbuch, Waldgebiet bei Tübingen.
[14] Jagdschloß auf dem Einsiedel.
[15] Abt Bernhard Rockenbauch und der Konvent der Zisterzienserabtei stimmten der Errichtung der Pfarrei und des Stifts Einsiedel am 20. Januar 1492 zu. Vgl. HStA Stuttgart, A 522, U 3.
[16] Zum Bezirk des Einsiedels vgl. SCHIEK, Grundaustattung; SCHIEK, Einsiedel, S. 13.
[17] Der heute noch östlich des Einsiedel verlaufende *Schlierbach*.
[18] Heute nicht mehr eindeutig lokalisierbar.
[19] Heutige Flur *Poppelesloch*.

graben uff und uff bis oben in die Mayendickin[20] an dem margkstain, von dem selben stain in den Dachsbúchel[a] [21], und da dannen in den graben[22] ob der Hochen Strút[23], den selben graben ab und ab bis in den marckstain, und da dannen úber den Honwang[24] under der byburg[25] hinúber bis unnden in des Mayers wyß[26], biß wider an den Schlierbach.

Wurden sie aber usserhalb solichs zirckels im Schúnbůch gútter machen oder úberkomen mit den selben güttern, sollen sie gehalten werden mit vermachen und zinsen wie annder, die im Schúnbúch sitzen ongeverde. Wir haben ouch dem vorgenannten stiffte und sinen gelidern disen vorgeschriben zirckel und was darinn gelegen ist, der hievor in die pfarr zu Wyle im Schúnbuch[27] gehert hát, die dem gotzhuß Bebenhusen[28] incorporiert ist, von abbt und convent daselbs zú Bebenhusen und ouch von dem pfarrer zu Wyle[29] mit zimlicher widerlegung fry und ledig gemacht aller zehenden und annder pferrlichen recht[b], das sie deßhalb von inen und iren nachkomen fry und unbeschwért sin und plyben[c] sóllen, wie das die versigelten brieff[30] darúber gemacht, clarlich innhaltend[d].

Item wir geben ouch dem egenannten unnserm stifft und huß, sinen glidern und perschonen[e] macht und gewalt, das sie und ir nachkómen in unnserm wald dem Schúnbúch holtz howen und hówen lássen mógen zú iren buwen[f] zú zymern, zú zúnen[g] und zú brennen. Doch sóllen sie von sólichem holtz nitz[h] verkouffen, sonnder das bruchen zú ir nottúrfft ungeverlich. Sie sóllen ouch[i] zu brennholtz hówen uff **[*E* A$_4$^{v}]** ainen wagen zwen stamm und uff ainen karren ainen stamm holtz und nit mer[j]. Und von sölichem holtz, es sy zú zimern, zú zónnen[k] oder zú brennen, sóllen sie kain miet[l] geben, noch zú geben schuldig sin, wére ouch das im Súnbúch[m] zú nutz dem holtz ye zú zytten bénn[n] fúrgenomen wurden in ettlichen hówen, solich benn[o] sóllen sie mit irem vich und holtz hówen ouch miden, und das hayen, **[fol. 6^v]** bis das holtz wider erwachset, wie annder umbsássen des walds ungeverlich. Aber in dem vorgenannten zirckel, den wir inen

a Dachsbúchel] Dachsbúchel *S1*; tachßs Bühel *E* **b** recht] recht *S1*; rechten *E* **c** plyben] plyben *S1*; bliben *E* **d** innhaltend] innhaltend *S1*; inhalten *E* **e** perschonen] perschonen *S1*; personen *E* **f** buwen] buwen *S1*; baüwen *E* **g** zúnen] zúnen *S1*; zynnen *E* **h** nitz] nitz *S1*; nichtz *E* **i** ouch] ouch *S1*; *fehlt E* **j** mer] mer *S1*; me *E* **k** zónnen] zónnen *S1*; zynnen *E* **l** miet] miet *S1*; mút *E* **m** Súnbúch] Súnbúch *S1*; Schunbuch *E* **n** bénn] bénn *S1*; peen *E* **o** benn] benn *S1*; pen *E*

[20] Wahrscheinlich heutige Flur *Birken*.
[21] Heutige Flur *Dachsbühl*.
[22] Heutige *Büchelersklinge*.
[23] Heutige Flur *Hohe Strut*.
[24] Heutige Flur *Hahnbang*.
[25] Vermutlich ehemalige keltische Viereckschanze oberhalb der *Wolfsgartenklinge*.
[26] Heute nicht mehr eindeutig lokalisierbar.
[27] Weil im Schönbuch (Lkr. Böblingen).
[28] Zisterzienserabtei Bebenhausen (Lkr. Tübingen).
[29] Weil im Schönbuch (Lkr. Böblingen).
[30] Vgl. HStA Stuttgart, A 522, U 3.

gegeben haben, syen sie nit schuldig, benn[a] zú halten oder zú hayen, sonnder mógen sie das halten und brúchen nach irem nutz und gefallen.

Item wir geben inen ouch fryhait und macht, wann im Schúnbúch[31] ácker wachset, das sie sechtzig schwin in sólich ácker tryben und schlachen[b] lássen mógen, oder darunder sovil sie wóllen, und sóllen nit schuldig sin, gelt, haber[c] oder icht annders davon zú geben. Sie und ir nachkommen sóllen och macht und gerechtikait haben, sich zú gebruchen im Schúnbúch aller gerechtikait, mit holtz, vich, waid und annderm in der gemain, des sich die lút und umbsessen des Schúnbúchs gebruchen one geverde[d]. Doch wolche[e] armlút und annder im Schonbúch und daby gesessen bisher gerechtikait gehapt hond in dem obgenannten zirckel zú holtzen oder zú tryben mit irem vich, den wóllen wir sólich gerechtikait vorbehalten hon nach recht und gewonhait des Schúnbúchs ongeverde.

Item wir haben och den vorgenanten propst, maister und brúdern dises unnsers stiffts die fryhait geben, das die laybrůder mit erlóubung des maisters in dem vorgenannten zirckel mégen schwin, **[*E* A$_5$^{r}]** wolff, fúchs und hasen schiessen oder fachen[f], doch sóllen sie zú sölichem waidwerck nit úber zwen hund halten, aber zú hút irs vichs mögend sie sovil haben, als not ist, doch wie mans sunst mit vichhunden hólt, mit fúren und tremeln, sollent sie ouch mit den iren halten, sunst wie sie wóllen, und dasselb zú iren hannden nemen und bruchen und sóllen nit schuldig sin niemands nicht davon zú geben. Sie mógen ouch anndre gewild, ob in[g] das in demselben zirckel schaden tát, daruß jóchen, damit sie davon nit schaden empfiengen[h].

Item wir geben óch zú, das die brúder zwischen dem Kurnbach[32], der Schayach[33], Richembach[34] und dem Necker[35] mógen húnr[i] und vogel fachen und schiessen, so sie des von irem obern erloubung haben. Was ouch in disem jetzgenannten zirckel des voglens wiltprats niderlyt, das unns davon zúgehórt hát, ußgenommen was von unnsern schútzen und jágern nidergelegt wúrd, mogen sie zů iren hannden nemen, doch söllen sie dem waltvogt und den vorstknechten ire recht, wie von alter herkómen ist, davon geben. Und ob solich wiltpret niderlege in disem angezeigten zirckel im Necker[36], Schaiach[37], Richembach[38] oder Kurnbach[39] oder uff dem is[j] des wassers, sol es inen dennocht zúgehóren in der máß als

a benn] benn *S1*; pen *E* **b** schlachen] schlachen *S1*; schlahen *E* **c** haber] haber *S1*; haben *E*; habern MOSER **d** one geverde] one geverde *S1*; ungeverde *E* **e** wolche] wolche *S1*; weliche *E* **f** fachen] fachen *S1*; vahen *E* **g** in] in *S1*; inen *E* **h** empfiengen] empfiengen *S1*; empfangen *E* **i** húnr] húnr *S1*; hüner *E* **j** is] is *S1*; eyß *E*

[31] Schönbuch, Waldgebiet bei Tübingen.
[32] Kirnbach.
[33] Schaich.
[34] Reichenbach.
[35] Neckar.
[36] Neckar.
[37] Schaich.
[38] Reichenbach.
[39] Kirnbach.

vor steet, doch sóllen sie damit kain geverd tryben durch sich selbs oder ir zúgewannten, damit das wiltprat uff das iße oder an das wasser gejagt werde.

Item wir geben und ergeben ouch disem obgenannten stiffte, huß und personen und iren nachkómen zú **[fol. 7r]** owigem aigen unnsere zwen séw[a] an der Schaiach und an der Metzinger marck mit allen iren **[*E* A_5v]** rechten, nútzen und zúgehórden sich der zú gebruchen und zú niessen, wie wir bißher getan haben ongeverde.

Item wir geben und ergeben inen ouch unnsere[b] stútroß[c], alt und jung, und annder unser vich, sovil wir des uff diß zyt by dem vorgenannten unnserm huß zum Ainsidel gehept haben, also das sie das alles fúrohin haben, brúchen, nutzen und niessen mógen als ir aigen gút, das es och ist unngehindert unnser und menyklichs.

Zú dem allem geben wir dem mergenanten[d] stiffte, huß und personen yetzund von hannden und unnserm aigen gút achtzechen tusent guldin, darumb sie zú irer narung und ußkómen gúlt und gútter kouffen sóllen, wie inen gelegen, nutz und bequem sin[e] würdet, und was gútter sie also koúffen werden oder úberkómen, in wólchen weg das geschech[f], die fry weren, die sóllen inen ouch fry beliben. Uberkémen sie aber gútter, die unns stúrbar, zinßbar oder schatzbar wéren, davon sólten sie och tún, wie herkömen ist, es wer dan, das sie annder frye gútter darfúr in solich beschwerung geben oder kómen liessen, damit die unfryen gútter verglicht wurden. Alsdann sólten dieselben gútter an diser statt gefryet sin und pliben. So sollen und wóllen wir ouch den angefangen buw[40], darinn dise brúder ir wonung und wesen hon werden, mitsampt der kirchen und allem anderm gebúw volstrecken und ußmachen[g] laussen und zú geschehen schaffen, wie das angesehen und des ain visierung gemacht ist, on iren costen und schaden ongeverlich.

Wir setzen, ordnen und wóllen ouch ernstlich fúr unns, unnser erben und nachkomen, das der dickgenant **[*E* A_6r]** stúffte, das huß und die personen und ir nachkómen mit allem dem, das wir inen geben und incorporiert haben, von aller gastung, hundlegung[h], jágery, schútzen, waldtvógten, vorstknechten, wagendienst und némlich aller annder beschwért, damit sie von unns, unnsern Erben und nachkómen yemer möchten angefochten oder beschwert[i] werden nichtz ußgenomen ganntz fry und unbeschwért sin und pliben sóllen, und wir gereden und versprechen by unnsern gůtten truwen fúr unns, unnser erben und nachkómen, sie daby und by allen obgeschriben begabungen und fryhaitten zů hanthaben, zú schútzen und zú schirmen, getrúwlich und ungefarlich, und bevelhen ouch allen unnsern amptlútten gegenwirtig und kúnfftig inen wider diß unnser begabung

a séw] séw *S1*; sow *E* **b** unnsere] unnsere *S1*; unnser *E* **c** stútroß] stútroß *S1 E*; Stuothaus *MOSER* **d** mergenanten] mergenanten *S1*; vorgenanten *E* **e** bequem sin] bequem sin *S1*; bequemlich sein *E* **f** geschech] geschech *S1*; gesche *E* **g** und ußmachen] ußmachen *S1*; und ußmachen *E* **h** hundlegung] hundlegung *S1*; hundtlegen *E* **i** damit sie … oder beschwert] *S1*; *fehlt E MOSER*

[40] Die feierliche Grundsteinlegung für das Stift St. Peter erfolgte am 4. September 1492 in Gegenwart des Bischofs von Konstanz. – Zur baulichen Anlage vgl. SCHIEK, Einsiedel, S. 29–32.

und fryhait kainerlay irrung oder intrag zú túnd oder zú tund gestatten, sonder sie daby zu schútzen und schirmen[a] und inen in irem anligen uff ir begern getruwlich berátten und beholffen zú sind nach dem besten onne geverde[b].

Und die wil nun die personen unnsers dickgenannten stifftz sant Peters **[fol. 7v]** leben sóllen nach statuten, gesetzten und ordnungen des gemainen capitels[41] vorgenant, die gemeß sind unnser maynung innhalt der bábstlichen bullen[42], hon wir unnser mainung zú owiger gedáchtnús hienach laussen setzen und schriben dem némlich also ist.

Anfangs von der zall der personen Capittel iii[c]

Géntzlich ist unnser will und wóllen, das propst, zwólff canonicen, maister und vier und zwaintzig conversen layenbrúder, alle gelider unnsers stifftzt und capitels und[d] desselben wie **[*E* A_6v]** vorsteet, alle in ainer gemaind und in ainer kirchen, behusung, túsch[e] und annder versehung nach unnderschribner ordnung und brúderlicher lieb Gott dienen und alle genannt werden sóllen sant Peters brúder, die ouch ettlich knecht sóllen hon, inwendig und ußwendig des convents als aigentlicher[f] hernach geschriben steet.

Von dem gaistlichen stat der priester Capittel iiii[g]

Zú dem Propst sóllen sin zwólff canonicen, der der mertail[h] priester sye. Die sóllen ingemain und in gehorsam génntzlich nach ordnung, statuten und gesatzten unnser stifften zú Urach[43], Herremberg[44], zu Tettingen[i] [45] im Uracher tall, Tachenhusen[46] und des huß uff unnserm schloß zú Túwingen[47] von bápstlichem gewalt bestáttigt und irs gemainen capitels mit glúpten[j] und úbergebung aller aigenschafft, gehorsam[k], kúschait und wanndlung, vasten, essen, schlaffen, wachen

a schirmen] schirmen *S1*; zu schirmen *E* **b** onne geverde] onne geverde *S1*; ungeverde *E* **c** Capittel iii] Capittel iii *E*; *fehlt S1* **d** und] und *E*; *fehlt S1* **e** túsch] túsch *S1*; tisch *E* **f** aigentlicher] aigentlicher *S1*; aygentlich *E* **g** Capittel iiii] Capittel iiii *E*; *fehlt S1* **h** mertail] mertail *S1*; merertail *E* **i** Herremberg zu Tettingen] *E S1*; Herrenberg und Tübingen *Moser* **j** glúpten] glúpten *S1*; gelúpten *E* **k** gehorsam] gehorsam *S1*; gehorsamer *E*

[41] Vgl. die Statuten des Oberdeutschen Generalkapitels (Kapitel VI,1).

[42] Vgl. HStA Stuttgart, A 522, U 1 (Vgl. Kapitel VI,2.1).

[43] Stift St. Amandus in Urach (Lkr. Reutlingen).

[44] Stift St. Maria in Herrenberg (Lkr. Böblingen).

[45] Stift St. Pankratius und Hippolytus in Dettingen an der Erms (Lkr. Reutlingen).

[46] Stift St. Maria in Tachenhausen (heute Hofanlage; Gemeinde Oberboihingen, Lkr. Esslingen).

[47] Pfarrkirche St. Johannes und Paulus im Schloß Tübingen (Lkr. Tübingen).

und aller annder ordnung der vorgemelten stifft und húser und des gemainen capitels leben. Es soll ouch derselb sant Peters stifft zum ersten und so dick es not wúrdet[a] mit den gaistlichen personen besetzt[b] werden von den personen der obgemelten stifft und húser.

Der propst sol ouch tragen die selsorg[48] aller brúder und alles gesúnds und annder in dem vorgenannten zirckel durch sich selbs oder ettlich uß sinen brúdern, die darzú geschickt sind, und von im geordnet werden, mit predigen, leren, bychthóren, raichung der hailigen sacrament und sie in aller gaistlicher notturft versehen. **[*E* A$_7$^{r}]**

Der propst und sine brúder, priester und clericen sollen alle[c] siben zyt[d] in der kirchen ordenlichen psálliern oder singen, wie man das helt in unnserm stifft zů Urach[49], und darzú alle wochen ain máll uff den sonntag oder ainen anndern virtag[e] nach mittag psalliern ain vigili mit nún letzen[50] und an dem nachvolgenden tag frúe umb die sechse ain seelmeß singen fúr die selen der stiffter, ir forfarn und nachkómen oder[f] deren, von den sémlich[g] gút kumpt, damit wir dise stifftung vollebringen und der, den wir pflichtig weren, kórung zú tůn ouch aller brúder diß **[fol. 8^r]** stiffts und nit destminder zů rechter zyt die hochmeß singen.

Item deßglichen sollen sie alle sambstag morgens umb die sechse meß singen von unnser lieben frowen oder ain annder ampt nach gelegenhait des hochtzitz mit ainer ingelegten collecte von unnser lieben frowen und darnach zú rechter zyt die hochmeß.

Item der propst soll ouch ordnen, das alle tag morgens frúe ain meß gelesen werde fúr das gesind und annder die wanndlen sóllen, und ouch ordnen, das zwischen der selben meß und dem ampt noch ain meß gehalten werde.

Item es sóllen ouch alle ampter biß uff die non im sommer von ostern biß zú sant Michels tag[51], morgens biß zú den núnen, und von sant Michels tag bis in die fasten, bis zú zechnen[h], volbracht sin, doch uff den frytag úber jar sol das biß zú den zechnen[i], und wann man vastet, bis uff aylfe verzogen werden, die non, so man nit fastet, sol gelesen oder gesungen werden nach mittag zú zwólffen, vesper uber jar ußgenomen die viertzig tag in **[*E* A$_7$^{v}]** der vasten sol man singen zů viern. Complet von ostern biß sant Michels tag am aubent zú achten und von Michahelis bis in die fasten zú siben, in der fasten uff die vastag zú viern, und uff die sonntag in der fasten zú súbenen, und alle tag nach der complet ußwendig der fasten sol

a wúrdet] wúrdet *S1*; wirdt *E* **b** besetzt] besetzt *S1*; *fehlt E* **c** alle] alle *S1*; allen *E* **d** zyt] zyt *S1*; geziet *E* **e** virtag] virtag *S1*; feirtag *E* **f** oder] oder *S1*; auch *E* **g** sémlich] sémlich *S1*; solich *E* **h** zechnen] zechnen *S1*; zehenen *E* **i** zechnen] zechnen *S1*; zehnen *E*

[48] Vgl. STATUTA [GENERALKAPITEL], fol. 37^r–40^v: *De cura animarum committenda et exercenda capitulum sextum.*

[49] Vgl. STATUTA [GENERALKAPITEL], fol. 24^r–32^v: *De divino officio et ceremoniis.*

[50] Neun Lektionen.

[51] 29. September.

man singen das lob unnser lieben frówen, *Salve regina*, mit versickeln und collect, aber in der fasten, so man fastet, sol man das singen nach den sibnen.[52]

Item ain yegklicher priester soll schuldig sin, in yeder wochen dry messen ze hon, er wer dann kranck oder hett sunst redlich entschuldigung.

Von walung und ampt des propsts
Capittel v[a]

Wyter wóllen wir so dick not wurdet zú welen ainen propst, der soll erwelt werden nach ordnung und statuten der priester, doch sóllen mit welen[b] der maister und zwen laybrúder, von den laybrúdern darzů verordnet.[53]

Item der propst in der regierung siner priester und cleric nach dem gesatz der statuten[54] sol nitt gehindert werden von maister und laybrúdern, sonnder maister und laybrúder sollen im bystand tún zú strauff[c] der ungehorsamen, so sie des vom[d] propst ervordert werden, und ob der propst wytter griffen wölt, dann die ordnung der stattuten innhalt, sólt er von dem maister und[e] zwayen priestern zú ratt erwelt, ermant, und ob er[f] der vermanung nit achten wólt, gestrafft werden nach ordnung der stattuten.

Item es sol ouch der propst ganntz regierung haben in der kirchen und in allen gaistlichen ámptern **[*E* A$_8$^{r}]** und sachen, die zú ordnen wie vor und nach steet und wa die nit gehalten wúrden[g] von den priestern und clericen, sol er die selben sträffen nach innhalt ir stattuten.[55] Wurden sy aber úbertretten von den layen brúdern, so soll er vermanen den maister, das er das strauff[h] nach gebúrlichait der úbertrettung.

Item es sollen ouch propst **[fol. 8^v]** und maister früntlichen und aintrechtigklichen leben, kainer den anndern in siner regierung hindern oder irren, sonnder ain annder gútlich vermanen[i] und hóren, und ir ainer des anndern hand und hilff sin und ob sie unains wurden, sollen die prúder die gaistlichen und layen sie gúttlich davon wisen, und ob sie ir unnderwysung nit uffnemen, sol das fúr die visitierer gebracht werden, die sóllen sy richten und ob ir ainer oder sie baid nit volgen wólten, sie absetzen und straffen und annder an der abgesetzten statt schaffen gewelt werden.

a Capittel v] Capittel v *E*; *fehlt S1* **b** mit welen] mit welen *S1*; mit wóllen *E* **c** strauff] strauff *S1*; straff *E* **d** vom] vom *S1*; von *E* **e** und] und *S1*; von *E* **f** er] er *S1*; *fehlt E* **g** wúrden] wúrden *S1*; werden *E* **h** strauff] strauff *S1*; straff *E* **i** vermanen] vermanen *E S1*; vermehren *MOSER*

[52] Vgl. STATUTA [GENERALKAPITEL], fol. 32^v–37^r: *De privatis fratrum exerciciis, studio, confessione, communione, collacione, meditacione, contemplacione, recollectione, misse audicione.*

[53] Vgl. STATUTA [GENERALKAPITEL], fol. 68^r–72^r: *De prepositi electione.*

[54] Vgl. STATUTA [GENERALKAPITEL], fol. 72^r–75^v: *De officio prepositi.*

[55] Vgl. STATUTA [GENERALKAPITEL], fol. 95^v–99^r: *De satisfactione pro culpis iniungendis.*

Item es sollent die priester und cleric ledig sten und kains ußwenndigen wercks oder regierung sich unnderwinden, sonnder in gehorsam des propsts Gott getrúwlich dienen, studieren, schriben[a] und gaistlicher úbung anhanngen, wie das ir stattuten ußwisen,[56] es were dann ettwas sonderlichs[b] ainem von dem propst uff begerung des maisters bevolhen[c].

Sie sollen ouch nit sónnderlich und haimliche gesellschafft mit den laybrüdern[d] haben, noch zú inen in ire zellen oder gemach gon on erloubung des propsts. Deßglichen ouch die laybrúder zú den priestern oder clericen nit geen sollen on erloubung des maisters.

[E A₈ᵛ] Und uff das sie ainannder nit irren noch hindern, hand wir ir[e] yegklichem den gaistlichen fúr sich, und den laybrúdern fur sich, geordnet sonnder gemach und húser, doch alle in ainem beschluß, darinn sie ain yeder von dem anndern ungehindert ir wonung und úbung hon sóllen, doch sóllen sie hon ain gemaine kirch zú dem gótlichen dienst, und ainen gemainen refentall[57], da sie all by ainannder essen sollen, sommer und winter, morgentz und aubentz.

Item die wyl der propst mit sinen gaistlichen brúdern nit aigens hon mógen, so sollen sie dest flyssiger von dem maister versehen werden nach aller notturfft mit claidung, bücher zú der kirchen, óch zu der lere, mit artzetten in kranckhait, ouch so inen gepúrt zú wanndlen mit zerung und anderm deßglichen nichtzit ußgeschlossen, und ob inen ettwas von erbfal oder gaben zúfiell oder sunst ettwas mit ir arbait verdienten, das soll durch den propst dem maister getrúwlich geanttwirt[f] werden, der das selbig fúrter glich anndern gůttern des huß soll bruchen in den gemainen nutz des huß, doch mit den erbfallen der gaistlichen brúder soll es gehallten werden nach statuten und ordnung des gemainen capitels.

Item ob jarzytten oder annder presenntz gestúfft wurden, den priestern und clericen och das táglich opfer was das ist, sol der propst innemen mit wyssen[g] des maisters, und mag der propst darvon zúrden der kirchen, **[fol. 9ʳ]** búcher und[h] annders zu nutz siner gaistlichen brúder nach sinem gefallen kouffen und bestellen, und dem maister davon rechnung tún, doch soll sólichs nit uß dem huß gebrucht werden. **[*E* B₁ʳ]**

Von der zal und geschicklichait der laybrüder Capittel vi[i]

Unnser will ist ouch und ordnen, das uffgenomen werden sóllen dryzechen[j] layenbrúder alle edel, zum minsten rittermessig in unnser herschafft Wirtemberg

a schriben] schriben *S1*; schreiben *E* **b** sonderlichs] sonderlichs *S1*; sonders *E* **c** bevolhen] bevolhen *S1*; befelhen *E* **d** laybrüdern] laybrúten *S1*; laybrüdern *E* **e** ir] ir *S1*; *fehlt E* **f** geanttwirt] geanttwirt *S1*; geantwurt *E* **g** wyssen] wyssen *S1*; wissen *E* **h** und] und *S1*; oder *E* **i** Capittel vi] Capittel vi *E*; *fehlt S1* **j** dryzechen] dryzechen *S1*; dreyzehen *E*

[56] Vgl. STATUTA [GENERALKAPITEL], fol. 32ᵛ–37ʳ: *De privatis fratrum exerciciis [...].*
[57] Refektorium.

sitzent, oder die unns oder unnser herschafft mit lanngen diensten oder alten lechens[a] pflichten verwanndt, und bißher wider unns und die herschafft Wirtemberg nit gewesen syen, und wa die zall unnder den selben nit erfünden würd, solt man die sunst von Schwaben und die im lannd zú Schwaben gesessen weren uffnemen. Doch wóllen wir unns in disem artickel die zall von den dreyzechen edeln uff zúnemen vorbehallten, die will[b] wir leben, darinn endrung zú tunde oder also beliben[c] zú lássen, wie unns das zú jederzyt gefallen würdet, als ouch nach unnserm tod propst und maister mit dem capitel tún mógen, wie sich das dann zu mal nach den lóffen notturfftigklich erhaischt[d].

Und über die zall der dryzechen edeln söllen och uffgenomen werden zwólff ersamer[e] burger usser den stetten unnser herschafft Wirtemberg, die nit allain uß armút, sonnder uß góttlicher lieb, och nit uß kranckhait, derhalb sie der gemaind untreglich werint, in dise brúderschafft begern, dann für die selben armen und krancken anndre[f] spital von unns und anndern in unnserm land gestifft sint.[58]

Item dise fünff und zwaintzig laybrúder, edel und unedel, sóllen sin fry und ledig von allen amptern, rechenschafften und verpuntnús, ouch kainer[g] fürsten, herren, noch stetten mit rát oder dienst pflichten verwandt, noch mit schulden oder unrechtem **[*E* B$_1$^{v}]** gůt, des widerkerung oder bezalung uff disen[h] stifft fallen mócht, beschwért sin, ußgenomen ob ainer hern oder stetten verbunden wér nit wider sie[i] zútúnd, das soll hieran nit irren. Und welche also in dise brúderschafft uffgenomen werden, es syen priester, cleric, edel oder burger, wie obstet, sollen die gaistlichen dem propst[j] und die layen, deßglichen ouch das gesúnd[k], dem maister globen, unnsern schaden, wa sie den sehen[l], hóren oder mercken zú warnen[m] getrúwlich, sich sol och kainer furohin mer niendert verpflichten, beschwéren, noch verbinden, weder mit rát, dienst, schulden[n] noch in annder weg.

Item die obgemelten laybrúder sóllen ouch ledig sin von elichen bannden, es were dann das die hußfrow in ain closter gieng, oder in sólichem alter und gnúglich versehen were, das sie one argwon und hillffs des mans und mit **[fol. 9^v]** urlob des bischoffs und glúpten[o] der kúnschait[p] nach ordnung des rechten in der welt pliben und ón argwon leben móchte.

Sie sóllen ouch ains gútten lúmbdens[59] und ains sólichen[q] erbers wesen sin, das zúversichtig sy, das sie fridlich[r], frúntlich und gedultigklich mit der gemaind und

a lechens] lechens *S1*; lehens *E* **b** will] will *S1*; weil *E* **c** beliben] beliben *S1*; pleiben *E* **d** erhaischt] erhaischt *S1;* eraischt *E* **e** ersamer] ersamer *S1*; erberer *E* **f** anndre] anndre *S1*; ander *E* **g** kainer] kainer *S1*; kainem *E* **h** disen] disen *S1*; disem *E* **i** sie] sie *S1 E*; *fehlt* MOSER **j** propst] propst *S1*; prost *E* **k** gesúnd] gesúnd *S1*; gesind *E* **l** sehen] sehen *S1 E*; *fehlt* MOSER **m** zu warnen] zu warnen *S1*; zu verwarnen *E*; zuerwarnen MOSER **n** schulden] schulden *E* MOSER; *fehlt S1* **o** glúpten] glúpten *S1*; geliepten *E* **p** kúnschait] kúnschait *S1*; keuschait *E* **q** sólichen] sólichen *S1 E*; *fehlt* MOSER **r** fridlich] fridlich *S1* MOSER; fridilch *E*

[58] Vgl. die ähnliche Argumentation bei BIEL, Tractatus de communi vita, fol. 10^r/10^v: *Exponunt doctores, quod illi sunt dicendi pauperes spiritu, qui voluntaria devotione et non misera necessitate facti sunt pauperes.*

[59] Leumund.

gehorsamlich nach den statuten, ordnung und satzung des huses sie antreffent[a] leben.

Unnder den fúnffundzwaintzig laybrúdern sol kainer sin under vierunddryssig jaren, es[b] wár dann das[c] erberkait und zucht sins lebens, und wanndlung in der welt gehapt, die zyt der jár ersatzte nach erkanntnús propsts, maisters und capitels, dann so móchten propst, maister und[d] capitel umb acht **[*E* B$_2$^{r}]** oder zechen jár mit ainem solichen dispensieren. Ob aber in disem anfang oder ouch hienach nit sovil edel oder ritterméssig uß den vorgemelten und in sólichem alter in dise brúderschafft begerten, also das die zall der edeln und rittermássig gebrechen hette, als dan zů erfúllung sólicher zal, mógen propst[e], maister und capitel, edel junge usser unnser herschafft Wirtemberg, doch nit unnder fúnffzehen jaren zúversúchen uffnemen, und ob das geschéch, sol der maister inen uß den laybrúdern ainen zuchtmaister[f] zúgeben, der sie zú gehorsam und tugenden zieche, und wann sie sibenzehen jar alt werden, und nit ee, und sie geschickt syen, mag man sie in nachgeschribner form zú profeß uffnemen und empfahen.

Item es sóllen ouch in uffnemung der dryzechen edeln und rittermessig in dise brúderschafft die notturfftigen, die ir leben wol und erberlichen herbracht, und nit narung hannd iren[g] staüt[h] zimlichen zú halten oder ire kúnder, ob sie die hetten, zúversechen und doch sunst wolgeschickt wérn, wie vorsteet, den wohlhabennden fúrgewanndt werden.

Wie die laybrüder uffgenomen und empfanngen söllen werden[60] Capittel vii[i]

Zu welicher zyt und wann ain lay, geschickt wie obsteet, edel und unedel in diß huß und brúderschafft begert uffgenomen zú **[*E* B$_2$^{v}]** werden, so soll er den propst und[j] den maister und sine rátbrúder bitten, das sie in umb Gottes willen uffnemen zú aim brúder, stát und pfrúnd geben, damit er mit inen móg Gott gedienen[k], sin sele verwaren, und sin leben besseren, und ist er ain geschickte person, wie vorsteet, und gebricht an der zal der brúder, so soll im der maister fúrhallten stifftung und ordnung des huses, und wie ain brúder darinn leben soll. Und sol in fragen, ob sin mainung sie, nach sölicher ordnung Gott dem herrn zú dienen, die welt lassen[l] und Gottes gefanngen[m] sin in keuschait[n] und gehorsam, **[fol. 10^r]** sin súnd zú bússen, und sin leben zú besseren. Und ist, das er anttwúrt, es sy sin gantze begúrde und maynung, so soll im der maister anttwúrten: „Uff das wir erkennen mógen,

a antreffent] antreffent *S1*; antreffende *E* **b** es] es *S1* Moser; er *E* **c** das] das *E*; *fehlt S1* **d** capittels … und] *S1 E*; *fehlt* Moser **e** propst] propst *S1*; prost *E* **f** zuchtmaister] zugmaister *S1*; zuchtmaister *E* **g** iren] iren *S1*; irem *E* **h** staüt] staüt *S1*; stant *E* **i** Capittel vii] Capittel vii *E*; *fehlt S1* **j** und] und *E*; *fehlt S1* **k** gedienen] gedienen *S1*; dienen *E* **l** lassen] lassen *S1*; laussen *E* **m** gefanngen] gefanngen *S1*; gefangner *E* **n** keuschait] keuschait *E*; kúnschait *S1*

[60] Vgl. Statuta [Generalkapitel], fol. 15^v–24^r: *De modo receptionis fratrum.*

ob din will und fürsatz uß ainem gútten gaist gang und bestenndig sy, so setzen wir dir ain zill, ainen monat oder zwen, das du dich wol durch súchest und bedennckest, dann macht[a] du widerkómen und aber als yetzund bitten." Kúmpt er zú dem gesatzten zill und bitt als vor, so mag im der maister noch ain zil setzen wie vor, und belipt[61] er bestendig und bitt zum dritten mál, ist er dann dem maister und capitel gefallig oder der maisten ménig, so sag im der maister zú, ain jar zúversúchen und setz im ain zyt, in der er kom, und dann sol der maister im das blaw claid one den mantel und on das zaichen sant Peters geben, und wann er also versúcht ist, und in ine propst, maister und capitel gehellen, sol ime der propst mit willen des maisters und capitels ainen sonntag oder hochzyt tag bestymen, an dem er gehorsame túe[b]. Und vor dem selbigen tag, soll er **[*E* B₃ʳ]** ain claur[c] lutter[d] gantz bicht aller siner súnd, der er gedennckcen mag, und von den er vor nit geabsolviert ist, tun dem propst oder ainem siner[e] brúder, dem er das befilhet, der in ouch unnderwisen soll, wie er sich Gott sóll uff[f] opfern und úbergeben, das er ainen sáligen anfang túe. Und uff dem bestimpten tag, vor dem ámpt der fronmeß in der brúder chor in gegenwirtikait propstz, maisters oder ir statthalter, priester und brúder sol derselb, der[g] gehorsam tún will, bitten propst, maister und convent umb ir brúderschafft, und sol der maister anttwúrten: „N., du haust gesehen und versúcht unnser leben, och erkonnet gesetzt und ordnung unnser brúderschafft des hailigen sant Peters, des fürsten der apposteln, bestáttigt von unnserm hailigsten vatter dem babst. Ist nún din will, also mit unns Got zú dienen, zú leben und zú belyben, bis in dinen tod?" Soll der N. anttwúrten: „Ja, es ist min gantzer will, und bitt umb Gotts willen, das ich also von úch, vatter und herr maister und allen brúdern uffgenomen werde." So anttwurt der maister: „Du wirdest Gott geloben in die hannd unnsers vatters und schwern wie hienach stat." Und so soll der bruder für den vatter knyen und sin hend gefallten legen in die hennd des vatters und globen und sprechen:

„Ich, N., brúder des hußs sant Peters, glob mit herlicher gelúpt, und schwer Gott dem allmechtigen, der rainen[h] mútter Gotts, Marien, sant Petern, allen hailligen und dir vatter an Gotts stát, bestenndikait, kúnschait[i] und gehorsam unserm gemainen capitel och propst, maister, die ye zú zytten syen und capitel **[fol. 10ᵛ]** diß stiffts nach innhalt und mainung der stattuten des gemainen capitells, sovil mich **[*E* b₃ᵛ]** die berúrnd, das ich ouch die verainigung der stifft und huser der weltlichen canonicen, clericen und brúdern in gemain lebende in obertútsch lannden von bápstlicher gewalt gesatzt und veraint[j] nach mim[k] vermogen handthaben, behútten und beschirmen wil."

a macht] macht *S1*; machst *E* **b** túe] túge *S1*; túe *E* **c** claur] claur *S1*; clare *E* **d** lutter] lutter *S1*; lautere *E* **e** siner] siner *S1*; sinem *E* **f** uff] uff *E*; *fehlt S1* **g** der] der *S1*; den *E* **h** rainen] raine *S1*; rainen *E* **i** kúnschait] kúnschait *S1*; keuschait *E* **j** und veraint] *E S1*; *fehlt* MOSER **k** mim] mim *S1*; meinem *E*

[61] bleibt.

[62] CORPUS ANTIPHONALIUM OFFICII 3,5327.

Und sol der nuw brúder diser gelúpt sin handgeschrifft geben, ob er annders schriben kan, oder kondte er nit schriben, so soll sölich schrifft durch ainen notarien, der darzú erfordert wurdet, gegeben werden. Und wann solich gelúpt also geschicht, so soll der vatter sprechen: „Und ich von wegen des erwirdigen maisters, min selbs und aller brúder dißs hußs, nym dich N. uff zú ainem ówigen brúder und gelid dis stiffts und hußs sant Peters und gemainen capittels und gib dir sin zaichen, das offenlich zú tragen zú gezugnús[a] diser diner profeß und gehorsami und mach dich tailhafftig alles gútten diß hußs und bruderschafft zyttlich und gaistlich im leben und im tod in dem namen des Vatters, des Sons und des Hailigen Gaists amen."

Und zú stund söllen vatter und[b] maister und alle brůder niderknieen, die gaistlichen lesen[c] den antifen *Veni sancte spiritus*[62], *Pater noster*, versicel und collecten, die darzú gehóren, und soll in dann der vatter fúren in den letsten stúl der brúder sins stannds, ist er ain gráff nach den graven, ain fry nach den fryen, ain ritter nach den rittern, ain edler nach den edlen, und ain burger nach den burgern, und sólich ordnung sol er halten in der kirchen, im capitel und im refectorium **[*E* B$_4$^{r}]** bis ain annder[d] sins stannds nach im uffgenomen wúrdet. Und so dises also geschehen ist, sol man die fronmeß anheben zú singen und in der selben meß sol der núw uffgenomen brúder das hailig sacrament empfahen zú ainem sáligen anfang und bestättigung sins gůtten hailigen fúrsatz und fúrohin sol er intretten in die zall der bruder und glich den anndern sins stands gehalten werden.

Item es soll och vlyßlich verhút werden im bitten, zúsagen und uffnemen der brúder, das nichtz[e] zyttlichs gútts von inen gevordert oder gehaischen werde, sonnder ain yegklicher soll bitten, das er umb Gotts willen werd uffgenomen, er soll och also luter[f] umb Gotts willen von propst, maister und convent on alle fúrwort uffgenomen werden und ganntz fry beliben, ob er ettwas zittlichs mit im bring oder nit, uff das kain befleckung der symony in den knechten Gotts gefunden werde.

Von wale des maisters und sinem ampt[63]
Capittel viii[g]

Man soll ouch usser den dryzehen edeln oder **[fol. 11^r]** rittermässig ainen setzen und erwelen[h], so dick das nott wúrt sin, zú ainem maister und obersten[i] in weltlichen geschéfften, hanndlungen und regierungen dißs hußs, dem selben alle laybrúder gehorsam sin söllen in allen dingen als hienach steet.

a gezugnús] gezugnús *S1*; getzeügknuß *E* **b** und] und *E*; *fehlt S1* **c** lesen] lesen *S1*; *fehlt E* **d** annder] annder *S1*; annderer *E* **e** nichtz] nichtz *S1*; nichtzit *E* **f** luter] luter *S1*; lautter *E* **g** Capittel viii] Capittel viii *E*; *fehlt S1* **h** erwelen] erwelen *S1*; erwelten *E*; erwehlen *MOSER* **i** obersten] obersten *E*; übersten *S1*

[63] Zur Stellung des Meisters im Stift Einsiedel vgl. oben Kapitel IV,3.4.3.

Item der maister soll alle gúlten deßs huß innemen, das huß und alle brúder, gaistlich und layen, nach notturft und vermúglichait des hußs, wie hernach steet, versehen ouch das gesind dingen und urlouben, rechnung von inen nemen, alle ding aigentlich tún, anschriben und von dem allem alle jar dem cappitel rechnung tún. **[*E* B_4^{v}]** Er soll ouch alle[a] laybrúder und das gesind regieren und inen vorgen, sie weisen uff haltung der gesetz und ordnung des hußs und die frávenlichen[b] úbertretter und ungehorsamen stráffen.

Item so dick not ist, ainen maister zú welen[64], so soll der propst ainen bestympten tag mit willen der brúder setzen zú der wáll, doch innerthalb dryssig tagen nach abschaiden des maisters von dem ampt und dar zú berúffen alle laybrúder des hußs, wa die wárent in dem bistúms, ouch zwen von sinen priestern, die die anndern priester darzú ordnent und zú solichem tag sollen ouch die visitierer beschriben werden, und uff den bestympten tag soll man vor der wal singen ain ampt von dem hailigen gaist und in der selben[c] meß alle, die da welen werden, das hailig sacrament empfachen und zú[d] stund nach der meße sol man gon zú der wale in die sacristie oder annder gelegen stat und ain yegklicher uß den genannten[e] probst, zwaien priestern des hußs und den laybrúdern sóllen welen ainen uß den dryzechen edeln oder rittermássig, der nach siner conscientz und vernúnfft in bedunckt der best und der nútzest sin zu regierung deß huß in ußwenndigen zyttlichen dingen zú der ere Gottes, vorgang der zucht und tugennden, hanntha-bung deß huß in siner ordnung und merung gaistlichs und zyttlichs gúts des huß, darzu sie och die visitierer flißlich mit ainer kurtzen vermanung vor der wale bewegen sóllent.

Die visitierer sóllen ouch die stym der welennden innemen mit notarien und gezúgen[65], und den, der da gewelt wúrdet, der gemaind verkúnden und infúren in die kirchen fúr den altar und im da das ampt empfelhen, **[*E* B_5^{r}]** also zú regiern, als er Gott darumb rechnung geben will, und úber in sprechen das gebet darzú dienende. Und sol da der erwelt schwern, sin ampt getrúwlich zú tragen nach ußwisung der ordnung desselben amptz, und dann sollent in die visitierer fúren in sinen stůl und im geben die possession.

Item zú stund sol man im zůgeben den vatter und zwen priester, die die priester darzú erwelen, und zwen **[fol. 11^{v}]** laybrúder, die die laybrúder darzú ordnen, onne derselben rát der maister dhain treffenlich sach, die nit hóret fúr das gemain capitel soll hanndeln, die im ouch gewúrtig[f] und so dick er ir bedarff getrúwlich beratten und beholffen sin sollent in siner regierung. Er sol sie ouch gedultiglich hóren und inen getruwlich folgen. Es sol ouch der maister kain sonnder gúlt oder rénndt von dem huß haben, sonnder von den gemainen fällen des hußs glich den anndern brúdern in aller notturft siner person und amptz versehen werden. Doch

a alle] alle *E S1*; die *Moser* **b** frávenlichen] frávenlichen *S1*; frevelichen *E* **c** selben] selben *S1*; selbigen *E* **d** zú] zú *S1*; von *E* **e** genannten] genannten *S1*; obgenanten *E* **f** gewúrtig] gewúrtig *S1*; gewerttig *E*

---

[64] Zur Wahl des Meisters vgl. oben Kapitel IV,3.4.3.
[65] (Ge-)Zeugen.

sol dem maister gehalten werden ain knecht, der uff in wart, mit im ryt, wa er in gescheffiten des huß zů rytten hát, den er bestellen und dingen mag nach sinem gefallen in des huß[a] costen und lon.

Der maister sol nit herschen unnder den brúdern, noch ouch sie beschwérn und unndertrucken, witter dann sie von statuten und gesetzten des huß verbunden sind, sonnder zú haltung der selben fruntlich und gúttigklich och so es not ist, strenngklich vermanen, zwingen und regiern und sol inen vorgan in demútikait, in tugenden und haltung aller ordnung des huß und darumb sol er glich sin den anndern brúderrn in claidung, essen, trincken, schlaffen, **[*E* B$_5$^{v}]** wachen und allen andern zúchten in kirchen und huß, sover in sin ampt daran nit hindert[b] oder ettwas sonnders zú gibt.

Item es sol ouch der maister zú dehainem mál úber hundert guldin an gelt by im in siner[c] gewalt von dem gemainen gút des huß haben, sonnder was darúber ist, sol er legen in die gemain kisten, deßglich mit brieff und annderm, das in die selbig kist gehört, als hienach steet.

Von dem cappitel diß stiffts[66]
Capittel viiii[d]

Der probst mit sinen priestern und der maister mit sinen laybrúdern, edeln, rittermessig und burgern, die gehorsam getón hond, sóllen machen und betútten[67] ain gantz cappitel, innhalt der bápstlichen bull[68], und was darinn von der maist mánig beschlossen wirt zú hail und fúrgang des huß und personen und zů halltung diser bruderschafft in iren gesatzten und ordnung, sol von vatter, maister und brúdern volzogen und gehallten werden, wann zú gehorsam des cappitels sint vatter, maister und alle brúder uß ir gehorsam verbunden.

Item in[e] dem capittel soll ain[f] yeder, vatter, maister und brúder, gaistlich und weltlich, so er gefragt wúrdt, in siner ordnung fry ratten und sagen mit demiettiger unnderwerffung siner mainung das best, das in bedunckt zů der ere Gottes, hail der brúder und nútz des huß, und so er sin mainung ußgesprochen hát, dhainen **[fol. 12^r]** anndern in sinen reden hindern und wa ainer unrúwig werr, sol im der vatter, ist er ain priester, oder maister, ist er ain laybrúder, gebútten zú schwigen, und ob er darúber wytter die anndern wolt irren und inen ir red brechen, **[*E* B$_6$^{r}]**

a huß] huß *S1*; gotzhuß *E* **b** hindert] hindert *S1*; verhyndert *E* **c** siner] siner *S1*; sinem *E* **d** Capittel viiii] Capittel viiii *E*; *fehlt S1* **e** in] in *S1*; zú *E* **f** ain] ain *S1 E*; *fehlt* MOSER

[66] Vgl. STATUTA [GENERALKAPITEL], fol. 99^r/99^v: *De capitulo domestico seu particulari.* – Vgl. oben Kapitel IV,3.4.4.

[67] bedeuten.

[68] Vgl. HStA Stuttgart, A 522, U 1 (Vgl. Kapitel VI,2.1): *[...] qui omnes et singuli etiam sint membra eiusdem ecclesie una cum preposito et canonicis predictis unum et idem capitulum ecclesie et domus huiusmodi constituentes et representantes [...].*

sol er zú dem máll uß dem cappitel geschlossen oder im annder straff uffgelegt werden nach dem sin ungedult erfordert.

Und ob im cappitel ettwas gehanndelt wurd antreffent ain sonnderlich person, sie wár vatter, maister oder capittel brúder, so sol die selbig person diewyl ußtretten, uff das die anndern dest fryer ir maynung mógent sagen.

Item das capittel sol viermall im jar gehallten werden, alle frytag in der fronfasten[69] vor oder nach mittag, wie das die zyt aller bequemlichest lyt, und in den selben sol man reden von haltung der bott[a] Gottes und stattuten und ordnung diser brůderschafft, von fúrgang und hindergang, gaistlichen und zyttlichen, des huß und der personen und on forcht ain yegklicher sagen in siner ordnung[b], was er in den obgeschriben dingen gemerckt hát, und sóllen vlißlich alle erkannte gebrechen gestrafft und gebessert werden.

Item úber die vier cappitel, so dick ain brúder gaistlich oder weltlich nach sinem versúch jar soll uffgenomen werden, sol vorhin das gantz capitel der inhaimschen[c] personen versamelt und jegklichs stym gehórt werden von zúlaussen[d] des versůchten brúders[e] und nach der meistemenig[f] der stymen sol er zúgelássen oder im die statt und pfrúnd abgeschlagen und versagt werden.

Item in der gemainen jar rechnung des maisters soll ouch das gantz capittel des huß versamelt werden und vor den die rechnung geschehen, damit man allzyt wissen móge, wie das huß stand.

Item in mergklichen grossen sachen, als grosser ówiger koúff oder[g] verkouff, swéren anligenden sachen **[*E* B$_6$^{v}]** dem huß oder person, die vatter, maister und ráts brúder nit allain úber sich nemen wóllen, und so dick sie des begerent, sol das gantz capittel versamelt werden.

Item was in dem capitel in rátz wyß gesagt wúrt, das sol verschwigen belyben von allen und yegklichen by der gehorsam und glúpten, die sie Gott und dem huß getan hand in der profeß, bis solichs erloubt wúrdet zú offenbaren.

Item in dem capitel sol dis ordnung gehalten werden. Sint es gaistlich sachen, darumb es gemacht ist, so soll der vatter die fúrlegen, oder der maister, so es weltlich sachen sind. Und so die fúrgelegt werden, sol ainer uß den brúdern darzú geordnet, umbfragen, zum ersten den vatter, darnach den maister und darnach ainen gaistlichen brůder, nach dem selben zwen layenbrůder, ainen[h] nach dem anndern. **[fol. 12^v]** Nach den zwayen laybrúdern aber ainen gaistlichen brúder, nach dem selben aber zwen laybrúder und also fúrohin biß zú dem letsten nach der ordnung, die sie habent in der kirchen und refental. In den vier ordenlichen capiteln soll der vatter fúrlegen, warumb die gemacht syen, und in dem capitell der

a bott] bott *S1*; gebot *E* **b** personen und ... siner ordnung] *S1*; und ain ieglicher on forcht sagen in seiner ordnung *E* **c** inhaimschen] inhaimschen *S1*; ynhamischen *E* **d** zúlaussen] zulaussen *S1*; zůzulassen *E* MOSER **e** brúders] brúders *S1*; brúdes *E*; bruoders MOSER **f** meistemenig] meistemenig *S1*; maist menig *E* **g** oder] oder *S1*; und *E* **h** ainen] ainen *S1*; ainem *E*

[69] Quatemberfasten.

rechnung der maister. Und in allen capiteln, so man anhept, sol der vatter vorsprechen[a] disen versicel: *Unnser hilff sy in dem namen des herren,*[70] söllent die anndern antwúrten: *der da gemacht hát hymel und erden*[71]. Und darnach die sachen angehaben werden, wie vorstet. Und was von den selben sachen und deren halb von yegklichem geredt wúrt[b], sol uffgenomen werden in rátswise und haimlich gehalten werden wie vorstet. **[*E* B$_7$^{r}]**

Von gehorsam[72]
Capittel x[c]

Es söllen alle laybrúder, edel und unedel, knecht und gesind, dem maister beraitte und willige gehorsam bewysen in allen dingen, die er gebút und haist nach ordnung und gesatzten diser brúderschafft on mürmlung[d] und widerrede. Es sollen ouch alle personen des huß, gaistlich und layen, in ine erwirdikait haben, ir hópter emplóssen, so sie mit im oder er mit inen redt, und in nit nennen by sinem rechten aigen namen, so sie mit im reden, sonnder in nennen herr maister und betrachten, das sie die ere Gott erbietten, an des stat er inen gegeben ist, ain regierer in ußwenndigen zyttlichen dingen, deßglichen och dem probst der ir aller selen versorger ist und gaistlicher vatter und oberer.

Item ob den brúdern ettwas fúrbracht wúrd von gebrechen des maisters, soll der vatter und zwen edel laybrúder dem maister in sonderhait sólichen gebrechen fúrlegen und sin antwúrt hóren. Und wér er schuldig, in bitten, das er solichs abstell und sich bessere, und wa er das nit tátte, so[e] sollent die obgenannten das fúr das capittel bringen und, ob es nott wáre, darzú die visitierer berúffen, die selben macht hand, den maister zú unnderwisen und, ob er nit volgen wolt, in zú straffen und zú entsetzen. Deßglichen sol och gescheen mit dem probst, wie das in der priester statuten gesetzt ist.[73]

Es sollen ouch die brúder ainer dem anndern[f] gehorsam sin, sonnder die jungsten den eltern, und ir brúderliche stráff und unnderwysung gúttlich uffnemen, **[*E* B$_7$^{v}]** nit widerbellen, sonnder ir schuld erkennen[g] und sich erbietten zú besseren.

Es sol ouch sich kainer unnderwinden inwenndig oder usswenndig des huß, ouch kainer den anndern in sinem ampt und geschefften irren oder maistern, es sy **[fol. 13^r]** im dann von dem maister sonnderlich befolhen. Es soll ouch kainer icht

a vorsprechen] vorsprechen *E S1*; versprechen *Moser* **b** wúrt] wúrt *S1*; wirt *E* **c** Capittel x] *E*; *fehlt S1* **d** mürmlung] mürmlung *S1*; mürmelung *E* **e** so] so *S1*; *fehlt E* **f** anndern] anndern *S1*; anderm *E* **g** erkennen] erkennen *S1*; bekennen *E*

---

[70] Ps 123,8: *Unsre Hilfe steht im Namen des Herrn, der Himmel und Erde gemacht hat.* Vgl. Ps 120,2.

[71] Ps 123,8. Vgl. Ps 120,2.

[72] Vgl. Statuta [Generalkapitel], fol. 43^r–44^r: *De obediencia.* – Vgl. oben Kapitel IV,3.5.5.

[73] Vgl. Statuta [Generalkapitel], fol. 61^r–68^r: *De officio visitatorum*, hier fol. 65^v. Vgl. außerdem Statuta [Generalkapitel], fol. 72^r–75^r: *De officio prepositi*, hier fol. 75^r.

haimlichs hanndeln in ußwenndigen dingen, das er wólt dem maister verbergen. Es sol ouch kainer sonnder gaistlich úbung hon ón rát und wissen des vatters, und ob er die hett, sol er berait sin, zú stund die selben abzústellen nach rát des vatters.

Von kúnschait[a] [74]
Capittel xi[b]

Uff das rainikait der hertzen und des lybs dester génntzlicher von allen brúdern, gaistlichen und layen, nach dem sie Gott gelobt hand, gehallten werd, so soll nimermer ainich frowen person in den beschluß des huß inngan[c] oder darinn gelassen werden ußgenomen die frowen des lannds[75], ob die ain mál des jars und nit mer[d] darin begert, sol ir nit versagt werden mit iren jungkfrowen und personen, die sie ungeverlichen mit ir brecht, doch nit wytter dann in die gemainen gemäch und nit in sonnder zellen oder stúblin[e], och soll sie nach vesperzyt nit darinn beliben.

Es sóllen och alle brúder, deßglich das ganntz gesind ainen zichtigen wandel hán in worten, klaidung und geberden, och fliehen alle raitzung zú flaischlichen lústen[f], sie sollen ouch verhútten alle **[*E* $\mathbf{B_8}$ʳ]** haimliche gespréch, antasten und geselschafft wypplicher personen ußwenndig des huß und an allen enden.

Es soll och ain yegklicher brúder ain[g] aigen zell und schlaff stat haben, dar inn er allain zúchtiglich[h] sol ligen[i] und kainer by dem anndern.

Von gemainschafft zyttlicher gutter[76]
Capittel xii[j]

Alle gúllt, rénnd und fäll, ouch korn, win, gelt und all annder nútzung des huß sóllen sin der gemaind, propst, maisters und aller uffgenomen[k] brúder, gaistlicher[l] und layen, und sol ir kainer ettwas aigens oder tail davon haben, sonnder es sol alles in gemain gebrucht und ain yegklicher davon versehen werden nach siner notturfft durch den maister wie vorstet. Es mag aber wol ain yegklicher laybrúder, hat er ettwas von sinem erb, barschafft oder begabung der frund[m], solichs behalten,

a kúnschait] kúnschait *S1*; keüschait *E* **b** Capittel xi] Capittel xi *E*; *fehlt S1* **c** inngan] inngan *S1*; eingon *E* **d** mer] mer *S1*; me *E* **e** stúblin] stúblin *E S1*; ställen *MOSER* **f** lústen] lústen *S1*; lüsten *E* **g** ain] ain *E S1*; sein *MOSER* **h** zúchtiglich] zúchtiglich *S1*; züchtigen *E* **i** sol ligen] sol ligen *S1*; ligen sol *E* **j** Capittel xii] Capittel xii *E*; *fehlt S1* **k** uffgenomen] uffgenomen *S1*; uffgenomer *E* **l** gaistlicher] gaistlicher *S1*; gaistlcher *E* **m** frund] frund *E S1*; freundtschafft *MOSER*

[74] Vgl. STATUTA [GENERALKAPITEL], fol. 48ᵛ–50ʳ: *De continencia*. – Vgl. oben Kapitel IV,3.5.4.

[75] Die „Landesherrin".

[76] Vgl. STATUTA [GENERALKAPITEL], fol. 40ᵛ–43ʳ: *De proprietatis abdicacione*. – Vgl. oben Kapitel IV,3.5.2.

bruchen und nach sinem willen damit schaffen zimlich[a] zú der ere Gottes, trost der armen oder zu siner bequemlichait, ob er ettwas begert úber die gemain versehung des huß, er mag ouch damit sin testament machen, jarzyt, gotzdienst, zierd der kirchen hie oder annderswa oder allmúsen stifften, oder sinen frúnden oder der gemaind des huß geben nach sinem willen, als er des belonung von Gott begert. Doch ob er ettwas mit arbait im huß gewúnne, das soll des huß und in gewalt des maisters pliben, och wann er[b] von tods wegen abget, was dann hinnder im in dem huß fúnden wúrt an **[*E* B_8ᵛ]** biechern, hußrát, klaidung, klainet, gelt oder annders, was das wér[c], **[fol. 13ᵛ]** úber das er verschafft oder úbergeben hát, das soll alles dem huß beliben[d].

Es sol ouch kainer essen, trincken oder urtin[77] han ußwenndig der rechten zyt und stát on urlob des maisters, er wer denn kranck oder schwach.

Es sol ouch kainer von dem sinen[e] sonnderliche spiß lássen kochen fúr sich selbs und das in dem refental essen, noch ouch sonnder tranck fúr sich selbs[f] allda han, sonnder sich lassen geniegen mit der gemainen spiß und tranck des convents. Wolt er aber ain ere und pitantz[78] tún dem gemainen convent, das mag er tún mit urlob des maisters.

Wólt ouch ainer von den laybrúdern costlicher klayder han und von dem sinen bestellen von úberzog oder gefúll, das mag er tún, doch das es glich sie in gestalt und farb gemainer klaidungen und sinem stand geméß. Es soll ouch alle hoffart[g], úppikait und núwwyß vermitten pliben, dann allain sol darinn angesehen werden gelegenhait und notturfft der selben person und soll dannacht[h] geschehen mit wissen des maisters.

Item es soll sin ain gemaine kist wolverwart an ainem[i] schichern[j] ennde[k] mit[l] vier schlossen verschlossen, darinn ligen sol das gemain sigel des stiffts, brieff, fryhaitten, gelt und klainet der gemaind zúgehórig, und darzú sollen vier schlissel sin, der kainer on die anndern uffschliessen móg. Der selben schlussel ainen soll haben der vatter, den anndern der maister, den drytten ain priester und den vierden ain laybrúder, den die von den priestern und laybrúdern befolhen werden. **[*E* C_1ʳ]**

a damit schaffen zimlich] damit schaffen zimlich *S1*; zimlich damit schaffen *E* **b** er] er *S1*; ainer *E* **c** wér] wér *S1*; were *E* **d** beliben] beliben *S1*; pliben *E* **e** sinen] sinen *S1*; sinem *E* **f** sich selbs] sich selbs *S1*; sich *E* **g** hoffart] hoffart *S1* *Moser*; hochfart *E* **h** dannacht] dannacht *S1*; dannocht *E* **i** ainem] ainem *S1*; aym *E* **j** schichern] schichern *S1*; sichern *E* **k** ennde] ennde *S1*; ennd *E*; ort *Moser* **l** mit] mit *E S1*; und mit *Moser*

[77] Gesellschaft.

[78] Kleine Zusatzmahlzeit. Zur *pitantia* vgl. Zimmermann, Ordensleben und Lebensstandard, S. 45ff.

Von gebet und kirchengang der layenbrúder[79]
Capittel xiii[a]

Item es sollen ouch alle laybrúder alle tag in der kirchen sin by der fronmeß und vesper, sover sie gesundt sindt und nit durch bevelch des maisters gehindert werden. So das selb geschéch, sóllen sie doch sunst ain meß hóren.

Item an den fyrtagen sollen sie by allen zytten sin on by der mettin und prim. Deßglichen sollen sie sin by der wochenlichen vigili[b] und selmeß, die gelesen und gesungen wúrdt fur stiffter, brúder und gúttätter ainest in der wochen und dar inn sprechen als sich gebúrt fúr ain vigili, zú anndern vigilien sóllen sie nit verbunden sin, ußgenomen die vier vigilien in den vier fronfasten, die gewönlich fúr all brúder und woltätter gelesen werden, by den selben und och den nachfolgenden messen sie ouch sin und sprechen sóllen, als by den wochenlichen vigilien und messen.

Item es sollen alle laybrúder alltag[c] die siben zyt betten, fúr die mettin fúnffzechen *Pater noster* und sovil *Ave Maria*, fúr die laudes fúnff *Pater noster* und sovil *Ave Maria*, fúr die vesper zechen *Pater noster* und sovil *Ave Maria*, deßglich[d] zú der meß zechen *Pater noster* und sovil *Ave Maria*, fúr ain jegklich **[fol. 14^{r}]** clain gezyt nämlich prim, tertz, sext, non und complet fúnff *Pater noster* und sovil *Ave Maria*, und darzú zú der prim und der[e] complet den glouben.

Item fúr die selvesper fúnff *Pater noster* und *Ave* **[*E* C$_{1}^{v}$]** *Maria*, fúr die vigili[f] fúnffzechen *Pater noster* und sovil *Ave Maria* und fúr die laudes fúnff *Pater noster* und *Ave Maria*.

Item es sóllen alle laibrúder uff den ersten sonntag yegklichs monats bychten dem vatter oder aim[g] anndern uß den priestern, wem der vatter das befilcht, und zú den vier hochzyttlichen festen uff das fest corporis Christi und uff sannt Peter und sant Pauls[80], ouch uff aller haillgen tag, das hailig sacrament empfachen, und ob ainer das offter begert zú empfachen, sol im nach rat des bichtigers[h] nit versagt werden.[i]

Es sollen ouch alle brúder allwegen by der complet und dem salve regina sin und das wychwasser empfachen, und also schwigend yeglicher in sin zell an sin rúw gon, ußgenomen siechen und krancken.

a Capittel xiii] Capittel xiii *E*; *fehlt S1* **b** vigili] vigili *S1*; vigilienn *E* **c** alltag] alltag *S1*; alle tag *E* **d** deßglich] deßglich *S1*; deß glichenn *E* **e** und der] und der *S1*; und *E* **f** vigili] vigili *S1*; vigilien *E* **g** aim] aim *S1*; ainem *E* **h** bichtigers] bichtigers *S1*; bichterß *E* **i** Item es sollen … nit versagt werden] *S1 E*; *fehlt* MOSER

[79] Vgl. STATUTA [GENERALKAPITEL], fol. 24^{r}–32^{v}: *De divino officio et ceremoniis*. – Vgl. oben Kapitel IV,3.5.7.

[80] 29. Juni.

Von frid und aintrechtikait[81]
Capittel xiiii[a]

Item es sóllen all brúder, gaistlich und layen, uß góttlicher und brúderlicher lieb mit ainannder frúntlich und fridlichen wanndeln[b] als warlich brúder und kinder ains himelschen vatters, kainer sich úber den anndern erheben, sonnder gedenncken, das sy all glich von ainem ersten vatter Adam kommen und in glicher wiß geporn werden zú ainem ówigen leben, geschaffen sind durch ainen erlóser Cristum Jhesum unnsern herrn mit sinem hailigen plút und toud erkoufft und durch ain port des tods fúr das streng[c] gericht und urtail Gotts gon miessen, da kain unndeschaid sin wúrdet zwischen **[*E* C$_2$^{r}]** edeln[d] und unedeln[e], zwischen pfaffen und layen, rich[f] und armen, sonnder das ain yeder belonnung nemen múß nach sinen wercken, da wúrdt der arm Lazarus dem richen nach lust lebenden mann fúrgesetzt[82]. Ouch sollen sie bedencken, das sie all knecht sint[g] ains herrn, der die demůtigen erhöcht und die hochfertigen nidert.[83]

Es[h] soll ouch ir kainer dem anndern stoltz wort geben, unnamen, flúchen oder schelten, sonnder yegklicher sol den anndern in eren halten, und was ainer vom anndern begert, das sol er in frúntlich und umb Gotts willen bitten.

Es soll ouch kainer in des anndern zell gon, ouch nichtzit[i] darinn hanndeln, oder daruß tragen, dann mit wissen und willen des inwoners der zelle.

Es soll ouch ain jegklicher brúder verhútten nachred, belúmbdung[j] und alle wort und werck uß den unwill, zorn, nyd oder haß oder och ergernus entspringen mócht, und ob[k] uß menschlicher kranckhait zwen bruder mit ainannder zúrndten oder unains wúrden, so sollen sie nit unversúnet schlaffen[84] gon, sonnder nach der lere des herren vor der sonnen unndergang[l] ainer von dem annder verzichung begern und von hertzen verzichen.

a Capittel xiiii] Capittel xiiii *E*; *fehlt S1* **b** wanndeln] wanndeln *S1*; wandlen *E* **c** streng] streng *S1*; gestreng *E* **d** edeln] edeln *S1*; edlen *E* **e** unedeln] unedeln *S1*; unedlen *E* **f** rich] rich *S1*; rychen *E* **g** sint] sint *S1*; syen *E* **h** Es] Es *S1*; Item es *E* **i** nichtzit] nichtzit *S1*; nichtz *E* **j** belúmbdung] belúmbdung *S1*; belamidung *E* **k** und ob] und ob *S1*; und *E* **l** undergang] undergang *S1*; niddergang *E*

---

[81] Vgl. STATUTA [GENERALKAPITEL], fol. 44^r–46^r: *De mutua concordia.* – Vgl. oben Kapitel IV,3.5.3.

[82] Vgl. Lc 16,19–31.

[83] Vgl. Mt 23,12: *Denn wer sich selbst erhöht, wird erniedrigt, und wer sich selbst erniedrigt, wird erhöht werden.* Vgl. auch Iac 4,10.

[84] Vgl. Eph 4,26: *Die Sonne soll über eurem Zorn nicht untergehen.*

Von schwigen [fol. 14v] und reden[85]
Capittel xv[a]

Item es[b] sollen sich alle brúder vlysglichen hútten vor unnútzen worten und allem schwern. Ir reden soll sin schlecht „Ja, ja; nain, nain"[86] und nit **[*E* C$_2$v]** darzú sprechen „werlich", „by Gott", „by miner selen"[c] oder deßglichen. Dann alles schwern unnot ist sûnd und verbotten. Sie sollen sich[d] och hútten[e] von[f] allen nachreden und zú urtailen iren nechsten vor allen schamparn[g] worten, vor Gots lesterung, flúchen, schelten, spotten und allen lychtvertigen worten und reden. Der brúder reden sol sin von Gott, sinem hailigen lyden, von unser erlósung, und[h] besserung des lebens, von vermydung der súnden, von úbung aigen tugent, von dem tod, von der zúkúnfftigen urtail Gottes, von der pin[87] der verdampten und von sálikait der gerechten, von dem weg dahin zú komen, von dem leben und lere der hailigen, von der predig und dem lesen zú tisch und der glichen, man soll ouch zú allen zytten schwigen in der kirchen, es wár dann ettwas, das nottúrfftig wér zú dem dienst Gottes.

Item von der complet und salve biß morgens die frúmeß geschehen ist, ouch von dem zaichen zú tisch, biß das gratias gelesen wurdet, morgens und aubentz[i] sol niemands reden, es wer dann not. Zú anndern zytten und stetten ist erloubt, nutzlich zú reden.

Von essen und vasten[88]
Capittel xvi[j]

Item es[k] sollen alle, próbst, maister, priester, cleric und laybrúder in ainem refental essen, in dem sóllen[l] sin dry lannger tisch, ainer úberzwerch und zwen lanng den refental ab, der selben zwayer tisch ainer vor den fenstern, der annder dargegen úber, und sol an dem zwerch tisch, nechst am fenster sitzen der maister, und nach im am[m] selben tisch **[*E* C$_3$r]** die edeln[n] sovil sitzen mógen und die úbrigen den selben nach, an dem anndern lanngen tisch. An dem tisch vor den fenstern sol

a Capittel xv] Capittel xv *E*; *fehlt S1* **b** Item es] Item es *S1*; Es *E* **c** selen] selen *S1*; sel *E* **d** sich] sich *S1*; sie *E* **e** hútten] hútten *S1*; verhútten *E* **f** von] von *S1*; vor *E* **g** schamparn] schamparn *S1*; schamperen *E*; schandtbaren MOSER **h** und] und *S1*; von *E* **i** aubentz] aubentz *S1*; obentz *E* **j** Capittel xvi] Capittel xvi *E*; *fehlt S1* **k** Item es] Item es *S1*; Es *E* **l** sóllen] sóllen *S1*; selben *E* **m** am] am *S1*; an dem *E* **n** edeln] edeln *S1*; edlen *E*

---

[85] Vgl. STATUTA [GENERALKAPITEL], fol. 56v–57v: *De silencio et locucione.* – Vgl. oben Kapitel IV,3.5.11.

[86] Vgl. Mt 5,37: *Eure Rede aber sei: Ja, ja; nein, nein. Was darüber ist, das ist vom Übel.*

[87] Pein.

[88] Vgl. STATUTA [GENERALKAPITEL], fol. 50r–53r: *De refectione et abstinencia.* – Vgl. oben Kapitel IV,3.5.12.

oben sitzen der vatter und darnach die priester und cleric, und ob an ainem tisch[a] yemand úber blib, der schick sich an den anndern.

Item man sol yegklichem sin aigen múß oder suppen geben und zwayen zúsamen flaisch oder visch, man móch̆t aber das gebratten an yedem tisch in ainer schissel laussen umbgeen, doch sol man probst und maister ir yegklichem sin sonnder essen geben.

Item das essen sol uff aim brett in das refental getragen oder durch das kuchinfenster darin geschoben und von dem brett glich an[b] yegklichen tisch fúrgesetzt werden. Es sollen ouch die koch glich aim wie dem anndern ungeferlich anrichten, dem obersten als dem unndersten.

Item so man flaisch ysset, sol man morgens geben ain gemieß und zwayerlay gesotten flaisch, ettwa gesaltzen und grúns, ettwa gewirtzt und ungewürtzt, ettwan **[fol. 15ʳ]** ain voressen, kalbs kópff, krows oder annders und ain grún flaisch dar nach wie man das nach der zyt gehaben mag, ouch keß und frúcht nach der zyt.

Des aubents ain gemieß, ain voressen von kaltem oder warmem flaisch, trucken oder in ainer prúw und darnach ain gebrattes, keß oder frúcht nach der zyt.

Item so man nit fastet und doch nit flaisch ysset, **[*E* C_3ᵛ]** morgens ain suppen oder gemús, ain gericht von ayernn und ain gericht von vischen, grún oder dúrr, und so man die nit hon[c] móch̆t, ain ander gericht von ayern.

So man nit fastet und doch nit flaisch isset, am aubent ain suppen oder gemieß, ain par ayer und gebaches, keß und frúcht nach der zyt.

Item so man fastet, sol man geben zú mittag zwai gemieß, ain gericht von ayern oder dúrren vischen, hering, stockvisch, platyssen etc. und darzú grún visch, des aubentz zú collation ain klains stucklin von lepkúchen, ain nuß oder gebratten búren[d] oder óppfel der ains und nit mer, und darzú tranck. Wer aber plód oder krannck ist, dem sol man essen geben im siechhus nach rát sins bichtvatters, ouch mag man die obgeschriben gericht wanndlen[e] nach der zyt und beschaid des maisters.

Item alle tag so es zway nach mittag geschlagen hát, sol man das glocklin im refental lutten und dann sol man den brúdern, die das begern, im refental ains zú trincken geben deßglichen ouch vor der complet.

Item es sollen ouch alle laybruder die gebotten fastag der hailigen kirchen strenngklich fasten, ußgenomen die plóden und krancken und nit mer zú fasten **[*E* C_4ʳ]** verbunden sin. Doch die priester und cleric sollen halten ir ordnung mit fasten, wie sie das in iren stattuten[89] haben.

Item den advent sóllen sie all kain flaisch essen und allen mitwochen[f] durch das gantz jár.

Item so morgentz die ampt und aubenntz die vesper in der kirchen volbracht sint, soll der leser die kóch froigen[g], ob sie mit dem essen berait syen, und dann sol

a ainem tisch] ainem *S1*; ainem tisch *E* **b** an] an *S1*; ain *E* **c** hon] hon *S1*; gehon *E* **d** búren] búren *S1*; biren *E* **e** wanndlen] wanndlen *S1*; wandeln *E* **f** mitwochen] mitwochen *S1*; mittwoch *E* **g** froigen] froigen *S1*; frogen *E*

[89] Vgl. STATUTA [GENERALKAPITEL], fol. 50ʳ–53ʳ: *De refectione et abstinencia.*

er lütten ain glocklin darzú geordnet, daruff sich dann all brúder in das refental sóllen versameln, und so sie allso versamelt sint oder der mertail, soll der vatter oder der eltest priester, ob der vatter nit da wár, ain annder glocklin lútten, und dann sol ain yegklicher fúr den tisch an sin statt ston, und der vatter mit sinen[a] priestern[b] und clericen[c] das benedicite lesen, und so das gelesen ist, sol yegklicher brúder nach siner ordnung sitzen an sin statt und dann sol der leser anheben zú lesen[90] bis zú dem end des essens und soll lesen lut und verstentlich tutsche búcher dartzú geordnet, uß der bibel die hailigen ewangelien, von dem leben der hailigen, das altvatter búch und annder gúte **[fol. 15ᵛ]** lere, wie das der vatter zú yeder zyt zú nutz der bruder ordnet, doch soll all monat ainist die stattuten zú tisch gelesen werden. Man sol och mit stillhait und danckbarkait die spiß nemen und flyßlich uff die letzen[d] [91] mercken, uff das so der lib gespiset wurdet, uff das[e] die sele nit láre und hungerig plibe. Und so es zyt ist, sol der pater[f] oder maister dem leser ain zaichen geben, das er sprech: *Tu autem Domine miserere nobis*. Antwurtend[g] die brúder: *Deo gratias*. **[*E* C_4ᵛ]** Und dan soll jegklicher uffston an das ennd, do er gesessen ist, und sol ainer von den[h] priestern oder clericen das gratias lesen und darnach yegklicher in sin gemach oder geschäfft gon.

Item der[i] keller sol win und brott zú und von dem tisch tragen, und der beck im darzů helffen.

Item der stubenhaitzer soll das brett tragen und die anndern knecht sollen die spyß vom brett uff die[j] tisch setzen und zúglich vatter und maister und fúrher[k] zú tisch dienen, die tisch decken, trinckgeschirr weschen, yegklich ding dar setzen, wider uffheben und yegklichs[l] tún dahin das gehórt nach bevelch des maisters. Und nach dem der convent geessen hát, sóllen der leser, diener und koch mit ainannder im refental essen und niemends frombden zú inen ziechende[m].

Es soll ouch kainer von den brúdern ußwenndigs des refentals und ouch[n] zwischen den malen essen oder trincken annders dann wie vorstet, on sonderlich erloubung den gaistlichen vom vatter und den laybrúdern vom maister, ußgenomen krancken, oder die wanndeln wóllen oder gewanndelt hand, die bedúrffen nit erlóbens.

Item von ostern biß zú[o] sant Michels[92] tag sol man essen morgens zú nunen, von sant Michels tag bis in die fasten zú zechnen[p], am frytag úber jar zú zechnen[q],

a sinen] sinen *S1*; siner *E* **b** priestern] priestern *S1*; priester *E* **c** clericen] clericen *S1*; clerick *E* **d** letzen] letzen *S1*; letzgenn *E* **e** uff das] das *S1*; uff das *E* **f** pater] pater *S1*; vatter *E* **g** Antwurtend] Antwurtend *S1*; antworten *E* **h** den] dem *S1*; den *E* **i** Item der] Item *S1*; Item der *E* **j** die] die *S1*; den *E* **k** fürher] fúrher *S1*; furter *E* **l** yegklichs] yegklichs *S1*; ieglicher *E* **m** ziechende] ziechende *S1*; zichenn *E* **n** ouch] ouch *S1*; *fehlt E* **o** zú] zú *S1*; *fehlt E* **p** zechnen] zechnen *S1*; zehenen *E* **q** zechnen] zechnen *S1*; zehenen *E*

[90] Vgl. Statuta [Generalkapitel], fol. 53ʳ–54ʳ: *De lectione mense et lectore*. – Vgl. oben Kapitel IV,3.5.12.

[91] Lesung.

[92] 29. September.

und so man fastet, nach den aylffen, nachtz, winter und somer zú fúnffen. **[*E* C_5ʳ]** Es sóllen ouch propst und maister on mergklich ursach nit uß dem refental essen.

Von gastung[93]
Capittel xvii[a]

Item[b] das huß sol nit beschwert werden mit gastung, sonnder ob ain gaistlicher geordenter priester, gelerter oder ain gráff, fry ritter, edler oder sunst ain erber burger oder bekannter kámen, den stant und wesen zů beschówen, ouch ains yegklichen bruders frúnd in im[c] jar ain mál zú besehen, die sol der gastmaister erlich empfachen, das dem maister verkúnden und sie ainen tag und nit darúber in deß huß costen in dem gasthuß halten und versehen, er hette dann deß huß halb **[fol. 16ʳ]** ettwas da zú schaffen. Aber in dem beschluß des convent[d] sol kain gast úber nacht ligen oder schlaffen, man mag och ainen solichen ain mal oder zwai im refental mit den brúdern lassen essen, damit er sehen móge die ordnung der brúder.

Item es sol ouch kainer von den brúdern in das gasthuß zú den gesten gon, noch mit inen essen oder trincken, dann mit des maisters, oder ob sie gaistlich wáren, des vatters erlouben.

Item ob aim[e] brúder sin můtter, swester oder nache baß kám, die sol in des Hoffmans huß[94] sin by siner hußfrowen, die sol ir wartten, dahin sol man sie mit spis und tranck versehen, und da mag der brúder, dem sie zú hort, mit erloubung des maisters, ob er ain lay ist, oder ist er gaistlich, des vatters, mit sampt aim brúder, den im vatter oder maister zúgeben, **[*E* C_5ᵛ]** mit ir reden, doch nit mit ir das mál essen.

Item ob ainer unnser nachkomen yedes jars ain mál oder zway in das huß[f] komen und begern wúrd, ain nacht alda[g] zú sindt und der brúder leben[h] ze sehen, das solt im zú gelassen werden, doch das er nit úbernacht in dem beschluß des convents plib, und das das geschehe on des huß costen und schaden, und wir behalten unns selbs vor unnser leben lang das huß, das wir anfangs gebuwen und zú zytten darinn gewonet hand, das wir darinn sin mógen, wann wir wóllen, doch ón des stiffts schaden und so dick wir alda sin und mit den brúdern im convent essen werden, das wir zú unnserm willen behalten, so wollen wir das tún ón des huß schaden. Und so wir nit mer sint, sol es zú dem huß fúr ain gasthuß oder sunst, war zú probst, maister und convent das am besten bedunckt, gebrucht werden.

a Capittel xvii] Capittel xvii *E*; *fehlt S1* **b** Item] Item *S1*; *fehlt E* **c** im] im *S1* *Moser*; aim *E* **d** convent] convent *S1*; conventz *E* **e** aim] aim *S1*; ain *E* **f** huß] huß *S1*; *fehlt E* **g** alda] alda *S1*; ald *E* **h** leben] leben *S1*; weßen *E*

---

[93] Vgl. Statuta [Generalkapitel], fol. 91ᵛ–92ᵛ: *De hospitario*. – Vgl. oben Kapitel IV,3.5.15.

[94] Hierbei handelt es sich wohl um ein heute nicht mehr eindeutig identifizierbares Bedienstetengebäude im Umfeld des Einsiedels.

Dann wir wollen nit, das nach unnserm tod kainer unnser erb oder nachkomm wonung oder gerechtikait darzů haben sóllen.

Von allmůsen geben[95]
Capittel xviii[a]

Item[b] man soll getrúwlich allmúsen geben nach der zyt und vermuglichait[c] des huß, und sol der maistern uß den laybrúdern ainen almúßner setzen, der nach rát und bevelch[d] vatters und maisters daruber sin sol, das das táglich allmúsen ordenlich geben werd, furderlich huß armen lútten von den byligenden dorffern. Derselb almüßner[e] sol ouch versehen by koch und keller, das kain brot oder spiß **[*E* C$_6$^{r}]** zú unnútz verderb, sonnder, was úber blib, uffgehept und getrúwlich den armen ußgeben werd.

Von schlauffen und wachen[96]
Capittel xviiii[f]

Item[g] es sóllen alle brúder in ainem[h] schlaffhus und ain yegklicher in siner zell ligen und kainer by dem andern. Das selb **[fol. 16^v]** schlauffhuß[i] sol nachts nach dem salve beschlossen werden, das niemands daruß noch darin mag komen und morgens zú der mettin sol man das wider uffschliessen. Man soll ouch uff dem schlauffhuß[j] still sinn, damit kainer den anndern an siner ruw hindere.

Ouch sollen die laybrúder im sommer nit uber die fúnffe, und im wintter nit úber die sechsse schláffen, es werr dann ainer zú mettin gewesen und hett sich darnach wider gelegt, der mócht ettwas lennger schlauffen.

Von klaydung[97]
Capittel xx[k]

Item es sóllen vatter und maister und alle brúder, priester, cleric und layen versehen werden mit claidung, die gaistlichen nach iren stattuten[98], die laybrúder

a Capittel xviii] Capittel xviii *E; fehlt S1* **b** Item] Item *S1; fehlt E* **c** vermuglichait] vermuglichait *S1;* vermiglichait *E* **d** und bevelch] und bevelch *S1; fehlt E* **e** almüßner] armússner *S1;* almüßner *E* **f** Capittel xviiii] Capittel xviiii *E; fehlt S1* **g** Item] Item *S1; fehlt E* **h** ainem] ainem *E;* ainent *S1* **i** schlauffhuß] schlauffhuß *S1;* schlafhuß *E* **j** schlauffhuß] schlauffhuß *S1;* schlaffhuß *E* **k** Capittel xx] Capittel xx *E; fehlt S1*

---

[95] Vgl. Statuta [Generalkapitel], fol. 73^v. – Vgl. oben Kapitel IV,3.5.15.

[96] Vgl. Statuta [Generalkapitel], fol. 55^v–56^v: *De somno et quiete.* – Vgl. oben Kapitel IV,3.5.13.

[97] Vgl. Statuta [Generalkapitel], fol. 83^r–84^v: *De vestiario.* – Vgl. oben Kapitel IV,3.5.14.

[98] Vgl. Statuta [Generalkapitel], fol. 83^r–84^v: *De vestiario.*

mit wamaß, hosen, hembden, schúchen, unnderróck, bóltz und allen notturfftigen dingen, und darzú mit ainem blawen oberrock, lang biß uff die schúch oder úber halben waden, ain[a] mantell, cappen und hosen, alles plauw, und sol am obersten manttel uff der brust an der lincken sitten gestickt sin das zaichen sant Peters, zwen schlússel úber ainannder geschrenckt und daruff ain bäbstliche cron.[99]

Item in der kirchen und ußwenndig der bennen des **[*E* C$_6$^{v}]** huß sol kain laybrůder gon on den plawen mantel, sie werint dann in arbait, daran sie der mantell hinderte.

Item es sóllen alle klaider erberlich gemacht sin, schlecht, unzerhówen[100], vornen zú und ploßhait[b] bedecken, abgestellt all úppikait.

Es soll ouch kainer nimer usserhalben siner zellen ploß im wammaß gen, sonnder in aim lanngen erbern klaid, und ob er in aim gartten oder sunst schaffenn wólt, daran in[c] das lanng klaid hinderte, sol er ain túch umb sich gúrrten oder ainen schúrlútz antún, damit die schamhafftigen stett ganntz bedegkt syen. Ob aber ain laybrúder im ettwas sonnder klaider von dem sinen bestellen wólt, das sol geschehen wie hievor[d] stet in dem artickel *Von gemainschafft der zyttlichen gútter.*[101]

Zú vermidung mússigends[e] [102]
Capittel xxi[f]

Item die wil mússig gan ain mútter ist des lasters[103], so sol kain brúder mússig gon, sonnder allzyt[g] ettwas gútts schaffen, als betten, lesen, schriben, búcher binden, trewen[104], schnitzen, hobeln, stricken garn, zú vischen, vogeln oder hasen, wasser prennen, im garten schaffen und der glich, war zú ain yegklicher geschickt ist, doch alles mit erloubung des maisters.

a ain] ain *S1*; ainen *E* **b** unzerhowen vornen zú und bloßhait] *E S1*; ohnzerhauwen vornemen zu bóßhait *Moser* **c** in] in *S1*; im *E* **d** hievor] hievor *S1*; vor *E* **e** mússigends] mússigends *S1*; mússig gondes *E* **f** Capittel xxi] Capittel xxi *E*; *fehlt S1* **g** allzyt] allzyt *S1*; alle zit *E*

---

[99] Vgl. auch HStA Stuttgart, A 522, U 1 (Vgl. Kapitel VI,2.1): *[...] fratres seu conversi laici in signum devotionis [...] deferant in sinistro supremi eorum habitus seu vestimenti latere insignia sancte Romane ecclesie videlicet claves transversales cum corona sive infula papali supraposita [...].*

[100] Ohne Schlitz.

[101] Vgl. Statuten [Einsiedel], fol. 13^r–13^v.

[102] Vgl. Statuta [Generalkapitel], fol. 57^v–58^v: *De manuum laboribus.* – Vgl. oben Kapitel IV,3.5.9.

[103] Vgl. Walther, Nr. 39358: *Otium est mali operis initium.* Vgl. Statuta [Generalkapitel], fol. 57^v.

[104] drehen.

Von den ämptern zú besetzen[105] Capittel xxii[a]

Item[b] es sol der maister mit rát des vatters und rättbrúder setzen uß den laybrúdern ainen kuchenmaister[c] [106], der verman und be- **[fol. 17r]** schaid, was man zú yegklicher zyt kochen sol, und versehe, das die ding der kúchin zú stend, verwart werden.

[*E* C7r] Item deßglich[d] ain[e] oberkeller[107], ainen spichermaister[108], siechmaister[109], ainen claidermaister[110], ainen gastmaister[111] und ainen gartner[112] und obßmaister, und der glichen, damit die brúder ouch wissen mógen, wie das huß gút gehanndelt werd, und die selben sóllen ouch dem maister hillfflich sin, uff das im der last nit zú schwer werd.

Item es sol ain yegklicher brúder, dem ain ampt bevolhen wúrdt, das selb willengklich annemen und getruwlich nach befelch des maisters versehen und dem maister davon rechnung tún, ouch so er von dem maister des amptz erlaussen wúrt, sol er danckbar sin und mit willen abtretten.

Von beschliessung deß huß[113] Capittel xxiii[f]

Item[g] das huß soll allwegen beschlossen sin, und kain brúder uß dem circkel des conventz gon weder tag noch nacht on urlob, die gaistlichen des vatters und die laybrúder des maisters.

Item der vatter sol nit úber nacht ussen[h] sin on wissen des maisters und siner zwayer rátpriester, deßglichen[i] ouch der maister on wissen des vatters und der zwayer siner layen ratprúder, doch so sol weder vatter noch maister úber fúnff milen wit von dem huß ziechen on wissen und willen der vier rátbrúder. Gebúrt aber ainem[j], úber zwen monat ußzúsind, das sol geschehen mit verwilgung des

a Capittel xxii] Capittel xxii *E*; *fehlt S1* **b** Item] Item *S1; fehlt E* **c** kuchenmaister] kuchenmaister *E*; kuchimaister *S1* **d** deßglich] deßglich *S1*; deß glichen *E* **e** ain] ain *S1*; ainenn *E* **f** Capittel xxiii] Capittel xxiii *E*; *fehlt S1* **g** Item] Item *S1*; *fehlt E* **h** ussen] ussen *S1*; uß *E* **i** deßglichen] deßglichen *S1*; des gelich *E* **j** ainem] ainem *S1*; ainer *E*

---

105 Vgl. Statuta [Generalkapitel], fol. 61r–94r: *De officiis et officialium electione, confirmatione, auctoritate et constitutione.* – Vgl. oben Kapitel IV,3.3.4.

106 Vgl. Statuta [Generalkapitel], fol. 93r–94r: *De coco et ortulano.*

107 Vgl. Statuta [Generalkapitel], fol. 92v/93r: *De cellario.*

108 Vgl. Statuta [Generalkapitel], fol. 94r: *De custode granarii.*

109 Vgl. Statuta [Generalkapitel], fol. 84v–91v: *De infirmario.*

110 Vgl. Statuta [Generalkapitel], fol. 83r–84v: *De vestiario.*

111 Vgl. Statuta [Generalkapitel], fol. 91v–92v: *De hospitario.*

112 Vgl. Statuta [Generalkapitel], fol. 93r–94r: *De […] ortulano.*

113 Vgl. Statuta [Generalkapitel], fol. 58v–61r: *De itinerantibus.* – Vgl. oben Kapitel IV,3.3.16.

gantzen capitels, und ob sich ungeverlich begeb, das vatter oder maister ußgiengen in maynung vor nacht **[*E* C$_7$^{v}]** wider zú komen und doch gehindert wúrden, sollen sie, so bald sie anhaimsch komen, die ursach endecken den, mit der wissen sie sollten ußgangen sin.

Item wer in den sachen des huß ußwanndelt, der sol von dem huß verzert werden, und so er widerkompt, dem maister darumb rechnung tún und im[a] wider geben, ob im ettwas úberbliben wár.

Item alle, die da ußwanndelnt, söllent sich zichtengklich[b] und erberlich by den lúten halten[c] in worten und wercken, das davon nyemands billich geergert werde.

Von krancken, baden und lássen[114] Capittel xxiiii[d]

Es soll ouch sin ain siech huß, darinn die krancken, die nit mit rúw der anndern bequemlich in iren zellen mógen plyben, ir wartung haben, den soll ouch der maister gnúglich versehung[e] und wartung durch den[f] siechmaister bestellen, ouch artzat und artzny nach notturfft und fúrderlich denen, die von inen selbs nit haben, und sol kain zittlich gút der gesunthait der prúder fúrgesetzt werden. Es sol och niemands zú den krancken gan, dann siechenmaister, scherer und wer von dem vatter oder maister darzú beschaiden wúrdet oder[g] des sunst urlob hát.

Es soll ouch der vatter **[fol. 17^v]** grossen vlyß han, das die krancken zytlich bewart werden mit den hailigen sacramenten und was zú der seel[h] hail dient, wie das **[*E* C$_8$^{r}]** in den stattuten der gaistlichen[115] aigentlich geschriben ist, und also soll es mit allen brúdern gehallten werden, in kranckhait, sterben, begróbnús, begengknus und jarzyt.

Es soll ouch zú annder wartung, wann die kranckhait zü nympt, und man besorgt sterbens, ain priester geordent werden, der zú und abgang und den siechen brúder erman, der ding zú der salikait dienen und getrúwlich versech, das der kranck nit versompt werde.

Item[i] sóllen ouch die laybrúder, die ettwas aigens hand, vermant werden, ir testament zú machen, das zyttlich zú ordnen, damit nach irem tod kain irtung[j] entstand.

Item ob ain brúder uß rát des artzats bedorfft badens im Wildpad[116] oder anderswa, sol man mit im schicken ainen fúrsichtigen prúder, der sin wart, und hát

a im] im *S1*; in *E* **b** zichtengklich] zichtengklich *S1*; zúchtiglich *E* **c** halten] halten *S1*; gehalten *E* **d** Capittel xxiiii] Capittel xxiiii *E*; *fehlt S1* **e** versehung] versehung *S1*; versenhung *E* **f** den] den *S1*; die *E* **g** oder] oder *E S1*; der *Moser* **h** seel] seel *S1*; selen *E* **i** Item] Item *S1*; Item es *E* **j** irtung] irtung *S1*; irrung *E*

[114] Vgl. Statuta [Generalkapitel], fol. 84^v–91^v (*De infirmario*) und fol. 54^v–55^v (*De minucione et lotura*). – Vgl. oben Kapitel IV,3.5.17 und IV,3.5.18.

[115] Vgl. Statuta [Generalkapitel], fol. 84^v–91^v: *De infirmario.*

[116] Das seit 1345 nachweisbare Thermalbad in Wildbad im Schwarzwald (Lkr. Calw).

der kranck brúder von dem sinen nit zerung, sol im der maister die geben nach siner notturfft und nit zu úbrigem lust, davon sol der zúgegeben[a] brúder dem maister rechnung tún. Derselb soll ouch solich zerung von dem maister empfahen und ußgeben.

Item es sol ouch sin ain badstub mit ir beraitschafft, die man fur die laybrüder alle viertzehen tag und fúr die priester und cleric alle vier wochen ain máll wormen[b] soll, darinn man schamhafftigklich bedeckt mit costen oder umbgegúrten túchlin baden **[*E* C$_8$^{v}]** sol und sóllen des bads warten scherer, stubenhaisser und wen der maister darzú ordnet.

Man sol ouch zú viermalen im jar gemain aderlássen[c] halten umb sant Blasius tag[117], sant Philips und Jacobs tag[118], umb sant Bartholomeus tag[119] und umb sant Martins tag[120] uff ainen tag, den vatter und maister darzú bestymen, und uff den selben tag und zwen tag dar nach, mógen die bruder by ainannder gemain erbar ergetzung[d] haben, wie das in den statuten der priester geschriben ist.[121] Wer aber yemands usserhalb disen bestimpten zytten not zú lássen, das sol geschehen mit urlob des vatters, aym gaistlichen, und vom maister aym laybrúder und dann werden gehalten wie in der priester statuten geschriben steet.[122]

Von straffen der úbertretter Capittel xxv[e]

Item[f] es sol der maister ganntze macht haben, zú straffenn die laybrúder und och das gesinde mit beschaidenhait, nachdem die úbertrettung erfordert von empfelchnús[g] und mit rát des propsts, als mit abrechen des wins oder der spys, mit vasten oder mit ander[h] vermiderung[i] oder kestigung des libs, und ob die grósse der missetat erfordert mit dem kercker, doch mit rát der rátgeben. Deßglich der vatter tún sol mit **[fol. 18^r]** sinen gaistlichen brúdern, darzú im der maister, ob des not wer, helffen sol, und mógen baid, vatter und maister, anwisung nemen uß den stattuten der priester in dem capittel von underschaid der úbertrettung.[123]

a zúgegeben] zúgegeben *S1*; zúgebetten *E*; zugeben MOSER **b** wormen] wormen *S1*; wármen *E* **c** aderlássen] aderlássen *S1*; oderlassen *E* **d** ergetzung] ergetzung *E*; erzógung *S1* **e** Capittel xxv] Capittel xxv *E*; *fehlt S1* **f** Item] Item *S1*; *fehlt E* **g** empfelchnús] empfelchnús *S1*; entpfelhnüs *E* **h** mit ander] annder *S1*; mit ander *E* **i** vermiderung] vermiderung *S1*; vermidung *E*

117 3. Februar.

118 1. Mai.

119 24. August.

120 11. November.

121 Vgl. STATUTA [GENERALKAPITEL], fol. 54^v–55^v: *De minucione et lotura.*

122 Vgl. STATUTA [GENERALKAPITEL], fol. 55^v.

123 Vgl. STATUTA [GENERALKAPITEL], fol. 95^v–99^r: *De satisfactione pro culpis iniungendis.* – Vgl. oben Kapitel IV,3.5.5.

Von visitierung[124]
Capittel xxvi[a]

[*E* D_1^r^] Item es sol allen jar das huß an dem probst, dem maister und allen gelidern, gaistlich und laybrúdern zů ainer bestympten gelegen zyt visitiert werden. Die visitierer söllen sin zwen vátter des gemainen capittels, die das selb capittel[b] geordent hát zú visitieren gemainlich alle stifft und húser, laypriester in gemaind lebende in Obertútschland[c] verainigt. Die selben zwen söllent in sonnderhait alle und yegkliche brúder und gelid des[d] stifftz und huß verhören und erkonnen den stand, gebrechen und furgang des huß und der personen in gaistlicher zucht und ußwenndiger úbung, in haltung der obgeschriben gesetzt und sollen bekanntnús der personen[e] haymlich by inen halten[f], nit zú melden die person, was ain yetlicher[g] bekannt hab, aber die gebrechen sóllen sie, sovil not ist, im capitel offnen, nach ordnung und ußwisung der stattuten der priester in dem capitel von der visitierung.[125]

Item sy sóllen hóren rechnung des maisters, ußgab und innam[h], damit sie wissen mógen den stand des huß und was sie erkonnen, sollen sie haymlich by inen halten[i] und kainem ußwenndig des huß offnen, es trúg[j] dann not des huß dar zú oder gebott des rechten.

Item sie sollen alle gebrechen, die sie finden, straffen und alle unordnung wider zú rechter ordnung bringen nach iren stattuten, am[k] vatter, maister, amptbrúdern[l] und gemainen brůdern. Es sol ouch der vatter im capitel bitten umb erlassung des ampts und sin schlüssel den visitierern[m] übergeben. Deßglich **[*E* D_1^v^]** och der maister tún sól, so das geschicht, so mógen[n] die visitierer mit rát der capitel brúder, die zú welen hand, vatter und maister erlaussen irs ampts und ainen[o] tag setzen, annder zú wólen, oder mógen sie in iren[p] amptern lennger lässen und inen die wider befelhen[q], deßglich mógen sie in anndern amptern mit rát probsts[r] und maisters ouch tún.

a Capittel xxvi] Capittel xxvi *E*; *fehlt S1* **b** capittel] capittel *S1*; capitels *E* **c** Obertútschland] Obertútschland *S1* ober tütschenn landen *E* **d** des] des *S1*; dises *E* **e** personen] personen *E*; person *S1* **f** halten] halten *S1*; behalten *E* **g** yetlicher] yetlicher *S1*; ieglicher *E* **h** innam] innam *S1*; innemen *E* **i** halten] halten *S1*; behalten *E* **j** trúg] trúg *S1*; tring *E* **k** am] am *S1*; ainn *E* **l** amptbrúdern] amptbrúdern *S1*; amptbrúder *E* **m** visitierern] visitierern *E*; visitieren *S1* **n** so mógen] so mógen *S1*; mógen *E* **o** ainen] ainen *S1*; ain *E* **p** in iren] in iren *S1*; iren *E* **q** befelhen] befelhen *S1*; besehen *E*; bestehen *Moser* **r** probsts] probsts *S1*; probst *E*

124 Vgl. Statuta [Generalkapitel], fol. 61^r^–68^r^: *De officio visitatorum*. – Vgl. oben Kapitel IV,3.2.2.

125 Vgl. Statuta [Generalkapitel], fol. 61^r^–68^r^: *De officio visitatorum*.

Von dem gesinde[126]
Capittel xxvii[a]

Item[b] es sol och der maister mit rát und willen des vatters knecht dingen, die dem huß gemainlich dienen, ainen schafner oder berytter[c], der alle gúlt an[d] gelt, korn, win und annderm, was das huß vallen hát inbringen, und dem maister in sinen gewalt und nach sinem beschaid in kasten und keller getrúwlich antwúrten, und wo[e] sie den in unnser herschafft bekomen mógen, der sol[f] in von der herschaft **[fol. 18ᵛ]** zúgelassen und sins libs und annder ampter und gescheffit halb, ob er die hett, daran nit verhindert werden, es wer dann ain unverrechneter amptman oder sunst unns oder anndern schuldig, davon solt er sich vor[g] entledigen.

Item ainen keller, der brott, win[127], tranck und ops[128] und was dem keller zú steet, verwarn soll.

Item ainen[h] becken, der brott bachen und das dem keller fúrter überantwurten[i] sol.

Item zwen koch und ainen kuchenknaben[j].

[*E* D$_2$ʳ] Item ainen schnider[k], der bettgewand und was zú der klaidung gehört, bewaren sol.

Item ainen scherer, der den brúdern all[l] achtag scher und ouch der krancken und des bads wartte.

Item ainen portner, der uff und zú schliess die port des conventz[m] und niemand uß oder inláß, dann nach beschaid des vatters oder des maisters.

Item ainen stubenhaisser, der och den convent und refental keren und subern[n] sol.

Alle dise knecht sollen ston in gehorsam des maisters zů tún und zú lassen, was in der maister befilcht, getrúwlich und one widerrede. Doch so mag der maister mit rát und willen propsts und rátbrúder das obgeschriben gesind, och ir ampt wanndeln, meren, mindern und ordnen nach der zyt und lóff, der zúfell, zú nutz und fúrgang des hußs.

Item die obgeschriben knecht sollen ir wonung und zellen hon im convent und zú rechter zyt uß und in gon, das man inen nit dorff by nacht uff und zú schliessen.

Item ußwenndigs des convents soll der maister knecht und gesind mit rát als vor, wie das notturfft des buwes und des vechs[o] zú jegklicher zyt haischen wúrt und herfordern, bestellen.

a Capittel xxvii] Capittel xxvii *E*; *fehlt S1* **b** Item] Item *S1*; *fehlt E* **c** berytter] berytter *S1*; beiryter *E* **d** an] und *S1*; an *E* **e** wo] wo *S1*; wa *E* **f** sol] sol *S1*; so *E* **g** vor] vor *E*; *fehlt S1* **h** ainen] ainen *S1*; ain *E* **i** überantwurten] überantwurten *S1*; antwúrtten *E* **j** kuchenknaben] kuchibúben *S1*; kuchenknaben *E* **k** schnider] schnider *S1*; schneider *E* **l** all] all *S1*; alle *E* **m** conventz] conventz *E*; covents *S1* **n** subern] subern *S1*; seúbern *E* **o** vechs] vechs *S1*; vihes *E*

[126] Vgl. oben Kapitel IV,3.4.6.
[127] Wein.
[128] Obst.

[*E* D$_2$^{v}] Item wólt ainer uß den laybrúdern ainen aygnen knecht fúr sich selbs hon, der im hantraichung und wartung tát, und der[a] by im in siner zellen wer, das sol im zúgelássen werden, doch also[b], das er desselben knechtz cost bezale, also, das das huß des kainen schaden hab. Und wer unnder den edeln ain gráff oder fryher, der zwayer knecht begert, sollen im ouch zúgelassen werden on schaden des hußs wie vorsteet. Doch sol derselb[c] knecht kainer sin unnder fúnff und zwaintzig[d] jaren. Und ob ainer uß sollichen[e] knechten ains bósen lúmbdens wer oder ain sonnder kranckhait hett und der solicher oder annder sachen halb der gemain unträglich wér, dem sol sin herr zú begerung des maisters urlob geben und mag ainen anndern uffnemen wievor.

Item alle weltlich knecht, sie syen der gemain oder ains brůders besonnder, sollen han erbare klaider, die sie vornen und hinden wol bedecken, und nimer bloß in iren wam- **[fol. 19^r]** massern vor den brúdern gon, sie weren dann in ettwas arbait, die sie in solichen klaidern nit volbringen konndten.

Item sie sóllen och alle dem maister globen, dem huß getrúw zú sinde und nichtz zú tůn davon das huß und och die brüder móchten zú sinden[f], schanden, laster oder bósem lumbden kommen.

Von stathaltern vatters und maisters[129] Capittel xxviii[g]

Item die will vatter und maister nit allweg in dem huß mogen sin, sol der vatter setzen ainen statthalter, den man nempt **[*E* D$_3$^{r}]** vicerector, mit verwilligúng des maisters, siner gaistlichen[h] brúder und der zwayen[i] layen brúder, der in gemainen sachen den vatter in sinem abwesen versehe und sinen gewalt hab. Deßglichen sol der maister ainen statthalter setzen uß sinen edeln brüdern mit verwillgung des vatters und der rát brúder, der in sinem abwesen in in tegenlichen[j] sachen vertrett und sinen gewalt hab, damit das huß nymer mer[k] on hópter und regierer sy.

Von statuten zú corrigiern und wesenlich houptstucken nit zú enndern Capittel xxviiii[l]

Dise hivor geschriben artickel und was in der bapstlichen bullen[130], deßhalb erlangt, begriffen und mit claren wortten darinn ußgedruckt ist, ist die mainung

a der] der *S1 E*; *fehlt* Moser **b** also] also *E*; *fehlt S1* **c** derselb] derselb *S1*; der selben *E* **d** fúnff und zwaintzig] fúnff und zwaintzig *S1*; xxv *E* **e** sollichen] sollichen *E S1*; selben Moser **f** sinden] sinden *S1*; sunden *E*; sondern Moser **g** Capittel xxviii] Capittel xxviii *E*; *fehlt S1* **h** gaistlichen] gaistlichen *S1* Moser; gaischlichen *E* **i** zwayen] zwayen *S1*; zweyer *E* **j** tegenlichen] tegenlichen *S1*; táglichen *E* **k** nymer mer] nymer mer *S1*; nimmer *E* **l** Capittel xxviiii] Capittel xxviiii *E*; *fehlt S1*

[129] Vgl. oben Kapitel IV,3.4.3.

[130] Vgl. HStA Stuttgart, A 522, U 1 (Vgl. Kapitel VI,2.1): *[...] qui secundum institutionem,*

diser unnser stifftung, und wóllen das nach der unnser mainung glichnuß die stattutten des gemainen capitels, die gemacht sindt oder furo gemacht, gemessigt und gesetzt werden, doch mit behaltnús dem selben gemain cappitel, das sie solich stattuten mógen corrigiern, bessern, meren und myndern nach zúfall der sachen und loffen der zyt, doch das die brúder nit witter beschwert werden und die substanntz furnámen und houptstuck diser stifftung und das ennd unnser maynung, als ouch in dem beschluß der genánntten[a] bapstlichen bullen[b] gebotten ist, belyb und in kainen weg geenndert werd, deßglichen hat der propst als das houpt macht, die selben stattuten, die nit antreffend die substantz und houpstuck[c] diser brúderschafft, gegen sonnderlichen brúdern zú miltern und mit inen dispensieren, **[*E* D_3^v]** wan das ir nott oder[d] redlich ursach haischt und ervordert, und wir behalten unns selbs vor, diwyl wir leben, das wir diser unnser maynung solich vorgeschriben enndrung tun mógen, doch mit rát und verwilligung propsts, maisters und capitels[e] diss unnsers stiffts.

Von schirm und hanthabung dieser stifftung Capittel xxx[f]

Ouch[g] wollen wir und behallten unns vor, das diser vorgemelt[h] stifft mit aller gerechtikait zú ewigen zytten in unnserm und nach unns in der herschafft Wirtemberg, welche dann Túwingen[131] innhan[i] werden, schirm sin und dehainer[j] anndern schirm haben oder annemen sóllen.

Item in sonnderhait wollen wir, das alle vorgeschriben artickel unnser maynung noch **[fol. 19v]** ouch die stattuten, die gemacht sint oder gemacht werden, kainen brúder zú súnden verbúnden sollent, sonnder zú zyttlicher stráff, wie das in den stattuten der priester clarlich begriffen ist.

Und damit dise stifftung dest formlicher und nach ordnung der recht mocht gescheen und dest bestenntlicher[k] belib, haben wir den erwirdigen in Gott vatter, unnsern lieben herrn und sonndern frúnd, herrn Thoman[132] bischoff[l] zú Costenntz[m] et cetera, in des bistúms dz huß und[n] diser stifft ist gelegen, flißglich erbetten, ouch zú disem unnserm fúrnámen zú komen **[*E* D_4^r]** dise vorgemelt

a genánntten] genánntten *S1*; *fehlt E* **b** bullen] bullen *S1*; bullen vor genant *E* **c** houpstuck] houpstuck *S1*; hauptstuck *E* **d** oder] oder *E S1*; und *Moser* **e** capitel] capitels *S1*; capitel *E* **f** Von schirm und hanthabung dieser stifftung Capittel xxx] *E*; *fehlt S1* **g** Ouch] Ouch *E S1*; und *Moser* **h** vorgemelt] vorgemelt *S1*; vorgemelter *E* **i** innhan] innhan *S1*; inhaben *E* **j** dehainer] dehainer *S1*; kain *E* **k** bestenntlicher] bestenntlicher *S1*; bestendiger *E* **l** bischoff] bischoff *S1*; bischoffs *E* **m** Costenntz] Costenntz *S1*; Kostentz *E* **n** dz huß und] dz huß und *E*; *fehlt S1*

statuta et ordinationem generalis capituli […] vivant devoteque Deo serviant nec ecclesia seu domus huiusmodi quavis auctoritate unquam in alium statum mutetur […].

[131] Tübingen (Lkr. Tübingen).

[132] Thomas Berlower, Bischof von Konstanz (1491–1496).

bápstlich bulle ouch die stifftung, dotierung[a] und begabung mit sampt der kayserlichen bestáttigung zú sehen und zú hóren, ouch zu erkennen, ob dise stifftung und dotierung nach lut der selben bull gnúgklich gescheen, und der bull damit gelept sy, ouch ain núwe pfar uff zú richtenn[b] und dar inn zú thún, sovil siner lieb gepúr[c] als ouch sin lieb gethon hát.

Und diewil wir dise stifftung fúrgenomen hond Got dem allmáchtigen zú lob, unnser, unnser vordern und nachkomen selen zů trost, ouch zú uffenthalt, nutz und gút, dem gemainen adel im land zú Swaben, unnsern stetten und den unnsern, so bitten wir alle mengklich[d] in dem zirckel des lannds zů Swaben disen stifft sannt Peters, und ouch propst, maister und convent diß huß an iren gúlten, guttern und an dem[e] irn kainerlay beschwerung, irrung oder intrag zú tún, sonnder, ob in sunst von jemands, wer der wére, irrung oder intrag geschech, oder zůgefúgt werden welt, darvór zů sinde und sie mit trúwer[f] hilff zú schirmen und vor schaden zů verhútten nach jegklich[g] besten vermógen. Daran wúrdet dem allmechtigen Gott ere bewyset[h], dem adell im land zú Schwaben, und unnsern stetten und unndertanen nutz, des sie och in ówikait belonet werden.

Und diser unnser stifftung zú befestigung und owiger gedáchtnús haben wir unser insigel wissentlich fúr unns, unnser erben und nachkomen hiean[i] tún henncken. Und **[*E* D$_4$^{v}]** wir Barbara, geborn margkgráfin von Mantow, gráfin zú Wirtemberg und zú Mimpelgart etc., bekennen als mitstiffterin offenlich, das der vorgenanndt unnser hertzlieber herr und gemachel dis hailig und loblich fúrnámen und stifftung mit unserm gunst, wissen und willen getan hat. Und wir gereden und versprechen, darwider nimer mer[j] zú reden oder zů túnd, deßhalb das in unnser widem gehórt hát wie vor steet, noch sunst, noch das zú tún schaffen in kain weg, und haben des zú urkúnd unnser insigel zú siner lieb insigel ouch tůn hencken, by allen disen dingen und hanndlungen **[fol. 20^r]** sint gewesen und in sonnderhait zú gezúgen darzú erfordert und gebetten.

Die erwirdigen, wolgebornen, edeln, ersamen, strenngen und vesten unnser lieb andáchtig oheimen getruwen und besonndern, nemlich herr Jórg abbt zú Zwifalten[133] und herr Bernhart abbt zú Bebenhusen[134], Bott grave zú Stolberg und zú[k] Weringen rod[135], Albrecht grave zú Hochenloch und zú Zigenhein[136], túmbherr zú Straßburg, Sygmund herr zú Valckenstain[137], doctor Hainrich Nitthart[138], cu-

a dotierung] dotierung *S1*; datierung *E* **b** uff zú richtenn] uffrichten *S1*; uff zú richtenn *E* **c** gepúr] gepúr *S1* gepurt *E* **d** alle mengklich] alle mengklich *S1*; allermenglich *E* **e** an dem] an dem *S1*; dem *E* **f** trúwer] trúwer *S1*; getrüwer *E* **g** jegklich] jegklich *S1*; yegklichs *E* **h** bewyset] bewyset *S1*; bewisen *E* **i** hiean] hiean *S1*; hierann *E* **j** nimer mer] nimer mer *S1*; nymer *E* **k** und zú] und zu *S1*; und *E*

[133] Georg Fischer aus Baach, Abt der Benediktinerabtei Zwiefalten (1474–1513).

[134] Bernhard Rockenb(a)uch aus Magstadt, Abt der Zisterzienserabtei Bebenhausen (1471–1493).

[135] Graf Botho zu Stolberg-Wernigerode (1467–1538).

[136] Albrecht II. von Hohenlohe.

[137] Sigmund von Falkenstein († 1533).

[138] Heinrich Neithardt d.J.

stor und túmbherr zú Costenntz und pfarrer zú Ulme, maister Reinhart Summer[139], licentiat, und herr Hanns Cúnrat von Bodman[140], baid[a] túmbherrn zú Costenntz, doctor Johanns Fergenhanns[141], propst zú Túwingen, Ludwig von Helmstorff[142], Jerg von Ehingen[143] und Wilhalm von Werdnow[144], hoffmaister, alle dry rittere[b], Baltassar von Ranndegk[145], hoffmaister, maister[c] Martin Brenninger[146], baider rechten doctor, maister Gregory Lamparter[147], doctor, Caspar von Lanndenberg[148], Burckhart Schenck von Castal[149], Ber[d] von Húrnhein[150], hußvogt, und Cunrat Tum von Núburg[151] und sunst vil annder erber lút gnúg.

Beschehen **[*E* D$_5$^{r}]** und geben in dem obgenannten unnserm huß im Schonbúch, der Ainsidel genannt, uff montag den dritten tag des monats September genannt[e], nach der gepurt Christi unnsers herrn, als man zalt vierzechen hundert núntzig und zway jare, kaysertúmbs des aller durchluchtigisten und großmechtigsten fúrsten und herrn, herrn Friderichs[152] des drytten keysers des names, siner kayserlichen regierung im ainen und viertzigsten jar, in der zechenden romischen zins zal, zú latin indicio genant.

a baid] baid *S1*; *fehlt E* **b** rittere] rittere *S1*; ritter *E* **c** maister] maister *E*; *fehlt S1*
d Ber] Bero *S1*; Ber *E* **e** uff … genannt] *S1*; *fehlt E*

[139] Reinhard Sommer.
[140] Hans Konrad von Bodman.
[141] Johannes Vergenhans, gen. Nauclerus (1425–1510).
[142] Ludwig von Helmsdorf.
[143] Georg von Ehingen (1428–1508).
[144] Wilhelm von Wernau († 1499).
[145] Balthasar von Randeck.
[146] Martin Prenninger (1450–1501).
[147] Gregor Lamparter († 1523).
[148] Kaspar von Landenberg.
[149] Burkhard Schenk von Castell.
[150] Bero von Hürnheim.
[151] Konrad Thumb von Neuburg († 1525).
[152] Friedrich III., röm. König und Kaiser (1440–1493).

3 Gabriel Biel: Tractatus de communi vita clericorum

Incipit tractatus Magistri Gabrielis Byell De communi vita clericorum[1]

[fol. 1r] Quesitum est a me pridem, unde ordo noster vel institutio communis vite clericorum, sub qua et in qua nos vivere dicimus, sumpserit exordium. Ad quam quidem questionem respondetur per declarationes infra scriptas tangendo et perstringendo breviter etiam non nulla, que ad hanc materiam concurrere videntur, sub correctione cuiuslibet sanius ac melius sapientis.

Primo igitur ad id, quo queritur, per illum terminum ordo, unde videlicet ordo iste sumpserit exordium. Respondetur distinguendo de illo termino. Ordo enim vel accipitur proprie et in principali sua significatione, secundum quam Augustinus libro 19 de civitate Dei dicit, quod *ordo est parium dispariumque rerum sua cuique loca tribuens dispositio,*[2] iuxta dictum Apostoli ad Romanos 13: *Que autem sunt, a Deo ordinata sunt.*[3] Et sic accipiendo et applicando istum terminum ordo ad modum vel formam **[fol. 1v]** alicuius honeste et ordinate vite dicimus nos habere vel gerere ordinem apostolorum vel discipulorum Christi vel sancte primitive matris ecclesie,[4] de cuius ordine vel modo vivendi scribitur Actis 4°: *Multitudinis credentium erat cor unum et anima una* in Domino, *nec quisquam eorum* de his, *que possidebat, aliquid suum esse dicebat, sed erant illis omnia communia.*[5] Nec *quisquam egens inter illos. Quotquot enim possessores erant agrorum* vel *domorum, vendentes afferebant precia eorum, que vendebant, et ponebant ante pedes apostolorum. Dividebatur autem singulis prout opus erat cuique.*[6]

---

[1] Dem Text liegt folgende Handschrift zugrunde: Den Haag, Königliche Bibliothek, Hs 75 G 58: *Tractatus Magistri Gabrielis Byell De communi vita clericorum.* Papier; 143 x 99 mm; 15. Jh.; Incipit [fol. 1r]: *Quesitum est a me pridem unde ordo noster vel institutio communis vite [...]*; Explicit [fol. 21r]: *[...] Que et satis ut arbitror sobrie sunt descripta et correctioni cuiuslibet sanum sapientis humillime submittenda. Finitur tractatus magistri Gabrielis de communi vita clericorum.* – Der Text wurde ediert von LANDEEN, William M.: Gabriel Biel and the Devotio Moderna in Germany. In: Research Studies of the State College of Washington 28, 1960, S. 79–95. – Zur Datierung und zum Inhalt vgl. oben Kapitel III,1.

[2] AUGUSTINUS, De civitate Dei 19,13. Ed. DOMBART II, S. 377.

[3] Rm 13,1: *Non est enim potestas nisi a Deo: Quae autem sunt, a Deo ordinatae sunt.*

[4] Vgl. GERHARD ZERBOLT VON ZUTPHEN, Super modo vivendi devotorum hominum simul commorantium. Ed. HYMA, S. 33: *Ergo sequitur, quod sit meritorium in hac parte primitivam ecclesiam imitari.*

[5] Act 4,32.

[6] Act 4,34–35. Vgl. Act 2,45: *possessiones et substantias vendebant et dividebant illa omnibus prout cuique opus erat.*

Vel accipe ly ordo improprie et[a] in significatione minus principali dumtaxat denominativa vel transsumptiva, quam usus et consuetudo loquendi introduxit, secundum quam illi dumtaxat dicuntur habere ordinem vel esse in ordine, qui sub[b] professione certe alicuius regule et susceptione habitus etiam religiosi solent nominari. Et secundam istam **[fol. 2r]** acceptionem simpliciter et cum omni libertate fatemur nos ordinem non habere, quia neque monachi sumus neque professionem facimus neque habitum alicuius religionis suscepimus, neque hoc scandalizabit aliquem, qui rem sane intellexerit. Quod si forte alicui displicet ista distinctio et contendere velit, quod potius e contrario distinguere debuerim, quemadmodum multos opinari non dubito, refero me ad scripta venerabilis magistri Johannis Gerson[7] cancellarii Parisiensis, qui in diffinitionibus sacri consilii Constanciensis similem distinctionem de isto termino religio dat.[8] In quo quidem consilio predicta institutio communis vite fuit proposita, examinata, probata et declarata precipue contra quendam Matheum Grabonensem ordinis predicatorum, qui dictum statum et modum vivendi in scriptis pariter et verbis temerarie impugnare presumpserit.[9]

a et] *eingefügt De* **b** sub] *eingefügt De*

[7] Johannes Gerson (Jean Charlier de Gerson) (1363–1429), 1395 Kanzler der Universität Paris.

[8] Gerson, Contra conclusiones Matthaei Graben. Ed. Glorieux X, S. 70–72: *Sola religio christiana est proprie, vere antonomastice dicenda religio; quam Christus observavit perfectissimo et summo modo. [...] Religio christiana potest absque voto obligante ad consilia perfecte immo perfectissime observari. [...] Sequitur secundo quod extra religiones factitias, potest aliquis cum voto simplici vel sine voto, christianam religionem in suis praeceptis et consiliis perfecte observare. [...] quoniam multis modis posset saecularis sicut et religiosus, vivere decenter et sufficienter in communi sine proprio, immo et nihil habendo nisi labores manuum suarum.*

[9] Magnum oecumenicum Constantiense Concilium. Ed. v. d. Hardt III, Sp. 106–121: *De rebus Matthaei Grabon Dominicani.* Ed. v. d. Hardt, III, Sp. 106–113 (= Gerson, Opera. Ed. Du Pin I, Sp. 470–474): *Cap. I. Conclusiones fratris Matthaei Grabon, Ordinis Praedicatorum, in sacro Constantiensi Concilio ad examinandum Martino V. oblatae.* Ed. v. d. Hardt, Sp. 112–115 (= Gerson, Opera. Ed. Du Pin I, Sp. 469–470): *Cap. II. Petri de Alliaco Cardinalis Cameracensis iudicium de causa fidei Matthaei Grabon, datum commissario Cardinali a Martino V. constituto.* Ed. v. d. Hardt III, Sp. 114–119 (= Gerson, Opera. Ed. Du Pin I, Sp. 467–468; = Gerson, Opera. Ed. Glorieux X, S. 70–72): *Cap. III. Johannis Gersonis Judicium seu propositiones de dogmatibus Matthaei Grabon.* Ed. v. d. Hardt, Sp. 118–121 (= Gerson, Opera. Ed. Du Pin I, Sp. 474): *Cap. IV. Matthaei Grabon revocatio et abiuratio praedictorum suorum articulorum et conclusionum.* Vgl. Johannes Busch, Chronicon Windeshemense. Liber de viris illustribus LVIII. Ed. Grube, S. 172: *Quidam enim de ordine praedicatorum frater Matheus Grabo nomine grande volumen ediderat contra devotos presbiteros clericos et beginas pariter in communi sine regula alicuius professione viventes.* Gerson, De perfectione cordis. Ed. Glorieux VIII, S. 118: *Fuit tempore Constanciensis Concilii quidam illic frater Ordinis Praedicatorum, asserens nullum esse posse in statu perfectionis, nisi tria vota cum professione solemni susciperet. Examinati doctores theologi obiecerunt de Christo, qui non illa vovit, immo nec apostoli omnes, nec discipuli, nec Virgo Maria. Nam in ecclesia primitiva, quando erant eis omnia communia, quando nullus egens erat inter eos, legitur quod uxores habuerunt multi; sicut ex Anania et uxore sua colligitur, et de Petro constat. Quid rursus, quod haec assertio statui praelatorum, qui dicuntur saeculares, detrahit, quas tria haec vota non fecisse constat.* Vgl. auch: Keussen, Hermann: Der Dominikaner Matthäus Grabow und die Brüder vom gemeinsamen Leben. In: Mitteilungen aus dem Stadtarchiv von Köln 5, 1888, S. 29–47. Wachter, Stephan: Matthäus Grabow. Ein Gegner der Brüder vom gemeinsamen Leben. In: Sankt Gabrieler Studien 8, 1939, S. 289–376.

Cuius scripta igni adiudi- **[fol. 2ᵛ]** cata et concremata fuerunt.[10] Ipse vero post revocationem dictorum ac scriptorum suorum[11] carceribus adiudicatus est prout in actis et processionibus consilii Constanciensis evidenter apparet. Distinguit igitur idem doctor de isto termino relligio dicens, quod *sola religio christiana est proprie, vere et anthonoma⟨s⟩tice*[a] *dicenda religio, quam Christus observavit* supremo *et perfectissimo modo.* Cetere autem *religiones abusive et improprie*[12] dicuntur religiones vel etiam analogice. Et allegat beatum Ancelmum, qui huiusmodi *religiones appellat facticias,*[13] quasi ab hominibus factas vel institutas. Et quamvis sancti patres non sine divina inspiratione huiusmodi religiones instituerunt, excellentior est tamen illa, quam Christus per se et immediate instituit. Que si in sua perfectione ab hominibus fuisset servata, non fuisset necesse huiusmodi religiones instituere cum appositione tot **[fol. 3ʳ]** tantarumque constitutionum ac coher⟨ci⟩tionum[b], penarum etc. Obiciet fortasse aliquis, quoniam huiusmodi religionum ingressus et professio regularis profitentibus suis meritum auget et statum altiorem reddit, quemadmodum multi ex doctoribus et presertim sanctus Thomas tenent, quod excellentius et *melius* sit vivere *ex voto, quam sine voto.*[14] Responde⟨n⟩dum[c], quoniam ait Persius[15]

a anthonomastice] anthonomastice *Gerson*; anthonomatice *De* **b** cohercitionum] cohertionum *De* **c** Respondendum] respondedum *De*

---

[10] Petri de Alliaco Cardinalis Cameracensis iudicium de causa fidei Matthaei Grabon. Ed. v. d. Hardt III, Sp. 114: *Propositiones sive conclusiones super quibus sit inquisitio habent fundamentum primae conclusionis principale quod est erroneum [...].* Sp. 115: *Sunt praeterea in dictis propositionibus multae clausulae appositae ultra praedictum principalem dundamentalem errorem, quod seculares non possunt vivere sine proprio, quae continent magnam temeritatem, scandalum atque proterviam [...]. Est ergo deliberatio mea quod propter ista et similia quae Tractatus vel Libellus a quo sunt extractae conclusiones seu positiones antedictae continet, damnandus est ut erroneus et temerarius et scandalosus, et ut dogma falsum, sacrae Scripturae contrarium et per consequens quod Tractatus est haereticalis et igni tradendus.*

[11] Matthaei Grabon revocatio et abiuratio praedictorum suorum articulorum et conclusionum. Ed. v. d. Hardt III, Sp. 118–121.

[12] Gerson, Contra conclusiones Matthaei Graben. Ed. Glorieux X, S. 70. Vgl. auch: Gerson, De religionis perfectione. Ed. Glorieux II, S. 233: *religio christiana sub uno summo abbate Christo sola est salutaris et perfecta.*

[13] Magnum oecumenicum Constantiense Concilium. Ed. v. d. Hardt III, Sp. 116. Gerson, Contra conclusiones Matthaei Graben. Ed. Glorieux X, S. 70: *[...] quales Anselmus vocat religiones factitias.* Gerson, De religionis perfectione. Ed. Glorieux II, S. 234: *[...] religiones, quas Anselmus appellat factitias. Quae, licet etiam multiplicibus modis variae sint, uniuntur tamen triplici voto, scilicet oboedientiae, castitatis et paupertatis [...].* Gerson, De perfectione cordis. Ed. Glorieux VIII, S. 120f.: *[...] religiones huiusmodi factitias nequaquam dare perfectionem, sed frequenter in contrarium eius quod intenderunt [...] quas Anselmus nominat factitias, quia factae videntur post institutionem legis evangelicae [...].*

[14] Thomas Aquinas, Summa Theologiae II.II.189.2. Editiones Paulinae, S. 1854: *[...] melius est quod aliquis voto se obliget ad religionis ingressum [...]. Cum de voto ageretur, unum et idem opus ex voto factum, est laudabilius quam si sine voto fiat.* Thomas Aquinas, Summa Theologiae II.II.88.6. Editiones Paulinae, S. 1456: *Dicendum quod triplici ratione facere idem opus cum voto est melius et magis meritorium quam facere sine voto.* Vgl. Gerson, De consiliis evangelicis. Ed. Glorieux III, S. 21: *Ex quo ulterius apparet, quod multa opera sine voto perfectiora sunt et meliora quam aliqua alia ex voto.*

[15] Persius, Saturae. Ed. Clausen.

velle suum cuique est, nec voto vivitur uno,[16] licetque unumquemque in hac re stare arbitrio suo atque uti libertate voluntatis sue, nec est quisquam invitus ad huiusmodi religionis ingressum cogendus, nisi forte quis ex demerito vite et excessu criminoso id facere cogatur. Quotquot igitur sunt, qui ad ardua scandere multaque et magna profiteri, *vove*re ac *redd*ere *Domino Deo*[17] suo possunt, laudamus eos omnique favore et honore prosequimur. Nobis interim satis est ad omnem perfectionem stare et vivere in libertate legis christiane *sub* **[fol. 3v]** *uno abbate Christo*[18] Ihesu servando pro posse primo quidem regulam preceptorum suorum, sine quibus non est salus,[19] deinde satagendo etiam mittere manum ad fortiora et *voluntarie sacrifica*re Deo[20] servando nonnulla ex consiliis evangelicis, que possumus.

In his vero, que non possumus, satius nos iudicamus non esse irretitos et obligatos voto vel professione strictiori, quamquam non usque quaque adeo libertatem proferamus, ut nihil omnino promittamus, de quo inferius latius tractabitur. Sumus itaque contenti sorte nostra *non alta sapientes, sed humilibus consentientes*[21] et *obedien*tes *verbo*[22] apostolico, quo suadet, ut *unusquisque in qua vocatione vocatus est permaneat.*[23] Quod si nonnulla ex observantiis religiosorum traducimus et assumimus in usum nostrum, spero in hoc nihil esse offensionis, sed edificationis plurimum. Licet non**[a]** utique esse monachum et nihilominus religiose vivere ut monachum.[24] *De bono* enim *opere* nemo *lapida*bitur.[25] **[fol. 4r]**

Utinam autem omnes homines, quantum possent, se religiosis in quibusdam salutaribus observantiis conformarent, quemadmodum sanctus Paulus optat dicens: *Volo* vos *omnes esse sicut*[26] ego sum, 1a ad Choryntios 7°.[27] Quod si non parum confert ad decorem domus Dei et ornamentum sponse sue ecclesie, quod multiplicibus *divisioni*bus *gratiarum Spiritus* Sancti fovetur, quod divinis *dispensat*ionibus

a non] *ursprünglich nach* utique *stehend, durch Verweiszeichen davor eingeordnet De*

[16] Persius, Saturae 5,53. Ed. Clausen, S. 20. Walther, Nr. 32949.

[17] Ps 75,12: *vovete et reddite Domino Deo vestro.*

[18] Gerson, De religionis perfectione. Ed. Glorieux II, S. 233: *religio christiana sub uno summo abbate Christo sola est salutaris et perfecta.*

[19] Ps 118,155: *longe ab impiis salus quia praecepta tua non quaesierunt.*

[20] Ps 53,8: *voluntarie sacrificabo tibi.*

[21] Rm 12,16.

[22] II Th 3,14.

[23] I Cor 7,20.

[24] Vgl. Gerhard Zerbolt von Zutphen, Super modo vivendi devotorum hominum simul commorantium. Ed. Hyma, S. 3: *Si autem premisse persone vivunt et cohabitant simul non collegialiter vel conventualiter sive per modum et ritum seu assumpcionem nove religionis, sed pocius per modum simplicis societatis et unionem fraterne karitatis, sic extra religionem in una domo et societate convivere et cohabitare est omnino licitum.* S. 18: *Non enim potest alicui prohiberi quin potest sancte et religiose vivere.* S. 28: *Non est autem dubium, quin liceat extra religionem [...] vivere in communi, ita videlicet, quod conviventes vel cohabitantes habeant quilibet rerum suarum administracionem et potestatem procurandi et alienandi, et tamen quod usum faciant communem [...].*

[25] Vgl. Io 10,32f.

[26] I Cor 7,7: *volo autem omnes homines esse sicut me ipsum.*

[27] I Cor 7,7.

multiformis gratie Dei[28] proficit et crescit, quod *multi*moda vocationum, *ordinum*, statuum et *graduum varietate*[29] letatur, ut ex hoc dicatur *regina* stare *a dextris* regis *in vestitu deaurato circumdata varietate*[30] et vel *stragulatam* vel *polimitam* sibi *fec*isse *tunicam*,[31] numquid non multum decoris sibi ex hoc accidere videtur, ut observantia huius communis vite, que iam prochdolor apud solos monachos et religiosos reperitur, etiam apud nonnullos observatores clericalis honestatis reperiatur? Atque etiam ita inter clericos servetur et salvetur ista regula- **[fol. 4ᵛ]** ris observantia, que primo omnium pro clericis est instituta, neque enim gratis a sanctis patribus sint scripta, que de hac salutari institutione passim reperiuntur et leguntur, dum videntur etiam alicubi esse in usu hominum, que leguntur in codicibus litterarum. Porro quam plurimos esse certissimum est, quibus religionis ingressus fortasse nec convenit nec expedit et nihilominus in seculari statu remanere eque periculosum est et perniciosum.[32] Siquidem pauci sunt, qui libertate proprie voluntatis et rerum suarum bene utantur. Quibus si precluderetur iste quasi *medius*[33] vivendi modus, quid aliud esse videtur, quam precludere eis *viam salutis*,[34] quam omnibus Christi misericordia constat esse apertam. Unde Salvator tales aliquos obiurgans in evangelio dicit: *Ve qui clauditis* regna *celorum ante homines! Vos enim non intratis, nec introeuntes sinitis intrare.*[35] Et quamquam sit *angusta porta et arta via, que ducit ad vitam*,[36] tamen in sancta ecclesia sunt multi perfectionis gradus, alii summi, alii medii, quidam **[fol. 5ʳ]** vero infimi. Quibus *dispensa*tio *multiformis gratie Dei*[37] omnibus consulit ad salutem, ut unusquisque pro viribus suis et pro mensura gratie, quam sibi mensus est Deus,[38] id eligat, quod sibi melius competere videbitur, atque id ex-

---

[28] Vgl. Eph 3,2: *dispensationem gratiae Dei*. Eph 3,10: *per ecclesiam multiformis sapientia Dei*. 1 Pt 4,10: *sicut boni dispensatores multiformis gratiae Dei*.

[29] Gerson, De religionis perfectione. Ed. Glorieux II, S. 233: *Religio christiana quamvis una sit, nihilominus distincta est multiplici et pulchra varietate graduum, meritorum et ordinum secundum operationem Spiritus Sancti, qui distribuit unicuique prout vult.*

[30] Ps 44,10.

[31] Prv 31,22: *Stragulatam vestem fecit sibi*. Gn 37,3: *fecitque ei tunicam polymitam*.

[32] Vgl. die ähnliche Argumentation bei Johannes Busch, Chronicon Windeshemense. Liber de origine devotionis modernae XLVII. Ed. Grube, S. 374: *[...] in seculo sunt persone sexus utriusque, que [...] a seculi vanitate converse [...] quamvis ad omnia evangelica consilia statim arripienda propter multa impediencia nondum dare se valent, vitam attamen sanctam a peccatis alienam [...] student observare.*

[33] Vgl. Gerhard Zerbolt von Zutphen, Super modo vivendi devotorum hominum simul commorantium. Ed. Hyma, S. 23: *Inter hos autem est status medius illorum, videlicet, qui, et si proprie non sunt religiosi, large tamen, quia pre clericis ducunt vitam sanctiorem, possunt dici religiosi, sicut vidue vel virgines in propriis domibus caste viventes, sicut confratres religiosorum et clerici seculares. Ymmo quicumque pre aliis devote conversantur, qui sicut secundum suum statum sunt medii ita ipsis congruit ut quamvis habitum monachalem non assumant, tamen secularem habitum mutent et humiliorem, simpliciorem, vel eciam viliorem deferant quam seculares.*

[34] Vgl. Act 16,17: *qui adnuntiant vobis viam salutis.*

[35] Mt 23,13: *Vae autem vobis scribae et Pharisaei hypocritae quia clauditis regnum caelorum ante homines vos enim non intratis nec introeuntes sinitis intrare.*

[36] Mt 7,14: *quam angusta porta et arta via quae ducit ad vitam.*

[37] Vgl. Eph 3,2: *dispensationem gratiae Dei*. Eph 3,10: *per ecclesiam multiformis sapientia Dei*. I Pt 4,10: *sicut boni dispensatores multiformis gratiae Dei.*

[38] Vgl. Eph 4,7: *unicuique autem nostrum data est gratia secundum mensuram donationis Christi.*

petat quisque, quod vel docente spiritu vel peritorum accedente consilio potius videbitur expetendum. Verissimum est poete verbum: *Non omnia possumus omnes.*[39]

Super premissis omnibus aliisque, que hanc materiam concernunt, legantur scripta dominorum cardinalium Aquilegiensis[40], Veronensis[41] et Cameracensis[42] una cum doctoribus sacre theologie numero duodecim, ad quorum examen ac definitionem ista materia delata fuit in supradicto concilio Constanciensi.[43] Quorum scripta et processus et definitiones usque hodie supersunt et legere volentibus supersunt. Facit ad hoc idem venerabilis magister Iohannes Gerson de perfectione cordis.[44] Item in tractatu de perfectione religionis,[45] que omnia propter prolixitatem vitan- **[fol. 5ᵛ]** dam presentibus inseri comm⟨o⟩de[a] non potuerunt. Illud pro presenti satis sit ammonuisse unumquemque, ne arbitretur et calumnietur nos adinventionibus propriis inniti, sed stare et vivere sub umbra eorum, quorum auctoritas et doctrina abinde nos defendere potest et tueri.

Subinde magis accedendo ad propositum dicimus, quod institutio vite nostre exordium et formam sumpsit a primitiva ecclesia. In quo[b] sub magistro Spiritu Sancto, qui tunc discipulis recenter missus erat, omnis perfectionis exemplar refulsit, quoniam in cordibus fidelium tantus devotionis et fidei zelus fervebat, ut omnia bona sua temporalia, aurum et argentum, *precia domorum, agrorum* vel quecumque huiusmodi in unum conferrent et *ante pedes apostolorum pone*rent[46] atque ita de communi erario singulorum necessita⟨ti⟩bus[c] provideretur. Unde sanctus Thomas quotlibeto quarto, questione 23ª: *Status,* inquit, *primitive ecclesie perfectissimus* **[fol. 6ʳ]** *erat.*[47] In cuius etiam preconium scribit venerabilis Beda: *Perfectum,* inquit, *vite magisterium est ecclesie primitive semper actus imitari illamque edificii spiritualis normam ad finem usque servare, quam* ab[d] *ipsis apostolis in fundamento fidei liquet esse propositam. Nec dubitandum, quia, quorum nunc vestigia sequimur, ad eorum in futuro sumus premia perventuri.*[48] Quam accepta autem fuerit quantumque placuerit Deo ista abdicatio proprietatis et institutio vite communis, patet per hoc, quod tam severa vindicta divinitus inflicta est his, qui primo huic communitati vitium pro-

a commode] commede *De* **b** quo] *so De* **c** necessitatibus] necessitabus *De* **d** ab] ab *De*; *fehlt Beda*

[39] Vergilius, Ecloga 8,63. Rec. Mynors, S. 21. Vgl. auch Walther, Nr. 18147.

[40] Antonius Pancerinus (Panciera), Patriarch von Aquileja (1402–1412).

[41] Angelus Barbadicus, Bischof von Verona (1406–1408).

[42] Pierre d'Ailly (Petrus de Alliaco), Bischof von Cambray (1397–1420).

[43] Vgl. zu den Verhandlungen auf dem Konstanzer Konzil Wachter, Matthäus Grabow, bes. S. 329–353 und Keussen, Der Dominikaner Matthäus Grabow. – Vgl. oben Kapitel II,2.1.

[44] Gerson, De perfectione cordis. Ed. Glorieux VIII, S. 116–133.

[45] Gerson, De religionis perfectione. Ed. Glorieux II, S. 232–245.

[46] Act 4,34f.

[47] Thomas Aquinas, Quaestiones Quodlibetales IV.12.1. Ed. Spiazzi, S. 88: *[...] praesertim cum in primitiva ecclesia omnium christianorum erat perfectissimus religionis status [...].*

[48] Beda Venerabilis, Homelia 16 (Post Ascensionem). CC 122, S. 300. Vgl. Gerhard Zerbolt von Zutphen, Super modo vivendi devotorum hominum simul commorantium. Ed. Hyma, S. 33: *Ergo sequitur, quod sit meritorium in hac parte primitivam ecclesiam imitari.*

prietatis[a] introducere voluerunt, *Ananias* videlicet et *Saphira,*[49] qui subita morte puniti sunt,[50] ut habetur Actis 5°.[51] Et ponitur in decretis 17 questione prima capitulo ⟨*Ananias*⟩[b]:[52] *Ananias* ⟨*Deo*⟩[c] *pecunias voverat, quas* primo *dyaboli victus persuasione subtraxit. Sed qua morte mulctatus est, sc*itis.[53]

Deinde, ne paulatim succedente tempore refrigesceret fervor iste devotionis et unusquisque ad vicium proprietatis deflecteret, etiam apostolica constitutione sanxitum est per sanctum Clementem[54] papam, qui fuit successor beati Petri, ut insti- **[fol. 6v]** tutio ista communis vite presertim ab omnibus clericis servaretur, ut notatur in decretis 12 questione prima capitulo *Dilectissimis*[55], quod pro utilitate presentibus inserere libet:

Dilectissimis fratribus et condiscipulis, Iherosolimis cum charissimo fratre et coepiscopo Jacobo habitantibus, Clemens episcopus. Communis[d] *vita omnibus* fratribus, *fratres, necessaria est, maxime his, qui Deo irreprehensibiliter militare cupiunt* ⟨*et*⟩[e] *vitam apostolorum eorumque discipulorum volunt imitari. Communis enim usus omnium,* ⟨*quae*⟩[f] *sunt in hoc mundo, omnibus esse debuit. Sed per iniquitatem alius dixit hoc esse suum, alius istud, et sic inter mortales facta est contentio. Denique* ⟨*Grecorum*⟩[g] *quidam sapientissimus, hec ita sciens esse debere, ait: Amicorum omnia* sunt[h] *communia.*[56] *In omnibus autem sunt et sine*

a et institutio … vitium proprietatis] *am Rand, durch Verweiszeichen eingefügt vor* introducere *De* **b** Ananias] *fehlt De* **c** Deo] Deo *CIC*; vero *De* **d** Communis] *folgt durchgestrichen* vita *De* **e** et] et *CIC*; *fehlt De* **f** quae] quae *CIC*; qui *De* **g** Grecorum] Grecorum *CIC*; eorum *De* **h** omnia sunt communia] omnia sunt communia *De*; omnia esse communia *CIC*

---

[49] Act 5,1.

[50] Act 5,5: *audiens autem Ananias haec verba cecidit et exspiravit.* Act 5,10: *[…] confestim cecidit ante pedes eius et exspiravit.*

[51] Act 5,1–11.

[52] C. 17, q. 1, c. 3. CIC, ed. Friedberg I, Sp. 812f.

[53] C. 17, q. 1, c. 3. CIC, ed. Friedberg I, Sp. 812f: *Ananianias Deo pecunias voverat, quas post diaboli victus persuasione subtraxit. Sed qua morte mulctatus est, scis.* Vgl. C. 12, q. 1, c. 2. CIC, ed. Friedberg I, Sp. 677: *Ananias autem vir austerus et Saphira uxor eius, quia mentiti sunt apostolis de pretio agrorum suorum, quos vendiderant, nobis praesentibus, in conspectu omnium circumstantium a conspectu apostolorum propter peccatum eorum et mendacium, quod fecerunt, mortui delati sunt ambo.*

[54] Papst Clemens I. (88–97).

[55] C. 12, q. 1, c. 2. CIC, ed. Friedberg I, Sp. 676f.

[56] Aristoteles, Ethica Nicomachea IX,8. Interprete Perionio (1540), S. 227: *Atque etiam eodem pertinent proverbia, unus animus, amicorum omnia communia, amicitia aequalitas […].* Vgl. Thomas Aquinas, In decem libros ethicorum Aristotelis ad Nicomachum expositio IX,8. Ed. Spiazzi, S. 488: *Sed et proverbia omnia consentiunt: puta, haec una anima, et communia quae amicorum, et aequalitas amici […].* Aristoteles, Ethica Nicomachea VIII,9. Interprete Perionio (1540), S. 200: *Et proverbium illud recte, amicorum bona communia, quando quidem amicitia in societate consistit. Sunt autem fratrum et sociorum omnia communia […].* Vgl. Thomas Aquinas, In decem libros ethicorum Aristotelis ad Nicomachum expositio VIII,9. Ed. Spiazzi, S. 438: *Et proverbium, communia quae amicorum, recte; in communicatione enim amicitia. Sunt autem fratribus, quidem et connutritis omnia communia […].* Vgl. auch Walther, Nr. 2994.

[57] Glossa ad C. 12, q. 1, c. 2. CIC (1671) I, Sp. 965: *Non quoad usum carnis, sed quoad usum obsequii, vel quoad dilectionem.*

dubio coniuges non quoad usum carnis, sed ad usum obsequii.[57] *Et sicut non potest, inquit, dividi aer neque splendor solis, ita nec reliqua, que communiter*[a] *data sunt ad haben-* **[fol. 7r]** *dum, dividi debere, sed habend⟨a⟩*[b] omnia *communia. Unde et Dominus loquitur per prophetam, dicens: Ecce quam bonum et quam iocundum habitare fratres in unum.*[58] *Istius enim consuetudinis more retento etiam apostoli eorumque discipuli, ut predictum est, una nobiscum et vobiscum communem vitam duxerunt. Ut bene nostis, erat multitudinis eorum cor unum et anima una* in Domino, *nec quisquam eorum aut nostrum aliquid suum esse dicebat, sed omnia illis et nobis erant communia, nec quisquam egens erat inter illos. Omnes* enim, *qui domos vel agros possidebant, vendebant eos, et precia eorum offerebant ante pedes apostolorum, sicut nobiscum quidam vestrum cognoverunt et viderunt, et dividebant singulis, prout cuique opus erat.*[59] *Ananias autem vir austerus et Zaphira uxor eius, quia mentiti sunt ⟨apostolis de pretio agrorum⟩*[c] *suorum, quos vendiderant, nobis presentibus in conspectu omnium circumstancium a conspectu apostolorum propter peccatum eorum et* **[fol. 7v]** *mendacium,* que[d] *fecerant, ambo mortui delati sunt.*[60] *Cetera, que de talibus novimus et vidimus* non *recordacione nec demonstratione digna sunt.*[61] *Quapropter hec vobis cavenda mandamus et doctrinis et exemplis apostolorum obedire precipimus, quia hi, qui eorum mandata postponunt, non solum rei, sed etiam extorres fiunt. Unde consilium dantes vestram prudentiam exhortamur, ut ab apostolicis regulis non recedatis, sed communem vitam ducentes ⟨et⟩*[e] *scripturas sacras recte intelligentes, que bene nostis, adimplere satagatis.*[62]

Et quamquam hec *communis vita* indifferenter omnibus suadeatur, precipue tamen eis, *qui in sortem Domini electi sunt,* hoc *est clericis,*[63] ut dicitur eadem questione prim⟨a⟩[f] capitulo *Scimus*[64]. Quomodo enim aliter impleri valebit illud consilium Domini: *Qui non renunciaverit omnibus, que possidet, non potest meus esse discipulus?*[65] Et quoniam glosa[66] super premissis aliisque capitulis dicit, quod canones isti **[fol. 8r]** *loquantur* vel *secundum* morem *primitive ecclesie* vel *de consilio vel de* talibus clericis, *qui tacite vel expresse renunciaverunt propriis,*[67] omnibus his tribus modis astringimus nos

a communiter] communiter *De*; communiter omnibus *CIC* **b** habenda] habenda *CIC*; habendum *De* **c** apostolis … agrorum] apostolis de pretio agrorum *CIC;* apostolo Dei precia agrorum *De* **d** que] que *De*; quod *CIC* **e** et] et *CIC*; *fehlt De* **f** prima] primo *De*

---

[58] Vgl. Ps 132,1: *Ecce quam bonum et quam iucundum habitare fratres in unum.*

[59] Act 4,32–35: *multitudinis autem credentium erat cor et anima una nec quisquam eorum quae possidebant aliquid suum esse dicebat sed erant illis omnia communia […] neque enim quisquam egens erat inter illos quotquot enim possessores agrorum aut domorum erant vendentes adferebant pretia eorum quae vendebant et ponebant ante pedes apostolorum dividebantur autem singulis prout cuique opus erat.* Vgl. Act 2,44f.: *et habebant omnia communia possessiones et substantias vendebant et dividebant illa omnibus prout cuique opus erat.*

[60] C. 12, q. 1, c. 2. CIC, ed. Friedberg I, Sp. 676f.

[61] C. 12, q. 1, c. 2. CIC (1671) I, Sp. 965.

[62] C. 12, q. 1, c. 2. CIC, ed. Friedberg I, Sp. 676.

[63] C. 12, q. 1, c. 9. CIC, ed. Friedberg I, Sp. 679.

[64] C. 12, q. 1, c. 9. CIC, ed. Friedberg I, Sp. 679.

[65] Lc 14,33.

[66] Glossa ad C. 12. CIC (1671) I, Sp. 963f.

[67] Glossa ad C. 12. CIC (1671) I, Sp. 964: *[…] loquuntur de consilio vel secundum tempus primitivae ecclesiae, vel de iis, qui tacite vel expresse renuntiaverunt propriis.*

ad observantiam huiusmodi vite communis. Et accepimus formam primitive ecclesie in auctoritatem et exhortationem consilii trahimus in obligationem precepti et gerimus nos pro his, *qui tacite* et *expresse renunciaverunt propriis*[68] et professionem communis vite susceperunt, nec aliquem in nostrum consortium recipimus, nisi expressa resignatione renunciaverit propriis et cautionem fecerit de non repetenda proprietate. Ad quem vel ad quos eodem capitulo *Scimus*[69] ita dicitur: *Quicumque vestrum communem vitam susceptam habet et vovit se nil proprium habere, videat, ne pollicitationem suam irritam faciat, sed hoc, quod Domino est pollicitus, fideliter custodiat, ne damnationem, sed premium sibi acquirat, quoniam sanctius est non vovere, quam post votum prout melius potest, non perficere.*[70]

Est et hec **[fol. 8ᵛ]** communis vita multis ex causis commendabilis et expetenda. Est enim ab inicio nascentis mundi instituta,[71] quando *usus* rerum *omnium communis omnibus* erat. Sed superveniente iniquitate *alius dixit hoc esse suum, alius istud, et sic inter mortales facta est divisio,*[72] ut supra patet in allegato capitulo *Dilectissimis.*[73] Est etiam a gentium prophetis, a philosophis[74] et a nonnullis eorum servata, ut in capitulo de voto paupertatis apostolorum, que in summa Anthonini 4ᵗᵃ parte titulo 12°,[75] item in glosa ordinaria Actuum 5°[76] et allegatur in glosa[77] *Tullius,* qui dicit: *Dulcisssima rerum possessio communis est.*[78] Et a Christo et primitiva ecclesia iterum instituta[79] et servata ut supra. Et a summis pontificibus pluries approbata, ut supra causa 12⟨a⟩**a** questione prima per totum.[80] Et a sanctis doctoribus et patribus

a 12ᵃ] 12° *De*

[68] Glossa ad C. 12. CIC (1671) I, Sp. 964.

[69] C. 12, q. 1, c. 9. CIC, ed. Friedberg I, Sp. 679.

[70] C. 12, q. 1, c. 9. CIC, ed. Friedberg I, Sp. 679. Vgl. Augustinus, In psalmum CXXXII enarratio, 2. CC 40, S. 1927: *Melius est autem non vovere, quam vovere et non reddere.* Vgl. Ecl 5,4: *multoque melius est non vovere quam post votum promissa non complere.*

[71] Vgl. Gerhard Zerbolt von Zutphen, Super modo vivendi devotorum hominum simul commorantium. Ed. Hyma, S. 37: *[...] quam usitatum semper fuit in communi vivere, non solum a principio ecclesie, sed a principio creacionis humane [...]. Hic enim modus vivendi incepit in statu innocencie in paradyso [...].*

[72] C. 12, q. 1, c. 2. CIC, ed. Friedberg I, Sp. 676.

[73] C. 12, q. 1, c. 2. CIC, ed. Friedberg I, Sp. 676f.

[74] Vgl. Gerhard Zerbolt von Zutphen, Super modo vivendi devotorum hominum simul commorantium. Ed. Hyma, S. 38: *Unde et multi philosophi cum super hoc modo scripturam seu legem scriptam non haberent; sola lex naturalis et lumen naturale eos persuasit, quod secundum hunc modum in communi vivere faceret amicicie et caritatis.*

[75] Antoninus Florentinus, Summa theologica Lib. 4, tit. 12, cap. 3 (De consilio paupertatis). Lyon 1542, $OOOO_5^r$-$OOOO_5^v$.

[76] Glossa ord. ad Act 4,32. Biblia 1506–08, VI, fol. 172ʳ: *Qui ita vivunt, ut sint omnia communia in Domino, cenobite vocantur, quod via tanto est felicior, quanto statum futuri seculi imitatur: ubi omnia communia quia Deus omnia est in omnibus: et quia ibi summa pax et securitas: civitas in qua typus huius vite precessit Hierosolimam id est visio pacis dicta est.*

[77] Glossa ad C. 12, q. 1, c. 2. CIC (1671) I, Sp. 964–966.

[78] Glossa ad C. 12, q. 1, c. 2. CIC (1671) I, Sp. 965.

[79] Vgl. Gerhard Zerbolt von Zutphen, Super modo vivendi devotorum hominum simul commorantium. Ed. Hyma, S. 39: *Quomodo autem hic modus vivendi in statu gracie sit, quodammodo a Christo innovatus, ab apostolis et eorum discipulis observatus et continuatus, superfluum est dicere.*

[80] C. 12, q. 1, c. 1–28. CIC, ed. Friedberg I, Sp. 676–686.

verbo et scripto commendata ut ibidem. Est et per sanctum Augustinum iterum renovata et reservata, ut in eodem capitulo *Nolo*[81] et capitulo sequenti,[82] et in sermonibus suis **[fol. 9r]** de communi vita clericorum[83] et in regula[84] sua, quam presumitur adversus clericos scripsisse et non ad monachos, licet postea a multis religiosis assumpta sit. Et licet sanctus *Augustinus* istam *constitutionem revocav*erit adhuc vivens propterea, quia vidit multos *transgressores* eius et minus malum iudicaverit revocare preceptum, quam non obedientibus augere transgressionis peccatum. Postea tamen eam iterum *confirmavit*[85] pro clericis suis, qui secum vivebant et constitutioni huic voluntarie obediebant, nam non revocaverat eam ut malam, sed ne vergeret in maius discrimen et periculum eorum, quos contravenire videbant, ut videtur in glosa *Nolo*[86] ut supra et eadem questio prima capitulo *Certe*[87] etc. Fecit itaque sanctus Augustinus in ea revocatione non quidem, quod ipse voluit, sed quod eum inobedientia clericorum et contumacia facere coegit. Quamvis autem, ut dictum est, ista constitutio revocata fuerit quoad eos, qui parere eidem recusabant, remansit tamen et servabatur apud **[fol. 9v]** plurimos, qui eidem in diversis Affrice partibus devota ac prompta voluntate obediebant, quemadmodum testatur sanctus Augustinus in multis scriptis suis, precipue in illo libro de moribus ecclesie catholice,[88] ubi inter cetera sic ait: *Quis non illos miretur et predicet, qui desertis ac contemptis mundi illecebris in communem vitam sanctissimam et castissimam congregati, ⟨simul aetatem agunt⟩*[a] *viventes in lectionibus, in orationibus,* in exerciciis spi-

a simul aetatem agunt] simultatem agunt simul *De*; simul aetatem agunt *Augustinus*

[81] C. 12, q. 1, c. 10. CIC, ed. Friedberg I, Sp. 679f. Vgl. Augustinus, Sermo 355 (De vita et moribus clericorum suorum I) 1–2, 5–6. PL 39, Sp. 1569f., 1572f. Augustinus, Sermo 356 (De vita et moribus clericorum suorum II) 14. PL 39, Sp. 1580.

[82] C. 12, q. 1, c. 11. CIC, ed. Friedberg I, Sp. 681f. Vgl. Augustinus, Regula I,3; IV,11. Ed. Verheijen, S. 418, 428.

[83] Augustinus, Sermo 355 (De vita et moribus clericorum suorum I). PL 39, Sp. 1568–1574. Augustinus, Sermo 356 (De vita et moribus clericorum suorum II). PL 39, Sp. 1574–1581.

[84] Augustinus, Regula. Ed. Verheijen, S. 417–434.

[85] Glossa ad C. 12, q. 1, c. 10. CIC (1671) I, Sp. 969: *[...] Augustinus fecit tres constitutiones. Primo constituit nullum ordinare clericum, nisi propriis renuntiet, sed quidem ut clerici fierent, propriis renuntiabant, quod postea male servabant. Quare Augustinus videns hoc esse multis occasionem peccandi, primam constitutionem retractavit [...] volens potius habere claudos, quam mortuos. Tertio iuxta voluntatem suorum clericorum primam constitutionem confirmavit.* Sp. 970: *Augustinus fecerat tres constitutiones: prima fuit, quod clerici non possunt habere propria, sed illa male servabatur et plurimi erant transgressores, ideo secundo revocavit eam [...]. Tertio de consensu clericorum suorum confirmavit primam constitutionem.*

[86] Glossa ad C. 12, q. 1, c. 10. CIC (1671) I, Sp. 969f.

[87] C. 12, q. 1, c. 18. CIC, ed. Friedberg I, Sp. 683. Vgl. Augustinus, Sermo 355 (De vita et moribus clericorum suorum I) 6. PL 39, Sp. 1573. Vgl. Glossa ad C. 12, q. 1, c. 18. CIC (1671), Sp. 974: *Augustinus fecerat constitutionem quandam, quod nullum ordinaret clericum nisi communiter viveret et propriis renunciaret et si inveniretur transgressor, deponeretur. Postea clerici renuntiabant et fiebant transgressores, quare Augustinus convocatis omnibus clericis suis mutavit constitutionem, quam fecerat, volens potius habere claudos, id est, propria habentes, quam hypocritas, id est, transgressores.*

[88] Augustinus, De moribus ecclesiae catholicae. PL 32, Sp. 1309–1378.

ritualibus; *nulla superbia tumidi, nulla* pertinacia[a] *lividi: sed modesti, verecundi, ⟨pacati⟩*[b] *concordissimam vitam et intentissimam in Deum, gratissimum* Deo *munus offerunt, a quo ista posse meruerunt?*[89]

Est etiam ista communis vita ab antiquis temporibus servata et continuata usque in presens in diversis Ytalie partibus a nonnullis clericis simul viventibus sub uno preposito et fulcito tytulo collegiali. Qui dicuntur et sunt canonici et representant collegium non quidem per distinctas prebendas aut partiales portiones, **[fol. 10r]** sed omnia habentes *in communi,*[90] quemadmodum canit capitulum extra de vita et honestate clericorum *Quoniam*[91] etc., questio 10ª capitulo *Quia tua*[92]. Ex quibus fuit unus bone memorie Eugenius[93] papa quartus. Hic cum ⟨a⟩[c] quodam de istis fratribus, qui ad eum de domo Monasteriensi missus erat, intellexisset, quod ista communis vita clericorum in inferioribus Almanie partibus resuscitata vigeret, admodum gavisus est multisque ex his, pro quibus supplicabatur, ad instar fratrum suorum canonicam et collegialem fundationem dedit multaque privilegia apostolica largitate concessit,[94] que postea a successoribus suis domino Calixto[95] papa tertio et domino Pio[96] papa secundo ampliata sunt et dilatata.[97]

a pertinacia] pertinacia *De*; pervicacia *Augustinus* **b** pacati] parati *De*; pacati *Augustinus*
c a] *hier muß wohl* a *ergänzt werden; fehlt De*

[89] Augustinus, De moribus ecclesiae catholicae XXI,67. PL 32, Sp. 1338.

[90] X 3. 1. 9. CIC, ed. Friedberg II, Sp. 450: *Statuimus ergo, ut, facultatibus ecclesiarum vestrarum atque proventibus et expensis etiam diligenter inspectis, certum in eis valeatis ponere numerum clericorum, et statuere, ut bona eorum veniant in commune, et in una domo vescantur, atque sub uno tecto dormiant et quiescant.* C. 12, q. 1, c. 8: *[...] hanc debet instituere conversationem, que in inicio fuit Patribus nostris, in quibus nullus eorum ex hiis, que possidebant, proprium habebat, sed erant illis omnia communia.* Vgl. Act 4,32.

[91] X 3. 1. 9. CIC, ed. Friedberg II, Sp. 450f.

[92] C. 12, q. 1, c. 8. CIC, ed. Friedberg I, Sp. 678f.

[93] Papst Eugen IV. (1431–1447).

[94] Heinrich von Ahaus hatte 1437 seinen Schüler Bernhard Dyrken an die Kurie geschickt, um Privilegien zu erwirken. Papst Eugen IV. bestätigte mit der Bulle vom 18. April 1439 die Brüderhäuser in Münster, Köln und Wesel, und gestattete, daß die bestehenden Kapellen zu Stiftskirchen erhoben und zugleich zu einem *collegium canonicorum* vereinigt werden sollten. DiözesanA Münster, GV U 1729. Druck bei Miraeus, Regulae et constitutiones, S. 11ff. – Vgl. auch die Erwähnung in den Hildesheimer Annalen: Peter Dieppurch, Descripcio quorundam eventuum circa domus nostre primariam erectionem et institucionem anno domini LXVIII. Ed. Doebner, S. 28: *Circa annos igitur domini MCCCCXXXVII a domino Hinrico rectore domus Fontissalientis in Monasterio fuit ipse missus ad curiam ad Eugenium papam ad acquirendum privilegia quedam pro majori confirmacione vite communis clericorum [...].* – Vgl. auch die Erwähnung Papst Eugens IV. als *benefactor domus nostrae* im Gedächtnisbuch des Fraterhauses zu Münster. Ed. Erhard, S. 113: *Dominus Eugenius papa quartus. Qui dedit nobis secundam confirmationem et solempne privilegium.* – Vgl. Löffler, Heinrich von Ahaus, S. 787ff. Höing, Kloster und Stadt, S. 97. – Vgl. oben Kapitel II,2.1.

[95] Papst Calixtus III. (1455–1458).

[96] Papst Pius II. (1458–1464).

[97] Johannes Busch, Chronicon Windeshemense. Liber de origine devotionis modernae XLI. Ed. Grube, S. 356: *Martinus enim papa quintus omnia paene privilegia capitulo nostro a romanis pontificibus legatis sedis apostolice et ordinariis locorum prius indulta ratificavit et approbavit [...]. Similiter fecit Eugenius papa quartus et alii apostolice sedis a latere legati, qui bona et utilia privilegia capitulo eciam

Demum etiam ista communis vita et abdicatio proprietatis est maxime meritoria, quia per eam impletur consilium evangelice paupertatis. Nam omnia *relin*quentibus promittitur dominico ore, quod *centuplum* sint *ac*cepturi *et vitam eternam pos*sessuri,[98] Mathei 19. Et alibi: *Beati pauperes spiritu: Quoniam ipsorum est regnum celorum,*[99] Mathei 5to. Exponunt doctores, quod illi sunt dicendi pauperes spiritu, **[fol. 10^v^]** qui voluntaria *devoti*one et *non* misera *necessita*te facti sunt pauperes.[100] Reddit etiam hominem immunem a multis peccatis, que contrahuntur ex amore rerum temporalium, quia rei familiaris cura sine peccato vix exercetur, ut patet in glosa. Est etiam paci et quieti vite temporalis magis accomoda, quemadmodum supra in glosa *Dilectissimis*[101] allegatur dictum philosophi: *Quietissimam vitam ducerent homines, si de medio sublata essent ista duo pronomina meum et tuum.*[102] Constat dictum Augustini supra in capitulo *Non dicatis.*[103] Docet etiam experientia quotidiana, quod multo quietius vivitur et expeditius servitur Deo a pluribus in unum habitantibus, si eis per unum dispensatorem de rebus necessariis providetur, quam si unusquisque provisioni proprie insisteret. Facit ad hoc Augustini regula[104] et confirmatur *exemplo Domini* nostri Ihesu *conversantis in terra,* cui cum apostolis suis per provisorem et dispensatorem de rebus necessariis providebatur.[105]

---

contulerunt, que in bullis et membranis habemus descripta. Vgl. MIRAEUS, Regulae et constitutiones, S. 1–22: Congregatio clericorum seu fratrum vitae communis. Cap. IV, S. 6f.: *Pius II. papa fundationem domus fratrum vitae communis in urbe Daventriensi et privilegia eis a Davide episcopo Ultraiectensi data confirmat anno 1462.* Cap. VII, S. 9f.: *Henricus Ahusius domum aliam in urbe Monasteriensi sitam anno 1431 donat clericis in communi viventibus Eugenio IV. papa approbante.* Cap. VIII, S. 10f.: *Eugenius IV. papa Daventriensem, Suollensem, Hulsbergensem seu Hattemiensem et alias clericorum seu fratrum vitae communis domos anno 1431 beneficiis afficit.* Cap. IX, S. 11–13: *Idem Eugenius IV. papa Monasteriensem in Westfalia, Coloniensem et Vesaliensem fratrum vitae communis domos anno 1439 variis privilegiis donat.* Cap. X, S. 13f.: *Idem Eugenius IV. et Pius II. Gandavensem fratrum vitae communis domum beneficiis afficiunt anno 1444 et 1462.* Cap. XI, S. 14f.: *Calistus III. papa Vesaliensem S. Martini domum suo diplomate firmat anno 1455.* Cap. XII, S. 15f.: *Idem Calistus papa Amersfordiensem S. Ioannis domum suis tabulis firmat, anno 1456.*

[98] Mt 19,29: *Et omnis, qui reliquit domum vel fratres aut sorores aut patrem aut matrem aut uxorem aut filios aut agros propter nomen meum centuplum accipiet et vitam aeternam possidebit.*

[99] Mt 5,3.

[100] GLOSSA ORD. ad Mt 5,3. Biblia 1506–08, V, fol. 18^r^: *Quia non necessitas, sed fides et devotio paupertas beatos facit ut contemptis omnibus Deo vivant.* Vgl. AUGUSTINUS, In psalmum CXXXVI enarratio, 9. CC 40, S. 1970: *Quam multi faciunt ista, ut distribuant res suas egenis, et fiant pauperes non necessitate, sed voluntate, sequentes Deum, sperantes regnum caelorum.* HIERONYMUS, Commentarius in evangelium secundum Matthaeum I. CC 77, S. 24: *Ne quis autem putaret paupertatem, quae nonnunquam necessitate portatur, a Domino praedicari, adiunxit, spiritu: ut humilitatem intelligeres, non penuriam. Beati pauperes spiritu, qui propter Spiritum Sanctum voluntate sunt pauperes.* THOMAS AQUINAS, Summa Theologiae II.40.3. Editiones Paulinae, S. 2066: *Sed in eo qui voluntarie pauper est, sicut fuit Christus, ipsa paupertas est maximae humilitatis indicium.* GERSON, De consiliis evangelicis. Ed. GLORIEUX III, S. 18: *Certum est autem quod paupertas non est laudabilis nisi ex hoc adiuncto quod est voluntaria.*

[101] C. 12, q. 1, c. 2. CIC, ed. FRIEDBERG I, Sp. 676f.

[102] GLOSSA ad C. 12, q. 1, c. 2. CIC (1671) I, Sp. 965. Vgl. WALTHER, Nr. 25317 h.

[103] C. 12, q. 1, c. 11. CIC, ed. FRIEDBERG I, Sp. 680f. Vgl. AUGUSTINUS, Regula I,3; IV,11. Ed. VERHEIJEN, S. 418, 428.

[104] AUGUSTINUS, Regula I,3. Ed. VERHEIJEN, S. 418.

[105] Iudas als „provisor" und „dispensator", vgl. Io 12,6: *et loculos habens ea quae mittebantur portabat.* Io 13,29: *[...] quia loculos habebat Iudas.* Vgl. AUGUSTINUS, In Iohannis evangelium trac-

Quomodo autem et quam ob causam iam **[fol. 11r]** novissime temporibus istis facta sit per Alemanniam innovatio istius vite communis clericorum, si quis scire desiderat, referam sub quanta possum brevitate verborum.[106] Fuit in inferioribus partibus Alamannie precipue in dyocesi Traiectensi[107] ante aliquot annos quidam magne auctoritatis vir et magister, nomine Gerardus[108], vita atque doctrina conspicuus, magnus zelator animarum et christiane religionis ferventissimus emulator, qui verbo et scripto et instancia predicationis, qua maxime claruit, multis profuit ad salutem. Unde ei accidit, ut pro sanctitate sue vite et claritate doctrine ab omnibus vocatus sit cognomento magnus. Huius itaque viri predicationibus et sanctis exhortationibus quamplurimi compuncti timore Dei atque emendande vite desiderio succensi cum iam ad contemptum mundi et religionis ingressum animum intenderent, dolenda eis ac miserabilis difficultas pretendebatur. Siquidem erat eo tempore universalis quedam deso- **[fol. 11v]** latio religionum ac monasteriorum per totam pene Alemanniam ita, ut pene nusquam inveniretur synceritas vite professioni regulari conformis raraque esset discipline regularis observantia. Que res multos ab ingressu religionis retraxit atque prohibuit. Quin etiam et ipse venerabilis magister Gerardus cum nonnullis aliis iamdudum conceperat propositum profitende religionis, si implendi desiderii sibi affuisset facultas, sed retraxit illum dissoluta vita eorum, quorum vitam et conversationem longe a professione sua distare vidit. Cum itaque *non inveni*ret, *ubi requiesceret pes eius*, excogitato consilio una cum sibi adherentibus presbiteris et clericis communem vitam instituere decrevit[109] et, quemadmodum de sancto Augustino legitur, *monasterium clericorum* mox *instituit et cepit vivere secundum regulam sub sanctis apostolis constitutam.*[110] Cumque indies multiplicaretur numerus perso- **[fol. 12r]** narum ad eum confluentium, ex diversis personis hincinde per civitates et regiones etiam sunt multiplicate

---

tatus 50,11. CC 36, S. 437: *Exemplum Domini accipite conversantis in terra. Quare habuit loculos cui angeli ministraverunt, nisi quia ecclesia ipsius loculos suos habitura erat.* Thomas Aquinas, Summa Theologiae II.II.188.7. Editiones Paulinae, S. 1849: *Et hoc Dominus, paupertatis institutor, docuit suo exemplo: habebat enim loculos Iudae commissos, in quibus recondebantur ei oblata [...]. Ex quo patet quod conservare pecuniam aut quascumque alias res communes ad sustentationem religiosorum congregationis eiusdem, vel quorumcumque aliorum pauperum, est conforme perfectioni, quam Christus docuit suo exemplo.*

[106] Vgl. Johannes Busch, Chronicon Windeshemense. Liber de origine Devotionis modernae. Ed. Grube, S. 245–375.

[107] Diözese Utrecht.

[108] Gerhard Grote (Geert Grote, Gerardus Magnus) (1340–1384). Vgl. Johannes Busch, Chronicon Windeshemense. Liber de origine devotionis modernae I (Quod magister Gerardus Magnus divinitus inspiratus et factus dyaconus auctoritate ordinaria predicavit). Ed. Grube, S. 251–253.

[109] Gn 8,9. Vgl. auch Johannes Busch, Chronicon Windeshemense. Liber de origine devotionis modernae II (Quomodo vita communis omnium congregacionum moderne devocionis primarium suum sumpsit exordium). Ed. Grube, S. 253–256.

[110] Iacobus a Voragine, Legenda aurea 124 (De sancto Augustino). Rec. Graesse, S. 554: *Qui statim monasterium clericorum instituit et coepit vivere secundum regulam a sanctis apostolis constitutam, de cuius monasterio fere X episcopi sunt electi.* Possidius, Vita Augustini 5. PL 32, Sp. 37: *Factus ergo presbyter monasterium intra ecclesiam mox instituit et cum Dei servis vivere coepit secundum modum et regulam sub sanctis Apostolis constitutam.*

huiusmodi congregationes. Neque hoc fiebat auctoritate et presumptione propria, sed accessit licentia et approbatio primo quidem ordinariorum, deinde etiam summorum pontificum videlicet domini Martini[111] pape quinti et domini Eugenii[112] pape quarti et aliorum deinceps, ut ex eorum litteris datis apparet.[113]

Ex ista autem nova plantatione sua dicti magistri Gerardi successor, nomine Florentius[114], ad instanciam quorundam devotorum concessit personas aliquot probate conversationis et vite, qui in loco quodam dyocesis Traiectensis[115] assumpserunt ordinem et habitum canonicorum regularium, fundaverunt et instituerunt monasterium nomine Wyndesem[116] et ceperunt vivere secundum tenorem sue professionis sub observantia regulari.[117] Que res cum in bono persisteret ⟨et⟩[a] paulatim indies salutari incre- **[fol. 12v]** mento proficeret, factum est, ut plurimi videntes exemplarem vitam eorum et religiosam conversationem declinarent ad eos multaque monasteria sui ordinis peterent et obtinerent ab eis personas reformate institutionis, cum quibus pariter exemplar observantie regularis ad se traduxerunt. Ac deinceps cum iam annuente et cooperante Deo multus fieret numerus personarum ac monasteriorum, que se huic reformationi subdiderunt, facta inter se unione capitulari statuerunt dictum monasterium habere pro auctoritate et capite totius ordinis in Almannia ibique annuatim celebrare capitulum generale prout adhuc celebratur indies.[118] Itaque factum est, ut ex ista radice annuente gratia Dei pullulaverit fructus tam universalis reformationis, non solum illius ordinis, verum etiam plurimorum aliorum ordinum, quibus adhuc usque in hodiernum diem per fratres istos de communi vita clericorum instituuntur et providentur persone ydonee et regularibus disciplinis apte. **[fol. 13r]** Utinam autem multi ex hiis, qui noviter surrexerunt atque defunctis patribus successere, etsi debita gratitudine non responderunt, saltem ingrati non existerent hiis ipsis fratribus communis vite, a quibus primum tanti profectus tanteque utilitatis beneficium susceperunt.

De ista cohabitatione et communi vita clericorum pulchre loquitur *In omnibus*[119] de consecratione distinctione v. Item extra de vita et honestate clericorum

a et] *hier muß wohl* et *ergänzt werden; fehlt De*

[111] Papst Martin V. (1417–1431).

[112] Papst Eugen IV. (1431–1447).

[113] Vgl. Johannes Busch, Chronicon Windeshemense. Liber de origine Devotionis modernae XLI. Ed. Grube, S. 356: *Martinus enim papa quintus omnia [...] privilegia [...] ratificavit et approbavit plurimaque [...] concessit. Similiter fecit Eugenius papa quartus [...].*

[114] Florens Radewijns (1350–1400).

[115] Diözese Utrecht.

[116] Regularkanonikerstift Windesheim bei Zwolle (Niederlande).

[117] Vgl. Johannes Busch, Chronicon Windeshemense. Liber de origine Devotionis modernae XI (Prima fundacio et edificacio ecclesie altarium et domorum in Windesem). Ed. Grube, S. 280f.

[118] Vgl. Johannes Busch, Chronicon Windeshemense. Liber de origine Devotionis modernae XXIV (De statutis capituli generalis de Windesem). Ed. Grube, S. 308f.; XXXVII (Quomodo capitulum nostrum generale primarium sumpsit exordium). Ed. Grube, S. 341–344.

[119] De cons., D. 5, c. 34. CIC, ed. Friedberg I, Sp. 1412f.

capitulo *Quoniam*[120]. Ibi dicitur: *Statuentes ut bona clericorum veniant in commune ⟨et⟩*[a] *in una domo vescantur atque sub uno tecto dormiant et quiescant.*[121] Glosa: *Ius commune est et honestum est, ut servaretur, sed derogatur huic iuri per contrariam consuetudinem,* quantum ad seculares, *quam papa scit et tolerat.*[122] Et quamquam glosa in premissis aliis capitulis remittat ad regulares, constat, quia ad revocationem littere aliter non potuit preterquam clericos seculares. Isti observantie *derogat*um est *per contrariam consuetudinem, quam scit et tolerat,*[123] ut dicit glosa, per quam prior constitutio non est abrogata tanquam nulla vel mala, sed relicta pro consilio, cui **[fol. 13v]** qui noluerit obedire non sit astrictus et nichilominus benefaciat. Qui autem obedire voluerit, melius faciat. Aliud est enim imperfectioni condescendere, aliud ea, que perfecta sunt, statuere. Nec *mediocriter errat, qui magno bono prefert mediocre bonum,*[124] ut dicit Hieronimus et habetur in decreto distinctione v *Non mediocriter*[125].

Assumimus etiam laborem manualem pro faciliori sustentatione communitatis, quia multorum manibus alleviatur provisionis pondus, tum, ut labore *victum querendo*[126] minus graves et onerosi simus populo et civibus, inter quos vivimus, tum pro eo, quod labor manuum tam multipliciter a sanctis patribus est commendatus, tum etiam pro devitando ocio,[127] quod malorum omnium seminarium est perniciosum.[128] Laborat unusquisque quantum et quod poterit non sibi ipsi, sed communitati, quemadmodum sanctus Augustinus precipit in regula[129] conferentes in unum quicquid de labore ipso aut aliunde fuerit conquisitum. Mendicitati autem, que **[fol. 14r]** clericis interdicta est 93 distin⟨c⟩tione[b] *Dyaconi*[130], et elemosinis fidelium non incumbimus, sed iuxta apostolicam doctrinam *operam* damus, *ut quieti s*imus *et* nostrum *negocium aga*mus *et operem*ur *manibus*[131] nostris pro conquirendis necessariis vite arbitrantes multo liberiorem usum eorum, que labore proprio pro-

a et] *fehlt De*; et *CIC* **b** distinctione] distintione *De*

---

[120] X 3. 1. 9. CIC, ed. Friedberg II, Sp. 450f.

[121] X 3. 1. 9. CIC, ed. Friedberg II, Sp. 450.

[122] Glossa ad X 3. 1. 9. CIC (1671) II, Sp. 994.

[123] Glossa ad X 3. 1. 9. CIC (1671) II, Sp. 994.

[124] De cons., D. 5, c. 24. CIC, ed. Friedberg I, Sp. 1418.

[125] De cons., D. 5, c. 24. CIC, ed. Friedberg I, Sp. 1418.

[126] Vgl. Thomas Aquinas, Summa Theologiae II.II.187.3. Editiones Paulinae, S. 1834: *Dicendum quod labor manualis ad quattuor ordinatur. Primo quidem et principaliter ad victum quaerendum [...] secundo ordinatur ad tollendum otium, ex quo multa mala oriuntur [...] tertio ordinatur ad concupiscentiae refrenationem, inquantum per hoc maceratur corpus [...] quarto autem ordinatur ad eleemosynas faciendas.*

[127] Vgl. Thomas Aquinas, Summa Theologiae II.II.187.3. Editiones Paulinae, S. 1834: *[...] secundo ordinatur ad tollendum otium, ex quo multa mala oriuntur.*

[128] Walther, Nr. 39358: *Otium est mali operis initium*. Vgl. Sir 33,28f.: *servo malivolo tortura et conpedes; mitte illum in operatione, ne vacet: multam enim malitiam docuit otiositas.*

[129] Augustinus, Regula V,2. Ed. Verheijen, S. 429: *[...] ut nullus sibi aliquid operetur, sed omnia opera vestra in commune fiant [...].*

[130] D. 93, c. 23. CIC, ed. Friedberg I, Sp. 326f.

[131] I Th 4,11: *et operam detis, ut quieti sitis, et ut vestrum negotium agatis et operemini manibus vestris sicut praecepimus vobis.*

curantur, iuxta vulgatum proverbium: *Beneficium accipere est libertatem vendere.*[132] Et qui *peccata populi comed*unt,[133] debitores se orationum et suffragiorum constituunt. Deducitur etiam ex auctoritate sacre scripture ac sentenciis doctorum non esse iustiorem titulum ac verius divinum seu etiam sanctiorem usum, quam earum rerum aut bonorum, que iusto labore parta vel acquisita sunt, neque enim timendum est illic, ne forte ab illegittimo possessore ad se sint devoluta aut illicite acquisita aut ad satisfactionis vel reddende rationis onus obligancia. Habetur hoc virtualiter ex divino oraculo, quod primo pa- **[fol. 14ᵛ]** renti nostro mandatum fuit atque ab illo ad nos hereditario iure traditum est:[134] *In sudore vultus tui vesceris pane tuo.*[135] Quo contra sequi videtur quia, qui ocium sequuntur, eiusmodi mandatum refugiunt et *in labore hominum non sunt,*[136] pane vescantur alieno. Consonat propheticum preconium: *Labores,* inquit, *manuum tuarum quia manducabis beatus es et bene tibi erit.*[137] Dat semetipsum in exemplum huius observantie *vas electionis*[138] Paulus, qui de ipso gloriari non dubitat dicens 2° Thessalonicenses 3°: *Neque gratis panem manducavimus ab aliquo, sed in labore ac fatigatione nocte* ac *die operantes* manibus nostris, *ne quem*quam *vestrum gravaremus.*[139] Unde etiam tam efficaciter quam confidenter fratres suos ad hoc ipsum exhortatur et *obsecra*t, *ut* laborantes *cum silentio panem suum manducent,*[140] quod exponens beatus Bernardus: Quomodo, inquit, *suum panem manduca*bunt, *nisi* laborando *eum suum efficiant*?[141] Et ad propositum totus liber Augustini de opere **[fol. 15ʳ]** monachorum[142], epistula beati Hieronimi ad Rusticum[143] et allegatur in decretis de consecratione distinctione ⟨5⟩[a] capitulo *Numquam.*[144]

Inter omnia autem genera laborum illum potius eligimus, qui a sanctis patribus et doctoribus plus est approbatus et usitatus et spiritualibus studiis et exerciciis

a 5] 3 *De*

---

[132] Walther, Nr. 2002.

[133] Os 4,8.

[134] Vgl. Bernardus Claraevallensis, Sermones (Feria IV Hebdomadae Sanctae) 11. Ed. Leclercq V, S. 64: *Duo autem nobis in hereditatem reliquerat ille vetustus Adam, qui fugit a facie Dei, laborem videlicet et dolorem.*

[135] Gn 3,19.

[136] Ps 72,5: *in labore hominum non sunt et cum hominibus non flagellabuntur.* Vgl. Bernardus Claraevallensis, Sermones super Cantica Canticorum. Sermo 23,13. Ed. Leclercq I, S. 147. *Nam qui in labore hominum non sunt, in labore daemonum profecto erunt.*

[137] Ps 127,2.

[138] Act 9,15.

[139] II Th 3,8.

[140] II Th 3,12. Vgl. II Th 3,10: *si quis non vult operari nec manducet.*

[141] Wilhelm von Saint-Thierry, Epistola ad fratres de Monte Dei 164. Ed. Déchanet, S. 272: *Sed etiam cum istis denuntiet, et obsecret in Domino Jesu Christo, ut cum silentio panem suum manducent, videntur panem non suum manducare, nisi eum suum efficiant operando, quantum operari possunt testimonio Dei et conscientiae suae.*

[142] Augustinus, De opere monachorum. Rec. Zycha (CSEL 41), 529–596.

[143] Hieronymus, Epistula 125 (Ad Rusticum monachum). Rec. Hilberg (CSEL 56), S. 118–142.

[144] De cons., D. 5, c. 33. CIC, ed. Friedberg I, Sp. 1420f.

devotionis magis vicinus et accommodus, videlicet iuxta dictum beati Bernardi: *Vel scribere, quod legatur, vel* legere, *quod scribatur.*[145] Eligimus itaque scribendi laborem satagentes quantum possumus, ut et politos et emendatos libros efficiamus. Quod sane artificium quam commendabile et fructuosum sit, luculenter exequitur venerabilis magister Iohannes Gerson cancellarius Parisiensis in eo libro, quem de scriptoribus[146] intitulavit, in quo bonum et fidelem scriptorem de *duodecim* fructibus prerogativis[147] facit commendatum, unde ⟨pre⟩dicat[a] *atque studet scriptor, largitur et orat, affligit⟨ur⟩*[b], *sal dat, fontem lucemque futuris, ecclesiam ditat, armat, custodit, honorat.*[148]

Et evidenter[c] deducit, quantum utilitatis ac- **[fol. 15v]** cedat universitati christiane, si instituendis bonis et ydoneis scriptoribus diligentia adhibeatur. Scimus quoniam *in magna domo* Dei multa *sunt vasa*[149] diversis usibus apta. Et *in corpore* ecclesie mistico diversa sunt *membra, omnia autem membra non eundem actum habent,*[150] sed pro perfectione corporis huius facti sunt necessarii pedes quoad suum officium quam oculorum vel manuum. Sunt alii in ecclesia Dei, quibus regendarum animarum cura est commissa, alii, qui linguis loquuntur et verbum Dei voce predicant. Nos velut extrema vasa domus Dei velut *infirma membra*[151] corporis ecclesiastici *recumb*imus in *novissimo loco*[152] atque extremum locum eligimus et, qui voce tacemus, scripto predicamus[153] damusque operam, ut sancti libri et sacre littere multiplicentur et venia⟨n⟩t[d] in usus plurimorum, ex quibus verbum salutis populo deinceps possit ministrari. Quomodo enim predicabuntur, nisi legantur, et quomodo legentur, nisi scribantur. Quamquam prochdolor his diebus **[fol. 16r]** scriptores multiplicati sunt super numerum et, ut Hieronimus conqueritur, *scribi-*

a predicat] predicat *De*; predicat *Gerson* **b** affligitur] affligit *De*; affligitur *Gerson*
c evidenter] *verbessert aus* evidedenter *De* **d** veniant] veniat *De*

[145] Wilhelm von Saint-Thierry, Epistola ad fratres de Monte Dei 85. Ed. Déchanet, 210: *sicut ad aedificationem spiritualem meditari quod scribatur, vel scribere quod legatur.* Vgl. auch Florens Radewijns, Tractatulus devotus, 24 (*De labore manuum*). Ed. Goossesns, S. 231: *Et specialiter, sicut Bernardus dicit, debet homo opus facere quod cum spiritualibus maiorem habeat similitudinem, sicut ad edificationem spiritualem meditari quod scribatur, vel scribere quod legatur.*

[146] Gerson, De laude scriptorum. Ed. Glorieux IX, S. 423–434.

[147] Gerson, De laude scriptorum. Ed. Glorieux IX, S. 424: *Verumtamen placet eam per comparationes aliquas in subsequentibus duodecim considerationibus amplificando monstrare, quas metrum triplex comprehendit.*

[148] Gerson, De laude scriptorum. Ed. Glorieux IX, S. 424.

[149] II Tim 2,20.

[150] Rm 12,4: *sicut enim in uno corpore multa membra habemus, omnia autem membra non eundem actum habent.*

[151] I Cor 12,22: *sed multo magis quae videntur membra corporis infirmiora esse necessariora sunt.* Vgl. I Cor 12,12–31.

[152] Lc 14,10: *recumbe in novissimo loco.*

[153] Vgl. Gerson, De laude scriptorum. Ed. Glorieux IX, S. 424: *Scriptor idoneus et frequens librorum doctrinae salubris, sic enim semper infra loqui volumus et intelligi, praedicare dici potest. Certe si lingua silet, manus praedicat, et fructuosius aliquando quanto scriptura venit ad plures uberior quam transiens sermo.* Vgl. Guigo Carthusiensis, Consuetudines Cartusiae 28. PL 153, Sp. 694: *[...] quia ore non possumus, Dei verbum manibus praedicamus.* – In ähnlicher Weise (*non verbo, sed scripto praedicantes*) beschrieben die Rostocker Fraterherren ihre Tätigkeit. Vgl. Kock, Theorie und Praxis, S. 199.

mus indocti doctique poemata passim.[154] Ex quorum imperita multiplicatione non solum sine dolore cernitur, quanta corruptela sacros libros invasit et occupavit adeo, ut, si aliquis ex his libris legere ceperit, plus fastidii quam solatii suscitet legenti. *Nulla ars absque magistro discitur,*[155] ait Hieronimus. Scribendi vero artificium iam *passim* ab *omn*ibus usurpatur.[156] Neque tamen huic scripture operi ita insistimus, ut totos dies labore isto occupemus, sed distributis partibus diei alias horas habemus orationi, alias studio sive lectioni, reliquas vero labori deputamus. Commendat hoc Augustinus in memorato libro de opere monachorum[157] ita dicens: Ista *optima gubernatio est, ut omnia suis temporibus distributa gerantur ex ordine, ne animum humanum turbulentis implicationibus involuta pertur-* **[fol. 16v]** *bent.*[158] Istorum enim officiorum alternam vicissitudinem sanctus pater Anthonius ab angelo didicisse legitur.[159] Neque enim labor iste manualis spiritualium est interruptio studiorum, sed remissio quedam et recreatio salutaris. *Alternis* enim *uti, delectabile*[160] est. Et unius operis vel exercicii assidualis continuatio faciliter in fastidium vergit. Quinetiam sanctus Hieronimus per omnes fere epistulas suas idipsum docet, ut videlicet laborem frequenter interrumpat oratio, *orationi lectio, lectioni ⟨succedat⟩*[a] *oratio. Breve,* inquit, *videbitur* omne *tempus, quod tantis* rerum *varietatibus occupatur.*[161] Libet inserere verba beati Augustini in dicto libro de opere monachorum[162]:

Testem, inquit, *invoco Deum super animam meam*[163] et *quantum attinet ad meum commodum, multo mallem per singulos dies certis horis, quantum in bene moderatis monasteriis constitutum est, aliquid manibus operari et ceteras horas habere ad legendum et oran-* **[fol. 17r]** *dum* et *aliquid de divinis litteris agendum liberas, quam tumultuosas*[b] *perplexitates causarum alienarum pati de negociis secularibus*[164] etc. Item ibidem: *Quid enim agant, qui corporaliter operari nolunt, cui rei vacent, scire desidero. Orationibus, inquiunt,*

a succedat] succurrat *De*; succedat *Hieronymus* **b** tumultuosas] tumultuosas *De*; tumultuosissimas *Augustinus*

[154] HIERONYMUS, Epistula 53,7 (Ad Paulinum). Rec. HILBERG (CSEL 54), S. 453. Vgl. HORATIUS, Epistulae II,1,117. Ed. BORZSAK, S. 277.

[155] HIERONYMUS, Epistula 125,15 (Ad Rusticum monachum). Rec. HILBERG (CSEL 56), S. 133.

[156] HIERONYMUS, Epistula 53,7 (Ad Paulinum). Rec. HILBERG (CSEL 54), S. 453: *Sola scripturarum ars est, quam sibi omnes passim vindicent.*

[157] AUGUSTINUS, De opere monachorum. Rec. ZYCHA (CSEL 41), 529–596.

[158] AUGUSTINUS, De opere monachorum XVIII, 21. Rec. ZYCHA (CSEL 41), 567.

[159] APOPHTHEGMATA PATRUM (De abbate Antonio). PG 65, Sp. 75: *[...] videt Antonius quemdam, sicut se, sedentem ac operantem, dein surgentem ab opere, et orantem, iterumque sedentem ac funiculum contorquentem; et inde rursus ad orandum exsurgentem: erat autem angelus Domini, qui ad Antonii correctionem cautionemque missus fuerat. Tum audivit angelum dicentem: Sic fac, et salvus eris. Ille hoc audito, summa laetitia atque fiducia repletus est. Et ita faciens salvabatur.*

[160] II Mcc 15,40: *alternis autem uti delectabile.* Vgl. WALTHER, Nr. 95.

[161] HIERONYMUS, Epistula 107,9 (Ad Laetam). Rec. HILBERG (CSEL 55), S. 300: *Orationi lectio, lectioni succedat oratio. Breve videbitur tempus, quod tantis operum varietatibus occupatur.*

[162] AUGUSTINUS, De opere monachorum. Rec. ZYCHA (CSEL 41), S. 529–596.

[163] Vgl. II Cor 1,23: *ego autem testem Deum invoco in animam meam.*

[164] AUGUSTINUS, De opere monachorum XXIX, 37. Rec. ZYCHA (CSEL 41), S. 587.

⟨et⟩[a] *psalmis et lectioni et verbo Dei. Sancta plane vita et laudabilis, sed si ab his avocandi non sumus, nec manducandum est nec ipse esce quotidie preparande, ut possint apponi et absumi. Si autem ad ista vacare servos Dei certis* horis et *intervallis temporum ipsius infirmitatis necessitas cogit, cur non et preceptis apostolicis observand*um *aliquas partes temporum deputamus? Citius exauditur una oratio obedientis, quam decem milia contempto*rum. *Cantica vero divina cantare etiam manibus operantes facile possunt et ipsum laborem tanquam divino celeumate consolari. An ignoramus omnes opifices quibus vanitatibus plerumque etiam turpitudinibus theatricarum fabularum donent corda et linguas suas, cum manus ab* **[fol. 17ᵛ]** *opere non recedant? Quid ergo impedit servum Dei manibus operantem in lege Dei meditari die ac nocte*[165] *et psallere nomini Domini altissimi?*[166] *Ita sane, ut ad ea discenda, que memoriter recolat, habeat seposita tempora. Ad hoc enim et illa bona opera fidelium subsidio supplendorum necessariorum deesse non debent, ut hore, quibus ad erudiendum animum ita vacatur, ut illa opera corporalia geri non possint, non opprimantur egestate. Qui autem dicunt se vacare lectioni, nonne illic inveniunt, quod* dicit *Apostolus* ac *precipit?*[167] *Que est ergo ista perversitas lectioni nolle obtemperare dum vult ei vacare et, ut quod bonum est diutius legatur, ideo facere* bonum *nolle, quod legitur? Quis enim nesciat tanto citius quemquam*[b] *proficere, cum bona legit, quanto citius facit, quod legit?*[168]

Denique, ut tota communitas fratrum eo quietius et concordius vivat, constituimus unum ex nostris vita, moribus et scientia magis probatum, cui provisio et dispositio rerum domesticarum principaliter **[fol. 18ʳ]** incumbat officia distribuere ac gerenda precipere, spiritualibus et temporalibus profectibus providere. Cui omnes unanimiter *obedientia*m *charitatis*[169] exhibemus iuxta exhortationem beati Petri dicentis: *Animas vestras castificantes in obedientia charitatis.*[170] Et Ecclesiastici x°: *In medio fratrum rector* eorum *in honore et qui timent Dominum erunt in oculis illius.*[171] Hunc non priorem vel abbatem vel magistrum, sed charitatis vocabulo patrem vocamus. Quem Augustinus in regula vel *presbiterum*[172] vel *prepositum*[173] vocat, ut consonet apostolica exhortatio ad Hebreos ultimo:[174] *Obedite prepositis vestris et subiacete eis, ipsi enim pervigilant* tanquam *rationem reddituri pro animabus vestris, ut cum gaudio hoc faciant et non gementes; hoc enim non expedit vobis.*[175]

Iam vero de articulo castitatis clericorum tot canones, tot constitutiones sanctorum patrum canunt, ut necesse non sit testimonia canonum allegare. Omnes

a et] *fehlt De*; et *Augustinus*   **b** quemquam] quemquam *De*; quemque *Augustinus*

[165] Vgl. Ps 1,2: *et in lege eius meditabitur die ac nocte.*
[166] Vgl. Ps 12,6: *et psallam nomini Domini altissimi.*
[167] I Tim 4,13–16: *adtende lectioni exhortationi et doctrinae.*
[168] AUGUSTINUS, De opere monachorum XVII, 20. Rec. ZYCHA (CSEL 41), S. 564f.
[169] I Pt 1,22.
[170] I Pt 1,22.
[171] Sir 10,24.
[172] AUGUSTINUS, Regula IV,9 u. 11; VII,1–2. Ed. VERHEIJEN, S. 427f., 435.
[173] AUGUSTINUS, Regula I,3; IV,9 u.11; V,3–5; VII,1–2. Ed. VERHEIJEN, S. 418, 427f., 430–432, 435.
[174] Hbr 13,17.
[175] Hbr 13,17.

enim scripture, omnes libri, ubi de statu clericorum mentio inciderit, **[fol. 18v]** nihil magis docent, nihil magis precipiunt, quam clericorum mores et vitam omni honestate commendabiles fore et non solum castitatis virtute pollere, verum etiam bono nomine et fame integritate preditos esse oportere, quemadmodum apostolica monitio non solum ab *opere malo*[176], verum etiam *ab omni specie mala* precipit *abstin*ere.[177] Unde illud diligentissime observamus, ne quisquam ex nostris undecumque egrediendi vel ingrediendi occasionem suspectam accipiat neve mulieribus infra septa habitationum nostrarum aliquatenus pateat accessus iuxta doctrinam beati Hieronimi ad Rusticum.[178] *Prima,* inquit, *tentamenta clericorum sunt* frequentes *accessus* feminarum.[179] Idem ad Nepocianum[180] et ponitur in decretis ⟨32⟩[a] distinctione capitulo *Hospiciolum*[181], ubi dicitur: *Hospitiolum tuum ⟨aut⟩*[b] *raro, aut numquam mulierum pedes terant.*[182] Facit ad propositum totus liber Augustini, quem scripsit de singularitate clericorum[183] etc. Itaque neminem intra consortium nostrum recipimus, nisi **[fol. 19r]** iuxta constitutiones sanctorum patrum et scita canonum *continenter et caste* se *vivere*[184] promittat, quemadmodum canit capitulum *Ut clericorum*[185] extra de vita et honestate clericorum, ubi dicitur: *Ut clericorum mores et actus in melius reformentur, continenter et caste studeant vivere universi, presertim in sacris ordinibus constituti, ab omni libidinis vicio precaventes.*[186]

Tandem ipse habitus et vestitus noster, quem ferimus, quamquam colore et precio ab usu communi aliquantulum discrepet clericali, tamen honestati satis congruus et condecens videtur. Et si aliquanto vilior sit et humilior, nemo iuste calumniari poterit. Quod enim humilem et simplicem habitum clericis deferre conveniat, videtur capitulo *Clerici*[187] de vita et honestate clericorum. Ymmo vero in hominibus omnibus commendabilis est ista mediocritas et humilitas in vestibus, ut notatur xli distinctione capitulo *Parsimonia⟨m⟩*[c].[188] Eligimus ergo in forma et figura et colore vestium *emulatores existe*re et *paternarum* nostrarum *traditionum*[189] de-

a 32] 30 *De* CIC **b** aut] *fehlt De*; aut *CIC* **c** Parsimoniam] parsimonia *De*; parsimoniam

[176] Vgl. Ecl 8,3: *neque permaneas in opere malo.* II Tim 4,18: *liberabit me Dominus ab omni opere malo.*

[177] I Th 5,22: *ab omni specie mala abstinete vos.*

[178] HIERONYMUS, Epistula 125 (Ad Rusticum monachum). Rec. HILBERG (CSEL 56), S. 118–142.

[179] Ps.-HIERONYMUS, Regula monachorum, 3. PL 30, Sp. 328: *Prima igitur tentamenta clericorum sunt mulierum accessus.*

[180] HIERONYMUS, Epistula 52 (Ad Nepotianum). Rec. HILBERG (CSEL 54), S. 413–441.

[181] D. 32, c. 17. CIC, ed. FRIEDBERG I, Sp. 121f.

[182] D. 32, c. 17. CIC, ed. FRIEDBERG I, Sp. 121. Vgl. HIERONYMUS, Epistula 52,5 (Ad Nepotianum). Rec. HILBERG (CSEL 54), S. 423.

[183] Ps.-CYPRIANUS, De singularitate clericorum. Ed. HARTEL (CSEL 3,3), S. 173–220.

[184] X 3. 1. 13. CIC, ed. FRIEDBERG II, Sp. 452.

[185] X 3. 1. 13. CIC, ed. FRIEDBERG II, Sp. 452.

[186] X 3. 1. 13. CIC, ed. FRIEDBERG II, Sp. 452.

[187] X 3. 1. 15. CIC, ed. FRIEDBERG II, Sp. 453.

[188] D. 41, c. 5. CIC, ed. FRIEDBERG I, Sp. 150.

[189] Gal 1,14: *abundantius aemulator existens paternarum mearum traditionum.*

[fol. 19ᵛ] ferentes tales vestes, que precio mediocres sunt et in colore humiles. Nam iste vestiendi modus ante tempora, priusquam invalesceret ista curiositas exquisita vestium, solitus erat deferri a multis presbiteris et clericis secularibus, eis presertim, qui a vanitatibus mundi sese subtrahentes in *spiritu humilitatis*[190] ac devotionis *Deo servire*[191] et celibem vitam ducere statuerunt, et ideo a primitivis presbiteris tanquam magis sobrius atque probatus assumptus est usque ad nostra tempora servatus. Quamquam non defuerunt quidam ex hominibus imperitis, qui ad iudicandum plerumque proniores sunt, qui dicerent nos contra prohibitionem ecclesiasticam assumpsisse vel *assumere habitum nove religionis*[192] contra capitulum *Ne nimia*[193] extra de religiosis domibus et eodem titulo capitulo *Religionum*[194] libro vi^to^. Quorum assertio eadem facilitate respuitur, qua obicitur. Videndum enim esset, a quibus, quomodo et per quid obviatur tali constitutioni, quibus evidenter discussis ab hac nota suspitionis faciliter erimus supportati. Nos enim **[fol. 20ʳ]** neque habitu neque nomine neque ipso animo statuere vel instituere nitimur vel antiquam vel novam religionem, sed honesta conversatione ⟨et⟩[a] cohabitatione servare et salvare cupimus vite clericalis integritatem.[195] Sed imperitis et insipientibus ad singula respondere piget. Sapientibus vero et sensatis viris brevi et plana responsione cito erit satisfactum. Nam et ipsum habitum vestium nostrarum eo modo loquendi, quo dicta constitutio loquitur habitum, non vocamus aut vocari vel dici volumus, sed eo modo significandi, quo habitus idem est quod vestitus. Quemadmodum sanctus Augustinus ad clericos suos: *Habitus,* inquit, *vester non sit notabilis.*[196] Notabilis, inquit, vel in curiositate vel in precio. Denique eo ipso habitu novicios nostros non induimus cum aliqua solemnitate vel benedictione more religiosorum. Et neque cappam neque cucullam neque scapulare aut quicquam huiusmodi deferentes solum modo tunica aut toga vel nigri vel grisei coloris utimur. Quod **[fol. 20ᵛ]** autem capitio ad collum induimur, arbitramur in hoc nihil esse periculi vel peccati, sed utilitatis plurimum. Consulitur enim per hoc tum

a et] *fehlt De*

---

190 Dn 3,39.

191 I Th 1,9 et passim.

192 X 3. 36. 9. CIC, ed. Friedberg II, Sp. 607: *[...] firmiter prohibemus, ne quis de cetero novam religionem inveniat, sed quicunque ad religionem converti voluerit, unam de approbatis assumat. Similiter qui voluerit religiosam domum de novo fundare, regulam et institutionem accipiat de religionibus approbatis.* VI 3. 17. 1. CIC, ed. Friedberg II, Sp. 1054: *Non licet novum ordinem vel religionem, aut habitum novae religionis creare et assumere.*

193 X 3. 36. 9. CIC, ed. Friedberg II, Sp. 607.

194 VI 3. 17. 1. CIC, ed. Friedberg II, Sp. 1054f.

195 Vgl. Gerhard Zerbolt von Zutphen, Super modo vivendi devotorum hominum simul commorantium. Ed. Hyma, S. 20: *Nequaquam igitur contra prohibitionem huiusmodi faciunt, qui non assumunt ritum vivendi conventualiter, assumendo regulam vel certum modum, superiorem eligendo, professionem faciendo, vel habitum nove religionis assumendo.* Ed. Hyma, S. 22: *[...] isti homines propter hoc nequaquam dicendi sunt invenire vel constituere novam religionem, quia simul socialiter vivunt, cum non promittant alicui obedienciam, nec regulam aliquam assumant, nec professionem faciant, nec singularem habitum religionis assumant.*

196 Augustinus, Regula IV,1. Ed. Verheijen, S. 423.

frigori, propter quod et a multis assumitur, tum humilitati, nam eo modo nulla curiositas vel pompa in capitiis aut loripipiis queri vel exerceri potest, tum etiam probate consuetudini, nam plerumque grandevi et maturioris etatis et vite et presbiteri in plerisque regionibus ita incedere solebant, quemadmodum adhuc est in memoria hominum et in aliquibus partibus etiam in usu. Quin etiam iste modus vestiendi devotos et penitentes decet et maxime *pertinet* ad illos *uti vilibus* et humilibus *vestibus*, *qui alios verbo et exemplo ad penitenciam* inducunt,[197] ut dicit Johannes in Summa confessorum libro 3° titulo 33° paragrapho 284°.[198] Denique sanctus Augustinus dicit in libro 19 de civitate Dei:[199] *Nihil sane pertinet ad istam civitatem quo habitu vel more vivendi, si non est contra divina precepta,* ista fide *pervenitur ad Deum, quisque sectatur.*[200]

Hec habita pro tempore, **[fol. 21ʳ]** que ad questionem propositam occurrunt, respondenda ad declarationem et elucidationem eius rei, que precipue querebatur. Quod si singula enucleatius discutere libet, posset quidem sermo in longum duci multaque ex quampluribus diversorum scripta adhiberi diversa. Sed pro oportunitate date occasionis presentia visa sunt suffecisse. Que et satis, ut arbitror, sobrie sunt descripta et correctioni cuiuslibet sanum sapientis humillime submittenda.

Finitur tractatus magistri Gabrielis de communi vita clericorum.

---

[197] JOHANNES FRIBURGENSIS, Summa Confessorum lib. 3, tit. 34, quaest. 283 (Utrum circa exteriorem apparatum sive vestium sive aliorum huiusmodi possit esse virtus et vicium). Augsburg 1476: *[…] pertinet praecipue aut competit vilibus vestimentis uti his, qui alios et verbo et exemplo ad poenitentiam hortantur […].* Vgl. GLOSSA ord. ad Mt 3,4 (*Ipse autem Iohannes habebat vestimentum de pilis camelorum*). Biblia 1506–08, V, fol. 13ᵛ: *Qui poenitentiam praedicat, habitum poenitentiae praetendit. […] Servus Dei non debet habere vestimentum ad decorem vel ad delectationem, sed tantum ad tegendam nuditatem […]* Vgl. THOMAS AQUINAS, Summa Theologiae II.II.187.6. Editiones Paulinae, S. 1840: *Dicendum quod vilitas vestium de se non habet speciem mali; immo potius speciem boni, scilicet contemptus mundanae gloriae.*

[198] JOHANNES FRIBURGENSIS, Summa Confessorum lib. 3, tit. 34, quaest. 283.

[199] AUGUSTINUS, De civitate Dei. Ed. DOMBART.

[200] AUGUSTINUS, De civitate Dei 19,19. Ed. DOMBART II, S. 387: *Nihil sane ad istam pertinet civitatem quo habitu vel more vivendi, si non est contra divina praecepta, istam fidem, qua pervenitur ad Deum, quisque sectetur.*

4 *Gabriel Biel: Collatio de vita communi*

Collatio patris reverendi Gabrihelis ⟨Biel⟩ ⟨De vita communi⟩[1]

[fol. 228ᵛ] Non sum nescius, fratres sincerissimi fratresque devoti, quod grandes materias ingenia parva non sufferunt et in ipso conatu ultra vires ausa succumbunt. Quantoque magis fuerit, quod dicendum est, tanto magis obruitur, qui magnitudinem rerum non poterit explicare. Verum vires, quas imperitia denegat, caritas imperantium orationibus impetran⟨t⟩i[a] subministrat[b]. Quam[c] ut assequi mer⟨e⟩ar[d], matrem pulchre dilectionis, gratie et agnitionis oro, mecum concurrite the⟨otocon⟩[e] virginem dicentes mente pia, intentione serena: *Ave Maria, gratia.*[2]

Iniuncte collationis tripharia est portio: Prima[f] erit communis vite commendatio, secunda ad patres in presentiarum constitutos brevior exhortatio, tertia cuiusdam status fratrum ⟨et⟩[g] profectus brevissima annotatio.

⟨Communis vite commendatio⟩

Res itaque, quas commendare obedientia preceperat, etsi vetustissime sint, hominum tamen invalescente malitia oblitterate quasi **[fol. 229ʳ]** novitates quedam odiose multorum cani⟨nis⟩[h] roduntur dentibus. ⟨Etsi⟩[i] sanctissima vetustissimaque institutio est, hanc quasi noxiam humana horret temeritas. Vitam communem

a impetranti] impetrandi *Tr* **b** subministrat] *verbessert aus* subministret *Tr* **c** quam] *unnötige Doppelung* quam quam *Tr* **d** merear] meriar *Tr* **e** theotocon] thetecam *Tr* **f** prima] *unnötige Doppelung* prima prima *Tr* **g** et] *hier muß wohl* et *ergänzt werden; fehlt De* **h** caninis] canicus *Tr* **i** etsi] et cuius *Tr*

[1] Dem Text liegt folgende Handschrift zugrunde: Trier, Stadtbibliothek, Hs 796: Collatio patris reverendi Gabrihelis ⟨Biel⟩ ⟨De vita communi⟩. Papier; 268 Bl.; 103 x 142 mm; 15. Jh.; Incipit [fol. 228ᵛ]: *Non sum nescius fratres sincerissimi fratresque devoti quod grandes materias ingenia parva non sufferunt et in ipso conatu [...]*; Explicit [fol. 234ᵛ]: *[...] ubi in dextra Patris summi resurgentis residet virtus Christi. Amen. Universalis ecclesiae statum meque peccatorum vestris devotis orationibus recommendo. Sermo est Gabriehelis in capitulo magistri excellentis.* – Vgl.: Kentenich, G.: Die Ascetischen Handschriften der Stadtbibliothek zu Trier. No. 654–804 des Handschriftenkatalogs und Nachträge. Trier 1910. (Beschreibendes Verzeichnis der Handschriften der Stadtbibliothek zu Trier VI,2), S. 121. – Zur Datierung und zum Inhalt vgl. oben Kapitel III,2.

[2] Der Prediger hatte nach Betreten der Kanzel laut das Ave Maria zu sagen. Vgl. Kehrein, Joseph: Pater noster und Ave Maria in deutschen Übersetzungen. Frankfurt am Main 1865, S. 70ff.

loquor, cuius sanctitatem natura ipsa commendat, probatissima antiquitas et religio Deo grata. Numquit in ipso primordio conditionis humane aliqua fuit protoplasto assignata proprietas, cui in communi delitiarum paradisus animaliumque omni⟨s⟩[a] generis dominium sine proprietatis discretione assignat⟨a⟩[b] sunt, ut nota genesis tradit historia? Nonne communiter omnes solis splendore, stellarum influentiis, aeris respiratione, ignis calore, ⟨a⟩que[c] refrigeriis, terre stabilitate indivise utuntur? Hinc distinctione 8 capitulo *Differt autem*[3] dicitur: *Iure naturali omnia sunt communia omnibus. Quod non solum inter eos servatum creditur, de quibus legitur* Actuum 4: *Multitudinis credentium erat cor unum et anima una, nec quisquam horum, que possidebat, aliquid suum dicebat, sed erant illis omnia communia,*[4] *verum eciam ex precedenti tempore a philosophis traditum invenitur. Unde apud Platonem illa civitas iustissime ordinata traditur, in qua quisque proprios nescit affectus. Unde* et beatus *Augustinus supra Iohannem:*[5] *Quo iure defendis villas ecclesie, divino aut humano? Divinum ius in scripturis divinis habemus, humanum in legibus regum. Unde quisque* **[fol. 229v]** *possidet, quod possidet? Nonne iure humano? Nam iure*[d] *divino: Domini est terra et plenitudo eius.*[6] *Pauperes et divites una terra supportat; Dominus de uno limo fecit et pauperes et divites.*[7] *Iure ergo humano dicitur: Hec villa est mea, hic servus est meus, hec domus mea est.*[8] Et beatus Clemens epistula 4:[9] *Communis,* inquit, *vita omnibus, fratres, necessaria est et maxime hiis, qui Deo irreprehensibiliter*[e] *militare cupiunt et vitam apostolorum eorumque discipulorum imitari volunt. Communis enim usus omnium, que sunt in hoc mundo, omnibus esse hominibus debuit, sed per iniquitatem alius dixit hoc esse suum, et alius istud,* et cetera, *et sic inter mortales facta est divisio. Denique quidam*[f] *Grecorum sapientissimus hec ita sciens esse communia debere, ait amicorum esse communia omnia.*[10] Sequitur ibidem: *Et sicut, inquit, non potest dividi aer neque splendor solis, ita nec reliqua, que communiter omnibus data sunt ad habendum, dividi*[g] *debere, sed habenda esse communia. Unde et Dominus per*

a omnis] omni *Tr* **b** assignata] assignate *Tr* **c** aquae] que *Tr* **d** iure] *folgt durchgestrichen* humano *Tr* **e** irreprehensibiliter] *folgt gestrichen* vivere *Tr* **f** quidam] quidem *Tr*; quidam *CIC* **g** dividi] dividi *CIC*; dividi non *Tr*

[3] D. 8, c. 1. CIC, ed. FRIEDBERG I, Sp. 12f.

[4] Act 4,32.

[5] AUGUSTINUS, In Iohannis evangelium tractatus 6,25. CC 36, S. 66.

[6] Ps 23,1; I Cor 10,26.

[7] Vgl. Gn 2,7: *formavit igitur Dominus Deus hominem de limo terrae.*

[8] D. 8, c. 1. CIC, ed. FRIEDBERG I, Sp. 12f.

[9] C. 12, q. 1, c. 2. CIC, ed. FRIEDBERG I, Sp. 676f.

[10] ARISTOTELES, Ethica Nicomachea IX,8. Interprete PERIONIO (1540), S. 227: *Atque etiam eodem pertinent proverbia, unus animus, amicorum omnia communia, amicitia aequalitas [...].* Vgl. THOMAS AQUINAS, In decem libros ethicorum Aristotelis ad Nicomachum expositio IX,8. Ed. SPIAZZI, S. 488: *Sed et proverbia omnia consentiunt: puta, haec una anima, et communia quae amicorum, et aequalitas amici [...].* ARISTOTELES, Ethica Nicomachea VIII,9. Interprete PERIONIO (1540), S. 200: *Et proverbium illud recte, amicorum bona communia, quando quidem amicitia in societate consistit. Sunt autem fratrum et sociorum omnia communia [...].* Vgl. THOMAS AQUINAS, In decem libros ethicorum Aristotelis ad Nicomachum expositio VIII,9. Ed. SPIAZZI, S. 438: *Et proverbium, communia quae amicorum, recte; in communicatione enim amicitia. Sunt autem fratribus, quidem et connutritis omnia communia [...]* Vgl. WALTHER, Nr. 2994.

prophetam loquitur dicens: Ecce quam bonum et iocundum habitare fratres in unum.[11] Et *Tulius:* Omnium *dulcissima rerum possessio communis est.*[12] *Et dicit philosophus: Quietissime viverent homines in hoc mundo, si de medio sublat⟨a⟩*[a] *essent* hec *duo* pronomina: *meum et tuum,*[13] ut dicit glosa xii q 1 *Dilectissimis*[14]. Non ergo natura sed hominum avaritia **[fol. 230r]** meum tuumque indixit.

Denique revocato divina lege ab erroribus populo, qui probatissimi fuere ac singulari religione Deo colligati in Hebriorum gente, vitam communem duxere. De quibus Eusebius Pamphili libro 8 de evangelica preparatione capitulo 4[15] ex Philonis Iosephique scriptis[16] Esseorum[17], probatissime Iudeorum secte, religionem commemorans: Hiis, inquit, pro vite ac conversationis singulari excellentia morum sanctitas Esseorum nomen indidit, siquidem *ab hosio⟨t⟩ete*[b], quod *lingua Greca sanctitatem* sonat Essei dicti referuntur. Hii *omnium, quos mosaica sanctio ad bene vivendum* maturavit, *summi atque maximi sunt. Quorum ⟨secta⟩*[c] *non genere, sed virtute atque humanitate discernitur.*[18] De hiis Philo: *Essei dicti quasi sancti, quoniam Dei cultores precipui*[d] *sunt, non animalia sacrificantes, sed mentes suas virtute munitas offerendas Deo putantes. In civitatibus non habitant,* scilicet inter homines conversatione seculares *existimantes, ut contagionem aeris corporibus, sic conversationem vulgi animo nocere.*[19] Sequitur: *Hii enim ex omnibus pene hominibus soli pecuniam et fundos neglegentes virtute ditissimi putantur facilitatem vivendi et paucorum indigentia⟨m⟩*[e] *recte magnas esse*[f] *divitias iudicantes.*[20] Et infra: *Discunt sancte,* **[fol. 230v]** *pie iusteque vivere triplici regula utentes:*

a sublata] sublat *Tr* **b** hosiotete] hosiorete *Tr* **c** secta] secta *Eusebius; fehlt Tr* **d** precipui] precipui *Tr;* praecipue *Eusebius* **e** indigentiam] indigentia *Tr;* indigentiam *Eusebius* **f** esse] *ursprünglich nach* divitias *stehend, durch Verweiszeichen davor eingeordnet H*

[11] C. 12, q. 1, c. 2. CIC, ed. Friedberg I, Sp. 676f. Vgl. Ps 132,1: *Ecce quam bonum et quam iucundum habitare fratres in unum.*

[12] Glossa ad C. 12, q. 1, c. 2. CIC (1671) I, Sp. 965.

[13] Glossa ad C. 12, q. 1, c. 2. CIC (1671) I, Sp. 965. Vgl. auch Walther, Nr. 25317 h.

[14] Glossa ad C. 12, q. 1, c. 2. CIC (1671) I, Sp. 964–966.

[15] Eusebius Pamphili, De praeparatione evangelica VIII,4 (De Esseis qui priscis temporibus apud Iudaeos sublimi vivebant philosophia). Trapezuntio interprete (1497), h_4^v-h_5^v.

[16] Philo Alexandrinus, Quod omnis probus liber sit 72–91; De vita contemplativa. Flavius Iosephus, De bello Iudaico I,78–80; II,111–113, 119–161, 566–568; III,9–12; V,142–145. Flavius Iosephus, Antiquitates Iudaicae XIII,171f.; XV,371–379; XVIII,18–22.

[17] Vgl. zur Erwähnung der Essener auch: Gerhard Zerbolt von Zutphen, Super modo vivendi devotorum hominum simul commorantium. Ed. Hyma, S. 39: *Fuerunt enim inter Iudeos tres secte, scilicet phariseorum, saduceorum, satis note ex ewangelio, et essenorum [...] Et isti esseni inter ceteros Iudeos videbantur melius vivere. [...] in multis vitam apostolicam duxerunt, et isti omnia communia et nulla propria habuerunt.*

[18] Eusebius Pamphili, De praeparatione evangelica VIII,4. Trapezuntio interprete (1497), h_5^r: *Praeter ceteros inquit quos paene innumerabiles sanctio mosaica ad bene vivendum incitavit, Essaei summi omnium atque maximi sunt ab hosiotete, id est graeca lingua, sanctitate sicut mihi videtur appellati, quorum secta non genere, sed virtute atque humanitate discernitur.*

[19] Eusebius Pamphili, De praeparatione evangelica VIII,4. Trapezuntio interprete (1497), h_5^r.

[20] Eusebius Pamphili, De praeparatione evangelica VIII,4. Trapezuntio interprete (1497), h_5^r.

Amore Dei ardentissimo, virtutis cultu diligentissimo, caritat⟨e⟩[a] *proximi ferventissima. Quod summe ⟨Deum⟩*[b] *diligunt, multa nobis argumenta sunt: Castitas* precipua[c], *iuris iurandi nulla mentio, mendatii odium, et precipue, quod bonorum omnium, nullius mali causam esse Deum opinantur. Quod virtuti studiant, patet, quia pecuniam negligunt, gloriam spernunt, voluptatem oderunt, constantes, ⟨severi⟩*[d] *magnique animi sunt ceteraque huiusmodi innumerabilia. Caritatis autem argumenta sunt: Benivolentia, societas, equalitas. Nullus enim domum habitat, que omnium communis non sit. Unum erarium, unus sumptus omnibus est. Preterea vestis communiter omnibus proposita, communis cibus et potus, communis mensa, omnis vita communis est. Que omnia multo magis illi opere faciunt, quam alii verbis significant. Nec mirum, quecumque enim cotidie laborantes consequuntur, non ipsi servant, sed in medium afferentes communi utilitati attribuunt. Non negliguntur apud eos egrotantes, sed a communibus curantur, seniores non minus quam parentes liberi venerantur.*[21] Et in suo apollogetico de is: *Nemo,* ait, *proprium aliquid poss⟨i⟩d⟨e⟩t*[e], *non domus, non pecus, non vas aliquod, sed omnibus in medio positis communiter utuntur. Habita⟨n⟩t*[f] *simul et convivunt quasi sodales.* Sequitur: *Cumque a laboribus suis mercedem ceperint,* **[fol. 231ʳ]** *apud eum deponunt, qui questor creatus est. Is omnia diligenter procurat, quibus egent. Egent autem paucissimis, cum omnem luxum tamquam anime atque corporis mortem aspernentur. Communis est ipsis non mensa solum, verum eciam vestis, tenuis quidem omnis, sed gravior in hyeme. Que in uno deposita loco est, unde quisque indifferenter assumit.*[22] Horum denique tam intemerata semper fuit religionis fama, ut *nullus unquam ita efferatus fuit, nullus ita veteratus ac malus, ut Esseorum, aut potius sanctorum, vitam criminari voluerit, sed omnes probitate illorum superati, quasi natura liberos putantes summa veneratione atque laude prosecuti sunt. Hec Philo* Eusebio referente.[23]

Transeamus ad legem evangelicam, cuius *legifer Dominus*[24] ipse Christus, verbum incarnatum, factum nobis *via, veritas et vita.*[25] Quis ignorat hanc certissimam fore religionem, quam veritas ipsa cum suis electis discipulis tenuit, nobis quoque exemplificavit? Rerum quoque proprietatem quantum horruerit universitatis Dominus factus pro nobis *egenus, ut* sua *inopia*[26] *gratia et gloria*[27] ditaremur? 2ª Corinthios 8. Mattheus 8 expressit: *Vulpes ⟨foveas⟩*[g] *habent, volucres celi nidos, filius hominis non habet*[28] et cetera. Cuius doctrinam et mores secuta universitas fidelium

a caritate] caritati *Tr*; caritate *Eusebius* **b** Deum] *fehlt Tr*; Deum *Eusebius* **c** precipua] precipua *Tr*; perpetua *Eusebius* **d** severi] securi *Tr*; severi *Eusebius* **e** possidet] possedit *Tr*; possidet *Eusebius* **f** habitant] habitat *Tr*; habitant *Eusebius* **g** foveas] vovias *Tr*

[21] Eusebius Pamphili, De praeparatione evangelica VIII,4. Trapezuntio interprete (1497), h_5^v.

[22] Eusebius Pamphili, De praeparatione evangelica VIII,4. Trapezuntio interprete (1497), h_5^r.

[23] Eusebius Pamphili, De praeparatione evangelica VIII,4. Trapezuntio interprete (1497), h_5^v.

[24] Is 33,22.

[25] Io 14,6.

[26] II Cor 8,9.

[27] Vgl. Ps 83,12: *gratiam et gloriam dabit Dominus.*

[28] Mt 8,20: *vulpes foveas habent et volucres caeli tabernacula. Filius autem hominis non habet, ubi caput reclinet.* Lc 9,58: *vulpes foveas habent et volucres caeli nidos [...].*

discipulorum predicatione illuminatorum omnia in commune contulerunt, et sicut eis *erat cor unum* ⟨*et*⟩[a] *anima una,*[29] ita et rerum communio sub apostolorum discretione uni*cuique,* sicut ei *opus* fuerat, *divid*enda.[30] Nature legem scientibus loquor, ⟨quam⟩[b] actuum prodit historia.

[fol. 231ᵛ] Hec sancta communio tandem in viris ecclesiasticis[c] dumtaxat perseverans de die in diem tepuit senescente mundo ac refrigescente caritate omnium forma virtutum. Nostra vero tempestate odiosa suis[d] cultoribus habita penitus cernitur extortis et extra fines ecclesiasticorum longius propulsata. Regnat hodie nummus, cui obediunt omnia[e]. Regnat avaritie soboles, proprietas maledicta, que sanctam paupertatem, vite communionem illuminan⟨tem⟩[f], honestatem sancte conversacionis sustulit, mala cuncta induxit; nec mirum, quia *avaro nichil scelestius.*[31] *Hic enim animam suam venalem* fecit, *quoniam in vita sua proiecit intima sua,*[32] Ecclesiasticus 10. Quam in quibusdam ⟨f⟩icte[g] conversis Apostolus depla⟨n⟩xit[h]: *Omnes*, inquit, que *sua* sunt, *querunt* et *non que Iesu Christi,*[33] ad Philippenses 2°. Sed magis sunt hec piis plangenda, quam mea satir⟨a⟩[i] exclamanda. Mordeant ergo et tamquam novam quandam reprehensibilemque singularitatem vitam communem dampnent, qui patres, qui apostolos, qui Christum – quod dictu nephas est – reprehendere non verentur. Gratias autem omnipotenti Deo, qui hanc, quantum ad secularem clerum, resuscitare dignatur suo more per simplices ac mundo despectos, quemadmodum olim ecclesie machinam erexit per piscatores apostolos. Neque sicut tunc illis, ita neque nunc hiis **[fol. 232ʳ]** persecutionem movere cessat *malorum incentor*[34] dyabolus. Sed consolatur verbum Christi Luce 12: *Nolite timere, pusillus grex! Complacuit Patri vobis dare regnum,*[35] regnum humilium, regnum mundo despectorum, sed Deo electorum.

⟨Ad patres in presentiarum constitutos exhortatio⟩

Quoad secundum. Ad huius iacti seminis ac novellarum plantationum culturam vos, o patres devoti, Dominus elegit, ut *ort*ulum hunc diu desolatum *plant*are, *rig*are[36]

a et] *fehlt Tr*; et *Act 4,32* **b** quam] que *Tr* **c** ecclesiasticis] ecclisiasticis *Tr* **d** suis] *unnötige Doppelung* suis suis *Tr* **e** omnia] *folgt* ecclesiasticus x *Tr*, *vermutlich Schreibfehler, das Zitat folgt unten* **f** illuminantem] illuminans *Tr* **g** ficte] victe *Tr* **h** deplanxit] deplaxit *Tr* **i** satira] satiri *Tr*

---

[29] Act 4,32: *multitudinis autem credentium erat cor et anima una.*

[30] Act 4,35: *dividebantur autem singulis prout cuique opus erat.* Act 2,45: *et dividebant illa omnibus prout cuique opus erat.*

[31] Sir 10,9: *avaro autem nihil est scelestius.*

[32] Sir 10,10: *Hic enim et animam suam venalem habet, quoniam in vita sua proiecit intima sua.*

[33] Phil 2,21: *omnes enim sua quaerunt non quae sunt Christi Iesu.*

[34] II Mcc 4,1.

[35] Lc 12,32.

[36] Sir 24,42: *dixi rigabo meum hortum plantationum.* Ier 29,5: *et plantate hortos et comedite fructum eorum.*

ac colere curetis. Eapropter ad generalis nostri capituli[a] conventum[37] in presentiarum patres fratresque comparuistis, ut secundum Domini preceptum sancto Jerimie prophete factum *evellatis et destruatis, disperdatis et dissipetis, edificetis et plantetis.*[38] Evellatis carnis concupiscentias, destruatis fraudes diabolicas, disperdatis proprietates noxias, dissipetis presumptiones superbas, edificetis autem humilia, plantetis virtutum germina! *Neque enim,* ut dicit glosa Jerimie 2°, *poterint edificari bona, nisi destructa* sint *mala, nec plantari optima, nisi eradicentur pessima.*[39] *Attendite* secundum apostolicam exhortationem *vobis et gregi, in quo vos posuit Spiritus Sanctus episcopos,* id est superintendentes, *regere ecclesiam Dei,*[40] Actuum 20. Pastores estis! *Pusillum* licet *gregem,*[41] tamen habetis formam magni pastoris, quam currentis dominice evangelica lectio descripsit: *Induimini.*[42] Considerate, oro, quanta bona orientur, si ad **[fol. 232ᵛ]** normam patrum hae congregationes nostre reducantur! *Gratiam* a Domino vobis datam *nolite negligere,*[43] quoniam nedum amissorum malorum, sed et bonorum neglectorum per collatam gratiam possibilem debitores nos agnoscite. *Servum* torpentem, *talentum*[b] sudario male quietis et *terra* vane securitatis *abscondentem* evangelica parabola condempnat.[44] *Messis multa* offertur; *rogandus est Dominus, ut operarios mittat in messem,*[45] et vos, patres, operarii estis! A sede Petri missi messorum officia satagite, lolium a granis separate! Nondum matura rigate, plantata purgate! Nec enim numerari mala poterunt secutura, si novella planta⟨t⟩io[c] velut fenum[d] tectorum priusquam evellatur[e] exarescat. Neque ignoratis, patres, quantos ad vitam tendentibus laqueos tendat artifex doli. Quos submoventes corrigenda emendate, collapsa reformate, stantia solidate, proficientia sacratissimis ordinationibus promovete, ut vere de vestro regimine subiectis congregationibus dici possit illud Apostoli: *⟨Dei⟩*[f] *edificatio estis, Dei agricultura estis.*[46] Sitque plantatio hec Patris celestis, quia *omnis plantatio, quam non plantavit Pater meus celestis eradicabitur,*[47] Mattheus 15. Et edificatio, que non est *edificata supra petram,*[48] suffoditur atque destruetur, sententialiter Mattheus 7. Laboris mercedem **[fol. 233ʳ]** in *samaritano* ac pio pastore statuite, qui professus est *supererogan*ti cuncta *red*dere

a capituli] capipituli *Tr* **b** talentum] talenteum *Tr* **c** novella plantatio] novellam plantagionem *Tr* **d** fenum] venum *Tr* **e** evellatur] *folgt durchgestrichen* exaresciat *Tr* **f** Dei] die *Tr*; dei *I Cor 3,9*

---

[37] Biel spricht vor dem Generalkapitel.

[38] Ier 1,10: *ecce constitui te hodie super gentes et super regna, ut evellas et destruas et disperdas et dissipes et aedifices et plantes.*

[39] GLOSSA ORD. ad Ier 1,10. Biblia 1506–08, IV, fol. 111ʳ.

[40] Act 20,28.

[41] Lc 12,32.

[42] Rm 13,14: *Induimini Dominum Iesum Christum.*

[43] I Tim 4,14: *Noli neglegere gratiam, quae in te est tibi per prophetiam [...].*

[44] Vgl. Mt 25,14–30.

[45] Mt 9,37f. Lc 10,2.

[46] I Cor 3,9.

[47] Mt 15,13.

[48] Mt 7,24.

cum usura, Luce x.[49] Accendat vos secularium fervor principum, qui – proch[a] pudor – vincere cernitur zelum ecclesie paranimphorum.

⟨Status fratrum et profectus annotatio⟩

Quoad tertium. Huic rei sumopere congruere arbitror[b], si sacratissimo theologico studio fratres ydonei sub discipline nostre regula deputentur, qui et stellarum more luc⟨e⟩ant[c] doctrinis ceteros accendant vite exemplis. Summa hec exigit necessitas tum pro cura populi nobis in plerisque locis commissa tum pro discreta fratrum institutione. *Vani* enim *sunt omnes homines, in quibus non est scientia Dei,*[50] Sapientie 13. Et vere vane, quia *nosse te, consummata iustitia est et scire iustitiam et virtutem*[d] *tuam, radix est immortalitatis,*[51] loquitur ⟨sapiens⟩[e] ad Dominum, Sapientie 15. Hinc Sapientie 6: *Concupiscite sermones meo⟨s⟩*[f] *et diligite* eos, ait sapiens, *et habebitis disciplinam.*[52] Et quis, rogo, vel seipsum dirigere vel fidei vel spei, *que in* se *est, omni poscenti rationem*[53] reddere, quod Petrus[g] precipit 1ª Petri 3°. Aut commissum gregem pascuis catholice veritatis pascere poterit scripturam ignorans? Si quidem *didicerit iusta, inveniet, quid respondeat,*[54] Sapientie 6°. In hiis pascue sunt ovium Christi, in cognitione scilicet divinitatis et humanitatis, ad quam *ingredientes et egredientes* **[fol. 233ᵛ]** *pascua invenient.*[55] *Oves* pas⟨t⟩oris[h] *vocem audientes*[56] et audiendo pastorem cognoscentes, Johannes 10 et in evangelio hesterno proponitur, quod merito a regiminis officio legis ignari repelluntur dicente propheta: *Quia tu scientiam repulisti, repellam te* et ego, *ne sacerdotio fungaris michi,*[57] Osee 4° et Ysia 30: *Ve qui descenditis in Egiptum et os* Domini *non interrogatis.*[58] In Egiptum descendunt, qui tenebris sue ignorantie innitentes scripturas sacras, que velud os loquentis Domini voluntatem, iussa[i] et consilia exprimunt in agendis, consulere parvipendunt. Unde Dominus ad Josue: *Ut intelligas cuncta, que agis, non recedat volumen legis ab ore tuo, sed meditaberis in eo diebus et noctibus, ut custodi⟨a⟩s*[j] *et facias omnia, que scripta sunt in eo. Tunc diriges viam tuam et intelliges eam!*[59] Et licet semper, maxime tamen

a proch] *folgt durchgestrichen* dolor *Tr* **b** arbitror] arbritor *Tr* **c** luceant] luciant *Tr* **d** et virtutem] *unnötige Doppelung* et virtutem et virtutem *Tr* **e** sapiens] *fehlt Tr* **f** meos] meo *Tr* **g** Petrus] *unnötige Doppelung* Petrus Petrus *Tr* **h** pastoris] pasoris *Tr* **i** iussa] *unnötige Doppelung* iussa iussa *Tr* **j** custodias] custodis *Tr*

49 Lc 10,33–35.
50 Sap 13,1.
51 Sap 15,3.
52 Sap 6,12.
53 I Pt 3,15.
54 Sap 6,11: *Qui enim custodierint iusta iuste, iustificabuntur. Et qui didicerint ista, invenient quid respondeant.*
55 Io 10,9.
56 Io 10,3.
57 Os 4,6.
58 Is 30,1–2.
59 Ios 1,8.

hiis *diebus novissimis*[60] theoloycum[a] necessarium est studium, in quibus, ut apostolus premon⟨uit⟩[b], *sanam doctrinam non sustinebunt, sed ad desideria sua coacervabunt sibi magistros prurient⟨es⟩*[c] *auribus. A veritate quidem auditum avertent, ad fabulas autem convertentur,*[61] 2ª ad Timotheum 4. Quos non aliter quam scripture legem eternam continentis soliditate reprimere oportet. Unde eundem discipulum suum Timotheum instruens Apostolus ⟨1ª⟩[d] ad Timotheum 4. *Attende*, inquit, *lectioni, exhortationi* **[fol. 234ʳ]** et *doctrine!*[62] Et sequitur: *Hec meditare! In hiis esto, ut profectus tuus manifestus sit omnibus.*[63] *Attende* enim *tibi et doctrine, insta in illis! Hoc enim faciens et te ipsum salvum facies et* eos, *qui te audiunt.*[64] Neque enim discipulis Christi sufficere poterit simplicitas columbina, nisi eam defenderet prudentia serpentina. Eapropter veritatis magister: *Estote*, inquit, *prudentes sicut serpentes et symplices sicut columbe,*[65] Matthei 10. Serpentis prudentia totum se pro capite Christo contra adversarios exponere se iubet; symplicitas columbe cordis mansuetudinem servat. Sed ubi arma contra veritatem, que Christus est, impugnantes, si non in *turre Davitica*, que est invincibilis scriptura? *Ex* hac enim *mille clipii* et *omnis fortium pendet armatura,*[66] Canticorum 4. Hinc et Christus arma tulit, quibus temptatorem in deserto vicit et repulit. *Scriptum est,*[67] ait ad singulas inimici suggestiones, Matthei 4. Et quibusdam errore turpiter victis erroris causam aperiens: *Erratis*, inquit, *nescientes scripturas neque virtutem Dei,*[68] Matthei 22. Et ad earum indagationem cohortans: *Scrutamini scripturas,* dixit, *in* quibus *putatis* salutem *habere,*[69] Johannes 5°.

Sistendus est pes scripturarum amore pulsus, ne in ⟨i⟩mmensum[e] procurrat, hoc unum concludendo adiungens, quod errat **[fol. 234ᵛ]** nimium, qui sine duce magistro[70] scripturarum campos latissimos ingredi presumpserit. Credatur in hoc illuminatissimo sanctissimoque Ieronimo, qui virum omni humana sapientia eruditum, Paulinum loquor, sine dirigente magistro scripture misteri⟨a⟩[f] carpere posse negat. Ad studii exercitium multipharium scriptis et exemplis inducere conabatur in epistola longa[71] ad eundem de omnibus divine historie libris. Et vos quidem, patres, pastores electi plebiculi vestri, gregem pascite, instituite, ordinate, quo yma

a theoloycum] *folgt durchgestrichen* stud *Tr* **b** premonuit] premonitus *Tr* **c** prurientes] prurientibus *Tr*; prurientes *II Tim 4,3* **d** 1ª] 2ª *Tr* **e** in immensum] in mmensum *Tr* **f** misteria] misterio *Tr*

[60] II Tim 3,1.
[61] II Tim 4,3.
[62] I Tim 4,13.
[63] I Tim 4,15.
[64] I Tim 4,16.
[65] Mt 10,16.
[66] Ct 4,4.
[67] Mt 4,4–10.
[68] Mt 22,29.
[69] Io 5,39.
[70] Hieronymus, Epistula 125,15 (Ad Rusticum monachum). Rec. Hilberg (CSEL 56), S. 133: *Nulla ars absque magistro discitur.*
[71] Hieronymus, Epistula 53 (Ad Paulinum). Rec. Hilberg (CSEL 54), S. 442–465.

respondeant primis et terrena iungantur summis, ubi in dextra Patris summi resurgentis residet virtus Christi. Amen.

Universalis ecclesie statum meque peccatorem vestris devotis orationibus recommendo.

Sermo est Gabriehelis in capittulo magistri excellentis.[72]

[72] ELZE (S. 89) hält die Subscriptio mit dem Ende „... in capitulo magistri." nicht für sinnvoll und vermutet – jedoch ohne die Handschrift eingesehen zu haben –, daß an dieser Stelle in abgekürzter Form „mag. eccl." (= Maguntinae ecclesiae) steht. Vgl. ELZE, Martin: Handschriften von Werken Gabriel Biels aus seinem Nachlaß in der Giessener Universitätsbibliothek. In: Zeitschrift für Kirchengeschichte 81, 1970, S. 70–91.

VII Literaturverzeichnis

1 Ungedruckte Quellen

Aschaffenburg, Stiftsbibliothek, Ms. Pap. 29: Aszetische Traktate (Sammelband).
Aschaffenburg, Stiftsbibliothek, Ms. Pap. 34: Texte zum geistlichen Leben (Sammelband).
Aschaffenburg, Stiftsbibliothek, Ms. Pap. 35: Theologische Sammelhandschrift.
Aschaffenburg, Stiftsbibliothek, Ms. Pap. 36: Theologische Sammelhandschrift.
Aschaffenburg, Stiftsbibliothek, Ms. Pap. 37: *Regulae vitae spiritualis.*
Berlin, Deutsche Staatsbibliothek, Ms. germ. quart 273.
Darmstadt, Hessisches Staatsarchiv, A 3: Urkunden Oberhessen.
Darmstadt, Hessisches Staatsarchiv, C 1 , A 13: Kopialbuch (Liber litterarum) des Stifts St. Markus zu Butzbach.
Darmstadt, Hessisches Staatsarchiv, C 1 , A 14: Kopialbuch (Liber litterarum) des Stifts St. Markus zu Butzbach.
Darmstadt, Hessisches Staatsarchiv, E 5, B 3: Bestand Butzbach.
Den Haag, Königliche Bibliothek, Hs 75 G 58: Gabriel Biel: Tractatus De communi vita clericorum.
Giessen, Universitätsbiliothek, Hs 675: Jordan von Quedlinburg: Liber Vitasfratrum III,1–6.
Hamburg, Staats- und Universitätsbibliothek, Cod. theol. 4° 1567: Statuta, ordinationes, exhortationes, salubriaque monita pariter et consuetudines laudabiles canonicorum, presbiterorum et clericorum secularium in communi vivencium Alemanie superioris.
Hildesheim, Bistumsarchiv und Dombibliothek, Ps. 9 (ehemaliger Bestand Priesterseminar): *Statuta domus seu congregationis Fratrum Hildesiae.* [Statuten des Fraterhauses Hildesheim, 16. Jahrhundert.]
Hildesheim, Bistumsarchiv und Dombibliothek, Ps. 10 (ehemaliger Bestand Priesterseminar): Statuten des Fraterhauses zu Herford.
Koblenz, Landeshauptarchiv, Best. 223: Wolf an der Mosel.
Koblenz, Landeshauptarchiv, Best. 701, Nr. 92: Historie quedam sive annales collegii in Wolf 1478–1524. (Annalen des Klosters Wolf).
Köln, Historisches Archiv, Geistl. Abt. 224b: *Statuta domus Wydenbach.* [Statuten des Kölner Bruderhauses].
Königstein, Pfarrarchiv: Kopialbuch des Bruderhauses Königstein, 16. Jahrhundert.
Mainz, Stadtarchiv, Abt. 14 (Jesuitenarchiv), Kloster Marienthal.
Münster, [Diözesanbibliothek] Bibliothek des Priesterseminars, Ms. 8.10: Statuten der Brüder des gemeinsamen Lebens [Münster].
Münster, Diözesanarchiv, Abt. Generalvikariat (Fraterhaus).
Münster, Staatsarchiv, Bibl. WG 67: Instituta primaeva fratrum canonicorum seu clericorum collegii sanctissimae trinitatis ad Fontem salientem Monasterii in communi viventium. Ab eiusdem collegii pro tempore rectore sive patre in visitacione episcopali die 9na Maii 1741 producta, ut olim scripta sunt, sequuntur excusa.
Nürtingen, Stadtarchiv, Urkunden.
Nürtingen, Stadtarchiv, Briefbuch Tachenhausen.
Stuttgart, Hauptstaatsarchiv, A 356: Herrenberg Weltlich (1496–1810).

Stuttgart, Hauptstaatsarchiv, A 357: Herrenberg Geistlich (1484–1656).
Stuttgart, Hauptstaatsarchiv, A 414: Urach Geistlich (1304, 1502–1842).
Stuttgart, Hauptstaatsarchiv, A 490: Stift Herrenberg (1312–1807).
Stuttgart, Hauptstaatsarchiv, A 522: St. Peter im Schönbuch (Einsiedel).
Stuttgart, Hauptstaatsarchiv, A 535: Stift Urach (1502–1551)
Stuttgart, Hauptstaatsarchiv, A 602, 6276, 6397, 9490, 9498, 9499, 9501, 9511, 14067, 14068, 14069, 14070, 14072, 14075, 14078, 14079, 14088.
Stuttgart, Hauptstaatsarchiv, J 1, 5: Oswald Gabelkover, Historia Württembergica.
Stuttgart, Hauptstaatsarchiv, J 1, 171: Urkunden über Klöster in Württemberg.
Stuttgart, Hauptstaatsarchiv, J 1, 256: Gottlieb Friedrich Heß: Herrenberger Chronik.
Trier, Stadtbibliothek, Hs 796: Gabriel Biel: Collatio ⟨De vita communi⟩.
Wiesbaden, Haupstaatsarchiv, Abt. 38: Königstein, Kugelherren.
Wiesbaden, Haupstaatsarchiv, 75/4.
Wolf, Ev. Pfarrarchiv: Urkunden und Akten ab 1478.

2 *Gedruckte Quellen*

[Eberhard V. von Württemberg]: Stiftung des Stifts St. Peter zum Einsiedel im Schönbuch (1492). Statuten sowie Stiftungs- und Bestätigungsbriefe hrsg. von Gabriel Biel. Ulm [Johannes Reger 2. März 1493]. Druck, Papier, 38 Bl. 4°, H 6557 = 15083; GW 9181.
Amort, Eusebius: Vetus disciplina cononicorum regularium et saecularium ex decumantis magna parte hucusque ineditis a temporibus apostolicis usque ad saeculum XVII critice et moraliter expensa Eusebius Amort. [Faks.-T.] Venetiis 1747.

Antoninus Florentinus
– Beati Antonini Florentinorum laudatissimi Archipraesulis opus insigne quod Summam nuncupant, eo quod omnium rerum divinarum humanarumque notitiam tradit [...] Lugduni 1542.

Aristoteles
– Aristotelis ad Nicomachum filium de Moribus, quae Ethica nominantur, libri decem, Joachimo Perionio Cormoeriaceno interprete [...] Basileae 1540.
– Aristotelis ethica Nicomachea recognovit brevique adnotatione critica instruxit L. Bywater. Oxonii 1949.

Aurelius Augustinus Hipponensis Episcopus
– Sancti Aurelii Augustini episcopi de civitate dei libri XXII. Recognoverunt Bernardus Dombart et Alfonsus Kalb. Vol. 1: Lib. I–XIII. Vol. 2: Lib. XIV–XXII. Stuttgardiae 1981.
– De moribus ecclesiae catholicae et de moribus Manichaeorum libri duo. PL 32, Sp. 1309–1378.
– De opere monachorum. Rec. Joseph Zycha. CSEL 41, 529–596.
– Enarrationes in Psalmos CI–CL. Post Maurinos textum edendum curaverunt D. Eligius Dekkers O.S.B. et Iohannes Fraipont. Turnholti 1956. (Corpus Christianorum, Series Latina 40).
– In Iohannis evangelium tractatus CXXIV. Post Maurinos textum edendum curavit D. Radbodus Willems O.S.B. Turnholti 1954. (Corpus Christianorum, Series Latina 36).
– Divi P. Aurelii Augustini regula cum aliquot utilissimis et tum novitiorum necessarie institutioni peropportunis tum aliorum quorumcumque religiosorum, maxime sub S. Augustini regula deo militantium perfectioni accomodatis instructionibus et appendicibus. Recens in lucem data per R. D. Joannem Stirm [...]. Constantiae, typis Francisci Xaverii Straub 1702.

– VERHEIJEN, Luc. M. J.: La Règle de saint Augustin. I. Tradition manuscrite. II. Recherches historiques. Paris 1967.
– Sermones. PL 38, 39.
– Sermones ad fratres in eremo commorantes. PL 40, Sp. 1235–1358.
– Sermones duo de vita et moribus clericorum. [Paris, 16. Jahrhundert].
– Soliloquiorum libri duo, de inmortalitate animae, de quantitate animae. Recensuit Wolfgangus HÖRMANN. Vindobonae 1986. (Corpus scriptorum ecclesiasticorum Latinorum 89).

BAUR, Ludwig (Hg.): Hessische Urkunden aus dem großherzoglich-hessischen Haus- und Staatsarchiv. Band IV: (Urkunden 1400–1500). Darmstadt 1866. ND Aalen 1979, Nr. 272, S. 278.

Beda Venerabilis
– Opera homiletica. CC 122.

Bernardus Claraevallensis
– LECLERCQ, Jean [u.a.] (Hgg.): S. Bernardi Opera. Romae 1957–1977.

BESOLD, Christoph: Documenta rediviva monasteriorum praecipuorum, in ducatu Wirtenbergico sitorum. Tübingen 1636.
BESOLD, Christoph: Virginum sacrarum monimenta in principum Wirtenbergicorum ergastulo litterario. Tübingen 1636.

Biblia
– Biblia sacra iuxta vulgatam versionem adiuvantibus Bonifatio Fischer, Iohanne Gribomont, H. F. D. Sparks, W. Thiele. Recensuit et brevi apparatu instruxit Robertus WEBER. I–II. Stuttgart 1969, ^{2}1975.
– Textus Biblie cum glosa ordinaria, Nicolai de Lyra postilla, moralitatibus eiusdem, Pauli Burgensis Additionibus, Matthie Thoriny Replicis. Pars I–VI. Basileae 1506–1508.

Biel, Gabriel
– Defensorium oboedientiae apostolicae et alia documenta. Ed. and transl. by Heiko A. OBERMAN, Daniel E. ZERFOSS and William J. COURTENAY. Cambridge 1968.
– Gabrielis Biel Canonis Misse Expositio. Dispositio et conspectus materiae cum indice conceptuum et rerum. Curavit Wilfried WERBECK 1976.
– Canonis misse expositio. Ed. Heiko A. OBERMAN und William J. COURTENAY. 4 Bände. Wiesbaden 1963–1967. (Veröffentlichungen des Instituts für Europäische Geschichte Mainz 31–34).
– Collectorium circa quattuor libros Sententiarum. Ed. Wilfried WERBECK und Udo HOFMANN. 4 Bände. Tübingen 1973–1977.
– Epithoma expositionis sacri canonis missae. Ed. Wendelin STEINBACH. Tübingen 1499 und 1500.

BODMANN, Franz Joseph: Rheingauische Alterthümer oder Landes- und Regiments-Verfassung des westlichen oder Niederrheingaues im mittleren Zeitalter. Mainz 1819.
BRUYLANTS, Pierre: Les oraisons du missel romain. Texte et histoire. Louvain 1952.
CONSUETUDINES SPRINGIRSBACENSES-RODENSES. Hrsg. von Stephan WEINFURTER. Turnholti 1978. (Corpus Christianorum 68).

Corpus Antiphonalium Officii
– HESBERT, Rene-Jean (Hg.): Corpus Antiphonalium Officii. 6 Bde. Rom 1963–1979.

Corpus Iuris Canonici
– Corpus Iuris Canonici editio Lipsiensis secunda post Aemilii Ludovici Richteri curas ad librorum manu scriptorum et editionis Romanae fidem recognovit et adnotatione critica

instruxit Aemilius FRIEDBERG. Pars prior: Decretum Magistri Gratiani. Pars secunda: Decretalium collectiones. Leipzig ²1879, ND Graz 1959.
- Corpus Iuris Canonici in tres partes distinctum glossis diversorum illustratum Gregorii Papae XIII. iussu editum complectens Decretum Gratiani, Decretales Gregorii IX., Sextum Decretalium Bonifacii VIII., Clementinas, Extravagantes Ioannis XXII., Extravagantes Communes etc. [...] Lugduni 1671.

DESHUSSES, Jean: Le Sacramentaire Gregorien ses principales formes d'après les plus anciens manuscrits. 1–3. Fribourg 1971–1982.

DEUTZ, Helmut – WEINFURTER, Stefan: Consuetudines canonicorum regularium Rodenses. Lateinisch/deutsch. Die Lebensordnung des Regularkanonikerstiftes Klosterrath. Text erstellt von Stefan Weinfurter. Übersetzt und eingeleitet von Helmut Deutz. 2 Bände. Freiburg im Breisgau 1993. (Fontes Christiani 11).

DOEBNER, Richard: Annalen und Akten der Brüder des gemeinsamen Lebens im Lüchtenhofe zu Hildesheim. Hannover, Leipzig 1903. (Quellen und Darstellungen zur Geschichte Niedersachsens 9).

ERHARD, Heinrich August (Hg.): Gedächtniss-Buch des Frater-Hauses zu Münster. In: Zeitschrift für vaterländische Geschichte und Alterthumskunde [Westfalens] 6, 1843, S. 89–126.

Eusebius Pamphili Caesariensis
- De praeparatione evangelica Georgio TRAPEZUNTIO interprete. [Venetiis 1497].
- Opera omnia. 4 Bände. Basileae 1542.

Gerhard Zerbolt von Zutphen
- De libris teutonicalibus. Hrsg. von Albert HYMA. In: Nederlandsch Archief voor Kerkgeschiedenis N.S. 17, 1924, S. 42–70.
- De reformatione interiori seu virium animae. In: BIGNE, Marguerin de la (Hg.): Maxima Bibliotheca veterum patrum. Band 26. Lyon ⁸1677, S. 237–258.
- De spiritualibus ascensionibus. In: BIGNE, Marguerin de la (Hg.): Maxima Bibliotheca veterum patrum. Band 26. Lyon ⁸1677, S. 258–289.
- Super modo vivendi devotorum hominum simul commorantium. Ed. Albert HYMA. In: Archief voor de Geschiedenis van het Aartsbisdom Utrecht 52, 1925, S. 1–100.

Gregorius Magnus (Gregor der Große)
- Moralium libri sive expositio in librum Iob. PL 75, Sp. 509–1162, PL 76, Sp. 9–782.
- Homilarum in Ezechielem prophetam libri duo. PL 76, Sp. 785–1314.
- Regula Pastoralis. PL 77, Sp. 13–126.

GRUBE, Karl (Hg.): Des Augustinerpropstes Johannes Busch Chronicon Windeshemense und Liber de reformatione monasteriorum. Halle 1886. (Geschichtsquellen der Provinz Sachsen und angrenzender Gebiete 19).

GUDENUS, Valentin F. von: Codex diplomaticus exhibens anectoda ab anno 981 ad 1300 Moguntiaca, ius Germanicum, et S. R. I. historiam illustrantia ex latebris in lucem protraxit notasque addidit Valent. Ferd. de Gudenus. 5 Bände. Göttingen 1743–1768.

Guigo Carthusiensis
- Consuetudines Cartusiae. PL 153, Sp. 631–760.

HARDT, Hermann von der: Magnum oecumenicum Constantiense concilium. 6 Bände. Frankfurt-Leipzig 1696–1700. Indexband 1742.

HERMELINK, Heinrich (Hg.): Die Matrikel der Universität Tübingen. Stuttgart 1906–1931.

Hieronymus Stridonensis
- Commentariorum in Matheum libri IV. Cura et studio D. HURST et M. ADRIEN. Turnholti 1969. (Corpus Christianorum, Series Latina 77).
- Epistulae I–LXX. Recensuit Isidorus HILBERG. Vindobonae 1910. (Corpus scriptorum ecclesiasticorum Latinorum 54).
- Epistulae LXXI–CXX. Recensuit Isidorus HILBERG. Vindobonae 1912. (Corpus scriptorum ecclesiasticorum Latinorum 55).
- Epistulae CXXI–CLIV. Vindobonae 1918. Recensuit Isidorus HILBERG. Vindobonae 1910. (Corpus scriptorum ecclesiasticorum Latinorum 56).

Holstenius
- Codex regularum monasticarum et canonicarum [...] collectus olim a Sancto Benedicto Anianensi abbate nunc autem auctus, amplificatus et in sex tomos divisus [...]. 1–6. Augustae Vindelicorum 1759. ND Graz 1957.

Horatius
- Q. Horatii Flacci opera. Edidit Stephanus BORZSAK. Leipzig 1984. (Bibliotheca Scriptorum Graecorum et Romanorum Teubneriana).

Hugo de Sancto Victore
- Expositio in regulam S. Augustini. PL 176, Sp. 881–924.

Iacobus a Voragine
- Iacobi a Voragine legenda aurea vulgo Historia Lombardica dicta ad optimorum librorum fidem recensuit Th. GRAESSE. Dresden ^{3}1890, ND Osnabrück 1965.

Johannes Friburgensis
- Summa Confessorum. Augustae Vindelicorum 1476.

Johannes Gerson
- Jean [Charlier] Gerson: OEuvres complètes. Introd., texte et notes par [Palémon] GLORIEUX. 10 Bde. Paris 1960–1973.
- Joannis Gersonii opera omnia. Quibus accedit Henrici de Hassia [et a.] tractatus, necnon monumenta omnia ad causam Joannis Parvi pertinentia. Opera et studio M. Lud. Ellies DU PIN. 1–5. Antwerpiae 1706.

Jordan von Quedlinburg
- ARBESMANN, Rudolph O.S.A. – HÜMPFNER, Winfried O.S.A. (Hgg.): Jordani de Saxonia Liber vitasfratrum. New York 1943. (Cassiciacum, American Series 1).

KEUSSEN, Hermann: Die Matrikel der Universität Köln. Band 1: 1389–1475. Bonn ^{2}1928. (Publikationen der Gesellschaft für Rheinische Geschichtskunde 8).

KREBS, Manfred (Hg.): Die Investiturprotokolle der Diözese Konstanz aus dem 15. Jahrhundert. Anhang zu FDA, S. 66–74. 1939–1954.

Mansi
- MANSI, Giovanni Domenico: Sacrorum conciliorum nova et amplissima collectio. 53 Bände. Paris ^{2}1901–27. ND Graz 1960–1961.

MIGNE, Jacques Paul: Patrologiae cursus completus seu bibliotheca universalis [...] omnium SS. patrum, doctorum scriptorumque ecclesiasticorum. Series Graeca Band 1–167. Paris 1857–1876. Series Latina Band 1–221. Paris 1844–1865.

MIRAEUS, Albert: Regulae et constitutiones clericorum et in congregatione viventium. In: DERS.: Codex regularum et constitutionum clericalium. Antwerpen 1638.

MOLITOR, Stephan: 1495. Württemberg wird Herzogtum. Dokumente aus dem Hauptstaatsarchiv Stuttgart zu einem epochalen Ereignis. [Begleitbuch zur Ausstellung des Hauptstaatsarchivs Stuttgart im Württembergischen Landesmuseum Stuttgart vom 20. Juli bis 3. Oktober 1995] [Hrsg. vom Hauptstaatsarchiv Stuttgart]. Stuttgart 1995.

MOSER, Johann Jakob: Sammlung allerley hin und wieder in dern Büchern oder auch einzeln gedruckter, das Hochfürstliche Haus und Hertzogthum Würtemberg betreffender Urkunden zum Dienst und Nutzen derer Würtembergischen Räthe, Beamten und Unterthanen zusammen heraußgegeben. Erster Theil. Tübingen 1732.

NAUCLERUS, Johannes: Memorabilium omnis aetatis et omnium gentium chronici commentarii. 2 Bände. Tübingen 1516.

OHR, Wilhelm – KOBER, Erich: Württembergische Landtagsakten 1498–1515. Stuttgart 1913. (Württembergische Landtagsakten I/1).

Persius

– A. Persi Flacci et D. Iuni Iuvenalis Saturae. Edidit brevique adnotatione critica instruxit W. V. CLAUSEN. Oxonii 1959.

Philo Alexandrinus

– Philonis Judaei Alexandrini Libri antiquitatum, quaestionum et solutionum in Genesin, de Essaeis, de nominibus Hebraicis, de mundo interprete Ioanne SICHARDO Latine. Basileae 1527.
– Philonis Alexandrini opera quae supersunt. Ed. Leopoldus COHN et Paulus WENDLAND. Vol. 1–5. Vol. 6 ed. Leopoldus COHN et Sigofredus REITER. Vol. 7. Indices composuit Johannes LEISEGANG. Berolini 1896–1930.

Possidius

– Vita Sancti Aurelii Augustini Hipponensis episcopi auctore Possidio Calamensi episcopo. PL 32, Sp. 33–66.
– Vita Sancti Aurelii Augustini Hipponensis Episcopi. Ed. M. PELLEGRINO. Alba 1955.

Ps.-Augustinus

– Liber Meditationum. PL 40, Sp. 901–938.
– Manuale. PL 40, Sp. 951–968.

Ps.-Cyprianus

– De singularitate clericorum. In: S. Thasci Caecili Cypriani opera omnia. Recensuit et commentario critico instruxit Guilelmus HARTEL. Band 3. Wien 1871. (Corpus scriptorum ecclesiasticorum Latinorum 3,3), S. 173–220.

Ps.-Hieronymus

– Regula monacharum. PL 30, Sp. 391–426.
– Regula monachorum ex scriptis Hieronymi per Lupum de Olmeto collecta. PL 30, Sp. 319–392.

Radewijns, Florens

– Omnes, inquit, artes. Hrsg. von Martinus Th. P. VAN WOERKUM. In: Ders.: Het Libellus „Omnes, inquit, artes". Een rapiarium van Florentius Radewijns. 3 Bände. Nijmwegen 1950.
– Tractatulus devotus de extirpacione viciorum et passionum et acquisicione verarum virtutum. Hrsg. v. Leonardus A. M. GOOSSENS. In: Ders.: De meditatie in de eerste tijd van de Moderne Devotie. Haarlem Antwerpen 1952, S. 211–254.

Regesten zur Geschichte der Bischöfe von Constanz von Bubulcus bis Thomas Berlower 517–1496. [REGESTA EPISCOPORUM CONSTANTIENSIUM]. Herausgegeben von der Badischen Historischen Kommission. 5 Bände. Innsbruck 1895–1931.

Regula Benedicti

– Die Benediktus-Regel. Lateinisch-deutsch. Hrsg. und eingel. von Basilius STEIDLE. Beuron [4]1980.

REYSCHER, August Ludwig (Hg.): Vollständige, historisch und kritisch bearbeitete Sammlung der württembergischen Gesetze. 20 Bände. Tübingen 1828–1851.

SCHNEIDER, Eugen – KASER, Kurt: Württembergisches aus römischen Archiven. Stuttgart 1911. (Württembergische Geschichtsquellen 11).

SIEGWART, Josef (Hg.): Die Consuetudines des Augustiner-Chorherrenstiftes Marbach im Elsaß. Fribourg 1965. (Spicilegium Friburgense 10).

STATUTA CAPITULI WINDESEMENSIS. Den Hem bij Schoonhoven 1508.

Thomas Aquinas

– S. Thomae Aquinatis doctoris angelici in decem libros Aristotelis ad Nicomachum expositio. Cura et studio P. Fr. Raymundi M. SPIAZZI O.P. Turin 1949.

– Quaestiones quodlibetales. Cura et studio P. Fr. Raymundi SPIAZZI O.P. Taurini, Romae 1949.

– Sancti Thomae de Aquino Summa Theologiae. Editiones Paulinae. Roma 1962.

TOEPKE, Gustav: Die Matrikel der Universität Heidelberg von 1386 bis 1662. I–III. Heidelberg 1884–1893. ND Nendeln 1976.

UFFENBACH, Conrad Zacharias von: Bibliotheca Uffenbachiana universitatis sive catalogus librorum tam typis quam manu exaratorum quas summo studio hactenus collegit Zach[arias] Conradus ab Uffenbach. 1–4. Frankfurt 1729–1731.

Vergilius

– P. Vergili Maronis Opera. Recognovit brevique adnotatione critica instruxit R. A. B. MYNORS. Oxonii 1959.

Vincentius Bellovacensis

– Speculum Quadruplex sive speculum maius [...]. Duaci 1624. ND Graz 1964–65.

WALTHER, Hans: Proverbia sententiaeque Latinitatis Medii Aevi. Lateinische Sprichwörter und Sentenzen des Mittelalters in alphabetischer Anordnung. Göttingen 1963–1986. (Carmina Medii Aevi Posterioris Latina. II, 1–9).

WEISSENBORN, Hermann: Acten der Erfurter Universität. 3 Bände. Halle 1881–1899. (Geschichtsquellen der Provinz Sachsen und angrenzender Gebiete 8).

Wilhelm von Saint-Thierry

– Guillaume de Saint-Thierry: Lettre aux frères du mont-dieu (Lettre d'or). Introduction, Texte critique, Traduction et notes par Jean DÉCHANET. Paris 1985.

– HONEMANN, Volker (Hg.): Die „Epistola ad fratres de Monte Dei" des Wilhelm von Saint-Thierry. Lateinische Überleferung und mittelalterliche Übersetzungen. Zürich, München 1978. (Münchener Texte und Untersuchungen zur deutschen Literatur des Mittelalters 61).

WÜRTTEMBERGISCHE REGESTEN von 1301–1500. 3 Bände. Stuttgart 1916–1940.

3 Literatur

ABRAMOWSKI, Luise: Johann Gerson. De consiliis evangelicis et statu perfectionis. In: Studien zur Geschichte und Theologie der Reformation. Festschrift für Ernst Bizer. Neukirchen 1969, S. 63–78.

ACKERMANN, Renate: Buße und Rechtfertigung bei Gabriel Biel. Das Verhältnis von Buch IV, dist 14, q 1 und 2 des Collectoriums zu seinen literarischen Vorlagen und zur scholastischen Tradition. 2 Bände. Tübingen 1962.

ACQUOY, Johannes Gerardus Rijk: Het klooster te Windesheim en zijn invloed. 3 Bände. Utrecht 1875–80.

ADRIAN, J. Valentin: Catalogus Codicum Manuscriptorum Bibliothecae Academicae Gissensis. Francofurti 1840.

ALBERTS, Wybe Jappe: Consuetudines Fratrum Vitae communis. Groningen 1959. (Fontes minores medii aevi 8).

ALBERTS, Wybe Jappe: Moderne Devotie. Bussum 1969. (Fibulareeks 48).

ALBERTS, Wybe Jappe: Zur Historiographie der Devotio moderna und ihrer Entstehung. In: Westfälische Forschungen 11, 1958, S. 51–67.

ALBERTS, Wybe Jappe – DITSCHE, M. (Hgg.): Fontes Historiam Domus Fratrum Embricensis aperientes. Groningen 1969. (Teksten en documenten III).

AMELUNG, Peter: Bemerkungen zum frühen Buchdruck in Urach. In: Schwäbische Heimat 27, 1976, S. 193–199.

AMELUNG, Peter: Der Frühdruck im deutschen Südwesten 1473–1500. Bd. 1: Ulm. Stuttgart 1979, S. 347–348.

ANDRESEN, Carl: Bibliographia Augustiniana. Darmstadt ²1973.

ANDRIESSEN, J. (Hg.): Geert Grote & moderne devotie. Voordrachten gehouden tijdens het Geer Grote Congres, Nimwegen 27.–29. Sept. 1984. Nimwegen 1984. (Middeleeuwse studies 1).

ARAND, Werner: 550 Jahre St. Martini. Eine Gründung der Fraterherren in Wesel. Köln 1986. (Weseler Museumsschriften 12).

ASTRATH, Willi: Die vita communis der Weltpriester. Amsterdam 1967. (Kanonistische Studien und Texte 22). [Zugl.: Münster, Diss., 1965]

BAERE, Guido de: Het „Ghemeine Leven" bij Ruusbroec en Geert Grote. In: Ons Geestelijk Erf 59, 1985, S. 172–183.

BANGE, Petty [u.a.] (Hgg.): De doorwerking van de Moderne Devotie. Windesheim 1387–1987. Voordrachten gehouden tijdens het Windesheim Symposium Zwolle/Windesheim 15–17 october 1987, uitgegeven onder red. van P. Bange. Hilversum 1988.

BARNIKOL, Ernst: Brüder vom gemeinsamen Leben. In: Die Religion in Geschichte und Gegenwart. Band 1, Tübingen ³1957, Sp. 1434–1435.

BARNIKOL, Ernst: Luther in Magdeburg und die dortige Brüderschule. In: Theologische Arbeiten aus dem Rheinischen Wissenschaftlichen Predigerverein NF 17, 1917, S. 1–62.

BARNIKOL, Ernst: Studien zur Geschichte der Brüder vom gemeinsamen Leben. Die erste Periode der deutschen Brüderbewegung: Die Zeit Heinrichs von Ahaus. Ein Beitrag zur Entwicklung und Organisation des religiösen Lebens auf deutschem Boden im ausgehenden Mittelalter. Tübingen 1917. (Ergänzungsheft der Zeitschrift für Theologie und Kirche 1917).

BAVEL, Tarsicius J. van: Augustinus von Hippo. Regel für die Gemeinschaft. Mit Einführung und Kommentar. Würzburg 1990. (Augustinus heute 6).

BAYERER, Wolfgang Georg: Die Handschriften des ehem. Fraterherrenstifts St. Markus zu Butzbach. Teil I: Handschriften aus der Nummernfolge Hs 42-Hs 760. Wiesbaden 1980. (Handschriftenkataloge der Universitätsbibliothek Giessen 4).

BAYERER, Wolfgang Georg: Gabrielis Biel Gratiarum Actio und andere Materialien zu einer Testimonien-Biographie bezüglich seiner Universitätsjahre in Heidelberg, Erfurt, Köln (und

Tübingen). In: Forschungen aus der Handschriftenabteilung der Universitätsbibliothek Gießen. Gießen 1985. (Berichte und Arbeiten aus der Universitätsbibliothek Gießen 39).

BAYERER, Wolfgang Georg: Libri Capituli Ecclesiae Sancti Marci. Zur Katalogisierung der Butzbacher Handschriften an der Universitätsbibliothek Gießen. In: Wetterauer Geschichtsblätter 24, 1975, S. 57–91.

BECKER, Petrus: Benediktinische Reformbewegungen im Spätmittelalter. Ansätze, Entwicklungen, Auswirkungen. In: Untersuchungen zu Kloster und Stift. Herausgegeben vom Max-Planck-Institut für Geschichte. Göttingen 1980. (Veröffentlichungen des Max-Planck-Instituts für Geschichte 68). (Studien zur Germania Sacra 14), S. 167–187.

BERIGER, Andreas: Rutger Scyamber von Venray. Rede zum Lob der Brüder vom gemeinsamen Leben. In: Ons Geestelijk Erf 68, 1994, S. 129–143.

BEUMER, Johannes: Gabriel Biel als Liturgiker. In: Zeitschrift für Katholische Theologie 96, 1974, S. 263–276.

BOERNER, Gustav: Die Annalen und Akten der Brüder des gemeinsamen Lebens im Lüchtenhofe zu Hildesheim. Eine Grundlage der Geschichte der deutschen Bruderhäuser und ein Beitrag zur Vorgeschichte der Reformation. Fürstenfelde 1905.

BOERNER, Gustav: Die Brüder des gemeinsamen Lebens in Deutschland. In: Deutsche Geschichtsblätter 6, 1905, S. 241–246.

BOSSERT, Gustav: Die Hofkapelle unter Herzog Ulrich. In: Württembergische Vierteljahreshefte für Landesgeschichte NF 25, 1916, S. 383–430.

BRAUN, Albert: Der Klerus des Bistums Konstanz im Ausgang des Mittelalters. Münster 1938. (Vorreformationsgeschichtliche Forschungen 14).

BRAUN, Wilhelm: Die Bedeutung der Concupiszenz in Luthers Leben und Lehre. Berlin 1908.

BRECHT, Martin: „Moderne Frömmigkeit" und „gemeinsames Leben". Das Uracher Brüderhaus und seine Geschichte. In: Blätter für württembergische Kirchengeschichte 78, 1978, S. 5–23.

BRECHT, Martin: Die Entwicklung der Alten Bibliothek des Tübinger Stifts in ihrem theologie- und geistesgeschichtlichen Zusammenhang. In: Blätter für württembergische Kirchengeschichte 63, 1963, S. 3–103.

BRECHT, Martin: Die Entwicklung der Alten Bibliothek des Tübinger Stifts in ihrem theologie- und geistesgeschichtlichen Zusammenhang. Diss. Tübingen 1961.

BREURE, Leen: Männliche und weibliche Ausdrucksformen in der Spiritualität der Devotio Moderna. In: Frauenmystik im Mittelalter. Hrsg. von Peter DINZELBACHER und Dieter R. BAUER. Stuttgart 1985, S. 231–255.

BROSIUS, Dieter: Zum Mainzer Bistumsstreit 1459–1463. In: Archiv für hessische Geschichte NF 33, 1975, S. 111–136.

BRÜGGEBOES, Wilhelm: Die Fraterherren (Brüder des gemeinsamen Lebens) im Lüchtenhofe zu Hildesheim. Diss. Hildesheim 1939.

BRUIN, Cebus C. de – PERSOONS, Ernest – WEILER, Antoon G.: Geert Grote en de Moderne Devotie. Zutphen 1984.

BUBENHEIMER, Ulrich: Gabriel Biel. In: GRESCHAT, Martin (Hg.): Gestalten der Kirchengeschichte. Band 4, Stuttgart 1983, S. 308–319.

BUBENHEIMER, Ulrich: Gabriel Biel. In: Die deutsche Literatur des Mittelalters. Verfasserlexikon. Band 1, Berlin, New York 1978, Sp. 853–858.

BURGER, Christoph: Aedificatio, Fructus, Utilitas. Johannes Gerson als Professor der Theologie und Kanzler der Universität Paris. Tübingen 1986. (Beiträge zur Historischen Theologie 70).

BURKARD, Franz Joseph: Philosophische Lehrgehalte in Gabriel Biels Sentenzenkommentar unter besonderer Berücksichtigung seiner Erkenntnislehre. Meisenheim 1974. (Monographien zur philosophischen Forschung 122).

CAUCHIES, Jean-Marie (Hg.): La dévotion moderne dans les pays bourguignons et rhénans des origines à la fin du XVIe siècle rencontres de Colmar-Strasbourg (29 septembre au 2 octobre

1988). Actes publiés sous la direction de Jean-Marie Cauchies. Neuchatel 1989. (Publication du Centre Européen d'Études Bourguignonnes (XIVe – XVIe s.) n 29).

CLESS, David Friedrich: Versuch einer kirchlich-politischen Landes- und Culturgeschichte von Württemberg bis zur Reformation. 2 Teile. Stuttgart 1806–1808.

COMO, Franz Alois: Das Kollegiatstift der Kugelherren an St. Marien zu Königstein im Taunus. Ein geschichtlicher Versuch. Königstein 1962.

COURTENAY, William J.: Gabriel Biel als Mainzer Domprediger und sein Eintritt bei den Brüdern vom gemeinsamen Leben. In: Trierer Theologische Zeitschrift 75, 1966, S. 49–52.

COURTENAY, William J.: Gabriel Biel as Cathedral Preacher at Mainz and his supposed sojourn at Marienthal. In: Research Studies of the Washington State University 33, 1965, S. 145–150.

COURTENAY, William J.: Zur Chronologie der Schriften Gabriel Biels von 1462 und zu seiner Rolle in der Mainzer Stiftsfehde. In: Trierer Theologische Zeitschrift 74, 1965, S. 373–376.

CRUSIUS, Irene: Das weltliche Kollegiatstift als Schwerpunkt innerhalb der Germania Sacra. In: Blätter für deutsche Landesgeschichte 120, 1984, S. 242–253.

CRUSIUS, Irene: Die Brüder vom gemeinsamen Leben in Deutschland. Zur rechtlichen Entwicklung der religiösen Genossenschaften im späten Mittelalter. [Diss.] Göttingen 1961.

CRUSIUS, Irene: Gabriel Biel und die oberdeutschen Stifte der Devotio moderna. In: CAUCHIES, Jean-Marie (Hg.): La dévotion moderne dans les pays bourguignons et rhénans des origines à la fin du XVIe siècle. Neuchatel 1989. (Publication du Centre Européen d'Études Bourguignonnes (XIVe-XVIe s.) n 29), S. 77–87.

CRUSIUS, Irene: Gabriel Biel und die oberdeutschen Stifte der Devotio moderna. In: CRUSIUS, Irene (Hg.): Studien zum weltlichen Kollegiatstift in Deutschland. Göttingen 1995, S. 298–322.

DAMERAU, Rudolf: Das Herrengebet. Nach einem Kommentar des Gabriel Biel. Giessen 1965. (Studien zu den Grundlagen der Reformation 3).

DECKER, Bruno: Gabriel Biel. In: Die Religion in Geschichte und Gegenwart, Band 1, Tübingen ^{3}1957, Sp. 1267.

DEINDL, Maurus Xaverius: Klösterlicher Kommunismus. In: Benediktinische Monatsschrift 6, 1924, S. 113–116.

DELPRAT, Guillaume Henri Marie: Verhandeling over de broederschap van G. Groote en over den invloed der fraterhuizen op den wetenschappelijken en godsdienstigen toestand, vornamelijk van de Nederlanden na de veertiende eeuw. Arnheim 1830, ^{2}1856.

DERDA, Hans-Jürgen: Vita communis. Studien zur Geschichte einer Lebensform in Mittelalter und Neuzeit. Köln 1992.

DERSCH, Wilhelm: Hessisches Klosterbuch. Quellenkunde zur Geschichte der im Regierungsbezirk Kassel, im Kreis Grafschaft Schaumburg, in der Provinz Oberhessen und dem Kreis Biedenkopf gegründeten Stifter, Klöster und Niederlassungen von geistlichen Genossenschaften. Marburg ^{2}1940. (Veröffentlichungen der Historischen Kommission für Hessen und Waldeck 12).

DETTLOFF, Werner: Gabriel Biel. In: Theologische Realenzyklopädie. Band 6. Berlin, New York 1980, S. 488–491.

DIE BRÜDER DES GEMEINSCHAFTLICHEN LEBENS. In: Theologische Monatsschrift [des Bischöflichen Priesterseminars zu Hildesheim] 2, 1851, S. 543–582.

DIJK, R. Th. M. van: Die Frage einer nördlichen Variante der Devotio Moderna. Zur Interferenz zwischen den spätmittelalterlichen Reformbewegungen. In: AKKERMAN, Fokke (Hg.): Wessel Gansfort (1419–1489) and Northern Humanism. Leiden 1993. (Brill's studies in intellectual History 40), S. 157–169.

DITSCHE, Magnus: Die Devotio moderna und ihr Einfluß auf die religiöse Erneuerung im 15. und 16. Jahrhundert in der Erzdiözese Köln. In: Almanach für das Erzbistum Köln 1, 1974/75, S. 109–122.

DITSCHE, Magnus: Die Ecclesia primitiva im Kirchenbild des hohen und späten Mittelalters. [Diss.] Bonn 1958.

DITSCHE, Magnus: Zur Herkunft und Bedeutung des Begriffs Devotio Moderna. In: Historisches Jahrbuch 79, 1960, S. 124–145.

DOHMS, Peter: Die Geschichte des Klosters und Wallfahrtsortes Eberhardsklausen an der Mosel. Von den Anfängen bis zur Auflösung des Klosters im Jahre 1802. Bonn 1968. (Rheinisches Archiv. Veröffentlichungen des Instituts für geschichtliche Landeskunde der Rheinlande an der Universität Bonn 64).

DOLS, J. M. E.: Bibliografie der moderne devotie. Nijmwegen [3]1941.

DRATH, Heinrich: Sankt Martini Wesel. Festschrift zur 500-Jahresfeier des Weseler Fraterhauses. Gladbeck 1936.

DYKEMA, Peter: The reforms of count Eberhard of Wurtemberg: „confessionalisation in the 15th century." In: KÜMIN, Beat A. (Hg.): Reformations old and new. Essays on the socio-economic impact of religious change 1470–1630. Aldershot 1996. (St. Andrews studies in reformation history), S. 39–56.

DYKEMA, Peter A. – OBERMAN, Heiko A. (Hgg.): Anticlericalism in late medieval and early modern Europe. Leiden, New York, Köln 1993. (Studies in medieval and Reformation thought 51).

ECKHARDT, Albrecht: Besitz und Einkünfte der Kugelherren in Marburg. Mit einer genealogisch-besitzgeschichtlichen Herkunftsbestimmung der Vorurkundengruppen und einem Beitrag zur Fundation der Universität Marburg. In: Hessisches Jahrbuch für Landesgeschichte 17, 1967, S. 112–137.

EGGER, Karl – LOURDAUX, Willem – BIEZEN, Alypia van: Studien zur Devotio Moderna. Bibliothekskatalog der Thomas von Kempen-Gesellschaft. Bonn 1988. (Studia Vindesemensia. Beiträge zur Erforschung der Devotio Moderna und des Kanonikalen Lebens 1).

ELM, Kaspar: Antiklerikalismus im deutschen Mittelalter. In: DYKEMA, Peter A. – OBERMAN, Heiko A. (Hgg.): Anticlericalism in late medieval and early modern Europe. Leiden, New York, Köln 1993. (Studies in medieval and Reformation thought 51), S. 3–18.

ELM, Kaspar: De praestantia religionis S. Augustini. Eine als verloren geltende Quaestio quodlibetica des Augustiner-Eremiten Gerhard von Bergamo († 1355). In: SCHIEFFER, Rudolf (Hg.): Mittelalterliche Texte. Überlieferung, Befunde, Deutungen. Kolloquium der Zentraldirektion der Monumenta Germaniae Historica am 28./29. Juni 1996. Hannover 1996. (Monumenta Germaniae Historica, Schriften 42), S. 155–172.

ELM, Kaspar: Die Bruderschaft vom gemeinsamen Leben. Eine geistliche Lebensform zwischen Kloster und Welt. Mittelalter und Neuzeit. In: Ons Geestelijk Erf 59, 1985, S. 470–496.

ELM, Kaspar: Die devotio moderna im Weserraum. In: ELM, Kaspar: Mittelalterliches Ordensleben in Westfalen und am Niederrhein. Paderborn 1989. (Studien und Quellen zur westfälischen Geschichte 27), S. 231–235.

ELM, Kaspar: Elias, Paulus von Theben und Augustinus als Ordensgründer. Ein Beitrag zur Geschichtsschreibung und Geschichtsdeutung der Eremiten- und Bettelorden des 13. Jahrhunderts. In: PATZE, Hans (Hg.): Geschichtsschreibung und Geschichtsbewußtsein im späten Mittelalter. Sigmaringen 1987. (Vorträge und Forschungen 31), S. 371–400.

ELM, Kaspar: Heinrich von Ahaus. In: Westfälische Lebensbilder 15. Im Auftrag der Historischen Kommission für Westfalen herausgegeben von Robert STUPPERICH. Münster 1990, S. 1–29.

ELM, Kaspar: Monastische Reformen zwischen Humanismus und Reformation. In: PERLITT, Lothar (Hg.): 900 Jahre Kloster Bursfelde. Göttingen 1994, S. 59–111.

ELM, Kaspar: Verfall und Erneuerung des Ordenswesens im Spätmittelalter. Forschungen und Forschungsaufgaben. In: Untersuchungen zu Kloster und Stift. Herausgegeben vom Max-Planck-Institut für Geschichte. Göttingen 1980, S. 188–238. (Veröffentlichungen des Max-Planck-Instituts für Geschichte 68). (Studien zur Germania Sacra 14).

ELM, Kaspar (Hg.): Reformbemühungen und Observanzbestrebungen im spätmittelalterlichen Ordenswesen. Berlin 1989. (Berliner Historische Studien 14). (Ordensstudien 6).

ELZE, Martin: Ein Beitrag Gabriel Biels zur spätmittelalterlichen Erbauungsliteratur. In: Zeitschrift für Kirchengeschichte 74, 1963, S. 265–281.

ELZE, Martin: Eine Predigt Gabriel Biels auf den heiligen Amandus. In: Blätter für württembergische Kirchengeschichte 72, 1972, S. 1–13.

ELZE, Martin: Handschriften von Werken Gabriel Biels aus seinem Nachlaß in der Gießener Universitätsbibliothek. In: Zeitschrift für Kirchengeschichte 81, 1970, S. 70–91.

ELZE, Martin: Sieben Exequienpredigten von Gabriel Biel. In: Blätter für württembergische Kirchengeschichte 68/69, 1968/69, S. 3–52.

ELZE, Martin: Zur Überlieferung des Sermo historialis passionis dominicae von Gabriel Biel. In: Zeitschrift für Kirchengeschichte 81, 1970, S. 362–374.

EMPFEHLUNGEN ZUR EDITION FRÜHNEUZEITLICHER TEXTE. [Hrsg. von dem Arbeitskreis „Editionsprobleme der frühen Neuzeit"]. In: Jahrbuch der historischen Forschung in der Bundesrepublik Deutschland 1980, S. 85–96.

EMSLANDER, Heinz: Peter von Dieburg. Fraterherr in Hildesheim. Dieburg 1989. (Dieburger Kleine Schriften 5).

ENGELBERT, Pius: Bericht über den Stand des Corpus Consuetudinum Monasticarum. In: Studien und Mitteilungen zur Geschichte des Benediktinerordens und seiner Zweige 102, 1991, S. 19–24.

ENGELBERT, Pius: Die Bursfelder Benediktinerkongregation und die spätmittelalterlichen Reformbewegungen. In: Historisches Jahrbuch 103, 1983, S. 35–55.

ENGEN, John van: Late Medieval Anticlericalism. The case of the New Devout. In: DYKEMA, Peter A. – OBERMAN, Heiko A. (Hgg.): Anticlericalism in late medieval and early modern Europe. Leiden, New York, Köln 1993. (Studies in medieval and Reformation thought 51), S. 19–52.

ENGEN, John van: The virtues, the brothers, the schools. A text from the Brothers of Common Life. In: Revue Bénédictine 98, 1988, S. 178–217.

EPINEY-BURGARD, Georgette: Die Wege der Bildung in der Devotio moderna. In: BOOCKMANN, Hartmut (Hg.): Lebenslehren und Weltentwürfe im Übergang vom Mittelalter zur Neuzeit. Politik – Bildung – Naturkunde – Theologie. Bericht über Kolloquien der Kommission zur Erforschung der Kultur des Spätmittelalters 1983 bis 1987. Göttingen 1989. (Abhandlungen der Akademie der Wissenschaften in Göttingen phil.-hist. Klasse 3, Folge 179), S. 181–200.

EPINEY-BURGARD, Georgette: Geert Grotes Anliegen. In: Ons Geestelijk Erf 59, 1985, S. 117–129.

EPINEY-BURGARD, Georgette: Gérard Grote (1340–1384) et les débuts de la Dévotion moderne. Wiesbaden 1970. (Veröffentlichungen des Instituts für Europäische Geschichte Mainz 54 Abt. Abendländische Religionsgeschichte).

EPINEY-BURGARD, Georgette: Saint Augustin et la „Vie Commune" dans la Dévotion Moderne. In: Medioevo 9, 1983, S. 61–75.

ERLER, Adalbert: Gabriel Biel und die Mainzer Stiftsfehde. In: Nassauische Annalen 71, 1960, S. 222–224.

ERNST, Fritz: Eberhard im Bart. Die Politik eines deutschen Landesherrn am Ende des Mittelalters. Stuttgart 1933. ND Darmstadt 1970.

ERNST, Wilhelm: Gott und Mensch am Vorabend der Reformation. Eine Untersuchung zur Moralphilosophie und -theologie bei Gabriel Biel. Leipzig 1972. (Erfurter theologische Studien 28).

FAIX, Gerhard: „Kein Mönch zu sein und dennoch wie ein Mönch leben". Die Brüder vom gemeinsamen Leben in Herrenberg. In: JANSSEN, Roman – MÜLLER-BAUR, Harald (Hgg.): Die Stiftskirche in Herrenberg 1293–1993. Herrenberg 1993. (Herrenberger Historische Schriften 5), S. 51–77.

FECKES, Karl: Gabriel Biel, der erste große Dogmatiker der Universität Tübingen in seiner wissenschaftlichen Bedeutung. In: Theologische Quartalschrift 108, 1927, S. 50–67.

FELD, Helmut: Martin Luthers und Wendelin Steinbachs Vorlesungen über den Hebräerbrief. Eine Studie zur Geschichte der neutestamentlichen Exegese und Theologie. Wiesbaden 1971. (Veröffentlichungen des Instituts für Europäische Geschichte Mainz 62 Abt. Abendländische Religionsgeschichte).

FISCHER, Joachim: Das Testament der Erzherzogin Mechthild von Österreich vom 1. Oktober 1481. In: MAURER, Hans-Martin (Hg.): Eberhard und Mechthild. Untersuchungen zur württembergischen Geschichte im ausgehenden Mittelalter. Stuttgart 1994. (Lebendige Vergangenheit 17), S. 111–163.

FRANK, Karl Suso: Mönchsregel und Mönchsleben bei Augustin. Ein Bericht. In: Franziskanische Studien 50, 1968, S. 382–388.

FRANKE, Hans Michael: Der Liber ordinarius der Regularkanoniker der Windesheimer Kongregation. Leverkusen 1981. (Studia Vindesemensia 2,1).

FRANKE, Konrad: Zacharias Conrad von Uffenbach als Handschriftensammler. In: Archiv für Geschichte des Buchwesens 7, 1967, S. 1–207.

GELDNER, Ferdinand: Die deutschen Inkunabeldrucker. Band 1. Stuttgart 1968, S. 228–230.

GERLAND, Otto: Beiträge zur Geschichte der Brüder vom gemeinsamen Leben (Kugelherren) in Hessen. In: Hessenland 18, 1904, S. 218–221, 232–235, 249–251, 265–267.

GERRITS, G. H.: Inter timorem et spem. A study of the theological thought of Gerard Zerbolt of Zutphen (1367–1398). Leiden 1986. (Studies in medieval and reformation thought 37).

GINDELE, Egon: Bibliographie zur Geschichte und Theologie des Augustiner-Eremitenordens bis zum Beginn der Reformation. Berlin 1977. (Spätmittelalter und Reformation 1).

GÖLLER, Emil: Sixtus IV. und der Konstanzer Bistumsstreit. In: Freiburger Diözesan-Archiv 52, 1924, S. 1–60.

GRAF, Klaus: Eberhard im Bart und die Herzogserhebung 1495. In: MOLITOR, Stephan: 1495. Württemberg wird Herzogtum. Stuttgart 1995, S. 9–38.

GRAF, Klaus: Geschichtsschreibung und Landesdiskurs im Umkreis Graf Eberhards im Bart von Württemberg (1449–1496). In: Blätter für deutsche Landesgeschichte 129, 1993, S. 165–194.

GRATIANUS, [Carl Christian]: Der Mönchshof zu Urach. Urach 1818.

GRUBE, Karl: Gerhard Groot und seine Stiftungen. Köln 1883.

GRUBE, Karl: Johannes Busch, Augustinerpropst zu Hildesheim. Ein katholischer Reformator des 15. Jahrhunderts. Zugleich ein Beitrag zur Geschichte der Windesheimer und Bursfelder Congregationen. Freiburg im Breisgau 1881. (Sammlung historischer Bildnisse).

HAASS, Robert: Brüder vom gemeinsamen Leben. In: Lexikon für Theologie und Kirche. Band 2. Freiburg ²1958, Sp. 722f.

HAASS, Robert: Devotio moderna. In: Lexikon für Theologie und Kirche. Band 3. Freiburg ²1959, Sp. 314.

HALLER, Johannes: Die Anfänge der Universität Tübingen 1477–1537. 2 Bände. Tübingen 1927, 1929

HALLINGER, Kassius: Consuetudo. Begriff, Formen, Forschungsgeschichte, Inhalt. In: Untersuchungen zu Kloster und Stift. Herausgegeben vom Max-Planck-Institut für Geschichte. Göttingen 1980. (Veröffentlichungen des Max-Planck-Instituts für Geschichte 68). (Studien zur Germania Sacra 14), S. 140–166.

HAMM, Berndt: Das Gewicht von Religion, Glaube, Frömmigkeit und Theologie innerhalb der Verdichtungsvorgänge des ausgehenden Mittelalters und der frühen Neuzeit. In: HAGENMAIER, Monika – HOLTZ, Sabine (Hg.): Krisenbewußtsein und Krisenbewältigung in der Frühen Neuzeit. Frankfurt am Main 1992, S. 163–196.

HAMM, Berndt: Frömmigkeit als Gegenstand theologiegeschichtlicher Forschung. Methodisch-historische Überlegungen am Beispiel von Spätmittelalter und Reformation. In: Zeitschrift für Theologie und Kirche 74, 1977, S. 464–497.

HAMM, Berndt: Hieronymus-Begeisterung und Augustinismus vor der Reformation. Beobachtungen zur Beziehung zwischen Humanismus und Frömmigkeitstheologie (am Beispiel Nürnbergs). In: HAGEN, Kenneth (Hg.): Augustine, the Harvest and Theology (1300–1650). Essays Dedidacted to Heiko Augustinus Oberman in Honor of his Sixtieth Birthday. Leiden 1990, S. 127–235.

HAMM, Berndt: Von der spätmittelalterlichen reformatio zur Reformation. Der Prozeß normativer Zentrierung von Religion und Gesellschaft in Deutschland. In: Archiv für Reformationsgeschichte 84, 1993, S. 7–82.

HAMMER, Franz: Das Verhältnis Eberhards zur Presse des Konrad Fyner. In: Graf Eberhard im Bart von Württemberg im geistigen und kulturellen Geschehen seiner Zeit. Zur Stuttgarter Bibliophilentagung verfaßt von Bibliothekaren der Württembergischen Landesbibliothek. Stuttgart 1938, S. 67–82.

HASHAGEN, Justus: Die Devotio moderna in ihrer Einwirkung auf Humanismus, Reformation, Gegenreformation und spätere Richtungen. In: Zeitschrift für Kirchengeschichte 55, 1936, S. 523–531.

HAUSSMANN, Peter: Die Politik der Grafen von Württemberg im Konstanzer Schisma der Jahre 1474–1480. In: ENGEL, Josef (Hg.): Mittel und Wege früher Verfassungspolitik. Stuttgart 1979. (Kleine Schriften 1). (Spätmittelalter und Frühe Neuzeit 9), S. 320–355.

HEIMBUCHER, Max: Die Orden und Kongregationen der katholischen Kirche. Paderborn 1933. Aalen ^{3}1965.

HEINEMEYER, Karl: Die Marburger Kugelherren als Wegbereiter der Universität. In: HEINEMEYER, Walter – KLEIN, Thomas – SEIER, Hellmut (Hgg.): Academia Marburgensis. Beiträge zur Geschichte der Philipps-Universität Marburg. Marburg 1977. (Academia Marburgensis 1), S. 1–48.

HEINEMEYER, Walter: Territorium und Kirche in Hessen vor der Reformation. In: Hessisches Jahrbuch für Landesgeschichte 6, 1956, S. 138–163.

HELLRIEGEL, Ludwig: Gabriel Biel in Butzbach. In: Wetterauer Geschichtsblätter 18, 1969, S. 73–82.

HERMELINK, Heinrich: Geschichte der theologischen Fakultät in Tübingen vor der Reformation 1477–1534. Tübingen 1906.

HERTLING, Ludwig: Kanoniker, Augustinusregel und Augustinerorden. In: Zeitschrift für katholische Theologie 54, 1930, S. 335–339.

HESSE, Christian: St. Mauritius in Zofingen. Verfassungs- und sozialgeschichtliche Aspekte eines mittelalterlichen Chorherrenstiftes. Aarau 1992. (Veröffentlichungen zur Zofinger Geschichte 2).

HEYD, Ludwig Friedrich: Ulrich, Herzog zu Württemberg. 3 Bände. Tübingen 1841–1844.

HEYEN, Franz-Josef: Die Brüder vom gemeinsamen Leben in St. German [Trier]. In: Neues Trierisches Jahrbuch 2, 1962, S. 16–27.

HINSCHIUS, Paul: Das Kirchenrecht der Katholiken und Protestanten in Deutschland. Band 1–6,1. Berlin 1869–97. ND Graz 1959.

HINZ, Ulrich: Die Brüder vom Gemeinsamen Leben im Jahrhundert der Reformation. Das Münstersche Kolloquium. Tübingen 1997. (Spätmittelalter und Reformation N.R. 9).

HINZ, Ulrich: Die nordwestdeutschen Brüder vom gemeinsamen Leben in der zweiten Hälfte des 16. Jahrhunderts. Zur Konfrontation mit der beginnenden katholischen Konfessionalisierung. In: Ons Geestelijk Erf 69, 1995, S. 157–174.

HOFMEISTER, Philipp: Die Kompromißwahl bei den Ordensleuten. In: Theologische Quartalschrift 140, 1960, S. 70–90.

HOFMEISTER, Philipp: Die Verfassung der Windesheimer Augustinerchorherrenkongregation. In: Zeitschrift der Savigny-Stiftung für Rechtsgeschichte 61, KA 30, 1941, S. 164–270.

HÖING, Hubert: Die Fraterherren in Westfalen. In: Monastisches Westfalen. Klöster und Stifte 800–1800. Münster 1982, S. 209–216.

HÖING, Hubert: Kloster und Stadt. Vergleichende Beiträge zum Verhältnis Kirche und Stadt im Spätmittelalter, dargestellt besonders am Beispiel der Fraterherren in Münster. Münster 1981. (Westfalia Sacra, Quellen und Forschungen zur Kirchengeschichte Westfalens 7).

HOLLMANN, Michael: Das Mainzer Domkapitel im späten Mittelalter (1306–1476). Mainz 1990. (Quellen und Abhandlungen zur mittelrheinischen Kirchengeschichte 64).

HYMA, Albert (Hg.): Het traktaat „Super modo vivendi devotorum hominum simul commorantium“, door Gerard Zerbolt van Zutphen. In: Archief voor de Geschiedenis van het Aartsbisdom Utrecht 52, 1926, S. 1–100.

HYMA, Albert: Is Gerard Zerbolt of Zutphen the Author of the Super modo vivendi? In: Nederlandsch Archief voor kerkgeschiedenis 16, 1921, S. 107–128.

HYMA, Albert: The Christian renaissance. A history of the Devotio moderna. Grand Rapids, Michigan 1924, [2]1965.

HYMA, Albert: The influence of the Devotio moderna. In: Nederlandsch Archief voor kerkgeschiedenis 19, 1926, S. 275–278.

INGELFINGER, Franz-Kuno: Die religiös-kirchlichen Verhältnisse im heutigen Württemberg am Vorabend der Reformation. [Diss.] Stuttgart 1939.

ISERLOH, Erwin: Devotio moderna – Die „Brüder und Schwestern vom gemeinsamen Leben“ und die Windesheimer Augustiner-Kongregation. In: Monastisches Westfalen. Klöster und Stifte 800–1800. Münster 1982, S. 191–199.

ISERLOH, Erwin: Die Devotio Moderna. In: JEDIN, Hubert (Hg.): Handbuch der Kirchengeschichte III,2. Freiburg 1968, S. 516–538.

JANSSEN, Roman – MÜLLER-BAUR, Harald (Hgg.): Die Stiftskirche in Herrenberg 1293–1993. Herrenberg 1993. (Herrenberger Historische Schriften 5).

JETTER, Werner: Drei Neujahrssermone Gabriel Biels als Beispiel spätmittelalterlicher Lehrpredigt. In: Geist und Geschichte der Reformation. Festgabe Hanns Rückert zum 65. Geburtstag. Berlin 1966, S. 86–126.

KEHREIN, Joseph: Pater noster und Ave Maria in deutschen Übersetzungen. Frankfurt am Main 1865, ND Walluf 1973.

KEKOW, Rudolf: Luther und die Devotio moderna. [Diss.] Hamburg 1937.

KENTENICH, G.: Die Ascetischen Handschriften der Stadtbibliothek zu Trier. Trier 1910.

KEUSSEN, Hermann: Der Dominikaner Matthäus Grabow und die Brüder vom gemeinsamen Leben. In: Mitteilungen aus dem Stadtarchiv von Köln 5, 1888, S. 29–47 und 93f.

KIRCHHOFF, Karl Heinz: Die Anfänge des Fraterhauses zu Münster 1400–1409. Analyse und Korrektur der Gründungslegende. In: Westfälische Zeitschrift 121, 1971, S. 9–36.

KIRCHHOFF, Karl Heinz: Die Entstehung des Fraterhauses „Zum Springborn“ in Münster. Ein Beitrag zur mittelalterlichen Stadttopographie mit einem Exkurs: Straßen und Wege im Südwesten Münsters vor 1661. In: Westfalen 51, 1973, S. 92–114.

KLEINEIDAM, Erich: Universitas Studii Erffordensis. Überblick über die Geschichte der Universität Erfurt im Mittelalter 1392–1521. Teil 1: 1392–1460. Leipzig 1964. (Erfurter Theologische Studien 14).

KLINKENBERG, Hans-Martin: Die Devotio moderna unter dem Thema „antiqui-moderni“ betrachtet. In: ZIMMERMANN, Albert (Hg.): Antiqui und Moderni. Traditionsbewußtsein und Fortschrittsbewußtsein im späten Mittelalter. Berlin 1974. (Miscellanea Mediaevalia 9), S. 394–419.

KOCH, Albert: Beiträge zur Geschichte des Schlosses Hohentübingen. In: Württembergische Vierteljahreshefte für Landesgeschichte NF 6, 1897, S. 192–240.

KOCK, Thomas: Theorie und Praxis der Laienlektüre in der Devotio moderna. In: KOCK, Thomas – SCHLUSEMANN, Rita (Hgg.): Laienlektüre und Buchmarkt im späten Mittelalter. Frankfurt am Main 1997. (Gesellschaft, Kultur und Schrift 5), S. 199–220.

KOHL, Wilhelm: Der Anteil der münsterischen Domherren an der Devotio moderna. In: VERBEKE, Werner – HAVERALS, Marcel – DE KEYSER, Rafael (Hgg.): Serta Devota. In memoriam Guillelmi Lourdaux. Pars Prior: Devotio Windeshemensis. Leuven 1992. (Mediaevalia Lovaniensia, Series I: Studia 20), S. 155–168.

Kohl, Wilhelm: Die devotio moderna in Westfalen. In: Monastisches Westfalen. Klöster und Stifte 800–1800. Münster 1982, S. 203–207.

Kohl, Wilhelm: Die Windesheimer Kongregation. In: Elm, Kaspar (Hg.): Reformbemühungen und Observanzbestrebungen im spätmittelalterlichen Ordenswesen. Berlin 1989. (Berliner Historische Studien 14). (Ordensstudien 6), S. 83–108.

Korth, Leonard: Die ältesten Gutachten über die Brüderschaft des gemeinsamen Lebens. In: Mitteilungen aus dem Stadtarchiv von Köln 5, 1888, S. 1–27.

Kothe, Irmgard: Der fürstliche Rat in Württemberg im 15. und 16. Jahrhundert. Stuttgart 1928. (Darstellungen aus der württembergischen Geschichte 29).

Kottje, Raymund: Claustra sine Armario? Zum Unterschied von Kloster und Stift im Mittelalter. In: Angerer, Joachim F. – Lenzenweger, Josef (Hgg.): Consuetudines Monasticae. Eine Festgabe für Kassius Hallinger. Rom 1982. (Studia Anselmiana 85), S. 125–144.

Krätzinger, G.: Versuch einer Geschichte des Kugelhauses zu Butzbach. In: Archiv für hessische Geschichte und Altertumskunde 10, 1864, S. 48–93.

Kraume, Herbert: Die Gerson-Übersetzungen Geilers von Kaysersberg. Studien zur deutschsprachigen Gerson-Rezeption. [Diss. Freiburg 1974]. München 1980. (Münchener Texte und Untersuchungen zur deutschen Literatur des Mittelalters 71).

Landeen, William M.: Das Brüderhaus St. Peter im Schönbuch auf dem Einsiedel. In: Blätter für württembergische Kirchengeschichte 60/61, 1960/61, S. 5–18.

Landeen, William M.: Gabriel Biel and the Brethren of the Common Life in Germany. In: Church History 20, 1951, S. 23–36.

Landeen, William M.: Gabriel Biel and the Devotio moderna in Germany. In: American Philosophical Society Yearbook 1958, S. 467–470.

Landeen, William M.: Gabriel Biel and the Devotio Moderna in Germany. In: Research Studies of the State College of Washington 27, 1959, S. 135–176; 27, 1959, S. 177–213; 28, 1960, S. 21–45; 28, 1960, S. 61–95.

Landeen, William M.: The beginnings of the Devotio moderna in Germany. In: Research Studies of the State College of Washington 19, 1951, S. 162–202; 19, 1951, S. 221–253; 21, 1953, S. 275–309; 22, 1954, S. 57–75.

Leesch, Wolfgang: Das Fraterhaus zu Herford. Teil 1: Inventar, Urkunden, Amtsbücher. Münster 1974. (Veröffentlichungen der Historischen Kommission für Westfalen 35). (Quellen zur Geschichte der Devotio Moderna in Westfalen 1).

Leitsmann, Ernst: Überblick über die Geschichte und Darstellung der pädagogischen Wirksamkeit der Brüder des gemeinsamen Lebens. Diss. Leipzig 1886.

Linsenmann, Franz Xaver: Gabriel Biel, der letzte Scholastiker und der Nominalismus. In: Theologische Quartalschrift 47, 1865, S. 449–481 und 601–676.

Linsenmann, Franz Xaver: Gabriel Biel und die Anfänge der Universität zu Tübingen. In: Theologische Quartalschrift 47, 1865, S. 195–226.

Löffler, Klemens: Das Fraterhaus Weidenbach in Köln. In: Annalen des Historischen Vereins für den Niederrhein, insbesondere das alte Erzbistum Köln 102, 1918, S. 99–128.

Löffler, Klemens: Das Gedächtnisbuch des Kölner Fraterhauses Weidenbach. In: Annalen des Historischen Vereins für den Niederrhein 103, 1919, S. 1–47.

Löffler, Klemens: Heinrich von Ahaus und die Brüder vom gemeinsamen Leben. In: Historisches Jahrbuch der Görresgesellschaft 30, 1909, S. 762–798.

Löffler, Klemens: Neues über Heinrich von Ahaus. In: Westfälische Zeitschrift 74, 1916, S. 229–240.

Lourdaux, Willem: Moderne Devotie en Christelijk Humanisme. De Geschiedenis van Sint-Maarten te Leuven van 1433 tot het Einde der XVIe Eeuw. Leuven 1967.

Lourdaux, Willem – Persoons, Ernest: De Statuten van de Windesheimse mannenkloosters in handschriften en druk. In: Archief voor de geschiedenis van de Katholieke Kerk in Nederland 6, 1964, S. 180–224.

MARCHAL, Guy P.: Die Dom- und Kollegiatstifte der Schweiz. In: Die weltlichen Kollegiatstifte der deutsch- und französischsprachigen Schweiz. Bern 1977. (Helvetia Sacra Abt. II, Teil 2), S. 27–102.

MAURER, Hans-Martin (Hg.): Eberhard und Mechthild. Untersuchungen zur württembergischen Geschichte im ausgehenden Mittelalter. Stuttgart 1994. (Lebendige Vergangenheit 17).

MAURER, Hans-Martin: Von der Landesteilung zur Wiedervereinigung. Der Münsinger Vertrag als ein Markstein württembergischer Geschichte. In: Zeitschrift für württembergische Landesgeschichte 43, 1984, S. 89–132.

MEIER, Dominicus M.: Die Rechtswirkungen der klösterlichen Profeß. Eine rechtsgeschichtliche Untersuchung der monastischen Profeß und ihrer Rechtswirkungen unter Berücksichtigung des Staatskirchenrechts. Frankfurt am Main 1993. (Europäische Hochschulschriften Reihe 23, Theologie, Band 486).

MENKE, Karl-Heinz: Devotio moderna und Devotio postmoderna. In: Internationale Zeitschrift Communio 24, 1995, S. 61–72.

MERTENS, Dieter: Der Humanismus und die Reform des Weltklerus im deutschen Südwesten. In: Rottenburger Jahrbuch für Kirchengeschichte 11, 1992, S. 11–28.

MERTENS, Dieter: Eberhard im Bart und der Humanismus. In: MAURER, Hans-Martin (Hg.): Eberhard und Mechthild. Untersuchungen zur württembergischen Geschichte im ausgehenden Mittelalter. Stuttgart 1994. (Lebendige Vergangenheit 17), S. 35–82.

MERTENS, Dieter: Monastische Reformbewegungen des 15. Jahrhunderts: Ideen, Ziele, Resultate. In: HLAVACEK, Ivan – PATSCHOVSKY, Alexander (Hgg.): Reform von Kirche und Reich zur Zeit der Konzilien von Konstanz (1414–1418) und Basel (1431–1449). Konstanz 1995, S. 157–182.

MERTENS, Dieter: Reformkonzilien und Ordensreform im 15. Jahrhundert. In: ELM, Kaspar (Hg.): Reformbemühungen und Observanzbestrebungen im spätmittelalterlichen Ordenswesen. Berlin 1989. (Berliner Historische Studien 14). (Ordensstudien 6), S. 431–457.

MERTENS, Dieter: Württemberg. In: Handbuch der baden-württembergischen Geschichte. Band 2. Stuttgart 1995, S. 1–163.

MERTENS, Thom: Collatio und Codex im Bereich der Devotio moderna. In: MEIER, Christel – HÜPPER, Dagmar – KELLER, Hagen (Hgg.): Der Codex im Gebrauch. (Akten des Internationalen Kolloquiums 11.–13. Juni 1992). München 1996. (Münstersche Mittelalter-Schriften 70), S. 163–182.

MERTENS, Thom: Texte der modernen Devoten als Mittler zwischen kirchlicher und persönlicher Reform. In: Niederdeutsches Wort 34, 1994, S. 63–74.

MERTENS, Thomas F.: Boeken voor de eeuwigheid. Middelnederlands geestelijk proza. Amsterdam 1993. (Nederlandse literatuur en cultuur in de middeleeuwen 8).

MESTWERDT, Paul: Die Anfänge des Erasmus. Humanismus und „Devotio Moderna". Leipzig 1917. (Studien zur Kultur und Geschichte der Reformation 2).

MEYER, Otto: Die Brüder des gemeinsamen Lebens in Württemberg. [Diss. Tübingen 1913]. In: Blätter für württembergische Kirchengeschichte NF 17, 1913, S. 97–138; 18, 1914, S. 142–160.

MOKROSCH, Reinhold: Devotio moderna. In: Theologische Realenzyklopädie. Band 8, Berlin 1981, S. 605–616.

MONASTICON FRATRUM VITAE COMMUNIS. Herausgegeben von Wolfgang LEESCH, Ernest PERSOONS und Anton G. WEILER. Teil 2: Deutschland. Brüssel 1979. (Archives et Bibliothèques de Belgique, Numéro Spécial 19).

MONASTICON WINDESHEMENSE. Herausgegeben von Wilhelm KOHL, Ernest PERSOONS und Anton G. WEILER. Teil 2: Deutsches Sprachgebiet. Brüssel 1977. (Archives et Bibliothèques de Belgique. No Spécial 16).

MONE, Franz Josef: Jahrgeschichten der Stiftskirche zu Wolf von Adam Rees von 1478 bis 1524. In: Zeitschrift für die Geschichte des Oberrheins 18, 1865, S. 74–83.

MORAW, Peter: Über Typologie, Chronologie und Geographie der Stiftskirche im deutschen Mittelalter. In: Untersuchungen zu Kloster und Stift. Herausgegeben vom Max-Planck-Institut für Geschichte. Göttingen 1980. (Veröffentlichungen des Max-Planck-Instituts für Geschichte 68). (Studien zur Germania Sacra 14), S. 9–37.

MURPHY, Lawrence F.: Martin Luther, the Erfurt Cloister and Gabriel Biel: The Relation of Philosophy to Theology. In: Archiv für Reformationsgeschichte 70, 1979, S. 5–24.

NEIDIGER, Bernhard: Das Dominikanerkloster Stuttgart, die Kanoniker vom gemeinsamen Leben in Urach und die Gründung der Universität Tübingen. Konkurrierende Reformansätze in der württembergischen Kirchenreformpolitik am Ausgang des Mittelalters. Stuttgart 1993. (Veröffentlichungen des Archivs der Stadt Stuttgart 58).

NEIDIGER, Bernhard: Die Observanzbestrebungen der Bettelorden in Südwestdeutschland. In: Rottenburger Jahrbuch für Kirchengeschichte 11, 1992, S. 175–196.

NEIDIGER, Bernhard: Erzbischöfe, Landesherren und Reformkongregationen. Initiatoren und treibende Kräfte der Klosterreformen des 15. Jahrhunderts im Gebiet der Diözese Köln. In: Rheinische Vierteljahrsblätter 54, 1990, S. 19–77.

NOTTARP, Hermann: Die Brüder vom gemeinsamen Leben. In: Zeitschrift der Savigny-Stiftung für Rechtsgeschichte 63, KA 32, 1943, S. 384–418.

OBERMAN, Heiko Augustinus: Der Herbst der mittelalterlichen Theologie. Zürich 1965. (Spätscholastik und Reformation 1).

OBERMAN, Heiko Augustinus: Die Gelehrten die Verkehrten. In: OZMENT, Steven (Hg.): Religion and Culture in the Renaissance and Reformation. Kirksville 1989. (Sixteenth Century Essays and Studies 11), S. 43–62.

OBERMAN, Heiko Augustinus: Via moderna – Devotio moderna. Tendenzen im Tübinger Geistesleben 1477–1516. Ecclesiastici atque catholici gymnasii fundamenta. In: BRECHT, Martin (Hg.): Theologen und Theologie an der Universität Tübingen. Beiträge zur Geschichte der Evangelisch-Theologischen Fakultät. Tübingen 1977. (Contubernium 15), S. 1–64.

OBERMAN, Heiko Augustinus: Werden und Wertung der Reformation. Vom Wegestreit zum Glaubenskampf. Tübingen [3]1989. (Spätscholastik und Reformation 2).

OESER, Wolfgang: Die Brüder des gemeinsamen Lebens in Münster als Bücherschreiber. In: Börsenblatt für den deutschen Buchhandel, Frankfurter Ausgabe 18 (Nr. 42a), 1962, S. 979–1079.

OTT, Georg: Recht und Gesetz bei Gabriel Biel. Ein Beitrag zur spätmittelalterlichen Rechtslehre. In: Zeitschrift der Savigny-Stiftung für Rechtsgeschichte 69, 1952, KA 38, S. 251–296.

PASCHER, Joseph: Das Stundengebet der römischen Kirche. München 1954.

PASCOE, Louis B.: Jean Gerson. Principles of church reform. Leiden 1973. (Studies in medieval and reformation thought 7).

PASCOE, Louis B.: Religious Orders, Evangelical Liberty and Reform in the Thoght of Jean Gerson. In: ELM, Kaspar (Hg.): Reformbemühungen und Observanzbestrebungen im spätmittelalterlichen Ordenswesen. Berlin 1989. (Berliner Historische Studien 14). (Ordensstudien 6), S. 503–512.

PERSOONS, Ernst: Recente publicaties over de moderne devotie (1959–1972). Löwen 1972.

PETRUS, Franciscus: Suevia Ecclesiastica seu clericalia collegia tum secularia tum regularia [...]. Augustae Vindelicorum et Dilingae [...] 1699.

PIEPENBRING, Georg: Geschichte des Kugelhauses zu Königstein im Taunus. Mainz 1900.

PLITT, Gustav Leopold: Gabriel Biel als Prediger geschildert. Erlangen 1879.

POST, Regner Richard: De statuten van het Mr. Geertshuis te Deventer. In: Archief voor de Geschiedenis van het Aartsbisdom Utrecht 71, 1952, S. 1–46.

POST, Regner Richard: The modern devotion. Confrontation with reformation and humanism. Leiden 1968. (Studies in medieval and reformation thought 3).

PRESS, Volker: Herzog Ulrich (1498–1550). In: UHLAND, Robert (Hg.): 900 Jahre Haus Württemberg. Stuttgart 1984, S. 110–135.

REHM, Gerhard: Aspekte der Wirtschaftstätigkeit der Schwestern vom gemeinsamen Leben im 15. Jahrhundert. In: ELM, Kaspar (Hg.): Erwerbspolitik und Wirtschaftsweise mittelalterlicher Orden und Klöster. Berlin 1992. (Berliner historische Studien 17). (Ordensstudien 7), S. 249–266.

REHM, Gerhard: Die Schwestern vom gemeinsamen Leben im nordwestlichen Deutschland. Untersuchungen zur Geschichte der Devotio moderna und des weiblichen Religiosentums. Berlin 1985. (Berliner Historische Studien 11). (Ordensstudien 5).

REHM, Gerhard: Quellen zur Geschichte des Münsterschen Kolloquiums und des Schwesternhauses Engelenhuis in Groenlo. In: Westfälische Zeitschrift 131/132, 1981/82, S. 9–45.

RICHTER, Uta: Bernhard von Büderich und der Lüchtenhof in Hildesheim. In: Alt-Hildesheim 54, 1983, S. 11–22.

RICHTER, Uta: Die Geschichtsschreibung der Brüder des gemeinsamen Lebens im Lüchtenhof in Hildesheim. In: Alt-Hildesheim, Jahrbuch für Stadt und Stift Hildesheim 51, 1980, S. 29–38.

ROOIJ, Joannes van: Gerard Zerbolt van Zutphen. 1: Leven en geschriften. Nimwegen 1936.

ROTH, F. W. E.: Ein Brief des Gabriel Biel 1462. In: Neues Archiv der Gesellschaft für ältere deutsche Geschichtskunde 35, 1910, S. 582–585.

RUPPERT, Fidelis: Meditatio – Ruminatio. Zu einem Grundbegriff christlicher Meditation. In: Erbe und Auftrag 53, 1977, S. 83–93.

RÜTHING, Heinrich: Die Kartäuser und die spätmittelaterlichen Ordensreformen. In: ELM, Kaspar (Hg.): Reformbemühungen und Observanzbestrebungen im spätmittelalterlichen Ordenswesen. Berlin 1989. (Berliner Historische Studien 14). (Ordensstudien 6), S. 35–58.

RÜTHING, Heinrich: Frömmigkeit, Arbeit, Gehorsam. Zum religiösen Leben von Laienbrüdern in der Windesheimer Kongregation. In: SCHREINER, Klaus (Hg.): Laienfrömmigkeit im späten Mittelalter. Formen, Funktionen, politisch-soziale Zusammenhänge. München 1992. (Schriften des Historischen Kollegs 20), S. 203–226.

RÜTHING, Heinrich: Zum Einfluß der Kartäuserstatuten auf die Windesheimer Konstitutionen. In: Ons Geestelijk Erf 59, 1985, S. 197–210.

SAAK, Eric Leland: Religio Augustini. Jordan of Quedlinburg and the Augustinian Tradition in late medieval Germany. Diss. Arizona 1993.

SAAK, Eric Leland: Quilibet Christianus. Saints in Society in the Sermons of Jordan of Quedlinburg, OESA. In: KIENZLE, Beverly Mayne (Hg.): Models of holiness in medieval sermons. Louvain-La-Neuve 1996. (Textes et études du moyen age 5), S. 317–330.

SANCHIS, Domingo: Pauvreté monastique et charité fraternelle chez saint Augustin. Le commentaire Augustinien de Actes 4,32–35 entre 393 et 403. In: Studia monastica 4, 1962, S. 7–33.

SCHÄFER, Heinrich: Pfarrkirche und Stift im deutschen Mittelalter. Eine kirchenrechtsgeschichtliche Untersuchung. Stuttgart 1903. ND Amsterdam 1962. (Kirchenrechtliche Abhandlungen 3).

SCHALK, H.: Beiträge zur Geschichte des Kugelherrenhauses zu Königstein. In: Annalen des Vereins für Nassauische Alterthumskunde und Geschichtsforschung 7, 1864, S. 211–236.

SCHIEK, Siegwalt: Der Einsiedel bei Tübingen (1482–1982). Seine Geschichte und seine Bauten. Sigmaringen ^{2}1982.

SCHIEK, Siegwalt: Grenzsteine des Stifts St. Peter zum Einsiedel im Schönbuch. Staatlich geschützte Kulturdenkmale. Stuttgart 1977. (Kulturdenkmale in Baden-Württemberg, Kleine Führer 37).

SCHIEK, Siegwalt: Zur Baugeschichte des Schlößchen Einsiedel. In: Schwäbische Heimat 31, 1980, S. 45–51.

SCHIEK, Siegwalt: Zur Grundausstattung des Klosters St. Peter im Schönbuch. In: Zeitschrift für württembergische Landesgeschichte 36, 1977, S. 331–334.

SCHILLINGER, Jörg: Die Statuten der Braunschweiger Kollegiatstifte St. Blasius und St. Cyriacus im späten Mittelalter. Hannover 1994. (Quellen und Studien zur Geschichte des Bistums Hildesheim 1).

SCHMIDT, Helmut: Das Stuttgarter Chorherrenstift zum Heiligen Kreuz. Ein Beitrag zur schwäbischen Rechtsgeschichte. Diss. Tübingen 1951.

SCHMIDT, Werner: Pfarrkirche und Stift St. Maria in Herrenberg bis zur Reformation. Eine rechtsgeschichtliche Untersuchung der kirchlichen Verhältnisse Herrenbergs. Diss. Tübingen 1960.

SCHMITZ-KALLENBERG, Ludwig: Aus dem Archiv des Fraterhauses in Münster. In: Westfälische Zeitschrift 68, 1910, S. 363–365.

SCHMITZ-KALLENBERG, Ludwig: Die Windesheimer Kongregation. In: Historisches Jahrbuch der Görresgeselschaft 36, 1915, S. 306–316 und S. 598–608.

SCHNABEL, Wolfgang: Das Wirken der Brüder vom gemeinsamen Leben in Urach. In: „... und sollst ein Segen sein." Festschrift zum 10jährigen Bestehen des Einkehrhauses Stift Urach. Urach 1990, S. 9–23.

SCHNEIDER, Eugen: Die Aufhebung der Kappenherren in Württemberg. In: Blätter für württembergische Kirchengeschichte 1, 1886, S. 13–15.

SCHÖCK, Inge: „Schlüsselsteine" des Stifts St. Peter zum Einsiedel. Ein Ertrag volkskundlicher Inventarisation. In: Denkmalpflege in Baden-Württemberg 7, 1978, S. 9–10.

SCHÖN, Theodor: Zur Geschichte der Schloßkirche. In: Tübinger Blätter 6, 1903/04, S. 37–38.

SCHOENGEN, Michael: Die Schule von Zwolle von ihren Anfängen bis zur Einführung der Reformation (1582). Von den Anfängen bis zu dem Auftreten des Humanismus. Freiburg 1898.

SCHOENGEN, Michael (Hg.): Jacobus Traiecti alias de Voecht: Narratio de inchoatione domus clericorum in Zwollis. Met akten en bescheiden betreffende dit fraterhuis uitgegeven door M. Schoengen. Amsterdam 1908. (Historisch Genootschap [Utrecht], Werken 3,13).

SCHÖNTAG, Wilfried: Die Anfänge der Brüder vom gemeinsamen Leben in Württemberg. Ein Beitrag zur vorreformatorischen Kirchen- und Bildungsgeschichte. In: Archiv für Diplomatik 23, 1977, S. 459–485. [nochmals in: Aus Geschichte und ihren Hilfswissenschaften. Festschrift für Walter Heinemeyer. Marburg 1979. (Veröffentlichungen der Historischen Kommission für Hessen 40), S. 459–485].

SCHÖNTAG, Wilfried: Die Aufhebung der Stifte und Häuser der Brüder vom gemeinsamen Leben in Württemberg. Ein Vorbote der Reformation? In: Zeitschrift für württembergische Landesgeschichte 38, 1979, S. 82–96.

SCHÖNTAG, Wilfried: Die Kanoniker und Brüder vom gemeinsamen Leben in Württemberg. In: Rottenburger Jahrbuch für Kirchengeschichte 11, 1992, S. 197–208.

SCHRAMA, Martijn: Gabriel Biel et son entourage: Via moderna et Devotio moderna. In: Nederlands Archief voor Kerkgeschiedenis 61, 1981, S. 154–184.

SCHREINER, Klaus: Mönchtum zwischen asketischem Anspruch und gesellschaftlicher Wirklichkeit. Spritualität, Sozialverhalten und Sozialverfassung schwäbischer Reformmönche im Spiegel ihrer Geschichtsschreibung. In: Zeitschrift für württembergische Landesgeschichte 41, 1982, S. 250–307.

SCHREINER, Klaus: Württembergische Bibliotheksverluste im Dreißigjährigen Krieg. In: Archiv für Geschichte des Buchwesens 14, 1974, Sp. 655–1027.

SCHREINER, Klaus (Hg.): Laienfrömmigkeit im späten Mittelalter. Formen, Funktionen, politisch-soziale Zusammenhänge. München 1992. (Schriften des Historischen Kollegs 20).

SCHRÖDER, Paul: Die Augustinerchorherrenregel. Entstehung, kritischer Text und Einführung der Regel. In: Archiv für Urkundenforschung 9, 1926, S. 271–306.

SCHULZE, Ludwig Theodor: Brüder des gemeinsamen Lebens. In: Realencyclopädie für protestantische Theologie. Band 3, Leipzig ^{3}1897, S. 472–507 und Erg.-Bd. 23, ^{3}1913, S. 260–269.

SCHULZE, Ludwig Theodor: Das Reformatorium vitae clericorum. Ein Spiegelbild aus der Zeit vor der Reformation. In: Zeitschrift für kirchliche Wissenschaft und kirchliches Leben 7, 1886, S. 98–112, 131–137, 189–205.

SCHULZE, Ludwig Theodor: Heinrich von Ahaus, der Stifter der Brüder vom gemeinsamen Leben in Deutschland. In: Zeitschrift für kirchliche Wissenschaft und kirchliches Leben 3, 1882, S. 38–48, 93–104.

Schulze, Manfred: Die Brüder des gemeinsamen Lebens in Urach. In: Schmid, Friedrich (Hg.): Die Amanduskirche in Bad Urach. Sigmaringen 1990, S. 9–16.

Schulze, Manfred: Fürsten und Reformation. Geistliche Reformpolitik weltlicher Fürsten vor der Reformation. Tübingen 1991. (Spätmittelalter und Reformation N.R. 2).

Schulze, Manfred: Gabriel Biel. In: Lexikon des Mittelalters. Band 2, München, Zürich 1983, Sp. 127.

Schuppisser, Fritz Oskar: Schauen mit den Augen des Herzens. Zur Methodik der spätmittelalterlichen Passionsmeditation, besonders in der Devotio Moderna und bei den Augustinern. In: Haug, Walter – Fachinger, Burkhard (Hgg.): Die Passion Christi in Literatur und Kunst des Spätmittelalters. Beiträge zum 8. Reisensburger Arbeitsgespräch am 29. November bis 1. Dezember 1991. Tübingen 1993. (Fortuna vitrea 12), S. 169–210.

Seeberg, Reinhold: Lehrbuch der Dogmengeschichte. Band 4,1: Die Lehre Luthers. Leipzig ^{4}1933.

Severus, Emmanuel: Consuetudo und monastisches Selbstverständnis. In: Angerer, Joachim F. – Lenzenweger, Josef (Hgg.): Consuetudines Monasticae. Eine Festgabe für Kassius Hallinger. Rom 1982. (Studia Anselmiana 85), S. 413–422.

Severus, Emmanuel: Consuetudo und monastisches Selbstverständnis. In: Angerer, Joachim F. – Lenzenweger, Josef (Hgg.): Consuetudines Monasticae. Eine Festgabe für Kassius Hallinger. Rom 1982. (Studia Anselmiana 85), S. 413–422.

Speigl, Jakob: Die Pastoralregel Gregors des Großen. In: Römische Quartalschrift für christliche Altertumskunde und Kirchengeschichte 88, 1993, S. 59–76.

Die theologischen Handschriften der Staats- und Universitätsbibliothek Hamburg. Band 2: Quarthandschriften. Cod. theol. 1252–1750. Beschrieben von Nilüfer Krüger. Stuttgart 1985. (Katalog der Handschriften der Staats- und Universitätsbibliothek Hamburg 2).

Staubach, Nikolaus: Christianam sectam arripe: Devotio moderna und Humanismus zwischen Zirkelbildung und gesellschaftlicher Integration. In: Garber, Klaus (Hg.): Europäische Sozietätsbewegung und demokratische Tradition. Die europäischen Akademien der Frühen Neuzeit zwischen Frührenaissance und Spätaufklärung. Band 1. Tübingen 1996. (Frühe Neuzeit 26), S. 112–167.

Staubach, Nikolaus: Das Wunder der Devotio moderna. Neue Aspekte im Werk des Windesheimer Geschichtsschreibers Johannes Busch. In: Windesheim 1395–1995. Kloosters, Teksten, Invloeden. Voordrachten gehouden tijdens het internationale congres „600 jaar Kapittel van Windesheim" 27 mei 1995 te Zwolle. Nimwegen 1996. (Middeleeuwse Studies 12), S. 170–185.

Staubach, Nikolaus: Der Codex als Ware. Wirtschaftliche Aspekte der Handschriftenproduktion im Bereich der Devotio Moderna. In: Meier, Christel – Hüpper, Dagmar – Keller, Hagen (Hgg.): Der Codex im Gebrauch. (Akten des Internationalen Kolloquiums 11.–13. Juni 1992). München 1996. (Münstersche Mittelalter-Schriften 70), S. 143–162.

Staubach, Nikolaus: Gerhard Zerbolt von Zutphen und die Apologie der Laienlektüre in der Devotio moderna. In: Kock, Thomas – Schlusemann, Rita (Hgg.): Laienlektüre und Buchmarkt im späten Mittelalter. Frankfurt am Main 1997. (Gesellschaft, Kultur und Schrift 5), S. 221–289.

Staubach, Nikolaus: Memores pristinae perfectionis. The importance of the church fathers for devotio moderna. In: Backus, Iréna (Hg.): The reception of the church fathers in the West from the Carolingians to the Maurists. Band 1, Leiden 1997, S. 405–469.

Staubach, Nikolaus: Pragmatische Schriftlichkeit im Bereich der Devotio Moderna. In: Frühmittelalterliche Studien 25, 1991, S. 418–461.

Staubach, Nikolaus: Von der persönlichen Erfahrung zur Gemeinschaftsliteratur. Entstehungs- und Rezeptionsbedingungen geistlicher Reformtexte im Spätmittelalter. In: Ons Geestelijk Erf 68, 1994, S. 200–228.

STEGMÜLLER, Friedrich: Literaturgeschichtliches zu Gabriel Biel. In: Theologie in Geschichte und Gegenwart. Michael Schmaus zum sechzigsten Geburtstag. Hrsg. von Johann Auer und Hermann Volk. München 1957, S. 309–316.

STEINHAUSER, Gebhard: Die Klosterpolitik der Grafen von Württemberg bis Ende des 15. Jahrhunderts. Diss. Tübingen 1913.

STEINHOFER, Johann Ulrich: Neue Wirtenbergische Chronik. 3 Bände. Tübingen, Stuttgart 1744–1752.

STIEVERMANN, Dieter: Das Haus Württemberg und die Klöster vor der Reformation. In: UHLAND, Robert (Hg.): 900 Jahre Haus Württemberg. Stuttgart 1984, S. 459–481.

STIEVERMANN, Dieter: Der Augustinermönch Dr. Conrad Holzinger. Kaplan, Rat und Kanzler des Grafen bzw. Herzogs Eberhard d. J. von Württemberg am Ende des 15. Jahrhunderts. In: ENGEL, Josef (Hg.): Mittel und Wege früher Verfassungspolitik. Stuttgart 1979. (Spätmittelalter und Frühe Neuzeit 9), S. 356–405.

STIEVERMANN, Dieter: Herzog Eberhard im Bart. In: UHLAND, Robert (Hg.): 900 Jahre Haus Württemberg. Stuttgart 1984, S. 82–109.

STIEVERMANN, Dieter: Klosterreform und Territorialstaat in Süddeutschland im 15. Jahrhundert. In: Rottenburger Jahrbuch für Kirchengeschichte 11, 1992, S. 149–160.

STIEVERMANN, Dieter: Landesherrschaft und Klosterwesen im spätmittelalterlichen Württemberg. Sigmaringen 1989.

STUPPERICH, Robert: Brüder und Schwestern vom gemeinsamen Leben. In: Lexikon des Mittelalters. Band 2. München 1983, Sp. 733–736.

STUPPERICH, Robert: Brüder vom gemeinsamen Leben. In: Theologische Realenzyklopädie. Band 7, Berlin 1981, S. 220–225.

STUPPERICH, Robert: Das Fraterhaus zu Herford. Teil 2: Statuten, Bekenntnisse, Briefwechsel. Münster 1984. (Veröffentlichungen der Historischen Kommission für Westfalen 35). (Quellen zur Geschichte der Devotio Moderna in Westfalen I).

STUPPERICH, Robert: Das Herforder Fraterhaus und die Devotio moderna. Studien zur Frömmigkeitsgeschichte Westfalens an der Wende zur Neuzeit. Münster 1975. (Schriften der Historischen Kommission Westfalens 10).

STUPPERICH, Robert: Die Herforder Fraterherren als Vertreter spätmittelalterlicher Frömmigkeit in Westfalen. In: Dona Westfalica. Georg Schreiber zum 80. Geburtstag. Münster 1963, S. 339–353.

TREMP-UTZ, Kathrin: Das Kollegiatstift St. Sankt Vinzenz in Bern. Von der Gründung 1484/85 bis zur Aufhebung 1528. Bern 1985. (Archiv des Historischen Vereins des Kantons Bern 69).

ULLMANN, Carl: Reformatoren vor der Reformation, vornehmlich in Deutschland und den Niederlanden. 2 Bände. Hamburg 1842.

WACHTER, Stephan: Matthäus Grabow, ein Gegner der Brüder vom gemeinsamen Leben. In: Sankt Gabrieler Studien. Festschrift zum 50-jährigen Bestandsjubiläum des Missionshauses St. Gabriel Wien-Mödling. Wien-Mödling 1939, S. 289–376.

WALSH, Katherine: Wie ein Bettelorden zu (s)einem Gründer kam. Fingierte Traditionen um die Entstehung der Augustiner-Eremiten. In: Fälschungen im Mittelalter. Band 5. Hannover 1988. (MGH Schriften 33,5), S. 585–610.

WANDEL, Uwe Jens (Hg.): Der Arme Konrad. Die Vorträge und Referate des Schorndorfer Symposions 1986. Schorndorf 1991. (Schriftenreihe des Stadtarchivs Schorndorf 5).

WEILER, Anton G.: Recent historiography on the Modern Devotion. Some debated questions. In: Archief voor de geschiedenis van de Katholieke Kerk in Nederland 26, 1984, S. 161–179.

WEINFURTER, Stephan: Neuere Forschung zu den Regularkanonikern im deutschen Reich des 11. und 12. Jahrhunderts. In: Historische Zeitschrift 224, 1977, S. 379–397.

WERBECK, Wilfried: Handschriften zum I. Buch von Gabriel Biels Collectorium. In: Geist und Geschichte der Reformation. Festgabe Hanns Rückert zum 65. Geburtstag. Berlin 1966, S. 68–85.

WESSELING, Margaret: The Rhetoric of Meditation. Variations on Geert Grote's Translation of the Penitential Psalms found in Manuscripts of the 15th and 16th Centuries in the Royal Library, Den Haag. In: Ons Geestelijk Erf 67, 1993, S. 94–130.

WINDECK, Bernhard: Die Anfänge der Brüder vom gemeinsamen Leben in Deutschland. [Diss.] Bonn 1951.

WÜLK, Johannes – FUNK, Johannes: Die Kirchenpolitik der Grafen von Württemberg bis zur Erhebung Württembergs zum Herzogtum (1495). Stuttgart 1912. (Darstellungen aus der württembergischen Geschichte 10).

WÜLK, Johannes: Der Einfluß der württembergischen Grafen auf die Wahl der Pröpste bzw. Äbte in den unter ihrem Schutze stehenden Stiften und Klöstern. In: Württembergische Vierteljahrshefte für Landesgeschichte 23, 1914, 242–255.

WÜLK, Johannes: Staat und Kirche in Württemberg nach dem Tode Graf Eberhards im Bart (1496) bis zur Einführung der Reformation. In: Württembergische Vierteljahrshefte für Landesgeschichte 26, 1917, S. 1–41.

WÜRTTEMBERG IM SPÄTMITTELALTER. Ausstellung des Hauptstaatsarchivs Stuttgart und der Württembergischen Landesbibliothek. Katalog bearbeitet von Joachim Fischer, Peter Amelung und Wolfgang Irtenkauf. Stuttgart 1985.

ZIJL, Theodore P. van: Gerard Groote, ascetic and reformer (1340–1384). Washinton D.C. 1963.

ZIMMERMANN, Gerd: Ordensleben und Lebensstandard. Die Cura Corporis in den Ordensvorschriften des abendländischen Hochmittelalters. Münster 1973. (Beiträge zur Geschichte des alten Mönchtums und des Benediktinerordens 32).

ZUMKELLER, Adolar: Der klösterliche Gehorsam beim heiligen Augustin. In: Augustinus Magister 1, 1954, S. 265–276.

ZUMKELLER, Adolar: Die Regel des heiligen Augustinus mit Einführung und Erklärung. Würzburg 1956.

ZUMKELLER, Adolar: Ein grundlegendes Werk über die Augustinusregel. In: Augustinianum 9, 1969, S. 145–149.

ZUMKELLER, Adolar: Jordan von Quedlinburg (Jordan von Sachsen). In: Die deutsche Literatur des Mittelalters. Verfasserlexikon. Band 3, Berlin-New York [2]1981, Sp. 853–861.

ZUMKELLER, Adolar: Zum geistigen Gehalt der Augustinerregel. In: BALTHASAR, Hans Urs von (Hrsg.): Die großen Ordensregeln. Einsiedeln, Köln, Zürich 1948, S. 113–119, [2]1961, S. 150–157.

Register

Die Register erschließen Text und Anmerkungen des Bandes. Personen sind unter dem Familiennamen angesetzt. Adelsgeschlechter sind mit dem Zusatz Adl. gekennzeichnet. Moderne Autoren wurden nur berücksichtigt, so weit sie im Text namentlich genannt sind. Umfangreiche Einträge sind nach häufig genannten, sachlichen Gesichtspunkten gegliedert. Im Sachregister sind Alternativbegriffe und Begriffserweiterungen, die unter einem Lemma zusammengefaßt werden sollen, in Klammern hinzugefügt. Kursiv ausgezeichnete Seitenzahlen verweisen auf besonders einschlägige Kapitel.

In den Registern gebrauchte Abkürzungen: Adl. (adlige Familie); Benedikt. (Benediktiner); Bf. (Bischof); Bm. (Bistum); BvGL (Brüder vom Gemeinsamen Leben); d.Ä. (der Ältere); d.J. (der Jüngere); gen. (genannt); Gf. (Graf); Hg. (Herzog); Hl. (Heilige, Heiliger); Kl. (Kloster); Ks. (Kaiser); MK (Münstersches Kolloquium); OG (Oberdeutsches Generalkapitel); röm. (römisch); s. (siehe); s.a. (siehe auch); Zist. (Zisterzienser)

1 Bibelstellen

2 Orts- und Personenregister

3 Sachregister

Spätmittelalter und Reformation. Neue Reihe

Herausgegeben von Heiko A. Oberman
in Verbindung mit Kaspar Elm, Berndt Hamm, Jürgen Miethke
und Heinz Schilling

Band 1
Matthias Benad
Domus und Religion in Montaillou
1990. X, 398 Seiten und 12 Seiten Kunstdruck. Leinen.

Band 2
Manfred Schulze
Fürsten und Reformation
Geistliche Reformpolitik weltlicher Fürsten vor der Reformation
1991. VII, 231 Seiten. Leinen.

Band 3
Sabine Holtz
Theologie und Alltag
Lehre und Leben in den Predigten der Tübinger Theologen 1550–1750
1993. IX, 479 Seiten. Leinen.

Band 4
Ute Gause
Paracelsus (1493–1541)
Genese und Entfaltung seiner frühen Theologie
1993. XI, 299 Seiten. Leinen.

Band 5
Hans Christoph Stoodt
Katharismus im Untergrund
Die Reorganisation durch Petrus Auterii 1300–1310
1996. IX, 373 Seiten und 1 Landkarte. Leinen.

Band 6
Thomas Hohenberger
Lutherische Rechtfertigungslehre in den reformatorischen Flugschriften
der Jahre 1521–22
1996. XIII, 445 Seiten und 1 Kunstdrucktafel. Leinen.

Band 7
Ralph Weinbrenner
Klosterreform im 15. Jahrhundert zwischen Ideal und Praxis
Der Augustinereremit Andreas Proles (1429–1503) und die privilegierte Observanz
1996. XII, 284 Seiten. Leinen.

Band 8
Holger Flachmann
Martin Luther und das Buch
Eine historische Studie zur Bedeutung des Buches im Handeln und Denken des Reformators
1996. X, 385 Seiten. Leinen.

Band 9
Ulrich Hinz
Die Brüder vom Gemeinsamen Leben im Jahrhundert der Reformation
Das Münstersche Kolloquium
1997. XII, 357 Seiten. Leinen.

Band 10
Petra Seegets
Passionstheologie und Passionsfrömmigkeit im ausgehenden Mittelalter
Der Nürnberger Franziskaner Stephan Fridolin (gest. 1498) zwischen Kloster und Stadt
1998. X, 388 Seiten. Leinen.

Band 11
Gerhard Faix
Gabriel Biel und die Brüder vom Gemeinsamen Leben
Quellen und Untersuchungen zu Verfassung und Selbstverständnis des Oberdeutschen Generalkapitels
1999. XI, 423 Seiten. Leinen.

Band 12
Sabine Vogel
Kulturtransfer in der frühen Neuzeit
Die Vorworte der Lyoner Drucke des 16. Jahrhunderts
1999. Ca. 330 Seiten. Leinen.

Mohr Siebeck